高等学校旅游管理专业
本科系列教材

旅游规划与开发

LÜYOU GUIHUA YU KAIFA

◎ 主编 王庆生 冉群超

重庆大学出版社

图书在版编目(CIP)数据

旅游规划与开发／王庆生,冉群超主编. -- 重庆:
重庆大学出版社,2023.10
高等学校旅游管理专业本科系列教材
ISBN 978-7-5689-4094-8

Ⅰ.①旅… Ⅱ.①王… ②冉… Ⅲ.①旅游规划—高
等学校—教材②旅游资源开发—高等学校—教材 Ⅳ.
①F590

中国国家版本馆 CIP 数据核字(2023)第 199945 号

旅游规划与开发

主　编:王庆生　冉群超
责任编辑:龙沛瑶　　版式设计:龙沛瑶
责任校对:邹　忌　　责任印制:张　策

*

重庆大学出版社出版发行
出版人:陈晓阳
社址:重庆市沙坪坝区大学城西路 21 号
邮编:401331
电话:(023)88617190　88617185(中小学)
传真:(023)88617186　88617166
网址:http://www.cqup.com.cn
邮箱:fxk@ cqup.com.cn(营销中心)
全国新华书店经销
重庆亘鑫印务有限公司印刷

*

开本:787mm×1092mm　1/16　印张:29.25　字数:696 千
2023 年 10 月第 1 版　　2023 年 10 月第 1 次印刷
印数:1—3 000
ISBN 978-7-5689-4094-8　定价:75.00 元

作者简介

王庆生,1963年11月生,河南洛阳人,乌克兰敖德萨国立大学哲学博士(Ph. D.)。现任天津商业大学管理学院院长,教授,旅游管理学科研究生导师组负责人,入选天津市高校学科领军人才培养计划,兼任天津市普通高校人文社科重点研究基地——天津商业大学管理创新与评价研究中心主任及天津市重点学科——天津商业大学工商管理学科带头人,国家级特色专业(旅游管理)主持人,天津市级一流本科专业(旅游管理)建设项目负责人,天津市级教学团队(旅游管理专业)带头人,教育部学位中心全国本科毕业论文(设计)抽检评审专家库专家,国家自然科学基金项目通信评审专家,中国旅游景区协会专家委员会专家库景区培训类专家,天津旅游智库专家,中国旅游协会旅游教育分会理事,天津市旅游协会旅游教育分会副会长,天津市人民政府咨询专家库成员。主持完成的旅游研究科研成果获河南省科技进步奖二等奖1项、三等奖4项,获天津市社会科学优秀成果奖三等奖1项(主持人)。获天津市级教学成果奖特等奖1项(主要完成者)、一等奖1项(主要完成者)、二等奖1项(主持人)。曾在乌克兰、俄罗斯、白俄罗斯、美国和澳大利亚等国留学或访学。2004年被河南省委组织部、教育厅、人事厅等六部门联合授予"河南省留学回国人员先进个人"荣誉称号和"河南省留学回国人员成就奖"奖章,2009年被天津市委、市政府授予"天津市优秀留学人员"荣誉称号,2020年获评中国旅游协会旅游教育分会第二届"旅游教育名师",2021年获评天津市高校课程思政示范课程、教学名师、教学团队;主编或以第一作者身份发表著作(含教材)13部,发表论文(独著或第一作者)100余篇,主持完成国家自然科学基金面上项目1项。

冉群超,1974年8月生,重庆人,博士,现任天津商业大学管理学院旅游系讲师,一直从事旅游管理专业的教学与科研工作。主持完成市级项目2项,参与横向和纵向旅游规划项目近20项。参与编写、出版著作近10部。作为第二完成人参与的"旅游规划与开发"课程获评天津市级一流本科课程建设项目,作为第三完成人参与的"旅游项目策划与管理"课程获评天津市级课程思政示范课程、教学名师及教学团队,是天津市级旅游管理专业教学团队骨干教师。

前 言

该著作是基于王庆生教授及其专业团队多年来的专业建设积累编写而成的代表性教材成果之一,是天津商业大学旅游管理专业团队集体智慧的结晶。

首先,本书的内容主体是在由王庆生主编的《旅游规划与开发》(2011)和《旅游规划与开发(第2版)》(2016)基础上,结合我国文化和旅游融合发展的最新态势,所进行的提升、补充与修订。本书编写修订和补充的主要依据包括:文化和旅游部成立以来最新颁布的《文化和旅游规划管理办法》(文旅政法发〔2019〕60号);《旅游资源分类、调查与评价》(GB/T 18972—2017);我国全域旅游战略实施的理论与实践;国家乡村振兴战略等。

其次,自2007年开始,天津商业大学旅游管理专业持续作为教育部特色专业、天津市品牌专业和天津市应用型专业以及天津市一流专业进行建设与打造,应用型教材建设在其中一直发挥着重要作用。本书内容充分吸纳了国内近10所旅游本科高等院校以及天津商业大学旅游管理专业及其他相关专业近十年来在"旅游规划与开发"课程讲授方面的使用情况和意见反馈,力求在旅游管理专业应用型人才培养方面充分体现国际化视野下的学以致用和理论与实践的有机融合,并侧重于教学互动和过程考核,通过教材建设与课程改革不断提升教学质量和水平。

最后,由王庆生主讲的"旅游规划与开发"课程(以下简称"该课程")2010年被授予天津商业大学校级精品课程,由课程组主编的《旅游规划与开发》(2011)被评为天津市普通高校"十二五"第二批规划教材。该课程是天津商业大学首批专业"金课"和校级一流本科课程,2021年获批天津市一流本科建设课程(线上线下混合式课程,津教高函〔2021〕25号),2023年获评第三届全国高校教师教学创新大赛天津赛区一等奖和国赛三等奖。因此,本书的编写充分体现了市级一流本科课程建设目标和质量要求,并进一步提高了该教材在应用型高素质人才培养中的"含金量"。

本书全文各章节的编写与修订框架由王庆生负责,冉群超负责全书文稿统稿与校阅。写作具体分工如下:第1章(王庆生),第2章(冉群超),第3章(沈长智、王庆生、冉群超),第4章(冉群超、王庆生)、第5章(冉群超、王庆生),第6章(金丽、王庆生),第7章(沈长智、王庆生),第8章(王庆生、吴静),第9章(王庆生),第10章(吴静、王庆生),第11章(冉群超、王庆生),第12章(王庆生),第13章(王庆生)。研究生王春蕾、贺子轩和刘诗涵负责全书书稿初稿的校对。

在本书编写过程中编者参阅并引用了国内外许多学者的研究成果和观点,在此一并表示诚挚的感谢！需要特别说明的是，除特别注明的以外，该书的旅游规划案例主要由北京巅峰智业旅游文化创意股份有限公司提供，特致谢忱！

感谢重庆大学出版社对天津商业大学旅游管理专业高水平教材出版的大力支持。在该书编写过程中，重庆大学出版社在版式设计及文稿编辑方面付出了大量辛劳，在此深表谢意。

值得说明的是，该版《旅游规划与开发》书稿很大程度上反映了作者及其团队多年来对国内外旅游规划与开发领域研究与实践进展持之以恒的关注、理解与认知。同时，我们也期望通过高水平应用型专业教材的编写，有效持续支持作为教育部特色专业和天津市一流专业的天津商业大学旅游管理专业的建设工作。但由于编者研究水平有限，本书在选材、论述等诸多方面一定会有粗疏、欠妥之处，敬请读者不吝指正。

2023 年 9 月

教学建议 ……………………………………………………………………………………… 1

第1章　概述 ……………………………………………………………………………… 4
1.1　旅游系统 ………………………………………………………………………… 8
1.2　旅游规划的概念体系 …………………………………………………………… 14
1.3　旅游规划编制体系与程序 ……………………………………………………… 23
1.4　旅游规划与开发的职业能力与学科知识体系 ………………………………… 28

第2章　旅游规划的理论方法 ……………………………………………………… 36
2.1　旅游规划的理论体系 …………………………………………………………… 41
2.2　旅游规划的基础理论 …………………………………………………………… 47
2.3　旅游规划与开发的技术方法 …………………………………………………… 71

第3章　国内外旅游规划进展 ……………………………………………………… 76
3.1　国外旅游规划的发展阶段 ……………………………………………………… 78
3.2　旅游规划在中国的发展 ………………………………………………………… 82
3.3　现今旅游规划与开发研究热点透析 …………………………………………… 88

第4章　旅游规划的内容体系 ……………………………………………………… 120
4.1　旅游规划编制的任务 …………………………………………………………… 127
4.2　旅游发展规划的内容与方法 …………………………………………………… 132
4.3　旅游区规划的内容与方法 ……………………………………………………… 141

第5章　旅游资源的调查、评价与管理 …………………………………………… 153
5.1　旅游资源概述 …………………………………………………………………… 158
5.2　旅游资源的调查 ………………………………………………………………… 163
5.3　旅游资源的评价 ………………………………………………………………… 172
5.4　旅游资源的开发与保护 ………………………………………………………… 189
5.5　旅游资源管理 …………………………………………………………………… 193

第 6 章　旅游市场分析及其营销 ································· 200
　6.1　旅游市场数据的收集与分析 ························· 204
　6.2　旅游市场需求预测的理论方法 ····················· 211
　6.3　旅游市场营销 ····································· 220

第 7 章　旅游规划与开发的主题定位与空间布局 ··········· 231
　7.1　旅游规划与开发的主题定位 ······················· 238
　7.2　旅游规划与开发的主题形象定位 ··················· 244
　7.3　区域旅游开发的空间布局 ························· 254

第 8 章　旅游产品开发规划 ································· 261
　8.1　旅游产品的概念 ··································· 267
　8.2　旅游产品开发与规划 ······························· 272
　8.3　旅游线路产品开发与规划 ························· 277

第 9 章　旅游项目策划 ····································· 285
　9.1　旅游项目及其相关概念 ····························· 289
　9.2　旅游项目策划的概念 ······························· 292
　9.3　旅游项目策划的类型及原则 ······················· 295
　9.4　旅游项目策划的特征 ······························· 297
　9.5　旅游项目策划原理 ································· 300
　9.6　旅游项目策划方法、内容与程序 ··················· 303

第 10 章　旅游支持与保障体系规划 ······················· 321
　10.1　旅游支持体系规划 ································· 327
　10.2　政策保障体系规划 ································· 353
　10.3　市场保障体系规划 ································· 356
　10.4　人力资源保障体系规划 ··························· 357
　10.5　危机管理保障体系规划 ··························· 361
　10.6　区域旅游协作规划 ································· 366

第 11 章　旅游规划的资金保障与可行性分析 ··············· 372
　11.1　旅游规划与开发的资金保障 ······················· 375
　11.2　旅游规划与开发的可行性分析 ····················· 379
　11.3　基于可持续发展的旅游投资效益分析 ··············· 392
　11.4　旅游开发环境影响评价程序与审计 ················· 395

第 12 章　旅游规划图件编制 ······························· 403
　12.1　旅游规划图件概述 ································· 413

12.2　旅游规划图的规范化 ··· 418

12.3　旅游规划系列图件的编制方法 ································ 421

12.4　利用 MAPGIS 编制旅游区规划图 ···························· 425

第 13 章　旅游规划修编与景区托管 ···························· 433

13.1　旅游规划修编概述 ·· 436

13.2　旅游规划修编的原则 ··· 442

13.3　景区托管概述 ·· 447

13.4　景区托管模式探讨 ·· 450

参考文献 ··· 455

教学建议

教学目的：

《旅游规划与开发》是旅游管理专业的专业必修课程,其特点是理论与实践联系紧密,内容专业新颖。通过本课程的学习,学生能系统掌握旅游规划与开发的基本概念和相关的基础理论,全面了解该领域的学科前沿动态和研究成果,掌握适应未来旅游发展需要的相关理论及基本方法、技能。同时,通过旅游规划典型案例的分析,辅以课外社会实践作业,注重训练学生旅游规划与开发的创新思维及其解决问题的能力。

前期需要掌握的知识：

旅游学概论、旅游经济学、管理学原理、市场营销学等课程相关知识。

课时安排建议(以天津商业大学《旅游规划与开发》专业核心课程为例)：

教学内容	学习要点	课时安排	过程考核建议
第1章 概述	(1)旅游系统,(2)旅游规划的概念体系,(3)旅游规划编制体系与程序,(4)旅游规划与开发的职业能力与学科知识体系	3	案例教学及课程认知初次考核
第2章 旅游规划的理论方法	(1)旅游规划的理论体系,(2)旅游规划的基础理论,(3)旅游规划的技术方法	3	案例教学及课后思考题
第3章 国内外旅游规划进展	(1)国外旅游规划的发展轨迹,(2)旅游规划在中国的发展,(3)现今旅游规划与开发研究热点透析	3	案例教学及课后思考题
第4章 旅游规划的内容体系	(1)旅游规划编制的任务,(2)旅游发展规划的内容与方法,(3)旅游区规划的内容与方法	3	案例教学及第一次课外书面作业
第5章 旅游资源的调查、评价与管理	(1)旅游资源概述,(2)旅游资源的调查,(3)旅游资源的评价,(4)旅游资源的开发与保护,(5)旅游资源管理	4	案例教学及第一次课后社会实践作业(个人独立完成)
第6章 旅游市场分析及其营销	(1)旅游市场数据的收集与分析,(2)旅游市场预测的理论方法,(3)旅游市场营销	4	案例教学及课后思考题

续表

教学内容	学习要点	课时安排	过程考核建议
第7章 旅游规划与开发的 主题定位与空间布局	(1)旅游规划与开发的主题定位,(2)旅游规划与开发的主题形象定位,(3)区域旅游开发的空间布局	4	案例教学及课后思考题
第8章 旅游产品开发规划	(1)旅游产品的概念,(2)旅游产品开发与规划,(3)旅游线路产品开发与规划	4	案例教学及第二次课后社会实践作业(小组协作完成)
第9章 旅游项目策划	(1)旅游项目及其相关概念,(2)旅游项目策划的概念,(3)旅游项目策划的类型及原则,(4)旅游项目策划的特征,(5)旅游项目策划原理,(6)旅游项目策划方法、内容与程序	3	案例教学及第二次课后书面作业
第10章 旅游支持与保障体系规划	(1)旅游支持体系规划,(2)旅游政策保障体系规划,(3)旅游市场保障体系规划,(4)人力资源保障体系规划,(5)危机管理保障体系规划,(6)区域旅游协作规划	3	案例教学及课后思考题
第11章 旅游规划的资金保障与 可行性分析	(1)旅游规划与开发的资金保障,(2)旅游规划与开发的可行性分析,(3)基于可持续发展的旅游投资效益分析,(4)旅游开发环境影响评价程序与审计	2	案例教学及课后思考题
第12章 旅游规划图件编制	(1)旅游规划图件概述,(2)旅游规划图的规范化,(3)旅游规划系列图件的编制方法,(4)利用MAPGIS编制旅游区规划图	2	案例教学
第13章 旅游规划修编与景区托管	(1)旅游规划修编概述,(2)旅游规划修编的原则,(3)景区托管概述,(4)景区托管模式探讨	2	课程复习
课堂理论课时		40	
社会实践课时		8	

说明:

一、教学课时安排

按照旅游管理专业核心课程教学要求安排教学,总课时48学时(3学分)。其中社会实践环节占8学时,课堂理论授课占40学时。如果是专业选修课程,可按32个学时安排,其中,社会实践环节占4学时,课堂理论授课占28学时。

二、课程考核建议

该课程成绩将由理论成绩和社会实践作业成绩两部分组成。

(一)理论成绩部分(70%)

1. 平时成绩考核,占该部分成绩的30%,共计21分。其中,课堂讨论、发言及出勤情况等,占该部分成绩的40%,计8.4分;课外作业2次,占60%,计12.6分。

2. 期末闭卷考试,占该部分成绩的70%,计49分。

以上合计70分。

(二)社会实践成绩部分(30%)

按照天津商业大学《旅游规划与开发》实践环节教学大纲要求,即有8学时社会实践课时,通过以下2次课外社会实践作业来实施:一次个人独立完成课后作业,占该部分成绩的60%,计18分;一次课后小组团队协作作业,占该部分成绩的40%,计12分,两次作业合计30分。

上述是按照旅游管理专业核心课程所进行的安排。

如果《旅游规划与开发》课程作为专业选修课程,那么可以参照上述方案,相应安排过程考核以及结课考核方式。

三、其他教学建议

该教材内容体系辅以案例教学和专业实践活动,可以作为高校旅游管理专业硕士学位研究生(MTA)学习《旅游规划与战略》核心课程的教学参考资料。

第 1 章
概　述

本章提要

　　本章是概述部分,重点就旅游系统、旅游规划与开发及其相关基础概念、旅游规划的分类与程序等进行阐述。同时,结合旅游规划与开发的职业能力培养与就业趋向,对相关学科知识体系等加以说明与解读。

学习目标(重点与难点)

　　1.了解旅游系统的概念与意义,认识旅游规划的本质。

　　2.理解旅游规划与开发的概念体系,以及旅游规划的功能、分类、程序。

　　3.初步认识旅游规划与开发的知识体系及其与就业、深造的关系。

框架结构

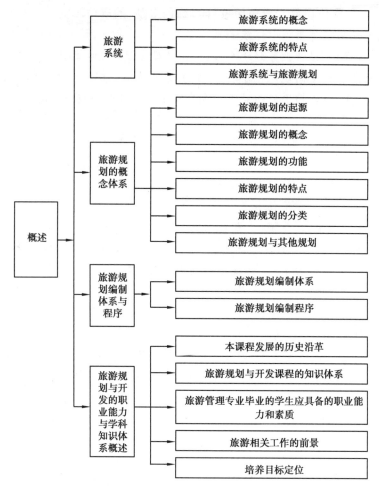

读万卷书,行万里路。

——中国古代的一句名言。

"读万卷书,行万里路"究竟是谁说的? 有人说是出自宋代刘彝的《画旨》,有人说是出自明末画家董其昌的《画禅室随笔》,也有人说是出自清代钱泳的《履园丛说》。这句话通俗而简洁地道出了"读书"与"行路"的关系,也可以引申为书本知识与实践的关系,甚至引申为"知"与"行"的关系。(摘自:王兴斌. 行万里路 更读万卷书[N]. 中国青年报,2014-12-26(11).)

开篇案例

焦作现象:"黑色印象"向"绿色主题"的成功转型①

众所周知,河南省焦作市曾以煤炭产业发达著称。近年来,该市以云台山景区为支撑,实现了旅游产品多样化,旅游服务趋于人性化,旅游设施建设逐步标准化,旅游商品、纪念品越来越本地化,旅游管理走向规范化,旅游办公实现自动化。焦作旅游正由注重客流量型向注重经济效益型转变,由低档次的粗放服务向高标准的优质服务转变,由政府主导下的行政管理型向政府主导下的市场化运作转变。这一模式被学界和业界称为"焦作现象"。

云台山位于河南省焦作市修武县境内,距省会郑州西北70千米,贯通南北、连接东西的京珠、连霍两条高速纵横毗邻,郑焦晋、长济两条高速直达景区,交通区位优势十分明显。景区总面积190平方千米,是一处以太行山岳丰富的水景为特色,以峡谷类地质地貌景观和悠久的历史文化为内涵,集科学价值和美学价值于一身的科普生态旅游精品景区。这里四季分明,景色各异,春赏山花、夏看绿水、秋观红叶、冬览冰挂。景区内有单级落差314米的亚洲第一高瀑——云台天瀑;有被誉为华夏第一奇峡的红石峡;有华夏第一秀水之称的潭瀑峡;有唐代诗人王维写下千古名句"遥知兄弟登高处,遍插茱萸少一人"的茱萸峰;有融山的隽秀、水的神韵为一体,被赞为"人间天上一湖水,万千景象在其中"的云台山天池——峰林峡;有生态旅游最佳去处的"竹林七贤"隐居地——百家岩等精品景点。

云台山是河南省唯一一家同时拥有一项世界级桂冠——全球首批世界地质公园和国家级风景名胜区、国家5A级旅游景区、国家森林公园、国家地质公园、国家级猕猴自然保护区、国家水利风景区、国家自然遗产七个国家级称号于一身的景区。2006年2月,云台山被世界旅游组织评估中心授予了世界杰出旅游服务品牌,此外,还先后荣获了中国旅游知名品牌、首批全国创建文明风景旅游区工作先进单位、全国青年文明号等多项荣誉。

2007年,云台山被国家人事部、国家旅游局授予"全国旅游系统先进集体"荣誉称号,并作为全国唯一的景区代表在人民大会堂作了典型发言;在国家旅游局原规划财务司司长魏小安的引荐下,中央民族大学在云台山建立了全国第一个旅游博士实习基地;云台山还与美国大峡谷国家公园在人民大会堂签订了缔结姐妹公园协议,成为继黄山与美国约塞美蒂国家公园之后,中国第二家通过官方建立的中外姐妹公园,并成功举办了"首届世界地质公园云台国际论坛",来自世界各地的40余位专家学者就"解说与可持续发展"展开了深入研讨,并达成了广泛的共识,从而促进了景区间的国际交流;被中国旅游论坛组委会授予中国优秀旅游景区称号;被河南省工商局、河南省商标协会认定为2007年"河南省著名商标",这是旅游业服务商标首次进入河南省著名商标行列;被国家建设部授予国家级风景名胜区综合整治优秀单位,被中国风景名胜区网络评选组委会、建设部风景名胜区管理办公室联合评为最具潜力的中国十大风景名胜区;央视4套《走遍中国》栏目精心拍摄的《云台山传奇》以及《探索发现》栏目组拍摄的五集纪录专题片《竹林七贤》向世人解读云台山景区深厚的文化底蕴和丰富的隐士文化。随着景区知名度和美誉度的提高,现在河南云台山已经成为中国

---

① 据人民网旅游频道和《大河报》系列报道采编。

众多"云台山"的代名词。

实践证明,"旅游规划先行,基础设施过硬"是其成功的关键。1994年当地政府编制了《云台山风景名胜区总体规划》。2002年底,地方政府投资80万元聘请北京建工建筑设计研究院的专家、教授在原《云台山风景名胜区总体规划》的基础上,编制完成了《云台山风景名胜区控制性详细规划》,同时,又投资160万元,聘请北京中科景苑城乡规划设计研究院的专家、教授为景区编制了《云台山旅游深度开发规划》和《百家岩景区旅游发展详细规划》。

在科学规划的基础上,地方政府对景区进行了高标准的硬件建设。目前,所有进出景区的道路全面硬化、绿化、美化;所有人行观光步道全部以贴近生态、游客舒适安全为标准进行了环线铺设;景区内所有厕所按照"设计标准化、造型美观化、设施宾馆化、品位高雅化、管理长效化"的五化标准全部达到三星级以上;所有休息设施的外观、颜色、造型全部与周围环境相协调;集声光像、地质标本于一体的高标准地质博物馆,为游人学习地质科普知识,了解地球演变历史提供了理想的场所;修建了水上太极拳表演舞台,由20名太极拳专业选手,每天整点免费为游客表演太极拳技,将源于焦作、扬名世界的太极文化融入自然山水之中;对景区"电力、通信、广电"等线路全部进行了挖沟地埋,达到了空中看不到电线、地上看不到线杆的效果;针对自驾车的增多,投资1亿多元建设了占地35万平方米、5000个车位的大型生态停车场,购置了130辆尾气排放达到欧Ⅲ标准的豪华观光巴士,建立了便捷高效的内部交通网络,彻底解决了旅游高峰期的交通拥堵问题。

为进一步整合山水旅游资源,扩大景区容量,2006年,地方政府又投资近亿元重点打造云台天池——峰林峡,修建峰林峡景区旅游道路、生态停车场和售验票服务中心等配套设施,组建区间车队和观光船队,开发水上游乐和空中杂技等表演项目。可以说,云台山的一草、一木、一石、一牌、一店,栽什么草、种什么树、立什么牌,都严格按照规划、结合具体实际进行实施,按照自然和谐的标准进行建设,从而使景区达到处处是精品、点点有特色的视觉效果。

近年来,云台山景区始终坚持"科学规划、统一管理、严格保护、永续利用"的景区工作方针,围绕"建精品景区、创全国文明、闯国际市场、树世界品牌"的工作目标,不断加大文明开发、文明经营、文明服务、文明管理力度,使景区得到了快速发展,同时景区游客人数和门票收入连年快速增长,2007年接待游客254万人次,门票收入突破2个亿,实现了历史性突破,游客人数和门票收入分别比2006年同期增长30万人和6000万元,分别是2001年的12.7倍和50.5倍。2009年"十一"期间,云台山景区门票收入就逾2500万元。随着景区知名度的提高,特别是远程客源市场的启动,景区主要客源市场已经扩展到半径1500千米区域,游客遍布全国各省(市)、自治区。

最后,我们重新回到旅游规划的话题。中国旅游业正日益成为推动国民经济和社会发展的一股强大的生产力。旅游规划编制是一个系统工程。旅游规划编制需求高峰的到来,将对编制旅游规划、发挥旅游规划效能,提出新的要求和更高标准。2010年"中国旅游产业节旅游规划生产力论坛"在天津召开,论坛正式引入了"旅游规划生产力"概念。规划是市场经济对计划经济的超越,是市场经济的理性化、逐利化的要求,也是市场之中有计划的具体体现,规划就是生产力的重要组成部分,旅游规划水平的高低和编制执行情况是区域经济水平甚至综合国力的重要体现。旅游规划直接影响旅游经济发展效益的高低。焦作云台山景区的成功开发就是例证。

阅读案例,思考问题:

1. 结合上述开篇案例,谈谈你对旅游规划作用的认识。
2. 你认为"焦作现象"的实质是什么?

1.1 旅游系统

1.1.1 旅游系统的概念

所谓系统是指各要素以一定的目标为导向,通过相互关联作用和反馈制约机制形成的有机整体。

苏联著名旅游地理学家 B. C. 普列奥布拉仁斯基于 1971 年与 Ю. A. 维杰宁合著专著《游憩与地理学》。在此书中,他们首次提出了游憩系统(俄语简称为 PC,即 Рекреационая Система)的概念。B. C. 普列奥布拉仁斯基等学者的研究指出,就游憩地理学(在这里视同我国的表述"旅游地理学",下同)早期研究而言,苏联研究者最初关注的问题有两个,一是出现了新的地域分异现象——游憩活动,二是既要研究游憩活动本身,又要分析自身的环境与自然、经济、系统分布的关系。游憩活动形成了特殊的社会系统类型:游憩系统(PC)。游憩系统(PC)主要由以下五个相互联系的子系统组成,即游憩者群体、自然与文化综合体、技术与工程装备系统、服务人员群体以及相应的管理机构。在此基础上,B. C. 普列奥布拉仁斯基提出了地域游憩系统(俄语简称为 TPC)的概念(图 1.1),构建了游憩系统的内外在联系,该理论成为游憩地理学理论体系中的基本理论之一,而且一直沿用至今。

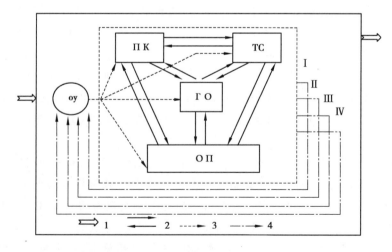

图 1.1　地域游憩系统(TPC)模型(B. C. Преображенский,1975)

图1.1中,ΓΟ—游憩者群体,ΠΚ—自然与文化综合体,ТС—技术支持系统,ОП—服务员工群体,ОУ—管理机构;1—系统外部联系,2—子系统之间联系,3—管理指令,4—子系统状况信息;Ⅰ—游憩者满意度,Ⅱ—满足游憩需求的自然综合体的协调程度,Ⅲ—技术系统有益性和可行性的满足程度,Ⅳ—服务员工状况。

2003年,王庆生与乌克兰社会经济地理学家多普切夫(Топчіεв О.Г)在《乌克兰地理学报》发表文章《游憩地理学理论与方法论问题探析:现代观》,进一步补充完善了地域游憩系统(ТРС)的概念体系,并提出了"游憩产业地域组织系统"(图1.2),其中特别强调了游憩管理与游憩营销子系统的重要性。

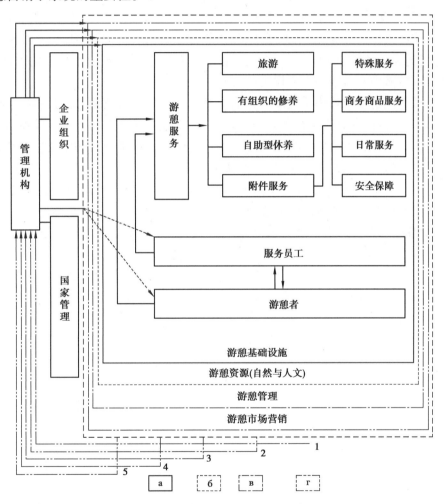

图1.2 游憩产业地域组织系统

图1.2中,a—游憩设施系统,6—游憩资源系统,в—游憩管理系统,г—游憩营销系统;反馈与管理联系:1—游客满意度,2—自然综合体满足游客需求的协调性水平,3—技术系统有益性和可行性的满足程度,4—服务员工状况,5—游憩管理与营销组织水平。

近年来,"旅游系统"的提法已经被学术界认可,但是关于旅游系统的定义、组成、结构等基本方面,学者所持意见却各不相同。

1988 年,美国著名旅游规划学者冈恩(Gunn)提出了旅游系统的概念。冈恩认为,旅游系统是由需求板块和供给板块两个部分组成,其中供给板块又由交通、信息促销、吸引物和服务等部分构成。这些要素之间存在着强烈的相互依赖性。

吴必虎认为,"旅游活动实际上是一个系统",由客源市场、目的地、支持系统和出游系统组成。其旅游系统是指旅游活动系统,包括游憩活动谱上的所有活动类型,其中有家庭游憩、户外日常休闲、一日游、过夜游及较长时段的度假活动等。

吴人韦则认为旅游系统由旅游者、旅游企事业和旅游地组成,具有运转、竞争、增益三大功能,其旅游系统概念实质上是指旅游业活动系统。

陈安泽、卢云亭等提出的旅游系统框架也由供给系统和需求系统两部分组成,其中供给系统又包括旅游地域系统、旅游服务系统、旅游教育系统、旅游商品系统 4 个子系统。进一步分析,旅游地域系统作为主要部分,它又包含旅游资源、旅游区或旅游地结构、旅游生态环境、旅游路线、旅游中心城镇等 5 个物质性内容。

张亚林认为旅游地域系统是人类各种旅游活动与各种旅游资源,通过一定的媒介和方式,在一定地域范围内的有机结合,是一个社会——地理系统。它的内部由旅游客体(旅游资源)子系统、旅游主体(旅游者)子系统和旅游媒介(旅游设施结构和旅游服务管理)子系统这三个子系统组成,其实质是从空间角度来认识旅游活动系统。由此可以看出,旅游系统是一种旅游活动系统,旅游活动既包括旅游者活动也包括旅游业活动。旅游活动系统是旅游规划与开发和旅游管理要解决的核心问题。

吴承照则提出,从更广泛的意义来说,由于众所周知的旅游活动的"无限关联",旅游系统是一个依赖于很多行业支持的系统,旅游规划必须协调旅游业与这些行业的关系。

综上所述,旅游系统是由旅游客源市场系统、目的地系统、支持系统三部分的子系统组成,是具有特定结构和功能的活动系统,是自然、经济、社会复杂系统的子系统。

1.1.2 旅游系统的特点

1)整体性

从结构上看,旅游系统是由旅游主体、客体、媒体三个子系统通过复杂的旅游流联系形成的有组织的整体。从功能上看,旅游系统是旅游流的空间组织单元,即旅游者通过在系统中的运动完成完整的旅游活动过程,这一过程依靠主体、客体、媒体子系统的协调作用才能完成,单个子系统则不具有这样的旅游功能。从空间上看,旅游系统呈现为相互独立的具有一定边界范围的地域,不同旅游系统地域空间范围、大小不同。

2)层次性

旅游系统由主系统和子系统组成,而旅游主体、客体、媒体子系统则又由复杂的要素构成,如客体子系统包括资源系统、交通系统、信息系统、社区系统等。旅游系统的多层次性是旅游系统复杂性的根源。

3）复杂性

旅游系统的复杂性指旅游系统内部各级组成部分之间相互作用的非线性,具有"牵一发而动全身"的特性。

4）开放性

旅游系统的开放性指旅游系统与外部环境之间具有物质、能量和信息的双向交流,既受环境的影响和制约,又对环境产生作用和影响,这里指的环境是自然—经济—社会环境。旅游系统的这种特性是由旅游系统是环境系统的子系统的性质所决定的。

5）动态性

旅游系统的动态性指旅游系统的发展变化性。无论是客源地还是目的地和旅游媒介都处在不断的发展变化之中,客源地出游率会随着客源地经济的发展而提高,游客的旅游需求特点随之会发生变化,交通工具随着科技发展变得更加快捷方便,目的地旅游产品和服务也会随着市场的需求发生变化。以西方国家为例,旅游经历了从贵族式旅游到大众化旅游的发展历程,当前以生态旅游为代表的新旅游正在兴起,游客选择旅游目的地的标准发生了很多变化,这种旅游需求的变化势必会引起旅游资源开发重点的转移,产生新的旅游格局。

6）地域性

旅游系统的地域性指旅游系统地域分布的不平衡性和跨地域性。在旅游目的地稀少、单位面积内旅游目的地数量较少的地区,旅游系统数量少,空间叠加程度也低;在旅游目的地稠密的地区,旅游系统数量多,空间叠加程度很高,形成旅游网络系统,这种不平衡性是由旅游资源分布的不均衡性决定的。旅游系统还具有跨地域的特征,目的地和客源地可能分布在距离遥远的不同地方,如以宗教圣地麦加为中心的旅游系统,其客源地则远在欧洲、美洲、非洲,系统跨越不同的洲。

1.1.3　旅游系统与旅游规划

旅游系统是以旅游目的地的吸引力为核心,以非生存目的的人流异地移动为特征,以闲暇消费为手段,具有较稳定的结构和功能的一种现代经济、社会、环境的边缘组合系统。旅游系统的三大要素之间,即旅游者主体、旅游目的地客体、旅游企事业媒体,通过吸引力(需求键)、消费(生产键)、生态环境(土地利用键)相互连接起来。它们与其外部环境相互交织、相互制约、相互支持,构成了复杂的功能耦合整体。旅游系统作为一种现代经济、社会、环境的边缘组合系统,其基本矛盾在于发展的目的性、功能协调性、结构有序性之间的矛盾。

吴必虎认为,旅游规划的复杂性是由以下问题决定的:相互关联性、非确定性、模糊性、多重性和社会制约。复杂性体现在旅游规划的多个方面,包括政策、制度、环境、经济等因素。旅游系统的复杂性要求对涉及的各个利益主体关系进行高度综合。根据旅游系统理论,旅游规划的实质是要求考虑整个旅游系统的运行,从旅游系统的全局和整体出发,着眼于规划对象的综合整体优化,而不是从局部和单个要素出发,也不只关心系统各组成部分的工作状态。旅游规划的目的是确保内部关联的旅游系统各个因素的全面发展,这些因素包括供需因素、物质规划和组织制度因素。

国内外实践表明,旅游系统的发展并非都在走向进化。所谓旅游系统的进化,即旅游现象的内部关系由简单到复杂、由低级向高级的上升性演化,主要有两个标志:一是与人类社会发展的价值指向日趋一致;二是系统内部的丰富性、组织性、功能整合性日渐提高。在现实的社会经济环境条件下,绝大多数旅游系统在其自然演化过程中,均会出现不同程度的系统失调。例如,资源成本的外在化导致个别企业迅速发展而使环境衰退;局部超载对旅游发展的整体制约;项目一哄而上导致特色消失等问题。

【扩展阅读】

旅游系统的结构①

从旅游发展动力系统来看,旅游不可或缺的组成部分包括旅游者、旅游目的地、旅游企业以及旅游发展的支撑与保障部门。因此,旅游系统也相应地由旅游客源市场子系统、旅游目的地吸引力子系统、旅游企业子系统以及旅游支撑和保障子系统四个部分组成,并从旅游系统的组织结构、经济结构、空间结构上进行了分析。

1)旅游系统的组织结构

从组织结构上来看,旅游系统由四个部分组成(图1.3):旅游客源市场子系统、旅游目的地吸引力子系统、旅游企业子系统和旅游支撑与保障子系统。

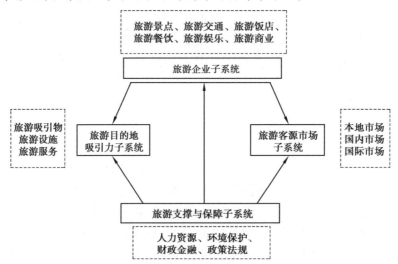

图1.3 旅游系统组织结构示意图

---

① 马勇,李玺.旅游规划与开发[M].2版.北京:高等教育出版社,2006.

2）旅游系统的经济结构

旅游系统的经济结构可以简单地用"旅游需求—旅游市场—旅游供给"模型来描述（图1.4）。

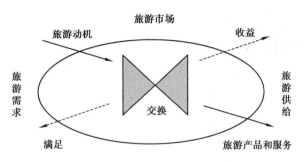

图1.4　旅游系统的经济结构

（1）旅游需求

在旅游系统的经济结构中，旅游需求部分主要是指旅游者的需求。旅游者在拥有资金和闲暇之余产生了旅游动机，从而向旅游市场中寻找旅游需求的满足。

（2）旅游市场

旅游市场是旅游供给与旅游需求双方进行交换的中间场所。在价值规律、供求规律以及竞争规律的制约下，旅游市场能帮助旅游供给方和旅游需求方实现高效交换，从而使双方的利益最大化。

（3）旅游供给

旅游供给部分则与旅游系统组织结构中的旅游目的地吸引力子系统和旅游企业子系统相对应，指具有吸引力并为旅游者提供各项产品和服务的要素总和。旅游供给部门在向旅游市场提供旅游产品和服务之时，获得自身利益。

（4）旅游系统的空间结构

旅游者在产生旅游动机后会通过相关渠道获取旅游目的地信息，并在此基础上进行决策。之后，旅游者又要借助旅游交通工具前往旅游目的地，最后返回居住地。旅游系统在空间上主要涉及三个因素，即旅游客源地、旅游目的地和旅游通道（图1.5）。其中，旅游客源地是旅游系统空间结构中的基础部分，旅游通

图1.5　旅游系统的空间结构

道是重要支撑，而旅游目的地既是旅游产品的生产地，同时又是旅游消费的发生地。

1.2 旅游规划的概念体系

1.2.1 旅游规划的起源

旅游规划最早起源于20世纪30年代中期的英国、法国和爱尔兰等国。最初旅游规划只是为一些旅游项目或设施做一些基础的市场评估和场地设计,例如为饭店或旅馆选址等。在20世纪50年代,当政府意识到旅游既有可观的经济效益,又会带来不良影响时,一些国家、地区的规划中开始涉及旅游。其中,具有较完整的旅游规划形态的是1959年的夏威夷州规划(State Plan of Hawaii),可被看作是现代旅游规划的先驱。旅游规划,第一次成为区域规划的一个重要组成部分。1963年,波兰的区域和城市规划专家B.马列士在其著作《城市建设经济》中正式提出门槛分析法(Threshold Analysis)。该方法最初应用形式是城市发展门槛分析,是综合评价城市发展可能的综合规划方法。1968年,B.马列士在南斯拉夫南亚德里亚地区的规划中首次将门槛分析法直接应用于旅游发展规划。20世纪60年代末期,法国、英国相继出现了正式的旅游规划。20世纪70年代,苏联著名旅游地理学家B.C.普列奥布拉仁斯基(B.C.Преображенский)以游憩地理学研究为基础,相继发表了专著《地理学与游憩》、《游憩自然公园的功能及其形成的科学机制》、《苏联游憩系统地理》和系列论文"自然综合体游憩评价方法"、《游憩带的形成》"游憩规划中的地理学问题"、"苏联的游憩规划及其发展趋势"、"大型疗养游憩带的环境保护与合理利用"等,从多侧面研究探讨了旅游规划的理论与实践问题。随后,马来西亚、中国台湾、斐济、波利尼西亚、加拿大、澳大利亚、美国及加勒比海地区兴起了旅游规划。

1.2.2 旅游规划的概念

旅游规划从字面上理解是由旅游和规划组合而成,因而是对旅游的规划。因此,要掌握旅游规划的概念也应从旅游和规划两个方面入手。

朗文(Longman)大词典对规划的解释如下:规划是制订或实施计划的过程,尤其是作为一个社会或经济单元(企业、社区等)确定目标、政策与程序的过程。因此,我们可以将规划界定为:为达到某一目标而进行的"构想、提案、实践"这一全过程,该过程具有连续性、增值性与可变性特征。

"规划"一词,《现代汉语词典》的解释为"比较全面的长远的发展计划",《辞海》中"规划"词条的释义为"谋划、筹划"。因此,"规划"经常与"计划""谋划""策划"等词替换和混用。规划是对未来各种长远活动方案的选择,具有宏观性、长远性、战略性和预测性。计划、谋划、筹划等则相对内容具体、时间短、涉及面窄,是根据规划进行具体实施的部署。因此,规划通常兼有两层含义:一是描绘未来,即人们根据现在的认识对未来目标和发展状态的构想;二是行为决策,即实现未来目标或达到某种状态的行动顺序和步骤。

规划与不同的主题搭配则形成不同的内涵,如区域规划、城市规划、社会经济发展规划、园林规划、环境保护规划、教育规划、风景区规划等。每个行业、每个部门又从自己的实际工作出发编制发展规划。

就旅游规划属性上看,基本上可以将旅游规划归类为旅游产业规划与区域旅游规划两大属性。王兴斌将旅游发展规划归类为产业的范畴,是旅游行业规划与产业规划的结合,并强调,在编制旅游发展规划时要将两者结合起来,既要重点部署和策划旅游行业链的全面发展与管理,也要全面部署和谋划旅游产业群的综合发展和相互协调。吴必虎、马勇认为,旅游规划是区域规划的专项规划。

旅游规划是从区域规划中衍生而来的,属于区域规划中的专项规划。因此,旅游规划应服从于区域总体规划的要求。

目前有关旅游规划尚无十分明确、被公认的定义。中外专家学者从不同的角度对旅游规划概念的界定提出了众多不同的观点。

国外学者的观点如下:

英国建筑学家和旅游学家劳森(Lawson)和鲍德·鲍威(Baud Bovey)所著《旅游休闲开发——实体规划手册》中较早地对旅游规划的理论、一般规划的技术和标准进行了初步探讨。旅游规划专家甘恩(Gunn)、墨菲(Murphy)、盖茨(Getz)等学者深入揭示了旅游规划的内涵。

墨菲认为,旅游规划是预测和调节系统内的变化,以促进有秩序地开发,从而扩大开发过程的社会、经济与环境效益。它是一个连续的操作过程,以达到某一目标或平衡几个目标。

盖茨将旅游规划界定为,在调查研究与评价的基础上寻求旅游业对人类福利及环境质量的最优贡献的过程。

甘恩指出,旅游业起源于游客对旅游的欲望,终止于对这种欲望的满足,因此,规划绝不能无视游客的需要,旅游规划的首要目标是满足游客的需要。他认为,旅游规划是经过一系列选择,从而决定合适的未来行动过程。这个过程是动态的、互动的。未来的行动不仅是指政策的制定,还包括目标的实现。

国内学者的观点如下:

肖星、严江平认为,旅游规划是对旅游业及相关行业未来发展的设想和策划。其目标是,尽可能合理而有效地分配与利用一切旅游资源以及旅游接待能力、交通运输能力、社会可能向旅游业提供的人力、物力和财力,以使旅游者完美地实现其旅游目的,从而获得发展旅游业的经济效益、社会效益和环境效益。

马勇、李玺指出,旅游规划是指在旅游系统要素发展现状调查评价的基础上,针对旅游系统的属性、特色和发展规律,并根据社会、经济和文化发展的趋势,以综合协调旅游系统的总体布局、系统内部要素功能结构以及旅游系统与外部系统发展为目的的战略策划和具体实施。

黄羊山认为,旅游规划是旅游发展的纲领和蓝图,是关于旅游发展的一项部门规划。由于旅游是一项非常复杂的活动,它既是一项经济活动,又是一项文化活动、社会活动,因此,旅游规划既是一种部门经济规划,同时又是社会发展规划的一个有机组成部分。旅游规划由其所属的第三产业性质和区域的差异性所决定,因而具有复杂性和动态特征,要求在规划过程中尽量全面周到,既遵循市场经济的规律,又反映区域自然、社会、经济、文化的特点,并根据旅游的发展和趋势,及时修订和更改规划。

严国泰认为,旅游规划是对旅游事业发展目标作出全面计划的决策过程,是对旅游事业未来状态的构想,是指导旅游行业部门未来发展的基本依据。因此,从这层意义上认识,旅游规划属于行业发展规划。

巅峰智业认为,旅游规划指对一定区域范围内的旅游业在未来若干年内开发和建设的总的部署及规划,对旅游资源、设施及服务,以及其他相关资源的合理优化配置与利用,协调好该地区旅游业的发展与经济、社会和环境之间的关系,以实现旅游业经济、社会和环境效益最大化的过程。

综上,我们认为,旅游规划是指在旅游系统发展现状调查评价的基础上,结合区域自然、社会、经济和文化的特点、趋势以及旅游系统的发展规律,以优化功能布局、推动旅游集聚以及科学调控旅游系统与社会和谐发展为目的的战略安排,是指导旅游业可持续发展的纲领。

1.2.3　旅游规划的功能

旅游规划的对象发展到旅游系统,将带来两种影响:第一,意味着将调动社会及政府部门所拥有和管理的、旅游所依赖的基础设施、公共服务设施、社会人力、物力、自然资源和文化资源,共同为旅游系统在竞争中的生存与发展服务;第二,意味着要冲破历史形成的学科壁垒和行政条块分工,依靠科技与管理的进步来强化旅游系统的整体结构和功能,从根本上提高旅游系统的组合效率和整体竞争力。

旅游规划的前馈和负反馈功能,是预先或及时地扩展、修复和调节旅游系统的耦合结构,以维持旅游系统发展所必需的内部稳定性、环境变化适应性和发展方向的合目的性。旅游规划的正反馈功能,在于指导旅游系统不断地提高内部各因素之间的方向协同性和结构高效性,以增强旅游系统的整体竞争力,加速旅游系统发展进化的历程。

旅游规划的历史作用,就是在旅游系统内部建立起这套由正反馈、前馈和负反馈机制组成的旅游发展控制体系。借此,旅游规划指导旅游系统不断地提高内部各因素之间的方向协同性、结构高效性、运行稳定性和环境适应性,增强旅游系统的整体竞争力,从而指引旅游系统不断地规避风险,走向上升性的演化历程。

合理的旅游规划,在内化于旅游发展的过程中,至少应体现出五大社会功能。

①旅游规划须为旅游系统注入正反馈、前馈和负反馈机制,为旅游系统提供良好的发展框架,以避免自然演化的旅游系统所必经的粗放型、随机型、破坏性、波动性的发展道路。

②旅游规划须在充分研究旅游系统内部条件和外部市场环境可能性的基础上,为该旅游系统确定既理想又可达的发展目标,特别是投资效益目标的可达性、生态环境保育目标的可达性及社会发展目标的公正合理性。

③旅游规划应能合理调动社会经济系统中已有的支持力量,或组合、创建新的支持力量,指导和强化有关各方的协同关系,降低成本、提高效能,以缩小产品质量、产业能力、市场

可接受价格之间的差距。

④旅游规划须顺应规划目标本身的随机变化,甚至跳跃性变化这个现实,为旅游规划的实施过程留有必要的弹性空间,并主动、及时地调整规划本身,使旅游系统的实际发展能够不断地缩小与目标的距离以及方向偏差。

⑤旅游规划须协调与解决在市场经济条件下通常无法自动解决,或难以局部解决的一系列矛盾,如环境成本的外在化、不可再生资源的损耗、垄断经营等,以维护生态环境秩序、社会文化秩序和经济竞争秩序,不断储备后续发展的资源条件及增长动力。

旅游规划的社会功能不是无限的,它须接受社会与自然的约束。人类为其生存和发展,通过旅游发展而摄取于自然、摄取于社会。在旅游规划指导下的旅游发展,其摄取方式与其他生物的本质区别在于不是单纯靠大自然的恩赐,而是靠自己理智的实践活动,即一种负责任的摄取,它需要行为上自觉接受社会的规范和大自然的约束。

旅游规划的社会功能也不是可有可无的,旅游规划须提供人类以价值,包括:①提供自然环境价值,即改善人类与生命系统、环境系统的关系;②提供经济价值,即通过旅游生产和消费,改善主体生存质量的创造、分配及交换关系;③提供精神价值,包括知识价值、道德价值、文化价值、审美价值和人的价值,帮助人类趋向理智、高尚、文明、和谐、健康、自由和全面的发展。

1.2.4 旅游规划的特点

1) 基础性与科学性

旅游规划本身,需要收集大量的基础性资料,需要对影响旅游地发展的自然、社会、经济等方面的基本情况进行详细的调查、分析与评价,特别是对规划范围的资源状况,旅游市场需求的特征与变化趋势,同类景区(点)的发展现状,必须认真调查分析。除此之外,旅游规划是在一个总体发展目标的指导下,遵循一系列原则,运用社会经济规划、物质性规划等多方面的科学知识和技术方法,通过资源评价、区位分析、市场调查、发展预测、项目策划、资源保护等一系列扎实的工作制定而成。

2) 综合性

旅游规划的综合性表现在旅游规划内容的广泛性和综合性,规划过程的综合协调性,规划方案的比选性,规划队伍的综合性。旅游地作为一个开放性区域,是由自然、社会、经济等系统有机组成,每个系统又可进一步细分为若干子系统及诸多的组成要素。旅游规划涉及自然、经济、社会、人民生活等各个领域,涉及工业、农业、建筑业、交通运输业、宾馆餐饮业、商贸、邮电、通信、卫生等社会经济的各个部门,内容十分广泛。从纵向上看,旅游规划是属于区域旅游发展规划中的一部分;从横向上看,它和与其并列的城镇、水利、交通、电力、农业等专项规划都有千丝万缕的联系,并具有一定的互补性。因此,旅游规划与其他产业一样具有协调系统内部要素以及旅游系统与其他系统和谐发展的特点。

3)地域性

旅游规划的核心内容就是要创造旅游地方感,即规划内容的地方特色性,没有地域差异的旅游产品是没有市场的。旅游规划的地域性特点主要表现在旅游规划高度依赖旅游资源,而各地拥有的旅游资源条件是有差异的。因此各地因其自然地理基础、历史文化传统、民族心理积淀、社会经济水平的不同,旅游规划的结果必定不同,旅游规划所构筑的旅游主题不同,从而用来烘托该主题的各种配景与环境也不同。

4)系统性和层次性

系统论认为系统是由要素组成的,旅游者及其相关因素组成一个复杂的旅游系统,他们之间相互作用、密切相关。旅游规划采用系统、整体的方法,在全面了解目的地旅游体系如何运作的基础上制定目标、策略,通过旅游系统内各要素的配置,使旅游系统达到最优的建设和最大的效益。

旅游规划的层次性表现在由对整个旅游系统内各要素的统一协调规划逐步落实到单个旅游要素(如服务设施、旅游景区和景点)的规划。旅游规划主要从三个层面来操作,首先是制定旅游发展大纲,提出区域内旅游资源开发的总体设想。其次在发展大纲的基础上制定旅游总体规划,对旅游区未来 5~20 年的发展目标进行落实定位,制定出 2~3 种可能的规划方案,并提出最有希望实现的目标方案。最后在总体规划的指导下,为了近期建设的需要,对旅游区未来 5 年之内的旅游资源开发与利用进行详细规定,提出一系列景区(点)建设用地的各项控制指标和其他规划要求,为旅游区内的开发建设活动提供指导。

5)可操作性

旅游规划是对未来旅游发展状况的构想和安排,规划的可操作性是委托方最关心的问题。观念上的、图纸上的规划只有通过一定的程序遵照执行,才能对现实发挥作用。成功的规划成果都是理论联系实际,在深入调查研究的基础上制定出来的,具有前瞻性、可操作性,景区(点)的建设结果才更接近于预期的效果。

6)预见性

旅游规划是对未来旅游发展状况的构想和安排,是以未来可能的、较理想的事物作为组织现实行动部署的依据,是在充分认识旅游系统发展规律的基础上,在规划初期就对旅游景区(点)客源市场的需求总量、地域结构、景区(点)盈利能力等有一个全面的预测。正是事先预见规划后的景区(点)能够取得经济效益、社会效益和生态效益,旅游景区(点)的规划才能被认可,才有后来的开发事宜。

1.2.5 旅游规划的分类

旅游规划是以旅游目的地发展为目标而编制的规划。因此,规划的总体思路应以促进旅游事业健康发展为依据,规划的分类也应以健康发展旅游业为原则。

旅游规划是对旅游目的地未来发展的预测,根据各地各个时期的不同情况以及编制旅游规划的机构性质和专业特长,旅游规划活动会表现出不同类型和方式,其规划成果也各自不同。按照不同的标准可以从不同的角度对旅游规划活动进行分类。任何分类都是相对的。一般而言,旅游规划的类型有旅游发展总体规划、旅游发展详细规划和概念性规划。

1)国际上常用的分类方法

国际上有很多学者在旅游规划的科学分类方面,取得了一定的研究成果。以下几种分类方法比较具有代表性。

(1)世界旅游组织(UNWTO)的分类

1997 年,世界旅游组织按照不同的分类标准对旅游规划进行了分类,主要有以下 3 类。

①按照地域范围划分,旅游规划可分为地方性规划(规划图纸比例为 1∶1000 或 1∶5000)、区域及区域间规划(1∶10 万)、全国规划、国际性规划。

②按照规划时期划分,旅游规划可分为短期规划(1～2 年)、中期规划(3～6 年)和长期规划(10～25 年)。

③按照规划组织结构划分,旅游规划可分为部门规划、项目规划和综合规划。

(2)爱德华·因斯凯普(Edward Inskeep)的分类

世界旅游组织的美籍专家爱德华·因斯凯普(Edward Inskeep,1991)根据旅游规划的空间范围大小,提出旅游规划的类型可以包括国际旅游规划、国家旅游规划、区域旅游规划、度假区旅游规划和旅游设施用地规划。

①国际旅游规划,这个层次的规划的范围最大,其焦点集中在全球的旅游政策,包括可持续旅游发展、全球性的生态环境保护、国际交通服务、多国的旅游线路、旅游产品开发以及国际旅游合作等。

②国家旅游规划,往往局限于一个国家的领土范围内,相对于国际规划来说,比较容易协调。其内容主要包括国家的旅游政策、产业发展战略与产业结构、旅游产品设计与开发、交通服务以及旅游市场营销等。

③区域旅游规划,是一个国家内部的一个地区的规划,具体包括跨省经济区旅游规划、省级及省级以下区域的旅游规划。其主要内容包括区域性的旅游政策、产业结构、交通服务以及旅游产品的设计、开发、营销等。

④度假区旅游规划,即旅游开发区规划,是以度假区、旅游城镇、都市游憩带等为对象的具体的规划类型。这种规划范围小,但是针对性强。这种规划的成功实施,可以带来直接的经济效益。

⑤旅游设施用地规划,是针对单体建筑或者建筑群建设而制定的规划。其主要内容包括饭店(宾馆)、停车场、旅游厕所等旅游设施的选址以及这些设施设计方面的相关问题。

(3)甘恩(Gunn)的分类

甘恩从旅游规划的空间范围角度出发,把旅游规划的类型划分为区域(Region)规划、目的地(Destination)规划和场址(Site)规划三类。他认为完整的规划过程应当是涵盖这 3 种尺度的规划,而规划利益相关者如旅游规划者、领导者、开发者和当地居民等所面临的最大挑战,就是整个规划应遵循统一的目标。

2)我国学者的分类方法

近年来,我国学者在进行大量的文献研究和实践总结基础上,为旅游规划的研究及其科学分类作出了贡献。在众多学者中,比较有代表性的有以下几种。

(1)郭康等学者的分类

郭康等学者根据旅游发展的阶段,将旅游规划划分为3种类型。

①开发性旅游规划,这种类型的旅游规划主要是针对那些没有开发旅游资源的地区和旅游地,是旅游发展初期的规划。

②发展性旅游规划,它是旅游发展过程中所进行的旅游规划,主要是就如何提高旅游发展的经济、社会、环境效益提出建设性意见,所要解决的问题是旅游发展战略、发展速度、发展协调和发展保障等。

③调整性旅游规划,是旅游发展后期的规划,是在旅游发展具有一定规模和基础的前提下所进行的旅游规划。此类型旅游规划主要是对过去的旅游规划进行调整和扩大,以适应新的旅游发展需要。

(2)"发展、建设二分法"

我国的"发展、建设二分法"是将旅游规划划分为以社会经济规划为主体和以工程建设为主体的两大板块。该分类方式表明了我国旅游规划的技术群体目前尚处于分立的状态,导致了旅游建筑设计和旅游发展规划对立状况的出现。旅游建设规划者不重视社会经济和市场条件的分析,旅游发展规划者又缺乏旅游建筑设计的相关技能。实际上,旅游发展规划与旅游建设规划不应该被分割成两种类型,无论编制何种旅游规划,上述两种能力都缺一不可。

(3)4P分类法

4P分类法把旅游规划分为结构规划、总体规划和项目规划。该分类方法是从规划方法(planning)、规划专家(planner)、规划空间(place)以及旅游规划与其他规划关系(plans)的角度进行分类。4P分类法的各种旅游规划类型具体含义,见表1.1。

表1.1 旅游规划的4P分类

规划类型	规划空间	规划方法	规划专家	与其他规划的关系
结构规划	区域	战略规划	社会经济、环境建设、其他	以社会经济发展为主,兼顾物质环境及其发展承受性
总体规划	旅游目的地	总体规划	环境建设、社会经济、工程管理、其他	社会经济发展与物质环境发展并重
项目规划	项目	详细规划	环境建设、社会经济、工程管理、艺术、其他	在旅游理论指导下的旅游项目开发规划或经营管理与服务计划,视规划项目的性质而定

（4）吴必虎等学者的时空二维分类法

吴必虎等学者从空间（范围大小和产品功能）和时间（旅游业成熟程度）相结合的角度，把所有旅游规划归纳为时-空二维体系。从空间的维度来看，可以分为区域旅游规划、目的地旅游规划（城市和社区）、旅游区规划 3 种基本类型，三者的空间范围从大到小，在规划的土地利用布局、旅游产品功能及支持系统构建等方面有一定区别。从时间维度来看，无论是区域规划、目的地规划还是旅游规划，根据旅游发展阶段的不同，又分为初期的开发规划和成熟期的管理规划两种情况，见表 1.2。

表 1.2 旅游规划的时-空二维分类

空间维 时间维	区域旅游规划	目的地旅游规划	旅游区规划
发展初期	区域旅游发展（开发）规划	城市旅游发展规划	旅游区（点）开发规划
发展后期	区域旅游管理规划或营销规划	城市旅游管理规划	旅游区（点）管理规划

（5）按旅游规划的内容分类

马勇等学者依据旅游规划内容，将旅游规划分为两类。

①旅游综合规划，是一个区域的规划概念，它指按照国家和地方旅游业发展纲要精神，结合国家旅游产业布局的要求，提出合理开发利用区域内旅游资源，促进旅游业可持续发展的总体设想。在该总体设想中，不仅要有长远发展的目标，还应包括在综合分析了影响该区域旅游发展的国际国内旅游业形势及相关因素的基础上所提出的实施方案。它需对区内旅游资源的赋存状况及特征进行系统分析和定性定量的评价，对影响区域发展的区位条件，区域内外旅游因子及相关因素做出全面的研究，对区域旅游的结构和功能进行深入的阐述，最后提出区域旅游的发展方向、发展规模和发展目标。还包括区域旅游发展战略的研究和制定。

②旅游专题规划，又称为部门规划、专项规划，是指在区域旅游综合规划的基本思想指导下，针对旅游开发过程中重要部门和环节的发展而制定的针对性较强的规划。专项规划是综合规划报告的重要补充。常见的类型有基础设施建设专题规划、旅游市场营销专题规划、旅游目的地形象设计专题规划及旅游人力资源开发专题规划等。

（6）其他分类

从旅游规划所使用的技术方法来看，旅游规划可以分为发展总体规划、控制性详细规划、修建性详细规划。

旅游发展总体规划，一般涉及的内容较为繁杂，技术上有较强的专业性要求，规划的期限也较长，一般为 20 年。旅游发展总体规划所需规划图件较少，一般仅附 5～10 张比例尺小于 1∶50000 的规划图纸。因此，该类规划一般由政府委托专业规划单位编制。

控制性详细规划，一般是针对规模适中的景区编制。其目的在于控制景区中土地的使用，即将景区中的土地划分成许多地块，并规定每个地块的使用类型和方式。该类规划的年限较总体规划要短,为 10～15 年。在规划图件的使用方面,控制性详细规划较总体规划的要求高,需要大量比例尺为 1∶20000 左右的规划图纸,其中包括景区土地利用现状图、景区土地利用规划图等。

修建性详细规划,是旅游规划中最为基础的规划类型,它直接指导景区内的建筑设计,目的在于指导旅游景区的建设。在内容上,修建性规划更为细致,涉及建筑的体量、材质以及外观,景区的给排水、供电、交通、环卫、绿化等。规划图件更是该类规划的重要组成部分,从某种程度来说,规划图纸较规划文本更重要。一般修建性详细规划包括 90～100 张比例尺为 1∶500 左右的规划图。图件除了排水、供电、交通、环卫、绿化等上述内容外,还涉及建筑立面景观效果、景源视线分析、环境效果分析等。因此,修建性详细规划兼有旅游规划与建筑设计的特点,专业性更强。

1.2.6　旅游规划与其他规划

1) 旅游规划与城市规划

城市规划是依据住建部《城市规划编制办法》,对一定发展期限内的城市性质、范围、规模、发展方向以及人口发展规模和城市土地利用和布局等进行科学安排。

城市总体规划的成果:文本;说明书;主要图纸。

规划文本内容:城市存在问题及基本规划对策概述;城市性质、规划期限、城市规划区范围、城市发展方针与战略、城市人口发展规模;城市土地利用和空间布局;城市环境质量建议指标,改善或保护环境的对策;各项专业规划;近期建设规划;实施规划的措施等。

需要说明的是,城市规划和旅游业发展规划是统一的,只不过城市规划具有更强的系统性和综合性,而旅游规划是城市规划的一个方面。以天津市为例,其旅游发展总体规划的编制同时要服从于《天津市城市总体规划》。

2) 旅游规划与社会经济发展规划

所谓社会经济发展规划,是指通过对社会经济的发展预测,并深入研究该地区的发展战略目标、发展模式、主要比例关系、发展速度、发展水平、发展阶段以及相关的其他各种关系,而制定的相关发展策略以及方针和政策。社会经济发展规划虽然在名称上是从社会和经济两个方面来考察区域的发展,但是在内容上更加侧重于经济的发展和进步,由于社会经济发展规划是对区域发展的综合性规划,因此对于其他各类和各级的规划均具有约束性,其他规划的制定都应该以区域的社会经济发展规划为依据。

同旅游规划和城市规划的关系一样,社会经济发展规划是从一个更高层次上对区域各个方面的发展予以综合考虑和平衡控制。所以,旅游规划是区域社会经济发展规划的一个重要组成部分。

3) 旅游规划与区域规划

区域规划是指特定区域的宏观综合性规划,其规划的主要内容是对人口的居住区、工业区、农业区以及第三产业的分布进行总体布局;此外还要对国土的整治和综合利用进行规划,如为了解决社会发展过程中产生的人口、环境、资源等问题,而对国有土地资源的合理开发利用、治理保护等方面进行研究。这两个方面构成了区域规划的主要内容,即通过各种技术手段对区域的产业布局和国土资源利用进行整体的、合理的开发、建设和保护。区域规划按照不同的地域等级可以分为不同级别的规划,如乡镇级的发展规划、县市级的发展规划、省级的发展规划以及国家级的发展规划等。

简单地说,旅游规划与不同等级的区域规划之间的关系就像其他的专项规划与区域规划的关系一样,是对区域规划的充实与深化。

4) 旅游规划与现代服务业规划

"现代服务业"的提法早在 1997 年 9 月党的十五大报告中就已经出现;2000 年中央经济工作会议提出:"既要改造和提高传统服务业(它有别于商贸、住宿、餐饮、仓储、交通运输等传统服务业),又要发展旅游、信息、会计、咨询、法律服务等新兴服务业。"

一般认为,现代服务业是指伴随着信息技术和知识经济的发展产生,用现代化的新技术、新业态和新服务方式改造传统服务业,创造需求,引导消费,向社会提供高附加值、高层次、知识型的生产服务和生活服务的服务业。现代服务业是相对于传统服务业而言,适应现代人和现代城市发展的需求,而产生和发展起来的具有高技术含量和高文化含量的服务业。

现代服务业的发展本质上来自于社会进步、经济发展、社会分工的专业化等需求,具有智力要素密集度高、产出附加值高、资源消耗少、环境污染少等特点。现代服务业既包括新兴服务业,也包括对传统服务业的技术改造和升级,其本质是实现服务业的现代化。就分类来看,包括基础服务(包括通信服务和信息服务);生产和市场服务(包括金融、物流、批发、电子商务、农业支撑服务以及中介和咨询等专业服务);个人消费服务(包括教育、医疗保健、住宿、餐饮、文化娱乐、旅游、房地产、商品零售等);公共服务(包括政府的公共管理服务、基础教育、公共卫生、医疗以及公益性信息服务等)。

服务业的兴旺发达,是现代经济的一个重要特征,是经济社会发展的大趋势,是衡量一个城市竞争力和现代化水平的标志。旅游产业是现代服务业体系的主要组成部分,是建设现代化国际大都市的基本要素,是精神文明建设的主要平台。很明显,旅游规划作为现代服务业规划的有机组成部分,在提高区域现代服务业发展水平方面具有越来越重要的作用。

1.3 旅游规划编制体系与程序

1.3.1 旅游规划编制体系

自我国《旅游规划通则》(GB/T 18971—2003)2003 年发布、实施以来,我国旅游规划编制的内容日趋规范化,在指导我国旅游业健康和可持续发展方面发挥了积极的作用。当然,由于旅游规划和城市规划等的对象不同,其编制内容在遵从规范的前提下,更要求创新性、个性和地方特色,因此,不少学者要求对上述《旅游规划通则》予以修订和完善。尽管如此,现有的《旅游规划通则》在今后一段时期,仍将是我国旅游规划编制的基本依据。

现行《旅游规划通则》规定,旅游规划包括旅游发展规划和旅游区规划。旅游发展规划按规划的范围和政府管理层次分为全国旅游业发展规划、区域旅游业发展规划和地方旅游业发展规划。地方旅游业发展规划又可分为省级旅游业发展规划、地市级旅游业发展规划和县级旅游业发展规划等。旅游区规划包括总体规划、控制性详细规划、修建性详细规划,以及项目开发规划、旅游线路规划和旅游地建设规划、旅游营销规划、旅游区保护规划等功能性专项规划。由建设部、国土资源部、林业部、水利部等部门制定的规范中,所涉及的规划层次基本如《旅游规划通则》中的旅游区规划。现行旅游规划编制体系,如图1.6所示。

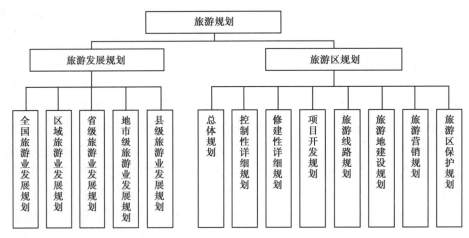

图1.6　现行旅游规划编制体系

基于大量旅游规划编制工作实践,张宏(2010)建议将旅游规划编制体系分为基本序列和扩展序列两个部分。基本序列包括旅游业发展规划、旅游景区总体规划和旅游景点修建性详细规划3种形式,分别对应旅游区、旅游景区、旅游景点3种空间区域层次(表1.3)。扩展序列包括若干种规划形式,也与3种旅游活动空间区域形成对应关系①。

科学的旅游规划编制体系应该具备以下特点:对于大多数旅游活动空间,在一定时期内,只需编制一种规划,即基本序列中的规划形式,就可以解答该空间发展建设中的主要问题;对于少数处在特殊发展阶段的旅游活动空间,可以通过编制扩展系列中的规划形式,针对该空间应如何完善产业体系、开拓新的客源市场、有效保护旅游资源等问题进行专题研究。这样的编制体系,既可以满足科学决策的需要,避免盲目建设,又有利于简化旅游业发展前期决策阶段工作程序,提高效率,降低成本,见表1.3。

---

① 张宏,毛卉,刘伟. 旅游规划编制体系研究[J]. 地域研究与开发,2010,2(3):82-87.

表1.3　旅游规划编制体系构成

空间类型	空间层次	基本序列	扩展序列	备注
旅游活动空间	旅游区	旅游业发展规划	旅游产业发展规划	
			旅游目的地营销策划	
			旅游区交通系统总体规划	
			旅游区服务体系建设规划	
			乡村旅游发展规划	
			工业旅游发展规划	
			文化资源保护与旅游开发规划	
			旅游业发展近期行动计划	
	旅游景区	旅游景区总体规划	项目开发规划	
			旅游线路规划	
			客源市场营销策划	
			旅游资源保护与培育规划	
			游客引导标识系统规划	
			旅游景区移民安置规划	
	旅游景点	旅游景点修建性详细规划	控制性详细规划	
			景观系统详细规划	
			绿地系统详细规划	
旅游管理或服务空间	区域性服务中心	总体规划	分区规划	一般应适用城市规划有关规范或技术标准
		修建性详细规划	控制性详细规划	
	景区内部服务中心	修建性详细规划	控制性详细规划	
			绿化、美化工程规划	

1.3.2　旅游规划编制的程序

1)《旅游规划通则》的指导性意见

我国《旅游规划通则》对旅游规划编制程序提出如下指导性意见。

（1）任务确定阶段

①委托方确定编制单位。委托方应根据国家旅游行政主管部门对旅游规划设计单位资质认定的有关规定确定旅游规划编制单位。通常有公开招标、邀请招标、直接委托等形式。

公开招标：委托方以招标公告的方式邀请不特定的旅游规划设计单位投标。

邀请招标:委托方以投标邀请书的方式邀请特定的旅游规划设计单位投标。

直接委托:委托方直接委托某一特定规划设计单位进行旅游规划的编制工作。

②制订项目计划书并签订旅游规划编制合同。委托方应制订项目计划书并与规划编制单位签订旅游规划编制合同。

(2)前期准备阶段

①政策法规研究。对国家和本地区旅游及相关政策、法规进行系统研究,全面评估规划所涉及的社会、经济、文化、环境及政府行为等方面的影响。

②旅游资源调查。对规划区内旅游资源的类别、品位进行全面调查,编制规划区内旅游资源分类明细表,绘制旅游资源分析图,具备条件时可根据需要建立旅游资源数据库,确定其旅游容量,调查方法可参照《旅游资源分类、调查与评价》(GB/T 18972—2017)。

③旅游客源市场分析。在对规划区的旅游者数量和结构、地理和季节性分布、旅游方式、旅游目的、旅游偏好、停留时间、消费水平进行全面调查分析的基础上,研究并提出规划区旅游客源市场未来的总量、结构和水平。

对规划区旅游业发展进行竞争性分析,确立规划区在交通可进入性、基础设施、景点现状、服务设施、广告宣传等各方面的区域比较优势,综合分析和评价各种制约因素及机遇。

(3)规划编制阶段

规划区主题确定,在前期准备工作的基础上,确立规划区旅游主题,包括主要功能、主打产品和主题形象。确立规划分期及各分期目标。提出旅游产品及设施的开发思路和空间布局。确立重点旅游开发项目,确定投资规模,进行经济、社会和环境评价。形成规划区的旅游发展战略,提出规划实施的措施、方案和步骤,包括政策支持、经营管理体制、宣传促销、融资方式、教育培训等。撰写规划文本、说明和附件的草案。

(4)征求意见阶段

规划草案形成后,原则上应广泛征求各方意见,并在此基础上,对规划草案进行修改、充实和完善。

2)我国部分旅游规划学者的观点

严国泰(2005)结合主持完成大量旅游规划的经验和体会,认为旅游规划编制程序主要应包括:

(1)选择规划单位

选择规划单位是旅游规划能否成功的重要组成部分。由于我国旅游业发展起步较晚,旅游规划单位相对于城市规划单位而言,还很不健全,旅游规划单位管理还没有系统化。我国旅游规划单位资质可分为甲级、乙级和丙级三级旅游规划资质单位体系。旅游规划资质单位应根据其资质等级的不同,各司其职。丙级旅游规划资质单位,由于批准单位为省市级旅游局,因此丙级旅游规划资质,限于省、市应用,不能跨省进行规划。乙级旅游规划资质单位,可以跨省承担规划任务,但主要承接省级以下的旅游区域规划项目。甲级旅游规划资质单位,不受上述限制。因此对于甲级规划单位来说,其技术力量不仅要做到总体规划层面,同时还要完成旅游建设详细规划任务和一些施工设计任务。因此,旅游规划所需要各个工种的工程技术人员应配置齐全。其中还包括规划委托、规划招标、规划投标。

（2）明确规划任务

包括旅游规划的基本任务和旅游规划工作的内容。

（3）签订规划合同

旅游规划设计合同,应依照中华人民共和国合同法及国家有关规定,经各方当事人协商一致后订立并严格执行。

旅游规划合同应明确项目名称、委托方、设计方、签字地点、订立时间及起止期限。

（4）旅游规划的设计内容、形式与要求

旅游规划的设计内容包括旅游发展战略规划、旅游区域总体规划、旅游项目详细规划等。每个层面的规划设计内容都不一样,因此合同书必须明确规划内容条款与规划设计表达形式及其内容。通常根据内容而确定规划表达形式。旅游规划提交甲方验收的文件,包括规划的图纸与文字表达两部分。

（5）规划的时间安排

要保证旅游规划的质量,就要妥善安排旅游规划的时间与现场调查研究的工作时日。一般,县级以上的旅游发展规划以及省级以上风景名胜区的规划要 6 个月以上的规划时日;省级旅游发展规划与国家重点风景名胜区规划往往需要 9 个月以上,甚至一年的时间。

旅游总体规划工作时日安排通常分四个阶段:

第一阶段:规划大纲阶段,45 天(现场调查、资料整理、大纲提炼)。

第二阶段:规划编制初级阶段,45 天(重点完成规划构思方案与旅游项目策划及部分与上述内容相关的设计图纸)。

第三阶段:规划编制送审阶段,45 天(基本按《旅游规划通则》要求完成全部规划内容送甲方审定)。

第四阶段:规划编制评审阶段,45 天(提交评审专家详细审查)。

（6）甲乙双方协作的有关约定

①甲方须为乙方提供规划必需的有关资料且确保资料的准确性。

②乙方必须按时、保质地完成各阶段的规划任务。

③规划资料及最终成果的使用范围、出版事宜及成果共享等。

（7）规划验收评价的方法

由甲方组织验收,若规划设计达到规划内容所列技术指标和要求,由甲方出具验收证明。旅游规划采用的验收方法主要为专家评审会。

（8）规划费用

规划费用常以分期付款形式支付,一般分两次或三次。项目合同签订后一周内,甲方应向乙方支付一笔规划设计费用,费用的多少可由双方约定;完成送审阶段后支付第二笔规划设计费用;评审通过一周内支付第三笔规划设计费用(支付第三笔费用的同时,乙方向甲方提交最后的全部成果)。

（9）合同执行过程中的争议解决办法

①协商解决、调解、仲裁。

②协商解决、调解、诉讼。

③调解、仲裁。

④调解、诉讼。

（10）合同执行人、单位法人及双方单位签字盖章

合同经双方的合同执行人、单位的法人及双方单位在合同上签字盖章,方才具有法律效力。

（11）评审规划成果

评审规划成果可分解为甲方初步验收、专家评审两个阶段进行。

①甲方初步验收。甲方初步验收,主要在规划委托单位进行。验收人员由委托方召集地方有关单位的负责人与地方专家共同组成,验收形式可以是座谈会或者规划研讨会的形式。作为初步验收的座谈会、研讨会,会议结束应该形成会议纪要并将会议纪要提交规划方,作为修改规划方案的参考依据。

②规划评审规划。评审由相关的专业的专家组成,评审小组成员一般7~9名。规划评审小组成员应提前获得评审文件,以便他们有足够的时间分析研究规划方案。评审会前,甲方应明确告知评审专家规划任务书的内容,以便他们根据任务的内容逐项进行评判审议。通常,旅游规划评审专家可从两方面入手进行评审:①规划定位的可行性;②规划空间布局的合理性。

（12）报批规划成果

我国对旅游规划实行分级审批。根据旅游区域范围的大小及其重要性,分别报省(自治区、直辖市)及市、县人民政府审批。

除了上述要求外,结合主持完成大量旅游规划的经验和体会,马勇(2006)建议,在旅游规划编制程序中应重视"组织规划的实施与修订"阶段。实施阶段是规划真正产生效益及相关利益方对规划内容开展持续性评价的阶段。它不是规划的结束,而是另一个新的起点。

1.4　旅游规划与开发的职业能力与学科知识体系

1.4.1　本课程发展的历史沿革

以天津商业大学为例。该校旅游管理专业始建于1985年,是全国第一批设有本科旅游管理专业的高等院校之一。1987年学校成立餐旅企业管理系,最初侧重于餐旅企业管理,课程开设以酒店管理类及其相关课程为主,与旅游规划相关的只开设了《旅游地理》等专业选修课程。1999年餐旅企业管理系更名为旅游管理系,此后,该校旅游管理专业逐渐形成酒店管理、餐饮科学与管理、旅游发展与管理三个专业方向。

该课程在校内开设始于旅游1999级学生,原名《旅游资源与开发》,第六学期开设,总教学课时为36学时,2学分,专业必修。从2000级开始,该课程名称改为《旅游规划与开发》,

第六学期开设的安排不变,总课时为 36 学时,2 学分,专业必修课,这种设置一直持续到 2006 级旅游管理专业学生。2007 年学校发布《天津商业大学本科培养方案一览(2007 版)》,该课程名称继续使用,总课时减为 34 学时,2 学分。值得强调的是,从 2000 级学生开始迄今,《旅游规划与开发》一直是旅游管理专业规定的六门核心专业课程之一。2010 年 9 月获"天津商业大学精品课程"荣誉称号,成为旅游管理专业继《旅游学概论》之后,第二门校级精品课程。最新制定的《天津商业大学 2019 版本科旅游管理专业人才培养方案》,沿用 2017 版培养方案,《旅游规划与开发》课程作为旅游管理专业核心课程,课时为 48 学时,3 学分,课程的重要性进一步彰显。

另外,旅游管理二级学科硕士学位授权点于 2000 年获得国务院学位委员会批准,并于 2002 年正式招生。该硕士学位授权点下设旅游企业管理、餐饮服务科学与管理、旅游发展与管理三个方向。其中,与本课程有关的研究生方向专业选修课程两门,即《旅游规划与管理》和《旅游项目策划与管理》,各占 40 学时(2 学分)。

2010 年 9 月,天津商业大学成为全国首批获得旅游管理硕士专业学位教育资格授权的 57 所高校之一,已于 2011 年开始正式招生。按照 MTA 培养方案,《旅游规划与战略管理》课程属于 MTA 教指委规定的学位核心课程之一,48 学时(3 学分)。

综上所述,该课程在本科生及研究生培养两个层次上都占有重要位置。

1.4.2　旅游规划与开发课程的知识体系

通过该课程的学习,可以为学生提供既有综合性和宏观性特点,又兼具技术性和实用性的旅游管理专业知识体系,是高校旅游管理专业、MTA 以及高校相关专业的专业(选修)课程。

1)基本概念部分

基本概念部分即本书的第 1—4 章,主要论述旅游规划与开发的基本概念、基础理论、发展趋势、研究热点等。

第 1 章是概述部分,重点就旅游系统、旅游规划与开发及其相关基础概念、旅游规划的分类与程序等进行了介绍。

第 2 章首先简单地分析了旅游规划的理论体系,然后详细地阐述了各个基础理论的内涵及在旅游规划与开发中的应用,最后介绍了旅游规划与开发的技术方法。

第 3 章是旅游规划与开发课程的入门知识,概括地介绍了国内外旅游规划的发展历程,以及在各时期形成的重要的旅游规划理论与观点、旅游规划的研究热点问题、未来旅游规划发展的趋势等。

第 4 章首先按照旅游规划通则,将旅游规划划分为旅游发展规划和旅游区规划。随后介绍了各旅游规划编制的任务,最后分别阐述了旅游发展规划和旅游区总体规划的主要内容与方法。

2)旅游规划与开发的内容体系

内容体系集中在本书的第 5—9 章,分别从旅游资源评价、市场分析、主题定位、空间布局、旅游产品开发规划以及旅游项目策划等方面论述了旅游规划与开发的内容体系。

第 5 章首先介绍了旅游资源的分类,然后阐述了旅游资源的调查及评价,旅游资源的开发与保护,最后对旅游资源的管理作了介绍。

旅游市场的研究是旅游规划的重要组成部分。对于一个旅游地的开发,客源市场的构成状况决定了旅游资源的开发模式、产品的设计以及旅游设施的建设等。第 6 章从最基本的旅游市场的数据收集和分析开始到旅游市场营销对策做了详细的介绍。

通过第 7 章学习,可以使学生深入了解旅游规划与开发的主题定位与空间布局等内容。

通过第 8 章学习,使学生掌握旅游产品的概念、特性和分类,了解旅游产品开发规划的理念及旅游产品创新的相关知识,区域旅游开发中的昂普(RMP)分析,掌握旅游产品开发规划策略。同时,理论结合实际,掌握旅游线路产品开发与规划的相关知识。

第 9 章重点就旅游项目策划的概念、原则、内容与程序等进行了阐述。

3) 旅游支持与保障体系

旅游支持与保障体系即本书的第 10—11 章。第 10 章主要论述了旅游支持体系规划,包括以下五个方面,交通与旅游线路规划;基础设施规划;植被绿化规划;环境保护规划;服务接待设施规划等。支持体系规划的各个部分对旅游区的运营发展都构成限制因子,同时各个部分之间又相互衔接,互相影响,组成旅游区域的宏观框架。

第 11 章重点介绍了旅游规划与开发的资金保障与可行性分析方法。本章重点介绍了旅游规划与开发的资金保障及可行性研究的内容体系;从可持续发展的角度进行了旅游投资效益的分析;介绍了旅游规划实施环境影响评价的内容与程序。

4) 旅游规划系列图件编制

即本书的第 12 章,主要介绍旅游规划图件及其制作方法。本章的内容主要包括旅游规划图件概述、旅游规划系列图件的编制方法与规范、旅游规划图件编制计算机辅助制图系统软件等。通过本章学习,了解旅游规划系列图件编制的意义及各类旅游规划图编制方法要点。

5) 旅游规划修编与景区托管

即本书的第 13 章,概要介绍旅游规划修编的相关概念与知识点,同时,对在我国现行方兴未艾的景区托管的相关理论与实践领域给予理性关注,并探讨其发展趋向。该部分内容将对区域旅游业可持续发展提供规划动态跟进方面的理论实践借鉴及其规范。

1.4.3 旅游管理专业毕业的学生应具备的职业能力和素质

《旅游规划与开发》是一门理论和实践结合比较紧密的专业必修课程。通过学习该课程,重点培养学生的职业能力与素质。简单地说,学好旅游管理专业课程要注意以下五类知识的积累与养成,即地理知识、历史知识、管理知识、营销知识和社会知识。同时,要注意实践意识、协作意识和创新意识三大意识的培养。

就职业能力形成而言,通过学习该课程,应重点加强以下能力的培养①:

1) 知识交流物化能力

知识的交流物化能力包括知识的获取能力和知识的转化能力。知识的获取能力,即知识的"继承",旅游管理专业培养既要授人以鱼,更要授人以渔,使该专业学生掌握必备的获取理论知识和实践知识的能力。知识的转化能力,即把吸纳的知识转化为能力,也就是将所获取的知识转化。静止的知识是没有价值的,只有在旅游行业中、旅游企业中得到推广应用,知识才能实现其价值,才能促进经济的发展和财富的增长。在知识经济和全球化的背景下,旅游业的竞争地位和竞争力取决于创新能力,取决于是否具备获取知识的能力并将知识进行转化的高素质人才。

2) 开拓创新能力

旅游管理专业学生应具备开拓创新的基本素质,要有强烈的创新意识和创新热情,有敢于冲破传统观念的勇气和胆略。洞察力和想象力是培养开拓创新能力首先要具备的两个基本条件。学生面对新出现的情况,新发生的变化,甚至是头脑中一个新奇的想法及时做出积极反应,并由此发现问题,尝试解释原因,从而激发思考,引起探索欲望,最终产生发明创造。同时,要能够打破思维定式,培养发散性思维和丰富的想象力,对同一事物能产生截然不同的联想,从而在日常分析和解决问题的过程中更具创意。

3) 个性发展能力

旅游行业需要的创新型人才应具备个性发展的能力。个性的发展过程就是一个创造潜能并不断得以发掘的过程,个性的差异在一定程度上决定着创新成就的不同。拥有创新个性的人才勇敢、幽默、独立、认真和坚持,他们优秀创新情感和良好个性是形成和发挥创新能力的底蕴。拥有个性的人才对现有的学说和权威的解释,不是简单地接受和信仰,而是坚持批判和怀疑态度,质疑求异,突破传统观念,大胆创立新说。

4) 竞争合作能力

随着改革开放的深入和经济全球化的深化,旅游业的竞争日趋激烈,创新型人才要敢于参与市场竞争,具备全球化大市场竞争观,学会竞争,适应竞争,在竞争中求创新、求发展。与此同时,尽管当今社会的竞争越来越激烈,分工也越来越细化,但是合作也越来越紧密与频繁。旅游业综合性的特性要求旅游管理人才除具备竞争的意识外,还应有合作的竞争,发扬团队精神,在管理创新上有所作为。

① 李烨,王庆生.旅游管理专业大学生创新能力培养模式研究[J].青岛酒店管理职业技术学院学报,2011,3(1):62-65.

5）承担风险能力

面对旅游行业越来越激烈的市场竞争环境,旅游管理创新型人才要勇于承担风险,对经营、管理中可能遇到的问题有充分的思想准备,勇于接受挑战,并能够经受风险考验,在困难中不断开拓进取。

6）参与社会实践能力

一个突出的实例就是,由天津商业大学旅游学社与天津今晚报社联合主办的《天津市首届大学生旅游经理人大赛》,从2010年3月开始准备,经历4月的初赛、5月下旬的复赛和6月初的决赛,历时一个多月的大赛,由最初的学生活动到引起旅游管理部门及旅游业界的普遍关注,天津一日游市场由于此次大赛的举办而掀起热潮。

该活动的主要策划者就是以旅游2006级为主的旅游学社,该课程的部分老师参与了该次活动的指导,并对活动组织结合课程教学进行了专业辅导和大力支持。从本次活动实施效果来看,至少在三个方面达到了较好的实践效果:

第一,考量了高校旅游管理专业学生关心天津旅游发展热点问题的专业敏感性,这些体现在完全由学生独立编写的《第一届天津市大学生旅游经理人大赛策划书》中;

第二,强化了高校的专业学子与媒体、企业、政府主管部门等的联系;

第三,强化了高校旅游管理专业教师和学生之间的沟通和交流。

1.4.4 旅游相关工作的前景

就国际层面来看,温斯顿·郝斯本兹(Winston Husbands)等对旅游相关工作及其就业前景进行了调查与研究[①]。研究表明,在多数大学,旅游研究在现有学科和研究领域中还是处于有些无足轻重的境地。尽管如此,自20世纪70年代以来,开设旅游专业的大学剧增。这个现象可能受到旅游业巨大经济潜力和重大意义的推动,然而,经济学家、政治家和其他人群总体上对待旅游业的认真程度不如其他产业。无论如何,旅游业还是一个劳动密集型的产业,吸引了廉价和相对没有技术的劳动力,这就意味着对教育程度高的劳动力的需求相对较少。

旅游业还存在这样一个问题,旅游业的从业人员所需的教育和技能都是从他人模仿而来。旅游是一个研究题目,不是一个学科或者专业。到目前为止,旅游研究还没有独立的理论或者概念基础,所以旅游研究最终还未从社会科学和商业管理的研究领域和题目中分离出来,或者说还没有能够把其他产业和旅游业有效地区分开来的理论或者概念。

了解这些对旅游专业的大学生是重要的。1995年,雷尔森理工大学旅游和酒店管理学院的一些高年级学生要写一篇关于旅游就业的论文。学生们设计了一份问卷,调查对象是大学的旅游研究学者、公有部门的旅游专业人士、私人企业的咨询师;调查区域是加拿大、美

---

① HARRION L C., HUSBANDS W. 国际旅游规划案例分析[M]. 周常春,苗学玲,戴光全,译. 天津:南开大学出版社,2004.

国,加勒比、欧洲和澳大利亚;调查内容是即将毕业的具有本科学历或者旅游研究专业的学生,他们的就业优势、机会和要求。调查表明,旅游相关职业的主要优势之一是有机会影响这个巨大而且正在扩展,但是又缺乏了解的产业(即影响新的研究领域,发现新趋势和改善现状)。和其他产业相比,旅游业在经济方面的促进作用还没有得到人们的充分认识,这点得到被调查者进一步的验证。尽管大部分被访问者指出,和五年前相比,旅游业更需要高中以上的教育,未来教育的要求将变得更加严格(表1.4)。1/3以上的人认为旅游还是一个未受到认可的研究领域。

表1.4 在旅游行业就业,你准备好了吗? 听听专家的建议

培养交流和倾听的技巧

获得丰富的经验……积极地参与志愿者活动

努力完成高中以上教育……硕士学位日渐重要

准备从底层干起,有努力工作的心理准备

开始构建行业联系的网络……加入各种协会

提高第二外语的掌握能力

与技术进步同步

具备团队精神

思想灵活,有创新精神

因为旅游业的规模庞大,新的旅游产品持续发展,所以旅游业似乎能够提供有前途的就业机会。但是与其他产业和研究领域相比,旅游业的职业重要性受到社会对旅游业社会和经济意义的认识不足的影响。当然,市场和生产系统的全球化,环境意识的普及和提高,经济重组后对社区发展的日益关注,这些都预示着旅游业比以前对社区、地区和国家的影响更加明显。

责任旅游正处于全球化、环境和社区发展的战略交叉点上。如果真是这样,旅游相关的职业应该愈加具有吸引力,对旅游教育的需求也应该增加。实际上,旅游教育能够适应这个发展趋势,形成大量自己独特的理论知识,并通过精心策划的实践活动,以解决社区健康发展、合理的环境责任和全球化引起的混乱之间的矛盾。

就国内层面来看,国家旅游局出台的《中国旅游业"十二五"人才发展规划》(以下简称《旅游人才规划》)为我们提供了有说服力的数据和激动人心的发展前景。《旅游人才规划》指出,当今时代科技进步日新月异,知识经济方兴未艾,人才成为经济社会发展的第一资源,人才发展战略成为国家、行业发展的基本战略。"十一五"期间,我国旅游业形成了以大众旅游消费为主体、国际国内旅游协调发展的市场格局,世界旅游大国地位更加巩固。"十二五"时期是我国旅游业向国民经济的战略性支柱产业和人民群众更加满意的现代服务业迈进的重要阶段,是我国旅游业转型升级的关键期,也是旅游业快速发展的黄金机遇期。旅游业的发展定位更加明晰,发展空间更加广阔,发展势头更加强劲。走内涵式、集约化发展道路,发展方式由关注劳动力及资本投入为主向关注科技创新、管理创新为主转变,发展模式由数量规模扩张型为主向质量效益提高型为主转变,必须加大旅游人才开发力度,确立旅游人才在

旅游业发展中优先发展的战略地位,努力形成旅游人才竞争的比较优势,培养造就一支规模宏大、素质优良、结构合理、与旅游业发展相匹配的旅游人才队伍。

《旅游人才规划》显示,党和国家对旅游人才工作高度重视,制定了一系列政策措施,旅游人才队伍建设取得了明显成效。"十一五"时期,随着我国旅游业快速发展,旅游业促进就业的能力不断增强,各类人才逐步向旅游业集聚,旅游人才队伍不断壮大,旅游从业总人数(包括直接、间接人数)达到7590万,比2005年增长70.6%;人才素质不断提升,具有大专及以上学历的旅游人才达到272万人,占全国旅游直接从业人数总量的20.15%;人才结构不断优化,具有初、中、高级专业技术职务人员的比例达到62:27:11,比2005年的54:37:9更趋合理。旅游教育培训体系不断完善,共有旅游院校1733所,涵盖研究生(博士、硕士)、本科、专科等各个层次;2009年旅游行业培训总量达到397万人次。旅游人才发展的体制机制建设不断加强,人才使用效能不断提高,人才有效发挥作用的环境正在逐步形成。

《旅游人才规划》强调,必须清醒地看到,我国旅游业人才发展的总体水平与旅游业发展需要相比还有较大差距,主要是:旅游人才有效供给不足;能级、专业和年龄结构不尽合理,区域、行业和业态分布明显失衡;旅游人才整体素质偏低,专业化程度不高;旅游人才职业发展通道不畅;旅游人才队伍稳定性差,吸引力弱,旅游行业的人才集聚能力亟待提高;旅游人才教育培训支撑不足;旅游人才市场配置资源的能力较弱,更好实施人才强旅战略缺乏有效的体制机制保障。

因此,旅游人才队伍培养与建设将成为未来事关我国旅游业核心竞争力提高的关键性因素。

1.4.5　培养目标定位

通过本课程的学习,使学生系统掌握旅游规划与开发的基本概念和相关的基础理论,全面了解该领域的学科前沿动态和研究成果;同时,通过优秀旅游规划典型案例的分析,辅以课外社会实践作业,注重训练学生旅游规划与开发的创新思维以及解决问题的能力,掌握适应未来旅游发展需要的相关理论及基本方法、技能。培养具备现代旅游业所需知识结构、业务操作能力、较高职业素质、德智体全面发展的应用型、复合型、创业型的,能在各级旅游行政管理部门、旅游企事业单位从事管理和研究、经营工作的高级专门人才。

本章小结

旅游系统是旅游规划与开发所要研究与面对的主要对象。旅游系统尤其是旅游目的地系统是旅游规划的研究重点和核心,其主要包括管理体制、旅游目的地吸引物、旅游基础设施与保障、服务及服务员工与旅游市场(游憩者群体)5个子系统,上述子系统之间相互作用和联系,并通过复杂的系统内外部联系,共同构成地域旅游系统。

旅游规划的对象是旅游目的地系统,本质是通过开发最富地方特色、最具市场吸引力的旅游产品,增大目的地系统的旅游吸引力,从而促进旅游系统的高效运转,为旅游业可持续发展提供稳定的客源市场和其他保障条件。

旅游规划的主要任务就是促使旅游系统的进化因素占据主导地位,引导和控制旅游系统的发展并规避风险,以及确保旅游系统合目的、合规律地发展。

旅游行业对创新型人才的需求是具有宽厚扎实的旅游管理理论基础和从事具体旅游管理工作的能力,熟悉相关专业的原理性知识,了解现代旅游企业的运行机制,有较高的外语和计算机应用水平,具有较强的市场竞争意识和适应能力,创新意识和创新能力强,并通晓国际惯例和国际管理理念的高素质人才。为此,要加强六种能力的培养,即知识交流物化能力、开拓创新能力、个性发展能力、竞争合作能力、承担风险能力和参与社会实践能力。

复习思考题

1. 如何理解旅游系统?

2. 简述旅游规划的概念,如何认识旅游规划的实质?

3. 如何理解旅游规划的特点和功能?

4. 旅游管理专业学生人才能力培养应注意哪些方面?

5. 分析下列材料①,并回答问题。

"深山藏古寺,碧溪锁少林"是河南省嵩山少林寺景区最突出的景观意象。电影《少林寺》放映后,少林寺更是名扬天下,成为旅游热点,海内外游客纷至沓来。旅游业的发展使得部分当地村民受眼前经济利益的驱动,开始乱搭、乱建、乱采、乱挖。从景区入口处到少林寺山门前不到 2 千米的街道旁,搭建的商店、饭店多达数百家。为解决越来越突出的商业化、人工化、城市化问题,2003 年 3 月,登封市聘请相关某规划专家团队编制《嵩山少林寺景区规划》。"深山藏古寺,碧溪锁少林",少林寺这一意境的载体是由进山的东西向山路、两侧的山峰、寺前的溪流、树木、村庄和寺庙等组成的。按此规划,将从外到内对五层意境载体进行现代化的改造。少林寺景区进行拆迁和新建的总面积达 3 万多平方米,涉及 200 多家商业网点,10 多家武术学校及 400 多家农户的搬迁。按照该规划,少林寺景区进山的东西向道路将被修成宽阔的公路;弯曲的溪流将被改造成人工规整的水道和垂直石砌驳岸;寺前及周围的村庄将被拆掉;寺前的空地上将建设一座现代城市广场⋯⋯

根据上述案例资料,请从以下方面发表你的观点和看法:

1. 结合旅游规划的内涵及其社会功能,评述上述旅游规划的合理性。

2. 如果由你来主持少林寺景区规划,你会如何确定该景区旅游规划的总体思路?

---

① 根据黄志斌《以少林寺景区为例浅谈旅游规划开发中的几点误区》采编而成。

第2章 旅游规划的理论方法

本章提要

任何一门学科的产生,都需要其他相关的较为成熟的学科理论和技术手段来推动。对旅游规划与开发具有指导作用的旅游系统理论、区域经济空间结构理论、地域分异与区位理论、目的地竞争力与可持续发展概念模型、旅游地生命周期理论、旅游社会学与旅游人类学理论、可持续发展理论、生态足迹理论等已经形成相对完善的旅游规划理论体系;同时,与旅游规划关系密切的城市规划、区域规划、土地规划、风景园林规划、环境保护规划在我国发展较早,编制规划的技术手段、方法等也较为成熟。这些相关规划理论与技术的发展为旅游规划的产生提供了坚实的理论基础和技术支持。

本章首先简单地分析了旅游规划的理论体系,然后详细地阐述了相关基础理论的内涵及其在旅游规划与开发中的应用,最后介绍了旅游规划与开发的技术方法。

学习目标(重点与难点)

1. 了解旅游规划与开发的理论体系。

2. 熟悉区域经济空间结构理论的缘起及内涵。

3. 学会正确运用旅游地生命周期理论分析规划的相关问题。

4. 了解地域分异理论与区位理论、旅游目的地竞争力模型、生态足迹理论。

5. 了解旅游规划与开发的技术方法。

框架结构

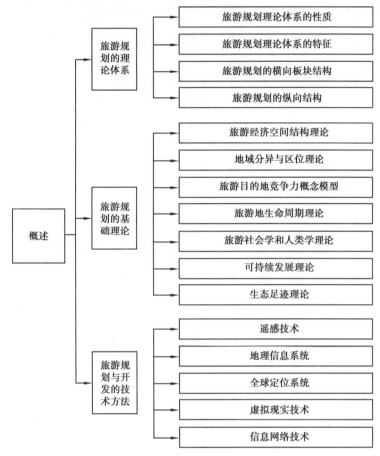

规划是作为对未来的预测,处理可预见的事情,是唯一能使旅游业获得好处的方法——Gunn C A。转引自:保继刚,楚义芳.旅游地理学(修订版)[M].北京:高等教育出版社,1993.

开篇案例

创新思路,更新理念,推动大连市旅游跨越式发展

一、多维视角看大连

从区位角度看,大连是辽东半岛的龙头、东北的窗口、京津的门户、东北亚的重要节点,将在打造东北无障碍旅游区、加速环渤海区域联合、促进东北亚国际旅游圈形成等方面发挥重要作用。

从市场角度看,大连位于东北和环渤海两大经济快速增长区域的接合部,是旅游需求最旺盛的区域之一;毗邻的韩、日、俄是目前中国前三位入境旅游客源国,潜在入境客源市场规模巨大。

从资源角度看,大连荟萃城、海、港、湾、岛、林、泉、山、河等多种类型的旅游资源,且其品

质优越,组合优势明显。

从文化角度看,悠久的历史赋予了大连丰富多彩的地域文化;齐鲁文化与海洋文化的交融赋予了大连民风淳朴、大气豪爽的个性特征;东北亚国际航运中心的建设和大连城市的发展更赋予了大连"创新进取、引领潮流"的时代精神。大连将成为一座开放名城。

从国际视野看,国际化都市往往都是旅游名城。积极建设与东北亚国际航运中心相匹配的国际旅游目的地,将成为新时代中大连建设的重要举措。

从发展成就看,大连旅游已经走出了一条独具特色的发展道路:先塑城市品牌,后创旅游品牌,成功创造了以整个城市为载体和核心吸引物的旅游发展模式,成为中国超常规发展旅游的城市典范。大连在中国前卫地走出了一条发达国家发展城市旅游的路子,塑造了一个城市的大品牌,为中国的城市化道路塑造了一个范例。其内涵体现为:理念超前,品牌拉动,政府主导,持续创新,合作多赢。

从问题与困难看,旅游空间布局南重北轻;旅游供给体系有待优化和升级;管理体制有待理顺,旅游企业体量不大,运行机制有待完善;旅游人力资源培育滞后于旅游业发展,旅游科教和智业有待加强;旅游淡旺季明显;陆路交通的制约问题依然存在。

总之,大连旅游已经走过了以数量扩张为主的初级阶段,处于全国前列,正步入以提质增效为特征的关键转型和战略提升阶段。其面临四大转型:由以城市及周边资源为依托的旅游向全面拉开骨架的大区域旅游转型;由粗放型开发向精品化、集约化开发转型;由观光产品体系为主导向观光、休闲度假、商务会展和主题文化旅游为主导的复合产品体系转型;由国内著名旅游城市向东北亚滨海旅游中心城市和国际知名旅游目的地转型。

二、创新出亮点

(一)确定旅游业在大连的位置

在"振兴东北"的新机遇和"大大连规划"的新形势下,紧紧围绕并服从于"大大连"发展的总目标,规划提出:以科学发展、经营城市、"浪漫主义"和"大旅游"为理念,在"大大连"的建设过程中,大连旅游要以"大规划"调整旅游布局,以"大产业"发挥关联带动作用,以"大配套"提升城市功能,以"大市场"强化城市辐射力,以"大产品"提高旅游吸引力,通过旅游业的发展缩短产业升级与城市升级的差距,推动大连的经济转型,减轻大连的就业压力,实现从精品城市到"大大连"的转型,使大连在"振兴东北"中发挥龙头作用,力拔头筹,推动大连从东北的龙头迈向东北的"中心",并在未来的环渤海旅游圈中发挥重要作用。

(二)寻找大连旅游发展的原动力

"浪漫"特色是大连旅游发展的原动力,彰显"浪漫"是其核心所在,大连如果真的被打造成中国的浪漫之都,一切问题将迎刃而解。所以,规划提出了一套真正打造"浪漫之都"的系统方案,提出大连市旅游应该以"浪漫之都,时尚大连"作为整体形象定位,城市个性要突出"风情时尚、个性张扬、健康阳光、动感豪放"特色,推出了近中期着力打造的十大核心旅游产品,使大连市在未来16年的发展过程中,建设成为融东西方浪漫特色为一体的体验型国际海滨旅游名城。全市旅游要以观光游览、休闲度假、商务会议、节庆会展为主导,以"浪漫之都"为城市品牌和旅游品牌,以东西方浪漫文化的有机交融为主要特色,以东亚、东南亚和长江三角洲地区、珠江三角洲地区为核心客源市场,建设成环渤海地区重要的休闲度假胜地,一个东西方浪漫文化交会的国际海滨旅游名城,具有一定国际影响力的体验型旅游目的地,发展成中国最佳旅游城市。

(三)新资源观

规划从超资源的角度将大连的旅游资源概括为四大类,现代都市、蓝色海洋、近代人文、绿色生态。

现代都市:广场、绿地,会展、节事。浪漫、时尚是大连最为显著的资源要素和城市特色,"洋气"是现代都市旅游资源的突出表现。

蓝色海洋:大连是我国北方海滨城市的代表,海滨资源价值体现在绵延数千里的海滨带上,沙滩、海湾、海港、岛屿和众多海蚀地貌景观与温暖适宜气候的复合。

近现代历史人文资源:集聚在旅顺口区,无论是丰度还是品质,都是顶级的。

山林泉复合的绿色生态旅游资源:山、林、泉旅游资源在大连的自然融合,为旅游开发奠定了坚实基础。大连山丘型旅游资源丰富,陆上山林丰度高,拥有众多的国家级风景名胜区、自然保护区和森林公园;拥有冰峪沟等优良级的山丘型旅游地;温泉旅游资源分布其间,成为绿色生态旅游资源的亮点。

(四)新产品观

规划是如此描述大连的:
她是一个大气磅礴的海港城市
却注册了"浪漫之都"的城市品牌
她用服装张扬个性,用足球释放激情
用槐花抒发情感,用巨轮承载雄心
她将城市化作风景,将风景变成资本
——这,就是"浪漫之都,时尚大连"

享受阳光、海滩和海浴是人类延续了很久的休闲时尚和健康时尚,精美、华丽的服装是女性不停追逐的时尚最爱,全世界数亿位球迷让足球成为时代的时尚,浪漫更是一个经久不衰的生活时尚,而这些要素全都存在于大连的资源禀赋、城市建设和生活品位之中。规划正是强调运用这些时尚亮点,让大连的旅游腾飞,让大连这座城市成为焦点。

(五)新产业观

规划提出要培育"旅游地产、旅游商贸、旅游会展、旅游文娱、旅游餐饮、旅游装备"六大旅游产业集群,实现旅游业与六大旅游产业集群的深度互动,全面促进现代服务业发展,见表2.1。

表 2.1　大连六大旅游产业集群

集群	说明
旅游地产集群	住在大连。旅游地产集群成为外地人在大连的第二居所
旅游商贸集群	购在大连。以中山路商业街、俄罗斯风情街、南山风情街、天津街等特色购物街区为支撑
旅游会展集群	会在大连。以星海广场的会展场馆为支撑
旅游文娱产业集群	娱在大连。以海景大剧院等演出场所为支撑,实现东西方浪漫的交融、碰撞
旅游餐饮业集群	食在大连。以海鲜美食为特色
旅游装备业集群	大连创造。充分发挥大连装备工业的优势,制造观光潜艇、观光游艇、滑雪装备等

三、思路指导行动

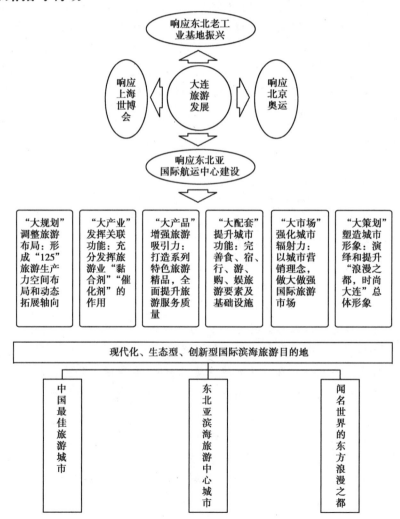

图 2.1　大连旅游发展总体规划思路框架

阅读开篇案例,思考问题:
1. 上述《大连旅游规划》在哪些方面体现了思路创新?
2. 上述《大连旅游规划》在哪些方面体现了理念更新?

2.1　旅游规划的理论体系

2.1.1　旅游规划理论体系的性质

根据人类认识领域的不同,科学理论可分为自然科学理论、社会科学理论、思维科学理论三大类。自然科学理论,包括物理学理论(光学、表面科学等)、生物学理论(分类学、生理学等)、地理学理论(地球物理、环境科学等)、气象学理论(动力气象学、物候学等)、海洋学理论等。社会科学理论,包括政治学、经济学、文学、历史学、艺术学、社会学等。思维科学理论,包括心理学、逻辑学等。

除了以上三大领域的科学理论以外,还有边缘科学理论、综合科学理论。边缘科学理论是指研究两种或两种以上学科结合部分的科学理论,比如生物社会学、环境经济学等,它们需要用两种以上的学科知识和方法,因此边缘科学理论也被称为交叉科学理论。综合科学理论是指以世界整体为对象,以全面分析为基础,进行高度综合的科学理论,比如系统学、协同学、超循环理论等,它们不仅适用于自然领域,也适用于社会领域和思维领域,具有普遍性和启迪性,故综合科学理论又被称为横断科学理论。

旅游规划理论是在旅游系统及其规划范畴内,以概念、原理等抽象形式进行普遍的、系统化的理论认识。由于它处于旅游学科和规划学科的边缘,目前尚待发展。随着旅游业的迅速发展,旅游规划已经引起了我国政府、旅游企业及学术界的关注。旅游与规划的结合,不是两者理论的简单相加,而是同时需要旅游学、规划学、系统学三种学科的知识和理论方法,来研究、发展并形成新的理论内容与形式。因此,旅游规划理论的属性应为交叉学科理论。总之,该交叉学科理论的研究对象及研究目的显然是应用性的,而不是基础性的。

2.1.2　旅游规划理论体系的特征

1)综合性

中国的旅游业,从20世纪50年代的政务接待开始,后来发展成国家的创汇支柱产业。以1986年旅游业正式列入国民经济计划为标志,中国的旅游业的产业性质被正式确立,并成为在第三产业中"适度超前发展"的产业。值得注意的是,从国内消费市场角度看,旅游的一个突出特点是文化性消费。而且随着经济与社会的进一步发展,旅游需求重心将从社会文化需求进一步转向生态环境需求。世界旅游业发展的历程证明,不同发展阶段,产业的性质与特征会随之变化;同一阶段某一因素会占主导地位,但始终离不开经济、文化、环境的综合性影响。

旅游现象的这种综合性，使旅游规划理论体系的综合性成为必然。它一方面体现为，认识与描述旅游的理论必然需要借鉴经济、文化、环境领域的各种学科理论；另一方面表现为，控制、把握旅游发展的理论内容也必然涉及环境、审美、社会、文化、经济领域，且涉及统计、管理、交通、通信、建筑、工程、生物、考古等众多学科。

2) 规范性

旅游系统的主体是旅游者，媒体是旅游企事业，他（它）们均有各种特殊的价值取向。旅游系统的客体——旅游目的地，也无不被打上各种价值取向的烙印。旅游规划理论，显然无法摆脱价值判断。它不仅要解释"是什么""将会如何"，更重要的是要回答"应该是什么"，即将人的愿望融合在科学理论之中。由于这种理论无法像自然科学那样纯粹地排除主体，因而涉及不同的人群乃至社会，就会因条件或时间的变化而差异悬殊。

旅游规划理论，可能在相当长的时间内无法形成像自然科学那样连贯、精确、可反复实证的理论体系模式。但是，价值在一定的社会条件下仍可以成为理论，因为它从来就可以通过一定的社会机制达成特定的价值准则及思想、行为规范体系。因此，可以确信，旅游规划理论至少可以成为旅游规划之船的航标。

3) 历史逻辑性

旅游规划理论的逻辑问题，有许多内容值得深入研究。但无论是实证理论还是规范理论，作为科学理论体系都必然被要求建立起理论与实践之间、理论内容之间、理论与其他学科理论之间的逻辑关系，以实现独立、发展、指导实践的功能。旅游规划理论体系的内核，是对旅游系统的改造、控制进行谋划，它决定了与其他学科理论体系的本质区别。科学的旅游规划理论体系，要求具备内部一致性（自治性）与发展性，从而在受到外界干扰、冲击时，能通过自我调节、自我完善和适应，改进和保持其整体的完整性和稳定性。

旅游规划理论体系，本质上属于应用科学理论，因而特别需要充分重视研究和解答实践中的问题。必须要通过指导实践、帮助实践来获得发展理论体系的动力，否则只是回到了其发源地（自然科学、社会科学、思维科学）而已，或者离它们过近而迟迟不解旅游规划实践之渴。国际上旅游研究近100年和国内近20年研究的历史教训，不应该在旅游规划研究领域重演。

4) 概率性

旅游规划理论体系的主旨，是整体认识各个特殊的旅游系统，并进行科学的发展预测及有目的的谋划。然而对于庞大、错综、形形色色的旅游系统而言，可直接演绎的部分只有旅游目的地纯自然系统的演化发展这一小部分。有关旅游发展的研究（如发展预测、影响研究）、客观现象的描述（如样本调查分析）、决策研究等，主要的科学方法是对概率的判断和归纳性推理。因此，旅游规划理论系统的科学性，主要体现为认识与运用统计规律。

正确认识旅游规划理论的性质与本质特征，有利于在全面系统展开研究或分专题研究之前,正确地进行立题、计划和成果预期,有利于对其实践意义进行正确定位和定向。

2.1.3 旅游规划的横向板块结构

旅游规划,无论在理论研究中还是在实践工作中,都涉及许多门类的学科。事实上,合理的旅游规划工作人员的组成也要求是一个多学科背景的专家组,在西方国家还提倡游客、接待地居民的参与。各种学科在旅游规划的不同阶段、不同层次上,对旅游规划的科学性、合理性和可持续性发挥着重大的作用。吴人韦(2000)将旅游规划与开发理论的体系结构概括为横向的四大板块,分别是经济板块、环境板块、人文板块及规划板块。

1) 经济理论板块

经济关系是指在旅游资源分配、旅游生产、旅游加工、旅游服务的生产过程中,各类人与人相互作用的效益和效用关系。旅游经济学、旅游市场营销学、旅游管理学是研究这一关系及其规律的学科理论。这一板块得益于经济学这一强大的后盾。旅游规划,通过经济学板块基础理论成果的运用,有利于科学地把握旅游者与旅游企事业的关系,在旅游资源分配、旅游生产、旅游加工、旅游服务等方面起着很大的作用。该板块为旅游规划的实施提供可行性依据。

2) 环境理论板块

环境板块主要包括旅游地理学、旅游生态环境学、旅游工程学、城市规划学、建筑学、风景园林学、旅游美学等。该板块研究旅游现象在地球表层的分布规律;旅游者与大气圈、生物圈、水圈、岩石圈的关系;旅游者与旅游资源、基础设施、服务设施、项目设施的关系。环境板块的理论,使旅游者的空间环境行为规律与组织旅游空间关系具有一定的科学依据,为旅游规划的资源调查与评价、资源配置、资源保育、资源利用、旅游目的地布局组合、工程建设、项目开发提供工程经济依据。

3) 人文理论板块

人文板块主要涉及旅游政策学、旅游法学、旅游社会学、旅游心理学、旅游文化学、历史学、考古学。该板块关系到旅游的价值取向,关系到吸引力品位的塑造。它通过研究价值和意义体系,树立人生理想的精神目标或典范,塑造文化内涵,从文化层面激发旅游者的智慧、正气和创造性,引导旅游者去思考目的、价值,去追求人的完美化。旅游政策学和法学,还在高层次上调节旅游发展的规模、结构与质量,调节旅游者之间、法人之间、旅游者与法人之间的行为关系,保障旅游系统和谐地运行。该板块为旅游规划的人文资源评价、发展预测、旅游项目优化设计、线路选择、游览经历优化、社会关系协调、特色与品位的塑造等方面提供必要的思想、理论和技术支持。

4) 规划理论板块

规划理论板块是核心部分。在经济、社会、人文三大板块的基础上,以当代系统科学、管理学、未来学、计算机科学等为支撑,为认识旅游系统的整体性、发展性,提高规划的科学性、技术性、合理性提供了理论依据,并为旅游规划提供了技术原则与手段,比如在数据收集、实时评价、预测发展等方面,规划板块的理论与方法使三大板块得以密切结合,从而构筑起旅游规划理论体系的横向结构。

2.1.4　旅游规划的纵向结构

随着现代科学技术的发展,理论分支日趋细密,理论之间的联系也日趋紧密。旅游规划理论体系中的众多理论,沿着哲学—科学—技术的转化主轴,在不同的层次上,针对不同的对象与环境,发挥着各自的作用。它所构成的纵向层次结构,与人类认识自然、改造自然的一般过程同构,与科学技术研究体系的发展过程也基本一致。由哲学理论层面、科学理论层面、技术理论层面构成的旅游规划理论体系,由抽象到具体,形成了旅游规划理论集群作用于实践的梯度关系。

1）旅游规划理论的哲学层面

旅游规划的哲学理论,是关于旅游及其规划的最一般本质和基本规律的理论认识。它包括认识论、价值论、实践论三大方面。

（1）旅游规划认识论

旅游规划认识论的作用是科学地把握旅游规划知识的来源及其发展过程。旅游规划理论来源于对客观实践的经验认识。关于旅游发展、旅游地域分异、旅游者与旅游企事业的关系等事物的认识,是客观的、经验性的;但是,关于旅游未来的发展进程、地域组织、企事业组织的认识,则是思辨性的、主观性的,它来源于对过去的规律的认识和对未来的想象和预计,并深受极为复杂的旅游者变量、投资能力、不可预计的政策变动、规划师自身的认识能力的制约。但是,这种种迷惑从来也阻碍不了人类对想象中的美好未来的不懈追求。从这层意义上看,对旅游规划理论最一般的认识是:旅游规划理论作为一种科学理论有一定的实证性,但它伴有鲜明的规范性,其中,实证性是规范性认识的前提,规范性则是实证性认识的目的和动力。

（2）旅游规划价值论

旅游规划价值论的作用是指导人们科学地把握旅游规划与人类需要的关系及其基本规律。

旅游规划价值论,要解答人类对旅游规划的需要关系这一问题,认识旅游规划的价值内容。通过旅游规划,首先是提供环境价值,即改善人类与生命系统、环境系统的关系;其次是提供经济价值,即通过旅游生产和消费,改善主体生存质量的创造、分配及交换关系;最后是提供精神价值,包括知识价值、道德价值、文化价值、审美价值和人的价值,帮助人类趋向理智、高尚、文明、和谐、健康、自由和全面的发展。

旅游规划的价值论,还要解答旅游规划与价值评价的关系,价值评价与科学认识的关系等重要的价值论问题。科学的旅游规划理论几乎一刻也离不开正确的价值理论和价值观的指导,离不开价值观对旅游规划实践的适应,离不开人类价值理论自身的发展与进步,最终实现对旅游发展规律的控制和利用。

（3）旅游规划实践论

旅游规划实践论的作用是科学地把握旅游规划与旅游实践的关系本质及其最一般规律。

旅游规划理论的任务，是认识和把握旅游发展规律，使人类在旅游发展进程中实现主体的能动性。这种能动性表现为两大方面：第一，能动地认识客观存在的旅游发展规律，这一客观规律不以主体的意志而转移；第二，能动地认识主体对客观存在的旅游发展的需要关系，它以认识（判断）、情感（体验）、意志（态度）等形式表达出来，形成"满意"或"不满意"关系。

旅游规划，是关于旅游发展的规划，它要对旅游发展起作用，要遵循旅游发展的客观规律。要评价旅游规划的科学性、客观性，不仅仅在于其规划成果自身的逻辑完整性，还在于是否与旅游发展相匹配，是否能成为旅游发展的组成部分或发展动力之一。而旅游发展实践中的主要矛盾，即主观与客观的矛盾（真理性），及主体与客体的矛盾（价值性），可通过旅游规划这一重要手段来解决，因为人类实践的内在动力即人类的需要，必须以科学认识与合理谋划为基础才能变成现实。

科学的旅游规划与旅游发展实践一旦结合，旅游发展的过程就质变为主体价值的客体化而不再仅仅是旅游系统的自然发展演化。通过旅游规划，旅游发展实践过程获得主体预期的改造，通过对其发展规律的把握及目的的利用或改造，使主体需要得以圆满实现，从而改善主体与客体的需要关系。旅游发展实践的功能则在于：一是作为检验旅游规划合理与否的标准，在实践中通过考察旅游规划与发展条件、目标来检验该旅游规划的科学性（真理性）；二是作为客观的价值尺度和手段，来评估和解决人类需要与发展现实之间的矛盾。可见，旅游发展实践是双刃剑，它既是检验旅游规划的标准，也是使旅游规划变为令人满意现实的必经之路。

2）旅游规划理论的科学层面

旅游规划理论体系在科学层面的主要任务，是揭示旅游规划范畴内所涉及的众多内容及其关系的本质、过程及其规律。它通过概念、变量、公式、公理或原理等高度抽象的方式，实现对旅游规划本体及其逻辑运行的描述、把握和预见。其具体内容包括四个部分：关于旅游系统及其发展的理论，关于旅游规划的理论，关于旅游规划实施的理论，关于旅游规划研究方法的理论。

（1）关于旅游系统及其发展的理论

现代旅游作为一个相对独立的社会经济系统——旅游系统，它涉及旅游者、旅游地、旅游企事业诸方面。从生活时间、地域范围、产业门类、管理主体来看，它是一个围绕特定功能（旅游）而组织起来的边缘组合系统。要对它进行全面细致的科学预计，显然非旅游规划这个新兴分支学科一家所能承担。从上文所述的环境结构、内容结构可以看到，它需要不同的学科理论为背景，针对旅游现象进行全面的交叉研究，如三大板块中的旅游地理学、旅游经济学、旅游政策学、旅游社会学等。旅游规划理论必须承担且可以承担的，是对旅游系统的整体性、发展性进行理论研究。因此,它必须充分借助其他学科的研究成果和研究方法,更需要以观念、知性和悟性,把握各学科理论成果之间的复杂关系,通过变量、公式、模型、原理、公理、规范等手段,在不同的量纲、象限和价值矢量之间建立起科学合理的关系。这一研究工作复杂、艰辛,但无可推卸。其中,关于旅游系统的动态研究,如机制的运行效率、动态模型、结构要素在动态发展中的相互支持关系等,这一系列问题的研究成果目前尚未达成,但这恰恰是旅游规划在其科学层面上的重大课题。

(2)关于旅游规划的理论

旅游规划,是为改善旅游发展的规模、结构和质量而制定、选择、决定合理的未来行动纲领的过程。旅游规划理论的任务,是科学认识这一过程的本质和规律,指导这一过程趋于高效、合理。它至少包括评价理论、预测理论、模拟理论、决策理论四大方面。

评价理论的作用,在于对旅游发展的现实状况、规划方案所模拟的未来状态进行描述、比较、评估和影响评价,并研究它们的可信度和效度。

预测理论作为旅游规划的重要内容,研究如何把握旅游者对旅游地的需求和潜在的需求关系、未来旅游竞争情形、投资与效益推测、环境演化预见等,科学地预见、把握旅游发展现状与未来发展状况之间的关系。

模拟理论,则是为减少实验代价、实践代价,研究如何以抽象、简洁又不失全面的公式,重现、预示暂时无法触及的真实状态。

决策理论,研究如何选择确定现状与理想未来之间的向量与张力,如何架设由现实通往理想未来的桥梁,如何选择确定合理的未来行动纲领等。它有科学实证的一面,但离不开体验、情感、意志等需要关系,政府行政目标、权威决断和社会接受性等操作关系,因此更多地属于规范性决策。这一方面的理论研究,相应地会更集中于对决策机制、决策程序等的研究,而非科学实证研究。

上述四个层次,均有诸多横向的针对各类部门或对象的理论,如旅游线路组合理论、旅游资源配置理论、旅游企业结构优化理论、目标市场组合理论、旅游交通与道路工程原理、生态环境保育理论等。它们作为旅游规划的组成部分或研究专题,均涉及评价、预测、模拟、决策四个层次。由于不同对象的特殊性,关于它们的专门理论与方法各有其针对性和差异性。

(3)关于旅游规划实施的理论

旅游规划实施理论的基本任务是研究旅游规划内容与实施行动的关系、本质与规律。旅游规划,只是与旅游系统相关的社会行为的重要依据。它目前尚未成为主要依据,更不是唯一的依据。目前,关于旅游规划的编制、审定、实施机制尚不健全。参与旅游系统的各部门也分属各自条块的行政管理,政府旅游管理部门在欠缺权威性和人力、财力的条件下,旅游规划向实施行动转化的能力十分脆弱。为此,特别需要研究探索旅游规划实施转化机制的理论、规划控制和更新的理论、旅游政策理论等。这些理论将提高旅游规划对旅游发展的贡献率,也将促进旅游规划本身的完善。

(4)关于旅游规划研究方法的理论

研究方法是学科成熟与否的重要标志。旅游规划理论体系,在具备自然科学某些特征的同时,具有强烈的社会科学和思维特征,其理论难以像自然科学一样完全可以证实,因此研究方法的意义就旅游规划理论体系而言,不仅在于提高研究效率,还在于最大限度地摒弃个人意志的局限性。因此,其方法本身就是旅游规划理论合理程度的重要依据。

人类认识客体的大致方法是,从观察实验获得感性材料开始,以逻辑思维和直觉思维加工概括,形成科学假说,再经过反复检验,上升为一般的规律或科学原理,即从感性、知性到理性,由具体到抽象再回到具体的过程。旅游规划理论的研究方法,一般而言,可分为获得信息、整理信息、建立理论、检验理论四部分。

旅游规划研究方法论的复杂性在于,它的实践检验具有自然、社会、思维三元性。在研究过程中,实际可采用的方法与其内容与困难一样具有多样性;与其分支学科、基础学科的方法一样具有各自的特殊性。就旅游规划学科而言,它的特殊性主要在于其研究对象的综合性、发展性、竞争性、时间波动性。因此,其研究方法会较多地集中于系统分析法、机会风险分析法、时间分析法等,且离不开动静结合、定性与定量结合、微观与宏观结合、民主与权威结合、科学与艺术结合的方法。

3) 旅游规划理论体系的技术理论层面

规划的技术理论,指导科学理论物化为技术,它是旅游规划操作过程的理论依据,主要来源于三个方面,即科学理论层面的具体化、相关学科理论与技术的应用化以及规划实践的经验归纳。

科学理论的具体化,能使理性认识外化于旅游发展的实际情况,并符合旅游规划操作过程的客观条件,从而取得社会、经济、技术环境的认同与支持,最终使理论指导实践成为现实。

相关技术的应用化,能使旅游规划技术的发展搭上人类现代科学技术的发展快车,使新兴的旅游规划这一分支学科赶上现代科学技术的发展水平。现代技术(特别是横断科学技术)经过应用研究或借用,使各专业取得的科技力量转化为旅游规划技术的组成部分,将极大地提高旅游规划的技术水平。如遥感技术的应用,将使旅游规划现状调研的广度、精度、频度大幅度提高;计算机技术的应用,使信息与图文数据的管理、传输、运算容量及速度大为提高;统计与预测技术的应用研究,使旅游规划的采样、分析、综合、预测的效度、信度水平实现飞跃。

旅游规划技术理论的本质,是对旅游规划技术的理论认识。其任务包括:解答技术的来源、区分技术的类型、处理不同技术间的关系、认识技术发展的规律、鉴别技术的优劣、确定技术标准、预见技术发展的方向,直至规范旅游规划的操作过程。

综上所述,哲学理论层面、科学理论层面、技术理论层面,构成了旅游规划理论体系的纵向梯度关系,这种纵向结构使体系中各种各样的理论、原则、方法相互贯通和转化。

2.2　旅游规划的基础理论

旅游规划与开发是旅游业的基础性工作,如何使旅游规划与开发做到资源结构合理、规划布局有序、客源市场健全、资源永续利用,这些都需要理论的指导。现代科学发展过程表明,任何一门像旅游规划与开发这样的新兴应用科学,都离不开相关学科理论基础的支撑,都是在理论和方法上借鉴相关学科的理论基础才得以发展并走向成熟的。系统理论、增长极理论、点-轴系统理论和核心-边缘理论、地域分异与区位理论、景观生态学、旅游产品生命周期理论等多学科基础理论,对旅游规划与开发无疑具有重要的指导意义。本章将在第1章介绍旅游系统理论的基础上重点介绍其他几个重要旅游基础理论。

2.2.1 区域经济空间结构理论

区域经济空间结构是指在一定地域范围内经济要素的相对区位关系和分布形式,它是在长期的经济发展过程中人类经济活动和区位选择的积累结果。区域经济空间结构反映了经济活动的区位特点以及地域空间的相互关系,空间结构是否合理,对区域经济的增长和发展有着显著的促进或制约作用。因此,区域经济空间结构便成为区域开发规划的一项重要内容。区域旅游空间结构是区域经济空间结构的组成部分,它不可能不受区域科学理论体系的影响。区域旅游规划与开发作为区域经济的一项组成部分,同样接受区域经济空间结构理论的指导与制约。

1)增长极理论

(1)增长极理论的提出与基本内涵

增长极理论最初是由法国经济学家弗朗索瓦·佩鲁(F. Perroux)于20世纪50年代提出的。他在研究地域工业发展时,发现了经济空间在成长过程中总是围绕着一个极核而进行。如果把经济地域当作一个包含着各种力的作用场,则极核就是各种力的平衡场。他针对古典经济学家提出的均衡发展观点,指出现实世界中经济要素的作用完全是在一种非均衡的条件下发生的。他认为"增长并非同时出现在所有的地方,它以不同的强度首先出现于一些增长点或增长极上,通过不同的渠道向外扩散,并对整个经济产生不同的最终影响"。他认为,在经济空间中,经济元素之间存在着不均等的相互影响,一些经济元素支配着另一些经济元素。他指出:"呈现在我们面前的国民经济像是相对活跃的集合体(一些领头产业,在地理上聚集的产业极与活动极)和相对被动的集合体(受推进产业和依存于地理上集聚的一些活动的地区)的组合,前者导致后者产业呈增长现象。"

增长极概念,最初涉及的是纯粹的产业,而与地域无关,主要指的是围绕主导部门而组织起来的富有活力且高度联合的一组工业,它本身能够迅速增长,并通过乘数效应推动其他经济部门的增长。增长极中的"极",是指推动型的企业及与其相互依赖的产业部门,而不是地理空间中的"极"。

20世纪60年代,法国地理学家布德维尔(J. Boudeville)把这一理论扩大应用到地理空间,并提出了"增长中心"这一空间概念。布德维尔把增长极同地理空间、城镇联系起来,使增长极有了确定的地理位置,即增长的"极"位于城镇或其附近的中心区域。由此得出增长极理论的基本观点是:经济增长不会同时出现在所有地方,相反,它将首先出现在某些具有优势条件的地区,如沿海港口、主要城市、交通要道、资源富集地等。于是,增长极被当作相关工业的空间集聚,其内涵从增长着的产业经济单位变成了增长着的空间单位——城市或局部区域,增长极理论也从一种推动型工业如何促进其他经济部门增长的理论,演变为一个地方经济增长如何促进或妨碍其他地方经济增长的理论。

这样,增长极包含了两个明确的内涵:一是作为经济空间上的某种推动型工业;二是作为地理空间上产生集聚的城镇,即增长中心。增长极对区域经济发展的积极影响有两个方面:一是极化中心本身的经济增长;二是极化中心对周围地区的影响。前者是集聚效应,后者是增长极的扩散效应。增长极理论自 20 世纪 50 年代由佩鲁提出后,经过许多学者的共同努力,在其形成机制与空间模式方面已取得了多方面的理论成果,但总体来说,这一理论的思路意义超过了方法论意义。

(2)增长极理论对旅游开发的意义

增长极理论强调经济结构的优化,强调经济对地域空间的优化,以发展中心带动整个区域。显然,增长极是有利于创新能力的优势部门在"点"状空间上的集中,产生集聚效应或规模效应,使极核加速自身经济的发展。当发展到一定阶段再发挥极核的扩散效应,带动极核周围相对而言落后地区的经济发展。区域经济经历"平衡—不平衡—平衡"的过程。这就要求我们在区域旅游开发中,要培育旅游的发展增长极,它们可以是旅游中心城市,也可以是高等级的旅游景区,或者是那些旅游资源价值高、区位条件好、社会经济发展水平高的旅游地和旅游城镇。通过增长极的培育,可以带动整个区域旅游的发展。极核尤其适合于城市旅游开发和不发达地区旅游资源的开发。旅游资源一般高密度地集中于城市和非城市的风景名胜区、度假区中,城市和风景名胜区、度假区很容易成为旅游空间中的增长极点或增长核点,我国大部分旅游地都属于这种类型。因此,旅游增长极的选择应该是那些旅游资源价值高、区位条件好、社会经济发展水平高的旅游景区和中心城镇,集中人力、物力和财力,重点开发,使其对区域的旅游发展起推动作用,然后通过旅游线路向外扩散,并对整个旅游经济产生影响。

2)点-轴理论

(1)点-轴理论的提出与基本内涵

"点-轴"又称发展轴,亦称增长轴。点-轴开发理论是增长极理论在具体区域开发时的应用,它运用网络分析法,把国民经济看成由"点"和"轴"所组成的空间理论形式。其中,"点"即增长极,"轴"即区域内的交通干线。

点-轴系统模式包含据点开发和轴线开发。据点开发理论是地域极化理论的一种。该理论认为,由于资金有限,要开发和建设一个地区,不能面上铺开,而是要集中建设一个或几个据点,通过这些据点的开发和建设来影响与带动周围地区经济的发展。轴线开发或者称带状开发是据点开发理论模式的进一步发展。该理论认为,区域的发展与基础设施的建设密切相关。将联系城市与区域的交通、通信、供电、供水、各种管道等主要工程性基础设施的建设适当集中成束,形成发展轴,沿着这些轴线布置若干个重点建设的工业点、工业区和城市,这样布局既可以避免孤立发展几个城市,又可以较好地引导和影响区域的发展。

20 世纪 70 年代,由沃纳·松巴特(Werner Sombart)等首先提出增长轴理论,其核心内容是：随着连接各中心地的重要交通干线（铁路、公路等）的建立，形成了新的有利区位，方便了人口的流动，降低了运输费用，从而降低了产品的成本。新的交通线对产业和劳动力具有新的吸引力，形成有利的投资环境，使产业和人口向交通线聚集并产生新的居民点。这种对地区开发具有促进作用的交通线被称为"增长轴"或"发展轴"。因此，增长轴是区域开发的纽带和经济运行的通道。在增长轴理论的指导下，德国城市规划的地域结构布局往往是利用沿交通线延伸发展的锯齿状、组团状模型。例如，慕尼黑城市用地新发展的对外延伸区，主要是沿城市和对外交通干道 12 条铁路和 7 条高速公路走廊带作放射状组团式布局。各条走廊地带之间，都保留了开阔的楔形绿地、森林和农田，禁止城市建设用地不留空隙地连片发展。

在区域规划中，采用据点与轴线相结合的模式，最初是由波兰的萨伦巴和马利士提出的。我国经济地理学者陆大道先生在德国进修期间充分吸收了德国有关发展轴方面的实践成果，吸取了据点开发和轴线开发理论的有益思想，提出了点-轴渐进式扩散的理论模式，把点-轴线开发模式提到了新的高度。他认为，空间结构的演化过程，本质上是"点-轴渐进式扩散"。具体而言，与自然界和社会的许多客观事物类似，生产力各要素在空间中相互吸引而集聚，同时又向外（周围）辐射自己的作用力（物资流、人流和信息流等）。实践中，几乎所有的产业，尤其是工业、交通运输业、第三产业、城镇等都产生和集聚于"点"上，并由线状基础设施铁路、航道、公路、管道、能源和水源供应线、邮电通信线等联系在一起。农业生产虽呈面状，但农业的管理、生产资料的供应和农产品的出售等基本上都在各级城镇进行。另外，集聚于各级"点"上的产业及人口等又要向周围区域辐射其影响力（产品、技术、管理、政策等），取得社会经济运行的动力（原料、劳动力等），这就是扩散。扩散的基本特点是在各个方向上的强度并不均等。其中，沿着主要线状基础设施（主轴）方向的辐射强度最大，从而引起或加强在该方向上较大规模的集聚。在这样的思想指导下，陆大道先生提出了生产力地域组织的空间过程模式。他认为，"点-轴"理论是对大量地区发展经验的总结，是普遍规律。以往人们曾自觉或不自觉地运用这一规律沿发展轴线布置生产力。

点-轴开发中的"点"是指区域中的各级中心城市，它们都有各自的吸引范围，是一定区域内人口和产业集中的地方，有较强的经济吸引力和凝聚力。"轴"是连接点的各种线状基础设施，包括交通线、通信线路、供水供电线路等。线状基础设施经过的地带被称为"轴线"地带，简称"轴"。轴的实质是依托沿轴各级城镇形成产业开发带。"轴线"地带可以是海岸线、江河沿岸、铁路干线、公路干线以及复合地带等。"轴线"对所经过的区域有很大的吸引力和凝聚力，使得许多产业部门产生于或集聚于"点"上并由轴线彼此联系在一起。根据中心地原理，区域内大小中心城市是分等级的，因此"发展轴"也是分等级的。确定经济发展在空间上如何集中和分散，就是要确定重点开发轴线和点，也就是要确定重点开发地带和中心城市，从而组成点-轴开发系统。点-轴开发方式是点-轴渐进扩散式开发，是在全国或地区范围内确定一条或几条具有有利发展条件的线状基础设施轴线，对轴线地带的若干个点进行重点发展。随着经济实力的不断增强，社会经济客体从扩散源（点）开始，沿着扩散通道（轴线），渐次扩散社会经济流，在距离中心不同的位置形成新的聚积点，使得经济发展的注意力转向低级别的发展轴和发展中心，同时发展轴线逐步向不发达地区延伸，促进次级轴线和线上的城镇经济发展。这样,就在区域范围内形成了不同等级的点和轴线,它们相互连接构成了分布有序的"点-轴"空间结构。

(2)点-轴理论对旅游开发的意义

根据点-轴理论的原理,两个相距不远的增长极之间必然用交通热线相连,因此交通沿线旅游开发效益常常要比非沿线的区域要好,区域经济学上称(旅游)增长轴。沿轴线的旅游地因此具备被带动开发的有利条件。实践中这样的增长轴线常常成为人们俗称的"旅游热线""黄金旅游线"等产品,例如长江三峡线、郑(州)—洛(阳)—汴(开封)—三(门峡)旅游走廊、泰山—曲阜线等。黄山—九华山线就对太平湖的开发有轴线上的带动作用。在长沙—张家界—猛洞河线上,沿途就带动了常德花岩溪、石门夹山寺的开发等。云南的昆明—大理—丽江—中甸这一著名旅游产品的推进过程,正是借助沿途城市的基础而达到的,而且这一产品的延续已经越出省界,向四川省的西昌、攀枝花、西藏的林芝等城市辐射,形成了旅游产业布局发展过程中的"点-轴"模式。若干轴线联网后又进一步形成了区域旅游网络构架。

旅游业的不断发展,必然使区域空间结构框架出现以下演化过程,大致为:旅游增长极—增长轴—热线网络。张家界是湘西北的旅游增长极,"张家界经长沙"是旅游增长轴,张家界带动了周围景点的开发,有普光禅寺、玉皇洞石窟、天门山森林公园、九天洞、五雷山、茅岩河漂流、猛洞河漂流、东峡民俗村等,形成了以张家界为中心的圈层状网络体系。这种放射状的网络体系是由若干增长轴组成的。不过,湘西北旅游网络体系还远远不像珠江三角洲和长江三角洲等发达地区旅游网络构架那样发育成熟,说明不同经济发展阶段对应有相应的旅游生产力空间结构模块。

点-轴开发模式适用于旅游开发布局。在旅游开发中,点就是旅游中心城市或重点旅游地,轴线就是连接它们的通道。整个旅游系统的空间结构演变也是由"点"到"轴",再由"轴"到"网"的演化过程。在极化效应作用下,开始旅游"点"的集聚,当集聚程度不断加强,一些节点就形成为区域旅游中心。旅游中心发展到一定规模后,其扩散效应逐步加强,并沿着轴线形成重点旅游区和一些次一级的旅游中心和轴线,从而达到以点带线,以线带面,进而形成区域旅游网络,带动整个区域旅游的发展。在这里要注意两点:一是发挥城市或风景名胜区对区域旅游的辐射作用,即"点"的作用;二是提高区域旅游的可达性,这是旅游开发和发展的前提条件,也就是搞好"轴"的建设。

"点-轴系统"反映了社会经济空间组织的客观规律,按照"点-轴系统"开发模式组织区域旅游开发,可以科学地处理好集中与分散、公平与效益、从不平衡发展到较为平衡发展之间的关系。一个区域在旅游开发初期,其旅游发展水平是不平衡的,随着开发进程的延伸(轴线和"点"的延伸),"点"和轴线的等级差异变小,相对均衡的状态开始形成,即由"点"到"线"再到"面"的空间开发和发展状态形成,从而实现区域旅游的最佳发展。另外,"点-轴"开发模式最适用于旅游资源丰富、旅游业有所发展但发展程度不高、旅游开发的空间结构还不完善的地区,特别是区内中心城市作用重大,又有交通干线与外界相通的地区。

3）核心-边缘理论

（1）核心-边缘理论的提出与基本内涵

完整提出"核心-边缘"理论模式的，是美国区域规划专家弗里德曼（J. R. Friedmann）。1966年弗里德曼根据对委内瑞拉区域发展演变特征的研究，以及根据缪尔达尔（K. G. Myrdal）和赫希曼（A. O. Hirschman）等人有关区域间经济增长和相互传递的理论，出版了他的学术著作《区域发展政策》，系统地提出了"核心-边缘"的理论模式。该理论试图解释一个区位如何由互不关联、孤立发展，变成彼此联系、发展不平衡，又由极不平衡发展为相互关联、平衡发展的区域系统。

弗里德曼认为，任何一个国家都是由核心区域和边缘区域组成的。核心区域指城市集聚区，是工业发达、技术水平较高、资本集中、人口密集、经济增速快的区域，包括：①国内都会区；②区域的中心城市；③亚区的中心；④地方服务中心。它往往由一个城市或城市集群及其周围地区所组成。边缘区域是那些相对于核心区域经济较为落后的区域。在区域经济增长过程中，核心与边缘之间存在着不平等的发展关系。总体上，核心居于统治地位，边缘在发展上依赖于核心。由于核心-边缘之间的贸易不平等，使边缘区的资金、人口和劳动力向核心区流动的趋势得以强化，经济权力集中在核心区，技术进步、高效的生产活动以及生产的创新等也都集中在核心区，构成核心与边缘区的不平等发展格局。核心与边缘区的空间结构地位不是一成不变的。弗里德曼认为，核心区域与边缘区域的关系在经济发展的不同阶段会发生转化。在发展的初级阶段，是核心区域对边缘区域的控制，边缘区域对核心区域的依赖，然后是依赖和控制关系的加强。但随着社会经济的发展，随着核心扩散作用的加强，核心区域将带动、影响和促进边缘区域的发展。边缘区域将形成次级核心，甚至可以完全摆脱原来的核心区域的控制。核心区与边缘区的边界会发生变化，区域的空间关系也会发生变化，最终达到区域空间结构一体化。

（2）"核心-边缘"理论对旅游开发的意义

"核心-边缘"理论的全部价值在于提供了一个关于区域空间结构和形态变化的解释模型，并且把这种区域空间结构关系与经济发展的阶段相联系。"核心-边缘"的空间经济关系，既表现为城市与其腹地的关系，也可代表中心与经济区的关系，以及发达地区与落后地区的关系。因此，任何一个区域都可认为是由一个或若干个核心和边缘区组成的。"核心-边缘"理论为区域旅游规划提供了建构区域旅游空间结构系统的认知模型。核心与边缘地区应该是一种平等竞争、优势互补、合作互赢的空间关系。发展核心、带动边缘是区域旅游发展的重要战略举措。发展中地区要注意培育旅游核心区，形成旅游创新活动基地，带动边缘区域发展，壮大整个区域的旅游竞争力。希尔斯（Hills）、朗德格仁（Lundgre）和布里敦（Britton）等人直接建立了关于旅游的"核心-边缘"理论模型，强调了边缘地区对核心地区的依赖。这种依存关系不仅对旅游者来说是这样，对其他一些事物，如资金、企业能力、熟练劳动力、技术甚至利润等也是如此。

V. 史密斯（V. Smith）有关旅游区域的研究成果也体现了"核心-边缘"理论的思想。一个旅游区域结构图应由核心区、直接支持带、间接支持带3部分组成。其中，核心区包括旅游吸引物和为旅行者提供的基础设施;直接支持带是用以直接支持核心区,能为旅游核心区提供就业、服务、土地供给的亚区;间接支持带处于更外围的地区,与核心联系较为松散。S.史密斯(S. Smith)将旅游区域分为都市旅游区、户外休憩活动带、别墅疗养区和城市郊区旅游带,确定了 4 个基本区域旅游资源的类型。

在微观景区规划领域里,虽然没有明显的"核心-边缘"理论的痕迹,但可以发现与"核心-边缘"圈层构造理念相似的景区规划布局模式。如福斯特(Forster)1973 年就提出了旅游区环境开发的"三区结构",其核心是自然保护区;围绕它的是娱乐区,配置野营、划船、越野、观望点等设施与服务;最外层是服务区,为游客提供各种服务,有饭店、商店或高密度的娱乐设施(参见本书第 7 章,图 7.8)。1974 年特拉维斯(Travis)提出了"双核原则",这种方法为游客需求与自然保护区之间提供了一种商业纽带,通过精心设计,服务集中在一个辅助型社区内,处于保护区的边缘(参见本书第 7 章,图 7.9)。此外还有一种常见的"核式环"布局,"核"通常为一个自然景观,而温泉、滑雪场、饭店、商店等服务设施环绕自然景观布局,各种设施之间的交通联络道路构成圆环,设施与中心景观之间由便道或车道连接,交通网络呈车轮或伞骨形。

"核心-边缘"理论对区域旅游格局的空间认识和旅游规划蓝图布局方面是有指导意义的。借鉴"核心-边缘"理论进行旅游资源的区域整合、旅游用地规划和城市旅游圈层的构造、区域旅游联动发展等,均可以取得较好效果。

①旅游资源区域整合。运用"核心-边缘"理论对旅游资源所存在的客观差异进行空间辨识,突出世界级、国家级和地区级旅游资源的地位,以它们为核心,形成旅游资源开发的若干增长极;对"核心-边缘"资源区的认知不是任凭这样的格局继续存在,而是贯彻邻近联动原则,突出"核心-边缘"结构中的资源优势互补而不是空间替代竞争,以旅游交通线路为廊道,旅游区(点)为节点,建构旅游资源区域体系。

②景区土地利用规划与都市旅游圈层构造。成功的景区规划一般都是围绕核心景观或者核心服务功能区所组成的景观群落来合理确定土地功能区和布局。生态型的景区规划,核心就是生态景观保护区,其次是生态敏感区或者缓冲带,然后才是生活服务功能区;而会展类景区规划,核心区是会展建筑景观,边缘则是游憩休闲景观带与景观点,共同构建一个会展中心的景观群落;山岳型的避暑度假景区的规划,核心区是避暑度假村组成的景观群落。因此,不同功能属性的景区规划,在配置土地利用的功能分区时,创造性地运用"核心-边缘"理论会取得较好的空间规划成果。

近年来,都市旅游普遍受到区域旅游规划的重视。这是因为都市既是区域旅游的客源发生地,又是都市休闲、购物、会展旅游的目的地。环绕都市的游憩商业区的景观圈层构造及其土地利用的空间结构表现出明显的"核心-边缘"结构特征。以上海为例,新世纪上海旅游发展呈"一区、二带、三圈"的空间格局。"一区"是反映上海都市旅游特色、吸引外来游客的核心景区—游憩商业区;"二带"指黄浦江水上旅游廊带和链接浦东与虹桥两个空港的高架道路和地铁组成的陆上旅游廊带;"三圈"指都市中心旅游圈、环城社区文化旅游圈和远郊休闲度假旅游圈;再外围是苏州、杭州、无锡等华东旅游圈。上海这种由内及外所构成的"核心-边缘"结构,促成了外面的旅游流进入都市,都市的旅游流进入"边缘区域"的"围城"

效应。可以说,此种模式正在发育为大中型城市的通用模式。

③区域旅游联动发展。受区域空间规模因素的影响,一些区域的"核心-边缘"结构表现出复合形态的特征。对大多数单一核心的区域来说,区域旅游联动发展主要表现为"核心-边缘"区域的旅游互动和区域间的旅游互动;有些区域可能存在两个或两个以上的核心,甚至每一个"核心-边缘"结构均处于基本相同的规模等级和引力强度,这样的区域内部旅游联动首先表现为"核心-边缘"结构系统之间的旅游联动;其次表现为每一个"核心-边缘"结构系统都可以与区外的"核心-边缘"系统发生旅游联动行为,从而构成复合型的"核心-边缘"结构体系。因此,借鉴"核心-边缘"结构理论,对建构规划区域内部和外部的旅游空间协调对应关系和旅游廊道,促进区域旅游联动发展发挥着非常重要的指导作用。

2.2.2 地域分异与区位理论

1)地域分异规律与劳动地域分工理论

(1)地域分异规律

地域分异是指地区的差异性,即自然地理环境各组成成分及整个景观在地表按照一定的层次发生分化并按照一定的方向发生有规律分布的现象。影响地域分异的因素主要有太阳辐射、地球内能和地形等。自然要素分布的空间差异导致人文要素在地表也有一定的空间分异。

对地域分异规律的认识,目前还没有取得一致的意见,但有几种基本的分异规律是存在的:

①因太阳辐射能按纬度分布不均引起的纬度地带性。由于太阳辐射纬度分布不均匀而引起的气候、水文、生物、土壤及整个自然景观大致沿纬度方向延伸分布并按纬度方向递变的现象,如热带、亚热带、暖温带、温带、寒温带、寒带等。

②大地构造和地形引起的地域分异。地球表面存在着一些地形,像高原、平原、山地、盆地、丘陵、岛屿、湖泊以及海洋等,各个地形上的旅游资源特征不同,而位于两个不同地形边界处的旅游资源最为丰富。

③海陆相互作用引起的从海洋到大陆中心发生变化的干湿地带性。这主要是由于湿度的不同而产生的差异性。由于海陆相互作用,降水分布自沿海向内陆逐渐减少,从而引起气候、水文、生物、土壤及整个自然综合体从沿海向内陆发生变化的现象。如我国从东南沿海向西北出现了湿润区、半湿润区、半干旱区和干旱区,相应植被上表现为森林、草原、荒漠的变化。

④随山地高度而产生的垂直地带性。由于山地等海拔高度的变化而导致气温、降水等变化,从而引起气候、水文、土壤、地貌、生物等发生相应变化。气象研究表明,地面每上升100米,气温就下降0.6 ℃。如果这一地点在热带,且具有足够的海拔高度,从山脚到山顶可能有热带雨林、阔叶林、针叶林、高山草原、高山草甸、冰雪带等。

⑤由地方地形、地表组成物质以及地下水位不同引起的地方分异。主要表现为:一是自然地理环境各组成成分及简单的自然综合体,沿地形剖面按确定方向从高到低有规律地依

次更替;二是坡向的分异作用,尤其是南北分异比较明显,南坡稍为干热,北坡具有稍为冷湿的特点,造成南北坡具有不同的景观。

地域分异规律实际上已经阐述了旅游资源分布的地域差异性,受其影响,人文地理环境、经济地理环境同样也表现出地域上的差异。

（2）劳动地域分工

劳动地域分工,又称地域分工,是指人类经济活动按地理（或地域）进行分工,既是各个地域依据各自条件和优势,着重发展有利的产业部门,以其产品与外区交换;又从其他地区进口所需要的产品。这种一个地区为另一个地区生产产品并相互交换其产品的现象,就是劳动地域分工。劳动地域分工是社会分工的空间表现形式,在认识劳动地域分工规律的基础上,人们自觉地组织与协调自身的经济行为,通过合理的地域分工以求得最佳的经济效益。劳动地域分工表现为各个地区专门生产某种产品,有时是某一类产品,有时是产品的一部分,这种表现是经济利益决定的。劳动地域分工的组织与协调,是地域分工发展的客观必然,是化解区域间发展冲突、保证区域有序竞争、共同致富的重要手段。劳动地域分工理论的基本原理应包括四个方面:一是地域分工发展论;二是地域分工效益论;三是地域分工层次论;四是地域分工组织与协调论。

对劳动地域分工理论最早进行阐述的首推亚当·斯密。他是英国 18 世纪的古典经济学家,在其《国富论》一书中,对分工问题最早进行了精辟阐述。他认为分工（包括地域分工）会给整个社会带来巨大经济利益。每一个生产者为了其自身利益,应根据其当地条件,集中生产在社会上绝对有利可图的产品,然后用其销售所得去购置所需的其他物品。推而广之,亚当·斯密认为地区之间或国家之间也应形成这种以绝对利益为原则的地域分工。他认为分工是提高社会劳动生产率和增加社会财富的重要源泉。他的学说对解释当时国家和地区之间的地理分工,促进国际与国内贸易,乃至解释生产力布局等问题,均起到了积极作用。

（3）地域分异与劳动地域分工理论对旅游开发的意义

地域分异规律实际上说明了旅游资源分布的地域性。地域性实际上就是同质性问题和异质性问题。就某一地理要素或若干地理要素的结合来说,区域内是同质的,在区域间是异质的。地域分布不仅表现在自然景观上,而且也表现在人文景观上。如在大陆内部和受到热带高压控制的区域出现沙漠,相应地形成了沙漠风情,它的建筑、古遗址遗迹、民族、宗教、民俗等都表现出独有的特征。在山区,由于一般海拔高度每升高 100 米气温就下降 0.6 ℃,因而使一些山,如庐山等成为避暑胜地。一些山区由于对外交通不方便,文化交融较少,因此保留了更多的较原始淳朴的民族风情等,而成为人文旅游资源。有的山区开发层次较低,破坏不那么严重,结果保存了较完好的生态系统,成为生态旅游地。

地域分异规律是产生旅游流的根本原因。在旅游现象中出现的地域分异特征表明地域性是旅游业最基本的特征之一,因此,旅游开发首先要突出地域的差异。差异是区域旅游业的灵魂,差异性越大,越能产生旅游者的空间流动;差异越大,旅游产品越具吸引力,也越能削弱旅游产品之间的竞争,延长旅游地的生命周期。其次是旅游区划。旅游区划在旅游规划中非常重要,它是在深刻理解旅游资源分布的地理特征和旅游经济地域分工的基础上做出的,它有利于挖掘旅游的特色,有利于旅游开发和管理。旅游区划包括区域中旅游区的划分和旅游地的景区划分,划分的理论依据就是地域分异规律。区划就是运用这些原理,寻求具有相对一致性的区域,区别有差异性的区域。最后是旅游功能分区。功能分区是旅游土地分类利用的基础,也是旅游规划中进行空间布局的基础。功能分区有两种趋势:一是自然分区,即在旅游地的发展过程中,将某些地段逐渐用于某种专门用途;二是控制分区,即在法律或其他条件约束下,将旅游地土地用于某种固定用途。旅游规划是在已有的自然分区基础上,促使旅游地形成合理的控制分区。

依据劳动地域分工理论,地域分工的发展体现了区域发展的本质。旅游经济同样也具有地域性发展的本质。因此,合理的地域分工不仅能充分发挥各个地域的旅游资源的优势,促进旅游经济的发展,同时也可以促进合理的旅游地域网络结构与旅游地域产品组织系统的形成,使地域间的旅游产品布局更加科学合理。合理的地域分工可以促进人力、物力、运力、财力和时间的最大节约,以达到取得最大的宏观经济效果的目的。

人类经济活动是在地理空间上展开的,因此必然要与具体的地域相结合。地域分异和劳动地域分工理论揭示了当代产业分布、经济网络结构和经济地域系统形成发展的客观规律性。为了使资源配置在不断扩展的空间范围内调整重点和地域分工合理化,人们通常通过增长极、点-轴发展模式等去组织和协调区域发展进程。同时,地域分工发展使地区间旅游业联系加强,地区间、行业间竞争也加剧,一些区域为了提高自身在竞争中的地位和作用,获取规模效应和比较效应,也相应建立起区域共同体或协作体。可见,劳动地域分工的组织与协调,是地域分工发展的客观必然,是化解区域间发展冲突、保证区域有序竞争、共同致富的重要手段。

2)区位理论

(1)区位理论的基本内涵

"区位"一词源于德文的 Standort,该词于 1886 年被译为英文 Location。区位的主要含义是某事物占有的场所,具有位置、布局、分布、位置关系等方面的意义,并有被设计的内涵。区位论是说明和探讨地理空间对各种经济活动分布和区位的影响,研究生产力空间组织的一种学说,或者说是关于人类活动的空间分布和空间组织优化的理论,尤其突出表现在经济活动中。区位可以分为绝对区位和相对区位。绝对区位是指由经纬度构成的网络系统中的某个位置,即自然地理位置。相对区位是指相对于其他位置来说的限定位置,即交通地理位置和经济地理位置。比较而言,相对区位远比绝对区位重要,其作用和意义主要表现为以下几个方面:

①地域分工的形成和发展与具有某种相对优势的区位因素密切相关。换言之,良好的区位可以促成某些特殊的发展,某个中心城市的崛起或某些特大海港的发展往往可以从它们的相对区位中寻找答案。

②一个地区的发展潜力在很大程度上也依赖于它的相对位置,而不仅仅是它的天赋自然条件。

③最好的区位也会随时间而发生变化。

④某一活动在某一区位的发展可以带动周围区位相关活动的发展,这是区位因素在空间经济活动中所产生的乘数效应。

综合来讲,区位就是自然地理位置、经济地理位置、交通地理位置在空间地域上有机结合的具体表现。区位论最早出现在经济学中,19世纪初德国农业经济学家杜能(Von Thunen)创立了农业区位论;20世纪初德国经济学家韦伯(Weber)创立了工业区位论;20世纪30年代,德国地理学家克里斯泰勒(Christaller)根据聚落和市场的区位,提出了中心地理论;随后另一个德国经济学家廖什(losch)利用克里斯泰勒的理论框架,发展成为产业的市场区位论;日本学者对区位论在旅游开发规划中的应用进行了较深入的研究,发展成为较成熟的"观光立地论"。北京大学杨吾扬教授较早地将区位理论引入中国的经济地理学研究中。

(2)区位论对旅游开发的意义

我国许多旅游专业人员将区位理论的基本原理予以演绎、发挥,认为区位论以其与市场选择行为的紧密结合和抽象精练的表达方式,可以给旅游规划与开发以理论指导。陶小平在研究区位旅游业布局模式时,讨论了区位论的应用问题。陈耀华讨论了风景区开发建设中的区位因子问题。王瑛提出了旅游域的概念,该观点认为,旅游点在一定条件下形成集聚,集聚在一起的旅游点形成一个统一的旅游区,为了与一般的旅游区相区别,将这一统一的旅游区称为旅游域。旅游域构成了旅游业空间结构的基本单元。关发兰认为,旅游地的空间相互作用主要分为两种,即互补增强作用和抑制替代作用。保继刚认为,在互补性和替代性之外,可达性也是影响旅游地空间相互作用的条件之一。由于旅游行为在很大程度上不同于其他常规经济活动,其活动空间规律和区位布局的选择也形成了特有的旅游区位现象。汤力发现,只有处于都市中心商业区和城市边界门户区位的城市公园才具有较强的都市旅游功能。利用区位概念进行旅游开发分析,也是许多地理学家习惯使用的观察角度,如刘伟强、郑洁华、陈耀华、刘舸、何佳梅、陈传康、周葆华、陈俊鸿、宋军等。黄羊山、王建萍、明忠庆等学者也都讨论了区位论在区域旅游规划中的应用意义。

区位理论对旅游开发的指导作用至少包括:

①确定旅游空间组织层次与规划层次。区位论研究事物的空间组织问题,它有三个层次:一是广义角度的某一作用体系的空间格局;二是作用体系集聚单元的区位选择;三是组成集聚单元的基本要素的场所选择。与此相适应,在旅游活动中这种空间组织相应地也有三个层次:区域、旅游地、旅游要素的场所。这三个层次实际上与区域旅游规划、旅游地规划、旅游位置规划与设计相吻合。因此,区位论被广泛应用在旅游规划上。

②制定旅游发展战略。区位论对区域旅游和旅游地发展战略具有指导意义。区位条件好坏反映了人们进行旅游的方便程度,从而影响到旅游市场的大小和可进入程度,决定了来访游客的多少和进行旅游开发建设的力度,最终决定了旅游经济效益的大小。在区域旅游发展战略研究上,保继刚等在陈传康的区域旅游发展战略基础上,总结了四种类型的旅游发展战略(见表2.2)。

表 2.2　旅游发展规划模式

模式	旅游资源	区位条件	区域经济背景	主要开发措施	案例
1	+++	+++	+++	全方位开发	北京
2	+++	++	+	国家扶持,适当超前发展	张家界
3	+++	+	+	保护性开发	丽江、西双版纳
4	+	+++	+++	恢复古迹或人造高级别旅游资源	深圳、武汉

注:+++优;++中;+差

资料来源:保继刚,楚义芳,彭华.旅游地理学[M].北京:高等教育出版社,1993.

第一,资源价值高、区位条件好、区域经济背景好。这类地区具有资源和客源的双重优势,且其他产业发达,资金充足,旅游需求量大,为旅游开发的理想地区,应优先开发。开发时应充分利用旅游资源,处理好开发与环境保护的关系,旅游业与其他产业的关系,调整区域内不合理的经济结构。

第二,资源价值高、区位条件好、区域经济背景差。这类地区旅游资源丰富,对游客吸引力大,区内交通没有大困难,但区域经济比较落后,本地无法提供大量资金开发旅游。这类区域是较理想的旅游开发区,开发后能较快地取得经济效益。为此,国家可通过扶贫办法提供资金,以此振兴地方经济。

第三,资源价值高、区位条件不好、区域经济背景差。这类地区旅游资源非常丰富,并且常常具有神秘性,对旅游者的吸引力非常大。但由于偏离经济发达地区,交通不便,客源市场较远,因此发展旅游业比较困难,主要应对旅游资源进行保护,待时机成熟再开发。对一些区位稍强的地区,可以搞一些较低层次的观光旅游和较高层次的专业考察等,注重的是社会和环境效益。

第四,资源价值低、区位条件好、区域经济背景好。这类地区旅游资源比较贫乏,发展旅游业潜力不足。但处于交通要道、人口稠密、区域经济发达,旅游需求量大。对此,可充分利用区位和地区经济优势,搞人造旅游资源,或恢复历史上有名但已被毁的名胜古迹,并向四周扩散布点,开发新的旅游资源。

③寻求区位优势。区位优势对旅游开发、布局来说很重要。区位优势的寻求除与旅游资源优势有关之外,还有其他因素,如自然环境、交通、市场、人力、经济、社会等。寻求区位优势,首先要分析各个区位的因子,然后分析整体优势。区位优势一般包括:有形区位优势和无形区位优势、绝对区位优势与相对区位优势、局部区位优势和全局区位优势、空间区位优势和时间区位优势等。

④增强集聚效应。由提供相同和不同服务的各个旅游企业共同组成一个地区的整体旅游形象,增加了地区的整体旅游吸引力,并且地区内各个旅游企业共同使用基础设施和共享同一市场,带来了旅游经济的集聚效应。因此,在进行区域旅游和旅游地的空间布局上,要充分运用集聚效应原理,合理布局,使其产生集聚经济效应。如一条交通线路,如果专为某一旅游地修建,未免代价太高,若几个旅游地和旅游点共同使用,则使相对成本降低,可提高利用效率,也可增加旅游资源的容量,带来更大的经济效益。对旅游者来说,集聚可以让他

们有更多的机会去选择旅游目的地,可以减少交通时间和费用;对旅游目的地来说,集聚可以分流客源,减少游客对某一目的地资源的压力和破坏。

需要指出的是,许多旅游点虽然资源价值很高,但由于体量小,所占面积小,游时短,难以形成较强的吸引力,因此需要同周围其他旅游地和旅游点联合,共同开发,才能形成整体优势,增强吸引力,同时可降低开发成本。这就是旅游规划中的集中紧凑原则。集中开发后的地区,能提供很多观光、游览、娱乐的去处,能提供很多种服务,其土地利用率和价值都会提高。但是集聚往往也会带来污染的集中、交通的拥挤以及水、电的供应不足、土地价格和物价上扬等问题,需要加以注意和预防。

⑤旅游设施地址的选择。旅游设施的位置对其经济成功具有决定性的意义。每一种旅游设施的服务性质不同,其场所选择的目标和方法也不同,所考虑的因素也不同。如旅游宾馆的选址,旅游者到达目的地后往往选择该区的中心城市或较高级别的风景区暂住。游览完高级别的旅游点或风景区后,旅游者一般不留在附近较低级别的旅游点或风景区继续游览。因此,在同一旅游地中,不宜在旅游资源级别低的景区,或不在旅游中心城市(或大居民点)中选址。

⑥旅游线路的设计。主要包括区域旅游线路的设计和旅游地游览线路的设计。区域旅游有周游型和逗留型两种。周游型线路一般是环线模式,目的是观赏,旅游线路应尽可能路过更多的旅游地和旅游点;逗留型线路目的是观光、度假和娱乐等,快速便捷的线路使游客"快进慢游"十分重要。旅游地的线路规划也是如此,其线路类型包括步行小径、缆车、汽车道、火车道等,需考虑的因素包括安全性、便捷性、路过更多的观景点等。

2.2.3 旅游目的地竞争力模型[①]

旅游目的地竞争力模型(Destination Competitiveness and Sustainability, DCS)最初由 J. R. Brent Ritchie, Geoffrey I. Crouch 历经八年调研与实证后提出(图2.2)。

(1)全球环境(宏观)

旅游系统是一个开放的系统。这就意味着它很容易受许多系统外压力和因素的影响,即世界环境或宏观环境的影响。所谓宏观环境指的是全球环境。在当今世界,发生在任何一个地方的事件都会波及位于其他地区的旅游目的地。全球性因素引发的某些事件对旅游影响深远。

J. R. Brent Ritchie, Geoffrey I. Crouch 将宏观环境因素划分为六大类:经济、技术、生态、政策和法律变化、社会文化问题、人口统计因素的变化。

当今时代,物质财富的极大丰富已经使世界上许多人有条件参与旅行和旅游活动。在20世纪的大部分时间里,北美和西欧之所以成为最大的客源地,很大程度上是因为这些国家经济基础雄厚。近年来,亚太地区经济的发展不但开辟了新的客源市场,而且为建立新旅

---

① 编者注:根据以下文献整理而成,并参考了编者2015年10月25日至11月8日去澳大利亚考察学习期间,悉尼科技大学(UTS)商学院旅游管理专业副教授,David Beirman 博士授课提供的相关资讯。详见以下文献:J. R. Brent Ritchie, Geoffrey I. Crouch. 李天元,徐虹,陈家刚,等译. 旅游目的地竞争力管理[M]. 天津:南开大学出版社,2006.

游目的地奠定了基础。以澳大利亚为例,2003—2013 年的十年间,其海外入境客源市场中,来自东南亚的游客量从 696700 人次增加到 1164500 人次,增长 67%。根据澳大利亚旅游局官方统计资料,2014 年底,中国成为澳大利亚仅次于新西兰的第二大客源国,游客接待量超过 80 万人次。

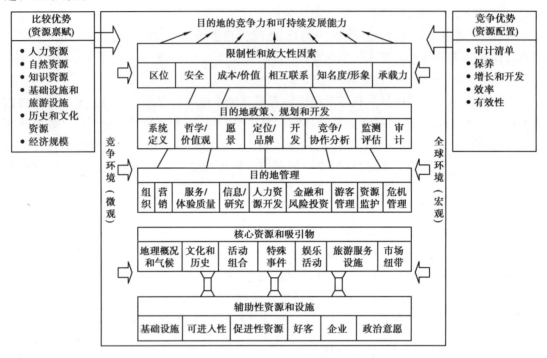

图2.2　目的地竞争力概念性模型

图2.2 来源:J. R. Brent Ritchie, Geoffrey I. Crouch. 李天元,徐虹,陈家刚,等译. 旅游目的地竞争力管理[M]. 天津:南开大学出版社,2006.

科学技术,尤其是运输技术也发生了天翻地覆的变化。现在民航飞机的飞行速度、运力、油耗、安全程度和航空公司运营效率的提升,已经使成本大幅度下降,尤其是远途目的地从上述发展变化中获益明显。信息系统(例如计算机预订系统、全球分销系统和电子商务网络系统)、①金融系统(例如信用卡、自动取款机、电子转账等)、住宿系统(例如计算机入住登记/结账、全包价度假、特许经营)以及餐饮服务业(例如品牌打造和特许经营、操作系统)等领域中软件技术的应用,已经导致酒店业和旅游业中的经营方式发生了革命性变革。虽然旅游业经常被错误地贴上低薪服务业的标签,但显而易见,今天旅游业内也包含许多高技能工作。

在生态环境因素方面,我们轻而易举地便可列举出一系列对旅游业和目的地具有潜在巨大影响的问题。某种程度上全球变暖是一个不争的事实。所有的目的地,从海滨度假地到山地滑雪目的地,在长期内都会感受到环境的巨变。

---

① 王庆生,张亚州.我国旅游电子商务研究新进展述评[J].天津商业大学学报,2014,34(4):18-26.

在政治和法律方面,许多事件对旅游业同样会产生重大的影响。

一些社会文化方面的发展动向也会影响旅游的发展,其中一些主要动向是指:①回归自然运动;②对文化霸权的全面强烈反对;③土著文化价值认知的觉醒,人们日益认识到土著文化的重大价值,并且这种意识在不断强化。土著民族中的年轻一代正在形成更强烈的自豪感;④更加尊重其他文化带来的全球社会的多元化特点;⑤全球的联系沟通对第三世界国家居民的影响以及由此带来的示范效应,导致第三世界的社会和经济目标发生改变;⑥旅游有引起社会负面影响的可能,但是旅游的发展同样也有可能成为机会。

最后一类宏观环境是人口统计特征。对于旅游业的长远发展来说,人口状况的变化既会带来某些重大机会,也会带来某些重大威胁。

(2)竞争环境(微观)

一般来说,微观(竞争)环境对旅游业的影响比全球(宏观)环境更为直接、迅速。竞争(微观)环境除了目的地自身的情况之外,还包括构成所谓旅行社业的其他实体,以及有关旅游客源市场、竞争目的地、目的地公众或利益相关者等因素。旅游系统的这些要素共同构成了目的地的直接环境。要在竞争中立足就必须适应环境。

(3)核心资源和吸引物

核心资源和吸引物是潜在旅游者选择某一目的地而舍弃其他目的地的根本原因。这些因素主要有七类:地文地貌和气候、历史和文化、市场联系、目的地的各种活动、独特的节事活动、娱乐活动和旅游服务设施。

值得强调的是,"市场纽带"是目的地与旅游客源地居民建立和保持的一种联系,它包括几个层面。民族纽带多源于长久以来形成的移民状况,这个纽带是目的地最坚实、可能也是最持久的联系,也是目的地系统的、可预见的旅行流。其次是旅行市场细分中来访的亲朋好友。其他层面的联系包括宗教、体育运动、贸易和文化活动。

(4)辅助要素和资源

核心资源和吸引物构成了入境旅游的基本动机。辅助因素和资源,顾名思义,是指那些可协助或促进旅游业发展的要素和资源。

旅游目的地基础设施的总体状况是最重要的辅助要素之一。某些基础设施因素对旅游目的地的竞争力有非常直接的影响。例如,交通设施和服务状况对旅游者来说就至关重要。实际上,基础设施因素如卫生系统、公共设施、法律系统、通信系统和可靠的饮用水供应,对所有的经济、社会活动都至关重要,也为高效的旅游业奠定了基础。

旅游开发的成功也依赖于大量其他辅助性资源与设施的开发状况,如当地人的素质、知识资源、资本、教育及科研机构、财政机构和各类公共服务设施。

企业的活力、企业家的能力、进取心、开创精神会在多个方面增强目的地的竞争力,并且有利于在目的地建立新的风险企业。这些方式包括竞争、合作、专业化、创新、简易化、投资、增长、收入分配、公平、风险、生产力、弥补差距、产品多元化、季节管理和失调。

旅游目的地的可进入性也是一个辅助性要素,各种各样的影响因素会影响目的地的可进入性,其中许多影响因素是受制于经济、社会和政治情况的。

旅游业经营部门的工作旨在为游客提供美妙而令人难忘的体验。现在旅游目的地面临的挑战是如何为游客提供一种宾至如归的体验和感觉,并让游客相信自己是真正的主人。

另一个可以增强或削弱旅游目的地竞争力的因素是政府的政治意愿。

总之,辅助性因素和资源是进行成功的旅游开发的基础。

(5)旅游目的地的政策、规划和开发

旅游目的地为实现既定目标而制定的经济、社会以及其他社会发展战略或政策体系,对旅游业发展的方向、体系和方式会起到引导作用。

为保障区域旅游可持续发展的有序性和科学性,有学者指出,需要在旅游开发层面强化对规划、政策与管理等开发"三要素"的关注,并力求在开发过程中规避"非可持续旅游"的影响。①

(6)目的地管理

旅游目的地竞争力模型中的目的地管理主要涉及以下内容:执行上述提出的有关政策和规划框架、提高核心资源和吸引要素的吸引力、提高支持性要素和资源的水平并增强其有效性、最大程度地突破限制性因素和放大性因素的约束,并抓住放大性要素中的机会。以上内容即目的地竞争力管理的所有内容,它涵盖了目的地管理的程序、目的地结构体系、体制和运行过程。

值得强调的是,目的地管理者面临着一个日益严峻的挑战,即危机管理,目的地总是不得不处理影响游客的各种危机。他们不仅要应对危机发生时的直接影响,而且也要面对危机给目的地形象带来的负面影响。例如,2015 年 8 月 12 日"天津塘沽爆炸事件"对该市旅游形象将产生持续性影响,据此,David Beirman(2015)提出天津市应及时将现实天津正面和最新的平安信息在以下途径和信息渠道予以公布,以积极快速应对危机管理:国际航班、涵盖天津旅游产品的国外旅行商、国外核心客源地的旅行社、网络预订系统、国外核心客源地旅行保险公司、国外驻中国使领馆、新闻及旅游媒体、亚太旅游协会和 APEC 在内的地区性旅游协会以及中国国家旅游局官网的天津简介等。

目的地管理的最后一个构成要素是资源监护,这虽是一个新生要素,但其重要性却日益凸显。资源监护强调目的地管理者对目的地赖以生存的资源采取人道的态度,实际上这也是义不容辞的。对资源进行监护要做到有效地维护资源,用心呵护那些脆弱资源,因为脆弱资源对旅游所引起的任何损害都异常敏感。总之,监护哲学意味着要确保对目的地资源的配置高效而灵敏。因此,旅游目的地竞争力模型不是一个简单的经济竞争力模型,而是一个长期的可持续竞争力模型,它赞同对生态、社会和文化资源进行全面监护。

(7)限制性和放大性因素

目的地潜在竞争力取决于或者说受制于许多因素,那些在前述四类因素(核心资源和吸引物、辅助性资源和因素、目的地政策、规划和开发以及目的地管理)范畴之外的因素我们称为限制性和放大性因素。这些因素也可以称为情景调节性因素,因为这些因素对目的地竞争力的影响主要在于限定目的地发展的规模、范围和潜力。限制性和放大性因素会渗透到其他四类因素中,从而弱化或强化目的地的竞争力。这些因素非常重要,它们决定了旅游需

---

① 王庆生,张亚州,梁怡.区域旅游可持续发展研究"三元论"[J].天津商业大学学报,2015,35(5):3-12.

求和旅游潜力的极限,但这些因素远非旅游部门可独立影响和控制。例如,区位对目的地吸引力有明显影响。其次,限制性和放大性因素也包括安全问题。然后,一个目的地的知名度和形象也会削弱或增强其竞争力。再次,限制性因素和放大性因素还包括成本或价值。最后,如果对某一目的地的需求接近或超过了它的可持续发展极限,其承载力将限制该目的地的进一步发展,阻碍其竞争力的提升,并导致该目的地情况的恶化或吸引力立竿见影地下降。

2.2.4　旅游地生命周期理论

1)旅游地生命周期理论的提出与基本内涵

旅游地生命周期或旅游产品生命周期最早是由德国学者克里斯塔勒(Christaller W)1963 年在研究欧洲的旅游发展时提出的。加拿大地理学家巴特勒(Butler)在 1980 年对旅游地生命周期理论进行了系统阐述,并成为经典之作。他认为一个地方的旅游开发,不可能永久处于同一个水平,而是随着时间变化不断演变的。这种演变一般经过"探索期、参与期、发展期、稳固期、滞长期和衰落期(或复兴期)"6 个阶段(表 2.3),并以旅游地生命周期曲线表示(图 2.3)。

表 2.3　旅游地生命周期各阶段的特征

阶段	特征
探索	少量"多中心型"游客或"探险者";少有或没有旅游基础设施;只有自然的或文化的吸引物
参与	当地投资于旅游业;明显的旅游季节性;旅游地进行广告宣传活动;客源市场的形成;公共部门投资于旅游基础设施
发展	旅游接待量迅速增长;游客数超过当地居民数;明确的客源市场地;大量的广告宣传;外来投资,并逐渐占据控制地位;人造景观出现,并取代自然的或文化的吸引力;"中间型"游客取代"探险者"和"多中心型"游客
稳固	增长速度减缓;广泛的广告宣传以克服季节性和开发新市场;吸引了"自我中心型"游客;居民充分了解旅游业的重要性
停滞	游客人数达到了顶点;达到容量限制;旅游地形象与环境相脱离;旅游地不再时兴;严重依赖"回头客";低客户出租率;所有权经常更换;向外围地区发展
衰落	客源市场在空间和数量上减少;对旅游业的投资开始撤出,当地投资可能代替撤走的外来投资;旅游基础设施破旧,并可能被代以其他用途
复兴	全新的吸引物取代了原来的吸引物,或开发了新的自然资源

资料来源:GETZ D. Tourism planning and destination life cycle[J]. Annals of Tourism Research,1992,19(4):752-770.

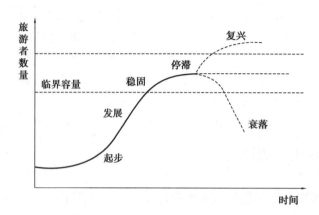

图2.3　旅游地生命周期曲线（Butler,1980）

针对旅游地生命周期,巴特勒指出,旅游吸引物并不是无限和永久的,而应将其视为一类有限的、并可能是不可更新的资源。正因为如此,它们需加以仔细保护和保留。旅游区的开发应保持在某个预先决定的容量的限制范围内,使其潜在的竞争力能得以保持较长的时间。

巴特勒曲线是对旅游地发展周期的高度抽象和理论提炼。在实际情况中,这种曲线有各种变形。

①若旅游地发展过程中,在快速增长期,旅游地又开发出了新的旅游产品,而且这个新产品具有强大的吸引力,在很大程度上改变了旅游地特色,则旅游地吸引力也会大增,旅游地将进入高速增长期,平稳发展期也就迟迟不会到来,而且高速增长期会延续很长时间,旅游地生命周期延长,运行的轨迹也将大大改变。

②若在旅游地的"平稳发展期",旅游地又推出了新产品,且这次新产品的推出是旅游地预先经周密策划,旨在调整旅游地生命周期的运行轨迹,即此次新产品的推出改变或更进一步强化了旅游地形象,旅游地产品结构得到了较大的调整,致使旅游地吸引力大增。于是,旅游地的"平稳发展期"很快结束,又进入"快速增长期",衰落或复苏期在较长时期内不会出现。由此可看出,旅游地的生命周期是可以通过人为的调控加以延长的,通过策划和管理,使旅游地的生机常在,旅游地的吸引力长存。

这两种情况的出现是旅游地的高层管理人士有计划地预先调整的结果。当然,也可能是新的高品质的旅游资源被发现以及投资者的快速大规模开发,改变了旅游地生命周期的轨迹。此外还有些旅游产品的生命周期并没有经过巴特勒描述的探索、发展等阶段,而是直接从一个高峰起步,逐渐走向衰落,如近年来国内盲目上马的一些大同小异的主题公园。另外的一些旅游产品,我们则只能观察到游客的起伏波动,而看不到它的第二轮上扬或衰落,如永久性的世界文化遗产长城、故宫、杭州西湖等。因此,对旅游地生命周期概念的把握应具体情况具体分析。

旅游地生命周期理论告诉我们:一个产品投入市场,从设计、投产、进入市场、到被市场淘汰,要经历一个从兴盛、发展、成熟、稳定到停滞、衰退的曲线过程。认识这个过程的规律性特征,对于区域旅游的开发、旅游产品的规划设计及其投入市场后预测效果,无疑有重要意义。

2）旅游地生命周期理论对旅游开发的指导作用

（1）可作为解释旅游地演变的模型

一个旅游地的演变过程十分复杂，而应用巴特勒旅游地生命周期理论进行分析时，则可根据各种不同旅游地的具体生命周期特点及规律，剖析形成这些具体生命周期特点和规律的内在因素，帮助我们系统梳理影响各阶段游客量变化的因素，使复杂的问题趋于简单化，因此该理论是我们分析旅游地兴衰过程简便有效的方法之一。

巴特勒提出的旅游地生命周期理论为我们提供了研究旅游地演化过程的理论框架。然而用旅游地生命周期理论去套各种不同旅游地的演化过程，希望理论与实际完全吻合来验证该理论是一种简单化的做法，也是不可能的；希望一种理论既能解释复杂的旅游地演化规律，又能对旅游地的游客做出准确的预测是不现实的。

就我国情况而言，应用旅游地生命周期理论框架去分析各种不同旅游地的具体生命周期特点及规律，剖析形成这些具体生命周期特点和规律的内在因素，从而有效地指导旅游地的规划、建设和管理是旅游研究的一个重要方面。

（2）指导旅游地规划和市场营销工作

应用旅游地生命周期理论去分析影响旅游产品生命周期的因素，也就是要分析影响旅游产品作为吸引物的魅力由盛变衰的条件，这可以有效地指导旅游地的规划和市场营销工作。对旅游地生命周期分析要联系对产品的宣传促销，旅游消费者购买能力的消长，旅游产品流行的非市场性因素等。并非所有的旅游产品一开始就有探索阶段，有的产品开发不当，未进入发展期就跌入衰落阶段，还有些形象不鲜明、雷同，旅游地生命周期会有趋短化走势。这就需要我们研究旅游产品生命周期理论时引入企业形象策划系统的相关思维，进行旅游产品的包装设计。对旅游地形象策划深入调查研究，对同类产品市场占有率开展对比分析，对旅游市场需求走势进行预测研究、策划和设计 CI 系统，进行形象定位，论证该系统是否符合客源市场需求，是否能产生预期的营销效果，统一进行旅游产品生命周期的规划设计。生命周期理论对指导区域旅游规划与开发，不断优化人们的需求，更新产品参与市场竞争，具有重要的指导意义。

面对一些衰落的旅游产品，按生命周期理论，一是要放弃旧产品，重新开发新产品；二是对原有旧产品进行改造，注入新的资金，更新设备，并对产品进行更新换代，使其进入下一轮生命周期，这就是产品的"切换"。要对产品生命周期的规划、设计和生态环境的保护进行客观性评价，开展实证性研究，最后通过集体修改、完善、确认，进行实施。旅游产品生命周期的规划设计并非一劳永逸，必须循序渐进，不断地调整、巩固和提高。

（3）作为旅游地预测的工具

旅游地生命周期理论对旅游地演进特征的描绘使它表现出有预测力，能有效地指导旅游地的规划建设和管理。依据这种对周期阶段特征的描述，我们可以在不同阶段对旅游地或旅游产品进行预测，采取针对性的开发战略和政策措施，以使旅游地尽快地步入稳固期，并延长稳固期，实现旅游地的长期稳定发展。例如在探索阶段应致力于环境保护，注重项目的特色和多样性,倡导和鼓励项目的适当超前性,倡导和鼓励有文化品位的项目。在成长和成熟阶段优先考虑如何加强管理,防止旅游地衰落的问题;一旦衰落发生,那么应该预测是否有必要去复兴旅游地以及如何复兴的问题。还可以运用生命周期理论预测观光型旅游产品客源市场走向,并对产品结构转移问题和转换升级问题进行预测,如有的专家针对中国常规观光旅游产品面临的趋于成熟、价格竞争激烈、利润水平下降、对交通要求高、重游率低等挑战,提出了预测方案,即需要大投入、大风险、大作为的新产品开发思路,并建议旅游企业重点开发4方面的内容,即旅游线路产品的精加工;区域旅游的开展;专题旅游项目的开发;会议旅游和奖励旅游的开拓。

都江堰风景名胜区是我国第一批国家级风景名胜区,2001年作为文化类遗产与青城山联合申报成功,列入"世界遗产名录"。其资源品质很高,资源价值在世界上独一无二,具有垄断性和唯一性,是世界上仅存的直到现在还发生效力的无坝引水生态水利工程。但作为老旅游产品,产品明显老化、容量过载、生态环境遭到破坏、管理十分混乱,国外游客和外省游客数量持续下降,已沦为成都市的市郊公园。世界旅游组织的专家在为四川省编制旅游发展总体规划时,也没有将都江堰列为四川省的重要旅游产品。后来在编制都江堰市旅游规划时,认定都江堰风景区正处于旅游地生命周期"平稳发展期"向"衰落期"过渡的关键时期,若不通过申报世界遗产及时整治环境和市场,树立新形象,推出新产品,该景区很快会走向衰落。于是在申报世界遗产的过程中,景区投入1.2亿元进行整治,使景区的生态环境和管理基本达到国际水准。通过提高门票价格(每人65元)不仅限制了客流量,反而增加了旅游收入,2001年仅门票收入就达到3000多万元。该案例是Butler模式的典型反映,但由于人为调整介入太晚,虽然同样使旅游地焕发了生机,但投入的人力、物力太大。

【扩展阅读】

许多学者已经把传统的营销管理理论——产品生命周期理论引入到旅游研究中来。产品生命周期理论源于第二次世界大战结束后的营销理论,从此便一直是营销管理的基本理论。虽然有人批评这个理论不能解释许多特殊情况,但是总体而言,"如果使用恰当,生命周期的理念是一个有效的规划工具"。直到今天,产品生命周期理论还在营销管理领域发挥着重要作用,包括它在接待业中的应用。实际上,莫里森(Morrison)认为产品生命周期理论是7个核心营销理论中的一个,他有如下描述:"产品生命周期理论表明所有的接待业和旅游服务业都要经过四个时期:①介入期;②发展期;③成熟期;④衰落期。每一个阶段都有相对应的营销策略。寻求保持长期稳定发展的出路是避免产品衰亡的关键。美国新泽西州的大西洋城,就是一个经历了完整的生命周期的旅游度假地(从受欢迎到被冷落),后来通过开发博彩业而重新焕发生机。"

在产品生命周期的每个阶段,根据不断变化的情况改变应对策略。旅游地生命周期理论就是把这种理念应用到旅游目的地研究中来。这个理论的首批支持者认为,一个旅游地的生命周期应该包括六个阶段:探查期、介入期、发展期、巩固期、停滞期和衰落期或者复苏期。巴特勒所描述的模型(图2.1)一直是旅游地生命周期讨论的重点。

近年来,越来越多的研究者,如德·阿尔布奎尔奎和麦克尔罗伊试图去简化模型。他们认为该模型可以简化为三个阶段："……①发现以及最初探索期；②过渡至迅速扩张期；③游客饱和，到达成熟期。"德·阿尔布奎尔奎和麦克尔罗伊承认旅游地生命周期理论几乎没有得到实证研究的验证，但是他们还是列举了一些案例。在这些案例中，生命周期理论在预测小岛的旅游业发展方面取得了一些成效。他们的分析表明，加勒比海的许多岛屿的旅游发展总体上都符合旅游地生命周期理论。

举例来说，百慕大的游客分布密度为 141 人/平方千米，而其他成熟期的旅游地仅有 66 人/平方千米。目前的宾馆分布密度为 78 个房间/平方千米，而过渡期和最初探索期分别是 5 个房间/平方千米和 3 个房间/平方千米。这些指标都高于预期水平。

但是这个模型也受到严厉的批评，尤其是在具体的可操作过程中。举例说明，海伍德（Haywood）认为："旅游规划师在探寻旅游地管理方法的时候，如果要洞察事物的本质，就必须在高于旅游地生命周期的层面上看问题……产品生命周期理论可能会误导旅游规划师。有时理论上产品已经进入衰退期，但是实际上可能还没有，但是营销者和规划者可能已经在生命周期理论的指导下过早放弃现有产品。如果旅游地的规划者和管理者想要做得更有成效，他们必须扩展思路，在充分考虑经济、政治和其他影响因素下应用好这个理论。"

尽管持有种种疑虑，海伍德还提出，如果用生命周期模型来振兴一个步入衰落期的旅游地，那么可以从现有模型中引申出四点补充策略，分别是：①提高现有游客的重游率；②为游客提供更多的旅游方式；③开发新的项目；④拓宽市场，发掘新的客源。他还建议把市场占有率数据与该模型的分析相结合，因为这样能够帮助规划者了解旅游地在不断变化和激烈竞争的旅游市场中的地位，而且对实际情况了解得更加全面。

如果规划师在使用模型的过程中保持一些谨慎态度，那么他们就可能从中受益。这个模型虽然不能准确无误地预测旅游地发展趋势及其后果，但是却指出旅游地必须时刻提防无规划发展的威胁，尤其是在生命周期的成熟期或者饱和期。这是因为这些阶段的措施完全有可能预示着衰落还是复兴。

2.2.5　旅游社会学和人类学理论

1）旅游社会学和人类学理论的内涵

（1）旅游社会学

社会学（Sociology），是研究社会、社会机构和社会关系的科学。旅游社会学是社会学的分支学科，主要研究旅游的动机、角色、制度和人际关系，以及上述因素对旅游者和被访地的影响。真正从社会学的角度来研究旅游始于 20 世纪 70 年代，耶路撒冷希伯来大学社会学和社会人类学系学者 K. 埃里克发表的《从社会学角度看国际旅游业》可被视为旅游社会学出现的标志。20 世纪 80 年代，中国部分高校也开展了旅游社会学的研究，研究旅游的人口构成、旅游的社会影响、旅游的社区开发和旅游的社会政策等问题。

（2）旅游人类学

所谓旅游人类学就是借用人类学的学理依据、知识谱系、视野、方法和手段对旅游活动进行调查和研究。具体而言，旅游人类学的研究对象是旅游地居民、旅游开发者（投资个人或集体)、旅游者和旅游地社会团体(当地旅游机构,如旅行社、旅游定点饭店、旅游交通运输部门等)在旅游开发或旅游活动过程中产生的各种临时互动关系。这种互动关系表现在上述人或团体之间的经济相互影响和文化相互协调上。

西方人类学界对旅游业的研究始于 20 世纪 70 年代,其关注的范围涉及礼仪、朝圣、娱乐与休闲以及跨文化探讨等。经过近 30 年的发展,其研究重心已上升到对主客关系、旅游过程、参与体验、旅游真实性以及话语权力等"后现代"问题进行深入探讨的层面。而中国学者则较少从人类学角度考察旅游,在这一领域出现了明显的滞后性。

旅游人类学和社会学研究的内容十分广泛,具有较强的整合性,这里选取几个较为典型的主题做简要的介绍。

①旅游过程中的主客关系。旅游过程中旅游地居民与旅游者之间会形成互动关系。旅游人类学研究中,往往将该关系分解为经济互动与文化融合两个方面。

首先,旅游者与居民间的经济互动关系。在对这种互动关系进行研究时,关注的目标放在旅游地的居民、旅游开发者、旅游者和旅游地团体上。旅游者与旅游地居民的经济互动关系主要通过购物活动来产生;旅游者与旅游地社会团体之间的经济互动关系是通过旅游过程中所需要的食、住、行服务来建立的;旅游者与旅游开发者之间的关系是建立在旅游者在开发者所提供的场所中游览和娱乐基础上的。

在旅游地的居民、旅游地的社会团体与旅游开发者之间还存在着交换、依赖、合作三种互动的经济关系形态。

旅游地的居民与旅游开发者之间的交换关系主要表现在居民对其活动空间的让渡,即当地居民牺牲自己一部分生活空间,让旅游开发者将其开发成旅游活动的公共空间,从而换取一定的经济获益机会和就业机会。

旅游地的社会团体与当地居民之间就形成了一种经济上的依赖关系。这些社会团体的经营活动以当地居民为依托,他们大多从本地雇佣员工,改变当地居民从前的职业,使其进入旅游服务行业之中。

旅游开发者与旅游地的社会团体之间是一种互惠共生的经济利益关系。因为旅游活动的开展涉及食、住、行、游、购、娱等方面。旅游开发者与旅游地的社会团体在旅游业的经营活动中充当了不同的角色,起着不同的作用,共同保证旅游业的正常运行。

其次,旅游者与旅游地居民间的文化互动融合。旅游者出游的一个重要的心理动机就在于对异质文化的求索与猎奇。但是,具有不同文化背景的人碰到一起必然会因为他们之间文化的差异而造成误解或冲突。此时,文化的适应性便显现出来。一般说来,人们的文化观念在一定的情况下是可以改造和重塑的。旅游过程中,旅游者与旅游地居民之间的文化互动关系有三种表现形式,即文化冲突、文化认同和文化整合。这些表现形式往往与旅游地居民对旅游者的态度有关。

②旅游体验过程中的真实性。真实性是社会科学普遍关注的话题之一。在旅游社会学和旅游人类学中,旅游过程的真实性也是研究的热点。一般来说,在大众化的旅游形式下,旅游者往往接受的是一种走马观花式的游览,他们对所观察欣赏的景观和文化并没有深入的了解和体验。而旅游景区和景点,为了迎合旅游者在短时期内获得大量信息和文化体验

的要求,也通过装饰、设计,甚至搬移的方式建造出综合化的吸引物。这种为了表现真实文化内涵而人为设计建造的假景观以及为了提升景观价值而出现的真景观下的假文化,对旅游业和旅游者来说到底利弊如何,值得人们深思。

实际上,由于个体化的差异,旅游过程中的每个主体所期待的真实性是不一样的。例如有的旅游者对景观和文化的真实性要求较为苛刻,无法忍受人造景观;而有的旅游者则能接受仿真程度较高的人造景观和表演性质的文化,如民俗村中的表演等,这也从另外一个方面解释了微缩景观类景区能够存在的原因。所以,在旅游规划与开发中,真实性并非绝对,即景观和环境不一定要求就是原来的本体,可以适当引入创造性的真实感,因此,旅游中的真实与虚假不是完全对立,而是有机地融合在一起。

③旅游活动的仪式性特征。在旅游人类学的研究中,借用仪式理论对旅游活动进行研究是较为普遍的方法。旅游人类学者认为,现代旅游可以被视为一种现代化的仪式,就如同传统的宗教仪式、婚礼仪式、成人礼仪式等,具有一定的价值观念。例如,人们常说的"不到长城非好汉",到法国巴黎必定要游览埃菲尔铁塔、巴黎圣母院以及卢浮宫等。在这些观念的引导下,旅游活动开始出现了一种"自我强制"的特点。

此外,从旅游给人们带来的感受来看,现代的旅游活动同样具有传统仪式功能,即使人短暂地脱离现实生活进入一种相对神圣的状态。

从举行仪式的过程来看,传统仪式能够使人们从日常世俗的生活中解救出来,进入一种神圣的精神状态,当仪式过程结束后,人们又重新投入到往常世俗的生活中去。

旅游活动对旅游者而言,具有与传统仪式同样的功能。格拉本指出,人们生活中的神圣与世俗在旅游活动中被扩大为两种类型的生活方式:神圣的或者说非一般的生活方式是指离家在外的旅游生活;世俗的生活方式是指日常在家里的日子。这两种生活方式会不断地发生转换,而转化的标志便是旅游。由此可见,通过旅游活动,人们可以如获重生般以崭新的姿态重新踏入日常生活中。例如,目前越来越多的日本妇女喜欢单独或者与女伴一起出游,她们就是希望通过旅游活动更好地与日常的生活区别开来,从而能够以更好的状态迎接未来的生活。

2) 旅游社会学和人类学理论在旅游规划中的应用

旅游社会学和旅游人类学对旅游规划与开发的启迪意义在于提供了一个人本主义的规划哲学。旅游规划的侧重点一直以来都是放在旅游的硬件设施建设、软件服务质量和环境的改善上。旅游社会学和人类学则向旅游规划者展示了更为广阔的旅游规划思路,即旅游规划中不能仅仅局限于物质环境的规划设计,人才是旅游活动中的真正主体。旅游规划者要从关系旅游地的各利益相关者入手,对旅游地的相关者的特性、活动以及社会环境加以关注。在规划时首先要充分考虑、协调旅游者、旅游地居民、旅游开发商以及旅游地相关社会团体的相互关系和利益,然后再着手提升旅游地的硬件设施和软件服务质量。

2.2.6　可持续发展理论

1) 可持续发展理论的进展

20 世纪 80 年代初,世界面临着三大热点问题,即南北问题、裁军与安全问题、环境与发展问题。为了解决这些问题,联合国大会成立了由当时的联邦德国总理勃兰特、瑞典首相帕尔梅和挪威首相布伦兰特为首的三个高级专家委员会。通过共同的研究,三个专家委员会分别发表了"我们共同的危机""我们共同的安全"和"我们共同的未来"三份纲领性的文件。在文件中,委员会均不约而同地得出了"为了克服危机、保障安全和实现未来必须实施可持续发展"的战略结论。专家委员会同时提出"持续发展"是经济发达国家和发展中国家协调人口、资源、环境和经济发展间相互关系所必须采取的战略。这一战略的提出立刻引起了全世界对发展问题的极大关注。

旅游业的可持续发展,最早则是 1990 年在加拿大召开的旅游国际大会上明确提出的。会上通过了《旅游业可持续发展行动纲领》,该纲领提出旅游可持续发展的五个目标,即①增进人们对旅游产生的环境效应和经济效应的理解,强化其生态意识;②促进旅游业的公平发展;③改善旅游接待地区人民的生活质量;④向人们提供高质量的旅游经历;⑤保证未来旅游开发赖以存在的环境质量。

1992 年 6 月 14 日,联合国环境与发展大会(也称"地球高级会议")上,与会的 182 个国家政府通过了一个综合性的行动纲领——《21 世纪议程》。随后,世界旅游理事会、世界旅游组织和地球理事会又将《21 世纪议程》转化成关于旅游业的行动纲领——《关于旅游业的21 世纪议程——实现与环境相适应的可持续发展》。1995 年 4 月 28 日,在西班牙召开的可持续旅游发展世界会议又通过了《可持续旅游发展宪章》和《可持续旅游发展行动计划》。

据中国人与生物圈国家委员会的一份调查显示,中国已有 22% 的自然保护区由于开展旅游而造成保护对象的破坏,11% 出现环境资源退化。中国于 1994 年国务院第十五次会议通过了《中国 21 世纪议程——中国 21 世纪人口、环境与发展白皮书》。对旅游业,白皮书规定也要"开辟新旅游专线,加强旅游资源的保护,发展不污染、不破坏环境的绿色旅游,加强旅游与交通、机场建设以及其他一些服务行业(包括饮食业)的合作,解决旅游区污水排放处理及垃圾收集、运输、处理、处置问题,解决好旅游区有危害的污染源的治理与控制"。这里把可持续旅游发展提到十分重要的地位。

2) 可持续发展理论在旅游规划与开发中的应用

可持续发展理论主要为旅游规划与开发提供了一种全新的理念,即阶段性开发理念。旅游开发要注重经济效益、社会效益和生态效益的结合,因此要注意开发规模的控制,防止出现过度开发和过滥开发的局面。按照可持续发展理论的原则,要在满足当代人需求的同时满足下几代人的需求,因此,旅游规划与开发要具有一定的弹性,为未来进一步的开发和建设提供空间,实行阶段性和局部性开发。此外,还应充分利用现代化的科技手段对旅游资源的保护性开发予以支持和监控,即保持区域旅游经济及社会的可持续发展。

2.2.7　生态足迹理论

生态足迹(Ecological footprint,EF)就是能够持续地提供资源或消纳废物的、具有生物生产力的地域空间(biologically productive areas),其含义就是要维持一个人、地区、国家生存所需要的或者指能够容纳人类所排放的废物的、具有生物生产力的地域面积。生态足迹理论是由加拿大生态经济学家 William 和他的学生 Wackernagel 于 20 世纪 90 年代初提出的用于度量可持续发展程度的一种新方法[1]。任何人都要消费资源,均对地球生态系统构成影响,所以生态足迹这一形象化概念反映了人类对地球环境的影响。所谓生态足迹是指现有生活水平下人类占用的能提供资源或消纳废物的、具有生态生产力的地域空间,而与其相对应的生态容量则是指在保持生存、发展条件下能够持续提供资源或消纳废物的、具有生态生产力的地域空间。生态足迹理论从需求面计算生态足迹的大小,从供给面计算生态承载力的大小,通过对二者的比较来评价研究对象的可持续发展状况。

生态足迹估计要承载一定生活质量的人口,需要多大的可供人类使用的可再生资源或者能够消纳废物的生态系统,又称之为"适当的承载力"(appropriated carrying capacity)。旅游目的地只有成为一个强大的磁体并释放出巨大的磁场,才可能对游客产生强大的吸引力。吸引力可细分为三种:旅游地对游客、开发商和人才的吸引力,旅游地对生态物种的吸引力以及旅游地对资金物流的吸引力。吸引力的提升正是通过诸多因素指标的全面提升来实现的。旅游规划中,吸引力不仅仅取决于客观因素,更取决于主观以及主客观相结合的因素,事在人为。

2.3　旅游规划与开发的技术方法

旅游规划与开发中的新型技术方法主要表现在遥感技术、地理信息系统、全球定位系统、虚拟现实技术和信息网络技术的广泛使用上。

2.3.1　遥感技术

遥感(Remote Sense)是指利用装载于飞机、卫星等平台上的传感器捕获地面或地下一定深度内的物体反射或发射的电磁波信号,进而识别物体或现象的技术。遥感主要可以分为光学遥感、热红外遥感以及地面遥感三种类型。遥感技术具有观察范围广、直观性强、能实时客观获取信息、反映物体动态变化特征的特点。美国宇航局的一项统计表明,遥感技术可以应用于军事、林业、旅游等 47 个领域。

从旅游规划与开发方面来看,遥感技术在其中的应用主要表现在以下方面:

---

① 熊德国,鲜学福,姜永东.生态足迹理论在区域可持续发展评价中的应用及改进[J].地理科学进展,2003,22(6):618-626.

1)探查旅游资源

遥感像片(图像)可以辨别出很多信息,如水体(河流、湖泊、水库、盐池、鱼塘等)、植被(森林、果园、草地、农作物、沼泽、水生植物等)、土地(农田、林地、居民地、厂矿企事业单位、沙漠、海岸、荒原、道路等)、山地(丘陵、高山、雪山)等。从遥感图像上能辨别出较小的物体,如一棵树、一个人、一条交通标志线、一个足球场内的标志线等。

2)提供制图基础

遥感图片是对当地空间发展现状的描述,由于其更新快,能够反映规划区域的最新状况,因此一般用遥感图来做规划图的底图。

3)动态规划管理

由于遥感图片具有实时动态的特点,通过不同时期遥感图片的叠加可以清晰地观察到旅游地的发展状况,因此遥感图片还可用于旅游规划与开发的动态反馈和修正。

2.3.2 地理信息系统

地理信息系统(Geographic Information System, GIS)是采集、存储、管理、描述和分析空间地理数据的信息系统。它以计算机软硬件环境为支持,采用地理模型分析方法,以地理坐标和高程确定三维空间,将各种地学要素分别叠置于其上,组成图形数据库,是具有对空间数据进行有效输入、存储、更新、加工、查询检索、运算、分析、模拟、显示和输出等功能的技术系统。

这种新技术应用主要分为三个阶段:

第一阶段为基础数据的收集,主要依据遥感技术;

第二阶段为分析评价,主要依据 GIS 原理及其技术支持;

第三阶段则为模拟预测,主要借助计算机、多媒体、模型窥镜等技术。

这三个阶段是景观规划与城市规划最为前沿的研究与应用领域。其中基础资料收集很重要,在景观规划中,基础资料收集全了,规划就完成了 1/3 ~ 1/2。所以,了解掌握以上新技术的实际作用和深远意义是不言而喻的。GIS 技术有一个精度限制问题,由于遥感数据精度尚不够高,GIS 目前还不能将城市空间形态误差控制在 1m 以内,因此还不能应用于小范围、精度要求较高的规划设计工作。尽管如此,目前有了航天遥感的动态信息,加上 GIS 动态的分析、模拟,再加上动态的规划,已经可以实现传统规划方法的创新。这也就是我们学习、运用高科技的目的所在。

地理信息系统技术在旅游开发规划中的作用主要有以下两个方面:

1)为旅游地的开发和管理提供相关信息

通过构建旅游地理信息系统,可以将各种规划管理数据输入该系统中,并定期加以维护和更新。借助该系统平台,旅游规划和经营管理者能直观地获得区域内各种数据。依托地理信息系统构建旅游管理决策支持系统的方法在国外旅游规划和管理中早已启动,而在我国则刚刚起步。

2)构造求知型和互动型导游系统

由于地理信息系统具有良好的图形界面且蕴含大量的信息,可以充分发挥计算机多媒体的技术方法构建旅游地电子导游系统,通过声音、图像、视频甚至味觉等渠道为旅游者全面展示区域内的风土人情。此外,信息系统的查询功能还可为旅游者提供路线查询和景点查询的服务,同时借助计算机的外设产品,可将查询结果输出,从而为旅游者提供可随身携带的个性化游览咨询服务。

2.3.3　全球定位系统

全球定位系统(Global Position System,GPS)是美国国防部部署的一种卫星无线电定位、导航与报时系统,简称 GPS。它由导航星座、地面台站和用户定位设备三部分组成。导航星座包括 24 颗卫星,其中 21 颗卫星是工程星,3 颗作为备用星,它们分布在 6 条轨道上,轨道高度约 2000km,倾角 55°,运行周期为 12 小时。这种分布方式可以保证世界上任何地点的用户至少能同时接收四颗卫星播发的导航信号,实现三维精确定位。全球定位系统在商业、军事、测量以及日常消费中有广泛的使用空间。

全球定位系统在旅游规划与开发中的应用主要表现为以下三方面。

1)定点

所谓定点就是野外考察时利用 GPS 手持机,确定某个旅游景点的精确位置,包括其三维坐标和地理空间坐标,这在旅游详细规划中能够发挥重要的作用。

2)定线

定线即为规划者的游线设计提供指导。同时,它可以为旅游者提供导航服务,如通过无线传输技术可以将旅游区的 GPS 信息发送到区域范围内,那些装载有相应设备的旅游者就可以通过 GPS 的引导进行全程游览。

3)定面

全球定位系统还可以精确计算出规划范围内某个区域的面积大小。

2.3.4　虚拟现实技术

虚拟现实(Virtual Reality)技术又称灵境技术,是 20 世纪末才兴起的一门崭新的综合性信息技术,它融合了数字图像处理、计算机图形学、多媒体技术、传感器技术等多个信息技术分支,从而大大推进了计算机技术的发展。虚拟现实系统就是要利用各种先进的硬件技术及软件工具,设计出合理的硬件、软件及交互手段,使参与者能交互式地观察和操纵系统生成的虚拟世界。

虚拟现实技术是用计算机模拟的三维环境对现场真实环境进行仿真,用户可以走进这个环境,可以控制浏览方向,并操纵场景中的对象进行人机交互。从概念上讲,任何一个虚拟现实系统都可以用三个"I"来描述其特性,这就是"沉浸"(lmmersion)、"交互"(lnteraction)和"想像"(Imagination)。这三个"I"反映了虚拟现实系统的关键特性,就是系统与人的充分交互,它强调人在虚拟现实环境中的主导作用。

虚拟现实技术分虚拟实景(境)技术(如虚拟游览故宫博物院)与虚拟虚景(境)技术(如虚拟现实环境生成、虚拟设计的波音777飞机等)两大类。

在旅游开发规划中,可以通过虚拟虚景向规划委托方展示规划的最终效果,同时还可以通过虚拟实景并结合信息网络为旅游者提供旅游目的地景观的远程欣赏。

2.3.5 信息网络技术

信息网络(Information Network)技术主要是指以计算机和互联网为主要依托的技术方法。在旅游规划与开发中,信息网络技术大量用于市场推广以及市场调查,通过网站的建设可以为旅游者提供更多的服务,同时可以吸引更多的潜在旅游者。

本章小结

旅游规划与开发的实践过程需要理论的指导。由于旅游规划与开发具有边缘学科的性质,因此其相关的理论体系较为复杂。其结构大致可以分为横向的经济、环境、人文以及规划理论四大板块;纵向的旅游规划理论的哲学、旅游规划理论的科学、旅游规划理论体系的技术理论三个层面。

区域经济空间结构是指在一定地域范围内经济要素的相对区位关系和分布形式,它是在长期的经济发展过程中人类经济活动和区位选择的积累结果。区域旅游空间结构是区域经济空间结构的组成部分,它不可能不受区域科学理论体系的影响。区域旅游规划与开发作为区域经济的一个组成部分,同样接受区域经济空间结构理论的指导与制约。

地域分异是指地区的差异性,即自然地理环境各组成成分及整个景观在地表按照一定的层次发生分化并按照一定的方向发生有规律分布的现象。在旅游规划与开发中的应用首先要突出地域的差异,即特色;其次是旅游区划方面;最后是应用于旅游功能分区。

由 J. R. B. Ritche 等提出的旅游目的地竞争力模型(DCS),全面系统地分析了旅游目的地的构成要素,提出了旅游目的地可持续发展的影响因素,从竞争优势和比较优势两个方面对旅游目的地可持续发展能力进行了探讨。该模型是解决旅游规划中旅游目的地管理的有效手段。

旅游地生命周期理论对旅游开发具有指导作用。一是可作为解释旅游地演变的模型;二是指导旅游地规划和市场营销工作;三是作为旅游地预测的工具。然而用旅游地生命周期理论去套各种不同旅游地的演化过程,希望理论与实际完全吻合来验证该理论是一种简单化的做法,也是不可能的;希望一种理论既能解释复杂的旅游地演化规律,又能对旅游地的游客做出准确的预测是不现实的。

旅游社会学和旅游人类学在西方已经有了较长的发展历史,而在我国仍然属于新兴的学科,有待进一步发展。掌握旅游社会学和人类学有助于规划者全面关注旅游规划中的相关群体,而不是仅仅将视线停留于资源和设施的规划与开发上,更为重要的是关注社会、关注旅游规划和开发中的人。

可持续发展理念是指导全球人类发展的大原则和大思路,旅游业的规划与开发同样需要在可持续发展的理念框架下进行,这就需要规划者将公平性、可持续性以及共同性原则置于较高位置并严格遵守。

生态足迹理论将成为研究与跟踪旅游目的地规划的重要手段。

随着信息技术的不断发展,在旅游规划与开发过程中技术手段也不断更新,目前应用较为广泛的是遥感技术、地理信息系统、全球定位系统、虚拟现实技术和网络信息技术。这些技术手段无论是对旅游规划还是对旅游管理都具有良好的应用前景。

复习思考题

1. 你如何看待旅游规划与开发的理论体系结构?

2. 谈谈你对旅游地生命周期理论的理解,并简述其在旅游规划中的意义和作用。依据生命周期理论,试判断分析北京长城、海南三亚、河北北戴河 3 个旅游目的地案例分别处于哪个发展阶段?

3. 举例说明区域空间结构理论中的增长极理论与点-轴理论在旅游规划中的运用。

4. 结合实际分析区位理论对旅游目的地开发的作用。依据区域分异与区位理论,依据教材中表 2.2 旅游发展规划模式,判断西安、杭州、天津、三亚 4 个案例城市分别属于哪种模式? 说明理由。

第3章 国内外旅游规划进展

本章提要

　　本章是旅游规划与开发课程的入门知识,概要介绍了国内外旅游规划的发展历程,以及在各时期形成的重要的旅游规划理论与观点、旅游规划的研究热点问题、未来旅游规划的发展趋势等。

学习目标(重点与难点)

　　1.了解国外旅游规划的发展阶段与各阶段旅游规划的重点。

　　2.了解中国旅游规划的发展阶段与各阶段旅游规划的特点与热点。

　　3.理解中国旅游规划导向的演变及其意义。

框架结构

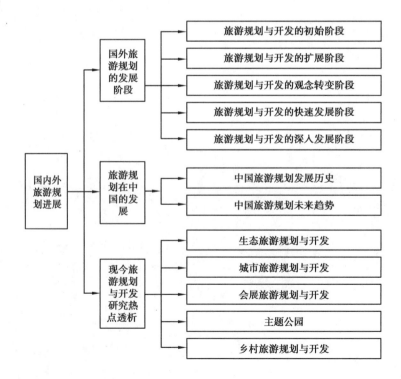

世界是一本书,而不旅行的人们只读了其中的一页。

——古罗马哲学家奥古斯狄尼斯

开篇案例

目的地规划的方法以及模型①

旅游业已经成为世界上最大的产业之一,还在继续发展壮大。但是旅游业本身已经发生了巨大的变化。随着科技的进步和个人财富的增加,新型旅游目的地层出不穷,游客获得的信息也日渐丰富,游客有更多的选择机会,期望值也变得越来越高。结果,旅游业逐渐发展成一个结构复杂,竞争遍及全球的产业。在这种情况下,旅游地的规划和管理必须慎重设计。

以旅游规划为例。旅游规划主要分宏观和微观两个层次。微观层次的旅游规划指某一个公司在测定其企业行为合理性的时候所制定的规划。这种规划在很大程度上就是一个具有公司特性的战略规划,在本质上与其他行业的公司规划没有什么两样,它们都遵循一个固定的模式。霍夫曼和施奈德·简恩斯(Hoffman and Schnieder Jans)在研究战略规划相关文献的基础上总结出一个战略规划模型(图 3.1)。

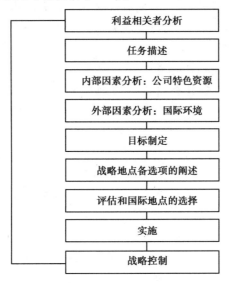

图 3.1　战略规划模型

这个模型以"组织公司的各种力量、捕捉不断变化的外界环境中的机遇"为目标。霍夫曼和施奈德简恩斯最初设计这个模型的目的是根据不同地点发展机会的不同,给饭店旅馆业提供一个评估和筛选的系统方法。与所有的战略规划一样,这个模型按照优势的多少来排列公司的备选措施,并且考虑到外界环境的不确定性。

宏观层次的旅游规划是指一个国家、州、省或者地区的地理、政治和社会发展情况。长期以来,这个层次的旅游规划关注的对象是当地土地利用状况和旅游地基础设施的发展问

---

① HARRISON L C,HUSBAND W H. 国际旅游规划案例分析[M]. 周常春,苗学玲,戴光全,译. 天津:南开大学出版社,2004.

题。格拉韦尔(Gravel)认为,早期的这些规划都是"不系统的"(即主要针对某个市场或者旅游景点制订的)。

但是,由于人们越来越关注经济竞争、可持续发展,以及环境影响和社会影响的可接受程度,因此在全球市场的大环境下,人们逐渐意识到制定旅游业整体发展规划的必要性。格拉韦尔认为,旅游规划有一个走向成熟的过程。20 世纪 60 年代中期,旅游规划开始从更宏观的角度出发,把更广阔的旅游业发展环境纳入到规划的范围内。他把这个方法命名为"整合规划方法"(integrated approach)。

经济学的相关问题(比如市场定位、产品价格、目的地形象以及环境和社区影响等)现在已经成为旅游规划的主要内容。规划变得更加详细并不完全是因为市场压力,更多的是因为他们意识到旅游对目的地的影响不仅有经济方面的,还有社会和环境方面的。这种观点得到业内外人士的普遍认可。正如马西森和沃尔(Mathieson and Wall)所说,"在适宜的条件下,旅游业就能繁荣发展。与其他行业一样,如果我们要挖掘它的所有潜力,必须进行精细的规划和组织"。

毫无疑问,富有经验的旅游者十分了解过去旅游规划的失败之处(Conlin and Baum)。因为许多岛屿旅游地面积小,旅游业对其发展具有相对较大的影响力,所以极其容易受到规划不当的影响。逐渐地,是否制订规划对发展旅游业不再是一个无足轻重的问题,而可能涉及一些更为基本的经济、生态和社会问题。

宏观的旅游规划主要是调整目的地旅游业的可控制变量,即基础设施、市场定位、产品开发和促销,从而使政治团体和社会团体参与迅速变化的全球市场竞争。马西森和沃尔认为:

旅游地参与全球竞争的能力由以下四个条件决定:

1. 设施和服务的组合、质量和价格。

2. 旅游地组织经验丰富,技能娴熟。

3. 旅游地与主要客源地之间的空间关系,以及旅游地如何利用优势的地理位置或者改进区位劣势。

4. 金融投资的性质和来源。

一个优秀的旅游规划必须把产品、价格、区位、管理技术与市场和游客的期望值相结合,而且匹配的结果应该能够吸引投资。逐渐地,旅游规划必须把社区需求当作核心因素来考虑。

阅读开篇案例,讨论问题。

1. 如何从微观层次和宏观层次两个方面理解国际战略型管理目标规划模型?

2. 旅游地参与全球竞争的能力主要由哪些条件来决定?

3.1　国外旅游规划的发展阶段

自 20 世纪 30 年代开始,旅游规划从简单的市场评估、场地设计,到现在的跨国旅游大区的综合规划,历经 70 余年的发展历程。目前,旅游规划的理论体系与实践经验都达到了比较成熟的水平,也造就了一批著名的旅游规划专家和学者,如包德鲍维、米尔、毛里森、劳森、皮尔斯、墨非、冈恩、盖兹、克里斯塔勒、巴特勒、因斯克普等,他们为世界旅游业的发展做出了巨大的贡献。

3.1.1　旅游规划与开发的初始阶段(20 世纪 30—50 年代)

旅游规划萌芽于欧洲,起源于美国。旅游规划的起源晚于旅游业的发展。一般认为,最早的旅游规划出现于 20 世纪 30 年代中期的英国、法国、爱尔兰等国。实际上,最初的旅游规划只是为一些旅游项目或旅游接待设施做一些基础性的市场评估和场地的设计,例如为旅游饭店或旅馆进行选址等。从严格意义上讲,这些评估与设计还称不上是旅游规划。真正意义上的旅游规划起始于美国。1959 年,美国夏威夷州制订规划,把旅游规划纳入其中,并将其作为一个重要的组成部分。这是旅游规划第一次正式以规划的形式出现,而且这次旅游规划工作的形式比较规范,从旅游规划成果的具体内容到基本体系已经接近现代旅游规划。所以,这次旅游规划被认为是旅游规划工作起始的标志。

这一时期旅游规划的理论基础比较薄弱,主要是借鉴旅游经济学、闲暇与休憩学、旅游地理学等理论。旅游规划的内容多是从经济学的角度,研究规划旅游活动的经济效益与经济影响。地理学者对旅游规划的影响与贡献较大。在旅游规划的研究领域主要的代表人物就是加拿大的地理学家罗奥艾·沃尔夫。

3.1.2　旅游规划与开发的扩展阶段(20 世纪 60—70 年代)

在 20 世纪 60 年代中期到 70 年代初期,世界旅游业飞速发展。世界各地纷纷发展旅游业,需要编制旅游开发与规划的地区日益增多。60 年代,法国、英国相继出现了正式的旅游规划。在 1963 年,联合国大会强调了旅游规划的重大意义。自此以后,世界各国、各地区掀起了编制旅游规划的热潮,如马来西亚、斐济、加拿大、澳大利亚、美国、加勒比海地区都制订了不同范围的旅游规划,如法国的郎济道海岸旅游规划、印度尼西亚的巴厘岛旅游开发与规划、澳大利亚中部旅游规划。旅游规划也从旅游业比较发达的欧洲,扩展到北美洲,然后又进一步发展到亚洲、非洲。

在这个时期,旅游规划的理论依据是旅游经济学、闲暇与游憩学、旅游地理学、区域规划学相结合。规划着眼于旅游资源开发与利用、旅游区的开发与改造。主要的代表性研究成果有:沃尔夫于 1960 年发表的《安大略旅游地》、斯坦费尔德的《美国海滨避暑胜地》、明斯的《西印度群岛》等论著。这些论著从不同的角度对不同的地区的旅游资源进行了不同深度的研究。

该时期旅游规划的特点:

①旅游资源的规划与开发成为这一时期旅游规划的重点内容。旅游资源导向的旅游规划特征比较明显。

②地理学和旅游地理学在旅游规划中发挥了重要的作用,地理与地域的思想渗透在规划的各个方面。

③区域性的旅游规划比较多,在规划内容上和使用的技术上还相对比较落后。

3.1.3　旅游规划与开发的观念转变阶段(20世纪70—80年代)

20世纪70年代以后,旅游业的持续发展使旅游规划研究得到了进一步的提升。一个显著的特征就是出现了比较系统的旅游规划著作。1977年,世界旅游组织(WTO)对旅游规划的调查表明,43个成员国中有37个国家编制了国家级的旅游总体规划。之后,世界旅游组织出版了两个旅游开发文件,即《综合规划》(Integrated Planning)和《旅游开发规划明细录》(Inventory of Tourism Development Plans)。《综合规划》是为发展中国家提供的一本技术指导手册;《旅游开发规划明细录》则汇集了118个国家和地区旅游管理机构旅游规划的调查。1979年,WTO进行了全球范围内的旅游规划调查,共调查了1655个旅游规划,其中有184个景区规划、384个区域旅游规划、180个国家旅游规划、266个区域间旅游规划、42个部门旅游规划,并形成第一份全球在制订旅游开发规划方面的经验报告。

旅游规划在世界各地得到了普遍的认同,许多国家和国际性组织对旅游规划给予了极大的关注。如世界银行等国际组织协同世界旅游组织,参与了菲律宾、斯里兰卡、尼泊尔、肯尼亚等落后国家的旅游规划的编制工作,在技术、资金等方面给予了极大的帮助。

旅游业发达的美国,在旅游规划的研究和实践工作方面更是走在世界前列。较早介入旅游规划领域的是美国的地理学工作者。从1970年就开始在迅速兴起的,以州为区域单位的旅游规划工作中,地理学者依据学科优势充当了重要角色,成为美国旅游规划研究的主力军之一。

该时期旅游规划的特点:

①凸显多学科参与的边缘学科性质,旅游心理学、旅游社会学等相关学科理论都被应用到旅游规划中来,成为规划中重要的理论基础。

②旅游规划从确定性的静态向不确定性的动态规划发展。

③旅游规划对成本收益考虑多,对社会因素涉及少,但从物质环境为重点的旅游规划向物质环境、社会、经济规划转化的趋势明显。

④各地旅游规划的编制内容与采用的方法存在较大的差异。

3.1.4　旅游规划与开发的快速发展阶段(20世纪80—90年代)

到了20世纪80年代后,旅游规划在发达国家得到进一步深化的同时,也普及到许多欠发达国家和地区,还出现了旅游规划修编,如夏威夷州旅游规划(1980)、印度尼西亚奴萨亚坦格拉旅游规划(1981)等。制订规划的地区和国家包括斯里兰卡、巴基斯坦、尼泊尔、立陶宛、马来西亚、巴厘岛、斐济、法属波利尼西亚、匈牙利、北爱尔兰东北地区及澳大利亚大堡礁。由世界旅游组织承担的联合国开发计划署援助的项目在印度尼西亚沙登加拉、马耳他、斐济、斯里兰卡、缅甸、蒙古国、塞浦路斯、巴厘岛等国家和地区制订了旅游规划。旅游规划多以满足游客体验为基础开发新的产品,促进经济增长、追求环境保护和当地旅游的可持续发展为目标。

世界旅游发展迅速,人们对旅游的认识更加深入,旅游市场需求不断变化,加之对旅游规划本身的认识更为深刻,旅游规划研究不断深入、全面、细致,研究领域也日趋多样化。墨非(Peter E. Murphy)于 1985 年出版了《旅游:社区方法》;冈恩(Gunn)于 1988 年出版了《旅游规划》(第二版);道格拉斯·皮尔斯(Douglas Pearce)于 1989 年出版了《旅游开发》。

这些著作深入地探讨了旅游规划的内涵、类型、理论,如旅游规划的内涵。在学术上,旅游规划的内涵已达成共识,即旅游规划是一门综合性极强的交叉科学,任何其他学科的规划,包括城市规划与建筑规划都不能包含它的内涵而代替它。在理论上,形成了著名的门槛理论、旅游地生命周期理论,这些理论对旅游规划的指导意义较大。

在规划方法上,墨非采用了社区方法和投入产出分析方法;斯蒂芬·史密斯(Stephen L. J Smith)则把旅游规划的方法定量化。在他的《旅游决策与分析方法》一书中,他以简明的方式介绍了 36 种数量方法,供旅游规划人员、研究人员、咨询人员使用。冈恩在 20 世纪 80 年代末出版了《独家景观:旅游区设计》。该书重点研究了休闲度假娱乐旅游景区的规划与设计,是一本比较成熟的度假地规划设计手册。

该时期旅游规划的特点:

①旅游发达国家所编制的旅游规划,在旅游市场研究方面已相当成熟,旅游市场的理念贯穿整个规划过程,尤以市场营销规划的细致见长。

②旅游规划的内容中开始对规划实施的效应给予极大的关注。

③旅游规划的学者越来越多地从社会学、人类学方面研究旅游发展问题和编制旅游规划。

3.1.5　旅游规划与开发的深入发展阶段(20 世纪 90 年代至今)

1995 年 4 月,位于西班牙的兰沙罗特岛联合国教科文组织(UNESCO)、环境规划署和世界旅游组织(WTO)共同召开了由 75 个国家和地区、600 余名代表参加的"旅游可持续发展世界会议"。会议通过的《可持续旅游发展宪章》及《可持续旅游发展行动计划》,为可持续旅游提供了一整套行为规范,并制订了推广可持续旅游的具体操作程序,也确立了可持续发展的思想在旅游资源保护、开发和规划中的地位,并明确规定旅游规划中要执行该行动计划。1996 年,世界旅游理事会(WTTC)、世界旅游组织与地球理事会(EC)联合制订了《关于旅行与旅游业的 21 世纪议程:迈向环境可持续发展》。作为其部门专题之一,可持续发展的旅游业首次被列入联合国可持续发展议程。由此,世界旅游发展也进入了一个"旅游新时代"时期。

澳大利亚的学者罗斯.K.道克灵(Rors K. Docoling)强调要"从环境适应性来探讨旅游发展规划",体现了旅游可持续发展的思想,也是生态旅游规划的框架。

美国著名的旅游规划学家爱德华·因斯凯普(Kdward Inskeep)为旅游规划的标准程序框架建立作出了巨大贡献。其两本代表著作《旅游规划:一种集成的和可持续发展的方法》和《国家和地区旅游规划》,是面向旅游规划师操作的理论与技术指导著作。同期,世界旅游组织还出版了《可持续旅游开发:地方规划师指南》及《旅游度假区的综合模式》。这些著作的出现说明旅游规划内容、方法、程序逐渐成熟。道格拉斯·皮尔斯在《旅游新的变化:人、地、过程》中提出了一个"动态、多尺度、集成的旅游规划方法"。这是对旅游规划综合和动态方法的总结与提高。

这一时期,旅游规划的实施监控和管理得到重视。由纳尔逊(J. G. Nelson)、R. 巴特勒(R. Butler)、G. 沃尔(G. Wall)主编的论文集《旅游和可持续发展:监控、规划、管理》着重于旅游规划贯彻和实施过程的研究。亚太旅游协会高级副总裁罗杰·格里芬(Roger Griffin)提出了"创造市场营销与旅游规划的统一"的观点,反映了旅游规划对市场要素的重视。

该时期旅游规划的特点:

①旅游规划的内容、程序基本成熟,方法体系正逐步完善。

②旅游可持续发展的思想与生态旅游的思想普遍渗透在各种规划之中。

③强调旅游规划与开发中应注重环境因素和社会文化因素,以及对人自身的人文关怀。

3.2 旅游规划在中国的发展

3.2.1 中国旅游规划与开发的发展阶段

1)旅游规划与开发的萌芽发展初期(1979—1989 年)

1978 年,中国社会的变化为旅游业带来了新的发展生机。国际旅游者对中国的向往和中国百姓对旅游的渴望,形成了庞大的旅游需求市场。1986 年,国家正式确立了旅游业的经济型产业的地位。旅游业作为中国的一个新兴产业,应该如何发展,战略发展的方向,旅游业如何适度超前发展,如何满足快速增长的市场需求等一系列问题,不仅是国家层面要解决的战略问题,也是旅游业界层面要解决的问题。该时期,旅游学术领域尚未建立,一批富有热情的旅游学者们从自己原专业的角度出发,自觉地肩负起了旅游规划的责任。

最早的旅游规划是由城市建设规划部门完成的。随后,国家建设规划部门、林业部门开始对城市、景区、森林资源进行规划与开发。可以说,这是旅游规划与开发的萌芽阶段。真正意义上的旅游规划与开发始于 1979 年底由中国科学院地理研究所组建的旅游地理学科组,以及后续所作的一些研究,如 1982 年 11 月,郭来喜等编写了《旅游地理文集》,该文集在大量野外考察与理论思考的基础上,分别从"旅游地理学论坛""中国式旅游事业专论""旅游资源的开发、利用和保护""我国旅游资源评价""旅游地图问题讨论""发展旅游事业的建议""旅游城市风光""丝路千里访古""游记、探胜、采风""长城考察随笔"等方面初步探讨了我国旅游开发的相关问题;1985 年,郭来喜主持完成的"河北昌黎黄金海岸开发"则是一个获得巨大成功的旅游地规划与开发范例。1988 年,陈传康主持完成"广东省韶关市丹霞风景区旅游规划",开创了旅游规划与开发的基本模式。

这个阶段旅游规划与开发的特点如下:

第一,旅游规划与开发的学者来自各个学科领域,如以陈传康、郭来喜为代表的地理学界,以陈从周、冯纪忠等为代表的园林学界,以孙尚清等为代表的经济学界,以朱畅中、李道增等为代表的建筑学界等。利用各学科所长来探索性地研究旅游规划理论与实践。

第二,旅游规划与开发没有固定的范式。旅游规划与开发在规划目的、规划主体、规划对象、规划方法、规划内容等方面表现出不规范、主观随意性较大的问题,造成规划与开发的理论成果差异较大。

第三,旅游规划与开发的理念基本上局限在旅游业是一个投资少、见效快、无污染的朝阳产业框架之中。

第四,此阶段的旅游规划与开发以旅游资源为主体,属于资源导向型旅游规划。旅游资源分类、评价和开发利用成为旅游规划与开发的主体内容。

作为该时期旅游规划与开发理论研究的热点之一,对于旅游资源的研究成为旅游规划的一个基础理论问题。学者们对旅游资源的内涵和外延进行了研究,把旅游资源分为自然资源和人文资源两大类,提出了旅游资源层次结构理论,进行了系统的分析,并从美学、经济学的角度提出评价旅游资源的方法。

2) 旅游规划与开发的快速发展时期(1990—2000 年)

1997 年,国家进一步明确旅游业发展的方针,即大力发展入境旅游,积极发展国内旅游,适度发展出境旅游。整个 20 世纪 90 年代,中国经济发展中旅游业得到特别的关注,先后二十多个省(自治区)人民政府颁布了《加快发展旅游业的决定》,有 24 个省(自治区、直辖市)把旅游业定位为支柱产业、重点产业和先导产业。旅游业进入了快速发展时期,对旅游规划与开发提出了更高的要求,国内各地旅游规划与开发随之迅猛发展。

在《可持续旅游发展宪章》及《可持续旅游发展行动计划》,以及世界旅游理事会、世界旅游组织与地球理事会联合制订的《关于旅行与旅游业的 21 世纪议程:迈向环境可持续发展》的理论框架指导下,作为全球可持续发展的重要组成部分的旅游业,也积极地推动旅游可持续发展的贯彻与实施。在这样的大背景之下,中国的旅游规划也把可持续发展的思想理论应用到规划中来,成为旅游规划的基本指导思想。

1992 年,中国科学院地理研究所与国家旅游局资源开发司合作编制并出版了《中国旅游资源普查规范(试行稿)》,使资源导向的旅游规划与开发依然保持规划的主流方向。但从 1994 年开始,对旅游市场的研究越来越得到各方面旅游规划专家、学者的重视。国家旅游局在制定"九五"规划中也突出了市场的地位,加重了市场部分的内容。加之,旅游产品的单一与旅游卖方市场向买方市场的转化,旅游规划与开发在资源导向的基础上开始重视市场需求在规划与开发中的决策地位。旅游规划文本中市场研究部分篇幅增大,学术界有关旅游市场研究文献明显增多。在旅游区位和客源市场条件优越的城市中人造旅游吸引物得到认可,如深圳"锦绣中华"主题公园的火爆,迎来了中国主题公园开发的新时代之后,市场因素成为旅游规划的主要依据,并渗透到旅游规划的各个方面。

该时期旅游规划与开发的特点表现在以下方面:

第一,旅游规划与开发出现了三种流派,即资源导向派、市场导向派、产品导向派。一部分学者依然坚持旅游规划应以旅游资源为导向和重点;一部分坚持市场导向的学者认为,旅游规划应根据市场需求进行旅游项目的策划与创意;一部分坚持以产品导向的学者则认为,旅游规划应以旅游产品为中心,以资源为基础,以市场需求为方向,在充分把握市场需求方向和旅游资源现状的前提下,开发适销对路的旅游产品体系。市场导向旅游规划与开发被越来越多的学者和旅游业界所接受。

第二,旅游规划与开发方法向定性与定量相结合的方向发展。定量研究成果主要体现在旅游市场研究上有重大发展和突破,从内容上看,包括了客源市场预测、市场发展战略、旅游者行为分析等;从方法上看,使用了大量的问卷抽样调查,进行了客源市场的计量预测研究。

第三,旅游规划与开发文本规范化。规划文本主要包括旅游产业发展环境分析、旅游资源分析与评价、旅游市场需求分析与定位、规划总论、主要指标规划与产业定位预测、旅游形象策划与市场营销、旅游生产力布局与项目规划、旅游环境保育规划、旅游商品开发规划、旅游接待设施规划、旅游基础设施规划、旅游人力资源开发规划、投入产出分析、旅游业发展对策与措施。

第四,客观上,这个阶段的旅游规划成果,虽然一定程度上被限制在旅游业是满足旅游者吃、住、行、游、购、娱的经济部门的理念框架之中,但可持续发展思想理念已悄然地被引入到旅游规划之中,并作为其基本的指导思想。可持续旅游(sustainable tourism)是一种全新的旅游发展观,它能够在不断发展的过程中协调好旅游者、旅游社区和旅游经营管理者三者之间利益需求和长远关系。

该时期旅游规划与开发热点之一,是对旅游市场的研究。陈传康是最早进行旅游市场研究的学者之一。他强调旅游规划与开发必须以市场为导向,按照旅游者的动机和类型建立旅游行为框架图,明确旅游产品开发方向和市场行销目标。一部分学者对旅游目的地客源的时序分布规律进行分析,基于优选距离、经济发展程度、文化教育水平等因素指标,运用引力模型做出了相应的预测,对旅游者个体进行研究。一部分学者则从旅游者群体的地域流动规律——旅游流研究旅游市场时空规律,为旅游规划与开发奠定了良好的基础。还有一部分学者进行了旅游市场本身旅游者特征的研究,如旅游者的特征、游客旅游方式、区内现存及其潜在的主要吸引物、距客源市场的距离、旅游开发的目标及与同类旅游地的比较优势。此外,旅游市场还被应用到旅游资源的评价之中,从客源市场的需求评价旅游资源的价值性、可供性与可开发性。

旅游规划与开发热点之二,是规划与开发导向的研究。随着学者们对于市场导向理论研究的逐步深入,规划实践的日益丰富,旅游规划导向问题引起专家学者的重视。除了上述的三个规划导向外,旅游目的地形象成为规划的焦点,产生了以形象为导向的旅游规划。形象导向旅游规划的基本思路是:面对任何具体的旅游规划都应遵循从分析、塑造旅游形象入手,从传播旅游形象到吸引旅游市场的一般模式,即在规划时,首先设计和营造旅游总体形象,然后以形象为核心规划旅游要素,规划出的旅游要素又反过来使旅游总体形象得到进一步强化,从而最终形成一个功能齐备的旅游发展体系。

3)旅游规划与开发成熟时期(2001年至今)

2000年,国家旅游局正式颁布了《旅游规划通则》和《旅游发展规划管理办法》,以及

2005 年颁布的《旅游规划设计单位资质等级认定管理办法》。这三个政策性文件,不但规范了旅游规划的类型、内容和评审办法,而且对旅游规划的编制单位和项目委托形式进行了规范,从政策层面、技术层面上规避了旅游规划的不规范化现象。由于政府的强力介入和学者们的努力,在旅游开发中"规划先行"已成为人们的共识和管理原则,对中国旅游规划与开发的可持续发展起到了积极的战略推动意义。

这一时期,比较典型的旅游规划与开发成果有:2000 年由北京大学城市与环境学系主持的《洛阳市旅游发展规划》。该规划在规划思想、路线、方法及技术手段方面都进行了十分积极并极有价值的探索。同年,由世界旅游组织完成《山东省旅游发展总体规划》。该规划文本分为 6 个部分:山东省旅游发展战略与战略目标、分期旅游发展规划、旅游市场开发规划、旅游区发展战略规划示范与优先发展项目、旅游支持与保障体系规划。该规划提出山东省旅游发展工作的重点在于市场营销的新途径,重新确定新产品开发的重点,注重人力资源开发,改进管理机构设置。这对于山东省旅游实现持续发展具有很强的指导性。

2003 年,由国家旅游局、国务院三峡办、国家发展和改革委员会、国务院西部开发办、交通运输部、水利部共同编制的《长江三峡区域旅游发展规划》。该规划从促进库区经济社会发展的目标出发,联合地方五省市,调动各方力量,整合区域旅游资源,开创了我国跨省域旅游规划编制工作的先河,是我国旅游规划工作新的里程碑。

2007—2008 年,北京达沃斯巅峰旅游规划设计院主持编制了《丝绸之路旅游区总体规划》。丝绸之路旅游区是国家旅游局制定的《中国旅游业发展"十一五"规划纲要》优先规划和建设的十二个重点旅游区之一。该规划涉及新疆维吾尔自治区(含新疆生产建设兵团)、青海省、甘肃省、宁夏回族自治区、陕西省和河南省六省(区),该规划是以丝绸之路历史为依据、以文化为内涵、以交通为纽带、以线路为重点、跨省区的旅游发展规划,是在国家旅游局指导下编制的战略指导性规划,重点研究影响和制约丝绸之路旅游发展的战略性问题,重点解决丝绸之路旅游发展中"地方政府想做但做不了,中央政府应该做但顾不上"的跨省区难点问题,重点提出针对性的对策措施和意见建议。该规划突出了整体化打造与差异化开发的理念,提出要打破行政区域界限,突破行政管理障碍,创新旅游区的管理体制和运营机制,构建丝绸之路国际旅游区的经济利益共同体;还提出要实施国际化市场营销,将丝绸之路旅游产品打入发达国家的主流社会,成为中国国际文化旅游的龙头和王牌。

这些旅游规划与开发无论在战略指导思想,还是技术路径、文本规范上,都体现了旅游规划与开发开始步入成熟期的特点:

一是以人为本的旅游规划与开发理念。就整个规划学界考察,从世界上先进国家的规划学科的发展阶段来看,并不是将市场经济的适应性当成规划的最高境界,而是将人文关怀作为一种终极关怀。发达国家的旅游规划开始关注旅游发展问题中的社会学、人类学现象,弘扬着人本主义的基本理念,应该说旅游规划渐渐地步入了"人本导向"阶段。"以人为本"的理念主要是突出对人类自身的关注,是一种人本主义的思想观念,主张人性的张扬。

二是旅游规划与开发走向规范化与市场化。2003 年以后,旅游规划的队伍明显出现分化,一部分依旧是专业院校的学者,另一部分则是以专业化服务为宗旨的旅游规划公司,如达沃斯巅峰、中科景元、绿维创景、中景园、同和时代、浙江远见等旅游规划机构。这些公司承担了各种类型的大量的旅游规划项目,具备丰富的规划实践经验。学院派在理论上提供了许多新学说,而公司派在规划实践中积累了许多新案例。也就是说,一部分旅游规划编制者从高等院校和科研院所的学者演变为在工商管理部门注册的独立法人单位;编制运作从学者们的个体行为演变为法人单位的集体行为;旅游规划项目从业主直接委托编制者演变为通过招投标形式委托;旅游规划内容从学者们的自圆其说演变为政策性的规范界定;旅游规划成果评审从同行们的会审形式演变为大众参与的程序化操作。

三是技术方法方面不断改良创新。在旅游规划的技术线路上,渐渐形成了"三三工程"这样的旅游规划技术操作公式。所谓"三三工程",是指在区域旅游业开发的工作过程中,需要"三项标准"和"三个步骤"。其中"三项标准"是指旅游资源、旅游市场和替代性产品,这些是判断一个地区能否进行旅游开发的标准。"三个步骤"是指确定区域旅游形象,即所谓"定调子";围绕形象进行旅游产品开发,即所谓"定盘子";建立支持系统,从政策、法规、行政管理、人才环境等方面进行配套,即所谓"定措施"。

四是形成了以市场分析为导向、以资源分析为基础、以经济分析为核心和以文化分析为升华,促进社会全面发展为目的的旅游规划的总体特征。

旅游规划与开发的研究热点之一,是经济导向的地方旅游规划。20世纪末,随着旅游产业地位的提升,旅游规划内容的日趋复杂,旅游规划也形成了旅游发展规划和旅游建设规划并存的格局。在区域旅游规划中,旅游发展规划作为旅游产业发展战略性规划,在地方政府追求经济利益的背景下,更受到重视,于是经济导向的旅游规划思想便应运而生。此规划思想的一个显著特征是,几乎每一项规划都要首先对旅游产业在区域经济发展中的定位进行探讨,并对旅游产业发展可能产生的旅游收入增加、就业增长等经济指标进行预测,将经济效益放在旅游规划最显著的位置。这也是这段时间我国绝大多数省份都将旅游产业确定为国民经济的支柱产业或按支柱产业培育的原因。同时,即使是旅游建设规划也将旅游项目的经济效益和财务分析放在十分突出的地位,这也是经济导向思想的一个重要体现。经济导向旅游规划思想更侧重于区域旅游规划和旅游项目建设规划的经济效益。

3.2.2 中国旅游规划与开发的发展趋势

中国旅游规划在借鉴国际旅游规划发展经验的基础上,将表现出以下方面的发展趋势:

1) 人本导向将成为旅游规划与开发的基本理念

在20世纪80年代,旅游规划"以人为本"的主要表现是突出规划设计者的个人特色;在规划工作中,强调特色化和景区个性化。到了20世纪90年代,"以人为本"更多地注重旅游人类学理念的应用,开始关注社区旅游问题,全面贯彻可持续旅游发展理念。到了21世纪初期,"以人为本"的发展观确立,开始贯彻全面协调发展的理念。西方旅游规划理论中强调社区作为旅游发展的主要利益相关者,其在旅游发展中的利益要得到充分的重视,旅游发展以满足社区利益为主,最大可能地凸显社区参与,旅游开发的程度应在社区承载力范围之内。因此,未来的旅游规划的指导思想是以人为本,突出人文关怀。在规划过程中要有社区居民的参与,要充分听取社区意见,更多地兼顾社会效益,体现伦理道德,关注人类生活质量的提高,对人类自身关怀。

2)旅游目的地整合规划

2005 年,由北京中科景苑城乡规划设计研究院等主持完成的《平遥旅游目的地发展规划》是我国第一个旅游目的地规划。2005 年 1 月 9 日,在海口市召开的首届"中国生态旅游产品创新与旅游目的地规划"研讨会上,明确提出"旅游目的地规划将成为中国旅游规划发展的新趋势"。一是规划理论与方法的整合。旅游规划是一个综合性很强的科学,包括了旅游学、地理学、建筑学、文化学、考古学等一系列的学科知识,目前已经达到了初步的整合,今后还要进一步融合各方面的知识,发挥各学科的优势,形成旅游规划综合的知识结构和体系。二是旅游目的地多要素的整合。以往的旅游规划与开发考虑的因素比较单一,更多的是考虑投资、开发、设计导向,而目的地规划则强调整合各种因素,如宏观、微观、硬件、软件、内部、外部等,重视旅游规划与开发建设后的管理与效果。其目标是保持和提升旅游目的地可持续竞争力,要求在全球旅游环境、市场竞争环境、辅助性资源和设施、核心资源和吸引物、目的地管理、目的地政策规划和开发、限制性和放大性因素等因素的影响下,在比较资源禀赋优势基础上,整合目的地资源,发掘资源配置优势。

3)旅游规划向微观主题化、专项化、数字化的方向发展

过去的旅游规划更多的是感性描述比较强的区域宏观战略规划,可操作性小,对区域旅游业的指导作用难以发挥。未来旅游规划应该强调规划的可操作性、理性分析和数字化的操作依据。从尺度上看,微观景区景点规划大幅度增加,宏观区域规划逐步减少;从细化程度上看,详规、控规比例大幅度增加,总体规划比例减少;从功能上看,战略规划比例减少,营销规划、产品策划、节事策划、区域旅游合作规划等专项规划比例明显增加;从主题上看,整体规划比例减少,乡村旅游、商务旅游、文化旅游、生态旅游等专题规划比例增加;从方法上看,以旅游市场研究为基础的旅游市场调查体系、旅游参数与指标体系和策划体系定量化方法将逐步增多。

4)旅游景观规划与开发将成为热点

随着旅游业的发展,旅游环境的不断退化,旅游资源景观的审美品位越来越低,而人们对旅游景观的审美品质要求却越来越高。创新与完善旅游景观也是未来旅游规划的重要内容。全面的旅游规划应包括"旅游业规划""旅游资源、旅游景观、环境景观规划""生态规划"这 3 个层面的规划。这 3 个层面规划分别对应区域、旅游区、景点;支撑学科领域包括旅游学、景观园林学(包括建筑、规划、园林)、环境艺术学。

3.3 现今旅游规划与开发研究热点透析

3.3.1 全域旅游规划与开发

"全域旅游"这一概念萌芽于 2008 年浙江绍兴提出的"全城旅游"战略。此概念在《绍兴全城旅游区总体规划》中得以体现。之后浙江省率先启动了全域旅游试点,力图指导旅游业突破传统的景点旅游模式,以适应旅游发展新形势,开创旅游融合发展的新格局。2010 年前后,在《大连市旅游沿海经济圈产业发展规划》中,首先明确提出了"全域旅游"这一理念,以求转变旅游发展理念,促进大连全域城市化的建设。2015 年 8 月,全国旅游工作研讨班在黄山举办,首次从国家层面明确提出全面推动"全域旅游"发展的战略部署,提出了"在两千多个县中,每年以 10% 的规模来创建,未来确保 600 个县实现全域旅游发展"的工作目标。2016 年 2 月,全国首批 262 个"国家全域旅游示范区"创建单位正式对外公布。2016 年 7 月,习近平总书记到宁夏考察时表示"发展全域旅游,路子是对的,要坚持走下去"。2018 年 3 月,国务院办公厅印发《关于促进全域旅游发展的指导意见》,于是在全国各地掀起了全域旅游规划的热潮。

1) 全域旅游概述

(1) 全域旅游的概念

全域旅游是指在一定区域内,以旅游业为优势产业,通过对区域内经济社会资源尤其是旅游资源、相关产业、生态环境、公共服务、体制机制、政策法规、文明素质等进行全方位、系统化的优化提升,实现区域资源有机整合、产业融合发展、社会共建共享,以旅游业带动和促进经济社会协调发展的一种区域发展新理念和新模式。

其中"一定区域"主要指的是县域,因为在中国郡县制体制下,县是核心。

"以旅游业为优势产业"关键是看其综合带动作用,然后才是总量、比重、就业、综合带动等等。

"实现区域资源有机整合、产业融合发展、社会共建共享"主要是指改革创新、有机整合、融合发展、协调发展等手段。

"以旅游业带动和促进经济社会协调发展的一种区域发展新理念和新模式"是目标。

总之,在全域旅游中,各行业积极融入其中,各部门齐抓共管,全域居民共同参与,充分利用目的地全部的吸引物要素,为前来旅游的游客提供全过程、全时空的体验产品,从而全面地满足游客的全方位体验需求。

（2）全域旅游要素①

①更新资源观念。传统的旅游是将景点作为旅游目的地的核心吸引物,而全域旅游却强调资源的"全",对旅游目的地的旅游资源、基础设施、相关产业、生态环境和公共服务等进行全方位的优化和提升,不再局限于自然的、人文的景观景点,而是打破传统的旅游方式,满足游客出行需求的不仅是景点,放松体验的旅游需求无处不在,要让游客全身心地融入当地生活,游客不仅看得见风景,还能体验到当地的"生活",感知当地独特的文化内涵。推进全域景区化,要形成处处是景观,处处可以欣赏美。

②整合旅游空间。全域旅游要打破传统的旅游空间格局,逐步形成新的发展格局。全域旅游要突破以景点为主要旅游架构的发展模式。整合旅游目的地的特色旅游资源,整合旅游目的地吃、住、行、游、购、娱六大核心要素,构建完善的旅游目的地交通体系和服务体系,促进旅游目的地逐步形成以景区为核心,由点及线、由线及面的旅游空间格局,打破行政区划限制,实现旅游目的地之间资源、资本、市场等方面的相互合作,为实现共同发展目标而联合,真正构建起大旅游、大产业、大发展的格局。

③打造旅游精品。我国的旅游产业已经步入了大众旅游时代和休闲旅游时代,以观光为主的传统旅游产品已经不能满足游客多样化和个性化的精神需求,游客更需要的是旅游精品,而全域旅游正是旅游产业供给侧结构性改革的重要抓手。在全域旅游的背景下,旅游目的地将深入挖掘本地资源特色,打造除景点以外新的旅游吸引物,比如特色的旅游风景道、当地的民风民俗、居民的生活方式、文化主题酒店等,满足游客深度体验的需求,要将旅游产业的六要素以独特的形式展现出来,最大限度地让吃、住、行、游、购、娱每个要素凸显地方感和特色,成为新的旅游吸引物。

④丰富旅游业态。全域旅游下的旅游产业更加强调产业的多元化,在"旅游+"和"互联网+"的大背景下,推动旅游产业与文化、体育、休闲、娱乐、养生、农业、工业、商业等要素融合发展,推进旅游地产、旅游商贸、旅游会展等相关产业的发展。最大限度地整合和优化相关行业和资源要素,将旅游产业以外的资源和发展模式等打入旅游产业。以旅游产业为核心,不断扩展旅游产业链,扩大旅游产业辐射范围,形成多元化的产业形态。

⑤注重社区参与。全域旅游背景需要全社会的共建共享,其实际上是倡导一种新型的生活方式,通过对相关经济社会资源重新配置组合,实现主客和谐共处、共建共享的旅居生活方式。对于游客而言,能够深入体验社区、风土人情,其旅游的品质得到了提升,对于社区居民,则享受了便利的基础设施、公共服务、知识信息和文化交流。

2）全域旅游创建主体

全域旅游示范区包括全域旅游示范省、全域旅游示范市(州)、全域旅游示范县,其中全域旅游示范省的创建主体为省(自治州)人民政府,全域旅游示范市的创建主体为市人民政府,全域旅游示范县的创建主体为县(含县级市)人民政府。开展全域旅游示范区创建的地区需要有明显的旅游主打产品,旅游业可以成为区域主导产业、主打品牌和主体功能,其旅

---

① 王庆生,李烨,胡宇橙.天津市蓟州区全域旅游研究[M].北京:中国铁道出版社,2018.

游资源禀赋要求特别高,旅游产业覆盖面特别广。

3)全域旅游创建标准

2019 年 3 月,文化和旅游部出台《全域旅游示范区验收标准》。

4)全域旅游创建流程

全域旅游示范区创建流程如图 3.2 所示:

图 3.2　全域旅游示范区创建流程

(1)地方申报

示范区创建申报由所在地县、市、州人民政府自荐后,提出申请,由省级旅游行政管理部门或省级人民政府初步审核申报资料,合格后推荐给文化和旅游部。

(2)审核公布

文化和旅游部审核申报材料,确定统一创建的县、市州名单后对外公布。

(3)创建实施

拟创建区域党委政府统筹负责,研究制订全域旅游示范区创建工作方案,建立全域旅游示范区创建工作目标责任考核体系,各级旅游行政管理部门具体负责创建工作考核,确保各项工作务实高效推进。

(4)评估监测

省(自治区和直辖市)示范区创建工作由文化和旅游部负责年度评估监测。市(地、州、盟)和县(市、区、旗)示范区创建工作由省级文化和旅游行政管理部门负责年度评估监测,并向文化和旅游部提交评估报告。

(5)考核命名

文化和旅游部依据《全域旅游示范区创建工作导则导则》(以下简称《导则》)制定《国家全域旅游示范区验收、认定和管理实施办法(试行)考核命名和管理办法》,示范区考核命名工作由国家旅游局依照《导则》和相关办法进行,对符合条件和标准并能发挥示范作用的,予以命名。

(6)验收管理

文化和旅游部根据各地创建工作开展情况,启动创建单位验收工作,参照文化和旅游部出台的《国家全域旅游示范区验收标准(试行)》。省级文化和旅游行政部门制定本辖区验收实施方案,报文化和旅游部备案后组织开展验收工作。验收以县级创建单位为基本单位。

(7)复核督导

对已命名的示范区适时组织复核,对复核不达标或发生重大旅游违法案件、重大旅游生产安全责任事故、严重不文明旅游现象、严重破坏生态环境行为的示范区,视情况予以警告或撤销。

3.3.2 文化和旅游融合规划

2015 年 8 月 19 日,国家旅游局基于"互联网+"首次提出"'旅游+'新时代",并指出"旅游+"是指充分发挥旅游业的拉动力、融合能力、催化以及集成作用,结合相关产业或领域共同发展,并为其提供新的平台,融为一个富有生命的有机体,创造出"旅游+五化"的新经济体。"旅游+"是指充分发挥旅游业的拉动力、整合力和提升力,为相关行业和领域发展提供旅游平台、插上旅游翅膀,催生新业态,提升相关行业和领域的发展水平与综合价值。"旅游+"代表了一种新的生产力,脱胎换骨的旅游经济形态与体系,也代表了人们一种新的生活形态。而"旅游+"中的"+"不是单纯地、简单地相加,而是多方式、多层次、多角度的融合。旅游产业的延伸、拓展是没有边界的,只要有市场空间,就会跨界和融合,而在相关产业中最具竞争力的是现在炙手可热的"文化产业","文化产业"与旅游及其他相关产业结合必定会创造出不一样的经济力量。

自 2018 年 3 月文化和旅游部挂牌组建以来,文旅融合话题成为业界探讨的热点。围绕"宜融则融,能融尽融"的方针,各省市积极开展文旅融合工作。文化旅游融合发展,规划意识是前提。

1)文化和旅游规划管理办法

2019 年 6 月初,文化和旅游部制定出台《文化和旅游规划管理办法》,明确了编制的主导方和审批流程等事宜,但对于文化和旅游规划编制的内容、技术框架等尚未明确。

2)文化旅游发展规划与传统旅游规划的不同之处①

随着原文化部和国家旅游局完成历史性合并,"凸显文化性"逐渐成为旅游发展的引领性方向,未来旅游景区将迎来票制改革、业态经济的新时代,成为未来发展创新的新重点,这也将开启中国文旅 3.0 时代。因此,新时代文化和旅游规划,要赋能目的地体系,实现文旅价值最大化。

(1)两个对接:区域发展和上位规划

一是,对接区域发展战略和方向。文化旅游的发展不能脱离区域的发展,其与城市更新、文化复兴、产业升级、乡村振兴和红色传承息息相关。因此在编制文化旅游发展规划时,要高度关注区域发展战略和方向,融入区域的大格局建设之中。

二是,对接上位规划。随着各地国土空间规划的逐步启动,文化旅游发展规划要积极对接,在国土空间中寻找文化旅游的落脚点。在保证文化旅游发展的战略性的同时,更多地考虑落地性和实操性。

(2)三个转变:发展理念、空间布局、产品设计

一是,发展理念的转变。传统旅游发展规划更多的关注点在旅游资源的"开发和利用"。

---

① 大地风景文旅融合发展规划研究课题组.探索文旅融合发展规划的内容创新[EB/OL].(2019-06-19)[2023-01-01].搜狐网.

而文化旅游发展规划的侧重点在"保护、传承和活化利用",即在满足本地居民和外地游客的游览、体验、休闲等需求之外,通过文化创意、文化活化等手段更好地保护和传承文化,满足人们对美好生活的向往。

二是,空间布局的转变。传统旅游发展规划在空间布局时,除考虑交通、土地外,更关注资源和功能,如田园风光区、生态康养区等。而在空间规划的指导下,文化旅游发展规划应着重关注"文化地理",即考虑区域文化发展脉络,形成以文化地理为统领的空间格局。

三是,产品设计的转变。传统的旅游规划在产品设计时更多的是从传统六要素或新要素的角度出发。而文化旅游发展规划除景区、度假区等旅游产品外,将着力凸显博物馆、民俗馆等文化场馆,非遗传承区,古村古镇,文化演艺,以及其他文化新业态的设计。

3) 文化旅游发展规划的技术路线和工作内容

(1) 技术路线

文化旅游发展规划技术路线,如图3.3所示。

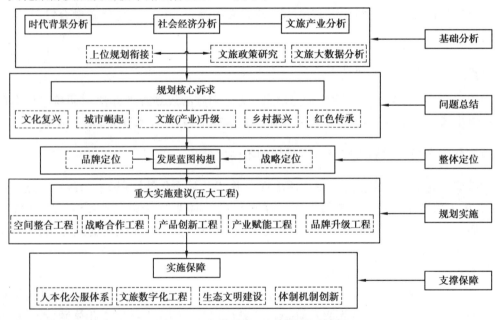

图3.3　文化旅游发展规划技术路线图

(2) 工作内容

一是基础分析。课题组认为文化旅游发展规划应首先对区域所处的时代背景、社会经济发展以及文旅产业现状进行详细分析,并优先使用文旅大数据等分析方法。同时,对上位规划和相关文旅政策进行系统梳理,在充分掌握区域基础情况的基础上开展下一步的工作。

二是问题总结。从文化传承与保护、文旅企业主体、文化产品供给、相关配套服务等方面进行区域自身和与周边的对比分析,从而精准提出文化旅游发展面临的核心问题。

三是整体定位。根据基础分析和问题总结,确定区域的文化旅游发展战略和发展定位,并提出品牌形象和分期发展实施目标等。

四是规划实施。根据整体定位,提出五大重点规划实施,包括空间整合工程、战略合作工程、产品创新工程、产业赋能工程以及品牌升级工程。

空间整合工程:基于文化地理的思考,通过空间整合工程将优质文旅资源整合并提出最优化的发展战略。

战略合作工程:选取区域内顶尖的文化旅游资源,并与世界范围内具有代表性的文化旅游机构寻求战略合作,重构区域世界影响力。

产品创新工程:深度挖掘区域文化内涵,创新产品业态,实现文化的活化和传承。

产业赋能工程:利用区域内优良的文旅产业为区域赋能,提升区域文化旅游发展的动能,促进区域文旅产业全面升级。

品牌升级工程:深度解读区域文化精髓,提炼出区域形象,同时展现具有亲和力的品牌和 IP。

五是实施保障。为更好地促进区域文化旅游发展,结合市场发展需求,规划还应对以人为本理念下的城市公共服务体系建设、文旅数字化工程、生态文明建设、体制机制创新等支撑体系和体制机制方面给出指导意见。

六是相关专题。除上述工作外,针对区域特点,开展文化商品创意研发专题、文化遗产传承与活化专题、文化特色景观设计专题、文化传承与活化重大项目招商专题、文化主题论坛策划等相关专题研究。

3.3.3　生态旅游规划与开发

生态旅游是 20 世纪为适应人们"回归自然"和保护环境的需要而产生的一种新型旅游形式,它将是 21 世纪旅游发展主要趋势之一。生态旅游(Eco-tourism)一词于 1983 年被首次提出,并在 1986 年墨西哥召开的一次国际环境会议上被正式确认,得到世界各国的重视。据世界旅游组织估计,目前生态旅游收入已占世界旅游业总收入的 15 % ~ 20 %。生态旅游作为一种宣传主题和产品品牌,日益深入人心。

1)国外学者对生态旅游的研究

(1)生态旅游的概念

生态旅游(Ecotourism)这一名词源于"生态性旅游"(Ecological tourism),1980 年加拿大学者克劳德·莫林(Claude Moulin)在他题为《有当地居民与社团参与的生态与文化旅游规划》的论文中首次提出了这一概念。1983 年,世界自然保护联盟(IUCN)生态特别顾问墨西哥专家 H. 谢贝洛斯·拉斯卡瑞(H. Cebllons Lascurain)在文献中首先使用"生态旅游"一词。这一名词的正式确认是在 1986 年墨西哥召开的国际环境会议上。1988 年,谢贝洛斯·拉斯喀瑞进一步给出了生态旅游的定义:"生态旅游作为一种常规的旅游形式,游客在欣赏和游览古今文化的同时,置身于相对古朴、原始的自然区域、尽情考究和享乐——旖旎风光和野生动植物。"该观点对生态旅游作了两个定位:其一,生态旅游是一种"常规旅游活动";其二,旅游的对象由"古今文化遗产"扩展到"自然区域"的"风光和野生动植物"。

世界自然基金会(WWF)是研究生态旅游比较早的国际机构,其研究人员伊丽莎白·布

(Elizabeth Boo)在1990年对生态旅游所作的定义是:生态旅游必须以"自然为基础",就是说,它必须涉及"为学习、研究、欣赏、享受风景和那里的野生动植物等特定目的而到受干扰比较少或没有受到污染的自然区域所进行的旅游活动"。

后来人们开始从更高的角度探求什么是真正意义的"生态旅游"。

布诺斯(Bourse)在1992年指出,生态旅游是一种"负责旅游,旅游者认识并考虑自身行为对当地文化和环境的影响"。

伊丽莎白·布在1990年原有定义的基础上,对该定义进行了修订,提出,"生态旅游是以欣赏和研究自然景观、野生生物及相关文化特征为目标,为保护区筹集资金,为当地居民创造就业机会,为社会公众提供环境教育,有助于自然保护和可持续发展的自然旅游"。

生态旅游学会(Ecotourism Society)在1992年所做的定义更具有代表性,它将生态旅游限定为"为了解当地环境的文化与自然历史知识,有目的到自然区域所做的旅游,这种旅游活动的开展在尽量不改变生态系统完整的同时,创造经济发展机会,让自然资源的保护在财政上使当地居民受益"。

P. S. 瓦伦丁(P. S. Valentine)在1993年从四个方面界定生态旅游:①以没有受到污染的自然区为基础;②生态可持续,不会导致环境破坏或环境质量的下降;③对旅游区的持续保护和管理有直接贡献;④建立充分、恰当的管理制度。

较具综合性的概念是澳大利亚联邦旅游部1994年在制定其《国家旅游战略》时,由拉尔夫·巴克利(Ralf Buckley)提出的,即生态旅游是"以大自然为基础,涉及自然环境的教育、解释与管理,使之在生态上可持续发展的旅游"。

(2)国际生态旅游标准

2002年,以"绿色环球21"认证制度为基础,澳大利亚生态旅游协会和澳大利亚可持续旅游合作研究中心共同起草并完成了国际生态旅游标准(The International Ecotourism Standard)的制定,由"绿色环球21"独家掌握执照发放和管理权。

该标准是以澳大利亚全国生态旅游认证项目(NEAP)和《关于旅游业的21世纪议程》为基础而制定的,并按照生态旅游认证专家于2001年11月通过的《莫霍克协定》中的生态旅游认证原则进行的。该标准被提交到2002年5月在加拿大魁北克召开的国际生态旅游高峰会议,在广泛征求意见的基础上,得到了进一步的完善,并于2002年10月在澳大利亚凯恩斯国际生态旅游大会上正式公布实施。

国际生态旅游强调以下8个方面的内容:

①生态旅游的核心在于让游客亲身体验大自然。

②生态旅游通过多种形式体验大自然来增进人们对大自然的了解、赞美和享受。

③生态旅游代表环境可持续旅游的最佳实践。

④生态旅游应该对自然区域的保护做出直接的贡献。

⑤生态旅游应该对当地社区的发展做出持续的贡献。

⑥生态旅游尊重当地现存文化并予以恰当的解释和参与。

⑦生态旅游始终如一地满足消费者的愿望。

⑧生态旅游坚持诚信为本、实事求是的市场营销策略,以形成符合实际的期望。

2）国内学者对生态旅游的研究

（1）生态旅游与传统旅游的比较

生态旅游与传统旅游相比，在发展目标、受益者、管理方式以及正面、负面影响方面具有自身的特点（表 3.1）。

表 3.1　生态旅游与传统旅游的比较

	传统旅游	生态旅游
目标	利润最大化；价格导向；享乐为基础；文化与景观资源的展览	适宜的利润与持续维护环境资源的价值；价值导向；以自然为基础的享受；环境资源和文化完整性展示与保育
受益者	开发商和游客为净受益者；当地社区和居民的受益与环境代价相抵、所剩无几或入不敷出	开发商、游客、当地社区和居民分享利益
管理方式	游客第一、有求必应；渲染性的广告；无计划的空间拓展；分片分散的项目；交通方式不加限制	自然景观第一；有选择地满足游客要求；温和适中的宣传；有计划的空间安排；功能导向的景观生态调控；有选择的交通方式
正面影响	创造就业机会、刺激区域经济增长，但注重短期利益；获取外汇收入；促进交通、娱乐和基础设施的改善；经济效益	创造持续就业的机会、促进经济发展；获取长期外汇收入；交通、娱乐和基础设施的改善与环境资源保护相协调；经济、社会和生态效益的融合
负面影响	高密度的基础设施和土地利用问题；机动车拥挤、停车场占用空间和机动车产生的大气污染问题；水边开发导致水污染问题；乱扔垃圾引起地面污染；旅游活动打扰居民和生物的生活规律	短期内，旅游数量较少，但趋于增加；交通受到管制（多数情况下，不允许使用机动车）；水边景观廊道建设阻碍了水边的进一步开发；要求游客将垃圾分类收集，游客行为受到约束；游客的活动必须以不打扰当地居民和生物的生活为前提

（2）主要观点

关于什么是生态旅游，当前国内的说法很多，目前尚无统一公认的科学概念，不同学者给生态旅游赋予了不同的内涵，较有代表性的有以下几种表述：

①回归、保护自然说。这类概念认为"生态旅游＝大自然旅游＋保护"，其核心内容是回归大自然并且在旅游活动中应保护自然资源和文化。王尔康认为，"狭义的生态旅游是指到偏僻、人迹罕至的生态环境中进行探险或考察的旅游，如南极探险，攀登喜马拉雅山，南美原始森林观赏珍奇动植物等"。通常是极具冒险精神或强烈科学研究目的的少数旅游者进行此类旅游。广义的生态旅游包括一切在大自然中进行的游览、度假活动，如森林生态旅游、海洋生态旅游、高山生态旅游等。国内学者王献博等则认为，"生态旅游就是一种欣赏、研究、洞悉自然和不允许破坏自然的旅游，主要以保护区为其观赏对象"。牛亚菲认为生态旅游定义应包含两个基本内容：首先，生态旅游是一种以自然环境为资源基础的旅游活动；其

次,生态旅游是具有强烈环境保护意识的一种旅游方式。

②居民利益中心说。这类概念认为"生态旅游＝观光旅游＋保护＋居民收益",其核心内容是增加当地居民收入,认为生态旅游应在保护自然、保护资源、保护文化的基础上开展,而且旅游组织者和旅游者有义务为增加当地居民的收入而做出应有的贡献。郭岱宜认为,生态旅游除了是一种提供自然游憩体验的环境责任型旅游之外,也负有繁荣地方经济、提升当地居民生活品质,同时尊重与维护当地部落传统文化的完整性的重要功能。旅游是一个劳动密集型和资金密集型的产业,能提供大量的工作岗位,增加当地的就业机会。

③三大效益协调说。还有学者兼顾经济、社会和生态三方面的协调,以可持续发展的思想来定义生态旅游。如卢云亭在分析了国内外有关生态旅游的定义后,从对环境作用的角度将其定义为:"以生态学原则为指针,以生态环境和自然环境为取向所开展的一种既能获得社会经济效益,又能促进生态环境保护的边缘性生态工程和旅游活动"。王志稳(2002)在总结和评判了众多生态旅游的定义之后提出:"生态旅游是一种依赖所在地域资源,又强调通过旅游活动来促进资源保护的旅游产品;生态旅游在保护环境的同时,必须给当地带来经济、文化、社会的综合利益;生态旅游可以作为可持续发展的一种形式。但这种旅游活动具有明显的区位条件,客观上限制旅游规模的扩大,从而在一定程度上达到生态旅游的目标。"

综上所述,生态旅游的概念可以归纳为:生态旅游是一种在生态学和可持续发展理论指导下,以自然区域或某些特定的文化区域为对象,以享受大自然和了解、研究自然景观、野生生物及相关文化特征为旅游目的,以不改变生态系统的有效循环及保护自然和人文生态资源与环境为宗旨,并使当地居民和旅游企业在经济上受益为基本原则的特殊形式的旅游行为。

3)生态旅游的发展阶段

生态旅游发展至今主要经历了自然旅游调整时期、生态旅游概念创立时期、生态旅游蓬勃发展时期3个阶段。

(1)自然旅游调整时期

1983年以前,一些学者开始关注传统的大众观光旅游形式对当地社会所造成的负面影响,并提出了自然观光、自然旅行、伦理旅游,野生生物旅游、绿色观光等一系列与生态旅游相近似的旅游形式。其共同特点是调整性自然旅游,大多是小规模、低密度的活动;主要分散于非城市地区;参与者一般具有较高的教育背景或收入等。虽然与生态旅游有一定的距离,但是已具备了类似生态旅游特性的某些萌芽性质。

(2)生态旅游概念创立时期

生态旅游最初源于人类环境伦理观的觉醒。在1983年至1989年之间,出现了一批生态旅游的研究者和推行者,主要代表人物有赫克特、柯特、谢贝洛斯·拉斯卡瑞、伊丽莎白·布等。他们从不同角度论述了生态旅游的概念,认为生态旅游是一种发展模式,主张人类应该到相对未受干扰或未受污染的自然区域去旅行,既关注自然景色及环境生态,又自觉地接受知识和文化的洗礼。这些研究和实践推动了生态旅游在各地的蓬勃发展。

（3）生态旅游蓬勃发展时期

生态旅游大规模发展是在 20 世纪 90 年代。人们对生态旅游不仅有了较深的理性认识，而且在实践中形成了生态旅游的巨大热潮；生态旅游不仅范围越来越广，活动规模越来越大，体验类型也越来越多，并成为发展最快的一种旅游。英国、美国、法国、加拿大、澳大利亚、巴西、日本、西班牙、哥斯达黎加、肯尼亚等世界各国的生态旅游活动有了全面发展，取得了明显的社会、经济、环境效益。

4）生态旅游规划与开发的理论

景观生态学理论。景观生态学是研究景观的空间结构和形态特征对生物活动与人类活动影响的科学，是生态学和地理学的交叉产物。福尔曼（Forman）和戈登（Gordon）在《景观生态学》中，将景观生态学基本原理概括为景观系统的整体性、景观要素的异质性、景观的稳定性、物种流动原理、营养再分配原理和能量流动原理。生态学理论是保持原生态环境可持续发展的根本，景观生态学理论是生态旅游建构的理论依据。在生态旅游的规划与开发中，要依据目的地生态进化与生态演替的规律，确定生态旅游的发展方向与目标。一般来说，空间分异越复杂，生物种类越多，生物多样性程度越高，景观异质性越大，生态旅游价值越高。保证目的地的原生态景观基础上，通过内部生态要素与生物要素的合理培植，形成一种新型的可供旅游的生态景观。

生态伦理学理论。生态伦理学是伦理学和生态学的交叉学科，是一门研究人与大自然（包括一切生物和非生物）间相互关系以及人对大自然应该具有的优良态度和行为准则的学科。生态伦理学实际上就是生态旅游者与生态旅游资源之间的关系以及生态旅游者的道德伦理。它的基本观点包括自然界是一个相互依赖的大系统、大自然具有价值和权力、人类对于生态环境的健康发展负有责任等。生态伦理学对生态旅游规划的指导作用主要体现在：是生态旅游环境教育功能的重要内容；为生物多样性保护提供理论依据；提供制定保护规划措施的思路；有利于实现环境容量的有效控制；倡导文明的旅游观、消费观。

此外，还有"岛屿理论""环境容量"和"游憩地等级理论"等，也是指导生态旅游规划的理论。美国、加拿大的学者认为"岛屿理论""环境容量"和"游憩地等级理论"符合生态旅游的要求，将其运用到自然保护区旅游开发规划、管理中，会有助于解决人为活动与自然保护之间的矛盾冲突。

5）生态旅游规划与开发目标、原则

生态旅游规划是旅游规划的一个分支，是旅游规划发展到人本导向阶段的必然产物。生态旅游规划是在一定范围和时期内对生态旅游发展的一种谋划，具体说是涉及旅游者的旅游活动与其环境间相互关系的规划，根据旅游规划理论，应用生态学的原理和方法，以可持续发展为指导，将旅游者的旅游活动与环境特征有机地结合起来，进行旅游活动在空间上的合理布局，以寻求生态旅游业对环境保护和人类福利的最优贡献，保持生态旅游业永续、健康地发展与经营。

世界上第一个明确的生态旅游规划项目是由世界自然基金会组织进行的。1987 年，世

界自然基金会在对拉丁美洲和加勒比海地区的五个国家进行系统调研以后,1990 年出版了《生态旅游:潜力和陷阱》研究报告,该书对这些国家的生态旅游规划和管理提出建议,也为全世界生态旅游的开展提出指导。

凡纳尔(Fennell)2002 年的《生态旅游项目规划》和 2003 年的《生态旅游政策和规划》是有关生态旅游规划的原理、方法、规划内容、实施过程和检测评价方面最为全面和深入的著作。

生态旅游的规划设计方法,主要是参照世界上最大的自然旅游管理组织——美国国家公园管理局(NPS)出版的《设施和项目设计的综合指导手册》所提出的包括自然和文化资源、景区设计、建筑设计、能源管理、水供应、废水处理和设备维护等在内的可持续设计方法。

(1)生态旅游规划与开发的目标

①保护自然环境、资源,保存现有资源的整体生态价值、基本特征以及对人类活动干扰进行自我恢复的能力。

②保护人文环境资源,维护并提高历史和文化资源。

③发展生态旅游产业。

(2)生态旅游规划与开发的原则

①保护与可持续发展原则。生态旅游目的地自然特色突出,生态环境相对脆弱,必须坚持保护为主,开发为辅的原则,强调把开发与保护融合成一种持续的、永久的合作关系。保护旅游地的自然环境,保护生物物种的多样性,包括保护种群、群落、生境的多样化,以及生态系统的多样性。

②承载力控制原则。生态旅游资源及环境是旅游业持续发展的物质基础,而它们对加诸其上的旅游开发和利用都有一个生态承载的范围,超出这一范围,生态旅游资源及环境就会受到破坏。因此,在规划开发过程中,要遵循生态学规律,把旅游活动强度和游客进入数量控制在资源及环境的生态承载力范围内,以防过度开发旅游设施和游客对环境的过度使用,保持生态系统的稳定性。

③社区参与原则。国外非常强调社区参与的重要性。一些学者认为社区参与是生态旅游成功开发的一个重要因素。当地居民对生态旅游地非常了解,从经济、心理、社会、政治等多方面参与生态旅游开发,分享生态旅游开发所带来的各种利益,有助于生态旅游的成功开发。在规划设计时要采取多种形式、普遍征求利益相关者的意见,全面了解情况,吸收他们的合理建议和意见,以求最好的规划效果。

④生态教育原则。生态旅游强调实现对游客的环境教育功能,在生态旅游过程中进行生态科学知识普及和环境保护教育(如绿色饭店、游客中心、户外解说系统等)、旅游业经营(如宣传策划、导游等)并贯穿始末。主要是指在生态旅游活动和旅游业经营,因此,规划时应从旅游设施的规划建设、旅游项目和产品开发(如观鸟项目、徒步旅行)等各方面将环境教育原则和内容融入其中,在获得生态知识的同时,使旅游者产生生态旅游良知,接受生态旅游伦理教育,实现生态旅游规划与开发的终极目标。

⑤"三大效益"和谐统一的原则。

6）生态旅游规划与开发的内容与方法

（1）自然、社会、生态现状的调查与生态适宜性分析

自然环境调查的内容包括地形、地貌、水文、气候、植被、野生动物、土地利用现状等方面。人文调查的内容包括当地的历史、文化、社会、经济等人文地理特征。社会经济要素的调查分析是指确定旅游景区所在区域的经济水平、交通状况以及最邻近中心城市、经济带、经济区的经济发展水平以及辐射距离。这对旅游景区的发展规模有关键的决定作用。生态适宜性分析是应用生态学、经济学、地理学以及其他相关学科的原理和方法，确定景观类型对某一用途的适宜性和限制性，划分生态规划区资源环境的旅游适宜性等级。这是生态旅游规划的核心依据。

（2）旅游地性质的确定

一个地方旅游资源的基本构成决定了旅游地的性质。在生态旅游规划时，首先根据生态旅游地自然生物多样性的程度、生态适宜性的等级构成，考察可能适合开展哪些旅游活动，是否具备发展生态旅游的条件。如果具备，就明确了旅游地的性质，确定了旅游地生态旅游主题与功能、形象。

（3）科学划分功能区

功能分区是生态旅游规划的一个经典内容。根据旅游区的生态适应性等级和生态旅游开发的目标，确定分区的标准，利用河流、山体等自然界线，或公路、人工藩篱等人工界限将生态旅游区进行分区，将其分成重点资源保护区、荒野低利用区、分散游憩区、密集游憩区和旅游服务社区、其他功能区等。

（4）旅游环境容量的测算

（5）生态旅游产品规划

目前，生态旅游产品主要有以下 8 个系列。

①自然生态观光旅游产品。以观赏、体验、感悟自然生态为主题的生态观光旅游产品，如以山地、森林、海滨、水体湿地、温泉、洞穴、观赏性动植物、地质奇观、特殊自然现象等为资源基础的生态观光旅游产品。

②原生态文化旅游产品。流传于民间、历史悠久、原汁原味的乡土文化，节庆民俗等。

③产业生态旅游产品。依托地区农业、工业等特色生态产业，开发生态产业观光、产业体验、生态产品购物、生态产业知识咨询与教育等产品，如无公害果园、茶园、林草地、农业科技示范基地等。

④生态休闲养生旅游产品。生态休闲养生是生态旅游市场中代表主流方向的一类产品，如长寿养生类、山林养生类、日光养生类、花卉养生类等产品。

⑤生态度假旅游产品。度假旅游本身是一种复合型产品，其功能涉及观赏、休闲、娱乐、康体、度假等几个方面。在追求良好生态环境的同时，开发山地森林度假、海滨度假、湖滨度假、温泉度假、乡村田园度假等类型的生态度假旅游产品。

⑥生态科普旅游产品。在具有代表性、典型性的生态环境与资源地区，设计开发内涵不同、各具特色的多种生态科普旅游产品和相关旅游线路。

⑦生态节庆旅游产品。利用自然环境要素的季节变化规律和社会节庆日及假日,开发梨花节、桃花节、蔬菜节、采摘节、农耕节、垂钓节、登山节、生态文化节等各种生态节庆旅游产品。

⑧特种生态旅游产品。具有参与性、探险性、刺激性和竞技性的个人体验目的而进行的旅游活动及其产品,主要有探险、野营、科学考察、特种体育等。

(6)环境与生态保护规划

环境与生态保护规划包括旅游发展的环境影响评价、环境保护规划、环境卫生设施规划、绿化与生态保育规划。绿化与生态保育规划宜将绿地系统规划、野生动植物保护、水土保护构成一个整体。利用生态材料、本土化植物、低耗能技术、绿色植物环境、环保材料与技术等等,把生态造景与生态游乐结合起来,用绿色植物进行造景,用绿色植物制造游乐项目,用绿色环境打造游憩模式。

(7)生态旅游教育

生态旅游教育对生态旅游者和生态旅游从业者都是必不可少的。生态旅游从业者上岗前必须经过职业培训,其内容包括旅游政策、市场动态、公园和保护区经营和操作程序、自然史料、民俗民风、神话故事、环境教育、伦理教育、外语培训、其他技术培训等。对生态旅游者的教育应融入生态旅游产品与活动的设计与体验当中。

3.3.4　城市旅游规划与开发

城市是人类发展过程中所形成的一种聚落形式。随着经济的发展,人口数量的增加,世界上的城市数量越来越多。一方面,经济发达国家和地区世界著名的城市规模不断扩大;另一方面,在发展中国家和地区,新兴的工业化城市不断涌现。历史悠久、古迹众多、经济发达的世界著名都市,如法国的巴黎、瑞士的布鲁塞尔、西班牙的巴塞罗那、意大利的罗马、美国的洛杉矶、中国的上海与香港等,由于丰富的旅游资源与便利的旅游服务,均已成为世界旅游胜地,吸引大量的旅游者。

1)城市旅游规划与都市旅游规划

一般容易把都市旅游规划与城市旅游规划混为一谈,其实二者还是存在一定的差别。在辞典和辞海中,都市的解释有多种:①大都市,如"都大邑",也指首都。②上古时期的行政区划名。都市:大都市,我国古代亦有之。《汉书·食货志》:"商贾大都积贮信息,小者坐列贩卖,操其奇赢,日游都市"。

现代大都市,不管是国际化大都市,还是一般都市,都是区域的集散和辐射中心,都具备下列条件:

①具有强大的经济基础,在市场上有凝聚力、扩散力和影响力。

②城市基础设施完善,具有枢纽功能、服务功能、金融功能和信息功能。

③产业结构合理,第三产业尤其发达,其中旅游业活跃,发挥关联带动作用。

④人均总产值和人均消费水平高,科技成果转化快,教育发达,人才资源雄厚,劳动者素质高。

⑤高水平的社会管理和高质量的城市生态系统。

在我国,"城"最早是指周围有围墙,用以防卫的军事据点;"市"则指商品交易市场,是商业和手工业的中心。随着社会的发展,"城"里人口渐多,也出现了商品生产和交换,"市"便在"城"内或"城"郊出现,"城"与"市"逐渐结合为一个统一的聚合体——城市。因此,城市是指与农村地域相对应的人口比较稠密,生产活动比较集中的聚落区域。

由此可见,现代城市的概念涵盖更为宽泛,既包括大都市,也包括工业化、商业化的大城市、各种类型的小城市,如历史文化小城等。都市虽属城市的范畴,但其构成条件、要求比一般城市要高一些,都市具有城市所具有的各种功能,而且还具备一般城市所不具备的一些更为完善、先进、现代的功能。

因此,都市旅游规划与城市旅游规划之间也就存在着一定的差异,表现在:

第一,规划的目标不同。都市旅游基础优越,旅游规划是一种优化整合规划,向深度、集群方向发展;而一般的城市旅游规划,包括旅游开发、旅游基础建设等旅游发展基础性建设在内,是一种比较初级的规划。

第二,旅游规划的特点不同。都市旅游多以都市休闲娱乐、商务旅游、会议会展、文化旅游等为主,旅游规划呈现出的强烈的时代特征和综合性,引领旅游发展的新潮流;而一般城市旅游还集中在观光、度假、运动等单项旅游,旅游规划强调个性特色。

第三,理论基础不同。国际化大都市的旅游规划需要依赖多学科的理论支撑,而一般的城镇旅游规划要以某一项或几项资源的专业理论为指导,如法国位于比利牛斯山区的一个小城市——卢尔德,是天主教的圣地,也是在宗教文化理论与心理学理论为指导下规划开发起来的宗教旅游胜地。

2)城市旅游规划与开发的主要内容

城市旅游是一项涉及多个行业的经济活动,城市旅游规划与开发需考虑自然、社会、经济等种种因素,非常复杂。城市旅游规划与开发的主要内容如下。

(1)城市旅游发展战略规划

确定城市的总体发展方向、目标、步骤、模式等。

(2)城市旅游空间结构规划

城市旅游空间结构包括三个层次,即旅游游憩系统,服务设施系统,旅游环境系统。旅游游憩系统是核心,是在城市自然格局的基础上,经历史因素与现代因素共同作用所形成。如天津一带三区九个旅游组团的城市旅游空间结构(参见第 4 章开篇案例)。

(3)城市旅游形象规划

旅游目的地的形象是指旅游者对某一地的总体认识和评价,是"对区域内外精神价值进行提升的无形价值"。城市旅游形象是城市整体形象系统组成部分,是城市形象最鲜活的表现。城市旅游形象规划应围绕总体形象展开,与总体形象相统一。形象的设计使产品更加易于识别,差异性原则是指在旅游的形象设计中突出地方特色,与其他同类产品相区别。

(4)城市旅游设施规划与开发

主要包括基础设施的规划,如供水、供电、污水垃圾处理、排水系统以及通信管网等;住宿设施的规划,如宾馆、汽车旅馆、旅社、膳宿公寓、野营地以及旅行车营地;旅游和服务设施的规划,如旅行社、旅游信息服务、旅游从业人员教育培训计划、餐馆、旅游纪念品商店、银行、医疗保健、公共安全、邮政服务等。

(5)城市旅游线路的规划

城市旅游线路包括进出旅游城市及旅游城市内的交通,旅游线路是联系各个旅游资源的要道。

(6)旅游活动的规划

城市旅游吸引物包括能吸引游客的一切自然、文化资源和与旅游相关的活动。

(7)城市旅游开发区的规划

城市旅游开发区指综合性的旅游度假区、城市旅游和旅游吸引物,它们均需要做土地利用规划。

(8)城市旅游环境规划与开发

包括城市生态环境规划与开发,人文社会环境的规划。

另外,还包括市场营销计划和促销方案、与城市旅游业相关的立法和法规、公营和私营旅游业组织机构、吸引私人投资旅游业的鼓励措施、提高公众对旅游业的认识的计划以及环境和社会经济计划等。

3)城市旅游发展战略定位

制定旅游发展战略是城市旅游规划的重要内容之一。城市旅游为城市发展服务,城市旅游发展战略定位既要立足于整个城市的发展战略,又要服务于现实或潜在的市场需求。只有科学的、合理的旅游发展战略,才能促进城市旅游的发展,才能树立鲜明的城市旅游形象,才能赢得市场。

每一座城市都经历了不同寻常的发展历程,遗留下大量辉煌的历史文化,也造就了城市独有的内在特质与外在形态。在这样一个既定的特质基础上,现代人按照自己的意愿与需求发展着城市、改造着城市,使原有的城市特质、表现日趋衰退,形成了许多千城一面的现代城市。而城市旅游追求的是新奇旅游体验,欣赏与众不同的城市景致。所以,城市旅游发展战略定位要在符合现代化城市发展的过程中,寻找城市应有的特质,突出并塑造城市完美的、与众不同的个性。

一般而言,城市旅游发展战略要分析城市的历史、城市的未来、城市的特色及市场需求。特定的地域,特定的历史造就特定的城市;特殊的条件,特殊的发展道路造就了特殊的城市。分析市场,从中理顺旅游需求,掌握旅游者的需求偏好和消费规律,然后把两者有机地结合起来,从中提炼出适合城市旅游与市场需求的发展战略。

城市旅游发展战略定位的方法有:

(1)定位于城市文化

城市作为文化的一个巨大载体,每一个城市都有独特的文化。选择那些文明的、富有历史与时代信息的、开拓性的城市文化作为城市旅游发展方向,如山西平遥。

（2）定位于特色旅游资源

不同旅游资源的吸引力千差万别。对城市而言，只有那些具有绝对吸引力的独特旅游资源、拳头型旅游产品才可能成为拉动城市旅游的引爆点，使游客有动力来到城市旅游，如桂林的山水、坎昆的滨海等。

（3）定位于城市未来经济发展

城市经济彰显于城市的方方面面。例如，伦敦最新的城市定位为生活、工作、享受、连通和设计之都。

4) 环城游憩带规划

（1）环城游憩带

随着城市化进程的加快，城市旅游的空间范围不断拓展，城市外围郊区、城市与城市的交错地带、区域性旅游圈的合围逐渐成为城市旅游开发的热点区域。同时，随着闲暇时间的增多，周末短时、短途游憩正成为城市居民所青睐的休闲方式，选择环城游憩已成为城市游憩周末休闲度假的首选。

1999 年，吴必虎提出环城游憩带（ReBAM）理论。该理论提出，所谓"环城游憩带"（Recreational Belt Around Metropolis）实际上是一种特殊的城市郊区，尤其是活动空间：这种游憩活动空间与中心城市交通联系便捷，主要为城市居民提供服务，具备局部情况下也少量见诸城市建成区；既包括各种形态的游憩性土地利用，也包括这些土地之上建设的各种游憩设施和组织的多种游憩活动，具有观光、休闲、度假、娱乐、康体、运动、教育等不同的功能；空间上呈现出处于乡镇景观之中、环城市外围较密集分布的结构。

环城游憩带现象最早在特大城市周边地区发现，因而最初的环城游憩带一词英文缩写为 ReBAM，其中 M 代表 Metropolis，也即大都市区。随着中国国民经济水平与城市化水平的提高、国内旅游的迅猛发展，城市居民近距离休闲度假需求迅速上升，占全国城市总量 80%以上的各大、中、小城市的居民在城市周边的游憩与旅游活动得到了大量开展。基于此，2007 年党宁等将 ReBAM 修订为 ReBAC 的概念[①]。ReBAC（Recreational Belt Around Cites）强调了 City（城市）的普遍含义，不再仅仅强调特大城市。与 ReBAM 相比，ReBAC 覆盖所有规模的城市，并着眼于城市居民的休闲游憩功能，不再单纯考虑观光旅游一种出游方式，是真正意义上的游憩带（表 3.2）。

表 3.2　ReBAC 与 ReBAM 的比较

特征	ReBAC	ReBAM
研究对象	所有城市（城市非农业人口 20 万以上）	城市非农业人口 100 万以上的超大、特大城市
客源市场	城市本地居民为主。亦可吸引游客	城市本地居民、部分外地游客

---

① 吴必虎，俞曦. 旅游规划原理［M］. 北京：中国旅游出版社，2010.

续表

特征	ReBAC	ReBAM
产品类型	基本上一切的旅游或者游憩活动;以休闲、度假为主	"一日游"或者"一夜游";以观光为主
目的地	建成区外的城市周边地区,市域内外均可,有可能是邻近的其他城市	主要是指城市内部及城市郊区
空间分布形态	形态多样,如环状、带状、扇状、散点状、发散状等,不一定连续,有分层现象	环带状,圈层分布

(2)环城游憩带规划

环城游憩带规划包括开发环城游憩带、优化环城游憩带两方面。开发环城游憩带是环城带中旅游项目的选择与建设。环城游憩带开发有其一般规律,即游憩开发水平与城市经济的发展水平有密切关系。根据城市经济文化发展水平以及环境、交通、地价、结构、政策、产业等因素,选择适合的游憩带开发项目。一般在环城游憩带可以开发这样一些项目,如大型公园、旅游度假区、主题公园、郊野公园、高尔夫球场、农业旅游区、大型体育公园或体育产业园、文物古迹、自然保护区等。其中,农业旅游是一种"游农合一"的产业,利用城郊游憩带内的土地发展种植业、林业、牧业、渔业、副业和生态农业的观光、体验,不仅解决农业生产,还解决了城市果菜供应、旅游环境、景观建设、农村劳动力闲置等多种问题。

(3)优化环城游憩带结构

①优化环城游憩带生活结构。生活结构包括生活时间结构和生活空间结构。在全面调查市民的生活现状和生活需求基础上,制订合理的游憩计划;在城市总体规划、分区规划、居住区规划中科学地布局市民的户外生活空间,创造一个宜人的生活环境系统和生活空间体系。

②优化环城游憩带产业结构。游憩带中的工业区、商业区、农业区、高科技工业园区、经贸区等功能区具有的游憩价值,都可以通过产业融合进行游憩开发。在有文化价值的建筑或景观的外围空间或周边地域,在设计上都应考虑游憩需要。这样才能提高这些区域的魅力,吸引人们从事各种活动,保持这些空间的活力。

③优化环城游憩带地域结构。环城游憩带地域结构指游憩地或游憩项目的集聚与分散。一般要处理好以下几个关系:

首先,竞争与互补组合。具有竞争性的游憩地或游憩项目应分散布局;具有互补性的游憩地或项目可以集聚开发。

其次,单一与多样分布。多样化的游憩活动、游憩项目与游憩空间较之单一化的游憩行为,更有利于发挥城市游憩系统的结构效应。

再次,环城游憩带中心与辐射区域。环城游憩带中的历史名园、风景名胜区等可以产生一定的极化效应的资源,以此作为中心,带动周围辐射区域游憩地的开发。

最后,倾斜与均衡。从环城游憩带中游憩点相对于整个城市地区的空间层次来说,各类游憩地集中分布称为倾斜布局,均衡分布称为均衡布局。根据市场经济、资源禀赋与政府调控等三个方面因素的最大利益指向而定,选择均衡布局或倾斜于某一城区方位布局。

3.3.5　会展旅游规划与开发

会展业,包括会议、展览业和奖励旅游业,是世界上一个巨大的产业,根据国际展览业权威人士估算,国际展览业的产值约占全世界各国 GDP 总和的1%。如果加上相关行业从展览中的收益,展览业对全球经济的贡献率可达到8%。国际会议同样是一个巨大的市场,根据国际会议协会统计,每年国际会议的产值约为 2800 亿美元。在中国香港、德国等会展业发达的国家和地区,会展业对经济的带动作用达到1∶9的水平。会展和旅游是综合性十分强的产业部门,二者都涉及食、宿、行、游、娱、购等方面,涉及的行业有较大的重复性,具有很强的良性互动的关联性。各国旅游部门非常重视会展旅游的发展。部分国家或地区旅游管理部门还专门成立了会展旅游管理部门,全面开展会展旅游方面的工作。

1) 会展旅游概述

(1)会展旅游的定义

关于会展旅游,发达国家定义为 MICE(meetings,incentives,conventions,exhibitions),是指奖励旅游及节日庆典和体育赛事为主题的节事(Events)。具体地说,会展旅游是指通过举办各种类型的展览会、博览会、交易会、招商会以及文体赛事等,吸引大量游客前来洽谈贸易,观光旅游,进行技术合作、信息沟通、人员互访和文化体育交流,以此带动交通、旅游、商业、餐饮等多项相关产业发展的一种旅游活动。

会展旅游可以从三个方面来阐述:从旅游需求来看,会展旅游是指特定群体到特定地方去参与各类会议、展览活动,并附带有相关的参观、游览及考察内容的一种旅游活动形式;从旅游供给来看,会展旅游是特定机构或企业以组织参与各类会议、展览等相关活动为目的而推出的一种专项旅游产品。从产业的角度,会展旅游可以认为是旅游业的一个分支,就是通过举办会议、博览、展览、文化体育、科技交流等各类活动而开发的一种新型旅游产品。

会展旅游有两种分类方法,一是将会展旅游分为四类,即会议旅游、展会旅游、节庆旅游、文体旅游。会议旅游包括政府会议、协会会议、公司会议等;展会旅游包括交易会、展览会、博览会。二是将会展旅游分为会议旅游和展览旅游两大类。

(2)会展旅游的特点

①组团规模大。会展本身具有行业性、产业性以及举办规模大等的特点,具有明显的集聚效应,既能聚集人气,又能突出宣传效果。这势必将吸引众多的政府,民间组织的会展团、参观团、旅行社组织的观光团队。如 2010 年上海世博会(Expo)参观人数超过 7300 万。

②消费档次高。由于会展的参加人员是具有强劲消费能力的商务客人和高文化素质客人,其消费档次、规模比普通旅游者要高得多。据香港旅协的统计数字,香港每年的会展人均消费额 24826 港元,为度假消费的 3 倍。2000 年,香港举办了各类会议 240 个、展览 60 多次,不包括参展费用,参加会展的人员总花费 35 亿港元,人均花费为 1.13 万港元。会展旅游的住宿费用最高,是休闲度假的 2 倍。据统计,人均消费是一般游客的 3～5 倍。国际大会及会议协会(ICCA)统计,每年全世界举办的参加国超过 4 个、参会外宾人数超过 50 人的

各种国际会议有 40 万个以上,会议总开销超过 2800 亿美元。我国国家旅游局公布的海外旅游者抽样调查报告显示,在各种旅游消费中,会议旅游的人均消费最高,达 156.64 美元。

③停留时间长。会展旅游包括参加会展活动的时间和在当地观光游览的时间,停留时间较长。同样是香港旅协的统计,参加会议展览的商务客人滞留的天数比一般游客平均多 2 天。在新加坡,一般游客只逗留 3.7 天,消费 710 新元,而会议客人则逗留 7.7 天,消费达 1700 新元,因此,这对旅游业的发展和酒店入住率的提高有很大的帮助。

④产业关联性强。会展业与旅游业都有很强的产业关联性,这决定了会展旅游的产业关联性更大。据香港 1999 年会展旅游关联情况表明,1999 年香港的会展旅游总收入达 78 亿元,其中会展业自身的收入为 15 亿港元,仅占总收入的 19.2%,而相关的酒店餐饮、购物等产业的收益占总收入的 80% 以上。可见,会展旅游是一个产业关联性非常强的行业,它与城市的商业、交通、通信、运输、餐饮有着千丝万缕的联系,需要这些行业共同提供完善的服务,满足参展商的多样化需要。因此,会展旅游的顺利发展,需要依托其他多种相关产业的发展为背景。

⑤受季节影响小。一般旅游,由于旅游地区的自然条件和旅游者的闲暇时间分布不均衡,具有明显的季节性。例如,每年的春秋两季,尤其是五一、十一期间,是各大城市的旅游旺季。而会展旅游,相对于观光度假活动,受气候和季节的影响要小,因此弥补了旅游业季节的不均衡性,增加了旅游淡季的营业收入,进而促进旅馆业等旅游服务行业的稳健发展。

【扩展阅读 3.1】

国际会展业近几年来呈现出平稳发展的趋势。1991—2002 年中,全球国际会展总量保持大致不变。2002 年,全球会展业的直接经济效益达到了 2800 亿美元,成为了一个在全球经济中占有相当比重的新兴产业。发达国家凭借其在科技、交通、通信、服务业水平方面的优势,在世界会展经济发展过程中处于主导地位,占有绝对优势。

从经济总量和经济规模的角度来考察,世界各国的会展业发展很不均衡,欧美是国际会展业最发达的地区。经过 100 多年的积累和发展,欧洲会展业历史最为悠久、整体实力最强,具有规模最大、国际化程度高、专业化强、重复率低、交易功能强等特点。整个欧洲占据了全世界会展市场的半壁江山。2000 年,欧洲的市场份额是 59%。在这个地区中,德国、意大利、法国、英国都是世界级的会展业大国,每年举办的展览会近万个。

北美的美国和加拿大是世界会展业的后起之秀。2000 年,在美国和加拿大举办的 13185 个展览的展览面积达 5 亿多平方英尺,获得了 104 亿美元的收入,吸引了 4440 万个具有决策能力的买主。

整个拉美的会展业市场总量约为 20 亿美元。其中,巴西位列第一,每年办展约 500 个,经济收入 8 亿美元。阿根廷紧随其后,每年约举办 300 个展览会,产值 4 亿美元。排在第三位的是墨西哥,举办的展览会近 300 个,营业额 2.5 亿美元。除了这三个国家外,其他拉美国家会展的规模很小,很多国家尚处于起步阶段。

非洲大陆的会展业发展情况基本上与拉美相似,主要集中于经济较发达的南非和埃及。南非凭借其雄厚的经济实力及对周边国家的辐射能力,其会展业在整个南部非洲地区处于遥遥领先的地位。

亚洲会展业的规模和水平应该说比拉美和非洲要高,尤其是会展业的规模仅次于欧美。东亚的中国、东南亚的新加坡,凭借其广阔的市场、巨大的经济发展潜力、发达的基础设施、较高的服务业发展水平、较高的国际开放度以及较为有利的地理区位优势,成为该地区的展览大国。新加坡在 2000 年被总部设在比利时的国际大会及会议协会(ICCA)评为世界第五大会展城市,并连续 17 年成为亚洲首选举办会展的城市。香港是亚太地区重要的会展中心之一,被誉为"国际会展之都"。2002 年,英国权威杂志《会议及奖励旅游》颁发"2002 年会议及奖励旅游业大奖",香港会议展览中心连续九年被读者推选为"全球最佳会议中心"。

大洋洲会展经济发展水平仅次于欧美,但规模则小于亚洲。

课后社会实践作业

阅读【扩展阅读 3.1】,写一篇 300 字以内的短文,表述对以下问题的看法:如何认识会展业在当今社会发展中的地位;当今世界会展业呈现哪些特点;你对我国会展业的前景展望。

2)会展旅游规划与开发

(1)会展旅游规划与开发条件分析

①优越的地理位置。发展会议展览旅游必须要有优越的地理位置。欧洲承办了国内、国际会议次数的绝大多数。英国人均国内生产总值只有 1.65 万美元,承办国际会议次数却长期位居世界第三,而加拿大人均国内生产总值在 2 万美元,却从未进入会议展览旅游的前十名。优越的地理位置使占有亚洲贸易主要通道上的新加坡和中国香港地区成为亚洲会议展览旅游的主要目的地。

②良好的城市形象和较强的城市吸引力。发展会展旅游的城市必须要有良好的城市形象。无论是国际大型会议、地方协会年会或是企业产品推介展示等都会将目的地锁定大都市,或者较有知名度的中小城市。因此"知名度""开放度"成为吸引众多"眼球"的无形招牌,城市形象则是"知名度""开放度""美誉度""提及率"等数字信息等所依附的载体。城市丰富的旅游资源和良好的城市形象为其发展会展旅游营造了吸引力基础。如纽约的繁华、巴黎的浪漫、伦敦的传统、罗马的艺术气质、瑞士的雪域风光、上海的怀旧、香港的自由等具体地诠释了城市较强的吸引力。

③发达的城市经济。会展旅游发展与经济发展有着紧密的联系。纵观世界会展旅游发达的国家,如德国、法国、美国、瑞士等都是经济实力雄厚的国家。据世界银行提供的资料,上述国家城市的人均国内生产总值均在 1 万美元以上,其中瑞士 1991 年为 33 610 美元,为世界第一。尽管瑞士人口不过 680 万,面积仅 4 万平方千米,但 1992 年举办国际会议的次数排名世界第 9 位。会展旅游率先在我国的北京、上海、广州、深圳等经济较发达的城市崛起也充分表明会展旅游与城市经济呈强烈的正相关关系,经济的快速增长、经济总量的扩大必然会对会展产生强大的需求,促进会展旅游的快速发展。

④完善的城市功能。具备了良好形象、经济高度发达的城市,若要承办高等级的会展,还需对城市功能加以完善。只有提升城市公众休闲、城市娱乐、康体、文化、商贸、购物、交通、通信、邮电等城市功能,才能吸引会展旅游者和旅游投资者。如新加坡开展会展旅游的

成功经验中有一点就是,新加坡政府一直致力于城市基础设施建设,发展交通、净化环境等,以吸引投资者和会展旅游者。

⑤一流的会展设施与服务。会展旅游发展的核心要素就是会展设施。只有兴建现代化的大型会展设施,才能招徕规模大、级别高的会议及展览。与会者或参观者的社会地位、职业和自身素质往往使他们对会展的设施等级有较高的要求。所以会展申办地的软、硬件设施情况会直接影响到最终结果。比如,会展场馆是否满足要求,饭店宾馆条件是否舒适实用,签证手续是否简捷等。另外,当地居民的语言沟通能力、媒体的介入程度、高科技手段的运用范围等都会列入评选委员会的考虑因素之中。

(2)会展旅游的规划体系

会展旅游者。会展旅游者是会展旅游的主体,是以参加各种类型的会议和展览的举办活动为目的的会展代表及因会展活动而流动的外围受众。在展览会中主要来源于参展商、产品的消费者(客户)和观展人员;而大型会议的参加者绝大部分不是以私人身份参加活动,而是代表政府、团体或企业。

会展旅游组织者。会展旅游组织者是能够为会展旅游者提供外围服务的中介组织,按照其经营性质,有营利性组织者(会展旅游企业)和非营利性组织(政府机构和会展旅游行业协会)。

会展旅游地。即拥有现代化的会展场馆设施、具备一定的旅游吸引力、能够提供完善的会展旅游服务水平、经济发展比较成熟的城市。

(3)会展旅游地的规划与开发

会展旅游的规划与开发包括以下几方面的内容:

①会展旅游地的选择。不同的地区可开发不同特色的会展旅游。对一个较大的区域,可根据城市现有的优势条件,开发不同特色和水平的会展旅游。选择的依据是目的地的区位和交通、会展场所和饭店的设施与服务。对区域而言,应统筹规划,合理安排地区会展旅游的发展,避免重复建设。国际会展旅游地数量要少,一般集中布局在优势条件突出的大中城市或独具特色的中小城市。如国际会展旅游地一般都是主要的金融中心、跨国公司总部所在地、国际性机构的集中地、第三产业高度发展中心、主要制造中心、国际性的港口贸易、世界交通的重要枢纽等。

国内会展旅游地相对数量要多一些,可依据地区条件灵活布局,一般选择在自然、人文、经济或其他方面有特殊意义的中小城市。如有着与世隔绝封闭环境的瑞士达沃斯,是世界经济论坛的最佳举办地;我国海南省的小镇博鳌,是著名的万泉河入海口所在地,江、河、湖、海、温泉、沙滩、岛屿、丘陵等自然景观在这里得到完整体现,旖旎的风光和良好的黄金海岸让博鳌成了亚洲经济论坛举办地。

②会展旅游设施的规划与开发。规划各种档次、特色的会展旅游场馆,需要建设一批功能完善,现代化的展馆与会议中心。围绕会展旅游需要的服务和配套设施进行规划,如交通、通信、酒店、旅行社等与会展关系密切的部门。

③会展旅游产品规划与开发。会展旅游产品要求。第一,内容休闲化。会展旅游者都是各行各业的精英,独立性强,旅游追求是精神的放松和行动的自由自在。所以,会展旅游

规划要对景点、交通工具、饮食、游览时间进行有选择的科学组合,并留有一定的调整空间,达到在休闲中游览,在游览中休闲,实现真正的放松与愉悦。第二,消费理性化。会展旅游者的消费越来越成熟,对旅游投入时间、金钱与所获得的旅游价值比越来越关注,旅游消费越来越趋于理性化。第三,旅程便捷化。会展活动大都在 3~5 天,一般会展旅游者会把旅游行程安排在会后,选择就近或来回方便的地方旅游。会展旅游产品规划就要保证这一点,按需求合理地安排旅游线路。

会展旅游核心产品开发。首先是休闲娱乐。休闲娱乐是会展旅游产品中最关键的项目,开发时按照市场运作方式,合理组合、优化配置休闲娱乐资源,将其转化为产业优势,为会展旅游者服务。同时,又要营造休闲娱乐氛围和休闲娱乐文化、休闲娱乐理念。一个会展旅游目的地,需要形成一种既为本地居民所喜爱、又为外来的会展游客所向往的休闲娱乐方式,从而构建会展旅游目的地的旅游品牌形象,增强会展旅游吸引力和会展业竞争力。其次是美食。中国烹饪历史悠久,技艺精湛,具有多民族饮食文化融合的鲜明特点。会展旅游者来自五湖四海,其饮食文化存在差异。中国美味佳肴自然是他们的首要选择。最后是观光。在观光旅游方面,为会展旅游者规划与开发具有体验性、学习性、文化性和多元性的特点产品,如曲阜的中国旅行社推出的"孔子修学游"。

会展旅游组合产品规划与开发。围绕着会展主题与会展核心旅游产品,以多重价值追加后形成的一种整体性产品,来满足旅游者的各种需求。会展旅游组合产品,是旅游企业通过与会展企业的联合,共同打造包括会展活动的会展旅游产品,其中会展企业主要组织会展的核心活动,并与旅游企业共同安排会展及旅游的行程;旅游企业则负责会展活动以外的"食、住、行、游、购、娱"。组合时,需要充分了解与分析会展游客需求及其个性,设计一个或多个主题,将交通和住宿与娱乐休闲、美食或观光、其他特色活动有机融合进去,形成一种综合性的会展旅游主题产品。另外,某些会展活动(如世界博览会、汽车展览会、航空展览会)本身就是旅游吸引物,我们可以将其纳入到会展旅游的线路之中,甚至作为一种核心旅游产品进行组合。

④会展旅游管理。会展旅游企业从社会分工的角度来看,主要包括会展筹办企业(PCO)和目的地管理企业(DMC)。PCO 负责设计、组合会展旅游产品,而 DMC 主要负责来访旅游者的接待业务。非营利性组织中的政府机构主要从外部宏观调控进行间接管理,即确定行业目标、制定与实施行业政策、颁布与执行行业法规,行业协会从内部对行业进行微观管理,即执行政府制定的政策法规、制定行业标准、技术标准,对市场进行监督与协调等。

⑤会展旅游教育规划。会展对会展人才的需求高,特别是高端会展人才的缺乏更成为会展业发展的瓶颈。因此要加快会展专业人才的培养,尽快培养一支熟悉国际会展业惯例、精于会展业市场开拓、善于会展组织与管理的专业人才队伍。因此,有必要形成以高等院校教育培养为主体的,其他中介机构、咨询公司、行业协会并存的会展旅游教育体系。同时,加强与会展业发达国家间的交流与合作,定期举办会展经济、会展旅游研讨会。

3.3.6　主题公园

世界上第一个主题公园诞生于荷兰。1946 年,荷兰的马都罗丹夫妇将荷兰的 120 多个名胜古迹与现代建筑按 1 : 25 的比例缩建于海牙市郊，以纪念他们在"第二次世界大战"中死去的爱子。这是世界上第一个主题公园，被人们称为"小人国"。这一全新的形式成为现代主题公园真正意义上的鼻祖。1955 年，迪士尼乐园在美国诞生了。迪士尼乐园以其丰富的主题，运用现代科学技术，为游客营造出一个充满梦幻、奇特、惊险刺激的世界，使游客感受到无穷的乐趣。迪士尼乐园所获得的巨大成功，带来了良好的示范效应，使主题公园这一游乐形式在世界各地普及推广。如今，主题公园遍及世界各地。世界旅游组织认为，"主题公园仍然是现代旅游发展的主体内容之一和未来发展的重要趋势"。

中国主题公园发展虽然晚于西方，但是其发展速度快。1989 年 9 月建成开园的"锦绣中华"是中国主题公园发展的里程碑，标志着中国具有了真正意义上的主题公园。此后，在全国掀起了一股建设主题公园的热潮，促进了中国主题公园开发建设的快速发展，从而使这种新的旅游形态在中国旅游业中的内涵得到了拓展和深化。中国主题公园发展过程可以划分为两个阶段：主题公园起步时期（1978 年至 20 世纪 80 年代末），开始摸索探索发展主题公园；大发展时期（20 世纪 90 年代至今），经历了参与性的仿古、仿真景观，如"民俗文化村"，到高技术含量的含义深广、情调浪漫、充满想象的，兼具游乐、休闲、观赏等多种价值的梦幻景观，如杭州"未来世界"主题公园的大发展。

1) 主题公园的内涵

1955 年 7 月，迪士尼乐园在美国加利福尼亚州诞生了。迪士尼乐园作为一个具有特定游园线索、特殊游乐活动和特别游戏氛围的体验性舞台化世界，让人们逐渐注意到，"主题、情节、场景"是迪士尼乐园模式的新旅游形态不可或缺的三个基本要素，为了更直接和更方便地表述，人们采用了一个特定的专业术语"主题公园"（Theme Park）来标识这种新旅游形态。可以说，迪士尼乐园的诞生是主题公园概念产生的标志。

关于主题公园，目前尚无统一的概念。对主题公园的定义，Medlik 认为主题公园是通过一系列围绕一个或多个历史或其他主题的吸引物为主，为游客提供娱乐和消遣的地方，它包括餐饮与购物等服务，通常要收取门票。徐菊凤认为，主题公园是为旅游者的消遣、娱乐而设计的活动场所，具有多种吸引物，围绕一个或几个主题，包括餐饮、购物等服务设施，开展多种有吸引力的活动，实行商业性经营。保继刚作了如下描述："主题公园是具有特定的主题，由人创造而成的舞台化的休闲娱乐活动空间，是一种休闲娱乐产业。"董观志认为："旅游主题公园就是为了满足旅游者多样化休闲娱乐需求和选择而建造的一种具有创意性游园线索和策划性活动方式的现代旅游目的地形态。"魏小安、刘赵平和张树民三位学者将主题公园界定为："以特有的文化内容为主体，以现代科技和文化手段为表现，以市场创新为导向的现代人工景区。"

日本学者根本佑二认为，主题公园是以特定主题创造的非日常性空间为目的的，其所有设施建设与营运管理都围绕这一主题，它是具有强烈的排他性的娱乐空间。

美国玛瑞特公司把主题公园界定为有特定的主题或历史区域的家庭娱乐地，并有统一的服装、娱乐建筑、商品以及能激发幻想的氛围。

综上所述，我们认为，主题公园是为了满足人们休闲娱乐的需求，围绕着主题（或主体）

发展思路而建造的模拟环境形态,并使之成为休闲娱乐产业和旅游产业的重要组成部分。

2)主题公园的类型与产品特征

国内外学者从不同角度对主题公园进行了分类。世界旅游及旅行理事会(World Travel & Tourism Council,简称 WTTC)按年游客量、固定员工人数和初期投资等标准把主题公园分为具有国际吸引力、区域或国家吸引力、地方吸引力的主题公园三类。

日本主题公园划分为传统文化和民族文化、童话幻想、科学宇宙、动物观赏、异国地理环境和文化、文学文化遗产和影视文化等六类。另外,有一些学者将投资 8000 万~10000 万美元、占地约 0.181 平方千米的主题公园称为大型主题公园,将 1000 万~2 000 万美元的主题公园称为小型主题公园。

主题公园产品有以下特征:

①主题的多样性。除了游乐、观赏型的主题外,主题公园更多借助文化、科技等手段,表现出丰富多样的主题,从而革新了以机械游乐为主题的游乐园。

②游乐多元化。主题公园的活动是集文化、教育、科技与游乐为一体,呈现出多元化、巨型化、情节化和环境化的发展特点。主题公园的活动不仅仅是满足单纯的感官刺激娱乐,更多的是融入文化内涵,寓教于乐,在休闲娱乐活动方式下,追求与游客之间的"互动关系",满足旅游者的多种文化娱乐需求。

③精品化。利用现代文明成果和高新技术手段,展示自然和历史文化的魅力,求新、求奇、求知、求趣;在制作手段上运用先进的高科技手段制作大型项目,给游客以身临其境、艺术魅力的震撼力。

3)主题公园的规划与开发

(1)主题公园的选址

从宏观上看,中国主题公园空间分布格局在起步时期主要聚集于珠江三角洲。在主题公园大发展时期则主要集中在珠江三角洲、长江三角洲和环渤海地区等沿海地区,具体上形成了以深圳、上海、无锡和北京四大城市为中心的主题公园态势;在中西部地区,成都、武汉、长沙等城市近年来也陆续兴建了一定规模的主题公园。这种空间分布格局同中国地区经济的发展水平、国内游客的地域分布和消费现状基本一致。

从微观上看,不同类型和规模的主题公园位于城市的不同位置。投资规模大、占地面积大的主题公园,一般在大城市边缘区选址。因为城市边缘用地限制性较小,地价也相对便宜。而依附于所在城市客源的主题公园,一般则建在城市的中心地带。

主题公园的区位条件。从我国目前的交通状况看,主题公园的区位选择与主要客源市场的距离以半径在 150 千米内为宜,许多成功的主题公园都在此范围之内,交通发达,行程在 2 小时内为佳。深圳的三个主题公园集中在深圳的西线——深圳湾畔,交通便捷,能吸引大量的游客。苏州乐园距离上海 80 千米,在此范围内居住人口超过 300 万,是中国经济最发达地区之一,是交通最为便捷地区之一。因此,主题公园一般布局在大城市、特大城市的郊区或城郊接合部,一是如上文所述,大城市经济发达,客源丰富,且交通便利,辐射能力强;

二是因为主题公园占地面积大,郊区用地限制较小,地价相对便宜。

除此之外,主题公园位于交通发达地区,还有可能与周边的其他旅游项目形成互补的旅游产品体系,更能促进主题公园的发展。例如,奥兰多迪士尼世界与南面的西棕滩和迈阿密海滨连成一线,旅游者南下半天行程即可抵达。这样,迪士尼既可作为一个独立的旅游吸引物,又能与美国最美丽的黄金海岸组合成旅游产品。这样便捷而又自由的线路选择,对游客量的增加有极大的促进作用。

(2)主题公园主题的选取

主题是主题公园的灵魂,统领着主题公园环境氛围的营造和活动项目的编排,构筑了旅游者游园的线索,是形成主题公园商业感召力的核心支点,主题公园对旅游者的吸引力和震撼力很大一部分来自有创意的、高品位的主题思想。如美国迪士尼乐园的主题是享受快乐和追求知识。它把知识和乐趣融入以美和奇观为特征的博物馆、市集、博览会、游乐场、社区中心之中。在这里,父母子女可以享受游玩之乐;教师和学生可以了解到自然和人文的奇迹;年老者可怀旧,年轻者可憧憬未来。享受快乐和追求知识的主题表现丰富多彩,赢得了世界旅游者的青睐。因此,主题的选择是决定旅游主题公园经营管理成败的关键。

我国主题公园的主题按其类别划分,可分为:

①文化艺术类主题,包括民俗风情主题,如深圳民俗文化村、北京中华民族园;历史文化主题,如无锡三国城、杭州宋城、南京明文化村、西安大唐芙蓉园、开封清明上河园;微缩景观主题,如深圳锦绣中华、世界之窗等;童话故事主题,如香港史努比开心世界等。

②高科技类主题,如深圳未来时代、杭州未来世界、常州中华恐龙园、南京青少年科技中心等。

③自然科普类主题,如香港海洋公园、广州香江野生动物世界、南京海底世界、成都活水公园、天津极地海洋世界等。

④体育类主题,如北京中华体育旅游村、北京奥林匹克公园等。

⑤农业观光类主题,如深圳青青世界、深圳海上田园风光等。

⑥综合类主题,如香港迪士尼乐园、欢乐谷、苏州乐园、芜湖方特欢乐世界等。

主题公园主题选取的标准主要有:

①多功能主题。应具有娱乐休闲、教育认识、社会和文化功能,向着自然、动植物、科普、教育等方向扩展。

②多元化主题。"一个主题、多个次主题"或"一园多个主题"。主题公园中各个区域在主题内容上没有直接关系,依靠各个景区的气氛、环境来烘托全园的整体风格与主题的组合式主题,也可以是在全园明确的大主题之下,各个区域的主题从属于大主题,它们之间是整体与局部的关系的从属式主题。

③区域内唯一的主题。在主题公园的有效客源市场半径(200~500千米)之内,没有雷同的主题。

④地域文化特色的主题。主题公园实质上是一种文化创造,主题的文化内涵选择不但要深入,而且要有独特性,保持主题公园鲜明的特性,又能体现所在区域的文化。

⑤具有休闲功能的主题。注重休闲者的观赏性、知识性、娱乐性和参与性,休闲娱乐者

在观赏中体验,在休闲中学艺和受到教育。同时,还要注意休闲理念的延伸,把休闲与餐饮相结合;休闲娱乐与购物相结合,满足休闲娱乐者的全方位需求。

⑥创意主题,并预留创新的空间。避免与区域内其他主题公园的主题相重复,并有一定程度的超前意识。

（3）延长主题公园产品的生命周期

作为新型的旅游目的地形式,主题公园产品的发展路径遵循一般的旅游目的地生命周期曲线。每一阶段所具有的特点迥异。主题公园产品都具有一定的生命周期,不存在永恒的主题公园产品,因此主题公园经营者要不断地对主题公园产品进行创新,尽可能延长其生命周期或开发出新的产品。创新是主题公园发展的生命力。

①主题设施项目的创新。对拟建主题公园产品,除了考虑区位交通、主题性和文化性等因素外,在开始设计中就要利用最新技术来开发创新性产品,尤其是以计算机技术为操作平台的互动式休闲娱乐项目。例如,深圳欢乐谷首期开园的项目,均是以数个中国第一的高科技休闲游乐项目并辅以逼真完美的主题包装,吸引了国内外众多的游客。

②已建成开园的主题公园产品,应该以旅游产品的生命周期理论为指导,进一步深化主题,使主题理性延伸、合理创新。这种创新既可增设全新的休闲游乐项目,也可以是在原有产品基础上进行升级改造的换代型产品,还可以通过更新设计或者采用新的技术、工艺和材料对原有产品进行革新的改造型产品。例如,深圳欢乐谷2002年的二期工程和2003年的三期"欢乐水世界"工程等,均是采用最新的高科技数码技术由电脑控制管理的全新产品。

3.3.7　乡村旅游规划与开发

1）乡村旅游概述

（1）乡村旅游的发展

乡村旅游最早可以追溯到19世纪中期的欧洲,铁路等交通设施的发展,改善了乡村的通达性,使欧洲阿尔卑斯山区成为世界上早期的乡村旅游地区。目前,在德国、奥地利、英国、法国、西班牙等欧洲国家,乡村旅游已具有相当规模,走上了规范发展的道路。20世纪70年代后,乡村旅游在美国和加拿大也得到了蓬勃发展,显示出极强的生命力和越来越大的发展潜力。目前,乡村旅游在世界各地普遍发展起来,成为旅游活动中的热点旅游产品。在意大利、美国、澳大利亚、法国、德国、荷兰、日本等国的观光休闲农业、牧场和都市农业园,都由过去单一的观光型农业园,发展成集观光、休闲、度假、教育和体验于一体的观光农业园、农业区、农业带,形成了多元化、多功能和多层次的规模经营格局。1991年,美国国家（州）旅游局的调查表明,60%的州正致力于乡村旅游的发展,30个州具有目标具体的乡村旅游发展计划,70%以上的美国居民在乡村娱乐。1993年英国每天接待的乡村旅游者为90000人,估计84%的人口每年进行一次乡村旅游。根据世界旅游组织的统计,近年来,欧洲每年的旅游总收入为2180亿美元,其中乡村旅游收入占5%~10%。

乡村旅游在我国发展源于20世纪90年代末,国家"增加法定节假日以促进国内消费政策"的出台与实施,东部城市旅游向乡村转移。1998年后,乡村旅游实现了从观光旅游到度假旅游方式的升级。伴随着我国国内旅游业的蓬勃兴起和大众观光旅游产品的多元化发展进程,尤其是国家旅游局将 2006 年定为乡村旅游年的举措,极大地推动了乡村旅游业的兴起。目前,我国乡村旅游旅游景区(点)、"全国农业旅游示范点"遍布内地 31 个省(自治区、直辖市),覆盖了农业的各种业态。据测算,全国乡村旅游景区(点)每年接待游客超过 3 亿人次,旅游收入超过 400 亿元人民币。农业农村部、国家旅游局开展了全国休闲农业与乡村旅游示范县和全国休闲农业示范点创建活动,2011 年 1 月,公布了 31 个"全国休闲农业与乡村旅游示范县"和 100 个"全国休闲农业示范点",标志着我国乡村旅游发展进入新的阶段。中央一号文件连续 16 年聚焦"三农"问题。党的十九大报告指出,我国社会主要矛盾已经转化为人民日益增长的美好生活需要和不平衡不充分的发展之间的矛盾,并首次提出乡村振兴战略。乡村振兴战略是重大发展统筹抓手,是党的十九大与旅游关联第一战略。《促进乡村旅游发展提质升级行动方案(2017 年)》《中共中央 国务院关于实施乡村振兴战略的意见(2018 年)》《乡村振兴战略规划(2018-2022 年)》、文化和旅游部等 17 个部门印发的《关于促进乡村旅游可持续发展的指导意见》等相关文件作为指导思想,乡村旅游开发不仅成为乡村自身经济社会可持续发展的需要,还成为区域统筹发展中刻不容缓的战略任务之一,是实现和支撑全域旅游发展目标不可或缺的环节,能有效引导和指导乡村旅游业的有序、健康、稳步发展。

(2)乡村旅游的概念

按旅游发生的地域的人口密度可以把旅游分为城市旅游(urban tourism)、乡村旅游(rural tourism)与荒野旅游(wilderness tourism)。德诺依(Dernoi)指出:乡村旅游是发生在有与土地密切相关的经济活动(基本上是农业活动)的、存在永久居民的非城市地域的旅游活动。他还鲜明地指出:永久性居民的存在是乡村旅游的必要条件。

欧洲联盟(EU)和经济合作与发展组织(OECD)将乡村旅游定义为发生在乡村的旅游活动。其中"乡村性是乡村旅游整体推销的核心和独特卖点"。因而乡村旅游应该是发生于乡村地区,建立在乡村世界的特殊面貌,经营规模小,空间开阔和可持续发展的基础之上的旅游类型。

伯纳尔·德莱恩(Bernard Lane)曾对乡村旅游的概念作了较为全面的阐述,认为乡村旅游的概念远不仅是在乡村地区进行的旅游活动那么简单。相反,由于乡村旅游是一种复杂的、多侧面的旅游活动,不同的国家和地区乡村旅游的形式不同:有些城市和景区旅游并不仅限于城市地区,也扩展到乡村;而有些在乡村的旅游却并不是乡村的,如主题公园和休闲宾馆。伯纳尔·德莱恩界定纯粹形式的乡村旅游是:①位于乡村地区。②旅游活动是"乡村"的,即旅游活动建立在小规模经营企业之上,空间开阔,与自然紧密相连,具有文化传统和传统活动等乡村世界的特点。③规模是"乡村"的,即无论是建筑群还是居民点都是小规模的。④社会结构和文化具有传统特征,变化较为缓慢,旅游活动常与当地居民家庭相联系,乡村旅游在很大程度上受当地控制。⑤由于乡村自然、经济、历史环境和区位条件的复杂多样,因此乡村旅游具有不同的类型。

乡村旅游包括一系列组成要素,如乡村环境、乡村遗产、乡村生活、乡村活动等,其核心是乡村旅游社区(图 3.4)。

乡村旅游资源的特点,决定了乡村旅游是以体验农耕文化和乡土传统为特色的旅游。乡村旅游资源并不适合于在快速移动的过程中来进行观光,而是适合于在生活中去感受和体验,乡村的美是体验特色的美,只有住下来才能够真正感受到,并认同和接受的美。因此,乡村旅游的本质特性是乡土性,其核心是乡村文化的体验(图3.4)。

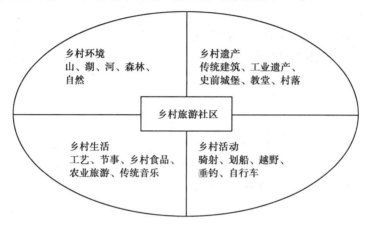

图 3.4　乡村旅游构成要素(据 Peter Mac Nulty,2004)

2) 乡村旅游规划的理论

随着乡村旅游的不断成熟,对乡村旅游的研究也不断深入。20 世纪 60 年代,国外便开始了对乡村旅游主题的研究,1970 年对乡村旅游农民的经济效益进行了分析,其间还出现了对乡村旅游带来的社会问题和心理影响的研究。对乡村旅游进行大规模深入研究是在 1980年以后,其研究焦点主要集中在乡村旅游概念研究、乡村旅游与乡村可持续发展的相互关系研究、社区居民对发展乡村旅游的态度研究、乡村旅游发展规划、乡村旅游管理与发展策略研究等方面。

我国乡村旅游研究主要集中在乡村旅游文化、乡村旅游产品市场需求和营销策略、乡村旅游的开发策略、乡村旅游规划等方面。乡村旅游规划研究主要集中在乡村旅游规划的方法;乡村旅游开发模式;乡村旅游开发规划的背景、有利和制约因素;乡村旅游发展与农业生态建设相匹配;经济发展与自然、文化的生态保护相协调;强调社会系统各组成部分的同步发展;乡村旅游产品规划与创新;乡村旅游开发模式;乡村旅游的战略发展方向等方面。

乡村旅游规划作为旅游规划的一种,是指根据某一乡村地区的旅游发展规律和具体市场特点而制定目标,以及为实现这一目标而进行的各项旅游要素的统筹部署和具体安排。从资源的角度而言,是以村落、郊野、田园等环境为依托,通过对乡村资源的分析、对比,形成一种具有特色的旅游发展方向。其理论主要有以下几种。

(1)旅游系统一体化发展理论

乡村旅游地是由众多因素彼此联系而形成的一个复杂的系统。组成乡村旅游系统的主要因素有,自然与社会背景条件、乡村旅游资源与环境、基础设施与旅游接待服务设施、交通设施与信息服务、旅游企业、宣传促销和信息服务、旅游协会和政府管理机构等。在乡村旅游规划的过程中,要运用系统分析与综合原理,进行分析评价,优化乡村旅游系统结构,调控乡村旅游系统的运行,使乡村旅游系统与所在地区大系统之间和谐一体化发展。一体化发展体现,乡村旅游规划体系要在乡村总体规划的框架之中,其发展目标要与乡村总体发展建设目标相一致。而乡村其他专项规划及相关部门要把旅游规划的内容纳入其中,并赋予其旅游功能,而且要根据乡村旅游的发展作适应性调整。

(2)产业融合理论

产业融合是指不同产业或同一产业内的不同行业相互渗透、相互交叉,最终融为一体、形成新的产业业态的动态发展过程。乡村旅游业就是第一产业与第三产业在一定程度上相互融合的产物,是农业和旅游业横向交叉所形成的一种新型业态。这种新型业态关联度较大,彼此间可以利用产业优势形成产业互补,达到资源的优化利用,实现价值增值。例如,葡萄园地是农业生产地,同时,葡萄园本身就具有旅游价值,可以利用现有的葡萄园资源开发乡村旅游观光产品和乡村旅游体验产品。这不仅实现了葡萄园本身作为农产品的价值,还实现了葡萄园的旅游价值,甚至获得了其他高附加值。因此,在乡村旅游的规划中要充分运用产业融合理论,真正地把它贯穿到乡村旅游规划的各个方面,使其产业融合的优势能充分发挥出来,如澳大利亚葡萄酒业旅游的发展、中国台湾地区观光休闲农业发展,都是农业与旅游业产业融合的成功案例。

3)乡村旅游规划内容

乡村旅游规划的内容体系是整个乡村旅游规划体系的核心组成部分,它是指在乡村旅游规划基础性分析的前提下,在法律法规、政府政策、技术、人才、财政的支持下,对乡村旅游规划区进行详细的旅游产业发展规划和旅游开发建设规划。乡村旅游规划的核心内容涵盖了乡村旅游产业发展规划、开发建设规划和支持保障体系建设等方面,主要包括9个方面的内容:

(1)乡村旅游总体现状分析

现状分析是指对乡村旅游规划区所处的行政区域的地理背景、自然条件、历史文脉、地方文化、经济发展、内外交通、居民生活及当地旅游产业发展状况的全面把握等多方面的综合考察。通过分析从宏观上了解当地发展乡村旅游的基础条件。重点分析当地的旅游产业发展状况,包括乡村住宿与接待服务设施状况、乡村旅游景点开发状况、地方旅游交通设施、乡村旅游商品开发现状等。

(2)乡村旅游资源普查及评价

乡村旅游资源普查是指对乡村地区具有开发潜力的旅游资源进行全面的考察、分类和总结,以及搜集与乡村旅游资源有关的各种书面、图片、视频等资料,以便对当地的乡村旅游资源有总体了解。在此基础上,对乡村旅游资源的特征、功能及开发潜力与品质进行综合分析,从而区分出乡村旅游资源的等级与优劣,找出资源的优势、问题与不足。

(3)乡村旅游发展SWOT分析

通过对旅游资源地内部的优势和劣势,以及外部环境的机遇和威胁的动态的综合分析(SWOT分析),来确定乡村旅游业的战略、措施和其他原则性问题。优势和劣势是针对乡村旅游地本身而言的,诸如区域经济条件、资源禀赋状况、地方政策环境、区位状况、产品特色等。通过分析优势,可以确定乡村旅游开发和地方旅游产业发展的正确方向。同时,还要深入分析、研究自身的劣势与不足,以便在今后的发展中予以克服和避免。而机遇和威胁是针对外部环境和竞争者而言的,如国家政策、社会环境、法律法规、旅游产业发展趋势、旅游产业政策调整、旅游需求的变化与市场竞争、生态环境建设等。通过分析,可以把握旅游产业发展新动向,尽早发现新的市场机会,以便在旅游市场中处于主动地位,规避市场风险,减少或避免资源浪费和生态破坏。

（4）乡村旅游总体发展思路分析

在 SWOT 分析的基础上,对当地发展乡村旅游业进行战略定位,并确定当地发展乡村旅游的主要方向、发展目标、发展战略,以便为当地乡村旅游开发规划提供总的指导。战略定位是确定乡村旅游业在本地经济发展和社会进步过程中的地位。发展方向定位是指明本地乡村旅游发展方向。发展目标定位是进一步明确乡村旅游发展的战略目标、经济目标、社会与生态目标。产业发展战略是围绕着乡村旅游发展目标,提出一系列的乡村旅游发展政策保障体系。

（5）乡村旅游分区开发规划

乡村旅游分区规划是根据规划区内不同的自然、地理、人文背景,以及乡村旅游资源的特色,将资源要素相近、组成结构类似、发展方向一致、需要采取措施类似的区域划分为一个主题性的旅游区,然后进行详细规划。一般包括以下内容:分区的地理范围、分区的基本概况、分区的发展定位、分区内重点开发项目的选择等。其中,分区的发展定位包含了主题定位、特色定位和功能定位等内容。

（6）乡村旅游产品开发规划

乡村旅游产品开发规划是整个乡村旅游规划内容体系的核心组成部分,它是指根据不同的乡村旅游资源特色及赋存状况,来详细设计不同类型、不同用途的乡村旅游产品,以便全方位地满足乡村旅游者各种层次、不同形式的旅游需求,丰富他们的旅游经历。可以根据资源特色和市场需求,开发成观光型、体验型、休闲度假型、运动娱乐型、节庆型、专门型等多种类型的乡村旅游产品。还要注意对乡村旅游产品的线路组合。注重以度假地为中心的周围地区的异质性产品的配套,如观光旅游产品、休闲产品、娱乐产品等,使旅游者能够以此为中心,展开对周围地区的观光、运动和娱乐消费。

（7）田园综合体规划

2017 年,《中共中央 国务院关于深入推进农业供给侧结构性改革 加快培育农业农村发展新动能的若干意见》提出要支持有条件的乡村建设以农民合作社为主要载体,让农民充分参与和受益,集循环农业、创意农业、农事体验于一体的田园综合体,通过农业综合开发、农村综合改革转移支付等渠道开展试点示范。随着旅游业的快速发展,旅游在带动贫困地区脱贫方面所起的作用日益显著。而田园综合体概念的提出,是对原有的乡村旅游概念的一次全面提升。

田园综合体是指以农民合作社为主要载体,紧密围绕农业增效、农民增收,让农民充分受益,集可持续农业、创新农业与体验型农业于一体的生态乡村发展模式。它不仅是一种新型乡村发展模式,也是一种新型集聚区,还是一种生态综合规划区、新型经济组织模式①。

田园综合体项目申报主体可以是政府,可以是企业,也可以是企业+政府一起打造;但是无论什么样的申报主体,田园综合体项目都要以农业产业为基础去做规划;也就是说,所申报做的田园综合体项目要以农业的种植、养殖、加工及流通等产业为基础;这是和特色小镇不一样的,特色小镇的建设不一定是要求农业产业为基础。

在项目遴选上要把握田园综合体的本质,可以从功能定位准确、基础条件较优、生态环境友好、政策措施有力、投融资机制明确、带动作用显著、运行管理顺畅等七个方面进行综合评价。

田园综合体构建主要包括农业、文旅和地产三要素。田园综合体主要包括生产体系、产业体系、经营体系、生态体系、服务体系、运营体系等六大支撑体系。田园综合体常见开发架构包括农业产业区,是生产性主要功能部分,为综合体发展和运行提供产业支撑和发展动力的核心区域。休闲聚集区是为满足客源各种需求的综合产品体系,使城乡居民能够享受休闲体验乐趣。文化景观区是吸引人流、提升土地价值的关键,是以田园景观、农业生产和优质农产品为基础的主题观光区域。生活居住区是城镇化主要功能部分,容纳产业融合所聚集农民、工人、旅行者等人口。综合服务区是承担城镇化支撑功能,为综合体各项功能和组织运行提供服务和保障的功能区域②。

(7)乡村旅游市场营销与旅游商品开发规划

根据自身的条件,如资源旅游吸引力、旅游地的可进入性、旅游区市场区位的优劣、开发的旅游产品类型、周边的市场竞争等,确定一个或几个细分市场作为自己的目标市场,从而策划市场营销方案。乡村地区蕴涵着丰富的物产资源,很多地方特产经过加工、包装后,就可以成为深受游客喜爱的旅游商品。乡村旅游商品的开发设计,就是依据旅游者的兴趣、爱好,开发设计不同类型、不同功能的旅游纪念品、旅游日用品、土特产品、特色食品等。

(8)乡村旅游形象规划设计

旅游形象是旅游者对某一旅游地的总体认识和基本评价,在现代旅游业发展中,旅游形象发挥着越来越重要的作用。乡村旅游区的形象设计包括总体形象设计和系列形象策划。总体形象是对旅游区最具吸引力的旅游因素的锤炼和浓缩,是对外市场宣传的中心口号;系列形象策划是对总体形象的诠释,是为了使旅游区更好地体现总体形象,而在旅游区内进行的细致性策划工作,一般包括了物质景观的策划和文化景观的策划。

(9)乡村旅游支持保障体系建设

旅游业作为一种综合性很强的产业,需要协调各方面的关系,需要各个部门的支持和帮助。只有建立起完善的支持保障体系,实现各部门的协调、配合,才能促进旅游业的良性发展。乡村旅游的发展也离不开各种支持保障体系的逐步完善。乡村旅游支持保障体系建设的内容包括,管理与指导机构建设、乡村旅游经营管理工作、乡村旅游标准化建设、政策支持、人力资源支持等。

① 刘惠娟.田园综合体+乡村旅游发展新模式[M].北京:中国农业科学技术出版社,2018.
② 小镇透视.这才是真正标准田园综合体[EB/OL].(2022-04-26)[2023-01-01].小镇透视微信公众号.

本章小结

　　旅游规划与开发应旅游业的需要而产生、发展起来。从欧洲的简单项目策划,到美洲的正式旅游规划的出现,再到大洋洲、亚洲、非洲旅游规划的兴起,经历了不同的发展阶段。从以旅游资源为导向的开发规划,发展到以市场为导向的规划开发,进一步到以产品、形象为导向的规划与开发。规划体系不断完善,规划方法从单一的定性描述的方法逐渐发展成为多种方法的集成。目前旅游规划与开发已发展到比较成熟的人文导向阶段,全域旅游、文化与旅游融合发展、城市旅游、生态旅游、会展旅游、主题公园、乡村旅游规划成为规划关注的热点。

复习思考题

　　1.试对比分析中外旅游规划发展阶段性的特点。

　　2.简述旅游规划导向的历史演变。

　　3.论述中国旅游规划未来的发展趋势。

　　4.针对本章提到的旅游规划的热点问题,尤其是生态旅游、全域旅游和乡村旅游,谈谈你的观点和认识。

　　5.如何看待田园综合体及其旅游开发效应?

　　6.如何理解乡村旅游的乡村性特征?

第4章 旅游规划的内容体系

本章提要

本章首先按照《旅游规划通则》的指导性意见,将旅游规划划分为旅游发展规划和旅游区规划,并分别介绍了各旅游规划编制的任务,阐述了旅游发展规划和旅游区总体规划的主要内容与方法。

学习目标(重点与难点)

1. 熟悉旅游规划的编制任务。
2. 正确理解各旅游规划编制的原则。
3. 重点掌握旅游发展规划编制的主要内容及方法。
4. 了解旅游区规划(旅游区总体规划、控制性详细规划和修建性详细规划)编制方法与内容。

框架结构

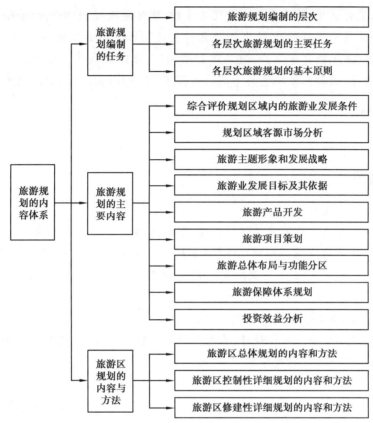

　　"天堂很远,喀纳斯很近",这是我在飞机上看到的一篇文章的标题,也是我们所能看到、想到的对喀纳斯最好的解读,喀纳斯之美实在难以言说。作为一个规划师,能主持和参与喀纳斯这样的规划实在是人生之幸!

　　——摘自保继刚为《大喀纳斯旅游区总体规划(2005—2020)》所做的《总序》。

开篇案例

天津市旅游发展总体规划(概要)

　　国务院对《天津市城市总体规划(2005—2020 年)》的批复,确立了将天津建设成为"经济繁荣、社会文明、科教发达、设施完善、环境优美的国际港口城市,北方经济中心和生态城市"的发展目标。

　　为落实科学发展观,体现规划的时代性、前瞻性和指导性,本规划突破了传统的通过旅游资源的梳理来决定旅游发展格局的资源主导型旅游开发模式,从天津市定位为"国际港口城市,北方经济中心和生态城市"的战略高度来审视未来天津旅游的地位和作用,提出天津旅游的发展要从"资源主导、遍地开花"的旅游现状走向"目标驱动、产业集聚"的发展模式,并以此确定天津旅游发展目标和发展格局。

一、发展定位

以山河湖海泉为载体、近现代历史文化为主脉、国际港城规划建设为依托,以都市观光、休闲度假和商务会展为支撑的中国北方独具特色的国际滨海旅游城市。通过旅游资源整合、旅游产业培育、重点项目建设、旅游品牌打造,将天津建设成为浓缩近代文化、凝聚现代文明、体现生态海洋、最具北方特色的中国旅游强市、国际旅游目的地和集散地。

二、形象定位

渤海明珠 活力天津

三、发展战略

1.京津同城、互补发展

突出天津特点,与北京旅游产品错位发展,整合线路各具特色,客源互补,联合营销。

国务院对《天津市城市总体规划(2005—2020年)》的批复中指出,要注意加强与京津冀地区发展的协调,特别是北京与天津两大城市的功能定位协调,实现优势互补、协调发展。随着京津城铁的开通,京津城市一体化的进程逐步加快,同城效应形成了旅游的融合模式,京津旅游也进入了品牌竞合发展的时代。为此,把北京作为天津的主要客源市场,在旅游产品上错位发展,在线路整合上联合设计,在综合服务上联动整合,在功能配套上特色互补,将京津两城共同打造为一体化的国际旅游目的地。

2.城旅一体、整体发展

旅游依托城市发展,城市建设体现旅游功能,把城市作为旅游吸引物整体打造,将城市旅游变为旅游城市。

为此,旅游业与商贸、金融、科技、港口、工业等功能进行整合,同时整合各种社会经济资源投入旅游发展,以旅游为纽带促进城市功能的全面发挥,在整个城市的基础设施建设、服务功能配套、工农业生产等方面,全面融入旅游功能。

3.项目带动、集聚发展

通过龙头项目带动旅游市场开发、旅游产业集聚和城市载体功能建设,激活市场人气,带动相关产业的全面发展。

为实现国际知名旅游目的地和中国旅游强市的发展目标,必须加强项目建设,打造具有震撼力的世界级旅游吸引物。突出龙头项目的带动和引领作用,形成强烈的市场吸引力,并且通过龙头项目,促进产业集聚和升级。同时按照大力发展都市型旅游的要求,加强城市载体功能方面的大项目建设,形成城市的吸引力,促进旅游与相关产业的全面发展。

四、空间布局

按照"目标驱动、产业集聚"的重点突破战略,将天津市近中期旅游发展格局划分为"一带、三区、九组团"。

一带:海河旅游发展带。是连接天津市中心城区和滨海新区的发展轴线,是天津旅游的主打旅游品牌之一。

三区:中心都市旅游区;东部滨海旅游区;北部山野旅游区。中心都市旅游区是集中展示近代中国文化的窗口、天津都市旅游的核心区域,也是天津市旅游的服务中心和集散中心;东部滨海旅游区是天津市旅游产业新的增长极,是发展滨海旅游、海洋旅游的蓝色休闲度假基地;北部山野旅游区是以山野生态和风景名胜为特色的,面向京津的城市后花园和绿色休闲度假基地。

九组团:东丽湖商务休闲组团、京津新城温泉度假组团、七里海湿地度假组团、大黄堡生态休闲组团、官港生态游乐组团、杨柳青民俗文化组团、团泊湖国际休闲博览组团、葛沽—小站民俗风情组团、天嘉湖—鸭淀水库商务休闲组团。九组团构成了环天津双城的休闲带,它们既是城郊休闲带的组成部分,又是连接市区到滨海新区和北部山区的休闲廊道。

五、分区规划

1.“一带”:海河旅游发展带

定位:津滨旅游纽带,都市观光载体。

发展方向:通过活跃水面、繁荣两岸、上伸下延、近接外连,进一步丰富海河水上项目。开通海河的水上交通,设计独具天津特色的游览船,成为连接两城的水上巴士;两岸增加休闲、餐饮、购物、主题公园等综合服务业态,打造成为天津市的黄金旅游线和休闲产业带。

分区结构:分为上游段、中游段和下游段三段。

(1)上游段:三岔河口至外环线

核心支撑项目:大悲院、津卫摇篮、古文化街、意奥风情、和平路—滨江道、金融名街、洋务溯源、莱茵小城、海河水上运动大世界。

(2)中游段:外环线至海河二道闸

核心支撑项目:中央湿地公园、海河音乐广场、水城嘉年华、大型会展设施、高档酒店。

(3)下游段:二道闸至海河入海口

核心支撑项目:海河外滩公园、响螺湾、于家堡、大沽烟云、意奥风情、扶桑市井、莱茵小城、洋务溯源、津湾广场、潞河督运园。

2.“三区”

“三区”主要指中心都市旅游区、东部滨海旅游区、北部山野旅游区。

(1)中心都市旅游区

定位:都市观光、文化体验、特色商贸、综合服务。

目标:北方休闲都会,旅游集散中心。

发展方向:依托城市现代化建设和近代历史文化内涵,发展都市观光和文化休闲旅游。深度开发天津历史文化内涵,推进“近代中国看天津”文化主题板块的完善,依托城市的现代化建设,增强旅游服务功能和旅游载体功能,将天津中心城市建设成为展示天津都市风貌的窗口和旅游综合服务中心。

核心支撑项目:水西庄文化名园、天津西站商贸区、子牙河旅游休闲带、津卫摇篮、大悲院商贸旅游区、老城津韵、南京路商贸经济带、文化宫古建筑群、金融名街、中心公园、小白楼商务区、五大道风貌区、天津乐园、天塔、水上公园、奥体旅游商贸区。

（2）东部滨海旅游区

定位：滨海生态、时尚娱乐、滨海度假、商务会展。

目标：港城旅游目的地，滨海旅游产业集聚区和生态科技示范区。

发展方向：以海滨为主线、以海河、古海岸、湿地、高新技术产业为基础，在旅游开发方向和规划布局方面，突出体现亲海性特点，深度开发建设滨海休闲、度假、娱乐板块，将滨海新区打造成海上旅游集散地和环渤海旅游门户枢纽。

核心支撑项目：中心渔港滨海休闲旅游区、国际生态环保论坛、侏罗纪主题公园、发现王国主题乐园、基辅号航母主题公园、国家海洋博物馆、北塘生态度假区、滨海国际论坛、临空产业高新技术展示区、极地海洋世界、SOHO水上酒汇、于家堡商务休闲区、东疆港休闲度假基地、国际邮轮母港、大沽船坞遗址、潮音寺、海滨浴场康体旅游区。

（3）北部山野旅游区

定位：生态观光、休闲度假、乡村体验、商务会议。

目标：京津旅游枢纽、绿色休闲基地。

发展方向：以蓟县北部山区和东部水域为主体，打造一个集名山、幽林、秀水、雄关、古刹于一地的生态休闲度假基地；实现森林养生、山水休闲、名胜观光、文化体验、乡村旅游"五位一体"，将其建设成为贯通京津冀的旅游枢纽，成为环渤海地区生态休闲中心。

核心支撑项目：长城文化旅游集聚区、环秀湖国际会议中心、九山顶、梨木台、八仙山、九龙山、毛家峪文化农家院、盘山北少林寺恢复工程、盘山金碧国际度假中心、盘龙谷文化城、盘山风景名胜区、独乐寺。

3．"九组团"

（1）京津新城温泉度假组团

主体功能：商务休闲、温泉养生。

发展方向：开发各类温泉相关的旅游、休闲、度假、康体产品，规模化和品质化开发，依托京津两大市场，构建功能复合、产业联动的综合温泉旅游区，打造京津共享的城际型休闲旅游目的地。

核心支撑项目：锦绣香江、广济寺、玉佛宫、京津新城温泉度假区。

（2）大黄堡生态休闲组团

主体功能：湿地观光、康体休闲、工业科普。

发展方向：保护性开发大黄堡湿地，发展生态康体旅游产品，结合北运河的开发整合和串联周边休闲、运动、度假和特种旅游资源，形成武清区的休闲度假旅游集聚区。

核心支撑项目：港北森林公园、东篱生态城、大黄堡燕王湖生态度假区、天狮国际健康产业园、第六城—国际淘宝城滑雪MALL。

（3）七里海湿地度假组团

主体功能：湿地观光、生态度假。

发展方向：通过修复生态系统，突出和保护原始自然湿地环境，打造以生态观光、湿地游乐和水乡体验为主，以红色旅游、古迹旅游和生态度假为辅助的天津最大的国家湿地生态公园。

核心支撑项目：七里海湿地公园、"北方水城"。

（4）东丽湖商务休闲组团

主体功能：商务会展、康体娱乐。

发展方向：依托东丽湖的自然生态环境和区位优势，开发高品质的休闲和商务产品，打造成为天津市的重要休闲度假基地和生态宜居区。

核心支撑项目：东丽湖温泉度假区水上欢乐谷、滨海国际马戏城、东丽湖游乐中心。

（5）杨柳青民俗文化组团

主体功能：民俗文化、精武文化、生态休闲。

发展方向：以悠久和深厚的民俗文化资源为基础，以大运河为主线，以千年古镇杨柳青为龙头，以民俗文化体验为主导，以精武文化为品牌，建设以民俗文化为主的旅游组团。

核心支撑项目：杨柳青庄园、杨柳青菜博园、石家大院、千尊玉佛寺、辛口生态农业观光示范区、大运河开发项目、国际精武总坛旅游度假区、峰山药王庙、大院区、元宝岛。

（6）团泊湖国际休闲博览组团

主体功能：商务休闲、游憩体验、大型展会。

发展方向：依托团泊新城良好的地理位置、自然环境、交通条件和完善的配套设施，面向环渤海地区，集中发展以温泉度假、生态休闲、商务会展为核心的城市体验旅游休闲产业，迎合目前都市假日休闲游的市场需求，提供家庭休假、商务聚会、展览展示、会议培训、团体游憩、康体运动以及特色餐饮和购物等多方位、多层次、多体验的旅游休闲、康体度假和会议会展服务。

核心支撑项目：国际休闲博览园、北华路设施农业、团泊体育水城。

（7）天嘉湖—鸭淀水库商务度假组团

主体功能：休闲娱乐、会议度假。

发展方向：依托天嘉湖和鸭淀水库两大水体资源，开发"一静一动"功能互补的旅游休闲区。天嘉湖主要开展商务会议型、静养观光型、高端接待型商务休闲旅游产品；鸭淀水库主要面向大众市场开展水上运动、滨水休闲、风情体验等特色服务旅游产品，打造成为天津水上旅游乐园。

核心支撑项目：鸭淀水库旅游风景区、天嘉湖生态商务休闲集聚区。

（8）葛沽—小站民俗风情组团

主体功能：民俗体验、历史文化。

发展方向：以小站练兵史实和葛沽民俗文化为基础，结合小站镇和葛沽镇的历史文化名镇建设，构建具有近代文化和民俗特色的旅游组团。

核心支撑项目：天津宝成北石林园、葛沽文化风情集聚区、小站练兵观光园。

（9）官港休闲游乐组团

主体功能：生态度假、休闲游乐。

发展方向：有效融合生态、科技、游乐要素，打造成一个自然生态与高端游乐完美结合的欢乐组团。

核心支撑项目:官港生态游乐园、大港水库湿地生态园。

六、构建三大旅游支撑体系

1. 都市观光体系

近代历史文化;都市娱乐休闲;购物餐饮美食;工业园区观光;工业遗产旅游;红色旅游;民俗文化;科普考察;主题公园;宗教文化;节庆活动;体育赛事。

2. 休闲度假体系

滨海度假;滨海娱乐;滨海运动;游船旅游;游艇旅游;湿地旅游;湖泊旅游;温泉休闲;山野游憩;生态度假;乡村休闲;运动休闲。

3. 商务会展体系

商务旅游;会展旅游;奖励旅游;商务休闲;科教交流;总部基地;研发基地。

七、打造五大旅游品牌

1. 海河牌:海河风韵

海河是天津市最具特色的旅游资源,通过活跃水面,繁荣两岸,上伸下延,近接外连,使海河旅游观光带成为串接旅游各要素的重要纽带和都市观光的重要载体,成为与巴黎塞纳河相媲美的天津市主打旅游产品。

2. 文化牌:津沽百年

挖掘近代历史文化底蕴,把资源优势转化为旅游市场优势,打造"近代中国看天津"的城市旅游品牌,把天津塑造成浓缩近代文化、凝聚现代文明的滨海旅游名城,是天津旅游个性化发展的主攻方向。

3. 滨海牌:活力滨海

以"浓缩中国近代史、展示海滨新经济、饱览津沽河海港、感悟滨海新风光"为形象标志,塑造蓝色海洋、繁忙港口、生态海滨城市、优美旅游景观、休闲度假胜地的整体形象,发展成为生态环境良好,集都市观光和海洋休闲度假为一体的区域旅游目的地。

4. 生态牌:生态天津

按照天津生态城市建设规划,依据天津特有的山、河、湖、海、泉、湿地等生态资源,营造大生态品牌。

5. 会展牌:休闲会展

依托天津市经济大发展的有利契机,依托天津大型工业企业和高科技企业集聚优势及日益完善的区位空间优势,通过建设大型商务会展设施,提高商务服务接待水平,大力发展商贸旅游,提高商务旅游在旅游行业中的比例,打造商务旅游、会展旅游、奖励旅游、体育旅游等多种旅游形式。树立天津作为滨海城市的动感、时尚、科技、文化的会展旅游品牌形象,全力打造具有国际影响力的会展旅游品牌。

八、规划成果评价

评审委员会专家一致认为:《天津市旅游发展总体规划》工作技术路线合理,编制思想明确。立意高远、创意科学、布局合理、重点突出、内容丰富、体系完整,强调了天津近代历史文化丰富的特点,强调了津京同城、环渤海旅游合作的重要意义,挖掘较深、立意较高、视野较宽阔,符合《天津市城市总体规划》和中央关于滨海新区建设纳入国家战略的要求,对天津市旅游发展具有指导意义,并具有一定的可操作性。是一项高水平规划。

　　阅读本章开篇案例,并就天津旅游发展总体规划思考以下问题:
　　1. 天津市城市定位是什么?
　　2. 天津市旅游发展定位是什么?
　　3. 天津市旅游形象定位是什么?
　　4. 如何评价天津市"五大旅游品牌"?
　　5. 概括天津市旅游发展规划的内容结构。

4.1　旅游规划编制的任务

4.1.1　旅游规划编制的层次

　　旅游规划一般可以分为区域旅游发展战略规划、旅游区总体规划和旅游项目详细规划三个层次。

　　区域旅游发展战略规划,主要解决区域内旅游业发展的战略思路,编制旅游发展时序与确定区域旅游发展战略目标;旅游区总体规划主要解决旅游区的发展定位及其发展方向;旅游项目详细规划则突出旅游景区规划项目建设蓝图,为建设施工设计打下基础。三个层面的旅游规划从宏观到微观,逐渐明晰旅游区域的发展与建设轮廓。

1) 区域旅游业发展战略规划

　　区域旅游业发展规划是政府关于发展目标的决策。因此尽管各国由于社会经济体制、旅游发展水平、规划的实践和经验的不同,规划工作的步骤、阶段划分与编制方法也不尽相同,但基本上都按照由抽象到具体,从战略到战术的层次决策原则进行。

　　区域旅游发展规划阶段主要是研究确定地区旅游发展目标、原则、战略部署等重大问题,并为制定后一阶段旅游区规划提供依据。后一阶段规划对有关问题的深入研究和制定方案,也可以反馈到前一阶段,作为前一阶段工作的调整及补充。

　　区域旅游发展战略规划通常可以根据行政管辖的范围划分为省、市、县三个不同层次的旅游发展战略规划。这主要基于以下三个方面考虑:完善和深化区域旅游发展战略规划的客观要求;完善省、市、县三级行政体制和谐发展旅游业的要求;切实保证发挥重点旅游区的作用,并促使其与当地社会协调发展。

2) 旅游区总体规划

　　旅游区在开发、建设之前,原则上应当编制总体规划。

旅游区总体规划可根据实际需要,对特大旅游区或大型国家重点风景名胜区,在旅游区总体规划的基础上编制分区规划,进一步控制和确定不同分区的土地用途、范围及其容量,协调各项基础设施和公共设施的建设。有不少风景名胜区和旅游区,由于行政区划不归同一地区管理,旅游区的建设与管理难以形成统一,因此也往往开展分区规划,以获得与行政区域一致的管理权限,从而有利于各项规划建设的协调与发展。旅游区总体规划是分析旅游区客源市场、确定旅游区的主题形象、划定旅游区的用地范围及空间布局、安排旅游区基础设施建设内容和提出开发措施。

旅游区总体规划的期限一般为 10～20 年,同时可根据需要对旅游区的远景发展作出轮廓性的规划安排。近期计划应纳入总体规划的编制体系中,因此在旅游区总体规划阶段应对近期建设项目作出安排,近期规划期限一般为 3～5 年。

小型旅游区可直接编制控制性详细规划。

3)旅游项目详细规划

旅游区总体规划,为旅游目的地的发展与建设构建一幅宏观蓝图。但这幅蓝图的实现,还得靠旅游区域内一个个规划项目的实现。旅游项目规划层面的主要任务,就是将项目落实到区域位置上,并且构思与编制项目建设蓝图。旅游项目规划相当于城市规划中的详细规划,因此可借用城市规划的详细规划概念来编制旅游项目规划。由此,旅游项目规划可分为控制性详细规划和修建性详细规划两个层面。

(1)控制性详细规划

在旅游区总体规划的指导下,为了近期建设的需要,可编制旅游区控制性详细规划。旅游区控制性详细规划以总体规划为依据,详细规定区内建设用地的各项控制指标和其他规划管理要求,为区内一切开发建设活动提供指导。

旅游区的控制性详细规划,对旅游区的资源保护有独特的意义,尤其对那些不适宜建设的核心保护区域,规范应严格控制,严格按国家有关资源保护的管理条例进行。对那些适建地区,如旅游服务区,也应严格控制建设量,特别是对一些建筑风格应严格控制,以确保旅游区的建设与地域环境和历史文化相和谐。

(2)修建性详细规划

对于旅游区当前要建设的地段,应编制修建性详细规划。修建性详细规划是在总体规划或控制性详细规划的基础上,进一步深化和细化,用以指导各项建筑和工程设施的设计和施工。

上述各个层次的旅游规划,从宏观到微观,层次渐进。旅游业发展规划从宏观上指明地区旅游业发展的方向;旅游区规划则将地区旅游发展方向中所确定的旅游项目及其游憩场所落实到土地上,且根据各地块的资源特点布置出各有特色的不同旅游功能区域;旅游项目详细规划或景区详细规划通过工程技术方法将规划布置表达出来,为后面的发展建设绘制出清晰的发展建设蓝图。

4.1.2　各层次规划的主要任务

1) 旅游发展规划体系及其任务

旅游发展规划按规划的范围和政府管理层次分为全国旅游业发展规划、区域旅游业发展规划和地方旅游业发展规划。地方旅游业发展规划又可分为省级旅游业发展规划、地市级旅游业发展规划和县级旅游业发展规划等。

（1）国家旅游发展规划的基本任务

国家旅游发展规划通常由国家旅游主管部门牵头制定，主要完成下列几方面的任务。

总体制定全国旅游发展战略及各项方针政策，协调全国各地旅游区沿着总体方针发展；规划和制定国内外旅游交通网络；协调国内重点旅游发展区域规划，宣传和促销在国际上有影响的几个重点旅游目的地。国内旅游基础设施的发展规划，总体规划国内旅游宾馆的数量、类型和质量（档次）以及其他旅游设施、设备及服务需求；国际旅游市场的动态研究，国内旅游市场分析及旅游项目策划；旅游从业人员的再教育及培训工作和旅游高等教育；分析研究旅游对社会文化、环境、经济的影响及促进正效益发展的标准和措施的制定；确定旅游业发展中的技术标准，如星级宾馆的评定标准、导游等级的评定标准、最佳旅游区的软硬件指标等。国家旅游发展规划中的近期发展计划，具体讲，就是纳入国家五年规划中，这样才能使旅游发展规划的内容落到实处。

（2）地区旅游发展规划的基本任务

地区旅游发展规划通常是一个区域、一个省（自治区、直辖市）、一个市或者一个县域的旅游发展规划。

地区性旅游发展规划在国家旅游发展规划和旅游发展政策指导下制定，主要包括：制定地区的旅游发展策略和政策；建立地区内部进出的交通网络；确定旅游发展区域位置，包括风景区位置，即旅游资源相对聚集之地；总体规划地区主要旅游吸引物，抓住特色，突出主题；旅游发展区域环境容量分析及旅游市场分析，旅游项目策划和产品的宣传、营销策略；旅游接待设施的位置、类型、数量及其他旅游设施的需求；分析旅游业发展对地区的环境、社会文化和经济的影响，制定地区旅游环境的保育措施；制定地区旅游发展组织结构，制定旅游法规和投资政策；地区的旅游教育及旅游从业人员培训；确定近、中、远三期旅游发展目标及实施措施，使旅游发展规划具有可操作性。

地区旅游发展规划，有时可能不属同一行政区管辖，存在跨省、跨市或跨县的情况，如环渤海旅游区，就跨越了辽宁、河北、天津及山东四个省市。这些地区的旅游发展规划应统一编制，以免出现旅游项目重复建设。

2) 旅游区规划的基本任务

（1）旅游区总体规划的基本任务

在国家和地区旅游发展战略规划的基础上，还需要在旅游资源相对集中的地区编制旅游区总体规划。旅游区总体规划属区域规划，是对区域内旅游项目作出总体布置的系统规划,因此旅游区总体规划严格地讲应该有区域边界及其红线范围。目前,我国用于发展旅游的景区有国家风景名胜区、国家森林公园、国家地质公园、国家历史文化名城及名镇等。这些区域都有严格区域范围,且不少都是国家4A级旅游景区和国家优秀旅游城市。旅游区总体规划的基本任务包括旅游资源调查与评价、游客量测算及旅游接待设施规划、旅游项目策划及主要旅游产品开发、旅游基础设施规划、旅游区内外交通及道路规划、旅游资源保育计划、旅游区功能分区及土地利用规划、近期建设项目策划与投资预算、旅游区管理体制规划等。旅游区总体规划是操作性较强的区域旅游发展规划,规划中的项目设施、基础设施和生态环境设施都应落实到土地规划中,并且力求用地平衡。尤其对近期需要开发建设的项目,应纳入实施和典型规划设计中。

旅游区可根据需要或者行政区域的实际编制分区规划。在我国,由于行政管理权限问题,跨地区的旅游区总体规划有时很难管理到两个不同的行政区域,因此在区域总体规划的基础上,依据总体规划的基本内容,编制分区规划,这很有必要。例如,山东的胶东半岛国家风景名胜区,跨越了烟台市、威海市等市县及一些岛屿,因此在胶东半岛旅游区总体规划的基础上,刘公岛等岛屿分别编制了分区旅游规划,对当地的旅游发展具有实际的指导意义。旅游区分区规划的任务是,在总体规划的基础上对分区范围内的旅游项目、旅游公共设施、基础设施的配置作出进一步的规划安排,为详细规划和规划管理提供依据。

旅游区分区规划的任务是:原则确定分区内旅游项目及其用地、建筑用地的容量控制指标;确定区级公共设施的分布及其用地范围;确定分区范围内主、次干道的红线位置,对外交通设施以及主要交叉口、广场、停车场的位置和控制范围;确定分区范围内的生态环境系统、河湖水面、旅游资源保护范围,提出空间形态的保护要求;确定基础工程服务范围以及主要工程设施的位置和用地范围。

旅游区分区规划文件的内容包括,规划文本和附件、规划说明及基础资料收入附件。旅游区分区规划主要图纸包括分区现状图、分区规划总图、分区土地利用规划图、各项专业规划图等。图纸比例为1:5 000。

(2)控制性详细规划的基本任务

控制性详细规划的主要任务是以总体规划或分区规划为依据,详细规定旅游项目的建设用地的各项控制性指标和其他规划管理要求,强化规划的控制功能,并且指导修建性详细规划的编制。其主要任务有下列几方面。

确定旅游规划区范围内与各类旅游项目的建设用地面积,划出用地界线;规定各旅游项目土地使用与建设容量、建筑风格与形式、交通配套设施及其他控制要求;确定规划范围内与各级道路的红线范围及其控制点坐标与标高;根据规划建设的容量,确定规划区内的工程管线的走向、管径及其工程设施的用地界线;制定规划区范围内与各旅游项目相应的土地使用及建筑管理规定。控制性详细规划的用地范围应该是功能相对完整的或地域相对比较独立的地区。控制性详细规划的图纸比例一般为1:2 000。

从旅游项目控制性详细规划所面临的任务看,旅游项目的控制性规划与城市规划的控制性详细规划一样,都是对规划区范围内的土地使用作出控制性的有关规定。不过,旅游区域内的用地控制性详细规划比城市规划的控制性详细规划难度更大,因为在规划区范围内的用地上,旅游区域的地块上有可能承载着风景如画的旅游资源,所以土地控制性规划既要对原有资源进行保护控制,又要对新建项目的建设实施控制,保护与发展的矛盾聚集在同一块用地上。因此,编制旅游区域的控制性详细规划应以保护生态环境与地域文化遗产资源为本。

(3)修建性详细规划的基本任务

修建性详细规划以控制性详细规划和旅游区总体规划为依据,将旅游项目的建设内容在规划区内进行空间布置。其主要的规划任务如下。

旅游项目及其旅游地的建设条件分析和综合技术经济论证;旅游地建筑与生态环境布置,包括绿化的空间布局,绘制总平面图;旅游地道路系统规划设计;工程管线的规划设计;竖向规划设计;估算工程量、拆迁量和总造价,分析投资效益。

4.1.3　各层次旅游规划的基本原则

1)旅游业发展规划的原则

(1)可持续发展原则

可持续发展已经全面深入人心,是当前经济和社会发展的最新理念。可持续发展要求人们在追求当代人自身利益的同时,不损害未来人们的利益。因此,旅游业发展规划应遵循这一理念,追求环境效益、社会效益和经济效益的有机统一。在旅游开发过程中,贯彻"可持续发展"的思想,就是要把保护旅游资源及生态环境,作为战略问题加以对待,体现"有效保护,合理利用,加强管理"的思想。

(2)大市场原则

在旅游战略规划过程中,要从宏观的市场条件出发,正确把握国家外交政策、旅游输出国国情与发展本地国际旅游的关系,并重视从本国、本地旅游市场的客观"市情"出发,合理定位、综合平衡、稳健发展。

(3)大走廊原则

旅行时间、费用和便利性,是旅游发展的主要门槛。旅游业发展规划,必须高度重视将旅游者集结地区合理组合、联结,或开辟区域旅游发展走廊,以便集中有限的财力和媒体功能为区域交通基础设施建设、区域旅游促销提供战略重点。

(4)大保护原则

旅游资源是旅游经济发展的源泉。旅游资源区所拥有的、城市生活环境所稀缺的优异的大气环境、优质的水体和丰富的生物多样性,更是现代旅游的决定性因素。然而,大气、水质、水文循环、生物多样性的保护,不仅取决于旅游区本身,而且取决于周边和上游广大区域的自觉自律程度及为之所付出的巨大代价。在通常情况下,这是一项极为艰巨的工作。旅游业发展规划,必须明确环境保护的重大经济意义,明确具体的保护范围和保护目标,以便规划经政府审批后为其他部门的专项计划与管理提供依据,为区域性的合作与统一行动提供战略指导。

（5）人本主义原则

旅游开发与建设,应该遵循以人为本的原则,突出自然景观与人文景观相结合。在旅游开发上,应突出"以人为本",坚持人性化管理,充分考虑旅游者的安全、需求与参与性。

2）旅游区规划的基本原则

（1）总体规划的基本原则

①资源保护原则。严密规划、严格实施资源保护措施,特别是对野生动植物以及海滨和海底环境的保护。旅游项目开发、设施建设的进度应与旅游者到达的人次、类型、消费相匹配,分阶段逐步开发,按时序合理分配各种资源。

②综合利用原则。最大限度地利用现有的设施,新建或改建设施尽量能服务于多种需要。旅游总体规划须综合平衡旅游产品（游历）开发与支持体系、保障体系建设的关系,使旅游系统在市场需求与供给在动态平衡中健康发展。

③资源特色与市场开发相结合原则。旅游开发不仅要考虑到规划区域的旅游资源特色,还要考虑到周边旅游区的竞争和合作,尽量避免开发与周边同质的旅游产品,以增强旅游产品的竞争力。在旅游开发的同时,考虑旅游市场的需求,开发市场认可的旅游产品。

④机构协调原则。旅游规划的所有方面及其实施过程,必须通过有组织的、相互协调的众多政府部门及其下属机构努力。旅游设施与服务部门应能满足目标市场的需求,平衡国内标准与国际标准,一方面,不应造成成本过高;另一方面,应满足目标市场安全、卫生、舒适的要求。

（2）旅游详细规划的基本原则

①经济可行性原则。投资额、回收期望须充分考虑旅游市场的实际消费承受力、市场分割与竞争风险因素,否则极易导致重复建设、低位竞争等不健康的结果。

②资源保护原则。资源保护战略通过项目才能真正落到实处。项目规划应以旅游资源的适应性用途及其分布为基础。

③协调性原则。在项目层面上,各形象要素须特别关注相互间的协调性,共同形成具有一致性的整体形象。形成完整、集中、设计精良的旅游服务中心,才能有效地发挥基础设施、服务设施的作用,有利于管理并将消极影响限制在特定区域内。

④独特性原则。环境特征与文化的地方性通常能形成与旅游者生活环境的对照,成为吸引旅游者的重要因素。

4.2　旅游发展规划的内容与方法

4.2.1　综合评价规划区域内的旅游业发展条件

旅游区域的发展与自然条件密切相关,这不仅是指某些旅游资源依托自然条件而存在,还是指整个旅游区域的发展都离不开自然条件的支撑。例如,地形条件将影响旅游区域的空间形态;气候、水文、地质与生物条件可能影响旅游工程的建设,乃至它的发展。

1) 自然条件的分析

自然条件的分析主要是对地质、水文、气候及地形等条件的分析,研究自然条件对旅游发展的影响程度。

(1) 地质条件分析

地质条件的分析主要表现在对与旅游发展用地选择和工程建设有关的工程地质方面的分析。

建筑地基:旅游地各项工程建设都由地基来承载。自然地基的构成无非是土与石。由于地层的地质构造和土层的自然堆积情况不一,其组成物质也各有不同,因而对建筑物的承载力也就不一样。了解建设用地范围内不同的地基承载力,对旅游地用地选择和建设项目的合理分布以及工程建设的经济性,无疑是重要的。

表 4.1 地基承载力数值

类别	承载力 (t/m^2)	类别	承载力 (t/m^2)
碎石(中密)	40 ~ 70	细砂(很湿)(中密)	12 ~ 15
角砾(中密)	30 ~ 50	大孔土	15 ~ 25
黏土(固态)	25 ~ 50	沿海地区淤泥	4 ~ 10
粗砂、中砂(中密)	24 ~ 34	泥炭	1 ~ 5
细砂(稍湿)(中密)	16 ~ 22		

表 4.1 是各类地基的承载力数值,但有些地基土壤常在一定条件下改变其物理性状,从而对地基的承载力带来影响。例如,湿陷性黄土,在受湿后引起结构变化而下陷,可导致建筑的损坏。再如,膨胀土的受水膨胀、失水收缩的性能,也会给工程建设带来问题。因此,在调研各种地基土壤物理性能的基础上,按照各种建筑物或构筑物对地基的不同要求,在旅游项目用地规划中作出相应安排,并采取防湿或水土保持等措施来减少不利影响。

在沼泽地区,由于经常处于水饱和状态,地基承载力较低。在必须选作旅游项目用地时,可采取降低地下水位,排除积水的措施,以提高地基承载能力和改善环境卫生状况。

对地质条件的分析,还包括对地质构造的有关分析,对地下的有关构造尤其是断层现象和一些地下溶洞、裂隙以及岩体滑坡、坍塌的情况都应该研究清楚,防止建设过程中出现地质灾害。

(2) 水文条件分析

江河湖海等水体,不但可以作为水源,同时还在水运交通、改善气候、稀释污水、排除雨水和美化环境等方面发挥作用。但某些水文条件也可能带来不利的影响,如洪水泛滥等。旅游区域范围内的水文条件与区域内的气候条件、流域内的水系分布、区域的地质、地形条件密切相关。

水文条件分析对于旅游区有着重要的意义。旅游区建设的选址通常依水傍山,因此有些人把旅游说成游山玩水。水域条件分析不仅要求对旅游区建设用地有所认识,更重要的是对旅游区域内水域环境有所认识并对水环境质量作出评价。考察旅游规划区域河湖水量季节变化情况、河湖水质情况、水灾情况及地下水情况等。

(3)气候条件分析

气候条件与旅游区的选址有着密切关系。尤其在我国,南北从热带到寒温带跨越纬度47度;在东西方向上,也因距离海洋远近而气候悬殊。

气候条件对旅游区的发展有直接的影响,晴雨天气的比例、气温情况、降雪时日,都将影响旅游者的户外观光游赏时间,从而影响旅游开发建设与发展建设思路。一些旅游区由于需要克服不利的气候因素,往往需要增加室内场所,加大建设量。

①降水与湿度。我国大部分地区受季风影响,夏季多雨。雨量多少及降水强度对旅游区的发展影响很大。山洪的形成与暴发威胁着山地风景旅游区的发展;河湖汛期同样威胁着湖泊风景旅游区的发展。对于这一类风景旅游区,必须调查清楚旅游区域的降水规律,做好预防工作。

相对湿度随着季节不同而异,湿度的大小与人是否有舒适的温热感密切相关。因此,处于干燥地区的旅游区域,要加大绿化与水域环境的建设,以调剂区域的相对湿度。

②温度。温度对旅游区域的发展有着重要作用。人们出游总是要作温度的比较,冬去海南,夏去北戴河是许多旅游者的选择。当然,也有人冬去哈尔滨,就为去感受东北的冰天雪地,此当另作别论。

温度的差异是由地球的球面所接收到的太阳辐射强度不一所致,由赤道向北每增加1纬度,气温平均降低1.5℃左右。气温径向的变化是由海陆位置不同所引起的。海陆气流对温度影响最大。

综上所述,规划区域内的旅游业发展需要分析该区域气候对旅游资源与环境形成、发展的影响;对旅游资源与环境季节变化的影响;对开展某些旅游活动如漂流旅游等的影响;对居民出游休闲意愿的影响;对地方性旅游市场时间分布的影响等。

(4)地形条件分析

按自然地理学划分的地形类型,主要为三大类,山地、丘陵与平原,其中山地又可分为高山、中山和低山。由于不少旅游区依山而建,山地地形风貌对旅游区域的发展起到举足轻重的作用,山地的高低错落、山坡的陡峻曲直,对景区建设都有直接影响。

山地的高程和风景旅游地各部位的高差,是对山地旅游制高点利用的有力依据,可谓"无限风光在险峰"。山地的高程亦是旅游区发展用地竖向规划设计、地面排水及洪水防范等方面规划的重要依据。

2)历史文化沿革分析研究

历史沿革分析是研究旅游区域发展条件的重要组成部分。任何一处旅游区都有它自身的渊源与历史,对历史沿革的研究,能追寻出旅游区发展的轨迹及寻觅出该地域的历史事件和文化名人,梳理出旅游地的发展文脉。

例如,商丘古城的旅游发展规划,历史沿革研究对规划起到了积极的作用。我国姓氏中最靠前的 100 个姓,源于商丘的就有 50 多个。因此,若要在商丘开展姓氏溯源游,那么商丘的历史沿革的每一个环节都必须研究清楚。

（1）历史行政区划研究

历史行政区划分析是查找旅游区域文脉的重要依据,也是找寻旅游区域历史重要地位的重要依据。比如,三门峡原是黄河中游一处峡谷的名字。相传大禹治水时,以三斧将大山劈成"人门""神门""鬼门"三道峡谷,让黄河顺利向东流入大海。人们就将这里称作三门峡。从灵宝朱阳镇等地发现的旧石器时期文化遗物可以看出,早在距今 80 万年以前,这里就有我们祖先活动的足迹。五六千年以前,这一带布满了较大的氏族部落,为我国创造了灿烂的历史文化。约在公元前 21—11 世纪,这里属夏商王朝所统治,西周时属焦国和虢国,春秋时先属虢后属晋,战国时分属韩、秦、魏,秦属三川郡,两汉、曹魏、西晋在此置弘农郡（曹魏时曾一度改"弘农"为"恒农",原因是为了避汉灵帝讳,郡名的含义是一样的）,北魏、唐代和宋代在此置陕州和虢州（不同朝代的辖县虽略有变化,但大体是今日三门峡市所辖范围的东北部归陕州,西南部归虢州）,元代废虢州,从此历明、清,这里大体皆为陕州所辖,民国二十一年（1932 年）在此设河南省第十一行政督察专员公署。解放后,1949 年设陕州专员公署,1952 年陕州专员公署并入洛阳专员公署,1986 年区划调整,又将原陕州专署辖地划出来归三门峡市管辖。三门峡市始建于 1957 年,最初由河南省直接管辖,1961 年降为县级市,归洛阳地区,至 1986 年又升为地级市。三门峡市现辖三县二市一区,即卢氏县、陕县、渑池县、灵宝市、义马市和湖滨区,总面积 10496 平方千米。

（2）历史事件的分析

历史事件是旅游文化内涵不可或缺的组成部分。有些历史事件甚至是旅游区域的旅游主题。例如,董存瑞革命烈士的英雄事迹,就是隆化县旅游规划的主题内容,该内容甚至成为拉动承德市红色旅游的重点内容。同时,它还是国家一百个红色旅游项目之一。

3）旅游发展经济条件分析

旅游业发展离不开经济的支撑,与地方产业结构、人均收入、消费水平关系密切。分析研究地方旅游经济的发展条件,可使旅游项目的开发建设做到心中有数。对地方消费水平了解清楚,既可促进地方旅游消费的循序渐进,又可使旅游投资商认清地方消费的能力,开发建设与地方消费能力相适应的旅游产品。

一般旅游经济条件分析主要为下列几个方面。

（1）旅游规划区域城镇基本情况

旅游规划区域的城镇基本情况主要指城镇结构体系的基本情况,包括中心城镇与一般城镇之间的关系、城镇之间的交通状况,以及调查城镇人口与乡村人口的分布情况、社区结构及其类型等。

（2）旅游规划区域内产业结构

旅游规划区域内产业结构比例,尤其是第三产业所占比例,是旅游区生产力结构中的重要指标。由于旅游区域大多距城市有一定的距离,产业结构常包含第一、第二与第三产业,且第一与第三产业结构比例大于第二产业。旅游区域的规划要推动旅游规划区域产业结构比例的合理化,推动旅游经济增长。

（3）旅游区域消费结构

消费结构有多种划分方式,但从消费资料对居民生活的需要看,可分为生存消费、发展消费和享受消费三个层次。旅游消费属于第三层次的享受消费。

随着生活水平的提高、城市化进程的加快以及科学技术的发展,人们的消费需求总体上逐步上升。根据各国发展的经验表明,当人均 GDP 达到 1 000 ~ 1 500 美元时,生存消费开始降低,而发展消费与享受消费将逐步上升。

4.2.2 规划区域客源市场分析

1）旅游客源市场的需求调查与预测

调查分析的主要指标有:主要客源地、游客人数、最低客源量、游客量的季节变化、停留时间、旅游动机、客源地至旅游地的距离、文化关系等。

2）游客的社会人口学特征调查分析

主要指标有:年龄与性别结构、收入水平与消费结构、职业与受教育状况、闲暇时间、时尚与传统、满意程度及重游率等。

3）旅游市场竞争状况分析与营销策划

详情请参阅本书第 6 章。

4.2.3 旅游主题形象和发展战略

1）主题定位

主要内容有:旅游发展目标、旅游功能定位、旅游形象定位。

2）主题形象定位

主要包括主题形象的特征、主题形象的定位及推广、主题形象的塑造方法、主题形象的传播策略。

详情请参阅本书第 8 章。

3）旅游区域发展战略

首先,对旅游区域进行 SWOT 分析。其中,优势和劣势分析,是指对旅游产品开发的资源条件、要素投入、市场份额、经营管理等方面进行分析,以明确和把握旅游产品开发的比较优势和存在不足;机遇和威胁分析,重点是对市场供求、竞争对手、环境变化、发展趋势等方面进行分析,以找出旅游产品开发的机遇和潜在市场,同时明确旅游产品开发面临的竞争和挑战。

其次,应用 SWOT 分析方法。主要步骤是,收集和分析相关资料、确定变量因素的影响程度、确定旅游区域开发战略。

最后,对旅游区域的发展战略进行详细的阐述。

【例 4.1】天津市静海区旅游业发展战略选择

1. 集群化发展战略

旅游产业集群具有空间集聚性、部门专业性、经济外部性、功能互补性、环境共享性等特征,发展旅游产业集群不仅有利于增强区域单体旅游企业竞争能力,还可促进产业规模的迅速扩张和结构优化。静海区旅游发展走集群化发展道路,有利于突出重点,并推动旅游景区的快速启动,形成由点到面的发展格局。

2. 特色旅游发展战略

特色是旅游地生存与发展的生命线。静海区旅游资源的优势在于团泊湖生态环境、都市农业和体育休闲,所以静海旅游必须突出特色旅游发展战略,坚持以特色取胜,以求得更大范围的旅游市场认知,从而形成相应的系列特色旅游产品。

3. 区域旅游协作战略

该战略着重强调旅游发展要跳出静海看静海,在更大空间范围内考虑静海区旅游业的大发展。通过实施区域旅游协作战略,可以在更高层面上更有效地整合旅游资源,实现优势互补、资源共享,针对同类资源或同质市场合作开发,共同促销;可以在共同致力于区域旅游的联动发展中,打破行政和部门的界限,减少内耗,形成旅游发展合力,获得共赢;可以构筑开放高效的区域信息平台和旅游市场网络,联手打造和共同推介旅游产品和精品旅游线路,提高旅游区域整体知名度和市场竞争力。

4. 大旅游发展战略

发展旅游业要树立科学发展观指导下的大旅游发展观。旅游业的发展是区域社会经济发展的重要组成部分,旅游发展战略应该服从于区域发展的战略,在推动区域社会经济发展的过程中培育旅游发展的整体动力。树立大旅游发展观,就是要立足于营造旅游大环境,加强区域基础设施、旅游接待设施和生态环境等硬件建设,在县域环境、工程建设、市政建设中融入旅游意识、环境意识、增加旅游功能,实现旅游开发和区域建设一体化;推动旅游发展机制和管理体制的创新,创造旅游可持续发展的社会、经济、文化软环境。各级政府和各管理部门要提高对发展旅游的认识,发展静海区的旅游业,并不仅仅是旅游部门的事情,而是需要充分调动社会各界的力量,把旅游业作为静海社会经济建设的一个重要组成部分来共同努力发展,为旅游业的发展提供各种支持和帮助。在发展旅游中,不仅重视旅游的经济功能,更要重视旅游业在促进社会就业、提高人民生活质量、弘扬民族文化、促进精神文明建设等方面的综合作用,正确处理好经济效益、社会效益、环境效益三者的关系,坚持和谐发展。

5. 政府主导战略

政府主导型战略是以政府总体规划或通过制定产业政策进行宏观指导和调控来干预旅游产业的成长与发展的一种模式。实行政府主导型旅游发展战略,有利于全面发动社会力量,在短时期内加大旅游发展的力度,加快旅游发展的速度,快速推进旅游产业成长。

6. 分层次开发战略

静海区的旅游业目前处于刚刚起步阶段,除了团泊湖景区已经初具规模和都市农业观光旅游蓄势待发以外,更多的旅游资源的开发目前基本尚未进行。为了达到旅游开发综合效益最大化,就必须对旅游资源及其景区实行分层次开发战略,区分出级别、重点和轻重缓急,集中有限的人力、物力和财力,重点开发高级别资源和重点景区,全力打造旅游精品,塑造静海区具有影响力的旅游形象。

4.2.4 旅游发展目标及其依据

制定正确的旅游发展目标是成功地编制旅游规划的前提条件和重要保证。制订旅游发展目标,必须将国家或地区发展旅游经济的指导思想、要求和愿望与本国国情、本地区的地方文脉及旅游发展市场环境相结合起来,必须将主观能动性与旅游经济发展的客观规律性结合起来,并遵循实际性、全面性、一致性、刚性与弹性相结合及定性与定量相结合的原则。

一般而言,根据人们的分期习惯,往往将旅游发展的阶段目标分为近期、中期和远期三个部分。近期目标通常对旅游发展中如基础设施建设、旅游产品组合、旅游市场划分、行业队伍整顿等基本内容和亟待解决的问题做出规定。中期目标是在前期成果的基础上对旅游纵深发展,如旅游理念提升、旅游形象塑造、旅游精品开发、旅游市场推广等提出要求。远期目标则为旅游发展持续动力的规划和创新项目的设计提供蓝图。

旅游业发展目标确定要依据相关政策法规和规划。政策法规包括中央及地方制定的各种有关的法律、政策、文件,特别是与该地区旅游开发规划有关的政策。另外,应特别注意与相关规划及上位规划的衔接。相关规划主要包括规划区域经过规划局批准通过的交通等基础设施规划、服务业空间布局规划等;上位规划主要包括更高一级行政区政府批复实施的旅游发展总体规划、国民经济发展五年规划等。

4.2.5 旅游产品开发

旅游产品开发需要确定旅游区域产品开发思路,研究旅游产品发展方向。它主要包括旅游产品类型的特色分析、旅游产品的市场化分析及旅游产品属地化建设等。

4.2.6 旅游项目策划

首先,根据本地旅游资源状况、客源市场预测、旅游业竞争态势、规划原则和规划目标,旅游规划应明确规划方向,突出地区旅游特色,避免重复建设;然后,对能够充分发挥资源优势的旅游项目进行重点创意,使得旅游项目集观赏性、参与性、娱乐性于一体,提高其文化品位。

4.2.7 旅游总体布局与功能分区

首先,提出该区域旅游空间布局的原则,然后再确定该区域的空间布局模式。常见的模式主要有;社区——吸引物综合体布局、三区结构布局、双核布局、核式环布局、环自然风景点布局、环旅馆布局、野营地式布局、同心圆空间布局、草原旅游布局、山岳旅游区布局及海滨旅游区布局等。

　　常见的旅游地分区有观光游览区、文化体验区、休闲度假区及服务接待区等。

4.2.8　旅游保障体系规划

　　政策保障体系的内容主要包括，制定旅游产业政策和相关法律法规、制定优化旅游企业组织结构的政策、促进旅游业区域合作的政策、加强基础设施建设的政策以及培养旅游人才政策。

　　市场保障体系是从市场的运行机制上提出整顿和管理的措施，为当地旅游业的发展提供一个秩序井然的市场竞争环境。其涉及内容主要包括，强化和完善行业管理制度、市场规则的制定和执行、服务质量监控与价格管理。

　　人力资源保障体系主要是旅游教育与培训体系的设计与优化以及旅游从业人员数量与结构的调整与设计。

　　生态环境保障保护是当今世界普遍关注的问题。旅游开发规划时注意环境保护，不仅可以保护当地的旅游资源，提高其价值、品位及吸引力，而且有助于实现旅游业的可持续发展。生态环境保障体系规划则主要从对旅游资源的保护以及对旅游地环境承载力进行控制等方面入手，提供保护生态环境的可行性建议。

　　基础设施与服务保障体系。旅游地的基础设施，如生活和商品供应、供电、邮电通信、医疗卫生等，应满足旅游发展的需要。另外，建筑在式样上也应独具特色，布局合理，并尽力避免旅游区建设出现城市化的倾向。此外，旅游发展中的各种政策、资金、人力资源、危机管理等保障体系规划也是旅游规划中的重要内容。服务项目包括服务种类、服务方式。

4.2.9　投资效益分析

　　投资主要包括，区域主体工程和协作配套工程所需的投资；流动资金和经营成本的结算；资金来源、筹措方式及贷款的偿付方式。

　　旅游资源开发规划的效益分析包括对社会效益、经济效益和生态环境效益的评估分析，其中最重要的是经济效益的分析，即旅游资源开发的投入产出分析。

4.2.10　旅游发展规划成果

　　旅游发展规划成果包括规划文本、规划图表及附件。规划图表包括区位分析图、旅游资源分析图、旅游客源市场分析图、旅游业发展目标图、旅游产业发展规划图等。附件包括规划说明书和基础资料等。

　　【案例4.2】旅游规划内容框架参考

　　在编制不同类型旅游规划时，在符合上述要求的前提下，还可以依据委托方要求和地方实际，相应设计旅游规划内容。例如，通过专家评审验收的《三门峡市旅游发展总体规划(2006-2015)》的内容架构就采取了十三章内容：

　　第一章　规划总则

　　主要包括：一、规划技术路线；二、规划范围；三、规划性质；四、规划期限；五、规划原则；

六、规划编制依据。

第二章　旅游产业发展的现势特征

主要包括：七、区域概况；八、旅游产业发展的现势特征；九、旅游产业发展的SWOT分析。

第三章　旅游资源及其评价

主要包括：十、旅游资源概况；十一、主要自然旅游资源及其类型；十二、主要人文旅游资源及其类型；十三、旅游资源总体评价。

第四章　旅游发展战略

主要包括：十四、规划指导思想；十五、战略选择；十六、产业发展目标定位。

第五章　旅游开发空间布局规划

主要包括：十七、旅游开发空间布局现状；十八、旅游开发空间布局目标；十九、旅游开发空间布局原则；二十、旅游开发空间布局；二十一、旅游空间开发重点及发展思路。

第六章　旅游产品开发与项目建设规划

主要包括：二十二、旅游产品开发与项目建设；二十三、旅游产品总论；二十四、着力打造五张王牌；二十五、重点建设十大景区。

第七章　城市旅游规划

主要包括：二十六、城市旅游形象；二十七、特色旅游；二十八、游憩商业区；二十九、环城游憩带。

第八章　区域旅游协作规划

主要包括：三十、区域旅游协作内外部条件及必要性；三十一、区域协作总体目标；三十二、区域旅游协作原则；三十三、区域旅游协作战略思路；三十四、区域旅游协作主要领域；三十五、区域旅游协作的重点。

第九章　旅游市场营销

主要包括：三十六、旅游形象策划；三十七、市场分析；三十八、市场定位与目标；三十九、旅游市场营销。

第十章　旅游产业发展支撑体系规划

主要包括：四十、旅游交通与旅游线路规划；四十一、文物旅游资源保护与开发规划；四十二、环境保护规划；四十三、旅游服务设施规划；四十四、绿化与植被抚育规划；四十五、旅游安全规划；四十六、旅游商品开发规划；四十七、人力资源规划；四十八、旅游娱乐设施规划；

第十一章　规划的实施及其影响

主要包括：四十九、各阶段建设重点；五十、规划实施保障；五十一、影响。

第十二章　近期行动计划

主要包括：五十二、启动重点旅游产品建设；五十三、全面营造旅游形象工程；五十四、积极策划七大旅游节事活动；五十五、重点提升五条旅游线路；五十六、组建三门峡旅游企业集团。

第十三章　规划实施投入估算
主要包括:五十七、资金投入;五十八、投融资战略。
附录一　游客问卷调查设计与结果统计
附录二　国外专家考察感想

4.3　旅游区规划的内容与方法

4.3.1　旅游区总体规划的内容

1) 客源市场分析

对旅游区客源市场的需求总量、地域结构、消费结构等进行全面分析与预测。

2) 规划范围及旅游资源评价

确定旅游区范围,包括规划区域的占地面积和边界等。规划范围的大小多由委托方提出,必要时受托方可以与委托方协商,提出合理的规划范围。对范围内的旅游资源进行现状调查和分析,评估旅游资源的种类、数量和分布等,从而确定当地旅游资源的优势、开发方向和开发顺序。

3) 旅游区的性质和主题形象

首先,应确定旅游区性质,因为我国的旅游区往往与一些专业景区重叠,所以其发展性质受到专业景区的发展性质的影响,一些知名度大的旅游区多半是国家重点风景名胜区或者是国家森林公园等。其次,一些旅游城市本身就是国家历史文化名城等。因此,确定这些区域的旅游区发展性质,必须与风景名胜区发展性质相对接或者必须与历史文化名城发展性质相适应。最后,旅游总体形象定位,可从提炼旅游地区域环境与文化特色、认识旅游区资源类型与特色、研究并选择旅游区区位条件与旅游地主导旅游产品的空间形态特征等几个方面进行研究。

4) 旅游区总体布局与功能分区

旅游区的总体布局应体现空间和谐美。空间布局的和谐统一主要体现为整体与局部、重点与非重点的统一;历史条件、时代精神、不同风格、不同处理手法的统一;布局与施工技术条件的统一及近期风貌与远期特色的统一等。功能分区要因各自的具体条件而定。有山因山,有水因水,因山水地势之规律组织功能布局,安排观光游览、度假休闲和服务接待等不同的功能,丰富并满足旅游者的需求。同时,要正确处理旅游区与居民社区的关系、正确处理风景名胜资源保护与旅游度假的关系、正确处理旅游区内风景名胜资源保护与交通的关系。

5) 旅游项目策划与重点项目规划

重点项目策划的方法主要指科学的创意。创意过程可以分为三个阶段,即创意准备阶段、创意构思阶段及创意验证阶段。创意设计的旅游项目应具有新奇性、整体性、灵活性的特点。旅游项目创意设计的方法主要是想象与组合、联想创意、类比项目创意等。旅游项目创意设计时,必须遵循的一个总体原则是,"人无我有、人有我优、人优我新",其中所包含的意义为创新性。无论是从无到有,从有到优,还是从传统领域到创新领域,都是旅游项目创意设计中创新精神的体现。在旅游项目创意设计时,项目设计方案中应包括项目的名称、风格、选址、内涵以及管理等相关内容。

6) 确定游客容量

旅游目的地环境,包括以目的地为核心的一切外部条件,即以旅游发展为主要目的地的周围所有空间环境及其事物,其中最为敏感的,也是旅游发展最核心的问题,是旅游资源以及围绕着资源所开展的一切旅游经济活动所需的环境要素及其土地面积。通常,影响资源环境承载容量的因素主要为自然条件与人文社会条件两方面。游客容量也称作旅游环境容量,指各旅游地域或者旅游设施最大游人容纳量,又称合理容量或者最大游人量。计算一个旅游区域的总容量,常用经验容量测算法,包括面积容量法、线路容量法、瓶颈法(也称卡口法)三种测算方法。在测算的过程中,常以一种测算方法为主,用另外两种测算方法作为校核。

(1)估算指标体系

如何保证规划区社会、经济、环境的可持续发展,环境容量的确定是一个极其关键的问题。对旅游景点做出科学的规划和管理对于合理开发旅游资源、保持优美的旅游环境是十分迫切的。而规划和管理的前提是必须了解景区的旅游环境容量,同时从环境方面评估旅游状况,也必须对景区的旅游环境容量有所了解。因此,我们必须对景区的旅游环境容量做出合理估算。

旅游环境容量是指在满足游客的最低游览要求(心理感应气氛)和达到保护旅游地的环境质量要求时旅游地所能容纳的游客人数。其中,日适宜旅游容量是指一个旅游日内,在保证旅游资源及其自然、人文环境免遭破坏和污染、保证旅游适宜游览要求的前提下,旅游地所能容纳的游客量。日饱和旅游容量是以日适宜容量的 2.5 倍计算的。在旅游环境容量指标体系中,日适宜旅游容量和日饱和旅游容量是现代旅游规划和管理中不可缺少的基本指标。其中,日饱和旅游环境容量也叫旅游地的极限环境容量,在旅游高峰期,它是旅游区进行控制和分流游客数量,整治和保护旅游环境的重要预警性指标。为了更好地保护旅游环境,还必须对景区的绝对旅游环境容量做出合理估算。所谓的绝对旅游环境容量,是指某一时刻特定旅游地所能容纳游客量的绝对数值,也称瞬时旅游环境容量。在不同景区所开展的旅游活动是不同的,在不同旅游活动中,游客所要求的适宜游览空间标准也是不同的,因此,不同的旅游景区的旅游环境容量也不同。同时,景区的旅游环境容量也与旅游线路组织的紧密程度相关。

（2）计算方法

现行的景区旅游环境容量计算方法主要有面积容量法、线路容量法和卡口容量法。线路容量法的计算公式为：

$$Q(d) = \frac{LT}{Pt}$$

其中 $Q(d)$ 为日适宜旅游环境容量，L 为景区线路长度（米），P 为旅游地人均适宜游览线路长度（米/人），T 为旅游地日开放时间（小时），t 为游人平均游览时间。

面积容量法的计算公式为：

$$Q(d) = \frac{SKT}{P_1 t}$$

其中 $Q(d)$ 为日适宜旅游环境容量（人次/日），S 为旅游区总面积（平方米），T 为旅游地日开放时间（小时），K 为旅游地可利用率，P_1 为旅游地人均适宜游览面积（平方米/人），t 为游人平均游览时间。当 S 为旅游区可游览面积时，K 为 100%。T/t 又称为游客日周转率。

绝对环境容量（也即瞬时环境容量）：

$$Q = \frac{L}{P} \text{ 或 } Q = \frac{SK}{P_1}$$

日饱和旅游环境容量：

$$\max Q(d) = 2.5 Q(d)$$

在旅游高峰期，计算日容量、月容量的适宜值和饱和值具有实际指导意义。

一般来说，面积计算法通常较适宜于自然区中的森林环境之地、历史遗迹文化区中的纪念地以及一些纪念性建筑设施中。一些区域面积较大的宏观旅游环境容量，有时也用面积法进行环境容量测算。

线路法根据游客在游线上人均占用线路长度，以前后两人的游览活动互不干扰为基本容量单位的测算方法。这种方法较适宜于游路沿途的景区景点的容量测算，或者以游路为串联的旅游区的环境容量测算。通常，线路测算的基本标准为人均占线路长度 4～10 米之间（游路的宽度为 1 米）。

瓶颈法或卡口法的关键是确定瓶颈处单位时间内通过的合理游人量。单位以"人次/单位时间"表示。旅游区的某些区位是每位游客必去的旅游景点，这些景点所承载的压力是很大的，例如北京故宫、承德避暑山庄等。该测算方法对于旅游区而言是个较好的控制环境容量的方法，它可以验证超容量旅游发展问题，因此在面积法与线路法测算后，根据景区景点所载容量的实际，可用瓶颈法即主景区游客环境容量的承载力来验证容量测算的合理性。

环境容量经验测算法，是对超容量地发展旅游的一种限制方法，是不得已而为之的方法。国内外对环境容量的测算方法理论研究很多，而影响环境容量测过程的因素也很多，就目前而言，还很难从理论上研究清楚，因此不少专家认为，不必太过于关注环境容量的承载力，而应该重视旅游发展过程中的人为行为，以不破坏自然界环境为出发点。但是，对我国这样一个拥有 14 亿人口且国家风景名胜区的面积仅占国土面积 1% 的地区而言，如果没有对环境容量进行的预测，不了解黄金周应该允许多少游客进入旅游区，不明白游客量过多会造成景区环境的破坏，那么，我国的风景名胜之地的可持续发展将会成为问题。

7) 旅游发展与土地协调规划

人均土地少和人均旅游区面积少,这是我国的基本国情,因此必须合理地发展旅游用地,尤其是旅游建设用地,应该建立在环境容量的基础上,以游客需求的实际开展建设。

旅游区域的建设用地采用的是协调用地的方法,因为直到目前为止,国家还没有关于旅游发展用地的标准,所以旅游区土地利用规划实际上是个土地协调规划,它涵盖三方面的内容:

首先是旅游区的用地评估,不同于一般的城市发展用地评估,它是以风景与旅游资源的评价为基础,以风景名胜资源的价值作为评估的主导因素,为保护风景与旅游资源,甚至可以放弃一切建设项目。因此,旅游区的土地评估是建立在保护与发展的辩证关系上的评估,并且通过资源的分析研究与评估,掌握旅游建设用地特点、质量及利用中的问题,为估计土地利用潜力、确定规划目标、平衡用地矛盾及其土地开发提供依据。

其次是土地利用现状分析,即在旅游区的自然、社会经济条件下,对景区各类土地的不同利用方式及其结构所做的分析,包括风景、社会、经济三方面效益的分析,通过分析,总结土地利用的变化规律及有待解决的问题。

最后是土地利用规划,即在土地资源评估、土地利用现状分析、土地利用策略研究的基础上,根据规划的目标与任务,对各种用地进行需求预测和反复平衡,拟定各种用地指标,编制规划方案和编绘规划图纸。土地利用规划既是规划的基本方法,也是规划的重要成果。它是控制和调整各类用地、协调各种用地矛盾、限制不适当的开发利用行为,实施宏观控制管理的基本依据与手段。

8) 旅游区设施规划

(1)旅游区基础设施规划

旅游区基础设施规划包括给水、排水、电力、电信、环卫、防灾等内容。旅游区基础设施建设与城市基础设施建设的最大区别就是在施工过程中要重视旅游区域原有格局和整体风貌。旅游区域的资源保护与历史文化风貌保护给市政工程设施和配套建设带来异常复杂的影响,要根据实际情况和条件,采取灵活的特殊处理方法,做到既维护旅游区的风貌特征又便于今后维修,不可顾此失彼,造成新的问题。

完整的给水设施规划的内容须包括:用水量标准及生活、生产、市政用水总量估算;水资源供需平衡、水源地选择、供水能力、取水方式、净水方案及制水能力;输水管网及配水干管布置、加压站位置和数量;水源地防护措施。排污设施体系规划的内容包括:确定排水制度;确定污水类型、污染源位置;测算污水总量;制定不同地区的污水排放标准;排污管、渠系统规划布局;确定污水泵站及位置、污水处理设施布局、规模、处理等级以及综合利用的措施。

电力设施体系规划的内容包括:用电量指标、总用电负荷、最大用电负荷、分区负荷密度的确定;供电电源选择;变电站位置、变电等级、容量;输配电系统电压等级、敷设方式;高压走廊范围、防护要求。

电信设施体系规划的内容包括:各项通信设施的标准和发展规模(包括长途电话、市内电话、电报、电视接收、无线电台、微波通信、光缆等);邮政设施标准、服务范围、发展目标、主要局所的网点布置;通信线路布置、用地范围敷设方式;通信设施布局和用地范围,收发讯区和微波通道的保护范围。

供热设施体系规划的内容包括:测算供热负荷,确定供热方式;分供热区域范围,布置热电厂;热力网系统,敷设方式;连片集中供热规划。

燃气设施体系规划的内容包括:估算燃气消耗水平、选择气源、确定气源结构;确定燃气供应规模;确定输配系统、供气方式、管网压力等级、管网系统;确定调压站、灌瓶站、贮存站等工程设施布置。

(2)服务接待设施规划

服务接待设施规划是旅游区规划的重要内容之一。食、住、行、游、购、娱六大旅游要素,所表达的就是旅游服务接待的能力。旅游者来旅游区观光游览、休闲度假,主要受三大吸引力引导,其一是旅游区域内有无吸引游客的旅游资源或旅游产品;其二是有无通达的交通设施及便捷的交通条件;其三是旅游区有无留得住游客的接待设施。只有三者同时具备的旅游区,才能发生旅游行为,或者说才能吸引中远距离的游客。因此,旅游服务接待设施的建设是旅游地留住游客的关键因素。

旅游住宿设施主要以旅游饭店为基本设施,并加上一定范围的辅助设施,形成区域旅游发展设施体系中最重要的组成部分之一。旅游住宿设施规划主要包括两个方面的内容:一是预测、确定旅游床位及档次;二是确定旅游住宿设施的空间布局和主题风格。

餐饮是旅游生活的重要内容和旅游收入的重要部分,是旅游地形象的重要方面。我国各地的饮食文化相当丰富,对国内外游客有着极大的吸引力。而且随着旅游业和经济的发展,人们的饮食层次正逐步转变,已由现在的基础层次——佳肴品尝游,向发展层次——饮食医疗保健游和享受层次——饮食文化旅游逐步递变。因此,区域旅游饮食文化开发和餐饮设施的建设有助于丰富旅游活动内容、提高旅游品位、促进旅游业的发展。旅游餐饮设施规划是区域旅游设施体系规划的重要组成部分之一。

康娱设施是指满足人们康娱需求、进行康娱活动而兴建的建筑、设置的设备等的综合体的统称。旅游康娱活动是旅游活动中的必要组成部分。在区域旅游规划和开发中常常要考虑旅游者康娱活动的需要,对康娱设施进行布局规划。

旅游商业是为游客提供旅游商品的特种商业,是旅游产业的重要组成部分。在旅游景区、景点适当建设旅游商贸设施是区域旅游规划设施体系必不可少的内容。区域旅游开发的商贸设施规划内容不仅包括建设旅游购物步行街、定点旅游购物商店、旅游商品批发市场、旅游商品制造工厂等硬设施,还包括旅游商品的设计与研究、旅游商品的宣传促销、旅游商贸管理以及旅游商品免税购物制度等软环境。

9)旅游交通规划

旅游交通规划包括规划旅游区对外交通系统的布局和主要交通设施的规模、位置;旅游区内部其他道路系统的走向、断面和交叉形式。

外部交通评估,首先是评估外部交通基本条件,铁路、高速公路与航空及航运是否与全国各地乃至世界各国通达。其次是评估交通设施条件情况,铁路站是重要的枢纽站,即客运站的等级、车站设备与条件;各类公路的等级;空港的等级与设备条件以及与旅游区的距离等;交通设施年客运吞吐量。

旅游景区景点与交通设施相配套,"景随路建,路为景开",旅游交通建设适度超前,旅游交通设施合理搭配,是编制旅游交通设施规划的基本思路。一方面,旅游景区景点选址时应首先考虑已有的交通条件和近期交通建设计划,优先开发交通条件好的景区景点。即使景观很好的地方,但如果近期内无法解决交通进入问题,也不宜列入近期开发之列。这就是"景随路开"。另一方面,资源品位高、市场潜力大、开发前景好的地区,旅游开发能直接推动当地的扶贫开发、经济起飞。虽然目前交通可进入性很差,但在有条件通过上级支持和本地筹资进行交通建设的情况下,可考虑优先安排交通建设,为旅游开发铺路架桥。这就是"路为景开"。

旅游交通规划的编制,不论是民航、铁路,还是公路、航运,必须以客源市场的现实需求潜在需求为导向,在数量、规模和设备档次上,适应游客的规模和消费能力,并且适度超前。过度超前,会造成设施空置和浪费;不适度超前,不能满足进一步发展的需求,改建、扩建同样会造成巨大的浪费。旅游交通设施规划不能简单地满足于"进得来,散得开,出得去",还要考虑向游客提供有特色的多种交通工具和技术工程的综合服务,这种综合服务不仅能够满足旅游者出行和消磨时间为目的,还能丰富旅游者整个旅行活动的内容并提高其满意度。因此,旅游交通建设要多种运输方式配合,进行立体开发。

旅游区道路系统规划的基本要求是旅游区各级道路应成为划分各功能分区用地的分界线,旅游区各级道路应成为联系各功能分区用地的通道,旅游区道路的选线应有利于组织旅游区的景观,并与绿地系统和主要建筑相配合形成旅游区的"景观工程骨架"。

旅游区道路交通网络主要由主干道、干道、次干道、游步道四大部分构成。主干道主要是旅游区与各主要交通枢纽和旅游区所属城市各主要的客运线路及中心城市联系的主要客运线路。干道为联系主要道路之间的交通路线,是通往各旅游功能分区的主要交通路线,一般红线宽度为 25 米左右。次干道是旅游区通往各景点的主要交通道路,一般红线宽度为6~9 米。

旅游区的停车场规划应根据车辆数预测,以方便游客就近游览为原则,可选择大、中、小型三种类型的停车场。大型停车场的车位数大于 100 车位,设置有停车、修车、清洗、候车等功能,并且大中小型车辆均能停放。中型停车场车位数 50~100 车位,设置有停车、修车、清洗、候车等功能,并且大中小型车辆均能停放。小型停车场车位数小于 30 车位,仅有停车、候车功能且只能停放中小型车辆。停车场的停车位及其建筑应该与主要的旅游景点有一定的距离,以免在建设停车场时造成对旅游资源的破坏。修建停车场所用材料以自然和谐的原始材料为好,使停车场与周围环境相协调。停车场的停车位数应略大于车辆预测数以保证停车位容量够用。

区内交通系统规划中,游览线路应尽量避免平直、走垂直路线,要充分利用小山、河流等景物,使得道路适当弯曲,让游客获得移步换景的感觉。交通方式要力争多样化,并互相配合,步行道、登山道、索道、缆车、游船、自行车等方式均可以采用,让游客有尽可能多的选择余地。景点与景点之间的距离不宜太长,合理安排通常为 1/3 时间段,即 1/3 为路途时间,2/3 为景点观赏时间。因此,把握好观光时间与路途时间是串联景点游程规划的重要理念。

10)生态环境保护规划

生态环境保护规划是指研究并确定旅游区资源的保护范围和保护措施。旅游环境是由各种自然和人文要素相互联系、相互作用并通过历史过程而形成的旅游综合体,所以具有综合性和历史性。其组成要素包括自然环境和人文环境。自然环境是自然界的客观存在,由地貌、水体、气象、气候、植物和动物等组成。人文环境是人类社会发展的历史产物,既包括有形的,如城镇、农村、沙漠中的绿洲、深山中的古刹等实体,又包括无形的,如社会风俗、民族音乐、舞蹈等遗存。因此,制定区域旅游环境保护体系不仅要考虑区域旅游开发所带来的自然环境影响,还要考虑区域旅游开发所引起的社会影响。旅游环境破坏的因素很多,主要有包括,自然界的演变对环境的影响、人类不合理的生产活动对环境的破坏、旅游活动本身对环境的影响、开发建设中的破坏性行径对环境的危害等。只有全面深入地探讨旅游环境遭到破坏的原因,才能有针对性采取合适的防范对策和措施。

规划旅游区的环境卫生系统布局,应提出防止和治理污染的措施。旅游区环境卫生工程系统有垃圾填埋场、垃圾收集站、转运站、车辆清洗场、环卫车辆场、公共厕所以及环境卫生管理设施。旅游区环境卫生工程系统的功能是收集与处理旅游区各种废弃物,综合利用,清洁、净化旅游区环境。

绿化规划应做好以下三点:一是选用的植物品种应突出地方特色;二是选用的植物品种应注意季节的搭配,适当增加常绿树种;三是注重生态林与经济林相结合、景观与功能相结合、植被多功能与生物多样性相结合、植被保育与游憩利用相结合。

游区防灾工程系统规划的主要任务是,根据旅游区自然环境、灾害区和旅游区地位,确定各项防灾标准,合理确定各项防灾设施的等级、规模;科学布局各项防灾措施;充分考虑防灾设施与旅游区常用设施的有机结合;制定防灾设施的统筹建设、综合利用、防护管理等对策与措施。

11)规划实施计划和管理

规划实施计划和管理应提出总体规划的实施步骤、措施和方法,以及规划、建设、运营中的管理意见。该项主要包括项目建设的基本要求和建设工程安排;勘察设计、设备制造、工程施工、设备安装、调试、试运营所需时间和进度要求;选择整个规划实施方案和总进度,并用线条图或网络图展示最佳实施计划方案。

在规划建设及运营中,首先是必须加强区域旅游行业管理,即政府主导型战略,就是按照旅游业自身的特点,在以市场为主配置资源的基础上,充分发挥政府的主导作用,为旅游业争取更多的发展。旅游行业管理的手段主要有法规、审批、监督、检查等。其次是区域旅游资源管理,该管理的核心指导思想是整体意识、系统观念;发展意识、持续观念。主要采用法制性、规划性、技术性、能动性、行政性管理方法。再次是区域旅游规划管理,指在旅游规划的制定、实施过程中采用管理手段进行的一系列管理活动,其实质就是保证旅游规划目标的顺利实施。旅游规划是一个连续的操作过程。在这一过程中,管理表现出的是一种协调性、行动性和计划性。要顺利完成规划的过程、实现规划目标,管理工作显得尤为重要。主要是建立管理机构高效化、管理人员专业化、管理方法法制化、科学化的现代化管理机制,采用基础资料的数字化、日常管理网络化的现代化管理手段。最后是旅游发展中的风险管理,主要讨论旅游发展中的纯粹风险,即指只有损失机会而无获利可能的风险。主要采用承担风险、风险转移、降低风险、风险规避等策略来管理。风险管理具体采用哪种方法主要取决于风险发生的概率和风险的大小。

12)近期项目的投资估算与效益分析

近期旅游项目建设主要包括服务接待设施与观光游憩项目以及必须建设的基础设施项目,建设目标是营造旅游区发展的氛围,主要的建设内容包括以下几种:

①旅游宾馆,能满足近期游客的居住需求。

②旅游餐馆,能满足近期住宿客人与一日游客人的就餐需求。

③旅游休闲设施,包括景区茶室、酒吧与小型歌舞厅、影视录像厅的建设。

④自然风景区的观光游步道建设;人文风景区的历史文化景点的修复。

⑤景区观光游道间的休息设施建设,包括休息亭、台、楼和游道家具如桌、椅等。

⑥上述区域的环境建设与恢复以及基础设施的建设,包括给排水、电力通信与道路建设。这些项目的投资估算可根据工程经济学的有关工程项目的估算公式进行投资估算,在此不作赘述。

效益分析主要是对经济效益、社会效益和环境效益的分析。

经济效益分析中主要分析旅游的投入与产出比。进行营业收入估算、营业成本估算、税收估算。营业税按总收入5%税率计,所得税按利润的30%计。最后总收入减去经营总成本和税收总额,即税后利润。

社会效益评估主要包括以下方面:可满足社会对旅游的需求;有利于解决劳动就业问题,带动地方经济发展;促进游客和旅游区地域文化的交流;促进人们生活水平和生活质量不断提高。

环境效益评估包括,旅游区的开发建设,即将旅游区域的生态环境纳入保护管理的范畴,定期养育和维护,使旅游区域内的动植物得以繁衍发展。尤其是一些珍稀物种的繁育和保护,更是旅游部门保护的重点。旅游区管理部门要高度重视生态环境质量和维护生态平衡,才能吸引游客不断前往观赏,因此,应从旅游业获取的利润中抽出部分投资再用于生态维护,形成旅游区域内的生态环境的良性循环,进而使旅游区域内的生态环境得以可持续发展。

13)规划成果要求

旅游区总体规划的成果主要包括规划文本和规划图件。规划图件,包括旅游区区位图、综合现状图、旅游市场分析图、旅游资源评价图、总体规划图、道路交通规划图、功能分区图等其他专业规划图、近期建设规划图等。附件,包括规划说明和其他基础资料等。图纸比例,可根据功能需要与可能确定。

4.3.2　旅游区控制性详细规划的编制

控制性详细规划是伴随着旅游目的地的发展而出现的。它表明旅游区规划是立足于旅游区域发展、向着预定的规划目标不断渐进的,它起到承上启下、依法管理、引导协调建设的作用。

1)控制性详细规划的内容体系

①详细划定所规划范围内各类不同性质用地的界线。规定各类用地内适建、不适建或者有条件的允许建设的建筑类型。

②划分地块,规定建筑高度、建筑密度、容积率、绿地率等控制指标,并根据各类用地的性质增加其他必要的控制指标。

③规定交通出入口方位、停车泊位、建筑后退红线、建筑间距等要求。

④提出对各地块的建筑体量、尺度、色彩、风格等要求。

⑤确定各级道路的红线位置、控制点坐标和标高。

⑥根据规划容量,确定工程管线的走向、管径和工程设施的用地界线。

⑦控制性详细规划的用地应该是功能相对完整或地域独立的区域,规模一般在 1 km² 左右。

⑧提出旅游项目区内的环境控制指标及其整体环境质量要求。

⑨规定旅游项目区内的服务接待设施的控制性容量,并且确定适建项目位置。

⑩对旅游项目范围内的历史文化遗产、风景名胜资源及不可移动文物,确定其保护范围的界线,建立硬性保护措施。

2)控制性详细规划的编制方法

(1)基础资料的收集

控制性详细规划至少收集以下基础资料,总体规划或分区规划对本规划地段的规划要求、相邻地段已批准的规划资料。土地利用现状、用地分类应分至小类,由于旅游区用地分类尚无具体标准,可用原建设部颁布的《风景名胜区规划规范》中"用地标准"替代。建筑物现状,包括房屋用途、产权、建筑面积、层数、建筑质量、保留建筑等。公共设施规模及分布,重点调查的公共设施主要是博物馆、歌剧院、宾馆、饭店等公共建筑与服务设施。工程设施及管网现状调查,其中重点为交通设施现状。土地经济分析资料,包括地价等级类型、土地级差效益、有偿使用状况、地价变化、开发方式等。其他基础资料包括旅游区及地区历史文化传统、风土人情、民间活动特色等。

(2)控制性详细规划的用地分类和地块划分

控制性详细规划的用地至少要分至中类,可参照原建设部《风景名胜区规划规范》中关于风景名胜区土地利用分类和代码。控制性详细规划的地块划分,可按规划和管理的需要划分为区、片、块三级,块是控制性详细规划的基本单元。

（3）控制性详细规划的控制体系

控制性详细规划的控制体系的内容可分为以下几种类型：用地控制指标、环境容量控制指标、建筑形态控制指标、交通控制内容、旅游项目景观设计引导及控制、配套设施体系。在以上控制内容中，前五项属地块控制指标，可分为规定性和指导性两类。规定性指标是必须严格遵守的指标；指导性指标是参照执行的指标。其目标是贯彻发展规划和开发控制的意图，将控制要素具体为布局引导，为修建性详细规划与项目设计提供依据，引导旅游项目建设有序进行。

（4）旅游项目落地规定性指标

地块规定性指标一般为以下各项：用地性质、用地面积、建筑密度、建筑控制高度、建筑红线后退距离、容积率、绿地率、交通出入口方位、停车泊位及其他需要配置的公共设施。它对旅游项目的发展建设有举足轻重的作用。

（5）指导性指标

指导性指标一般为以下各项：游客容量、建筑形式、体量、色彩、风格要求，其他环境要求，包括景区大气控制指标、水源地保护控制及超声控制等。

3）规划成果要求

旅游区控制性详细规划的成果主要由规划文本和图件组成。图件包括旅游区综合现状图、各地块的控制性详细规划图、用地规划图、道路交通及竖向规划图、地块划分图、各项工程管线规划图等。附件，包括规划说明及基础资料。图纸比例一般为 1：1000～1：2000。

4.3.3 旅游区修建性详细规划的编制

修建性详细规划主要以上一个层次规划为依据，将旅游项目建设的各项物质要素在当前拟建设开发的地区进行空间布置。修建性详细规划，要将旅游项目建设内容——都落实到地块上，并且将建筑物、构筑物的形态特征，从三维空间的不同角度进行表达，指导旅游项目的单体设计和开发建设。

1）修建性详细规划的内容

①建设条件分析和综合经济技术论证。
②建筑和绿地的空间布局、景观规划设计，布置总平面图。
③道路系统规划设计。
④绿地系统规划设计。
⑤工程管线系统规划设计。
⑥竖向规划设计。
⑦估算工程量和工程造价、分析投资效益。
⑧旅游服务设施及附属设施系统规划设计。
⑨环境保护和环境卫生系统规划设计。

2)修建性详细规划的编制方法

①收集资料。除控制性详细规划的基础资料外,还应增加控制性详细规划对本规划地段的要求,如工程地质、水文地质等资料,各类建设工程造价等资料。

②方案比较。修建性详细规划方案比较,是规划过程中的重要环节,尽可能地多做几套方案,反复比较,有利于项目的开发与建设。

③旅游区修建性详细规划的成果要求。主要包括规划设计说明书和图件。图件包括综合现状图、修建性详细规划总图、道路及绿地系统规划设计图、工程管网综合规划设计图、竖向规划设计图、鸟瞰或透视等效果图等。图纸比例一般为1:500～1:2000。

本章小结

①旅游业发展规划阶段主要是研究确定地区旅游发展目标、原则、战略部署等重大问题,并为制定后一阶段旅游区规划提供依据。后一阶段规划对有关问题的深入研究和制定方案,也可以反馈到前一阶段,作为前一阶段工作的调整及补充。

②旅游区总体规划是指分析旅游区客源市场、确定旅游区的主题形象、划定旅游区的用地范围及空间布局、安排旅游区基础设施建设内容、提出开发措施。旅游区总体规划的期限一般为10～20年,同时可根据需要对旅游区的远景发展做出轮廓性的规划安排。对于旅游区近期的发展布局和主要建设项目,亦应做出近期规划,期限一般为3～5年。

③旅游项目规划层面的主要任务,就是将项目落实到区域位置上,并且构思与编制项目建设蓝图。旅游项目规划相当于城市规划中的详细规划,因此可借用城市规划的详细规划概念来编制旅游项目规划。由此,旅游项目规划可分为控制性详细规划和修建性详细规划两个层面。

④旅游规划的原则主要包括可持续发展原则、大市场原则、大走廊原则、大保护原则、人本主义原则等。

⑤旅游发展规划的主要内容与方法包括综合评价规划区域内的旅游业发展条件、规划区域客源市场分析、旅游主题形象和发展战略、旅游业发展目标及其依据、旅游产品开发、旅游项目策划、旅游总体布局与功能分区、旅游保障体系规划、投资效益分析等。

⑥旅游区总体规划的内容和方法包括客源市场分析、规划范围及旅游资源评价、旅游区的性质和主题形象、旅游区总体布局与功能分区、游憩项目策划与重点项目规划、确定游客容量与旅游用地范围、旅游区设施规划、旅游交通规划、生态环境保护规划、规划实施计划和管理、近期项目的投资估算与效益分析等。

复习思考题

1.旅游发展规划的任务是什么?其规划一般应包括哪些内容?
2.旅游发展规划应遵循哪些原则?
3.如何理解旅游环境容量及其调控的意义?
4.项目控制性详细规划成果一般包括哪些内容?

课后社会实践作业

参考本章"旅游规划的内容体系",查阅相关资料,试以"天津市高校旅游发展规划"为题,(1)列出规划内容提纲(至少列出二级标题);(2)简要分析天津市高校旅游发展的优势、劣势、机遇和威胁(SWOT 分析),500 字以内。

第5章　旅游资源的调查、评价与管理

本章提要

　　旅游资源是构成旅游活动的三大要素之一,现代旅游学认为,旅游者是旅游活动的主体,旅游资源是旅游活动的客体,旅游业是旅游活动的媒体,旅游活动是凭借旅游资源而展开的,那么旅游资源的特色、丰度、分布状况以及开发和保护水平就直接影响着一个国家或地区旅游业发展。因此,旅游资源及其开发成为现代旅游科学研究的一项重要内容。

　　本章重点对旅游资源的分类、旅游资源的调查及评价、旅游资源的开发与保护以及旅游资源的管理作了介绍。

学习目标(重点与难点)

　　1. 熟悉国家标准中的旅游资源分类方法。

　　2. 正确理解旅游资源的概念。

　　3. 熟悉旅游资源调查的程序及方法。

　　4. 了解旅游资源评价的内容,并能正确运用旅游资源评价的方法。

　　5. 灵活运用旅游资源开发的原则。

　　6. 了解旅游资源管理要点。

框架结构

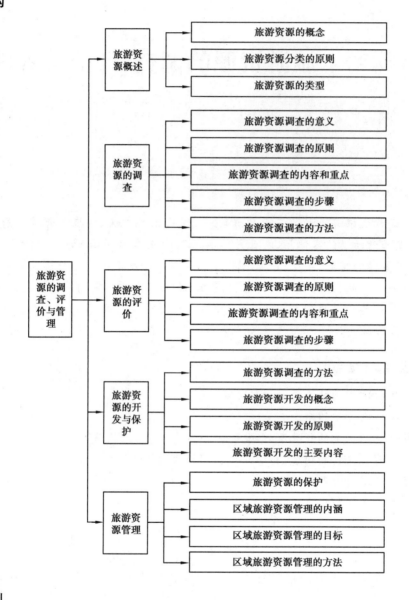

开篇案例

嵩县旅游资源及其评价①

　　嵩县位于河南省西部的伏牛山北麓的熊耳山、外方山之间。县城距古都洛阳80千米，东与汝阳、鲁山接壤，西与栾川、洛宁毗邻，南与西峡、内乡、南召相依，北与伊川、宜阳相连，跨东经111°24′～112°22′，北纬33°35′～34°21′，南北长86千米，东西宽62千米，全县总面积3008平方千米。

---

　　① 王庆生. 旅游区规划研究［M］. 西安：西安地图出版社，2000.

1. 自然旅游资源

(1) 山岳景观独特

嵩县以花岗岩山体组成的山岳景观，具有较高的观赏价值。这里有伏牛之首、貌似皇冠的"中原第一峰"玉皇顶（海拔 2212 米）；有巍峨挺拔、白云缭绕，迷雾轻纱笼罩，万木争荣的白云山（海拔 2058 米）；有山势连绵起伏、风景秀丽宜人、地貌形态独特、如诗如画的天池山；有湖泊映伴、具有神话般传说的道教胜地九皋山；有清秀逶迤、险秀兼顾、气象万千、易守难攻的杨山；有一山双峰、形如双鸡角斗的鸡角尖（海拔 2145 米）；有群峰参差，陡峭绝壁的瀑布；有奇松怪木招摇，状似黄山丛岭的小黄山（海拔 1845 米）；有神秘莫测、原始古老的龙池曼……景观类型多样，观赏价值颇高。除险峻的山岳外，还有许多奇特的地貌及奇石，如白云山景区的石船、仙人桥、天坠石、鳄鱼戏水等；杨山景区的石人、石虎、石鹰等；天池山景区的飞来石、擂鼓台、鲤鱼升仙、天狗望月等。怪石嶙峋，巧夺天工。

(2) 层峦隐三源，飞瀑戏池潭

山得水而秀，水依山而幽。嵩县的伊河、汝河、白河穿过峻岭峡谷，蜿蜒曲折，连通各大景区。河水清澈见底，两岸山清水秀，林茂花奇，飞瀑潭池随处可见，绝壁峡谷有惊有险，或奔或啸，时如万马奔腾，惊涛拍岸，时如"飞天仕女"，楚楚动人，千姿百态。特别是白云山景区内的白河源头，几百米落差构成了众多的飞瀑龙潭。黑龙潭水呈黝黑色深不可测，状如翘首游龙；黄龙井井壁染有铁锈，水呈黄色，撞顶为井，撞下为潭；珍珠潭、九曲六珠，曲线流畅，珠体浑圆；白龙瀑布水流蜿蜒跳跃，时分时合，形同飘绸；九龙瀑布落差百米，水体飘洒，垂帘撒珠，烟雾纷飞，水汽弥漫，丽日照射，彩虹飞架，入境者彩虹缠身；驼峰瀑布，水出双峰驼腰，中出单峰双水，形似驼腾银河。天池山、杨山各景区也毫不逊色，山高水远，溪水长流，溪水在缝隙中，时隐时现，时而跌落成瀑，时而汇成清碧潭池，时而隐避林荫花草之中，时而流过花岗岩光洁岩面，质纯裹香，碧爽清凉。

陆浑湖水域 5 万亩，蓄水 13.2 亿立方米，具有防洪、灌溉、发电、养鱼、旅游五大功能，水质纯净，碧波荡漾，是人们观景、钓鱼、乘船的最佳乐园。大坝东 1 千米，有嵩县八大景之一的曲里温泉，水温 49 ℃，被专家鉴定为氟硅型医疗热用矿泉。该区域已建温泉疗养院。

(3) 林茂草密，天然公园

山有水就显得有灵气，山有林就显得有生机。嵩县山高林密，森林覆盖率高达 87%，森林类型多种多样，结构复杂，珍贵稀有树种和动物较多，给景区带来了原始神秘和绚丽多彩的特色。全县 2044 种动植物，其中鸟类 139 种，蛇类 13 种，除家庭饲养动物外还有国家一类保护动物鹳、青羊、梅花鹿等；国家二类保护动物金钱豹、红腹锦鸡、鸳鸯、娃娃鱼、马鹿等；国家三类保护动物豹猫等。植物有属国家一类保护的水杉，国家二类保护的银杏、连香树、杜仲、胡桃、香果树、山白树等，国家三类保护的华榛、青檀、天麻、水曲柳、银鹊树、领春木、猬实等。位于玉皇顶的高山杜鹃林，总面积 1 万余亩，最大胸围达 1.67 米，号称"杜鹃之王"，5 月中下旬开花，呈白、紫、红等七种花色。高山箭竹林位于玉皇顶—小黄山—鸡角尖一带，面积 3000 余亩。白云山景区和杨山景区的高山牡丹，六月上旬开花。位于小黄山景区及龙池曼的原始森林，总面积 6 万余亩，人迹罕至，神秘莫测。古树众多，是嵩县又一特色。唐代银杏林位于白云山下的五马寺及下寺村，现有银杏 400 多棵，胸径达 5.6 米左右，是河南省面积最大最古老的银杏群。其中最大的银杏树高 26.5 米,胸径 1.8 米,树龄 1237 年,树姿丰满,枝叶繁茂,可谓"树中之王"。大坪乡庆安寺的杪椤树,高约 15 米,胸径 77 厘米,树龄约 1720 年,有"树中之星"之称。白河乡上庄坪村山荬肉树,树龄约 500 年以上,树高 10 米多。纸房乡七泉沟口的大栓皮栎树,高 32.7 米,胸径 5.15 米,树龄 530 年。大坪乡流涧峪村古槐,树高 21 米,胸径 160.4 厘米,树上长树,桑栋已达拇指粗,被称为"树中树"。

(4)云海仙境、季相万千

嵩县特殊的地质地貌,地理位置和生态环境形成了比较奇特的物候景观。最高峰玉皇顶以险峻、优美、高耸、花团锦簇为特色。在此观日出、看云海仙境,遥望中原大地,领略黄淮风采,如诗如画。各大景区平均海拔皆在千米以上,林海茫茫,气候湿润,是盛夏最佳的避暑、度假胜地。特别是白云山景区古木参天,绿荫四布,水雾弥漫,云聚万壑,形成白云山仙境。时而喷涌似泉,时而奔流如瀑,如银龙绕岳盘旋,高低错落,变幻莫测。丰富的植物、特殊的地形,形成了不同的气候带和观花期。春季迎春、桃、梨等朱朱绿绿,格外鲜艳;夏季高山杜鹃、野生牡丹、珍珠梅、池中荷花等妖娆诱人;秋季天高云淡,漫山遍野,红叶红似火,黄叶黄如金,绿叶绿如翠,红黄绿斑驳镶嵌,层林尽染,花果飘香;冬季冰帘玉柱,潭池冰景千姿百态,冰崖花俏,冷艳世界更壮观。

2. 人文旅游资源

(1)历史悠久,遗址众多

嵩县早在原始社会就有人活动,古文化遗址达 39 处之多。有更新世时期的溅水沟化石遗址;有省级文物保护单位桥北仰韶文化遗址;有属于二里头文化的火神庙遗址、窑店村遗址;有省级文物保护单位铺沟石窟等。

(2)人杰地灵,名人辈出

嵩县不仅哺育了中国历史第一位丞相伊尹及近代万德英、憨玉琨等杨山十大兄弟,而且还为许多历史文人提供了隐居修身的境地。特别是宋代大理学家程颢、程颐在此隐居,李白、杜甫、白居易、范仲庵等历代文人墨客,在此留下了美妙的诗篇。汉王莽、宋杨六郎、明末李自成、杨山十大兄弟等皆在此盘踞征战,留下了动人的故事。今天的战国蛮王墓、韩王坟、两程故里、朱熹庙、杨山石寨、王莽寨、万氏佳城等一批历史文物遗迹,为后人留下了宝贵的文化遗产。

(3)环境优美,寺庙遍布

名山藏名寺,名寺烘名山。嵩县山清水秀,自古寺庙密布。清末时嵩城素有 72 曼、82 庵之说,佛寺钟声晨昏不断。其中位于车村乡东南山老曼场的红春寺(车村乡扫帚曼山)被誉为伏牛山寺庙之首,当年寺院有房 300 余间,僧兵 500 余人。另外还有位于阎庄的法化寺(传说建于唐),车村镇顶宝石的慧光寺,南山的菩提寺、白雀寺、桃花庵,小豆沟的圣水寺,盘绪沟的太平庵,木植街乡的蝉玉寺,白河乡的上、下云岩寺(唐建),纸房乡的竹林寺,大坪乡的庆安寺(建于元)、白水庵,库区乡的龙驹寺、寺庄的永定寺,田湖乡的石佛寺,德亭乡的佛泉寺,旧县乡的吉祥寺(建于汉),何村乡的三潭寺,饭坡乡的喂母寺,城关镇的玉宝寺、姑姑庵;田湖乡的姜公庙,南召县的太山庙等 150 多座庙庵。

(4)历史故事,丰富多彩

嵩县环境优美、地貌多样,名人隐居多、战事多是其特点之一。在此发生的历史故事丰富多彩。

大禹治水:传说大禹治水时曾在嵩县有多项活动,当时田湖至龙门原为五洋江,大禹凿开龙门,百川归海。白云山现有禹王台、九皋山现有拴船桩,嵩县有禹王山等。

王莽追刘秀:王莽撵刘秀的传说在嵩县流传很广,不少人都能讲说几个故事。道回、别马点、搬倒井,马死沟、麦仁场等都因此而得名,马齿菜、蚯蚓、记路草等都与此传说有关。

李自成五战嵩县:公元 1634 年李自成被明总兵汤九洲追击,败于嵩。公元 1635 年,明总兵祖宽追农民军于嵩县。公元 1639 年,李自成又兵败入嵩,与明总兵左良玉战于饭坡。公元 1636 年,李自成与明总兵汤九洲战于九皋。公元 1641 年,李自成率兵破嵩。

杨山十大兄弟及镇嵩军:1907 年王天纵占据杨山抗清,与关金钟、憨玉琨、紫云升、张屏、张治公、马三红、孙馆、孙炳、陶富荣、杨山桃园结义拜为十大弟兄。辛亥革命后,在同盟会员的联络下,投奔张仿,组成镇嵩军,驰骋中原,争雄陕潼,多次在豫西剿匪,团以上军官多为嵩县人。

3.旅游资源评价

(1)一地跨三域

县境的白河、伊河、汝河跨我国著名的黄河、长江、淮河三大流域。这不仅在河南、在全国,甚至在世界范围内,能在一个县跨世界著名的三大流域,可谓世间少有,旅游吸引力颇强。

(2)游览、科研胜地

嵩县林木覆盖度高,森林资源种类繁多,结构多样,林密树茂,稀有动植物较多,四季色彩各异,是中原地区最佳的观赏、科研胜地。为当前"回归自然"旅游趋势提供了客观条件。

(3)景观类型齐全

嵩县旅游资源的最大特点是山、水、林、气、石、洞的结合,自然态势奇、特、幽、美、妙的交辉,水景资源有河流、溪水、湖泊、温泉、矿泉、潭池、飞瀑,类型多样,景色迷人。在我国北方地区,如此齐全的景观类型,十分罕见。

(4)中原避暑胜地

嵩县各景区多数为山岳型景区,山高林茂,潭、瀑、溪、泉俱全,七月最高气温均在 26 ℃左右,且湿度宜人,风和日丽,是避暑度假佳地。

(5)品位高,影响力强

嵩县不仅有如峨眉之秀的天池山,有如华山之险的杨山,有雄、险、奇、秀、幽俱全的白云山,有闻名于世古老的九皋山。这里有中原最大的古老银杏林,中原第一峰——玉皇顶及罕见的天然森林。人文景点中的两程故里声誉海内外。九皋山姜公庙其影响力达八九个县,历代名人光顾者众多。

阅读上述开篇案例。思考下列问题:

1.案例中哪些是唯一性或独特性旅游资源?哪些是一般性旅游资源?

2.旅游资源调查与评价主要应注意哪些方面?

5.1 旅游资源概述

旅游资源作为旅游的客体,是旅游目的地借以吸引旅游者的最重要因素,它是吸引人们前来游览、娱乐的各种事物的"原材料",也是确保旅游开发成功的必要条件之一。任何一个区域只有具备一定数量和类型的旅游资源,并经过适当的开发利用,使其成为具有吸引力的旅游景观,才能确保当地旅游业的发展。因此,对旅游资源基本概念、特征的正确认识和进行科学的分类评价,是进行旅游规划与开发的一项重要基础性工作。

5.1.1 旅游资源的概念

旅游资源是能够吸引旅游者前来进行旅游活动,对旅游者具有游览、娱乐及各种旅游活动的价值,进而能够体现出文化价值及社会价值的物质、精神条件的总和。旅游资源既可以是物质的,如锦绣山川、自然风光,也可以是非物质的,如民风民俗;既可以是天然的,如飞瀑流泉、溶洞奇观,也可以是经过人工制造而成的,如剧场、博物馆、展览馆、园林建筑、宗教圣地等。它们都属于旅游资源的范畴。

关于旅游资源的概念,学者们有不同的表述。

①原国家旅游局旅游资源开发司:旅游资源是指自然界和人类社会中凡是能够对旅游者产生吸引力,可以为旅游业开发利用,并产生经济效益、社会效益和生态环境效益的各种事物和因素。

②郭来喜:凡是能为人们提供旅游观赏、知识乐趣、度假疗养、娱乐休闲、探险猎奇、考察科研以及人们之间友好往来和消磨闲暇时间的客体和劳务都可以称为旅游资源。

③陈传康:旅游资源是在现实条件下,能够吸引人们产生旅游动机并进行旅游活动的各种因素的总和。

④孙文昌:凡能激发旅游者旅游动机的,能为旅游业所利用的,并由此产生经济效益和社会效益的自然和社会的实在物。

⑤黄辉实:旅游资源就是吸引人们前来游览、娱乐的各种事物的原材料,这些原材料可以是物质的,也可以是非物质的,它们本身不是旅游目的和吸引物,必须经过开发才能成为有吸引力的事物。

综上所述,所谓旅游资源就是经过开发可对旅游者产生旅游吸引力,并能为旅游业所利用以产生经济效益、社会效益和生态环境效益的有形及无形要素。值得强调的是,旅游资源是一个发展的概念,随着旅游业的发展,旅游资源范围将不断扩大,对旅游资源概念的认识也会不断深化。就旅游规划与开发来讲,对旅游资源概念的全面认识应重点从三方面去理解。首先,旅游资源应该是旅游吸引物(因素),这是衡量旅游资源的一个重要标准。其次,旅游资源的内容在不断发生变化。随着科技的进步和旅游者旅游经历的丰富,旅游资源的科技含量增加,资源潜能将进一步得到发挥,旅游资源的内容越来越广泛,而且不断地丰富和扩大。最后,旅游资源提供给旅游者的各种物质和精神享受必须是积极健康的。

现代旅游的动机、形式、目的和效果多种多样,决定了旅游资源具有广泛性、可变性、地域性、季节性、时代性、经济性和文化性。

5.1.2　旅游资源分类的原则

1) 共轭性与排他性原则

也称相似性与差异性原则,即应把具有共同属性的旅游资源归为一类,划分出的同一级同一类型旅游资源,必须具有共同的属性,不同类型之间应具有一定的差异。

2) 对应性原则

所划分出的次一级类型内容,必须完全对应于上一级类型的内容,不能出现下一级内容超出上一级或少于上一级内容的现象,否则就会出现逻辑上的错误。例如地质地貌旅游资源进一步分类,应包括所有的地质地貌旅游资源,不能只包括地质旅游资源或地貌旅游资源,更不能包括非地质地貌旅游资源。

3) 逐级划分的原则

即分级与分类相结合的原则。旅游资源是一个复杂的系统,它可以分为不同级别、不同层次的亚系统。分类时,可以把分级与分类结合起来,逐级进行分类,避免出现越级划分的逻辑性错误。例如可以把旅游资源先分为高一级的自然旅游资源与人文旅游资源,然后对其分别再进行划分次一级类型,如果需要还可再向下划分更低一级类型。

4) 标准适宜的原则

不同级别或不同系列的类型划分,可以采用不同的依据(标准);不同级别的类型划分不能采用相同的依据(标准),对每一类型直接划分次一级类型,必须采用相同的依据(标准),否则会出现分类的重叠。

此外,分类系统还应简明扼要,具有实用性。

5.1.3　旅游资源的类型

由于旅游资源的范畴极广,在对旅游资源评价时,往往需要分类评价,若不首先明确旅游资源的分类,就难以进行细致科学的评价。分类工作的关键在于确定分类标准。任何事物若以不同的角度进行分类都必然得出完全不同的结果。对于旅游资源来说,目前主要缺乏分类的统一原则,不同的学者曾从其基本属性、功能及利用方式、保护或遗存程度、应用范围等角度进行了分类研究。目前主要有以下几种分类方法。

1) 按旅游资源基本成因和属性分类

可分为自然旅游资源与人文旅游资源两大类。前者主要是天然赋存的,包括山水风景、气候、气象、奇观、湖泊、海洋、温泉、火山、动植物等,是由各种自然要素组成并相互作用而形成的自然环境。后者主要是人类社会生活的产物,包括文物古迹、文化艺术、民族风情、城乡建设与科技成就、博物及展览、人造乐园、文化娱乐等,由各种人文要素组成的文化环境。

我国于 2017 年 12 月颁布,2018 年 7 月开始实施了《旅游资源分类、调查与评价标准》国家标准(GB/T 18972—2017)。该分类方法旨在通过建立明确、简捷、便于操作的旅游资源分类系统,形成科学、准确的旅游资源评价体系。在该分类方法中,依据旅游资源的现存状况、形态、特征进行划分,分类对象为稳定的、客观存在的实体旅游资源和不稳定的、客观存在的事物和现象,分类结构分为"主类""亚类""基本类型"3 个层次,该方案将旅游资源划分成地文景观、水域景观、生物景观、天象与气候景观、建筑与设施、历史遗迹、旅游购品和人文活动 8 个主类、23 个亚类、110 个基本类型(表 5.1)。

表 5.1 旅游资源分类表

主类	亚类	基本类型
地文景观	自然景观综合体	山丘型景观、台地型景观、沟谷型景观、滩地型景观
	地质与构造形迹	断裂景观、褶曲景观、地层剖面、生物化石点
	地表形态	台丘状地景、峰柱状地景、垄岗状地景、沟壑与洞穴、奇特与象形山石、岩土圈灾变遗迹
	自然标记与自然现象	奇异自然现象、自然标志地、垂直自然带
水域景观	河系	游憩河段、瀑布、古河道段落
	湖沼	游憩湖区、潭池、湿地
	地下水	泉、埋藏水体
	冰雪地	积雪地、现代冰川
	海面	游憩海域、涌潮与击浪现象、小型岛礁
生物景观	植被景观	林地、独树与丛树、草地、花卉地
	野生动物栖息地	水生动物栖息地、陆地动物栖息地、鸟类栖息地、蝶类栖息地
天象与气候景观	天象景观	太空景象观赏地、地表光现象
	天气与气候现象	云雾多发区、极端与特殊气候显示地、物候景观
建筑与设施	人文景观综合体	社会与商贸活动场所、军事遗址与古战场、教学科研实验场所、建设工程与生产地、文化活动场所、康体游乐休闲度假地、宗教与祭祀活动场所、交通运输场站、纪念地与纪念活动场所
	实用建筑与核心设施	特色街区;特性屋舍;独立厅、室、馆;独立场、所;桥梁、渠道、运河段落;堤坝段落;港口、渡口与码头;洞窟、陵墓;景观农田;景观牧场;景观林场;景观养殖场;特色店铺;特色市场
	景观与小品建筑	形象标志物;观景点;亭、台、楼、阁;书画作;雕塑;碑碣、碑林、经幢;牌坊牌楼、影壁;门廊、廊道;塔形建筑、景观步道、甬路;花草坪;水井;喷泉;堆石

主类	亚类	基本类型
历史遗迹	物质类文化遗存	建筑遗迹、可移动文物
	非物质类文化遗存	民间文学艺术、地方习俗、传统服饰装饰、传统演艺、传统医药、传统体育赛事
旅游购品	农业产品	种植业产品及制品、林业产品与制品、畜牧业产品与制品、水产品及制品、养殖业产品与制品
	工业产品	日用工业品、旅游装备产品
	手工工艺品	文房用品;纺品、染品;家具;陶瓷;金石雕刻、雕塑制品;金石器;纸艺与灯艺;画作
人文活动	人事活动记录	地方人物、地方事件
	岁时节令	宗教活动与庙会、农时节日、现代节庆
8 主类	23 亚类	110 基本类型

2) 按照旅游资源的景观组合分类

(1) 自然景观旅游资源类型

①水光山色。山与水是构景的基本要素,山景往往是自然风景的骨架。由于山体的垂直变化大,气候多样,景色丰富,能给人以探胜、寻幽、避暑、攀登和滑雪之乐。山在不同的时间、不同的情形之下,会给人以不同的感受。作为风景名山应有势、有险、有态、有脉、有层次。水是自然界最活跃的物质之一,万物皆以水而生存。其光、景、形、声、色是最为生动的风景素材。人类的饮用、品茗、游泳、水疗、滑冰、赏雪等,都不能离开水。除此之外,水还能点缀与映照周围景象,使景区更加明快、秀丽。若水光与山色相融合,浑然一体,则更能相映成趣,为景色增添异彩神韵。世界上著名的旅游胜地,大都兼有水光山色之秀丽。

②奇洞异石。自然界的奇洞异石与水光山色有着密切的关系,其形成与岩性、构造、风化、水溶、沉积等作用息息相关。花岗岩地貌(如闻名遐迩的黄山、九华山和庐山)、丹霞地貌(如福建武夷山)、石英砂岩切割而成的峡谷峰林、喀斯特地貌(如桂林山水),都是各种旅游资源中最普遍、最受人们喜爱和赞赏的一类旅游景观。

③流泉飞瀑。流泉飞瀑是自然风景中最具动态美的构景之一。泉为地下水的天然露头,它不仅可以供人饮用、矿泉疗养,而且具有风景观赏价值。世界上的泉类旅游资源繁多,除了一般的矿泉之外,还有含羞泉、喊水泉、珍珠泉、蝴蝶泉、爆炸泉等,其自然奇观也能诱人探胜。被古代文人墨客喻为银河倒挂的流水飞瀑是指流水从陡崖跌落而下的不同高度、宽度和形态各异的瀑布旅游景观,具有声、色、形之美。

④阳光海滩。海洋以其浩瀚无际、巨浪汹涌的气势激发人的情感,使人视野开阔、胸怀宽广,尤其是宽敞的海滩、柔软的细砂、和煦的阳光、绚丽多姿的海洋生物以及富含清新负离子的空气,吸引着大量的旅游者。在当今世界,阳光、海滩和海水,已经成为最重要的旅游资

源组合,被称为"3S"(Sun、Sand、Sea)工程。

⑤气象与气候。气象与气候是两个既有联系又有区别的概念。作为一对重要的自然景观构景要素,它们与旅游活动的关系非常密切,影响也表现在多方面。构成气象气候的各要素,如冷、热、干、湿、风、云、雨、雪、霜、雾等,不仅具有直接的季相变化和观赏效果,还影响到旅游流的时间和空间分布。气象与气候风景类型种类繁多,其重要构景类型有雨景、雪景、雾景、旭日景、阳景、蜃景等。

⑥生物景观。凡具有观赏、科研功能,并为旅游业所利用的生物都属于生物景观的范畴。它们是自然旅游资源中最富有活力和生机的组成要素。在旅游环境中,植物以形、色、香等特点塑造风景季相,表现地方特色,有美化环境、烘托主景、点缀精华、清新空气、保持生态平衡等作用;鸟兽鱼虫等物,则使自然风景的景象空间更加活跃,生动而富有情趣。人们常保护、驯养、投放某些动物来美化点缀风景,有时也把天然动物作为观赏、渔猎的对象。

(2)人文景观旅游资源类型

①历史遗迹。历史遗迹是人类文明活动的遗留物,它反映着历史时代、历史文化和历史事件,供后人凭吊。构成历史遗迹的要素主要包括古人类遗址、古战场、古墓葬、名人故居、石刻石碑、革命纪念地等。它们不仅可以满足游客探幽访古的好奇心,还可以"寓教于游、寓学于游"。

②民族风情。民族风情是与民族文化有关的风俗和习惯,它作为一种文化现象,是在长期历史发展过程中形成的,具体包括民族神话传说、宗教庆典节日、服饰饮食习惯、建筑形式、民间艺术和道德礼仪等方面。在地理环境和社会环境两大因素的共同作用下,各民族都形成了个性鲜明的民俗与文化。

③城乡风光。城市具有繁华的特点,行人济济、车水马龙、商业繁荣、工业发达;村镇显古朴典雅;山村则恬静、清新、开朗适意,充满浓浓的田园风韵。这些使游客从不同侧面领略人类社会生活的魅力。

④旅游商品及风味佳肴。旅游商品的选购和风味佳肴的品尝是游客最为喜爱的旅游内容之一。因而,这些也构成了极具吸引力的旅游资源的一部分。

3)按照旅游资源的吸引力级别分类

(1)世界级旅游资源

世界级旅游资源的吸引力最强,影响范围覆盖全球。例如中国长城、故宫,埃及金字塔,美国科罗拉多大峡谷,世界海拔最高的珠穆朗玛峰,世界最深的贝加尔湖等,就其知名度和吸引力而言,这些可被称为世界级的旅游资源。

(2)国家级旅游资源

国家级旅游资源具有重要的观赏、历史和科学价值,在国内具有较高的知名度。例如我国的国家级重点风景名胜区、国家级度假区等都属此类。

(3)区域级旅游资源

区域级旅游资源具有较重要的观赏、历史和科学价值,有地方特色,在区域内外有较大的影响。

（4）地方级旅游资源

地方级旅游资源数量繁多,具有一定的观赏、历史科学价值,主要吸引对象是本地旅游者。

5.2　旅游资源的调查

5.2.1　旅游资源调查的意义

区域旅游资源调查是对一个区域旅游资源进行考察、勘察、测量、分析、整理的一个综合工作过程。目的在于系统地、全面地查清该区域旅游资源的规模、类型、特点、地理分布、功能、价值等信息,并建立一个相对完备的旅游资源信息数据库,进而可以开发一个较为成熟的旅游资源管理信息系统。旅游资源调查是旅游资源科学评价的前提,是区域旅游有效规划和开发的基础,是旅游资源合理有效保护的依据。因此,我们可以这样说,旅游资源调查的目的一是摸清家底;二是为规划提供基本依据;三是有利于旅游宣传与营销。

5.2.2　旅游资源调查的原则

1）真实可靠性原则

真实可靠性原则是旅游资源调查的首要原则,是旅游资源调查价值的根本体现。因此,要尽量地通过实地勘查获得第一手资料,而对于间接资料也要通过多种调查方式来加以核实。

2）点面相结合原则

"面"是指旅游资源调查在面上要尽量铺得广,要覆盖调查区域所有现实的旅游资源和潜在的旅游资源。可以通过各种调查方法查清整个区域旅游资源的规模、等级、类型、特色、地理分布等信息。"点"是指要调查大城市郊区、交通沿线、已开发旅游区的外围以及那些具有较大开发价值的旅游资源,除了查清旅游资源本身的信息以外,还要了解旅游资源的外部环境信息。点面的结合,一方面可以达到旅游资源调查的目的,另一方面可以节省时间和开支。

3）动态平衡性原则

旅游资源本身是一个动态的概念,它随着所处的自然环境、社会文化环境、经济和技术环境的变化而变化,其内涵和外延都处于动态之中。因此,旅游资源调查也是一个动态的过程,每一次调查都要对上一次调查进行信息的更新,这里的更新既有上一次调查的旅游资源自身信息的更新,又有新旅游资源的补充。同时,每一次旅游资源调查都要依据一定的标准,以便于具体操作,所以调查又具有平衡性。

4)多学科介入原则

不论是旅游资源的调查内容还是旅游资源的调查方法都要求多学科介入。调查组各成员不仅要掌握本学科领域已形成的理论,同时对其他学科领域也要有一定的了解。在调查过程中,各成员之间要积极配合,努力获得旅游资源的全面信息,为后期工作打好基础。

5.2.3 旅游资源调查的内容和重点

由于旅游资源调查的信息非常广泛,所以调查的内容可以从旅游资源本身和旅游资源外部环境两个方面着手。

1)旅游资源本身的调查

依据国家标准《旅游资源分类、调查与评价》,调查区域旅游资源的类型、数量、结构、规模、级别、成因及与旅游资源有关的重大历史事件、名人活动、文艺作品等基本情况,形成旅游资源的文字、照片、录像、专题地图等有关资料。旅游资源的调查主要有以下几种:

(1)旅游资源类型的调查

依据此标准确定调查区内的旅游资源的主类、亚类及基本类型的数量,对各类旅游资源的空间分布进行汇总,并判定区域旅游资源的特色。

(2)旅游资源规模的调查

旅游资源规模的调查内容主要包括旅游资源数量、分布范围和面积及分布密集程度。旅游资源的规模直接影响了区域的旅游吸引力和旅游开发潜力,因此,旅游资源规模的调查非常有必要。

(3)旅游资源组合结构的调查

旅游资源组合结构既指旅游资源类型上的组合结构,也指旅游资源空间分布上的组合结构。因此,其调查内容主要包括自然旅游资源与人文旅游资源的组合结构、自然旅游资源和人文旅游资源内部的组合结构以及两大类旅游资源空间分布上的组合状况。

(4)旅游资源品位的调查

主要的内容包括旅游规划区域重要旅游资源的珍稀奇特程度;旅游资源的历史价值;旅游资源的科学价值;旅游资源的文化价值;旅游资源的观赏游憩价值及重要旅游资源的知名度等的考察。

(5)旅游资源开发现状调查

根据旅游资源的开发现状可将旅游资源分为已开发旅游资源、待开发旅游资源和潜在旅游资源。该项目调查就是要查明区域旅游资源的开发程度、开发效果等情况,最终确定旅游资源开发时序、开发重点、开发方向等内容。

(6)旅游资源保护调查

旅游资源保护是旅游业可持续发展的重要保障。因此,该项调查内容包括旅游资源的保护现状、保护措施等内容。

2) 旅游资源外部环境的调查

（1）自然环境的调查

主要包括调查区的地貌特征,包括调查区所处的地貌单元、地质构造状况、岩性、地壳活动状况等;调查区的水文特征,包括地表水和地下水的类型、分布、水文特征及特殊的水文现象(特别是洪水、泥石流等灾害现象);调查区的生物特征,包括调查区生物的特性、分布及特色生物类型的基本状况;调查区的气象、气候和环境因素,包括调查区内降水、气温、光照、湿度的基本状况和特殊的现象。

（2）社会文化环境的调查

主要包括调查区的概况,包括调查区的名称、地域范围、面积、中心位置和依托城市等;调查区的历史沿革,包括调查区的发展历史及其历史遗迹;调查区的文化氛围,包括调查区的居民的教育程度、文化水平及职业构成等;调查区的社会氛围,包括调查区居民的宗教信仰、风俗习惯、审美观点和价值观念等。

（3）经济环境的调查

主要包括调查区的宏观环境,包括调查区的经济发展速度、经济发展水平、产业结构状况等;调查区的微观环境,包括调查区的居民的收入水平、消费偏好、储蓄情况、就业程度等。

（4）技术环境的调查

主要包括调查区的科技开发的重点、科技转化生产力的速度等。

3) 旅游资源调查的重点

①城市的郊区、交通沿线和人口密集的地区。在城市的郊区和交通沿线以及人口密集的地区,即使资源品位略低,规模较小,但只要有一定的特色,经过开发以后,都能吸引城市居民。因为这些区域距离客源近、交通便捷、潜在游客多,尤其适合游客的短期旅行。

②已开发的旅游区及其外围区域。调查已开发旅游区及其外围区域,能够发现新的旅游资源,形成新的旅游产品,满足游客多层次的需要,减轻老景区的压力。由于很多旅游区的产品逐渐老化,不能满足游客探新求异的心理,所以要改变这个老化现象就要更新换代,就要在它的内部及其周围深入地进行资源调查挖掘。

③离城市较远的未开发区域。尽管这些旅游点离城市较远,交通不方便,不具备开发的基础,但是这些旅游点一旦发现后,就有可能形成潜在的旅游产品市场,即使现在不开发,也有利于旅游可持续发展战略。

5.2.4　旅游资源调查的步骤

1) 准备阶段

（1）成立调查小组

调查小组是由承担旅游资源调查工作的部门或机构,以旅游局、高校、科研机构、调查机构等为主,并吸收不同部门的工作人员、不同学科的专业人员以及普通调查人员组成。明确各个成员的具体任务,以便各个成员根据其具体的任务进一步做好各自的准备工作。若调查的区域较大、涉及部门较多,则有必要成立旅游资源调查领导小组,负责各区域、各部门的协调工作。考察前,应准备好诸如数码摄像机、数码照相机、录音笔等器材以及空白地图、地方志之类的相关资料。

(2)收集第二手资料

为了较好地初步明确基础资料实地调查、考察工作的目标、重点、步骤、方法以及调查人员的构成等问题,有必要在进入旅游规划区着手实地调查、考察前阅读一些与旅游规划区域地方文脉有关的文献资料,大概地了解旅游规划区地方文脉的一些情况;通过各种途径和方式(如书籍、报刊、宣传材料以及熟悉当地情况的人员)收集、整理调查区内的旅游资源信息,并选取合适比例尺的地形图将旅游资料比较详尽地标上去,以便在调查过程中进行核实和补充。

考察前应向旅游规划编制委托方索取部分文献资料,这样不仅便于拟订基础资料实地调查、考察工作计划,较快地展开实地调查、考察工作,还可以节省时间。一般应提供以下资料:旅游规划区所在行政区域国民经济与社会发展规划;旅游规划区所在行政区域近5年内各年度的统计年鉴;旅游规划区所在行政区域近期建设项目;旅游规划区所在行政区域工业、农业、交通、商业、文化产业等相关产业发展规划;旅游规划区所在行政区域城镇建设规划;旅游规划区所在行政区域及其上一级行政区域旅游产业发展规划;旅游规划区所在行政区域国土规划、土地利用规划资料;旅游规划区所在行政区域的地方志;旅游规划区所在行政区域地形图、行政区划图、交通图等;旅游规划区所在行政区域文物保护规划资料等。

(3)制订调查计划和调查表格

旅游规划编制承担方在进入旅游规划区域前可请求旅游规划编制委托方填写以下调查统计表:旅游规划区所在行政区域旅游经营机构统计表、旅游经营状况统计表、旅游从业人员统计表、乡镇社会经济情况统计表、旅游设施设备统计表、旅行社经营状况统计表、饭店经营状况统计表、景区概况统计表等。

调查小组根据调查的目的制订调查计划,包括调查范围、主要调查方式、调查对象、调查工作时间表、调查小组内的人员分工、调查精度要求以及人力、财力和物力的预算等内容。可以在收集第二手资料的基础上,设计野外考察路线图,并依据相关标准制定调查的有关表格。表格设计要清晰、简洁明了;所列的内容要全面具体;制作要规范。

2)调查阶段

在实地调查、考察中,应该坚持多种调查、考察方法并用。首先,这是因为不论是哪一种方法,都难以说是十全十美的方法,总存在一些不足。如在旅游市场需求调查中通常使用的观察调查法、访问法、抽样调查法等都有明显的优缺点。其次,不同的调查、考察方法往往适宜于不同的调查、考察范围,或不同的调查、考察场合,或不同的调查、考察阶段使用。如在旅游资源调查中通常使用的概查法、普查法、详查法等,就分别适用于在不同的旅游资源调查阶段使用。

在实地调查中应坚持"三多",即多看、多问和多想。一是多看。只有多察看旅游资源,才有可能对旅游资源开发、利用价值的大小有深刻的、正确的认识;只有到诸如景点大门、饭店大厅、旅游纪念品店之类的游客集散地多察看游客的活动情况,才能真正地了解游客的真实旅游消费心理需求。二是多问。针对调查内容应多询问当地人士,这样能较好地了解一些与调查内容有关的历史信息;还能较好地了解一些与调查内容相关的深层次信息;同时也能获得一些旅游规划与开发的好思路。三是多想。在调查中应多思考,主要思考在撰写旅游规划文本与说明书时如何运用获得的实地调查、考察资料;是否有必要对这些已获得的实地调查资料进行补充调查。

同时,在旅游资源的实地调查中,要坚持边调查边评价,即按照《旅游资源分类、调查与评价》中的标准当场打分;边调查边创意,即当场对旅游资源的项目进行初步的创意,以便进一步明确调查的目的;边调查边讨论,即可在调研过程中,就大家的所见、所闻、所思进行座谈讨论,以达成共识;边调查边整理,这样可以及时发现遗漏之处;边调查边落实,即将各单体旅游资源的具体空间位置准确无误地落实到地图上,以利于以后绘制旅游规划图。

3) 研究阶段

各类调查收集到的原始资料经过加工、整理、研究、分类才有意义,才能比较正确地反映旅游资源的有价值的信息。在这个阶段要做两项工作:一是审核资料的准确性、真实性。如发现资料不清楚、不完整、不协调,就应采取措施予以澄清、补充和纠正;二是资料的整理、分类和汇总。将收集来的文字资料、图片、录像等按照相关标准分门别类并进行汇总,按不同的标准(如区域、类型、等级等)进行统计,获得有效数据和信息。

4) 总结阶段

总结阶段即成果展示阶段,主要内容包括:

(1)调查区旅游资源实际资料表

栏目内容包括调查区基本资料、各层次旅游资源数量统计、各主类及亚类旅游资源基本类型数量统计、各级旅游资源单体数量统计、优良级旅游资源单体名录、调查组主要成员、主要技术存档材料等。

(2)旅游资源现状分布图

主要包括旅游资源分布图和优良级旅游资源分布图两种。

(3)旅游资源调查报告

各调查区编写的旅游资源调查报告的基本篇目如下:

前言

第一章　调查区旅游环境

第二章　旅游资源开发历史和现状

第三章　旅游资源基本类型

第四章　旅游资源评价

第五章　旅游资源保护与开发建议

主要参考文献

附图:"旅游资源分布图"和"优良级旅游资源分布图"

【例5.1】陕县旅游资源调查报告①

前言

这次旅游资源调查工作是在省、市的统一安排部署下进行的,是省、市旅游资源调查工作的重要组成部分,也是进一步加强县域旅游资源开发与管理的迫切要求。此项工作的开展将为编制《陕县旅游发展总体规划》提供基础资料,为建立旅游资源开发与管理系统提供信息平台。

此项工作从6月中旬开始,到目前为止,历时四个多月时间,共完成单体表208份,圆满完成了市下达的目标任务。通过调查,进一步摸清了县域旅游资源的家底,为进一步的开发利用打下了坚实基础。

第一章　调查区旅游环境

一、陕县概况

陕县古称陕州,位于豫西秦岭余脉的崤山腹地,北濒平陆,西邻灵宝,东毗渑池,南接洛宁,是秦晋豫三省交界的黄河金三角地带,处洛阳、西安两大古都旅游热线中间,与山西省旅游重点发展区——运城一河之隔。地理坐标在北纬31°24′—31°51′,东经111°01′—111°44′之间,东西长65.2 km,南北宽48.5 km,辖4镇13乡,总人口34.6万,土地总面积1763平方千米,海拔最高点1902.6米,属暖温带大陆干燥性季风气候,四季分明,光照充足,年平均气温13.9 ℃,相对湿度64%,主导风向为东风,其次为西风,平均风速2.9米/秒,瞬时极大风速为22米/秒;极端最低温度-18 ℃,极端最高温度42 ℃,年无霜期220天。

陕县地理位置优越,交通便利,通信发达。陇海铁路、连霍高速公路和209、310国道在境内交错贯通,三门峡黄河公路大桥连接南北,黄河航运沟通秦晋,加上纵横交织的县、乡公路,形成了四通八达的交通运输网络。全县17个乡镇全部开通程控电话,内外联络、信息传递快捷方便。陕县物华天宝、资源丰富,是国家重要的能源、金属和非金属生产基地,已探明有开采价值的矿产9类32种,黄金、煤炭、重晶石等12种矿产以其储量大、品位高、埋藏浅、易开采,在全省乃至全国占有重要的地位。尤其是位于城区内的温塘矿泉水,水温高达65 ℃,富含42种有益于人体的微量元素,可与法国维希矿泉水媲美,被地质矿产部勘察设计院评定为河南省第一矿泉水开发基地。陕县境内的黄河线路被国家定为"黄河之旅——中华民族之魂",成为国家级的十四条旅游专线之一。

二、自然旅游资源形成的自然地理基础

陕县地处丘陵地区,地势比较复杂,崤山在陕县境内由西南向东北呈弧形绵延,全县地势为南高北低,东峻西坦,呈东南向西北倾斜状。境内山岳重叠,沟壑纵横,丘陵起伏,原川相间,基本是三大原、三小原、五条川,海拔在800米以上的山头640个,较长的山沟402条,较大的沟壑305个。海拔最高的县南甘山的主峰(甘露峰)为1903.6米,海拔最低的柴洼乡崖底村黄河滩为252米,两处相对高差为1651米。沿西南—东北走向在陕县穿过黄河与新华夏系东北向的中条褶皱隆起带相连,构成三门峡盆地。陕县地质构造是全国38个重点抗

---

① 河南省三门峡市旅游局提供。

震设防地之一,位于全国地震烈度区划图中的八度区之内。据历史记载,从公元 780 年到 1985 年,4.7 级以上地震发生过 128 次,其中 7.5 级以上地震发生过 4 次。

根据植物资源考察鉴定结果,陕县气候温和,树种繁多,全区植物以落叶乔灌木为主,共计 231 种,其中乔木 107 种,灌木 36 种,主要有毛白杨、新疆杨、国槐、刺槐、臭椿、苦楝、兰考桐、楸叶桐、光泡桐、长果楸、心叶楸、梓树、核桃、垂柳、沙梨、香蕉梨、磨盘柿、牛心柿、酸枣、三角枫等。

在农业方面,适应本地区环境的主要作物有小麦、玉米、棉花、大豆、花生、红薯、高粱等 10 余种粮食作物和 40 余种蔬菜作物和 60 余种瓜果。

陕县地貌复杂,气候温和,饲料资源丰富,适宜发展多种畜禽兽类主要有马、牛、羊、犬、驴、骡、獾、蛇、野猪、狈、狐狸等,禽类有鹅、鸭、鸡、雀、鸽、鸠、野鸭、野鸡等。

第二章　陕县旅游资源开发历史及现状

随着我国改革开放的进一步深入和国际、国内旅游市场的发展,旅游业作为陕县发展潜力巨大的第三产业,得到了政府和社会的重视,1995 年,经陕县人民政府批准成立了陕县旅游局,使旅游业进入了规范发展的轨道。1999 年元月成立了陕县第一家旅游景区——甘山森林公园。截至目前,全县现有 AAA 级旅游景区一家(甘山国家森林公园),正在开发建设的旅游景区 3 个,即熊耳山空相寺风景区、温泉保健度假区、宫前—店子生态旅游区。

第三章　旅游资源基本类型

通过这次调查,共填写单体表 208 份,旅游资源单体共涉及 8 个主类,23 个亚类,54 个基本类型,分别占全国的 8 个主类,31 个亚类,155 个基本类型的 100%、74.2% 和 35%。

1. 地文景观

在该主类的 37 种基本类型中,辖区内仅有山丘型旅游地、奇特与象形山石、岩壁与岩缝、岩洞与岩穴、岸滩 5 种,占国标基本类型的 13.5%。

2. 水域风光

在该主类的 15 种基本类型中,本辖区有潭池、悬瀑、地热与温泉 3 种,占国标基本类型的 20%。

3. 生物景观

在该主类的 11 种基本类型中,辖区内有林地、独树、林间花卉地、水生动物栖息地、蝶类栖息地 5 种,占国标基本类型的 46%。

4. 天象与气候景观

此类景观资源在陕县较少,全国的 8 种基本类型中辖区内仅有避暑气候地、物候景观 2 种,占国标基本类型的 25%。

5. 遗址遗迹

在此主类资源 12 种基本类型中,辖区内文化层、军事遗址与古战场、废弃寺庙、废弃生产地、交通遗迹、废城与聚落遗迹 6 种,占国标基本类型的 50%。

6. 建筑与设施

在本主类的 50 种基本类型中,陕县有康体游乐休闲度假地、宗教与祭祀活动场所、园林休憩区域、建设工程与生产地、景物观赏点、祭场馆、塔形建筑物、楼阁、石窟、城(堡)、摩崖字画、碑碣(林)、广场、人工洞穴、建筑小品、传统与乡土建筑、名人故居与历史纪念建筑、陵区陵园、墓(群)、桥、栈道、水库观光游憩区段、堤坝段落24种,占国标基本类型的48%。

7.旅游商品

在此主类的7种基本类型中,陕县有菜品饮食、农林畜产品与制品、水产品与制品、传统手工产品与工艺品4种,占全国基本类型的57%,主要品种有虢州澄泥砚、黄河奇石、豫西剪纸等。

8.人文活动

在此主类的15种基本类型中,陕县仅有人物、文学艺术作品、民间演艺、庙会与民间集会4种,占国标基本类型27%。

第四章　旅游资源评价

陕县地势复杂,旅游资源丰富,种类齐全,具有浓郁的风土民情,悠久的历史文化传统、奇特的山体景观。旅游开发前景广阔,体现在以下几个方面:

一、景色奇特,多种植物因季节不同而表现不同颜色,花果也因气候变迁而改变外表。

二、地形景观独特,整体看来,山峰逶迤,万壑争奇,草木朦胧其上,若云兴雾蔚。

三、历史文化传统悠久而美丽,从古至今许多历史名人在此留下足迹和典故,为旅游开发奠定了人文基础。

四、风土人情浓郁,民居环境独特,窑洞式的家园不但朴素、典雅,而且很有特色。

五、果树资源尤其丰富,为以林果业为主线的景观资源开发奠定了基础。

第五章　旅游资源保护与开发建议

一、旅游资源保护建议

1.强化对文物的保护和管理工作,严格按照《中华人民共和国文物保护法》的要求对辖区内的文物保护单位按照等级、位置进行分级、划片、分区管理,防止人为破坏。

2.对辖区内的古树、名木进行逐棵调查、鉴定、登记造册、悬挂标牌、严禁砍伐。

3.注意重点旅游区的环境保护工作,严禁在景区内开山采石、采矿、放牧、取土、开荒、丧葬和污染环境的开采作业。

二、旅游资源开发建议

1.坚持有效保护、合理开发、突出重点、有的放矢的原则,集中财力开发具有较强吸引力和市场竞争力的特色旅游产品。

2.深挖旅游资源的文化内涵,提升景区的文化品位。

3.抓住西部大开发和"三点一线"旅游精品工程实施这一契机,以黄河和黄河文化为主线,突出文化休闲游、自然生态游、民俗游和农业观光游。重点抓好熊耳山景区、甘山公园景区、三门峡温泉保健度假区、宫前—店子生态景区和熊耳山、空相寺、神汤山庄、九莲山现代农业示范、白天鹅观赏区、地坑窑院群、甘山红叶、蝴蝶谷八大景点建设,努力构建"四大景区,八大景点"格局。

5.2.5　旅游资源调查的方法

1) 现场勘查

这是最基本的旅游资源调查方法。调查人员可以通过观察、踏勘、测量、拍照、摄像、填绘等形式,直接获得旅游资源的第一手资料。旅游资源调查表的填绘、旅游资源分布草图的绘制等工作大部分都在此阶段完成。必要时还要提取样本(水样、植物、石质、土质),进行仪器测试(负离子测量、矿泉水化验等)。实地勘察地形地貌。为了保质保量,要求调查人员勤于观察、善于发现、及时填图和填表。

2) 文献查阅

在实地勘查的同时,查阅文献是不可缺少的重要手段。应充分利用各部门的调研结果,如农业、林业、水利、土地、交通、气象、环境、文化等部门的调研资料和规划统计数据,以及有关地方风土人情的刊物、汇编、著作等,可查阅到有关旅游资源的资料和线索。

3) 访问座谈

这是旅游资源调查的一种辅助方法,是获得旅游资源第二手资料的主要途径。该种方法可以有效弥补人力不足、时间较短、资金有限等不利因素的影响。为了保证第二手资料的可靠性、准确性和丰富性,要精心挑选座谈的人员,这些人员一般包括老年人、行政人员、文化馆人员以及从事历史、地质、水文、环保等工作的研究人员。

4) 问卷调查

这也是一种获取旅游资源第二手资料的方法,主要是通过问卷的形式向调查对象获取信息。调查对象主要包括各有关部门人员、游客以及当地居民等。主要是获取旅游资源、旅游市场的动态信息,为旅游资源的评价和开发提供依据。

5) 遥感法

遥感法是指利用遥感技术对不易调查到的旅游资源进行调查,这是旅游资源调查的一种辅助手段。实践表明,遥感在调查与发掘新的旅游资源方面具有显著的现实意义。依据影像的解译标志,即色调、形态、大小、纹理、阴影、落影及空间布局和组合关系,与周围地物间的相互联系和制约等因素,可以发现和扩大新的旅游区(点)及旅游资源。遥感的另一个特点是可达到人类不能进入的沙漠、原始森林深处、深山河谷(流)、孤山等地,具备对野、奇、秀、幽、自然美景进行调查的优势,还可对新开辟的旅游区(点)进行规划、管理。

5.3 旅游资源的评价

旅游资源要想成为具有吸引力的旅游景观,必须经过适当的开发和利用。就旅游资源的开发利用而言,其首要问题是必须进行旅游资源的科学评价。所谓旅游资源评价,是指从合理开发利用和保护旅游资源及取得最大的社会经济效益的角度出发,运用一定的方法,对规划区域内旅游资源本身的价值及其外部开发条件等进行综合评价和鉴定的过程,旅游资源评价是在旅游资源调查的基础上所进行的更深入的研究工作。

5.3.1 旅游资源评价的目的

旅游资源的评价直接影响到区域旅游资源开发利用的程度和旅游地的前途和命运,是旅游区综合开发的重要环节,其目的在于:

①通过对旅游资源的种类、组合、结构、功能和性质等的评价确定旅游资源的质量水平,评估其在旅游地开发建设中的地位,以便为旅游区的开发和改造提供科学依据。

②通过对旅游资源的规模水平的鉴定,确定旅游地的性质(类型),既为国家和地区进行分级规划和管理提供资料和判断标准,又可拟订未来旅游地中旅游资源结构和新旅游资源的开发计划。

③通过对区域旅游资源的综合评价,为合理利用旅游资源,发挥整体、宏观效应提供可行性论证,为确定不同旅游地的建设顺序准备条件。

5.3.2 旅游资源评价的原则

旅游资源评价工作涉及面广、情况复杂,目前还没有形成统一的认识基础和评价标准。为了使旅游资源评价做到公正客观,其结果准确可靠,一般应遵循以下基本原则:

1)全面系统原则

旅游资源是多种多样的,它的价值和功能也是多层次、多形式、多内容的。这就要求在进行旅游资源评价时,不仅要注重对旅游资源本身的成因、特色、质量、数量等因素的评价,还要把该旅游资源所处区域的区位、环境、客源、交通、经济发展水平、建设水平等开发利用条件,作为外部条件纳入评价的范畴,综合衡量,全面完整地进行系统评价,准确地反映旅游资源的整体价值。

2)动态发展原则

旅游资源特征以及开发的外部社会经济条件,是不断变化和发展的。这就要求旅游资源评价工作不能囿于现状,陷入僵化和形而上学之中,而必须具有动态发展的观点,用发展和进步的眼光看待变化趋势,从而对旅游资源及其开发利用前景做出积极、全面和正确的评价,特别是要注意避免一味夸大其词、盲目拔高的通病。

3) 尊重事实原则

旅游资源的评价工作,要从客观实际出发,即在对旅游资源调查的基础上,运用地理学、历史学、经济学、美学、建筑学等相关专业知识,对旅游资源开发潜力做出实事求是的评价。

4) 兼顾三大效益原则

评价旅游资源,要考虑到三方面的效益。经济效益,即能增加经济收入,开拓财源,对当地经济发展起到促进作用;环境效益,即能美化和保护环境,为人类提供一些有利于身心健康的生态平衡的空间场所;社会效益,既能吸引游客,为其提供开阔眼界、增长知识、陶冶情操的场所,同时使旅游资源所在地的社会环境通过与外界的交流得到改善。总之,要通过充分合理地利用旅游资源,发挥其潜在的资源优势,兼顾三大效益。

5) 定性与定量相结合原则

常用的旅游资源评价方法,一般有定性和定量两种方法。定性研究方法使用简便,应用范围广,包含的内容丰富,但缺乏可比性,只能反映旅游资源的概要状况,主观色彩较浓;而定量分析是根据一定的评价标准和评价模型,以全面、系统的方法,将有关旅游资源的各评价因子予以客观量化处理,其结果具有可比性。但在实际工作中,这两种方法必须密切配合,才能较好地达到预期的目的。

5.3.3　旅游资源评价的内容

旅游资源评价的内容主要包括三个部分,即对旅游资源特色和结构的评价、旅游资源环境的评价以及旅游资源开发条件的评价。

1) 旅游资源特色和结构的评价

（1）旅游资源的特性和特色

旅游资源的特性和特色是衡量其对游客吸引力大小的重要因素,它对旅游资源的利用功能、开发方向、开发程度及其经济和社会效益起着决定作用。通常个性化程度越高的旅游资源的开发前景相对较好,那些"新、奇、特、绝"的旅游资源往往能够成为区域旅游发展的重要支柱。

（2）旅游资源的价值和功能

旅游资源的价值包括旅游资源的艺术欣赏价值、文化价值、科学价值、经济价值和美学价值,它是旅游资源质量水平的反映。而旅游资源的功能则是与价值相对应的,指经过开发后能够满足旅游者某方面需求的能力。一般地,艺术和美学价值高的旅游资源,观光的功能较为突出;文学和科学价值高的旅游资源,其科学考察和文化体验的功能占据主要位置。此外,旅游资源经过开发还可具备娱乐、休憩、健身、疗养和商务等多重功能。旅游资源的价值和功能对于其开发方向和开发形式具有重要的影响。

（3）旅游资源的数量、密度和布局

旅游资源的数量是指区域内旅游资源单体的数量，而密度则是指单位面积内旅游资源的数量多少，它可以体现出区域内旅游资源的聚集程度。旅游资源的布局则是指旅游资源的空间分布和结构组合特征。一般情况下，景观数量大、相对集中并且布局合理的区域资源赋存状况较为理想。因此，旅游资源的数量、密度和布局是判断区域旅游开发的规模和可行性的重要因素。

2）旅游资源环境的评价

（1）旅游资源的自然环境

旅游资源所处的自然环境是指区域内的地质、地貌、气象、水文、生物等环境要素。作为旅游资源开发地，其环境应以能让游客从视觉、听觉、嗅觉、触觉以及味觉等全方位感受舒适、怡人。自然环境较为恶劣的区域在开发旅游时往往会遇到一定的阻碍。

（2）旅游资源的社会环境

旅游资源所处的社会环境指旅游资源所在区域的政治局势、社会治安、医疗保健和当地居民对旅游者的态度等内容。良好的外部社会环境能够促进旅游的快速发展，如欧盟国家间实行相互免签制度，各国关系融洽，这些国家的居民出国旅游十分方便。而当政治局势不稳定或爆发战争和恐怖事件时，当地的旅游资源开发及旅游业发展会受到伤害，如近年来的印度尼西亚巴厘岛爆炸事件、美国"9·11"恐怖事件等都对当地旅游业造成了较大的负面影响。

（3）旅游资源的经济环境

旅游资源的经济环境是指资源所在区域在经济发展上的发达程度。通常经济越发达的地区在旅游资源开发上的投资实力越强，且本地居民对旅游产品的消费需求也相应较高，这为当地发展旅游业提供了良好的保障。同时，经济发达的区域在人力资源的供给上也具有较大的优势，对旅游资源的开发具有较大的推动作用。

（4）旅游资源的环境容量和承载力

旅游资源的环境容量，是指旅游资源自身或所处区域在一定时间条件下旅游活动的容纳能力，包括容人量和容时量两个方面。所谓容人量系指单位面积所能容纳游客的数量。容时量则指旅游者在该区域内游览时所需要的基本时间。旅游资源越复杂、越丰富则容时量就越大；相反，那些类型单一、数量较少的区域，容时量就小。旅游资源所处环境的容量和承载力对于旅游资源的开发规模具有决定性的作用。为了保证旅游资源的有序开发和永续利用，规划者往往选择环境容量众指标中数值最小的指标作为开发规模的限值。

3）旅游资源开发条件的评价

（1）区位条件

旅游资源的区位条件是影响资源开发可行性、开发规模和效益的重要外部条件，包括旅游资源所在地的地理位置、交通条件以及与周围旅游区之间的相互关系等。

（2）客源条件

客源数量直接关系到旅游开发的经济效益。而客源数量通常又与旅游开发地的腹地大小、腹地经济发展程度关系较大。例如,在华侨城系列主题公园和迪士尼乐园的选址上,就将腹地规模和经济实力作为重要的考虑依据。深圳和香港所拥有的腹地泛珠江三角区域人口密集且经济实力十分雄厚,因此,在旅游客源方面能够提供保障。

(3)投资条件

与投资条件相关的要素主要包括了资源所在区域投资渠道的畅通程度和政府对于旅游投资的政策。投资渠道畅通、旅游投资主体较多、政府对于旅游投资制定优惠政策的区域,其投资条件相对较为优越。这类区域在旅游资源开发的资金筹集方面往往能够得到有效的保证。

(4)建设施工条件

旅游资源的开发会涉及系列工程项目的建设,如各种游览、娱乐设施和道路交通、供电供水、停车场地等基础设施,因此,对于区域内的地质、地形、土质、供水等有较高的要求。上述开发建设条件的好坏与旅游资源的开发可行性间有紧密的关联,需要在资源评价时加以关注。

5.3.4　旅游资源评价的方法

旅游资源的评价方法可大体上分为定性评价和定量评价两种。定性评价又称经验法,主要通过评价者观察后的印象得出结论。定量评价则是利用资源的评价指标体系对旅游资源进行评分。由于定量化的评价方法能够降低资源评价中的主观因素影响,因此,在目前的旅游规划与开发中使用较为普遍。

1)定性评价方法

(1)一般体验性评价和美感质量评价

一般体验性评价是以大量旅游者或专家为主体对旅游资源进行评价,即通过统计旅游地或旅游资源在报刊、旅游指南、旅游书籍和网络上出现的频率或旅游者对旅游资源的好评率,从而判断旅游资源的质量优劣和大众知晓度。此方法仅对具有一定知名度的旅游资源评价有效,而对于大多数尚未开发也无知名度的旅游资源则不具有可操作性。

美感质量评价则是一种从美学价值的角度对旅游资源进行评价的方法。这类评价以旅游者或旅游专家的体验性评价为基础,并在其基础上进行深入分析,其评价结果具有一定的可比性。其中有关自然风景视觉质量评价较为成熟,已发展成为 4 个公认的学派,即专家学派、心理物理学派、认知学派和经验学派或现象学派。

(2)"三三六"评价法

所谓"三三六"即"三大价值""三大效益""六大条件"。

①"三大价值"评价。"三大价值"评价指旅游资源的历史文化价值、艺术欣赏价值(美学价值)和科学研究价值。

历史文化价值,属于人文旅游资源范畴。评价历史古迹,要看它的类型、年代、规模和保存状况及其在历史上的地位。例如河北省赵州桥,外观很平常,但它是我国现存最古老的石拱桥,也是我国古代四大名桥之一(其他三桥是潮州湘子桥、山西娘子桥、福建洛阳桥),在世界桥梁史上占有重要的地位,因而有较大的历史文物价值。

除了这些在全国占重要地位的历史文化古迹外,许多风景名胜区还有不少题记、匾额、楹联、诗画、碑刻等,它们既是观赏的内容,又是珍贵的历史文化艺术。可见,古迹的历史意义是评价历史文物价值的主要依据。我国公布的国家级、省级、地区级、县级重点文物保护单位,就是根据它们的历史意义、文化艺术价值确定的。一般说来,越古、越稀少、越珍贵;越出于名家之手,其历史意义越大。

艺术观赏价值,主要指客体景象艺术特征、地位和意义。自然风景的景象属性和作用各不相同。其种类越多,构成的景象也愈加丰富多彩。主景、副景的组合,格调和季相的变化,对景象艺术影响极大。若景象中具有奇、绝、古、名等某一特征或数种特征并存,则旅游资源的景象艺术水平就高,反之则低。艺术观赏价值评价时有三种比较方法值得注意:第一是地方色彩的浓郁程度,即个性的强弱程度;第二是历史感的深浅;第三是艺术性的高低。

科学考察价值指景物的某种研究功能,在自然科学、社会科学和教学上各有什么特点,为科教工作者、科学探索者和追求者提供现场研究场所。我国有许多旅游资源在世界和中国具有高度的科学技术水平,获得了中外科学界的赞誉。

②三大效益的评估。三大效益指经济效益、社会效益和环境效益。经济效益主要包括风景资源利用后可能带来的经济收入。这种评估必须实事求是,因为它是风景区开发可行性的重要条件。社会效益指对人类智力开发、知识储备、思想教育等方面的功能。它可以给游人哪些知识、赋予何种美德,这些都需要进行科学的评价。环境效益指风景资源的开发,是否会对环境、资源造成破坏。

③"六大条件"的评估。旅游资源的开发,必须建立在一定的可行性的条件基础上。这些条件最重要的是六个方面,即景区的地理位置和交通条件;景物或景类的地域组合条件;景区旅游容量条件;施工难易条件;投资能力条件;旅游客源市场条件。

地理位置及交通条件:地理位置是确定景区开发规模、选择路线和利用方向的重要因素之一。它不仅影响风景的类型和特色,而且影响旅游市场客源。例如位于北纬53°的黑龙江漠河镇,由于太阳高度角在全国最低,冬长夏短或基本无夏的气候条件,使之具有中国独具一格的旅游风景资源,如观赏白夜、极光等,被人们誉为"北极村""不夜城";位于南海北部湾畔的广西北海市(北纬21.5°),因处于南亚热带,一年之内有三季(春、夏、秋)可以进行海水浴,开放时间比我国大连、北戴河长4倍,是我国少有的冬季避寒度假胜地,被人们称为"南方的北戴河";位于河西走廊的嘉峪关,因交通位置的重要,在历史上曾是兵家必争之地,"丝绸之路"的要站,这里有丰富的人文旅游资源,如长城关楼、烽火台、古陵墓、摩崖石刻等,在地理环境方面,由于它处于祁连雪峰北面的干旱区,所以在旅游方面可以考虑开发冰川雪景等项目,使之具有不同于其他的旅游区。

但是,这些旅游区的开发工作,绝不能只考虑其景观特色。旅游景观虽好,但地理位置太偏远,路途交通费用过大,时间过长,也会直接影响旅游客源市场。例如漠河旅游区的观览最佳时间是在夏至前后短暂的几天,游人相对比较集中,但数量不会很多;北海旅游区,可以长年举办旅游活动,旅游规模和条件比黑龙江漠河要优越,但因离我国最大的客源市场相距甚远,故旅游活动比外国游客进出我国比较方便的广州、海南岛会略逊一筹;嘉峪关的地理位置和交通条件比漠河、北海好,所以到此观光的游客也比较多。以上三地及其地理位置、交通条件的比较,使人们进一步认识到,旅游点的"可进入性"很大程度取决于优越的位置和方便的交通,一个旅游区景色再美,但交通不便,行程困难,那也很难招徕游客。可见位置和交通条件是评价旅游区开发的首要条件之一。

景象的地域组合条件:是评价旅游资源又一重要指标。风景名胜固然驰名,但地域组合分散,景点相距遥远,或位置偏僻,交通不便,可进入性差,就大大降低了它的旅游价值,也影响了它的开发程度。例如桂林之所以成为著名的旅游区,就是因为桂林的风景点相对地比较集中,又有漓江环绕,山水组合成浑然一体的风景区,加上可入性条件好,故桂林旅游资源观赏价值高;四川兴文地区,是我国新发现的"石林洞乡",岩溶风光很美,但位置偏远,交通不便,景点分散,又缺乏像漓江那样联系各景点的水上交通线,人们从东部地区进入,需要花费较多的时间与旅费,从而影响了它的旅游价值。

(3)资源及环境综合评价法

资源及环境综合评价法认为,对于旅游资源的评价要从两个方面进行。一是从旅游资源本身的价值,二是旅游资源所处的环境优劣。

在旅游资源本身的价值方面,评价所采用的标准有六个,即美、古、名、特、奇、用。"美"指旅游资源是否给人以美感;"古"即有悠久的历史;"名"是具有名声的事物或与名人有关的事物;"特"指特有的、别处没有的或少见的资源;"奇"是旅游资源给人的新奇之感。"用"是旅游资源对旅游者的价值。

在旅游资源所处的环境评价方面,使用的是季节、污染、联系、可进入性、基础结构、社会经济环境、市场等七个指标。

此外,还有许多其他的旅游资源定性评价方法,在此不再一一列出。

2)定量评价方法

(1)中国海滨旅游地适宜旅游期评价[1]

①旅游生理气候适宜性指标。人体自身的循环和新陈代谢一直处于一种动态平衡状态,随着外界环境气候条件的变化有一定的调节能力。如果环境气候变化较大或与人体适宜的气候相差很远,便会导致人体循环和新陈代谢失衡,使身体发病,甚至有危及生命之险。适宜的气候条件能消除人的疲劳,使人的体力和精力能较快地恢复,甚至有使一些疾病得到缓解和治疗的效果。人们在选择度假和康体旅游地时,气候条件是首要考虑的因素,因为它直接影响到旅游的目的。

气候主要由气压、气温、湿度、风力、日照、降水等要素组成,不同的气候要素对人体产生不同的生理影响,各要素的组合对人体产生一个综合的整体影响。对人体影响最大的指标是气温、湿度、风力、日照,它们直接影响到人体与外界环境的热量与水分交换,有关这 4 个要素对人体综合影响的指标研究有几十年的历史。

20 世纪 20 年代,英国学者洪特(Houghton)、亚格洛(Yaglou)因建筑上的需要提出了有效温度的概念,即在不同的温度、湿度和风速的综合作用下所产生的热感觉指标。70 年代,盖奇(Cagge)等提出了新有效温度,随后他又根据生理条件制定出标准有效温度 SET

---

① 范业正,郭来喜.中国海滨旅游地气候适宜性评价[J].自然资源学报,13(4):304-311.

(standard effective temperature)。目前比较常用的气候生理指标有温湿指数 THI(temperature humidity index)和风效指数 K(index of wind effect)。

温湿指数(THI)和风效指数(K)按下列通常采用的公式来计算:

THI $= t - 0.55(1-f)(t-14.4)$ (1)

K $= -(10\sqrt{V} + 10.45 - V) \times (33-T) + 8.55s$ (2)

其中,t—气温(℃);f—相对湿度;V—风速(m/s);s—日照时数(h/d)。

THI 的计算式是由俄国学者的有效温度的计算式 $Et = Td - 0.55(1-f)(Td-58)$ 演变而来的,其中的 Td 为华氏温度(℉),Et 和 Td 单位换算成摄氏温度(℃)便得到式(1),它的物理意义是湿度订正以后的温度。

K 的计算式是由风冷力或风寒指数 WCI(wind-chill index)计算式(又称 Bedford 计算式)WCI $= (33℃ - t)(9.0 + 10.9 - V)$ 演变而来。WCI 是表征寒冷环境条件下,风速与气温对裸露人体的影响,其物理意义是指皮肤温度为 33 ℃时,体表单位面积的散热量(kmol/m^2·h)。风效指数(K)是既考虑体表的散热又考虑了太阳辐射后人体的增热,它反映体表与周围环境之间的热交换,即体表单位面积的热交换量率(正值为吸热,负值为散热)。

②中国海滨旅游地气候适宜性。为了能对中国海滨气候作一系统和综合的分析,本文采用了气候温湿指数和风效指数两个综合指标来分析。选定 25 个滨海城市和 12 个岛屿共计 37 个测站的四项指标(气温、风速、相对湿度、日照时数的各月多年平均值)30 多个系列年资料作为分析的基础。

根据式(1)、式(2)可计算出 37 个测站 12 个月份的温湿指数(THI)和风效指数(K)的值。然后,根据生理气候标准(表 5.2)可分别确定出 THI 和 K 所对应的感觉程度。

表 5.2　生理气候评价指标

温湿指数(THI)		风效指数(K)	
范围	感觉程度	范围	感觉程度
>28.0	炎热	<-1400	外露皮肤冻伤
27.0 ~ 28.0	热	-1200 ~ -1400	酷冷
25.0 ~ 26.9	暖※	-1000 ~ -1200	冷
17.0 ~ 24.9	舒适※※	-800 ~ -1000	冷凉
15.0 ~ 16.9	凉※	-600 ~ -800	凉※
<15.0	冷	-300 ~ -600	舒适※※
		-200 ~ -300	暖※※
		-50 ~ -200	暖热
		80 ~ -50	热(t<32.8 ℃)
		160 ~ 80	炎热(t>32.8 ℃)
		>160	暴热

注:※适宜旅游;※※除适宜旅游外还适宜休疗养。

根据 THI 和 K 对应的感觉程度可综合确定出气候适宜度,其确定原则如下:①气候适宜度共分 7 个等级,即"冷、凉、舒凉、舒适、舒暖、暖、热";②热,只要 THI 和 K 中有一项含有"热"字(如:暖热、热、炎热、暴热);③暖,THI 和 K 分别为"暖**""暖***";④舒暖,THI 为"舒适***"且 K 为"暖***";⑤舒适,THI 和 K 均为"舒适";⑥舒凉,THI 为"舒适"且 K 为"凉*";⑦凉,THI 和 K 均为"凉*";⑧冷,只要 THI 和 K 中有一项含有"冷"字(如冷凉、冷、寒冷、酷冷)。

适宜度是"舒适"或"舒暖"的为疗养气候;适宜度是除"冷""热"以外的为旅游气候。

研究得出如下结论:

总的趋势是自北向南寒冷天气减少而暖热天气增多,适宜旅游月份也随之增多,南方滨海城市适宜旅游时间比北方长。

南亚热带、北热带及中热带的海滨城市厦门、汕头、深圳、珠海、广州、北海、湛江、海口、三亚适宜旅游时间长达 8~9 个月;北方的暖温带海滨地区(即辽东半岛、渤海湾)的滨海城市大连、营口、秦皇岛、天津适宜旅游时间只有 4~5 个月;暖温带的南部边缘(山东半岛)、北亚热带、中亚热带的海滨城市烟台、威海、青岛、连云港、上海、杭州、宁波、温州、福州适宜旅游时间有 6~7 个月。

上海以北的海滨城市适宜旅游的时间是连续的;而上海以南的海滨城市适宜旅游时间是不连续的。

辽东半岛、渤海湾、山东半岛沿岸城市在夏半年有长达 4 个多月的适宜休疗养时间,这一带的海滨城市已成为我国海滨避暑胜地。昌黎有长达 5 个月的休疗养时间,比附近其他几个海滨城市多 1 个月,因为昌黎北部的碣石山挡住了 5 月份北方来的冷寒气流,使得 5 月份该地的局部小气候比附近其他城市暖和。

海南岛的南部三亚市有长达 6 个月的休疗养气候,并且这 6 个月包含了冬半年的 1、2、3 月份(北方最寒冷的季节),因此它是我国难得的滨海避寒胜地。

海口以北至杭州的海滨适宜休疗养时间比较短,只有 3~4 个月,并且这几个月是不连续的,被炎热的夏天分成两段。

总之,中国的暖温带海滨城市是冬半年寒冷,夏半年舒适可避暑;热带海滨城市是长夏无冬,冬半年可避寒;亚热带海滨城市却是冬不能避寒,夏不能避暑,唯有春秋有短期的宜人季节。

海滨近岸小岛屿旅游地气候适宜性还显示出如下特点:

离海岸近的岛屿相对于较远的岛屿来说与近岸城市的气候更接近一些,如舟山比嵊泗岛的气候更接近于宁波。

近岸岛屿气候适宜的旅游时间比近岸城市长,而适宜休疗养的时间却比近岸城市短,暑热的时间相对近岸城市较少。

近岸岛屿适宜旅游的时间一般是连续的,只有少数南亚热带近岸小岛屿受暑热天气影响而被分开。

渤海湾近岸的岛屿适宜休疗养时间相对比南方近岸岛屿要长。

（2）技术性的单因子定量评价

该评价方法在评价旅游资源时集中考虑某些典型关键因子,利用这些关键因子进行适宜度的技术性判断。这种评价方法对于开展专项旅游活动,如登山、滑雪、游泳等较为适用。一般只限于对自然旅游资源的评价。

以海水浴场为例。

1970 年,乔戈拉斯(Georgulas)在研究旅游地一般特征时,提出如下的一级海滩(以海浴为主要功能)评价标准:海滩沙质细洁,滩长至少91 米,宽15 米;沙滩在全年至少应有80%的时间免于暴晒;后腹地有遮掩,有树木,环境幽雅,无人工废弃物和自然危害物;坡度小于15 度,具有开发潜力。以游泳为主要功能时,海滩的标准如下:海滩的性质同上,但要更长更宽;水底没有或很少有淤泥;水质无色,无味,大肠杆菌含量小于50 ~ 100 毫升,无生物垃圾;高潮时深8 英尺的海底无珊瑚和尖石,无危险性激流;与水域邻近海滩坡度不大于8 度。此外,一年中应有9 个月的时间适宜游泳。

美国土地管理局在其制定的土地供给旅游活动适宜性评估系统中,对于海水浴场的技术评估选用七个资源因素实行分级评价,具体评分方法见表5.3。

表5.3　海水浴场适宜性评估(美国)

决定因素	评价标准及计分		
水质	清澈(5)	浑浊(4)	污染(1)
危险性	无(5)	有一点(4)	有一些(1)
水温	>22.2 ℃(5)	19.4 ℃ ~ 22.2 ℃(4)	<19.4 ℃(1)
颜色与浑浊度	清明(3)	稍浑浊(2)	浑浊(1)
风	全季适宜(3)	>1/2 季适宜(2)	<1/2 季适宜(1)
1.5 m 深水域(距海岸线)	>30.5 m(3)	15.25 ~ 30.5 m(2)	9.15 ~ 15.25 m(1)
海滩状况※	良好(5)	一般(4)	差(1)

注:分等:A=26 ~ 29,B=21 ~ 25,C=13 ~ 20。

　　良好级:坡度低于10%,海岸平滑,稳定性好,障碍物少且易于移除;一般级与差级,以此类推。

　　※包括坡度、平滑、稳定性、障碍性。

　　资料来源:陈兴中,方海川,汪明林.旅游资源开发与规划[M].北京:科学出版社,2005.

【例5.2】河北昌黎黄金海岸的浴场资源质量评价①

按照国际惯例,在海岸带利用沙滩资源开辟海滨浴场开展海上游泳及系列水上娱乐活动,对浴场质量有一系列严格要求,因此必须对气候、光照、风速、波高、水质、地形等各种条件进行浴场质量的综合分析,才能确定其是否符合国际浴场标准及开发价值大小。下面参考《日本观光旅游地区资源调查》(1979)提出的建立海滨浴场的限制条件(见表5.4 国际浴场标准),对昌黎黄金海岸的浴场资源质量进行国际对比分析。

---

① 郭来喜,毕登启,王舜.中国黄金海岸开发研究——论华北海滨风景区昌黎段规划[M].北京:科学出版社,1994.

表 5.4　国际海滨浴场与黄金海岸浴场条件对比表

项目	条件	国际浴场标准	黄金海岸资源条件
气象	气候	晴天日数多,盛夏 2 周以上	年日照 2 816.6 小时,盛夏至少 4 周
	方位	东南、南向	浴场位于海湾之内,朝向东偏南
	温度	气温 24 ~ 27 ℃;水温 23 ~ 25 ℃	7 月平均气温 25.1 ℃,8 月平均气温 24.7 ℃;7 月水温 24.7 ℃,8 月水温 26.1 ℃
	风速	5 米/秒以下	<3.9 米/秒
海象	波浪	波高 0.7 米以下	0.4 ~ 1.5 米
	海底土质	不是泥土岩石,少贝壳	均为沙质海底,少贝壳
生物	生物	无海藻、浮游物,无有害生物;透视度 30 厘米以上;COD2ppm 以下;大肠菌群数 1000mpN/100 毫升以下;油膜肉眼看不见	无海藻、浮游物,无有害生物;透视度 1 米以上;化学耗氧量 2ppm 以下;大肠菌群数小于 1000mpN/100 毫升;无油膜出现
地形	沙滩	岸线长 500 米以上;宽度 100 ~ 200 米;坡度 2° ~ 10°	仅中区岸线长就达 12000 米;宽度 100 ~ 150 米;坡度小于 2°
	腹地	有丘陵地、树林地	沿岸遍布林带、沙丘;沿岸沙堤及湖盆河流
	河流	无污染河水流入;无温差大的河水流入	无污染河水流入;无温差大的河水流入

从上述对比可以看出,黄金海岸浴场条件不仅远远优于国内著名海滨浴场(如北戴河、大连、青岛等浴场),而且绝大多数指标超出国际浴场标准,具备了开辟国际海滨浴场的环境条件,有重大开发价值。

(3)国家标准中的资源评分法

中华人民共和国国家标准(GB/T 18972—2017)《旅游资源分类、调查与评价》中,主要是从三个方面利用八个评价指标对旅游资源进行评分,最终根据得分的高低将旅游资源划分为五个等级。

首先是评价体系的设计。该评分系统共设"评价项目"和"评价因子"两个档次。评价项目包括"资源要素价值""资源影响力""附加值"三个方面。

其中,"资源要素价值"项目中含"观赏游憩使用价值""历史文化科学艺术价值""珍稀奇特程度""规模、丰度与概率""完整性"等 5 项评价因子。

"资源影响力"项目中含"知名度和影响力""适游期或使用范围"等 2 项评价因子。

"附加值"含"环境保护与环境安全"1 项评价因子。

其次是评价分值的分配。资源要素价值和资源影响力总分值为 100 分。其中"资源要素价值"为 85 分,"资源影响力"为 15 分。

"附加值"中"环境保护与环境安全",分正分和负分。具体分值的分配见表 5.5。

表 5.5　旅游资源评价赋分标准

评价项目	评价因子	评价依据	赋值
资源要素价值（85分）	观赏游憩使用价值（30分）	全部或其中一项具有极高的观赏价值、游憩价值、使用价值	30~22
		全部或其中一项具有很高的观赏价值、游憩价值、使用价值	21~13
		全部或其中一项具有较高的观赏价值、游憩价值、使用价值	12~6
		全部或其中一项具有一般的观赏价值、游憩价值、使用价值	5~1
	历史文化科学艺术价值（25分）	同时或其中一项具有世界意义的历史价值、文化价值、科学价值、艺术价值	25~20
		同时或其中一项具有全国意义的历史价值、文化价值、科学价值、艺术价值	19~13
		同时或其中一项具有省级意义的历史价值、文化价值、科学价值、艺术价值	12~6
		历史价值、或文化价值、或科学价值、或艺术价值具有地区意义	5~1
	珍稀奇特程度（15分）	有大量珍稀物种，或景观异常奇特，或此类现象在其他地区罕见	15~13
		有较多珍稀物种，或景观奇特，或此类现象在其他地区少见	12~9
		有少量珍稀物种，或景观突出，或此类现象在其他地区少见	8~4
		有个别珍稀物种，或景观比较突出，此类现象在其他地区较多见	3~1
	规模、丰度与几率（10分）	独立型旅游资源单体规模、体量巨大；集合型旅游资源单体结构完美、疏密度优良级；自然景象和人文活动周期性发生或频率极高	10~8
		独立型旅游资源单体规模、体量较大；集合型旅游资源单体结构很和谐、疏密度良好；自然景象和人文活动周期性发生或频率很高	7~5
		独立型旅游资源单体规模、体量中等；集合型旅游资源单体结构和谐、疏密度较好；自然景象和人文活动周期性发生或频率较高	4~3
		独立型旅游资源单体规模、体量较小；集合型旅游资源单体结构较和谐、疏密度一般；自然景象和人文活动周期性发生或频率较小	2~1

评价项目	评价因子	评价依据	赋值
资源要素价值（85 分）	完整性（5 分）	形态与结构保持完整	5~4
		形态与结构有少量变化，但不明显	3
		形态与结构有明显变化	2
		形态与结构有重大变化	1
资源影响力（15 分）	知名度和影响力（10 分）	在世界范围内知名，或构成世界承认的名片	10~8
		在全国范围内知名，或构成全国性的名片	7~5
		在本省范围内知名，或构成省内的名片	4~3
		在本地区范围内知名，或构成本地区的名片	2~1
	适游期或使用范围（5 分）	适宜游览的日期每年超过 300 天，或适宜于所有游客使用和参与	5~4
		适宜游览的日期每年超过 250 天，或适宜于 80% 左右游客使用和参与	3
		适宜游览的日期每年超过 150 天，或适宜于 60% 左右游客使用和参与	2
		适宜游览的日期每年超过 100 天，或适宜于 40% 左右游客使用和参与	1
附加值	环境保护与环境安全	已受到严重污染，或存在严重安全隐患	−5
		已受到中度污染，或存在明显安全隐患	−4
		已受到轻度污染，或存在一定安全隐患	−3
		已有工程保护措施，环境安全得到保证	3

注："资源要素价值"项目中含"观赏游憩使用价值""历史文化科学艺术价值""珍稀奇特程度""规模、丰度与概率""完整性"等 5 项评价因子。"资源影响力"项目中含"知名度和影响力""适游期或使用范围"等 2 项评价因子。"附加值"含"环境保护与环境安全"1 项评价因子。

　　评价时每一个评价因子都被分为 4 个档次，其因子的分值也被相应分为 4 档。

　　最后是评价的方法。根据对旅游资源单体的评价，得出该单体旅游资源共有综合因子评价赋分值。依据旅游资源单体评价的总分，将其分为五级，从高级到低级为：五级旅游资源，得分值域≥90 分；四级旅游资源，得分值域≥75~89 分；三级旅游资源，得分值域≥60~74 分；二级旅游资源，得分值域≥45~59 分；一级旅游资源，得分值域≥30~44 分。此外，还有未获等级旅游资源，得分值域≤29 分。

　　在这种评价方法中，五级旅游资源称为"特品级旅游资源"；五级、四级、三级旅游资源被通称为"优良级旅游资源"；二级、一级旅游资源被通称为"普通级旅游资源"。

（4）多因子综合性评价法

综合性多因子评价方法是在考虑旅游资源所在区域特定区域空间的多因子基础上，运用一些数学方法，通过建立分析模型，对区域旅游资源及其环境和开发条件进行综合定量评价。评价结果为数量化的指标数值，便于不同地区旅游资源的评价结果进行比较。现有的综合性多因子评价方法很多，以下就指数表示法和层次分析法作相关介绍。

①指数表示法。旅游资源评价的指数表示法分为三步。

第一步是调查分析旅游资源的开发利用现状、吸引能力及外部区域环境，调查要求有准确的统计定量资料。

第二步是调查分析旅游的需求，主要调查内容有，游客需求量、旅游者人口构成、逗留时间、旅游花费趋向、需求构成、需求的节律性等；调查旅游者需求最好的办法就是在旅游市场上询问旅游者。

第三步是总评价的拟定，即在前两步的基础上，建立表达旅游资源特质、旅游需求与旅游资源之间关系的若干量化模型。旅游资源的评价指数公式如下：

$$E = \sum_{i=1}^{n} F_i M_i V_i$$

式中，E——旅游资源评价指数；

F——第 i 项旅游资源在全部旅游资源中的权重；

M_i——第 i 项旅游资源的特质与规模指数；

V_i——旅游者对 i 项旅游资源的需求指数；

n——旅游资源总项数。

国外有些学者在评价旅游资源时，不仅采用了需求指数形式，而且与可利用程度（即供给）结合起来，最终决定旅游资源的总价值。把旅游点的潜在吸引力程度称作旅游资源潜力指数。其公式为：

$$I = (A+B)/2$$

式中，I——旅游资源潜力指数；

A——旅游需求值；

B——旅游可能性值（即旅游供给）。

I 可表示一个旅游点的实际可利用程度，充分代表它具有的旅游吸引力，其中 B 值的获取，是根据人们的一般感受、观察和经验，选择季节性、可进入性、准许性、重要性、脆弱性和普及性六个反映旅游资源基本特性的标准，让更多的专家学者对其判断比较，以数量的形式给出的六个标准的相对贡献值，并按好、中、差等级排除其序位。

②层次分析法的基本思想

由于社会系统的复杂性，使得许多因素难以衡量，如环境质量、健康、安全、快乐等。不难看出这类因素范围很广，而且对它们的评价涉及人的主观判断。那么就需要一种对社会经济领域内不同因素进行测评的方法，而且这种方法最好具有灵活、易于理解、便于操作的特点，并能很好统一于现有的理论体系之中，为实际决策者所能接受并能解决他们的问题。层次分析法就是在这种实际需求下产生的。

层次分析法是一种定性与定量分析相结合的多准则决策方法,其基本思想是在对复杂决策问题的本质、影响因素以及内在关系进行深入分析后,构建一个层次结构模型,然后利用较少的定量信息,把人的思维过程层次化、数字化,为求解多目标、多准则或无结构特性的复杂决策问题提供一种简便的决策方法。层次分析法强调人的思维判断在决策过程中的作用,因此,在运用其进行决策的过程中定性因素起主导作用。

【例5.3】郑州环城游憩带旅游资源评价①

1. 旅游资源评价指标体系的建立

旅游资源评价指标体系的建立是旅游资源评价的基础,而在建立评价指标体系的过程中要综合考虑多方面的因素,如社会、文化和历史等。旅游资源评价综合考虑了旅游资源的特点及各指标要素之间的相互关系,并参照徐淑梅制定的层次分析法目标评价模型②,对郑州市环城游憩带旅游资源的评价体系进行构建,按照要素之间的支配关系划分层次并建立总目标评价模型树(如图5.1)。

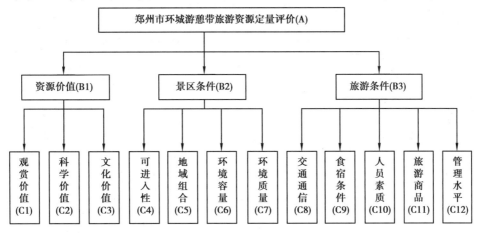

图5.1 旅游资源总目标评价模型树

2. 旅游资源评价指标权重的确定

(1)建立层次结构模型

旅游资源定量评价层次结构模型可分为3个层次,第1层为总目标层,即A层;第2层为综合因素层,即B层;第3层为评价指标层,即C层。

(2)构造判断矩阵,并用和积法求取因素权重

评价过程中,首先利用层次分析法确定各指标的相对重要性,并对一些评价因子进行评分,确定评价指标的权重,将定性指标定量化。该评价运用了1—9标度方法(表5.6),并以C1和C2为例说明了1—9标度法的含义。

---

① 曹园园,孙晓.基于层次分析法的郑州市环城游憩带旅游资源评价[J].河南大学学报(自然科学版),2008,38(5):497-501.

② 徐淑梅.黑龙江省旅游资源评价研究[J].地理科学,2001,21(2):188-192.

表5.6 运用"两两比较法"对评价因子的定量化标度

重要性标度	评定与解释
1	C1 和 C2 相比,同等重要
3	C1 和 C2 相比,稍微重要
5	C1 和 C2 相比,明显重要
7	C1 和 C2 相比,非常重要
9	C1 和 C2 相比,极端重要
2,4,6,8	表示上述相邻判断的中间值

通过问卷调查,结合旅游专家意见,构造判断矩阵,然后用和积法进行计算,分别计算出综合评价层 B、因子评价层 C 各个因素的权重,最后进行一致性检验.评价因子权重的计算结果见表5.7。

表5.7 郑州市环城游憩带旅游资源定量评价指标体系及因子权重表

总目标层	权重	综合评价层	权重	因子评价层	权重	排序
资源定量评价 A	1	资源价值 B1	0.62	观赏价值 C1	0.31	1
				科学价值 C2	0.12	3
				文化价值 C3	0.19	2
		景点条件 B2	0.21	可进入性 C4	0.10	4
				地域组合 C5	0.06	5
				环境容量 C6	0.03	7
				环境质量 C7	0.02	8
		旅游条件 B3	0.17	交通通信 C8	0.06	5
				食宿条件 C9	0.02	8
				人员素质 C10	0.03	7
				旅游商品 C11	0.02	8
				管理水平 C12	0.04	6

由表5.7可以看出,在评价综合层中,资源价值的权重值最大,为0.62。这说明郑州市环城游憩带在进行旅游资源开发时,资源条件是应当考虑的最重要因素,旅游业的发展,主要依靠大自然和人类历史发展所赋予的自然与人文旅游资源。另外,要考虑景点条件(权重0.21)和旅游条件(权重值为0.17),它们是旅游开发的限制因素。从评价项目层12个因素的权重结果看,观赏价值排在第一位,权重值为0.31,说明郑州市环城游憩带内旅游资源给人留下的最深刻印象就是其观赏性,它是使一个旅游区产生吸引力的重要因素。因此,在进行旅游资源开发时,应充分发挥这一优势,尤其应注意对资源的观赏价值加以严格保护,防

止人为破坏。文化价值排在第二位,权重值为 0.19。郑州历史文化遗存丰富,有商城遗址、轩辕黄帝故里等景点,每处都见证着一段历史,是旅游开发的良好载体。排在第三位的是科学价值,权重值为 0.12,说明游憩带内旅游资源的科学价值较大,具有开展科学旅游的潜力。居第四位的是可进入性,权重值为 0.10,是决定一个旅游区(点)开发与否的前提。现代旅游讲求实效性,注重简便、快捷,旅游者都想在较短时间内游览较多地区,观赏更多景点。因此,一个旅游区(点)的可进入性状况决定了该区(点)对游客吸引力的大小和它的开发利用价值。其他,如交通通信(权重值为 0.06)、景区的地域组合(权重值为 0.06)、环境容量(权重值为 0.03)、旅游商品(权重值为 0.02)、环境质量(权重值为 0.02)等要素,对于距城市有一段距离的城市郊区来说较为重要,所占的权重值也并不低。尤其是交通条件和旅游商品,前者是一个旅游区(点)可进入性好坏的基础,后者是提高旅游创汇能力的关键,是旅游业由粗放经营向集约经营转变的重要途径。至于食宿条件(权重值为 0.02)、管理水平(权重值为 0.04)、人员素质(权重值为 0.03)等要素,虽然权重较小但也不容忽视。郑州市环城游憩带旅游业配套设施不足,人员素质较差,服务水平较低,旅游的季节性较强,这些都构成了旅游业发展的制约因素,应下大气力加以改善。

3. 环城游憩带旅游资源综合评价

(1)旅游资源模糊记分法

根据上述的 AHP 法确定了旅游资源评价指标体系中各因素的权重后,还需要对每个因素赋予分值。各指标因子的数值以 100 分为总分,采用专家打分法赋予各因子分值,赋值采用模糊记分法,标准参见 5.8。

表 5.8　旅游资源定量评价模糊记分表

指标	记分等级				
	100~80	80~60	60~40	40~20	20~0
观赏价值	很高	较高	一般	较低	很低
科学价值	很高	较高	一般	较低	很低
文化价值	很高	较高	一般	较低	很低
可进入性	很高	较高	一般	较低	很差
地域组合	很好	较好	一般	较差	很差
环境容量	很好	较好	一般	较差	很差
环境质量	很好	较好	一般	较差	很差
交通通信	很好	好	较好	一般	较差
食宿条件	优	良	中	差	劣
人员素质	极高	高	较高	一般	低
旅游商品	很好	较好	一般	较差	很差
管理水平	优	良	中	差	劣

（2）旅游资源综合评价结果

作者采用调查问卷法，共发出问卷300份，全部收回，其中有效卷为250份，即通过有关专家、学者、旅行社工作人员及在校研究生等用填表方式评分而得到其模糊得分。计算评价结果采用罗森伯格——菲什拜因数学模型：

$$E = \sum_{i=1}^{n} Q_i P_i$$

其中 E 为旅游资源综合评价值；Q_i 为第 i 个评价因子权重值；P_i 为第 i 个评价因子的评价等级分值；n 为评价因子的数目。评价结果见表5.9。

表5.9　郑州市环城游憩带旅游资源定量评价综合得分表

景点	评价因素与权重												
	观赏价值	科学价值	文化价值	可进入性	地域组合	环境容量	环境质量	交通通信	食宿条件	人员素质	旅游商品	管理水平	合计
	0.31	0.12	0.19	0.10	0.06	0.03	0.02	0.06	0.02	0.03	0.02	0.04	1.00
黄河游览区	72	83	90	93	90	77	80	77	70	63	63	77	78.84
大河庄园	73	60	70	90	70	70	70	73	70	73	73	73	69.99
丰乐农庄	70	57	50	90	87	77	77	77	90	73	80	77	69.40
花园口	53	70	70	83	77	73	77	70	55	63	70	70	66.17
黄河生态园	63	57	67	83	73	73	77	70	70	73	73	73	67.68
世纪欢乐园	67	60	53	90	70	80	80	80	55	73	77	70	67.67
金鹭鸵鸟园	77	73	60	83	77	70	70	70	60	70	70	70	72.15
樱桃沟	80	57	60	90	77	80	77	70	65	63	77	73	72.19
生存谷	73	60	60	87	83	70	67	77	77	70	70	70	70.81
郑州海洋馆	70	71	65	90	78	84	79	73	70	80	72	74	75.54
鹤园度假村	50	46	66	68	57	42	63	47	41	34	32	27	52.68
奇彩苑	45	52	50	50	57	52	42	48	39	37	29	26	46.90
新家园渔村	51	37	57	60	42	51	46	45	43	40	37	31	48.95
太子湾山庄	48	43	50	32	52	49	60	50	45	42	34	35	45.41
钓鱼沟	45	50	46	68	43	45	65	58	34	42	41	26	48.00

除上述之外，还有价值工程法、中国观赏性旅游地评价模型等多种评价方法，这里不再赘述。

5.4　旅游资源的开发与保护

5.4.1　旅游资源开发的概念

旅游资源是旅游业赖以发展的物质基础,随着旅游业的发展,旅游者逐渐增多,游客需求多样化、个性化趋势日益明显,只有对现有旅游资源进行深层次开发,或者开发新的旅游资源,才能不断地满足旅游者的需要,确保旅游业持续发展。尤其在旅游业竞争日趋激烈的今天,旅游市场已由卖方市场转变为买方市场。充分发挥旅游资源的多种功能,适应旅游需求发展趋势,开发富有区域特色的旅游资源,满足旅游者的不同需求,已成为区域旅游业在激烈的市场竞争中立于不败之地的关键。

旅游资源开发是指以发展旅游业为前提,以市场需求为导向,以旅游资源为核心,以发挥、改善和提高旅游资源对游客的吸引力为着力点,有组织、有计划地对旅游资源加以利用的经济技术系统工程。

1) 目的是有效发展旅游业

旅游业不但能够赚取外汇,回笼货币,扩大就业,调整产业结构,带动相关部门、行业发展,有力促进区域经济发展;而且还可以促进国家间、地区间和民族间的经济技术合作和文化交流。如科学合理地开发利用旅游资源,还可使自然资源和生态环境得到必要保护。旅游业良好的经济效益、社会效益和生态效益使得旅游业备受青睐。世界绝大多数国家和地区都对大力发展地区旅游业表现出了浓厚的兴趣。我国政府对发展旅游业也极重视。1998年,中央经济工作会议正式提出要把旅游业培育成为新的经济增长点,并且提出要把旅游业列为地区国民经济的重点产业或支柱产业来优先发展。开发旅游资源,使潜在的旅游资源变成现实旅游资源,其主要目的就是要为旅游业服务。

2) 实质是打造旅游吸引物

以市场为导向,以发挥、改善和提高旅游资源吸引力为着力点,通过生产加工使其变成旅游吸引物,是旅游资源开发的实质。开发旅游资源就是要发挥资源的各种旅游功能、增强对游客的吸引力。同时,旅游资源开发是一种经济行为,在市场经济体制下,旅游资源开发必须以市场为导向,不能有什么资源就开发什么资源,而应首先研究市场,开发利用那些市场需求大、能够畅销的旅游产品,处理好市场与资源的关系。只有这样,才能增强旅游资源的吸引力,才能使旅游资源成为真正的吸引物,为旅游业服务。

3) 方式是倡导开发系统性

旅游资源的开发还是一项有组织、有计划的经济技术系统工程。所谓系统工程是指必须对旅游资源的各方面进行充分论证和评价。在开发内容方面,不仅要考虑旅游资源的个体开发,还要对旅游设施、旅游服务、旅游环境、旅游客源市场等方面进行系统协调开发,使旅游资源开发与旅游活动相关方面相互适应,协调发展。在开发效益方面,不能只考虑旅游经济效益的大小,而应同时分析论证开发所带来的社会效益和生态效益。只有三大效益同时具备,才能实现旅游资源的可持续利用。那种以牺牲社会效益和生态效益为代价去追求经济效益的做法无异于自我毁灭。在开发进程上,必须规划在先,实施在后,不可一哄而上,要有计划、有重点、有层次地展开,逐步拓展各种功能,科学合理地利用旅游资源,防止造成资本闲置和浪费。

5.4.2　旅游资源开发的原则

将旅游资源开发成旅游吸引物,吸引并满足旅游者的需求,是旅游资源开发的基本指导思想。要使各种各样、吸引力不同的旅游资源科学地进行开发和建设,使之更好地发挥效能,就必须遵循以下几项基本原则。

1)突出独特性原则

旅游资源贵在稀有,其质量在很大程度上取决于与众不同的特性。我们通过开发,就是要充分揭示所开发的旅游资源独有的、异于其他地方旅游资源的特色。特色与吸引力密切相关,旅游资源独特性越强或旅游地与旅游者原来所熟悉的环境区别越大,就越有吸引力。因此,旅游资源开发要因地制宜,注重突出独特性,有意识地创造一个有吸引力的形象,具有它自己的风格,具有易于识别的面貌,这就要求在旅游资源开发中,尽量选择并利用带有"最"字的旅游资源项目,以做到"人无我有、人有我特";还要尽可能地保持自然和历史形成的原始风貌,保持民族特色和地方特色,旅游资源开发要尽量避免把旅游景观开发为其他知名旅游景观的复制品。总之,要充分认识到有特色才有吸引力,有特色才有竞争力的道理。

2)保护性开发原则

旅游资源不经开发难以发挥其效益,但在开发利用过程中,难免对旅游资源造成一定的破坏。因此,处理好开发与保护的关系十分必要,尤其是对那些具有特殊价值,一旦遭到破坏便无法或难以恢复的旅游资源,保护的意义是不言而喻的。有人说,开发本身就意味着破坏,这有其一定的道理,但开发和破坏之间并没有必然的因果关系,问题的关键在于开发得是否合理、科学、恰当。如果在开发旅游资源的同时,就注意着眼于对旅游资源的保护,则开发本身未必造成破坏,甚至还会对旅游资源起到保护作用。

3)社会营销导向原则

旅游资源的开发应密切注意旅游业营销导向的变化,即旅游市场的变化,必须以是否满足大多数旅游者的需求为准则。国际旅游业已进入买方市场,世界旅游市场竞争激烈,再加上旅游者的出游动机与需求会不断变化,因此旅游资源面临着适时与过时、吸引力扩大或丧失的可能性,我们在进行资源开发中,要随着市场需求的转移即旅游业营销导向的变化而选择重点目标。

4) 总体规划原则

旅游资源的开发不能仅对旅游资源本身进行规划,还应注意与其他方面的协调,进行总体规划。对于旅游资源的开发而言,有 3 个方面的规划协调是很重要的:①各有关单位和部门的规划协调。旅游资源开发工作是一项多层次、多侧面的综合性经济、文化事业,它涉及许多企事业单位和部门,需要工、农、交、商及市政建设、文教卫生、宣传、治安、外交等部门的协同与配合形成一个以旅游为中心的综合服务网。只有这样,才能使旅游资源的开发工作得以顺利地进行。②要注意旅游资源与周围环境的规划协调。俗话说"鲜花还需绿叶衬托",对于旅游资源来说,其环境就是绿叶。既要注意旅游资源开发对环境的影响,又要积极改善环境,使旅游资源拥有一个优美的、和谐的环境。③区域间的规划协调。区域之间要注意联合,互相补充,互为客源,要避免近距离旅游资源的雷同和旅游宣传上的相互贬低。

5) 综合开发原则

综合开发是指围绕重点项目挖掘潜力,逐步形成系列产品和配套服务。为了丰富旅游活动的内容,延长游客旅游的停留时间,提高旅游的经济效益,应在保证重点项目开发的基础上,不断增添新项目、新特色,以旅游资源开发为核心,并逐步建立健全吃、住、行、购、娱等旅游服务和配套设施,形成完善的旅游服务体系。

6) 经济效益与社会效益相结合原则

旅游资源开发是以取得最大经济效益为目的的,因此在开发前和开发中要注意投入、产出的测算,不能盲目地开发建设。同时,要关注社会效益,开发旅游资源不能单纯追求经济效益,应考虑有利于旅游者身心健康和获得更多的知识,并且应成为精神文明的教育基地。

5.4.3 旅游资源开发的主要内容

要将潜在的旅游资源转变成现实的经济优势,不仅要对旅游资源本身进行开发、利用,还要进行旅游配套设施建设,相关外部条件的开发,旅游环境的建设等。具体来说,包括以下 5 个方面的内容。

1) 旅游景点的具体建设与管理

包括新景点的论证、规划、设计、施工和交付使用后的管理,以及对已有景点或参观点的维护、更新、改造和管理。

2) 提高旅游地的可进入性

可进入性主要指交通条件,包括交通线路、交通设施及交通方式,现代旅游的发展还要求通信条件必须良好。

3)建设和完善旅游配套设施

旅游配套设施包括旅游服务设施和旅游基础设施两种。旅游服务设施,主要是供外来旅游者使用的,一般包括住宿、餐饮、交通及其他服务设施,其中一部分也为本地居民的生活需要提供服务。旅游基础设施,是为了旅游地居民生产生活需要所提供给大家共同使用的设施,如水、电、热、气的供应系统,废物、废水、废气的排污处理系统,邮电通信系统,安全保卫系统等,它们并不直接为旅游者服务,但在旅游经营中是直接向旅游者提供服务的部门和企业必不可少的设施。

4)加强培训,完善旅游服务

旅游服务,是由各种单项服务组合而成的综合服务,提供服务的人是来自旅游业各部门的从业人员及当地群众,他们的服务质量的好坏直接取决于自身素质的高低,而这又影响到旅游地对旅游者的吸引力。因此,必须通过各种方式,根据客源市场的变化以及旅游业发展的要求,对从业人员不断进行提高性培训,以提高服务水平和质量,达到完善旅游服务的目标。

5)加强宣传促销,开拓旅游市场

市场开拓工作,一方面是将景点建设及旅游活动的设置与旅游需求趋向系起来,即根据旅游者的消费行为特征,进行旅游资源开发的具体工作;另一方面,通过多种媒介加大宣传促销,将旅游产品介绍给旅游者,不断开拓市场、扩大客源,实现旅游资源开发的目标。

5.4.4 旅游资源的保护

1)旅游资源保护的含义

旅游资源保护指维护资源的固有价值,使之不受破坏和污染,保持自然景观和人文景观的原有特色,对已遭损坏的旅游资源进行治理。保护内容包括旅游资源所形成的景物、景观、环境和意境。其中"景物"就是奇峰异石、林木植被等自然风景物体,以及古今人为的活动物体、历史文物等;"景观"就是与景物并存的"画面",包括衬托景物的其他次要的景物;"环境"就是景物存在的空间环境;"意境"指环境气氛,即环境给人的感受。

2)旅游资源遭受破坏的原因

旅游资源遭受破坏的原因很多,大体上可划分为自然性破坏和人为性破坏两大类。

（1）自然性破坏

①自然灾害,如地震、台风、水灾、火山喷发、山体滑坡等,这些情况虽然不是经常性的,但一旦发生,破坏是非常严重的,有的甚至是毁灭性的。

②自然风化,如风吹、日晒、雨淋、水浸等对旅游资源尤其是对历史文物古迹造成的破坏。

③某些动物的破坏,如白蚁、鸟类等一些动物的破坏作用使古建筑受到破坏。

（2）人为性破坏

①战争的破坏。

②人类不合理的生产活动,如泉城济南因长期开采深层地下水而使地下水位下降,造成泉水断流。

③"三废"污染,造成旅游环境恶化。

④个别旅游企事业单位抢占风景区面积,采石伐木,乱建房舍,破坏了景观及其环境。

⑤旅游资源管理部门管理不善或不严,对某些破坏行为听之任之,对旅游资源缺乏必要的维修保护措施。

⑥部分旅游者的不当行为或景区内超负荷开展旅游活动,如乱扔废物、乱刻乱画、攀木折枝、游人过量等。

⑦少数不法分子对文物古迹的偷盗、对野生动物的偷猎行为等。

3）旅游资源的保护措施

①法律措施。由国家颁布有关法令,对旅游资源加强保护。如我国制定了《中华人民共和国文物保护法》《中华人民共和国环境保护法》《中华人民共和国野生植物资源保护条例》《中华人民共和国野生动物保护法》《中华人民共和国森林法》等,以及由国务院批准公布的重点保护的全国重点文物单位、历史文化名城、重点风景名胜区等。

②行政措施。建立、健全管理机构,切实解决个别旅游地存在的多头领导和各自为政的状况,对旅游资源的开发利用进行统一规划和实行监督,划定保护范围,建立旅游资源开发规划中的环境质量评议制度等。

③技术措施。对旅游资源进行定期检查维修,对古建筑的修整要注意保持或恢复原状的原则,并注意周围环境的协调;对超容量旅游地进行客源分流,合理控制旅游热点人数;广泛设立保护标志;采取综合技术措施防治环境污染;采取先进措施保护重点文物;建立旅游资源保护资料档案等。

④社会措施。最重要的是宣传教育,即通过各种途径和方式,宣传保护旅游资源的重要性;对破坏旅游资源的采取教育、罚款、追究法律责任等做法。此外,还要重视保护方法的研究和加强保护意识。这一过程中,还需要处理好保护与开发利用的关系。要认识到旅游资源保护得好才能具有或提高利用价值,而利用又推动了保护。

5.5　旅游资源管理

5.5.1　区域旅游资源管理的内涵

所谓旅游资源管理,是指旅游资源管理的核心指导思想。在区域旅游资源管理的过程中,核心指导思想不同,可能采取的管理原则、方法、措施也就因之而异,从而导致不同的资源管理效果。区域旅游资源管理的理念主要有两个。

1)整体意识、系统观念

任何一个区域的旅游资源都不是孤立存在的,而是由"复杂多样、相互依赖"的景物要素共同构建的一个资源综合体、一个旅游资源系统。因此,区域旅游资源的管理过程中,在制定旅游资源开发战略时,需要从全局着眼,从系统的角度出发进行综合分析与整体调控,促使旅游资源系统各要素与区域其他子系统的各要素之间,以及资源系统自身各要素之间既达到空间结构与功能组合的协调,又达到时段利用上的协调。

2)发展意识、持续观念

在旅游资源开发管理过程中,必须注意针对旅游资源的不同类别与属性差异,协调资源开发、保护与人类旅游需求的关系,科学、合理地规划、开发与保护好旅游资源,使之能最大限度地发挥应有的价值并尽可能地延长生命周期,促进旅游资源的持续利用。这也是区域旅游谋取可持续发展的基本前提。

5.5.2 区域旅游资源管理的目标

区域旅游资源管理的目标,是追求资源开发利用最优化,促进资源优势转变为产品优势,增强区域的市场竞争力。

在市场上参与竞争的旅游产品是在旅游资源的基础上加工、组织而成的。旅游产品的特色、品位除了受资源本身先天条件的影响外,在很大程度上取决于后天的资源开发取向、潜力挖掘。由此可见,资源优势不等于产品的优势。区域优势旅游产品的营造必须经过对旅游资源进行组织、协调、监控的开发管理过程。这正是区域旅游资源管理的意义所在。

1)资源本身旅游价值的最大展现

旅游资源的旅游价值与它对旅游者行为需求的满足程度呈正相关关系。旅游资源的价值具有明显的复合性特点,旅游资源的价值表现度取决于资源对旅游者旅游行为要求的满足程度。更直接地说,取决于旅游资源的开发方式、开发深度及广度。因此,区域旅游资源管理谋求资源价值的最大展现,必须超越掠夺式、粗放式的低层次资源开发模式,深度挖掘资源的潜力及文化内涵。

2)资源开发与环境保护趋于和谐

旅游资源开发是以良好的自然环境作支撑的。最优化的旅游资源开发可以理解为在环境承载力范围内,环境自我保护与人工保护相结合的最佳效果。资源开发度包括开发范围和开发深度。在这种新资源开发利用模式下,能够保持旅游资源常用常新,避免造成环境质量本质恶化,有利于区域在达成效益满足的同时得以持续发展。

5.5.3　区域旅游资源管理的方法

管理的方法是为了实现管理目的的手段、措施与途径。区域旅游资源管理的方法可以灵活多样、千差万别。但总的说来,旅游资源管理方法大致分为以下几种。

1) 法制性管理

法制性管理不仅仅指依据国家和地方制定的各种具有法律效力的法律、条例进行管理,也包括旅游区域内各种规章制度的制定与实施。与旅游资源管理相关的国家有关法律目前主要有:《中华人民共和国环境保护法》《中华人民共和国森林法》《中华人民共和国文物保护法》《中华人民共和国野生动物保护法》《风景名胜区条例》《中华人民共和国水法》等。各地方立法机构和人民政府根据上述法律、法规中确定的原则,结合地方具体情况制定了一系列旅游资源管理的地方性法规。此外,各旅游区域又在以上法规的原则导下制定出具体的管理规章制度。上述各种法律、法规、条例、制度从不同角度、不同层次规定旅游资源和环境的开发、利用及保护问题,为旅游资源管理提供了有效、可靠的法规性依据。

法制性管理方法具有概括性、规范性和稳定性的特点,一般适用于处理旅游资源管理中出现的共性和一般的问题。

2) 规划性管理

编制区域旅游规划,并以此指导区内旅游资源的开发、利用及保护,是旅游区域旅游资源管理的又一项重要方法。

旅游区域的旅游规划按其内容和要求,可以分为两大类:一是总体规划,二是专题规划。任何一个旅游区域都可以通过编制区域旅游总体规划和区域旅游专题规划为旅游资源管理提供一个指导。

显然,类似区域旅游资源开发利用专题规划倾向于为旅游资源管理提供直接指导。而区域规划则注重从旅游区域整体效益出发,对旅游资源开发管理提供宏观"质"与"量"的规定,为旅游资源管理处理好要素与系统的关系提供依据。

规划性管理方法具有目标明确性的特点,有利于减少无计划资源管理的盲目性,促使旅游资源开发利用的管理活动有序进行。它与法制性管理方法同属于旅游资源管理中的指导性方法。

3) 技术性管理

技术性管理方法是旅游资源管理中一种重要的操作方法。技术性管理方法的思路是在利用多种先进科技手段,在对区域旅游资源进行科学监测与分析研究的基础上,提出行之有效的管理措施。技术性管理方法的一般步骤如下。

(1)背景基础调研

包括对旅游区域内的生物资源、自然风景、人文景观等旅游资源进行调查;对旅游区生态环境保护进行研究;制定景区绿化、防火、排污等专业规划与实施方案。

（2）环境监测研究

包括建立资源数据库并不断输入调研数据；定期进行资源保护调查，研究资源消长变化；进行环境质量跟踪监测，并结合各种数据进行生态环境专题研究。

（3）采取管理措施

旅游区域内旅游资源的多样性决定了资源管理措施不能单调划一，要针对不同类型的旅游资源采取不同的管理措施。

抚育管理。主要针对生物旅游资源的管理措施。就是做好封山育林，植树绿化；管理古树名木，驯化保护野生动物。

监控管理。主要针对自然风景的管理措施。就是跟踪监测旅游区域内地质、地貌、水体、气象气候等自然风景资源的开发效果，并及时做出控制反应，确保旅游区域的自然风景名胜不受破坏。

修护管理。主要针对人文胜迹的管理措施。就是维修保护历史留存的人文胜迹旅游资源，确保人文胜迹旅游资源得以持续利用。

技术性管理方法是一种定量的模式化管理方法，具有操作性强，反馈效果快的特点。对管理人才、技术设备等有较高要求。

4）能动性管理

技术性管理方法主要针对动植物旅游资源、自然风景、人文胜迹等"物化"旅游资源，能动性旅游资源管理方法的管理对象是"活化"旅游资源——民族（俗）旅游资源。

民族（俗）旅游资源是旅游区域一项重要的旅游资源。民族（俗）旅游资源包括一个民族在服饰、居住、饮食、节庆、礼仪、婚恋、丧葬等方面所特有的喜好、风尚、传统和禁忌，它是由具有民族性、能动性的人的行为表现出来的。因此，对民族（俗）旅游资源的管理，实际是对民族（俗）旅游资源的表现主体——具有民族性、能动性的人进行管理。由于人的行为具有复杂性而难以用某一模式加以框定，不适宜采用技术性管理方法进行量化处理，故能动性管理方法对其进行管理。

能动性管理方法的思路是遵循"人本"管理原理，寻求管理者与被管理者之间的协调，充分调动被管理者的能动性，促使民族（俗）旅游资源得以充分展现。

5）行政性管理

行政性管理方法是管理中最常见的方法之一。把行政性管理方法引入旅游区域旅游资源的管理中，目的在于推动旅游区域内整体景区—功能景区—旅游景点等不同层次旅游资源管理机构的组建与完善，便于旅游资源实现"分级管理"与"分域管理"，使旅游资源管理的责权落到实处。

以上介绍了五种旅游资源管理方法，它们各有侧重，各有所长。在区域旅游资源管理的实际操作过程中，应当取长补短、综合利用，以达到最佳管理效果。

5.5.4　区域旅游资源管理的主要内容

1) 旅游资源的恢复与维护

绝大多数旅游资源一旦遭到破坏,就难以恢复。而有的古建筑文化价值和旅游价值都相当高,虽然已经衰败或受到破坏,甚至不复存在,仍可以采用培修和重建恢复其风采;有的旅游景区植被遭破坏,则应积极采取植树造林等生态建设对策;而对于珍贵的文物旅游资源,则应尽量减缓其自然风化的衰减速度。

修护复原,整旧如旧。历史建筑因经历了上百年甚至上千年的自然风化和人为破坏,出现影响原有特色的破损或变色用复原培修的办法,采用原材料、原构件,或在必要时用现代构件进行加固,要保持原貌,即整旧如旧,切忌因"翻新"而失去"古"的特色。如西安小雁塔的修复较成功,修复后仍保持其古朴苍劲的面貌。

生态建设。许多旅游景区,由于工农业和交通的发展,造成了植被的破坏,影响了旅游资源的质量。旅游区域山体的生态建设,不仅要考虑固水固土的生态效益,还要考虑观赏的旅游效益及一定的经济效益。不少湖泊旅游区存在山清但水不秀的状况,也需用生态重建的措施进行弥补。

广辟资金渠道,增加保护经费。保护旅游资源,离不开资金的投入。但目前大部分旅游景点门票收入很少,根本不能满足日常维修、更新和保护的需要,完全靠政府财政支持也不现实。今后,财政应着眼于广辟资金以解决旅游资源保护经费不足的问题。可以通过国家拨款、征收旅游资源税、多方集资等手段筹集资金。

2) 建立旅游绿色开发体系

制定旅游业可持续发展的战略规划和方案,将资源开发与环境保护有机结合,纳入旅游发展规划之中。景区景点、饭店餐厅、交通设施和其他旅游服务设施的设计规划、开发建设都必须进行环境影响评估,落实环保措施,杜绝建设性破坏。

严格执行国家和地方的环境保护法律、法规与条例,实施排污收费、环境保护目标责任制、城市环境综合整治定量考核、排污许可证、限期治理、污染物集中控制 8 项环境管理制度。

大力开发森林旅游、海洋旅游、观鸟旅游、农业旅游、植物园、野生动物园、海洋公园等自然旅游产品、绿色旅游产品和生态旅游产品。提倡绿色消费,大力倡导文明旅游、环保旅游、卫生旅游,提倡游客在旅游过程中讲究卫生、回收垃圾、保护动植物,使旅游者在享受大自然的同时了解大自然,保护大自然。

推广绿色经营。各类旅游企业,尤其是饭店、餐馆等,推广节水、节电技术,减少废弃物,设置无烟客房、餐厅和会议室,实行绿色经营。发展绿色交通,控制汽车、游艇尾气排放,建设环保停车场。在旅游企业中,推广 ISO14000 环境管理体系认证,实现环境管理与国际标准接轨。

3）加强政府对旅游资源的管理

（1）旅游开发企业实行"进入管制"

资源的有限性和不可再生性决定了旅游开发企业的垄断性，即对旅游资源的开发不可有多家同时进行，只能是少数几家。开发企业数量和开发规模超过资源总量，表现为过度竞争，开发效益较差，开发企业有限，导致竞争不足，抑制竞争功能的有效发挥，从而影响旅游资源的合理配置和开发，违背了市场经济的基本原则。因此，最佳状态是达到"有效竞争"，通过对旅游资源开发企业实行"进入管制"，使开发企业的数量控制在一定规模，既促进开发行业的有效竞争，也有利于保护有限的旅游资源，避免遍地开花的开发局面。

（2）对开发企业造成的外部负效应实行"管制政策"

政府可以设计诸多政策解决外部负效应，特别是由于环境污染引起的负效应。政策基本包括行政法规体系、经济政策和利用市场机制政策这三大类。通过行政法规，禁止某种不合理的开发方式，以防止损害附近的财产所有者，具有强制性、见效快的特点；利用经济政策征收污染税，使企业外部成本内部化，或发放补贴鼓励减少环境污染的危害；利用市场机制，明确产权关系，这在实际应用中虽有局限性，但在某些地区不失为良方。

（3）对开发后旅游产品的经营实行"价格管制"

旅游产品是准公共产品。旅游产品的价格应满足三类集团的利益。如前所述，首先，任何公民有权享受旅游产品，门票价格不能高得离谱；其次，地方政府在管理旅游资源，增加一部分利润也合乎情理；最后，开发企业投入资金，可以得到一定的投资回报。对开发企业进行"价格管制"，应该是在维持社会公共利益的前提下，能对企业提高生产效率产生刺激，鼓励企业进行必要投资但又不能刺激过度，确保国民都能使用旅游产品。

（4）完善社会性管制的法律体系，增强法律的有效性

设立具有相对独立性的社会性管制机构，提高执法效果。同时设立社会监督体系，充分发挥社会监督的重要作用。对社会性管制的社会渠道主要是指新闻舆论机关、各种社会团体和个人通过各种渠道、多种形式，对所有损害社会公众利益的旅游开发行为所进行的监督。旅游开发的范围广泛，仅靠法律监督、行政监督难以达到理想的管制效果，社会监督具有重要作用。

本章小结

①旅游资源内涵丰富，种类众多，因此，对旅游资源进行分类可以从不同角度切入，如可按照其基本属性、景观组合、吸引力级别等标准对旅游资源进行分类。我国颁布的《旅游资源分类、调查与评价标准（GB/T 18972—2017）》中也提出了一套旅游资源的分类体系。此外，国外的许多专家学者也从不同的角度对旅游资源进行了归类总结。在实际规划过程中，应以国家标准为基础，在必要时可以借鉴其他旅游资源的分类标准对资源进行分类和评价。

②旅游资源调查是进行资源评价和编制开发规划的基础。所谓旅游资源调查是指按照旅游资源分类标准，对旅游资源单体进行的研究和记录工作。按照时间的不同，旅游资源调查工作可分为调查前的准备阶段、调查阶段及调查后的研究阶段。

③旅游资源评价是在旅游资源调查的基础上,对旅游资源的规模、质量、等级、开发前景及开发条件进行科学分析和评价,为旅游资源的规划开发和管理决策提供依据。旅游资源的综合评价内容主要包括三个方面:旅游资源特色和结构的评价、旅游资源环境的评价以及旅游资源开发条件的评价。

④对旅游资源评价的具体方法,可按照其手段分为定性评价和定量评价两种。定量评价方法又可按照评价指标的复杂性进一步划分为单因子定量评价和综合性定量建模评价。

⑤旅游资源开发是指以发展旅游业为前提,以市场需求为导向,以旅游资源为核心,以发挥、改善和提高旅游资源对游客的吸引力为着力点,有组织有计划地对旅游资源加以利用的经济技术系统工程。旅游资源保护指维护资源的固有价值,使之不受破坏和污染,保持自然景观和人文景观的原有特色,对已遭损坏的旅游资源进行治理。

⑥区域旅游资源管理的目标,是追求资源开发利用最优化,促进资源优势转变为产品优势,增强区域的市场竞争力。主要管理手段包括法制性管理、规划性管理、技术性管理、能动性管理、行政性管理等。

复习思考题

1. 旅游资源评价主要包括哪些内容?

2. 试分析比较旅游资源定性评价方法和定量评价方法的优缺点。

3. 简要说明旅游资源调查的基本程序及方法。

4. 根据《旅游资源分类、调查与评价(GB/T 18972—2017)》,依据"旅游资源共有因子综合评价系统"赋分指标,对自己熟悉区域的旅游资源进行评价,并编写一篇旅游资源调查报告(1500 字左右)。

5. 简述旅游资源开发的主要内容。

6. 简述旅游资源遭受破坏的原因与保护措施。

7. 区域旅游资源管理主要采用哪些方法?

第6章 旅游市场分析及其营销

本章提要

　　旅游业作为一类产业,和其他产业一样需要市场的维系,而且对市场的依赖性更强。旅游业是从业人员和消费者接触最密切的行业,对市场有着很大的依赖性,旅游市场的大小是旅游产业发展强弱的基本条件。因此,无论是小范围的区域旅游业,还是大到一个国家的旅游业,都必须将维护现有市场以及积极开拓潜在市场作为一项长期的任务。

　　本章从最基本的旅游市场的数据收集和分析开始,介绍了旅游市场分析的理论方法,并对旅游市场营销对策要点进行了阐述。

学习目标(重点与难点)

　　1.了解旅游市场的概念,学会如何对旅游市场的数据进行有效的收集和分析。
　　2.掌握旅游市场分析的内容及理论技术。
　　3.正确运用旅游市场营销策略。

框架结构

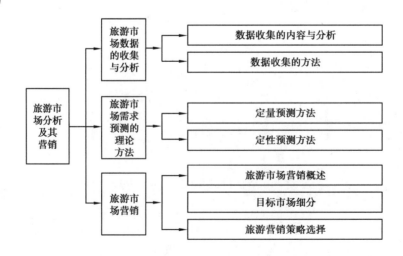

开篇案例

宁波市目标市场营销与推广策划

实施以构造竞争优势为目的营销战略,针对特定市场,根据特定市场的需求配置资源,进行营销。要创新营销观念,贯彻大营销理念,通过寻找"政府重视、群众参与、企业有利、媒体关注"的营销主题,全面构建一个城市营销、产业营销、产品营销和区域联销的全社会参与的立体营销体系,通过制定一个以构造竞争优势为目的、差异化的长远营销战略,通过软硬结合的多种手段,实现全员营销、深度营销,通过造事(制造事件营销点)、造势、造市三个阶段,把宁波旅游整体推向市场。

1. 营销目标

(1)提升工商名城的传统形象,树立旅游目的地的新形象

通过创新性营销推广,迅速推出宁波城市旅游整体形象,确立宁波旅游的品牌与知名度,推动旅游业超常规发展。使主流媒体不断聚焦宁波旅游,并积极主动向外界传播;销售"远景",成功赢得重量级投资商对旅游项目的关注,有效实现重点项目高质量招商,成功打造精品。

(2)提升旅游品牌,巩固并扩大老市场、开辟及拓展新市场

通过旅游营销,提升旅游品牌效应,使宁波旅游产品纳入到各大旅行社重点线路中,成功实现市场突破。确立宁波在长三角旅游区新增长极的地位,产生巨大的市场效应,实现规划战略提出的市场规模倍增目标。

2. 营销原则

(1)实施城市营销战略,将宁波旅游发展与宁波经济社会的可持续发展战略融为一体,推销城市促进旅游。

(2)全员营销原则。政府机关、旅游行业、社会全员营销。

(3)重点突破原则。重点针对政府、大旅行社和重点目标市场,通过差异化营销实现突破。

(4)主题节庆会展推动原则。以主题节庆会展活动为龙头,相互呼应、联合推动。

(5)统一协调原则。一方面,各阶段的推广主题互相呼应、连贯,并在总推广战略的统一指导下具体实施;另一方面,相关协作单位应服从整体利益需要并积极响应、配合和服从,以确保圆满实现预期目标。

(6)次第继起,密集轰炸原则。利用多种推广手段,在不同阶段从不同角度演绎宁波旅游核心主题,在时间上继起,在空间上连贯,形成密集轰炸效应。

(7)波浪式推进原则。确保核心主题的延展性、发散性、可持续炒作性,避免孤立活动,要层层推进。

(8)立体复合原则。追求对目标受众的全面立体营销效果,实施以公关活动为主导,软宣、广告为辅助,现场引导为基础,复合展开的营销策略。

(9)预留管线原则。分阶段、有选择地推出卖点,各阶段核心主题互相呼应、紧密关联,前面的推广要为后面的活动充分预留管线。

（10）适度弹性原则。各阶段的具体操作应在总推广战略指导下进行，并根据条件变动，因时、因地制宜，及时调整。

3. 营销观念和策略创新

营销要从最初的理念和项目构思中开始，积极进行观念突破和策略创新。要树立四个观念：

（1）区域营销观念：旅游营销首先是区域营销，应首先树立、传播区域整体形象。

（2）全员营销观念：旅游营销是全社会的营销，不仅仅是旅游主管部门和旅游企业的事情。营销者不同、营销对象不同战略战术也应该不同。区域旅游营销要取得成功，必须把握好营销分工的各个层面。

（3）大营销观念：构建一个以城市营销、产业营销、产品营销和区域联销的，全社会参与的立体营销体系，通过软硬结合的多种手段，把宁波旅游推向市场。

（4）细分营销观念，见什么样的人递什么样的名片，针对不同的细分市场采取不同的营销策略和方式。

在策略上，应该以区域营销推广为龙头、以景区推广和产品推广为支撑，充分弘扬宁波文化底蕴；应该由政府牵头、高度整合各类资源，企业市场化运作；应该通过系列节庆活动推动，不断推出精品。

在推广中，必须要有良好的软硬件支持。硬件方面，要不断完善旅游服务支持系统；软件方面，要倡导并切实贯彻以客户为核心的服务理念，改善宁波整体服务形象。

4. 营销策略

（1）区域整合营销为主，传统产品营销为辅，突出整体形象

应把传统的景区和产品营销方式作为拓展市场的必要手段，而重点立足区域高度营销，重在确立区域形象。

以区域营销推广为龙头，主推城市名片，充分弘扬区域文化底蕴，在竞争中通过首先展示出一个强大而有意义的整体形象来吸引潜在的投资者和游客。

（2）实施《ALA（阿拉）宁波》"七个一"宣传工程

实施"七个一"宣传工程（一系列精品软文、一系列电视专题片、一系列丛书、一系列电子出版物、一系列宣传手册、一系列文艺演出、一系列主题活动），作为城市营销推广的重要支撑。

推出由双语专题片、电子出版物、丛书、宣传手册、文艺节目组成的《ALA 宁波》系列宣传品，作为区域营销推广的重要支撑。《ALA 宁波》系列宣传品线由《走进宁波》《体验宁波》《时尚宁波》《风情宁波》《感悟宁波》《人文宁波》《山水宁波》《休闲宁波》《浪漫宁波》《蓝色宁波》《天下宁波帮》《宁波之夜》等组成。

（3）加强软性宣传，通过包装亮点、销售"希望"进行旅游招商

旅游招商，重在销售"希望"，实现"价值"。通过营销宁波的方式来吸引旅游大项目落户宁波。应通过公关宣传和推广，让投资者深刻了解宁波的"新变化"和"新希望"，认识到宁波旅游业的远景，从而坚定投资信心。

软性宣传，包装亮点。对旅游产品而言，软性文章的性价比往往远高于硬广告。除了常

规的、通用的营销手段之外,宁波在实施形象营销战略中应加强营销创新,要精心包装并重点通过软性宣传推出新亮点,不断形成市场感召力和招商吸引力,出奇制胜。例如,以规划编制为新闻点,推出"热点追踪:××××"系列文章,引发人们对宁波旅游的关注;再如"宁波欲投××亿打造东钱湖!"抓住适宜时机集中炒作,容易成为人们关注的热点。

(4)强化三大核心节庆的统领作用

节庆活动是形象表现的重要载体,是树立形象最有效的方式之一,成功的节庆活动能在一定时期内产生轰动效应,大幅提高知名度、提升旅游形象。

要充分重视核心节庆活动对宁波旅游的拉动作用。应立足于宁波的文化底色,推出几个面向国际的、具有世界水准的旅游节庆活动,使节庆本身成为地区营销的吸引物,成为宁波旅游发展的重要引擎和平台。

重点通过中国国际海洋文化博览会、世界华人精英大会、宁波国际时装节三大核心节庆演绎"ALA 宁波"总主题,通过总主题串联现有节庆、主题活动,并衍生出系列新节庆、主题活动,赋予分主题,进行旅游节庆活动的系列化运作,把规模和影响力小且比较分散的小节庆联系和整合起来,最终打造成为能够极具影响力的著名节庆活动。

通过核心节庆统领系列子产品,次第渐起、相互呼应,串起宁波各个景区,凸显宁波旅游的特色,打造宁波城市名片。化注意力经济为旅游经济,不断引导游客"体验宁波,感悟宁波"。

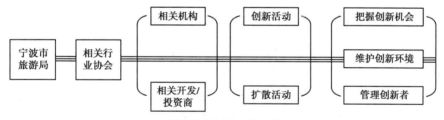

宁波旅游节庆创新支持系统示意图

(5)实施 IMC(整合营销传播)战略

导入 DIS(区域形象识别)系统,强化事件营销,充分利用政府平台,切实整合一切营销资源,充分整合一切营销传播渠道,构建 IMC 传播平台,实现全方位、立体化、多层次传播。

①导入 DIS(区域形象识别)系统。制定并全面实施区域形象识别系统(District Identity System)。

以 DIS 为指导,统一城市标准色。制定旅游形象宣传口号,宁波旅游手册,宁波旅游招贴画,宁波旅游导游图,宁波旅游风光片(宣传片、专题片),宁波旅游主题歌,并加强对宁波本地旅游网站的指导性管理。

②构建 IMC 传播平台。充分整合互联网、影视传播、出版发行、文艺演出、专业会展(如旅交会、休博会、世遗大会、中国文化年)及政府等多种资源,构建 IMC 传播平台。

通过 IMC 平台,以专题片、电子出版物、丛书及宣传手册、文艺演出等方式推出《ALA 宁波》系列宣传产品。

③强化事件营销。精心设计,阶段性制造新闻性事件和事件性新闻,适时、有序、不断爆出热点内容,引起媒体、社会广泛关注,实现低成本、轰动性、渗透性传播。例如:

利用重大项目招商进展进行营销。包装所招商项目,采用项目推介会、项目签约仪式、建设进度报道等方式营销;

以"天下宁波帮"主题纪念活动、宁波会馆奠基礼等为由头,推出"ALA 宁波"系列主题活动,并邀请名人政要出席,充分利用名人效应营销;

以重点景区为依托,推出"ALA 宁波"系列摄影大赛、文艺活动,宁波水上运动大奖赛……

④充分整合政府平台进行营销。充分整合政府传播渠道,利用政府传播平台的权威性、公立性、可信性,重点面向国内终端客源市场和境外市场进行营销推广,并引起主流媒体的关注与追随。

阅读开篇案例,思考问题:
1. 旅游目的地应如何确定营销目标?
2. 宁波市是如何体现营销观念和策略创新的?

6.1　旅游市场数据的收集与分析

6.1.1　旅游市场的概念

旅游市场作为旅游产品的直接消费源泉,也可以称之为客源地市场。营销意义上的旅游市场是指一定时期内,某一地区中存在的对旅游产品具有支付能力的现实的和潜在的购买者。旅游市场规模的大小,取决于市场的消费者数量、人们的支付能力和人们的购买欲望,三者缺一不可。而闲暇时间的多少和交通的便利程度是其约束条件。由于旅游活动及旅游业自身固有的特点,旅游市场相对于其他商品而言,具有全球性、异地性、波动性和高度竞争性等特点。

6.1.2　数据收集的内容与分析

旅游市场的构成及其变化趋势是旅游目的地规划以及营销的方向,所有旅游产品的开发都应围绕旅游市场的需求开展。针对旅游市场进行的旅游调查和数据收集是旅游规划过程中市场定位和细分的重要准则,也是最基础的工作。被调查地的所有人都可能是旅游地的消费者,我们称之为潜在旅游者,潜在旅游者是旅游市场的重要构成,也是旅游市场调查的重要内容,任何人都是生活在一定的环境中,他们的行为受一系列外部和内部因素的影响。因此,旅游市场数据的收集是一项内容十分广泛的工作。

1) 旅游市场的结构

旅游市场的结构内涵非常丰富,包括潜在旅游者的年龄构成、收入水平和旅游市场的受教育程度等。针对旅游市场结构进行的数据收集是旅游规划必不可少的内容,通过这些数据的收集可以使规划人员基本了解旅游市场的特征并初步掌握潜在旅游者的行为规律,这是旅游规划的重要依据。

（1）旅游客源的年龄构成

随着年龄的增长,旅游者对旅游产品的需求会产生变化。年轻游客可能更倾向于探险或者背包旅行,而随着年龄的增长,人们自身的生理机能会发生变化,他们会更倾向于安静的旅游行程。而旅行社企业也会根据市场的发展趋势去打造适合于不同年龄段的旅游产品。目前,国内很多旅行社有单独针对中小学生的修学旅游产品,也有针对老年人客源市场而生产的银发旅游产品。

年龄同样可以影响人们的出游动机,不同年龄组的游客的出游动机会有较大的不同,吴必虎等在 20 世纪 90 年代初的一组调查发现,虽然不同年龄段的游客出游的首选都是自然风景观赏,但是年纪大的旅游者偏好于文史类的景点,在选择文物类景点上,50—59 年龄段的人占据了大多数（32.3%）;在娱乐游戏类的旅游产品上,不同年龄段的旅游者又表现出了不同的兴趣,10—19 岁中小学生占据了大多数（41.25%）,总体趋势是年龄越高对娱乐性的旅游产品的需求偏好越低。

（2）旅游客源的收入水平

旅游市场客源的收入水平将直接决定着市场的购买力,购买力是旅游管理者必须考虑的一个因素。购买力是形成市场的基本要求。随着我国人民收入水平的不断提高,目前已经有很多的人有足够用于旅行游览的可自由支配收入,而且这类人群的数量也在不断地增加,尽管很大部分的旅游者仍然只是能够承担费用较少的旅游产品;此外,收入水平的高低还将决定客源地居民的出游频率和旅游费用。所有的关于旅游行为的调查,无论是官方的人口普查机构、旅游行业协会、专门的市场调查机构,或者是媒体的调查都表明,居民收入水平和外出旅游的频率之间存在着直接的关系:家庭收入高,外出旅游的可能性就越大;而且收入越高,越富裕的家庭花在旅游上的消费也越多。

旅游支出弹性特征明显。人们有能力并且愿意在实际收入持续增加的情况下将更多的消费用于旅游。可以想象的是,除了旅游频率的增加,人们进入旅游地的交通选择和在旅游地的食住水平也会上升一个档次。收入水平还会通过影响人们的受教育水平来影响人们的旅游选择,后面将对其进行讨论。

（3）旅游客源受教育程度

客源地旅游者的受教育程度也是旅游调查数据收集过程中不可缺少的一部分。教育能够拓宽人们的兴趣爱好,刺激旅游意愿的产生。随着旅游产业的不断发展,旅游产品供给的不断拓展,旅游者更多地开始追求旅游过程中的精神享受和文化感染力,因此受教育的程度越高,人们的出游率也会增加。

有研究显示[①]:受过良好教育的人在旅游者中占大多数,其旅游消费支出也最多。在那些户主没有取得中学学历的家庭中,仅有 50% 声称有旅游支出;而那些户主取得中学学历的家庭中,这一比例为 65%;在户主受过大学教育的家庭中,这一比例为 75%;在户主获得大

---

① 格德纳,里奇. 旅游学[M]. 李天元,徐虹,黄晶,译. 北京:中国人民大学出版社,2008.

学学位的家庭中,这一比例则为85%。受教育水平的提高毫无疑问会提高人们外出的旅游倾向。

受教育水平同样可以影响到人们的旅游选择。旅游业发展初期,基于人们(开发商、批发商、旅游者)对旅游认识的局限性,旅游开发商和批发商更倾向于提供给人们观光类的旅游产品。旅游产业是不断发展的产业,随着景区游客量的增加,观光型的景区环境不断受到破坏,而另一方面是社会教育水平的提高,人们对旅游的认识逐渐提高,旅游品位不断提升,更多的高学历者愿意将目光放在旅游地的文化品位,而不再是传统意义的观光。

(4)旅游客源地居民的家庭结构

家庭规模可以影响家庭的出游力,根据 Walsh 的研究,单身家庭对游憩活动的参与率一般小于已婚夫妇家庭,尤其要小于1~4个子女的家庭,但随着家庭内孩子数量的进一步增加,游憩活动的参与率会出现下降。国内也有研究表明,家庭规模和游憩需求的现状、潜力等显著相关,1人家庭的游憩潜力大,但因其收入有限,游憩状况并不理想;5人及以上的家庭游憩现状最好,但因为其游憩需求基本被满足所以游憩的潜力较低。

此外,一个显著的特征就是合家出游这种现象已经成为世界范围值得注意的市场特征。国内以家庭为基本单位的出游已经占据了大部分的市场份额,以家庭为组织方式的环城游憩带内的出游占市场全额的40%以上,而且这一比例还在不断提高。由于绝大多数的家庭是以孩子为中心,所以其出游的时间多选择在寒暑假,而且对安全和卫生的考虑也是其出游过程中的重要因素。

2)旅游市场的产品供需状况

对旅游市场的供需状况的研究是提供旅游产品的旅游企业必须要进行的过程,是旅游企业制定竞争战略的基本条件。主要包括旅游产品的供需状况、旅游产品的价格定位等。

(1)旅游产品的供需状况

旅游者的需求是旅游企业提供旅游产品的指南,市场导向模式是旅游规划与开发过程中的重要的战略模式。旅游企业想要把自己的产品销售出去,就必须对旅游客源地居民的需求进行调查,并对调查结果进行分析以确定要提供什么样的旅游产品。

目的地的旅游供给状况在很大程度上决定着旅游需求能否实现以及能够在多大程度上实现。从旅游目的地的角度看,目的地的旅游供给状况还决定着旅游需求的规模、类型和结构。所以说,旅游供给因素是影响旅游需求的重要因素。在影响旅游需求的旅游供给因素中,首要的是旅游吸引物的赋存状况。旅游吸引物的赋存状况是目的地发展旅游业的核心依托。旅游吸引物的丰富程度、类型、质量状况等对旅游目的地的旅游吸引力起着决定性作用。研究表明,观光旅游产品往往具有全球性吸引力,度假旅游产品往往具有区域性吸引力,人造景观往往具有地区性吸引力。旅游吸引力的强弱还取决于以旅游吸引物为依托开发而成的旅游产品与旅游者需要能否有效耦合。

在这里,必须明确旅游吸引物不是旅游产品,旅游吸引物等方面的资源优势必须通过产品开发、辅以相应的配套设施,形成经济优势,旅游目的地才有好的发展前景。因此,只有树立以资源为基础,以市场为导向的指导思想,明确吸引物与旅游产品的区别,明确资源优势与旅游经济优势的区别,致力于合理的产品开发,才能不断提高目的地的吸引力,更好地引导和刺激旅游需求的增长。

(2)旅游产品的价格定位

旅游产品的价格定位直接影响着人们对旅游产品的需求。西方经济学的价格—需求理论告诉我们,一般情况下,普通产品的价格和需求量有着负相关的关系,即产品的价格越高,则需求量就越小;反之则越大。但是众所周知,旅游产品和普通产品不一样,由于不完善的市场秩序带来的不公平竞争使得旅游产品的价格越来越低,随之而来的问题是旅游产品品质的下降,旅游服务的质量不断降低。所以价格很低的旅游产品通常不会被大多数人关注,而价位相对较高的旅游产品却供不应求。这种情况的发生是由旅游产品的特殊性质决定的,所以旅游企业必须对旅游产品进行合理的定价,以便能保证吸引更多的客源。

6.1.3　数据收集的方法

数据收集过程是旅游市场开发的初始过程,也是基础过程,数据的广度和有效度将直接影响整个开发过程的严谨程度。数据的收集可以是小组成员的经验讨论得来,也可以是小组的实地考察得来,在操作过程中要根据不同的情况选择更为有效的方法。

1)小组座谈法

多数人将小组座谈这一方法列为效果最差的市场数据收集的方法,或者有人根本就不认为小组座谈可以收集到有效的旅游市场数据,但是事实并非如此,小组座谈不单单是对旅游业,对任何一个行业来说都是一种常用的市场调研方法。使用这种方法的主要目的不是收集数据,而是起到铺垫的作用,通过小组讨论可以加深调研成员对调研目的的认识,同时可以为以后的过程确立参数。

小组座谈法是一种定性调研,即将少量的有关个人(通常为 8~12 人)组织到一起,就顾客所看重的某一个话题展开深入讨论。典型的讨论话题包括以下内容:就某一拟建的景点而言,顾客的关注点会有哪些;对于某一拟推出的广告主题和广告活动,顾客将会做出何种反应等。

小组成员的选择要谨慎,要经过严格筛选,以便全面代表对所研究地区可能有兴趣的或者在该地区有利益关系的群众。但是,由于实际筛选工作难以做到科学,因此,在将小组座谈会上的发现推断作为当地一般民众的意见时,调研者必须格外小心。此外,由于负责鼓励大家发言的小组组长在很大程度上会影响到会议讨论的情况,所以调研组织者必须对小组组长进行有效的培训,使其充分熟悉该次小组座谈的潜在目的。

虽然要注意的问题很多,但是,要想真正搞清楚对决策有影响的因素,小组座谈法始终是最具有价值的途径之一。

2)科学观察法

科学观察法又称为观察法,它是指旅游调查研究者根据一定调查目的和调查提纲的要求,亲临现场,直接观察旅游调查研究对象或被调查者的情况,以主动获得有关旅游现象的非语言资料的资料搜集方法。在旅游调查研究中,科学观察法是一种获得直接资料的调查方法,它一般适用于对具体旅游现象的研究,是旅游调查研究的一种最基本的方法。

(1)类型

依据不同的标准,从不同的角度可以对科学观察法做如下划分。

①直接观察法和间接观察法。划分依据是观察时是否使用科学仪器。直接观察法就是调研人员用自己的感觉器官进行观察,具有强烈的实感,但受观察者的主观影响较大。间接观察法主要手段有摄像、录像、探测、遥感等技术。获得的资料较客观准确,但缺乏实感。

②结构性观察和非结构性观察。划分依据为研究者对所观察对象的控制性强弱或观察提纲的详细程度。结构性观察指研究者对问题有严格界定,采用标准程序和手段进行观察。非结构观察或称无控制观察,指研究者根据总的观察目标和要求,依据具体情况进行的观察。前者能获得大量翔实资料,但是缺乏弹性;后者简便易行,但所得材料零散。

③参与观察和非参与观察。划分依据为研究人员是否参与被观察者的活动。一般来说非参与观察所得资料具有较强客观性,但所搜集资料偶然性较大。参与观察能获得大量真实的感性材料,观察比较全面深入,但主观性较大。

④连续性观察与非连续性观察。划分依据为研究人员所实施的观察是否具有连贯性和持续性。

⑤自然观察和实验室观察。划分依据为研究人员实施观察的场所和组织条件。自然观察在自然状态下进行观察,结果真实可信。实验室观察是指旅游调研人员在模拟周围条件和环境对调查对象实施有效控制而进行的观察,具有严密性和精确性的特点。

(2)原则

科学观察的实施原则主要有四个,即客观性原则、全面性原则、深入性原则、持久性原则。

①客观性原则。要求调研人员按照旅游现象的本来面貌进行观察和记录。观察的客观性是资料有效性的保证。

②全面性原则。要求调研人员观察中应从不同的侧面、不同角度和不同层次进行多方位的观察,不能以偏概全,以正代反,以局部代整体。全面性是客观性原则的内在要求。

③深入性原则。是因为旅游现象和被观察者的活动本身错综复杂,必须经过认真的观察才能认识其真实状态。

④持久性原则。运用观察法是一项十分单调辛苦的工作,要达到全面、客观、深入的观察要求,调研人员必须保证观察的持久性和恒常性。

(3)优点

科学观察法有许多优点,主要是以下5方面。

①可以直接获得可靠资料。

②便于搜集非语言资料。

③能够避免人际交往因素的干扰,观察法不依赖语言交流,避免语言交流中可能产生种种误会和干扰。

④便于及时获得调查结果。

⑤运作简便、机动灵活。

（4）不足

观察法也有其缺点，主要有以下4个方面。

①观察到的现象具有表面性和偶然性。

②观察的适用范围受到一定的限制，这主要体现在两方面，一是旅游现象的发生都有一定的时间空间条件，对某种尚未出现的现象、突发的事件或已经发生的现象，都无法采用观察法；二是某些旅游现象，由于受伦理、道德、风俗甚至法律制约，不能借助于观察法。

③观察的结果受到观察者自身的限制，一方面受人的感官的限制，另一方面受人的主观意识主观素质的影响。

④观察结论难以推及研究对象全体，观察法不适合宏观观察，不适用大面积调查，一般观察样本较小，结果难以量化。

3）问卷调查法

问卷调查法是指由旅游调研者向被调查者提供问卷并请其对问卷中的问题作答而搜集有关社会信息的一种旅游调查研究资料搜集方法。问卷调查法是现代社会中具有广泛用途和重要作用的一种旅游调研资料搜集方法。

问卷调查法的特点主要有：

①标准化。问卷调查法统一提问、回答的方式，对于所有的调查者以同一问卷进行询问，同时以同一种方法发放和填写问卷。由于使用标准化工具进行调查，因而所搜集资料还便于进行统计分析和定量研究。同时，由于标准化，尤其是它多使用封装式提问和回答，也使问卷调查法的适应性和可获得信息的范围受到严重限制。

②书面性。采用书面与被调查者进行交流有其特殊作用，第一，这种交流方式可以突破时间的限制，使该方法的实施在时间上有缓冲余地；第二，可突破空间的限制，即借助交通邮政等渠道，可以将问卷发送到广阔的社会区域，在大范围内同时进行调研。但书面性也有劣势，如只能获得书面信息，对文化程度较低的群体不太适用等。

③间接性。采用问卷法，调查者一般不用与被调查者直接见面，节省时间、经费和人力，且匿名调查有助于减少被调查者的顾虑。但问卷的有效率和回复率无法保证。

由于问卷调查的种种特性，它有着自身所适用的范围。首先，从旅游调查的规模和范围来说，问卷调查法适用于调查规模较大、范围较广的调查对象。其次，从旅游调查的研究方式来说，问卷调查法适用于定量研究的旅游调查研究课题。再次，从旅游调查的研究对象的总体结构来讲，它也有其一般的适用规律，大致来说，该方法在成分单一的总体中比在成分复杂的总体中更加适用。一个成分复杂的群体，个体的背景往往相关很大，对于问卷的设计带来一定难度。最后，从旅游调查对象的群体类属来看，问卷调查法的适用性也存在差异。一般来说，城市居民比农村居民适用，大城市比小城市适用，文化程度高的群体比文化程度低的群体适用，专业技术人员和公务员比商业人员和工人适用，在中青年中比在老年人中适用，在男性人口中比在女性人口中适用。

4）文献调查法

文献是指用文字、图像、符号、声频和视频等手段存储在物质载体上，按照一定逻辑组织的有关知识内容的信息记录。文献调查法是指旅游调查研究者通过搜集和摘取文献以获得与调查课题有关资料的方法。文献调查法可以起到两方面的作用：一是能够直接考察社会系统的现状和变迁；二是可以为其他旅游调查研究方法的应用提供有关社会环境的背景资料、历史状况，这为其顺利实施提供基础。

文献根据物质载体的不同可以分为手书文献、印刷文献、缩微型文献、音像型文献和计算机存档文献五类。手书型文献是指没有经过正式排印的手写记录，如笔记、手稿、信件、日记、原始记录等；印刷文献是指将知识内容印刷在纸张等物质载体上的文献，主要有木印、石印、铅印、胶印、图书、报刊和图册等；缩微型文献是以感光材料为载体，利用光学记录技术，将手写型或印刷型文献予以缩小的文献；音像型文献是一种以有声影片、幻灯片、唱片、录音带、录像带等为载体，以声频和音频方法记录的文献；计算机存档文献是利用磁盘为载体记录的文献。

文献调查法是一种传统的调查方法，它是对人类以往知识的调查，是直接的书面调查，它所获得的信息是回溯性的信息。因此文献调查法有其优点，也有其局限。优点主要有：①文献调查法可以超越时空了解广泛的社会情况；②文献调查法可以获得稳定的信息，信息可靠；③文献调查法实施起来相对容易；④文献调查法实施效率相对较高。它投入的人力物力较少，但获得的信息比其他调查方法都多。

文献调查法的局限主要有：①所得信息主要为书面信息，缺乏生动性、具体性；②所获得的信息多为回溯性信息，不能反映新的情况；③文献调查法需要人们的阅读理解才能获得信息，因此该方法要求调查者的知识水平较高；④文献调查法尤其是手工文献调查法很难获得全面的信息，想找齐所有的相关文献也不是容易的事情。

5）实验调查法

实验调查法是指旅游调研者根据调研目的，有意识地改变和控制研究对象，在创设的理想条件下通过观察、记录来搜集资料，认识其本质及其规律的方法。实验调查法具有实践性、动态性的特点。

实践性是指实验调查法以一定的实践活动为基础，必须通过调查研究者某种实践活动有计划地改变实验对象所处的社会环境，并在此基础上揭示旅游现象之间的因果联系，认识实验对象的本质和规律，实践性是实验调查法的本质特点。

动态性是就实验调查法的对象而言。由于实践活动的不断进行，实践对象所处社会环境的不断变化，作为实验对象的组织和个人也必然发生不断的运动变化。

实验调查法按照不同的标准，可作不同的分类。

①研究性实验调查和应用性实验调查。该划分主要基于调研目的。研究性实验调查是旅游调研者以揭示社会的本质联系和实验对象的本质及其发展规律为主要目的的调查，如对某一社会理论进行论证。应用性实验调查是以解决社会管理和社会工作的实际问题为主

要目的的实验调查。

②现场实验调查和实验室实验调查。该划分依据为实验环境。现场实验调查是指调研者在自然现实的环境中进行的实验调查,在这种环境中,调研人员只能部分控制实验环境的变化。实验室实验调查是指调研人员在人工的环境下进行的实验调查,可对实验环境进行严格有效的控制,其特点是环境的人为性。在旅游调查研究中,一般都采用现场实验调查的方法,因为这种实验调查所处的环境都是自然的、现实的环境,其实验结果偏离现实的程度较低,较易于应用和推广。

③对照实验调查、多实验组实验调查与连续实验调查。划分依据为调查的组织方式。对照实验调查是一种既有实验组又有对照组的实验调查方法。实验组是指旅游调研者用自变量来影响的组,也就是进行实验的组;对照组是指调研者不用自变量进行影响的组,但与实验组各项特征基本相同,用来与实验组进行对照的组。多实验组实验调查是一种有多个实验组的实验调查方法。连续实验调查是指调研者对同一研究对象在不同的时间里进行观察以检验假设的实验方法。这种方法只有单一的实验组,没有与实验组相对照的组,同一组在施加自变量之前是对照组,在施加自变量以后为实验组。

6.2 旅游市场需求预测的理论方法

对旅游市场的数据收集的最终目的是对市场的需求和趋势进行预测,目前相关的研究绝大多数是采用定量的方法建立旅游需求的预测模型,进而使用各种数学方法进行预测;定性的方法主要集中在管理学中。本节主要内容是对各种预测方法进行总结提炼。

6.2.1 定量预测方法

定量预测是使用历史数据或因素变量来预测旅游市场需求的数学模型,是根据已掌握的、比较完备的历史统计数据,运用一定的数学方法进行科学的加工整理,借以揭示有关变量之间的规律性联系,用于预测和推测未来发展变化情况的一类预测方法。定量预测方法也称统计预测法,其主要特点是利用统计资料和数学模型来进行预测。然而,这并不意味着定量方法能够完全排除主观因素,相反主观判断在定量方法中仍起着重要的作用。

1)因果模型预测

因果关系模型是定量预测模型的主要方法之一,主要用于研究不同变量之间的相关关系,用一个或多个自变量的变化来描述因变量的变化。

因果关系模型主要包括:趋势外推、回归分析、数量经济模型、投入产出模型、灰色系统模型、系统动力学等。

(1)特点和适用范围

事物的发展不仅取决于自身的发展规律,同时受多种外界因素的影响,如果把预测值作因变量,那么影响预测对象发展的各变量则称作自变量。研究因变量与自变量的关系,则是因果关系模型的任务。因果关系模型在预测中应用最广,它因时间序列模型不同,不仅可以从事短期预测,而且还可以从事中、长期预测,也可以预测宏观、中观、微观问题。

(2)预测方法及模型

趋势外推法。趋势外推法是一种常用的利用事物过去发展的规律,推导未来趋势的方法,这种方法简单适用,应用面广。在预测方法分类中,有的将其划归为因果关系模型,有的将其划归为时间序列模型,有的将其单列为一类。这里将其划归为因果关系模型。因为趋势外推的模型和预测过程与回归分析类同,可以作为回归分析的特例,即以时间为自变量的回归分析。

运用趋势外推法,要注意它有两个基本假设:第一,事物是在同一条件或相近条件下发展的,即决定过去事物发展的原因,也是决定未来事物发展的原因;第二,事物发展的过程是渐进的,而不是跳跃的。

趋势外推模型种类很多,实用预测中最常用的是一些比较简单的函数模型,如多项式模型、指数曲线、生长曲线和包络曲线等。

①多项式模型。很多事物发展的模型可用多项式表示,下面举几个常用的多项式模型。

一次多项式模型(线性模型):

$$Y_t = a_0 + a_1 t$$

二次多项式模型(二次抛物线模型):

$$Y_t = a_0 + a_1 t + a_2 t^2$$

三次多项式模型(三次抛物线模型):

$$Y_t = a_0 + a_1 t + a_2 t^2 + a_3 t^3$$

n 次多项式模型(n 次抛物线模型):

$$Y_t = a_0 + a_1 t + a_2 t^2 + \cdots + a_n t^n$$

多项式的系数一般采用最小二乘法计算。

②指数模型。很多研究表明,大量事物的发展,其定量特征表现为随时间按指数或接近指数规律增长,其公式为:

$$Y_t = Y_0 e^{kt}$$

式中,Y_0 是 $t=0$ 时 Y_t 的值。

很多技术特性符合指数增长规律,如飞机速度、电站容量等。经济发展的很多增长过程也表现为指数增长,如产值、投资等。但是任何事物都不能按指数曲线无限制地发展,因而不能无限制外推,否则将出现不可能结果。因为任何事物的发展都有一个极限值,当接近极限值时,事物将不再按指数规律增长。

指数曲线的参数估算可采用最小二乘法,对于曲线 $Y_t = Y_0 e^{kt}$ 取自然对数得:

$$\ln Y_t = \ln Y_0 + kt$$

令 $\ln Y_t = Y, \ln Y_0 = A, k = B$ 则变为线性方程:$Y = A + Bt$

③生长(S)曲线。如考虑极值的影响,发现事物的发展过程如同生物的生长过程一样,经历发生、发展和成熟三个阶段,而每一阶段的发展速度又不相同,如绘在坐标图上形同 S,

所以生长曲线又称 S 曲线。生长曲线与指数曲线不同,指数曲线的相对增量是一个常数,例如用微分方程表示为

$$\frac{dY_t}{dt}=kY_t$$

$$\frac{dY_t}{dt}/Y_t=k$$

而生长曲线的相对增量是一个 Y_t 的函数

$$\frac{dY_t}{dt}=kY_t(l-Y_t)$$

$$\frac{dY_t}{dt}/Y_t=k(l-Y_t)$$

生长曲线有很多种模型,皮尔模型、龚珀兹模型、替代模型等都是生长曲线模型。

趋势外推模型还有包络曲线,这里就不作介绍了。

回归分析法。与趋势外推法不同,这种方法主要用于研究不同变量之间的相关关系。回归分析不仅是一种应用范围极广的预测方法,同时也是建立数量经济模型的重要基础。回归分析主要包括一元线性回归、多元线性回归和非线性回归三种,而非线性回归又可通过一定的变换,转变为线性回归。

①一元线性回归。也称直线回归,这种方法可确定两个变量之间的直线关系,简单、适用,既可用于短期预测,也可用于长期预测。其公式为:

$$Y=a+bX$$

式中,Y 是预测值;a 是常数;b 是回归系数;X 是自变量。

②多元线性回归。一元回归法虽在预测中比较常用,但它毕竟是一种理想化的形式,在事物发展的局部或某一个侧面、某一个阶段可以用一个自变量反映。但任何事物都不是孤立存在的,都会受到多种因素的影响,技术的发展如此,经济系统更是如此,这时仅依据一个自变量进行预测将难以求得准确的因变量值。在这种情况下,就必须采用多元回归进行分析。多元回归虽然具有预测精度较高的优点,但亦需注意,多个自变量之间容易出现共相关现象,而且计算工作量大,一般需借助计算机进行。多元回归也有多种方法,这里只讲多元线性回归。

多元回归法比一元线性回归法复杂,但应用原理和一元回归方法是一样的。

多元线性回归的基本模型为

$$Y=b_0+b_1X_1+b_2X_2+\cdots++b_mX_m+e_t$$

式中,Y 是因变量;X 是自变量;m 是自变量个数;$b_0,b_1,\cdots,b_m$ 是回归系数;e_t 是随机误差。

2) 时间序列预测

在生产和科学研究中,对某一个或一组变量 $x_{(t)}$ 进行观察测量,将在一系列时刻 $t_1,t_2,\cdots,t_n$(t 为自变量且 $t_1<t_2<\cdots<t_n$)所得到的离散数字组成序列集合 $x_{(t_1)},x_{(t_2)},\cdots,x_{(t_n)}$,我

们称之为时间序列,这种有时间意义的序列也称为动态数据。这样的动态数据在自然、经济及社会等领域都是很常见的。

(1)时间序列模型建模步骤

第一步,用观测、调查、统计、抽样等方法取得被观测系统时间序列动态数据。

第二步,根据动态数据作相关图,进行相关分析,求自相关函数。相关图能显示出变化的趋势和周期,并能发现跳点和拐点。跳点是指与其他数据不一致的观测值。如果跳点是正确的观测值,在建模时应考虑进去,如果是反常现象,则应把跳点调整到期望值。拐点则是指时间序列从上升趋势突然变为下降趋势的点。如果存在拐点,则在建模时必须用不同的模型去分段拟合该时间序列,例如采用门限回归模型。

第三步,辨识合适的随机模型,进行曲线拟合,即用通用随机模型去拟合时间序列的观测数据。对于短的或简单的时间序列,可用趋势模型和季节模型加上误差来进行拟合。对于平稳时间序列,可用通用 ARMA 模型(自回归滑动平均模型)及其特殊情况的自回归模型、滑动平均模型或组合—ARMA 模型等来进行拟合。当观测值多于 50 个时一般都采用 ARMA 模型。对于非平稳时间序列则要先将观测到的时间序列进行差分运算,化为平稳时间序列,再用适当模型去拟合这个差分序列。

(2)时间序列预测方法

时间序列,也叫时间数列、历史复数或动态数列。它是将某种统计指标的数值,按时间先后顺序排列所形成的数列。时间序列预测法是一种历史资料延伸预测,也称历史引申预测法,是以时间数列所能反映的社会经济现象的发展过程和规律性,进行引申外推,预测其发展趋势的方法。时间序列预测法通过编制和分析时间序列,根据时间序列所反映出来的发展过程、方向和趋势,进行类推或延伸,借以预测下一段时间或以后若干年内可能达到的水平。

其内容包括:收集与整理某种社会现象的历史资料;对这些资料进行检查鉴别,排成数列;分析时间数列,从中寻找该社会现象随时间变化而变化的规律,得出一定的模式;以此模式去预测该社会现象将来的情况。

(3)时间序列预测的分类

时间序列预测法可用于短期、中期和长期预测。根据对资料分析方法的不同,又可分为:简单序时平均数法、加权序时平均数法、移动平均法、加权移动平均法、趋势预测法、指数平滑法、季节性趋势预测法、市场寿命周期预测法等。

简单序时平均数法,也称算术平均法,即把若干历史时期的统计数值作为观察值,求出算术平均数作为下期预测值。这种方法基于下列假设:过去这样,今后也将这样,把近期和远期数据等同化和平均化,因此,只能适用于事物变化不大的趋势预测,如果事物呈现某种上升或下降的趋势,就不宜采用此法。

加权序时平均数法,就是把各个时期的历史数据按近期和远期影响程度进行加权,求出平均值,作为下期预测值。

简单移动平均法,就是相继移动计算若干时期的算术平均数作为下期预测值。这种方法由于是简单的数据平均预测,所以准确性比较低。

加权移动平均法,即将简单移动平均数进行加权计算。在确定权数时,近期观察值的权数应该大些,远期观察值的权数应该小些。

上述几种方法虽然简便,能迅速求出预测值,但由于没有考虑整个社会经济发展的新动向和其他因素的影响,所以准确性较差。应根据新的情况,对预测结果作必要的修正,所以有了以下几种略微复杂的方法。

指数平滑法,即根据历史资料的上期实际数和预测值,用指数加权的办法进行预测。此法实质是由内加权移动平均法演变而来的一种方法,优点是只要有上期实际数和上期预测值,就可计算下期的预测值,这样可以节省很多数据和处理数据的时间,减少数据的存储量,方法简便,是国外广泛使用的一种短期预测方法。

季节趋势预测法,根据经济事物每年重复出现的周期性季节变动指数,预测其季节性变动趋势。推算季节性指数可采用不同的方法,常用的方法有季(月)别平均法和移动平均法两种:①季(月)别平均法。就是把各年度的数值分季(或月)加以平均,除以各年季(或月)的总平均数,得出各季(月)指数。这种方法可以用来分析生产、销售、原材料储备、预计资金周转需要量等经济方面的季节性变动;②移动平均法。即应用移动平均数计算比例求典型季节指数。

市场寿命周期预测法,就是对产品市场寿命周期的分析研究。例如对处于成长期的产品预测其销售量,最常用的一种方法就是根据统计资料,按时间序列画成曲线图,再将曲线外延,即得到未来销售发展趋势。最简单的外延方法是直线外延法,适用于对耐用消费品的预测。这种方法简单、直观、易于掌握。

(4)时间序列预测步骤

第一步,收集历史资料,加以整理,编成时间序列,并根据时间序列绘成统计图。时间序列分析通常是把各种可能发生作用的因素进行分类,传统的分类方法是按各种因素的特点或影响效果分为四大类:①长期趋势;②季节变动;③循环变动;④不规则变动。

第二步,分析时间序列。时间序列中的每一时期的数值都是由许许多多不同的因素同时发生作用后的综合结果。

第三步,求时间序列的长期趋势(T)季节变动(S)和不规则变动(I)的值,并选定近似的数学模式来代表它们。对于数学模式中的诸未知参数,使用合适的技术方法求出其值。

第四步,利用时间序列资料求出长期趋势、季节变动和不规则变动的数学模型后,就可以利用它来预测未来的长期趋势值 T 和季节变动值 S,在可能的情况下预测不规则变动值 I。然后用以下模式计算出未来的时间序列的预测值 Y:

$$加法模式\ T+S+I=Y$$
$$乘法模式\ T\times S\times I=Y$$

如果不规则变动的预测值难以求得,就只求长期趋势和季节变动的预测值,以两者相乘之积或相加之和为时间序列的预测值。如果经济现象本身没有季节变动或不需预测分季分月的资料,则长期趋势的预测值就是时间序列的预测值,即 $T=Y$。但要注意这个预测值只反映现象未来的发展趋势,即使很准确的趋势线在按时间顺序的观察方面所起的作用,本质上也只是一个平均数的作用,实际值将围绕着它上下波动。

3) 人工智能方法

在最近的研究中,很多的学者将人工智能的方法运用到旅游需求预测中,并提出了许多新的预测方法和模型。

Law 和 Au 首次利用神经网络模型(ANN)预测日本游客对中国香港的旅游需求;Kon 和 Turner 综述了旅游业中 ANN 方法的应用。实证表明,使用神经网络模型进行旅游预测比传统的时间序列方法和多元回归模型更好。

Au 和 Law 运用粗糙集理论(Rough Set Theory)对旅游购物、餐饮和观光花费分别进行分析和预测。不同于传统回归模型,粗糙集方法更为关注变量的分类(如人口属性特征)并通过变量类与旅游需求之间的规则关系预测旅游需求,可以很好地从原始混乱的数据中找到有用的信息,因此它被认为是计量经济学模型的微观辅助工具。Garey 和 Rob 通过数据检验得出,粗糙集方法在预测旅游需求时的准确率可以达到 87.2%。

在时间较短、信息不够充足的情况下,模糊时序分析方法和灰色理论能够起到较好的预测效果。Au 利用模糊理论来预测具有不确定性的旅游业。Wang 使用模糊时间序列与混合灰色理论以预测旅游需求,发现模糊时间序列方法最适合预测中国香港到中国台湾的需求,灰色理论比较适合预测中国香港与美国到中国台湾的旅游需求,而马克沃改进模型最适合预测德国到中国台湾的旅游需求。

还有学者研究认为,遗传算法(GA)适用于解释旅游需求组成的变化和解决分类非线性回归预测问题(Burger 等;Hernandez-Lopez)。Pai 等结合支持向量机(SVM)和遗传算法用于预测巴巴多斯岛的旅游需求,结果证明该方法能够比自回归和移动平均模型(ARIMA)和季节自回归求和移动平均模型(SARIMA)更为有效地预测旅游需求。

尽管人工智能方法在预测旅游需求方面已经表现出高精确性和独特作用,它同时也具有一定的局限性,如缺乏理论支持,无法从经济角度解释旅游需求等,因而无法为政策的评估和制定等提供帮助。这些都限制了人工智能方法在旅游需求分析和预测方面的应用。

6.2.2　定性预测方法

所谓定性预测技术,就是依靠熟悉业务知识、具有丰富经验和综合分析能力的人员或专家,根据已经掌握的历史资料和直观材料,运用人的知识、经验和分析判断能力,对旅游市场未来发展去做出性质和程度上的判断,然后再通过一定的形式综合各方面的判断,得出统一的预测结论。值得注意的是,定性预测技术一定要与定量预测技术配合使用。定性预测方法又称为主观预测方法,它简单明了,不需要数学公式,依据是来源不同的各种主观意见。

1) 头脑风暴法

在群体决策中,由于群体成员心理相互作用影响,易服从于权威或大多数人意见,形成所谓的"群体思维"。群体思维削弱了群体的批判精神和创造力,损害了决策的质量。为了保证群体决策的创造性,提高决策质量,管理上发展了一系列改善群体决策的方法,头脑风暴是较为典型的一个。

头脑风暴法又可分为直接头脑风暴法(通常简称为头脑风暴法)和质疑头脑风暴法(也称反头脑风暴法)。前者是在专家群体决策尽可能激发创造性,产生尽可能多的设想的方法,后者则是对前者提出的设想、方案逐一质疑,分析其现实可行性的方法。采用头脑风暴法组织群体预测时,要集中有关专家召开专题会议,主持者以明确的方式向所有参与者阐明问题,说明会议的规则,尽力创造融洽轻松的会议气氛,并且主持者一般不发表意见,以免影响会议的自由气氛,由专家们"自由"提出尽可能多的方案。

2)情景分析预测

情景分析法又称为前景描述法、脚本法,是假定某种现象或某种趋势将持续到未来的前提下,对预测对象可能出现的情况或引起的后果作出预测的方法。

3)销售人员意见法

销售人员意见法通常在预测者无法直接接触消费者或者其他的被调查者时采用。具体做法是:请 n 位销售人员对未来的某时段的市场规模的最高、最低和一般值及三种情况的出现概率进行预测,得到各自的期望值。再将 n 位预测者的预测值进行平均,即可得预测结果。

表6.1 销售人员意见法

销售人员	预测项目	销售量	出现概率	销售量×概率
A	最高销售量 一般销售量 最低销售量 期望值	1000 700 400	0.3 0.5 0.2	300 350 80 730
B	最高销售量 一般销售量 最低销售量 期望值	1200 900 600	0.2 0.6 0.2	240 540 120 900
…	…	…	…	…
N	最高销售量 一般销售量 最低销售量 期望值	900 600 300	0.2 0.5 0.3	180 300 90 570

资料来源:林南枝、陶汉军,2000

【扩展阅读6.1】旅游市场调查研究和预测的题目

为了帮助我们做好旅游市场的调研工作,有针对性地选择调研题目,这里将各国一些专业或业余旅游市场调研人员培训认为比较关注的调研项目罗列出来,供参考:

1. 关于旅游者

(1)看法和特点

①旅游目的地的形象;

②对旅游目的地的反应;

③对宣传、广告和公共关系的反应;

④推销效益;

⑤对旅游设施服务水平;

⑥对旅游价格;

⑦对旅游分配渠道。

(2)关于旅游动机和行为

①旅行的主要动机是什么;

②旅行方式:单个旅行、家庭式旅游、团体旅游等;经济、豪华等;飞机、火车或游船旅游等;

③对市场经营策略的反应;

④对未来海外旅行期望的变化趋势。

2. 关于旅游市场

(1)旅游市场的特点和趋势

①旅游市场面大小;

②旅游市场的地理位置;

③旅游市场的人口分布特点;

④旅游市场分割情况;

⑤旅游市场分类。

(2)旅游产品的分配渠道

①分配渠道网分布情况;

②批发商的主要业务职能;

③零售商的主要业务职能;

④驻外旅游机构在旅游产品分配过程中的作用;

⑤旅游产品的其他推销渠道。

(3)旅游市场的发展变化

①宏观旅游市场发展趋势;

②不同的旅游产品,在不同的旅游市场里面,适用不同的分配渠道,而导致不同的经济效益。

3. 关于旅游市场的竞争情况

(1)旅游目的地旅游市场竞争基本策略;

(2)竞争者的旅游产品的长处和短处;

(3)竞争对手的市场经营策略;

(4)竞争对手的推销方式和分配渠道;

（5）竞争对手主要的促销活动方式；

（6）竞争对手的旅游价格政策。

4. 旅游市场环境

（1）市场经济形势

①不同阶层的家庭收入；

②对旅游产品的购买力；

③旅游市场国或地区的宏观经济形势及其币值。

（2）旅游市场社会人口情况与发展趋势

①人口分布特点

②城市化趋势；

③城市化人口不同的生活习惯和闲暇时间的特点；

④文化、教育水平；

⑤不同的年龄群；

⑥家庭规模、消费习惯；

⑦社会风俗、传统习惯对旅游市场购买力的影响作用；

⑧劳动和就业情况；

⑨不同市场里面不同的消费者、不同的消费形式。

（3）政治环境

①消费者的政治倾向性；

②旅行给旅游目的地或者给旅游市场国带来的政治影响；

③政府在开发旅游点方面的作用；

④税收政策；

⑤政治宣传；

⑥入出境手续。

（4）科技发展水平

①交通条件及其现代化程度；

②旅游设施的现代化管理、服务水平。

（5）自然环境

①气候条件；

②污染程度和环保措施。

5. 关于旅游目的地(旅游资源)

6.3 旅游市场营销

6.3.1 旅游市场营销概述

1) 市场营销的概念

市场营销一词来自英文 Marketing。国内外学者对市场营销概念的界定已有上百种。菲利普·科特勒(Philip Kotler)认为,市场营销是个人和集团通过创造并同他人交换产品和价值以获得其所需所欲之物的一种社会活动。我国学者郭国庆认为,市场营销既是一种组织职能,也是为了组织自身及利益相关者的利益而创造、传播、传递客户价值,管理客户关系的一系列过程。总的来讲,市场营销包含以下几个核心概念。

第一,市场营销的主体既包含营利性企业,也包含非营利性的组织与个人;

第二,企业或组织为了实现自己的经营目标,就要通过市场营销调研、营销计划、营销策略执行等一系列营销管理活动来完成企业组织的任务;

第三,市场营销的对象不仅是市场需要的产品、劳务或服务,而且还包括思想、观念,以及人物的营销;

第四,由于市场营销活动受买卖双方各种微观因素以及政治、法律、社会、经济和技术等宏观因素的影响,因此,市场营销是一个动态的过程;

第五,营销是企业或组织的一种管理功能;

第六,营销为企业或组织的所有活动提供一个框架;

第七,最后一点,也是最重要的一点,市场营销把满足顾客需求放在经营的首位,是一切活动的出发点。

2) 旅游市场营销

把市场营销观念运用到旅游业营销管理中,往往由于旅游产品的特点,使营销观念很难在企业营销中发挥作用①。主要表现在:一是旅游服务是一种过程、一种行为,而非有形实物,因此旅游服务很难做到标准化,产品质量难以控制;二是当今世界还没有哪一个国家或地区有充分的资源和接待能力,足以提供符合所有旅游市场需要的产品或服务。因此,每个旅游企业或组织都必须根据自身条件,针对某一特定市场需求,提供产品或服务。另外,市场营销观念是以满足长期旅游需求为目标的,但很多企业,尤其是那些小型的饭店、旅行社、游览部门等,为了竞争和生存,其经营战略重点往往只考虑短期,调查预测也大都是短期范围。

---

① 冯若梅,黄文波.旅游业营销[M].北京:企业管理出版社,1999.

也就是说,旅游营销管理不能只以市场需求为最佳导向。在旅游供给方面,应以社会资源为导向,在社会发展上则要以旅游者的需求为导向,而旅游发展则要以有利于社会发展为导向,旅游企业才能长期存在。此外,旅游企业在提供优质产品以满足顾客需求的同时,还必须以获得企业最佳利润为目标,要采取有效措施把产品质量和企业利润统一起来。

3) 旅游市场营销的框架结构

(1) 环境与资源分析

①环境分析。营销规划的第一步是对环境、形势、旅游组织的经营背景进行分析。科特勒认为,如果一个组织要适应变化的周围环境,它必须很清楚要适应什么。营销规划的核心是定期地评价组织和企业的劣势、优势、机遇和威胁。

旅游组织的经营环境是复杂且经常变化的。为了进行分析,可以从三个方面进行调研。

第一,宏观环境。宏观环境包括为旅游区域和旅游企业创造机会和带来威胁的力量。它包括了社会、政治、技术、经济和人口特征等许多因素。

第二,竞争环境。竞争环境是由那些提供了相似的旅游产品,争夺相同客源和目标市场的旅游组织和旅游企业组成。

第三,市场环境。市场环境是由与区域旅游组织一起合作的其他组织和人群构成。在旅游业中,这个"人群"指现有的和潜在的旅游者。

②资源分析。在这个分析过程中,清查旅游组织和旅游区域的旅游资源本底是一项基本工作。

(2) 区域目标确定

区域目标的确定包括三个步骤:确立组织使命;确定长期和短期的目标;确定目前的明确目标。

(3) 确定区域策略

在旅游业中,要找到一个可行的策略应经过三个阶段:第一,区域内旅游企业的分析;第二,确定开发产品策略,也就是应如何对待区域提供的主要旅游产品和服务;第三,确立区域增长策略,即决定开发什么新的旅游产品和市场。

值得强调的是,区域旅游产品分析的第一步是确认旅游地的核心旅游产品和服务。例如,一个区域认为它的主要产品包括文化旅游产品、户外旅游产品和观光旅游产品。区域旅游组织可以协助决定开发、保持或放弃哪些产品。区域旅游组织面临的挑战是确立适当的标准,去判断不同产品和服务的吸引力。

另外,在检验了区域目前的旅游产品后,区域旅游组织应该意识到要增加现有的旅游产品,或开发新的可替代的产品。这两方面的思考可以产生四种结果(图6.1)。

市场渗透策略意味着区域旅游组织将努力向现有的市场销售更多现有的旅游产品和服务。这种策略只有在目前的市场尚未饱和的情况下是有用的。市场拓展策略意味着组织通过向新市场提供现有的旅游产品和服务来谋求增加区域的旅游活动。市场拓展策略则指向现有市场提供新产品。

产品-市场矩阵可以帮助区域旅游组织为旅游区域和旅游企业用系统的方法去决定新

的选择。产品-市场机会分析的结果可以为区域策略方案的制订提供基础。

	现有产品 Existing Products	新产品 New Products
现有市场 Existing Markets	市场渗透 Market Penetration	产品拓展 Product Development
新市场 New Markets	市场拓展 Market Development	多样化/分散化 Diversication

图 6.1　区域增长策略

（4）确定目标市场策略

目标市场策略由两个主要步骤组成，即为旅游区域定义和分析产品市场，并协助旅游企业完成该项工作；为旅游区域选择目标市场，并协助旅游企业选择目标市场。当然，目标市场的选择是以市场细分为基础的，这将在下面论述。

（5）区域定位策略

区域定位策略是营销策略的重要组成部分，特别是当竞争者可以提供相似的产品和服务以争夺相同的客源市场时更是如此。

对于区域旅游组织而言，定位就是一种寻找特定区域和旅游企业的产品和服务与竞争者的产品和服务之间有意义的差别，并向外界传达这种差别的能力。

定位策略的主要步骤如下：

①评价区域和旅游企业目前在相关市场中的位置。

②在市场中选择一个适合自身的定位。

③制定一个策略去实现这个定位，并用这个策略去指导各个旅游企业。

④执行这一策略。

最终，定位策略会落实到产品或服务、价格、分销和促销策略上。

（6）区域营销组合策略

营销组合由影响营销结果的各种因素构成，它实际上是一组定位策略，包括了产品定位、价格定位、分销定位和促销定位等各个方面。

（7）区域组织设计

彼得（Peter）和沃特曼（Waterman）提出，组织设计的一个较明智的途径应包括至少七个相互依赖的变量，即策略、结构、人员、管理风格、系统与程序、指导概念及价值观，以及目前和预期的组织优势和技能，即麦肯锡公司的7-S框架（图6.2）。其中，首要的三个要素是策略、结构和系统。

（8）管理支持系统

营销规划的关键一步，是开发一个帮助组织贯彻各种策略的系统。旅游组织若想成功地执行营销规划，需要三个主要的支持系统，即营销信息系统、营销规划系统和营销控制（评价）系统。

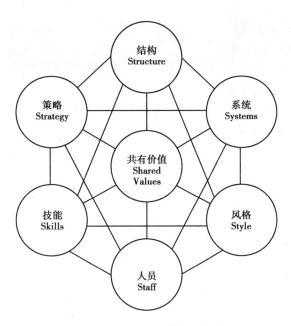

图 6.2　McKinsey 的 7-S 框架

资料来源：Peter 和 Waterman,1982

【例 6.1】基于 4P 的中国入境旅游市场营销①

随着国际旅游市场的不断发展,我国传统的市场营销模式已经难以适应市场发展的趋势。如何适应市场需求,提供更有效的营销方式是我国目前入境旅游业发展的核心问题之一。

市场营销的核心思想是给顾客的消费提供更多有效的价值。我国作为旅游目的地,要分析目前旅游市场营销存在的问题,就应该首先明确目标市场的特征及需求,在目标市场的基础上制定出合理的价格,提供市场需求的产品,选择合适的促销方式和销售途径。

客源市场方面(Market)。从多年旅游统计数据来看,日本、韩国、俄罗斯及美国一直都是我国的主要客源国,而这些国家大都属于近距离或高经济客源国。其中,近距离客源国的主要特征是文化相近,其旅游需求多为观光和度假。经济发达客源国的主要特征是高消费以及追求时尚,旅游需求多为休闲度假、商旅体验。在明确目标市场以及目标市场的特征和需求基础上,再来分析我国旅游市场营销在价格、产品、促销、销售渠道方面的问题。

旅游产品方面(Product)。旅游产品是吸引游客旅游的核心载体,从我国多年来旅游产品营销的内容来看,长城、天安门、故宫、天坛、兵马俑以及桂林山水等 6 个方面代表了我国旅游的品牌和形象,表面上这些景区(点)将我国最具竞争力的旅游产品展示了出来。然而,对于多元化和时尚化的国际旅游市场需求,我国资源依托型的旅游营销模式已很难适应市场的需求。纵观国际旅游市场的需求,当前国际旅游市场对旅游产品的需求已由原来的观光产品转化到观光体验,更具参与性的休闲度假、文化体验以及科普科考等高层次、高消费

---

①　张佑印,马耀峰.基于 4P 的中国入境旅游市场营销[J].旅游学刊,2009,24(4):8-9.

的旅游产品。如从韩国、迪拜等旅游目的地对外宣传的重点不是他们的景区（点），而是豪华的滨海酒店、优美的海滩、高档的航班服务等。而这种高档次的消费必然吸引了大量名人去旅游，而名人所带来的名人效应又刺激了普通大众对此目的地的向往，从而形成一种良性循环。从这个层面来看，我国目前对旅游产品的营销层次不够高，未来应着力改变这种重旅游目的地营销，轻旅行社、宾馆饭店、旅游商品以及旅游交通等其他旅游产品的营销模式，平衡基本旅游供给和非基本旅游供给的营销比例。

旅游价格方面（Price）。对于外国游客来说，我国长期属于低价格旅游目的地，其原因与我国当前的消费水平有关，这也是我国采用薄利多销的渗透性定价策略的结果。从我国入境旅游业发展历程来看，这种定价策略对于我国早期入境旅游的起步和发展起到了至关重要的作用。然而，当前国际市场的趋势为追求享受型旅游产品及高价格高档次的旅游产品，而我国的低价格从另一个角度成了低档次、低质量的反映，所以这种定价策略失去了大量追求时尚、张扬个性、突出享乐的商务休闲旅游者。对此，我国应通过提高产品质量来发展一批高价格的旅游产品，尤其高档次的滨海酒店、快捷的交通以及优质的导游服务等方面的定价都可适当提高，从而吸引国外追求时尚、豪华的高消费型旅游团队。

旅游促销方面（Promotion）。促销的种类和内容繁多，我国当前促销的最主要方式是价格促销。然而，这种促销忽略了入境游客的特征。由于我国的入境游客多来自经济发达国家，所以价格促销对入境游客吸引力并不强，而捆绑式促销可能对入境游客更具吸引力，如在某个酒店住宿赠送高档次餐饮，在某个景区旅游就有机会获取名人签名照片或和名人合影等活动。另外，还应重视不同国籍、年龄、性别以及受教育程度的游客对各种促销的反应程度，要有针对性地去促销。

旅游销售渠道方面（Place）。研究表明，外国游客对我国旅游信息获取的主要途径是旅游代理商，约占45%。然而，这种传统的销售渠道只对已经产生了来华旅游动机的游客有作用，而对于潜在游客的营销作用较弱。随着科技的发展，互联网在游客生活中的作用越来越强，浏览网页已经成为很多人每天生活的一部分，而且上网的群体往往是具有一定经济基础、追求时尚的中青年群体。这种销售渠道可以让更多的潜在游客了解我国的旅游资源，同时还可以节省大量成本。另外，影视及名人在旅游目的地营销中的作用也相当重要，尤其是对追求时尚的年轻游客来说，如李小龙的电影向国外宣传了中国的功夫，使得少林寺成为我国入境旅游的重要元素之一。韩国的影视业使得韩国成为中国出境旅游的主要目的地之一。未来，我国也应加强影视及名人对旅游的促进作用。

市场营销组合方面（Marketing mix）。从我国目前的组合方式来看，4P组合主要是"低价—观光—综合促销—传统渠道"，而这种营销组合是旅游起步和发展阶段最合理的组合模式，例如，以观光为目的的游客大都是对价格的态度比较敏感的中老年群体，他们对传统的促销和营销渠道更为信赖。然而，这种市场营销组合也是最低层次的营销组合，它不利于休闲度假以及商务体验旅游市场的发展，对商务旅游的游客来说4P组合应为"高价—体验—公共关系促销—直销"；休闲度假游客的4P策略应该为"中价—休闲—新奇性促销—新兴渠道"。总体来看，我国应重点重视近距离、高消费旅游市场的特征及需求，采用多样性的市场营销组合模式去满足未来市场的发展趋势。

6.3.2　目标市场细分

1)市场细分的概念

市场细分的概念最早是由美国的市场营销学家温德尔·史密斯(Wendell R. Smith)于20 世纪中叶提出的一个市场营销学的新概念。在我国的旅游市场细分研究中,多数学者关于市场细分概念研究趋于一致。赵西萍等认为市场细分实际上是根据购买者的需要和欲望、购买态度、购买行为特征等不同因素划分市场的行为过程;王洪滨指出旅游者需求的差异性是市场细分的关键;张俐俐强调细分就是划分旅游者群的过程;苟自钧综合上述观点,指出市场细分的出发点是区别消费者的不同需求,然后根据消费者购买行为的差异性,把整体旅游市场分成两个或两个以上具有类似需求和欲望的消费者群体。

2)旅游市场细分的作用

在旅游市场细分作用的研究中,多数学者对以下三方面达成基本共识:市场细分有利于识别和发掘旅游市场,开发旅游新产品,开拓旅游新市场;有利于针对性地制订和调整旅游市场营销组合策略;有利于旅游企业优化资源配置和取得良好的经济效益。俞慧君提出小企业可利用市场细分来显示自己的实力地位;张俐俐提出市场细分有利于旅游企业制订灵活的竞争策略;张玉明、陈鸣提出市场细分有利于企业集中人力、财力、物力、技术和信息,在市场竞争中以小胜大,以弱胜强;苟自钧提出通过细分有利于满足消费者的需求。

3)旅游市场细分的因素

旅游市场是由旅游消费者构成的。要细分旅游市场,就需要考虑到以下三个方面。
①旅游市场的有形属性。这包括市场的规模、地理位置、消费者的人口特点等。
②消费者的行为特点。这包括何时购买、如何购买、影响购买的因素、购买者所属的社会阶层和心理类别、购买原因等。
③市场的质量。
以上三方面的关系如图 6.3 所示。

4)旅游市场细分的方法

目前,多数学者采用三种细分方法。单一变数法,即根据影响旅游消费需求的某一种因素进行市场细分的方法;综合变数法,按影响旅游消费需求的两种以上的因素进行市场细分;系列变数法,按照影响旅游消费需求的各种因素进行系列划分。

美国的市场学家麦卡锡提出细分市场的一整套程序,这一程序包括七个步骤:选定产品市场范围;了解、列举分类顾客的基本需求;了解不同潜在用户的不同要求;抽调潜在顾客的共同要求;根据潜在顾客基本需求上的差异方面,划分不同的群体和子市场;进一步分析每一细分市场的需求和购买行为特点,并分析其原因,以便在此基础上决定是否可以对这些细分出来的市场进行合并,并作进一步细分;估计每一细分市场的规模。

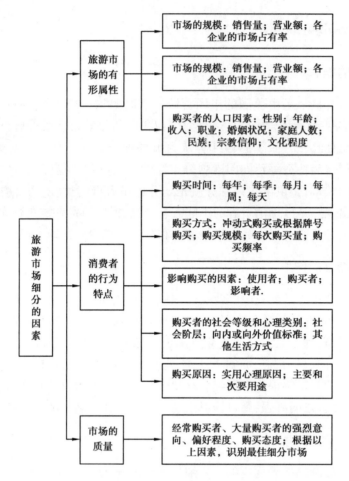

图 6.3　细分市场的因素(据顾树保,于连亭,1985)

国内多数的学者对麦卡锡提出的七个步骤保持认同,同时提出细分市场的程序在实际的操作中可以根据市场的需要来做灵活的调整,不必拘泥于学者提出的旅游市场细分的步骤之中。

【例6.2】宁波市国内旅游市场细分与主要策略

1. 长三角市场

(1)市场特点

长三角游客财富欲望强,品位较高,西化倾向强,更追求浪漫时尚感觉。

上海人外出旅游比较讲究实际,注重花多少钱,看多少景点。上海旅游市场的突出特点是,市民选择更加理性,更加重视旅游的休闲性,更加重视旅行社的品牌,自主意识更强,许多市民不再执着于几条热线,在时间上采用错位出游。有人做过调查,50%的市民利用 3 天外出旅游,35%的市民会利用 7 天时间旅游,还有部分市民选择黄金周的后 3 天出游,以避开旅游高峰。

（2）针对性策略

重点抓好对家庭、自驾车族、商务客户、旅行批发商的营销。

针对旅行批发商：及时向上海各大旅行批发商传递宁波旅游信息，邀请来宁波考察，联合制定游线。

针对大众：在上海举办"ALA 宁波·上海"主题宁波旅游宣传月，通过《ALA 宁波》系列专题片及电子出版物、系列丛书与宣传手册投放让终端客户深度了解宁波，刺激其来宁波旅游的欲望，重点营销适合家庭周末度假和自驾车族的浪漫之约、风情之约、大海之约、森林之约、美食之约、温泉之约、冰雪之约、消暑之约等系列休闲度假、浪漫风情类旅游产品。

针对学生市场，重点推出复合型修学旅游产品，如集夏令营、自然考察、科学考察、爱国主义教育于一体的复合旅游产品。

针对商务市场：重点以山岳、森林、水体、海滨、温泉为依托，推出商务会议与休闲度假复合型产品。

针对主流媒体：加强联络，及时通报项目进行情况、重大事件等信息。

2. 京津市场

（1）市场特点

京津游客（尤其是北京）优越感强，对旅游产品品质要求高，文化信息需求量大，怀旧传统，价格敏感度低，对产品组合、新意、服务等非价格因素更为关注，对休闲类旅游产品需求较大。

北京人的旅游消费模式更接近国际潮流。这些特点是：①家庭度假是主流，72%的人外出旅游是与家人同行。②非黄金周的出游率高于黄金周，尤其暑期（7—8 月）是出京游的高峰期。③旅游消费增长幅度大，2000 春节—2001 春节期间，外省游每户每次花费 5507 元，较上期调查增加 65.6%，人均花费 2287.7 元，增长 55.6%。2002 年初调查，未来半年，国内游人均计划花费 3835 元。④北京人外出旅游更讲究经历与体验，注重文化品位。

（2）针对性策略

重点抓好对散客、商务客户、旅行批发商的营销。

针对旅行批发商：及时向北京各大旅行批发商传递宁波旅游信息，邀请来宁波考察，联合制定游线。

针对大众：在北京举办"ALA 宁波·北京"主题宁波旅游宣传月，通过《ALA 宁波》系列专题片及电子出版物、系列丛书与宣传手册投放让终端客户深度了解宁波，刺激到宁波旅游的欲望，重点营销适合家庭、散客黄金周出游的观光之旅、休闲之旅、文化之旅、风情之旅、体验之旅、大港之旅类旅游产品。

针对学生市场，重点推出复合型修学旅游产品，如集夏令营、自然考察、科学考察、爱国主义教育于一体的复合旅游产品。

针对商务市场：重点以城市、东钱湖、海滨为依托，推出商务考察、商务会议与休闲度假复合型产品。

3. 以广深为主的珠三角市场

(1)市场特点

广东是全国居首位的出游大省,珠三角出省游占全省总量的82.7%,广州、深圳两市出省旅游占到全省的54.4%。珠三角游客思维敏捷,开拓性强,好新奇、刺激,能吃善玩,佛教善信较多。广东人出游普遍舍得花费,只要目的地的产品确实有吸引力。

广东人外出旅游更钟情于自然风光,要去有名的目的地,喜欢热闹,讲究吃好玩好。据2002年初对京沪穗三市旅游消费的调查,广州市民有4高:2002年上半年广州市民外出旅游比例达到44%,在京沪粤中比例最高;广州市民外出旅游时参团比例最高(54%);乘飞机的比例(68%)最高;平均花费最高(过去半年人均花费4073元,未来半年计划花费5124元)。

(2)针对性策略

重点抓好对团体、商务客户、宗教市场、旅行批发商的营销。

针对旅行批发商:及时向珠三角各大旅行批发商传递宁波旅游信息,邀请来宁波考察,联合制定游线。

针对大众:以旅游大篷车方式,在广州举办"ALA 宁波·广州"主题推介活动,通过《ALA 宁波》系列专题片、系列丛书与宣传手册投放让终端客户深度了解宁波,刺激来宁波旅游的欲望,重点营销适合家庭、团体黄金周出游的观光之旅、财富之旅、美食之旅、休闲之旅、风情之旅、体验之旅类旅游产品。

针对学生市场,重点推出复合型修学旅游产品,如集夏令营、自然考察、科学考察、爱国主义教育于一体的复合旅游产品。

针对商务市场:重点以山岳、森林、水体、海滨为依托,推出短期商务考察、商务会议与休闲度假复合型产品。

针对宗教市场:重点以天童寺、阿育王寺、雪窦寺及旁边的森林公园为依托,推出财富之旅——融宗教朝拜、短期休闲养生相结合的旅游产品。

6.3.3 旅游营销策略选择

1)IMC 的运用

IMC,即整合营销传播理论,是由美国西北大学教授舒尔兹等人提出的,被认为是市场营销理论在20世纪90年代的重大发展,被誉为"带领企业跨越21世纪的营销教战守策"。整合营销传播是一个营销传播计划的概念,其基本含义是"要求充分认识用来制订综合传播计划时所使用的各种带来附加值的传播手段——如普通广告、直效广告、销售促进和公共关系,并将之结合,提供具有良好清晰度、连贯性的信息,使传播影响力最大化。"消费者对一个企业及其各个品牌的了解,来自他们接触到的各类信息的综合(包括媒体广告、价格、包装、售点布置、促销活动、售后服务等),整合营销传播的目的在于使企业所有的营销活动在市场上针对不同的消费者进行"一对一"传播,形成一个总体、综合的印象和情感认同。这种消费者建立相对稳定、统一的印象过程,就是塑造品牌,即建立品牌影响力和提高品牌忠诚度的过程。因此,将这一超前的全新理念与中国旅游业的实际状况相结合,研究一套系统而又切实可行的方法来解决中国旅游业的市场营销问题,必将成为我们的旅游组织与企业制胜市场的法宝。

2) 开展市场调研,正确细分市场

我国目前旅游企业之所以会出现恶性降价竞争的局面,就在于这些企业简单地认为旅游市场只是以价格为导向的。事实上,随着人民生活水平的提高,人们越来越会享受生活,已经不仅仅满足于传统的"上车睡觉,下车拍照"的方式,而在乎的是旅游的品质。这就要求我们的企业要在市场调研的基础上根据消费者的需求细分市场,从而进行正确的市场定位。根据旅游者在目的地的游览和消费行为,确立食、住、行、游、购、娱六要素合理配置、档次和谐的旅游地形象,研究旅游者需求,提供优质、个性化的服务。

3) 重视和大力发展网络营销

所谓网络营销(On-line Marketing 或 E-Marketing)就是以国际互联网络为基础,利用数字化的信息和网络媒体的交互性来辅助营销目标实现的一种新型的市场营销方式。简单地说,网络营销就是以互联网为主要手段进行的,为达到一定营销目的的营销活动。营销中的品牌、渠道、促销等要素都会在网络营销中得到体现,把互联网引入旅游经营中,企业可以有效地降低产品成本:企业可以廉价的成本寻得最好的供应商和最低的供货价格,以价格最低的原料制造产品,降低了产品成本;同时,互联网还能有效节约顾客成本:网络商城的空间可以无限扩张,里面可以陈列无限多的商品,消费者在网上可以很低的成本搜寻产品信息,并订货;网上销售,顾客只是下订单,商品的送交由卖方或物流公司承担,节约了顾客的精力和体力、时间成本。现代市场营销的焦点是顾客,为顾客节约成本就是为企业赢得竞争优势。

【扩展阅读6.2】东京迪士尼乐园的情感营销

自1983年开业以来,东京迪士尼乐园已累计接待游客3亿多人次,年平均接待游客近1550万人次,2002年度到访游客人数更是高达2482万人次。自它开业以来,有五成的游客是再次光临,甚至还有光临200次以上的游客。调查显示,游客一再重复光临的原因在于"感动",而感动的原因是"认真而热心的服务"。"让园内所有的人都能感到幸福"是东京迪士尼乐园的基本经营目标,这一目标不仅仅针对游客,也针对游乐园内的工作人员。东京迪士尼乐园能够持之以恒地为众多游客提供令人感动、难忘、津津乐道的高质量服务,依靠的是对全体员工其价值的认同。在这一基础上,经营者注重企业内的情感经营,努力营造"享受工作、快乐工作"的企业文化氛围。

众所周知,日本的消费者对服务质量的要求非常高,一次不尽如人意的服务就可能意味着永远失去了该游客和他周围的潜在游客。而东京迪士尼乐园却获得了90%的顾客率,这一近乎幻想的数字,不仅仅是因为梦幻般的园内设计、家喻户晓的卡通人物、惊险纷呈的游乐内容和推陈出新的游乐设施,也是因为它充满亲情的、细致入微的人性化服务赢得了游客的钟爱。

本章小结

本章主要讨论了旅游规划与开发过程中的市场调查这一主要内容。旅游业是一个迅速发展的行业,但归其本质仍是市场交易的一个过程。在此过程中,旅游经销商生产旅游产品出售给旅游者,作为构成市场主要组成部分的旅游者直接决定了旅游业的发展。因此,旅游市场调查是旅游规划过程的不可缺少,也是至关重要的一个部分。

本章主要涉及旅游市场数据的收集和分析、旅游市场预测、旅游市场营销三个方面。旅游学科是一个不断完善发展的学科,所以旅游学理论也将不断完善,旅游市场的调查也将不断趋于多样化、规范化。

复习思考题

1. 简述旅游市场数据收集主要包括哪些内容。
2. 结合实际,谈谈你对旅游市场营销的框架结构的理解和认识。
3. 简述旅游市场细分中的影响因素选择。

案例讨论

1. 阅读例6.1,谈谈你对中国入境旅游市场营销状况的评价。
2. 阅读例6.2,讨论宁波市国内旅游市场细分的依据。
3. 阅读"扩展阅读6.1",结合本章知识,试拟定某地旅游市场调查问卷。
4. 阅读"扩展阅读6.2",讨论以下问题:东京迪士尼乐园顾客到访率高的主要原因是什么? 其员工在营销当中起到了什么作用? 东京迪士尼乐园是如何提高员工服务质量的?

第7章 旅游规划与开发的主题定位与空间布局

本章提要

旅游主题是区域旅游规划与开发的理念核心。它决定着区域旅游形象、项目、旅游产品等内容的规划、开发和设计。区域旅游规划与开发定位可以从宏观和微观两个层面来展开。旅游形象具有主观性与客观性、综合性、稳定性与动态性、特征符号性、诱导与可塑性等特征。旅游功能分区理论是由区域空间结构理论和自然保护区功能分区理论演变而来的。通过本章学习,可以使学生深入了解旅游规划与开发的主题定位与空间布局等内容。

学习目标(重点与难点)

1. 正确理解旅游规划与开发主题的内涵及相关定位理论。
2. 正确认识旅游形象的概念与特征。
3. 掌握与灵活运用旅游主题形象定位的方法。
4. 了解区域旅游空间结构体系与区域旅游功能分区的理论及其应用。
5. 旅游空间布局与功能分区。

框架结构

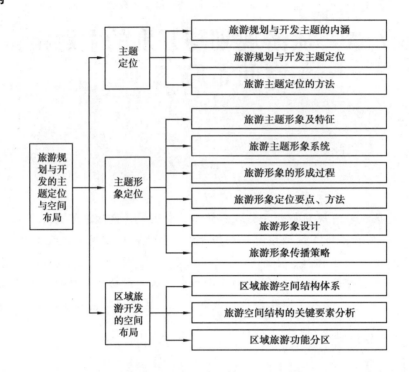

开篇案例

青岛奥帆赛基地概念性旅游主题规划

1.理念选择:智慧与激情的交响

对中国旅游产品的规划和开发而言,"后奥运旅游"不是一个概念,也不仅是一种时间坐标上的简单划分,更是一种理念与心理期待甚至一种梦想的满足。就像"香格里拉",我们可以不把它当作一个地理概念,是在云南中甸,还是在四川稻城,抑或是西藏的某个神秘所在,我们可以认为它代表一种生活方式或生活态度,一种追求天然、淡泊、闲适的梦一般的生活意境与情怀。

而对承载了奥运梦想的场馆或基地而言,我们对它的旅游产品的开发和规划,就不能局限于传统的规划模式与手法,仅对建筑、景观、酒店、游憩线路等进行简单的规划与设计,我们应该让人们心中的奥运梦想、情怀在我们规划的空间和产品中得以生长、演绎、释放和张扬。我们要让每一位游客看到他心中的奥运梦,要让他的奥运梦在我们的规划空间中得以延展与彰显。

项目本着北京达沃斯巅峰旅游规划设计院"资源有限,智慧无穷"的核心理念,本着"用智慧创造梦想、以智慧成就财富"的规划思路,为青岛奥帆赛基地设计注入了无限的智慧与激情,并用智慧与激情,给冰冷的场馆设置了情景和主题,披上了奥运梦想的外衣,奏起了"蓝色狂想曲"。

项目用智慧与激情,为场馆简陋的主防波堤策划了"世界橱窗,经典时尚"的项目,为奥帆赛基地打造了"蓝色狂想曲,时尚欢乐港"扬帆造型、海螺造型、浮动城市造型的海景梦幻剧场。用智慧与激情,设计了标志性景观——海洋风帆,以风帆为外形,成为一个具有导航、景观功能的青岛市的地标性景观建筑,夜间整个风帆通体流光溢彩,可与纽约自由女神像、上海东方明珠相媲美。

用智慧与激情,为青岛奥帆赛基地打造了"相约奥运,扬帆青岛"的奥运主题产品,包括奥运博物馆、奥林匹克文化公园、奥运纪念墙码头、帆船赛事活动等旅游产品。

用智慧与激情,为青岛奥帆赛基地策划了"爱的风帆""幸福时光""蜜月天堂"等婚庆旅游产品。分为三部曲:

恋爱篇:青岛奥帆——扬起爱的风帆

婚庆篇:爱的海洋——幸福启航

蜜月篇:爱的港湾——蜜月天堂

2. 模式选择:开放主题社区模式

青岛奥帆赛基地旅游区所在的浮山湾地处青岛市中心城区,香港路、福州路和南京路等青岛最为繁华的商业街将其环绕,站在基地大地之上,清晰可见对面的五四广场标志性景观——"五月的风"雕塑。广场北部跨过香港路就是青岛市委市政府所在地。夜幕降临,基地周边都是灯火辉煌的高楼大厦,充分体现着青岛的时尚、现代、繁华和靓丽。

由于该地块处在青岛的核心,也是青岛市民休闲、娱乐的一个城市休憩地带,所以项目规划开发的模式采取了一种相对开放的主题社区模式,力图通过对景观的梳理和美化,通过对一些休闲设施的打造,对一些奥运主题景观的凸显,把这个基地打造成一个市民可停留、可休闲、可娱乐、可餐饮的休闲地、放松地、娱乐地,成为青岛一个靓丽的休闲客厅,也成为除栈桥、崂山外,青岛市对外形象的第三张名片。

为此,项目组对主防波堤进行了主题为"世界橱窗,经典时尚"的项目包装和景观打造。该世界橱窗位于伸入大海、形如半岛的主防波堤的内侧,面向青岛五四广场和内部游艇港地,处于整个奥帆基地旅游区的背风地块,我们把它规划成一个国际时尚精品的展示与高档休闲消费的综合商业空间,能够给人带来时尚、浪漫的休闲体验。同时点缀几家时尚的咖啡厅、酒吧,并结合屋顶的空中花园,结合室外的露天步道设置几个露天化的表演景观和文化创意景观,营造出不同于奥帆赛基地旅游区其他休闲区域的时尚氛围,成为具有国际化风格的海上国际时尚窗口,使其成为橱窗的世界,五彩的世界,时尚的世界,休闲的世界。

基于这样一种开发模式,项目组还设计了"渔人码头"这样一种"餐饮休闲娱乐区"的商业业态功能区,使其成为一个能够满足青岛市民及游客"吃、喝、玩、乐"一体化需求的超级休闲MALL。

"渔人码头"是青岛首个以餐饮娱乐为主题设计的综合性娱乐区,是一处汇集世界各地具有代表性的餐馆品牌店和娱乐场所的地方,一边为世界各国的风味佳肴,另一边则是各种休闲娱乐活动,广场上不时有表演者带来的独特街头表演。游客可在码头内找到各种特色的美酒佳肴,或去林林总总的"世界橱窗"欣赏精品,也可光临海景大剧院,去享受那如痴如醉、美轮美奂的"海上幻想曲"。

"渔人码头"是一个满足游客"吃、喝、玩、乐"的超级娱乐秀场,是一处适合举家出游的大型欢乐休闲 MALL,它的落成将代表青岛城市旅游的新气象,掀开青岛城市休闲娱乐旅游的新篇章,塑造青岛旅游城市的新形象。

"渔人码头"应该成为青岛奥帆基地旅游区内最具国际氛围、最具时尚气息、最休闲浪漫的滨水地带,体现世界各地最为前沿的休闲娱乐及文化创意形式,成为青岛市一道靓丽的时尚风景线和夜间盛宴!

3.业态选择:多元复合业态

奥帆赛基地旅游区由于地处青岛市中心城区,又位于香港路、福州路、南京路等青岛市最为繁华的商业街环绕之中,青岛的特质——激情、浪漫、多彩在这里是最能得以彰显的,所以,项目对未来奥帆赛基地的业态开发采取的是一种多元复合业态的模式。

对整个项目的规划设计,不仅有像四季酒店、海尔洲际酒店、五星级酒店、奥运村这样的旅游度假接待设施,也规划了像渔人码头这样的餐饮设施,像海景大剧院这样的娱乐设施,还从景观和休闲要素的角度考虑,规划了世界橱窗、空中花园等休闲放松的场所。效果图如图 7.1 所示。

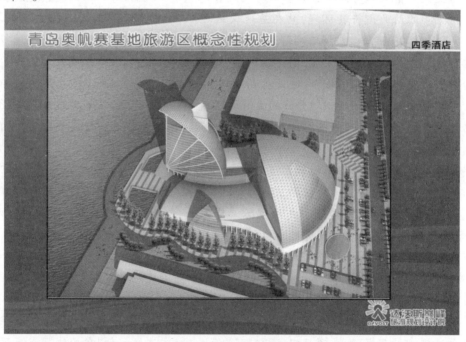

图7.1　四季酒店效果

为了进一步拓展该项目的业态结构,项目还建议业主单位成立一家青岛奥帆婚庆公司,策划了"青岛奥帆——婚礼文化殿堂"项目。通过对婚庆产业业态的整合,力图把"青岛奥帆"这一个青岛最浪漫、最时尚的海滨区域营造成为世界婚礼文化名城,成为专门举行各种婚礼婚庆的胜地,系统开发婚庆市场,着力营建婚礼文化,将婚礼婚庆产业化,以此为龙头和突破口,带动青岛奥帆赛基地旅游区休闲度假和整个经济的全面发展,让青岛这座城市浪漫起来,让青岛这座城市充满爱情。

项目通过打造"青岛奥帆——婚礼文化殿堂",希望青岛能够成为年轻人向往的举行婚礼的地方,新婚燕尔举行婚礼来奥帆,结婚旅行来青岛,已婚人士举行结婚纪念活动,包括周年纪念、金婚、银婚、铜婚纪念等等来青岛,恋人们寻找浪漫感受到青岛,在青岛奥帆沐浴爱河,融入爱的海洋。

通过成立青岛奥帆婚庆公司,将婚礼婚庆进行产业化操作,使之形成一个别开生面的婚礼婚庆产业,系统开发婚礼市场,包括结婚纪念品市场、婚礼文化品市场、婚礼摄影市场、婚庆光盘制作市场、情侣游乐市场、蜜月度假市场等等,成龙配套,并逐步营建婚礼文化,执婚礼产业之牛耳,领导国内婚礼产业新潮流。

产业业态的复合性,也体现在旅游产品线路的整合之中。项目组规划了一条"浪漫情侣路",将"防波堤—游艇俱乐部—超五星级酒店"这段滨海路作为情侣路进行统一的规划与设计,而其中的游艇俱乐部、超五星级酒店也纳入爱情这一主题进行包装。在情侣路的规划设计上突出了"爱情"这一主题,让游客在滨海路寻找浪漫感受。在"奥帆—爱的风帆"的海滨沐浴爱河,接受爱的洗礼,融入爱的海洋。改变"防波堤—游艇俱乐部—超五星级酒店"的纯滨海路的使用功能,实现滨海路"游憩一体化、主题特色化、功能景观"的个性和特色。

4.景观设计选择:情境化主题设计

奥帆赛基地旅游区作为青岛市城市印象区、城市地标区,主防波堤的景观改造及利用应从奥帆赛基地旅游区作为青岛市的"世界窗口"这一定位出发,结合其现有的建筑设施、防洪功能、游览通道、安全要素等各种现实制约因素,赋予其"时尚化、高端化、精品化"的国际文化内涵,通过"空中花园—世界橱窗"的概念性产品创意和品牌定位,将其打造成为青岛走向世界的窗口。

(1)"空中花园—休闲时光"景观设计

项目结合主防波堤的步行长廊,充分考虑其防洪、躲风、遮阳、观赛、游览等多样化功能需求,将主防洪堤上的大坝步行长廊通过"海洋风琴—五彩花船—风帆景观—音乐喷泉"等几个关键节点设计,通过绿化、棚架、花卉等生态景观化处理,将主防波堤大坝设计成了一个"海上空中花园",游人步入其中仿佛走进一个五彩缤纷的空中花园,从奥帆基地旅游区的高层建筑、山地、酒店等向下俯视防波堤就如同一条五彩斑斓的景观廊道和彩色地毯。

①空中花园景观设计。奥帆赛基地旅游区防波堤大坝一面与大海相邻,四周比较空旷,风速比内岸大,水分蒸发快。屋顶距地面比较高,目前绿化条件比较差,应通过大坝盆栽、覆土等景观设计手法,选择浅根性的小乔木,与灌木、花卉、草坪、藤本植物等搭配,塑造绿色植物空间,配以小型休闲座椅、遮阳棚、花架等辅助休闲景观设施、小品作为点缀。绿地边界规整,形状一般为规则的几何形状且多重复出现,色块图案形式采用大叶黄杨、金叶女贞等观叶植物或整齐、艳丽的各色草花配以草坪构成图案,应季布置形式采用盆栽花卉,根据其花期随时更换,并可在大坝的边缘处摆放悬垂植物,兼顾大坝绿化与安全隔离。

②海洋风琴—自然交响的景观设计。在防波堤观众席外侧安置利用自然风能发声的海洋风琴。它是海上空中花园的点睛之笔,体现了自然与人文的完美结合。游客漫步在满是绿植与花草的景观长廊之中,听着海风琴演奏的大自然美妙旋律,观赏对岸的风光与远处的海景,享受着美妙的休闲时光,完全置身于美丽的海上空中花园之中。

浪漫海风琴景观—沿防波堤外侧建一排功能景观,利用风洞模原理,将海上风能转化成膜振动，并与发生器产生共鸣，奏出美妙的大海旋律，实现自然能量的华丽转身，让大海奏出美妙的自然旋律。石阶的坚硬和音乐的柔和，石阶的不变与音乐的可变，石阶的有形之美与音乐的无形之美都在此交叉碰撞对比，形成人们对此建筑的一种具象而非具象、确定而非确定的特殊体验，让游人能够听到大海的自然交响。海风琴景观设计效果如图7.2所示。

图7.2 海风琴景观设计效果

③花园广场。以"花开奥帆"为主题，突出观"花钟"、乘"花船"、结"花柱"三大景观节点。花船：按郑和下西洋的宝船模型仿造，花船景观设计效果如图7.3所示；花柱：花海托起的五根由各色鲜花组成的花柱，寓意地球上的五洲大陆；花钟：用以记录青岛奥帆赛开幕的那一历史瞬间，用花卉景观记录那一天、那一刻、那一分、那一秒。

（2）奥林匹克文化公园景观设计

燕儿岛是奥帆基地旅游区中唯一的绿地，也是基地旅游区的自然高地，燕儿岛与路上停船区、主港池以及邮轮码头、海景大剧院在一条轴线上，形成了"山、港、海"等三个层次分明的落差面，燕儿岛应作为整个奥帆赛基地旅游区的奥林匹克公园，成为奥帆基地旅游区的标志性景观区域。

①奥运主题景观路。将目前燕儿岛的游步道改造成具有奥运主题的景观游步道，路两侧尽量以体现"更快、更高、更好"及"绿色奥运、科技奥运、人文奥运"的奥运精神的标示、景观、休闲设施来烘托奥运主题。

②奥运圣火台。拟在燕儿岛的最高点，建造一座具有纪念意义和标志意义的奥运圣火台，使其成为整个奥帆基地旅游区的标志性景观，整个基地旅游区的制高点。该圣火台的设

图 7.3　花船景观设计效果

计风格强调东西方文化融合,基台为中国文化天圆地方的风格,圣火台矗立在基台中心,为简约风格的大理石柱,柱头采用精美的巴洛克时期纹饰,顶部是按照一定比例缩小的方鼎状燃烧容器。每到重要节庆和比赛,都要在圣火台举行仪式,成为奥帆基地旅游区的一个标志性的主题活动。

③奥运冠军手印。邀请 2008 年青岛奥帆赛获得奥运冠军的世界各国的选手将手印印刻成模板,并印刻在圣火台两侧,设置解说牌将本届冠军的帆船级别、类型、国家、个人简历一一说明,使之成为一个以奥运冠军为主题的特色吸引物。

(3)海景大剧院景观设计

梦幻剧场:依据美国纽约大都会歌剧院、华盛顿肯尼迪中心剧院、拉斯维加斯贝拉乔剧场、米高梅"KA 秀"剧场、法国巴黎市政大剧场的主要艺术建筑特征和技术标准数据设计青岛奥帆基地的"海景大剧院"。采用国内外前沿的舞美设计、景观布置、节目安排,演绎时尚、梦幻文章。以室内海水为实景舞台,推出梦幻歌舞夜场演出,打造水上红磨坊梦幻世界,使人融入景中。在节庆日,可做专题演出,如五彩欢乐海洋情侣派对、梦幻海洋童话主题晚会、国际前卫时尚主题活动等,用不同形式、不同内容来包装水上剧场,打造成超一流的梦幻剧场。

阅读上述开篇案例,对青岛奥帆赛基地概念性旅游主题规划发表评论:

1. 该案例有哪些与众不同的点?

2.项目规划组对主防波堤进行了主题为"世界橱窗,经典时尚"的项目包装与景观打造,对此你作何评价?

7.1 旅游规划与开发的主题定位

7.1.1 旅游规划与开发主题的内涵

1)什么是主题?

主题(theme)一词源于德国,最初是一个音乐术语,指乐曲中最具特征并处于优越地位的那一段旋律——主旋律。它表现一个完整的音乐思想,是乐曲的核心。后来这个术语被广泛用于一切文学艺术的创作之中。

我国古代对主题的称呼是"意""主意""立意""旨""主旨"等。在辞海中,主题有两种解释:①指音乐术语。②又称"主题思想",是指文艺作品通过描绘现实生活和塑造艺术形象所表现出来的中心思想,是作品内容的核心。创作者经过对现实生活的观察、体验、分析、研究,经过对题材的提炼而得出的中心思想,并借助不同的形式和结构把它表现出来。

主题反映了现实生活本身所蕴含的客观意义,又集中体现了创作者对客观事物的主观认识、理解和评价。所以,主题具有以下特点:

第一,客观性。主题的内容来自客观事物,是对外部世界的反映。

第二,主观性。带有创作者本身的主观感情色彩,体现了创作者的立场、意图、生活经验、艺术水平等个人特征。

第三,抽象性。主题是创作者的思想观念由感性上升到理性的高度概括,是一种抽象的理念。

第四,时代性。任何作品都属于特定的历史时期,都有时代所特定的主题内容。

2)旅游主题

旅游主题是区域旅游规划与开发的理念核心。它决定着区域旅游形象、项目、旅游产品等内容的规划、开发和设计。只有旅游主题选择准确,旅游规划才能获得成功。关于旅游主题的定义,主要有以下三方面的理解和认识。

从旅游供给的角度,旅游主题就是相对突出某一特色的重点旅游活动;从旅游需求的角度,旅游主题是具有中心思想的、为了满足愉悦而得到的具有主题性的服务与娱乐,即旅游者在旅游过程中获得的主题性的旅游经历,是一系列主题性的体验。

从旅游景区的角度,旅游主题是根据旅游资源的主要特点、旅游功能和游客心理需要特征,发掘出的可以统领全局旅游资源内涵的理念核心,是在旅游区的建设和旅游者的旅游活动过程中被不断展示和体现出来的一种理念或价值观念。

从综合的角度,旅游主题是对区域旅游总体发展的感性认识,并理性升华所形成的一种核心理念,是贯穿整个旅游活动的主线,也是旅游景观、旅游产品、区域所蕴含的文化内涵的理性升华,也是一个地区地脉与文脉的在旅游领域上的结晶。

旅游主题与主题旅游不是一个概念,二者虽存在一定的联系,但却有着本质上的差别。旅游主题是对区域旅游本质属性进行高度概括而得到的一种可以统领区域众多旅游要素的发展状态、发展目标、发展方式的一种抽象的理念,具有主题所具有的客观性、主观性、抽象性和时代性;而主题旅游是在旅游主题指导之下开发或整合的旅游产品,是一种旅游形式。旅游主题是主题旅游的内在本质,主题旅游是旅游主题的外在表现方式。主题旅游是否成功,与所选旅游主题是否契合旅游消费者需求密切相关。

3) 旅游规划与开发主题的内涵

旅游规划与开发是一项旅游审美艺术品的设计,同样也需要主题。旅游规划与开发主题是在旅游目的地发展成熟阶段,同类或者相似的旅游目的地、旅游产品不断涌现的情况下应运而生的。其宗旨是按照某种内在的联系,创新旅游产品,把原有的旅游资源或旅游产品围绕着某一主题思想整合成特色更加鲜明、更加突出的旅游新产品、旅游精品,吸引旅游者,变地区的旅游竞争为旅游联合,重新树立旅游目的地形象。

旅游规划与开发主题是旅游规划与开发过程中不断被展示和体现出来的一种旅游理念或旅游审美价值观。旅游规划与开发主题是旅游规划与开发的理念核心,是旅游特色的高度凝合,也是旅游潜在的发展目标。从旅游区域角度,主题是区域历史与现实、自然与文化的高度概括,代表了区域的精神与灵魂;从旅游资源的角度,主题是旅游特色资源审美价值的理性表现,代表了旅游区的特色;从旅游活动的角度,主题是旅游者在旅游活动过程中,不断体验和感受到的审美理念与审美价值。

旅游规划与开发主题,其核心是旅游主题的选择与展现。旅游环境是旅游主题生存与发展的基础,旅游资源是旅游主题的根本,旅游市场是主题的方向,旅游产品是旅游主题的最终体现。因此,旅游环境、旅游资源、旅游市场、旅游主题、旅游产品构成了旅游主题规划的重要组成部分。

4) 旅游规划与开发主题的层次

旅游主题通过三个层次表现:基础层次包括景观形象、环境形象、服务形象、社会形象和市场形象等,是旅游区域的自然与历史的本底特色,如水城威尼斯的旅游主题,来自特殊的自然环境;山东曲阜市,"孔子故里,东方圣城"的主题取自历史文化;而上海"东方明珠"的旅游主题是在漫长的历史发展过程中逐步积淀的。这一层次是旅游主题的来源,也是旅游主题生存与发展的基础;支撑层次是旅游区域的旅游功能与代表性的旅游产品或旅游项目,如埃及的尼罗河游。这一层次是旅游主题内容中最重要的部分;表象层次是旅游区域的旅游形象,主要通过历史形象、现实形象和未来形象等方式来体现。这一层次是旅游主题表现最直接、最鲜活的部分(图 7.4)。

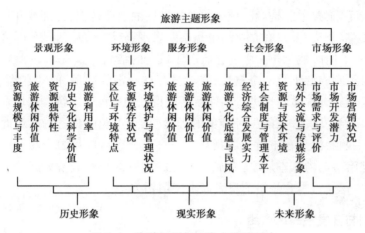

图 7.4 旅游规划与开发主题的层次

7.1.2 旅游规划与开发主题定位

1) 定位理论

定位的观念源于定位时代的广告界。20 世纪 70 年代后,美国广告界经历了产品时代和印象时代,开始走向定位时代。定位时代的广告宣传不同于产品时代强调产品本身的独特性和产品在性能、质量、包装等方面优点的广告宣传;也不同于印象时代强调产品生产企业的声誉和形象的广告宣传;而是通过针对消费者"定位"商品,促使商品进入潜在消费者心中,并占据一定位置。

定位理论是由美国著名营销专家艾尔·里斯与杰克·特劳特于 20 世纪 60 年代末提出的。"定位是指要针对潜在顾客的心理采取行动,即要将产品在潜在顾客的心目中确定一个适当的位置",其核心思想是"去操纵已存在心中的东西,去重新结合已存在的联结关系"。前提条件是产品、信息、广告的爆炸。相似类型商品的出现和各种名牌商品被仿造,使产品之间的区别越来越小,共性的东西越来越多。同时,消费者面对众多相似的商品时,只能采取单纯化策略。"单纯化"策略使顾客在自己的心中自然而然地建立起一个个简单有序的产品阶梯。在这个阶梯上,排在第一位的是同类产品中的名牌产品,然后是第二、第三……品牌产品。往往是排在第一位的名牌产品要比后面的产品,在品牌形象地位上要高得多,从而更容易成为消费者选择的目标。

旅游业进入了旅游者可以选择的旅游目的地越来越多,旅游景区之间的竞争越来越激烈的时代,类似的旅游产品,可替代的旅游产品日益增多的定位时代。只有科学合理地进行旅游目的地或旅游产品的定位,才能赢得市场,吸引更多的旅游者。旅游目的地定位、旅游主题定位势必先行。斯坦利·帕洛格认为,定位(Positioning),"就是识别和确定某一产品或服务的重要品质,以便能够以有意义的方式向消费者展现其有别于竞争产品或服务的特色"。因此,旅游规划中的主题定位最关键的一步,就是从众多的可选旅游主题中,提炼出最具本区旅游特色与潜力的旅游主题,占据同类旅游主题的首位,或重新组合塑造成全新的旅游主题。

西方学者大多遵循饶瑟尔·利夫斯在广告学中提出的独特卖点(Unique Selling Proposition,简称 USP)的概念,认为旅游定位口号必须识别出目的地产品与众不同的品质,打造某种主题利益。约翰·瑞查德森和朱迪·科恩进一步提出了所谓独特卖点(USP)必须符合的4 个衡量标准:①必须有其价值命题;②价值命题应限于一个或少数一两个;③价值命题应该能够反映目标市场的利益;④利益必须具有独特性。戴维德·克莱那斯凯和瑞查德·吉特尔森对美国 260 家旅行社的经理人员进行了电话访谈,分析他们对美国各州旅游宣传口号的感知。其中被认为最有效的口号都具备以下 3 个特点:①容易记忆;②传达了该州的形象;③吸引了正确的市场。

2) 旅游规划与开发主题定位的标准

(1)旅游主题的文化标准

旅游是一种文化审美活动。旅游主题是旅游文化审美的高度的抽象概括,本身一定要涵盖丰富的文化内涵与文化要素。旅游主题的挖掘与提炼必须突出文化性:一是异域文化主题。随着世界经济、文化交流、旅游的深度发展,人们对异域文化的猎奇欲望越来越强烈,跨地域空间的文化将成为主题选择的主导方向。二是传统文化主题。人们价值观的急剧变化所带来的社会危机,使人们对传统文化越来越青睐,返璞归真的传统文化将成为主题选择的价值取向。三是生态文化主题。亲近大自然是人类旅游的永恒主题。

(2)旅游主题的差异化标准

对旅游者而言,旅游目的地可以相互替换。旅游者所寻求的是辽阔的海滩、宁静的森林,或者是古老的城市,至于是何处的这种海滩、森林或城市,对于旅游者来说已变得相对不重要。这就要求旅游目的地必须通过实施差异化定位,使自己从众多的同类目的地中突显出来,使旅游者觉得自己应该选择去该目的地,而不是选择去其他地方。差异化标准是相对动态变化的标准,随着经济和科技的发展,市场需求的变化,标准也会发生变化,如新加坡最近推出的旅游主题——"非常家庭,非常新加坡",就是随着中国旅游市场的发展而策划的。一般来讲,差异化标准是旅游产品特质、旅游市场特质以及二者之间的匹配程度。

(3)旅游主题的健康标准

旅游是一种身心修养的文化活动,旨在提高旅游者的道德修养,增长智慧,强健肌体,全面促进旅游者的身心健康。好的旅游主题必须是健康的,积极向上的,能够为旅游者提供与人交往的健康环境,促进人与自然以及人与人之间的亲和关系。而不适合人身心健康的旅游主题,如赌博、不道德的娱乐游戏等,只能引诱旅游者堕落,引发犯罪,产生无法避免的人生危机和社会问题,即使会给本区带来极大的经济效益,都是旅游主题中要极力避免的,如2001 年,成都"麻将休闲"的提议,引发了旅游发展中对健康的多元休闲文化方式讨论。

3) 旅游规划与开发主题定位的层次

区域旅游规划与开发定位可以从两个层面上展开。

一是宏观层面。区域旅游整体的主题定位,是整个区域旅游规划的战略方向的定位,如中国在世界旅游中的主题定位,天津"环渤海休闲旅游中心"在中国旅游中的主题定位。定位时要立足于可持续发展的角度,综合区域内外的各种主导因素,如旅游地位、旅游特色、旅游功能、旅游条件等,在区域总体的旅游资源、历史文化、社会经济、未来发展等条件优势的基础上,结合旅游市场潜在需求,采用差异化定位方法,定位旅游主题。如希腊为了促进旅游业的发展,充分利用其独特的资源发展旅游,其策划的旅游主题包括有会议、健康、生态旅游等方面。北京针对世界层面定位旅游主题,"东方特色的一流国际旅游都市",旅游主题丰富,多方位地展现东方丰富瑰丽的自然景观、博大精深的民族传统文化,现已形成包括观光旅游、会展旅游、度假旅游、文化旅游、娱乐旅游五大产品系列,八大主题旅游板块,即世界遗产主题游、皇家园林主题游、文化艺术主题游、京味杂苑主题游、感受老北京主题游、游乐天地主题游、修学探知主题游、宗教休闲主题游。北京胡同游是北京旅游主题表现形式中最鲜活的部分,利用北京本地特色住房接待世界旅游者,有助于将北京特色文化传播给旅游者,以此来降低因为现代化发展对传统文化冲击带来的负面影响,满足旅游者对地方特色文化原真性探索的需求。

二是微观层面。就是以区域单一的因素,如旅游资源、区位条件和旅游市场、发展目标为定位的依据,提炼旅游规划与开发主题,如西安遗产旅游主题就是依据其厚重的历史文化资源而定位的;云南依据独特的自然景观、经典的历史文化而选择"七彩云南"作为旅游主题,深圳则是依据区位条件和城市发展目标而定位在"主题公园"。定位时首先考虑所在地区旅游主题和其他区域旅游主题,采用依附主题、异于他区的方法,确定本区域旅游主题,从而进行规划与开发。

7.1.3　旅游主题定位的方法

1)地域文脉分析法

文脉是指在历史的发展过程中及特定条件下,人文、自然环境以及相应的社会文化背景之间一种动态的、内在的本质联系的总和,广义上包含了地脉和史脉。具体来讲,既包括一定地域的地质、地貌、气候、土壤、水文等自然环境特征,又包括当地的历史、社会、经济、文化等人文地理特征,因而是一种综合性的、地域性的自然地理基础、历史文化传统和社会心理积淀的四维空间组合。对于旅游目的地而言,旅游主题的选取,离不开对当地文化积淀、自然环境、历史沿革等方面的分析。一个鲜明、有特色的旅游主题一定是根植于地域文化、地域文脉基础上的。所以,主题的选择要尽量考虑与本地文脉相延续,与本地自然环境相和谐,并赋予新意。

2)综合分析法

第一,明确规划区域所在地区的旅游主题,及本区在大的旅游主题分工中所担负的功能,分析与规划区域相联系的旅游主题,了解和掌握其旅游主题的市场发展状况。

第二,进行区域旅游发展条件分析。区域旅游发展条件是衡量一个地区发展旅游业的综合实力与发展态势的重要指标,也是选择旅游主题的基本要件。明确规划区域旅游环境的本底,旅游资源赋存状况,旅游产品、旅游业的供给能力与今后的发展潜力。

第三,进行旅游资源与产品、旅游市场分析。分析旅游资源的单项特色、优势,整合后的旅游产品的优势,主要的亮点与看点。分析旅游市场的需求及今后的需求意向,将二者进行匹配分析,寻找最佳结合点。

以上两项分析也可以借助SWOT分析法。对区域旅游发展条件进行SWOT分析,将区域旅游主题筛选评价,并与其内外部发展条件有机结合起来,可以明确在开展旅游时,该区域内有哪些是可以促进旅游发展的优势(Strengths)条件,哪些是会影响旅游发展的劣势(Weaknesses)条件,哪些是为发展旅游带来机遇(Opportunities)的条件,而哪些条件又是需要去积极应对的挑战(Threats)。通过对区域旅游发展条件进行评价分析,可以明确该区域哪种类型的旅游主题在发挥优势、避开劣势、抓住机遇、迎接挑战方面略胜一筹。这对于最终确定区域旅游主题具有重要的指导意义。

第四,通过以上分析,寻找旅游主题定位的空间,或依据条件培育旅游主题发展的优势条件和机遇,创造新的旅游主题。

第五,确定旅游主题。一般做法是,在高品位特色旅游资源比较集中的区域,确定1~2个主题,实施板块式集约开发和整合提升;或以线路为纽带,以1~2个特定主题为纲领,将沿线的若干特色景区(点)串联组合提升,使之成为一个整体,实现点-轴式整合包装。

3)德尔菲法

德尔菲法,即专家法,就是由规划编制方邀请由地方旅游专家和国内知名旅游专家构成的专家组,请他们根据对某一旅游地的了解认识,以及自己的综合知识,进行该地旅游主题的选择和定位。专家们在互不沟通信息、看法的情况下,做出自己的判断,并给出书面阐述。规划编制方把回收的专家意见进行定量统计归纳,再将统计的结果反馈给专家,每个专家根据结果再次修订和发表意见。这样,经过3~4轮的反馈过程,取得比较集中的意见,就可以确定旅游主题的方案。(参见第9章"9.6.2旅游项目策划的方法"部分)

4)主导因素法

主导因素法就是在旅游发展条件优越或某些条件极其优越的地区,在进行旅游主题规划时,可以在优势因素的影响下,简化某些非重要影响因素,按照主导因素的内在发展规律选择旅游主题。这些主导因素,可以是旅游资源,也可以是旅游市场,还可以是环境因素或其他人文因素。如旅游资源主导因素法,其条件是旅游发展比较成熟的旅游目的地,或者是旅游资源品位等级高,或是稀缺性资源,并且极具影响力的地区,旅游主题规划可以根据旅游资源的属性、外部特征、蕴涵的文化等内在的联系提炼旅游主题,如法国大巴黎区,大巴黎区地理位置与自然环境条件十分优越,旅游业发达。法国历史悠久,旅游资源丰富,文化底蕴深厚,多世界级、稀缺性资源,选择"浪漫文化之旅"主题,不仅文化内涵深厚,韵味特色突出,还充分体现了法国历史文化与现代文化的精髓。

【扩展阅读7.1】旅游主题面面观

世界旅游组织自1980年起,每年在全世界范围内推出一个旅游主题。每年推出的旅游主题主要是围绕"和平、发展以及权利和义务"三大内涵。这些经过提炼、升华的主题反映出旅游业的整体发展趋势。欧洲旅游业发展的主题化已成为一种趋势和优势,他们力求通过对旅游主题进行确定与开发来带给旅游者全方位的体验。许多国家跟随着世界主题旅游年的发展态势,也相继推出自己的旅游主题。如爱尔兰推出了遍及全国的各种"历史古迹游";奥地利则善于利用旅游资源,开展地方特色旅游和主题旅游,相继推出以"世界旅游之旅、滑雪与郊游度假区、温泉疗养地、在葡萄酒的产地干杯"为主题的四条旅游线路,成功打响了奥地利的旅游品牌。我国国家旅游局(2018年改名为文化和旅游部)自1992年以来,每年都会向社会大众推出不同风情、不同主旋律的旅游主题,从而带动了国内主题旅游的兴起,各种类型的主题旅游纷纷涌现,如森林旅游、民俗旅游、修学旅游、婚庆旅游、体育旅游等内容丰富、形式多样的主题旅游受到越来越多旅游者的青睐。

国内外已充分认识到旅游主题对国家或地方旅游业发展的重要性。因此,在相关的旅游理论研究以及实践活动中都对旅游主题给予了极大的关注。旅游规划中开展了对旅游主题的研究。国外的旅游主题研究以旅游主题产品作为研究的重点,缺少专门针对旅游主题开发和规划进行的研究,重视实践,注重从细微之处着手,研究各种类型和内容的旅游主题的开发、市场运作、营销以及具体实施过程。以旅游主题产品作为研究的重点,缺少专门针对旅游主题开发和规划进行的研究。相比之下,国内对旅游主题的规划研究更多是在宏观上进行理论研究,主观性较强,缺乏较科学的论证与实践。

7.2　旅游规划与开发的主题形象定位

好的旅游主题,还要有恰当的表现形式——主题形象。一个个性鲜明、亲切感人的旅游主题形象有助于旅游目的地或旅游产品保持市场份额或领先地位。相反,一个主题形象模糊,零散的旅游目的地或产品不会在旅游者和公众的心目中留下深刻的印象,它会影响旅游者的审美体验,也会对未来的旅游决策产生消极的影响。纵观世界旅游业发达的国家和地区,无不具有鲜明的主题旅游形象,如瑞士的旅游形象为"世界公园""永久中立国";西班牙为"3S天堂"和"黄金海岸"。旅游城市也是如此,如法国巴黎的"浪漫之都";中国香港的"动感之都";中国云南迪庆的"香格里拉",都是享誉世界的旅游主题形象,给旅游者留下难以磨灭的印象。

7.2.1　旅游主题形象及特征

1)旅游形象

形象(Image)一词在西方旅游学研究中被定义为"一种抽象的概念,它包含过去存留的印象、声誉以及同事间的评价。形象蕴含着使用者的期望。"一般认为,形象是人们对所认识的事物的个人的、主观的、概念的理解,或者说,是建立在人脑信息处理过程基础上所形成的一种内在的信念和印象。

目的地形象这一概念于 20 世纪 70 年代初由 Mayo 提出,但对形象进行研究始于 Hunt 的博士论文(Image:a factor of tourism)。他认为形象是"人们对其非居住地状况所持的印象,是纯粹的主观概念。"Crompton 认为,形象是"个体对某目的地的观点、观念及印象的综合"。Dichter 认为,形象是"对作为可能既包括认知的又包括情感的个体属性评价结果的基础上所形成的一个总体或全面的印象"。

国内学者在研究旅游形象这一概念时,有多种提法,如旅游形象、旅游目的地形象、旅游区形象等。一种观点认为,旅游形象是旅游资源(人造景观)的本体素质及其媒体条件(服务环节)在旅游者心目中的综合认知印象。另一种观点认为,旅游地形象是一个综合性的概念,它反映的是整个旅游地作为旅游产品的特色和综合质量等级。从旅游者的角度看,旅游目的地形象是他们对旅游目的地的总体印象和期望;从旅游地角度来讲,旅游目的地形象是旅游资源优势的集中体现。概括而言,旅游目的地形象是公众对旅游地总体的、抽象的、概括的认识和评价,是对区域内在和外在精神价值进行提升的无形价值,是旅游地现实的一种理性再现。

国外对形象的定义主要是从主体的角度界定的;而国内多从资源、客体角度出发,认为形象来自文脉(地方性),即自然、历史文化、民俗、社会心理积淀构成旅游形象的内容。尽管如此,国内外对旅游形象的认识还是基本一致的:

①旅游形象为个体对某地的总体感知或全部印象总和。

②旅游形象研究属于认知心理学的研究领域,是旅游者对目的地认知而形成的印象。

③"旅游形象是旅游者对旅游目的地现实的主观表达",这一观点获得普遍认同。其基本内涵包括四个方面:旅游形象是一种心理模式,反映了旅游者或公众对目的地景观信息的主观性与符号性解读;旅游形象是一种审美评价,反映了旅游者或公众对目的地景观的价值性判断和期望;旅游形象是一种简约的、特征性的描述,反映了旅游者或公众对目的地大量信息的选择和提取;旅游形象是一种人地互动的结果,反映了旅游者或公众的目的地感知形象—策划传播的目的地媒介形象—本真的目的地物质形象三者之间的相互关系和作用。

2) 旅游形象的特征

旅游形象具有主观性与客观性、综合性、稳定性与动态性、特征符号性、诱导性与可塑性。

(1)主观性与客观性

旅游形象的主观性反映在两个方面:一是,旅游形象本质是人类心理活动的结果,人们的经历、文化背景和个性特征等差异,会给目的地的认知带来很大影响;二是,由于旅游是异地消费,生产与服务同时进行,无法事先体验,异地旅游者与公众很难获取旅游地全面的客观的信息,因此,对旅游产品的主观判断一般多于客观判断。但反映的内容还是客观存在的,只是真实性的大小不同。

(2)综合性

综合性表现在旅游形象的内容上是多层次的。旅游形象的内容可分为物质表征与社会表征两个方面。物质表征包括区域内一切物质景观,主要的物质表征是旅游区环境与景观,如旅游区的位置、外观设计、环境氛围、景观特色、休闲娱乐、旅游设施、产品与服务等。其中最核心的是旅游产品的质量,这是在旅游者或公众心目中与旅游形象直接相关的因素。社会表征包括目的地的社会风气、旅游区的人才、技术、工作效率、管理水平、公众关系等,其中与公众的关系是树立旅游形象的最有效的途径。

综合性的另一表现是旅游形象的心理感受是多层面的。旅游形象是旅游目的地在旅游者心目中的感性反映。不同的旅游者的观察角度不同,得到的结果不同。也就是说,旅游者的心理感受是因人而异、因地而异、因时而异的。而且,根据格式塔心理学的完形理论,公众对旅游地的感知印象与评价常常是凭借着对目的地典型空间片段,以及一些事件信息而得出的,这些景观片段与信息涉及目的地的方方面面,形成的旅游形象也千差万别。

(3)稳定性和动态性

区域旅游形象一旦形成,便会在旅游者与公众心目中产生印象,一般来讲,这种印象所积累成的形象具有相对的稳定性。其稳定性一方面产生于区域或旅游区的客观物质基础,如地理位置、特定的自然景观、典型建筑等,在短时间内是不会发生大的变化,只要旅游形象的物质基础是稳定的,旅游形象就是稳定的;另一方面,旅游形象这种稳定性与旅游者和公众具有相同的心理机制相关,表现在他们的审美判断的标准与反映结果大体相近,并且在一定时间内,没有重大因素的影响,不会发生改变。这样就使旅游形象具有一定的稳定性。好的旅游形象可以给旅游目的地带来稳定的积极影响;而旅游形象较差的则很难摆脱负面影响。但旅游形象的这种稳定性不是固定不变的,随着时间的流逝、社会的发展,旅游者与公众距离的增加会发生变化。一般来讲,这种动态变化是比较缓慢与长期的。

(4)特征符号性

研究表明,并不是所有目的地因素都会影响旅游形象,只有那些易于识别的地方性特征和具有强烈视觉震撼力的景观,一些空间和时间片段上的一个个意象性场景,才可能成为旅游形象的感知因子,深深印刻在人们脑海中。如杭州西湖的三潭影月、雷峰夕照,北京的故宫、长城,安徽的黄山等。这些典型的场景、标志性的景观常常被演化为一系列抽象的理念或标志性的符号。这种符号化的要素可以是物质空间实体,如桂林山水;也可以是抽象的主题口号,如"七彩云南"。

(5)可塑性与诱导性

虽然旅游形象整体表现是相对稳定的,但是其形象表现的有形物质实体、无形的环境氛围、人的行为活动等表现方式是可以按照人的意愿而发生改变的,也就是说,旅游形象是可以塑造的。塑造的方向就是使形象更加鲜明,富有诱导性。传播学的研究认为,除了人所共知的所谓"客观环境"或实性环境、显性环境的存在,还存在一个所谓的"媒介环境"或虚性环境、隐性环境。旅游地的各种信息往往通过各种传播途径被旅游者感知,在旅游者心中形成虚幻的"脑海图景"。想象形象与旅游地形象信息的类型与刺激强度有关,好的信息可以引导旅游者形成好的旅游想象形象,并据此进行出游选择。

7.2.2　旅游主题形象系统

1)系统的层次及其转换规律

(1)旅游主题形象系统的层次

旅游主题形象与目的地所处的区位和地理空间整体环境息息相关。地理学研究表明，地球表面不可能存在两个自然特征完全一致的区域。地理环境分异规律是客观存在的，不仅在自然界，而且在经济和社会人文方面，旅游景观的空间分布、空间特征上都存在，并且呈现出一定的等级层次性。也就是说，地理空间整体存在等级层次性。

那么，旅游形象在地理空间整体等级层次规律的影响下，呈现一定的层次规律性。从宏观背景角度来看，一个旅游目的地完整的形象系统至少应该包括宏观地区旅游形象、中观地段旅游形象和微观地点旅游形象三个层次等级。地区旅游形象是从宏观的角度来考察旅游目的地的形象，地段形象和地点形象则分别从中观和微观的视角来研究目的地的旅游形象。随着地域空间尺度的不断扩大，旅游主题形象由地点形象向地段形象和地区形象逐层递进。此外，地区形象和地段形象总是作为旅游目的地的区域背景形象而存在；而旅游点形象又总是成为旅游区的主景形象。

(2)旅游主题形象系统的规律

①旅游形象的地域递减规律。由于地理空间整体存在等级层次性，不同等级层次的地理空间整体具有一定的相似性。这就为认识地理空间环境提供了一条"认知链"。旅游形象也遵循"认知链"等级层次规律。一个旅游目的地总是从属于不同等级层次的空间构成的一个链条，其具体的内容、特征由其所在的地理空间"认知链"给出。某目的地的旅游形象，总是把它先放在一个更大的区域空间范围内来考虑，然后再一级一级地生成旅游地的形象，依次形成大洲的形象、国家的形象、省的形象、县的形象，然后再在这些形象当中建立旅游目的地的具体形象。后一级形象总是深深地打下了前一级形象的烙印，受前一级形象的影响。随着地域范围的逐渐缩小，目的地的旅游形象就越具体、越清晰。应该指出的是，离目的地越远、对目的地越不熟悉的旅游者，就越是把对目的地旅游形象的生成放到大的区域空间范围来进行，即遵循地域递减规律。

②旅游形象的转换规律。不同尺度地域空间的旅游形象间具有相对性，在一定的条件下可以相互转化。从行政区的角度，将一个旅游目的地放到微观的小尺度地域范围内可以代表一个城市或景区形象，把它放在一个宏观的大尺度地域范围内可能代表国家或地区的旅游形象，如北京故宫、长城和天安门的形象常常替代为北京的旅游形象。由于形象的替代，对于同一区域范围内的不同旅游地背景形象的一致性，即因为地域上的邻近关系而产生政治、文化、民族、宗教等因素的雷同，便会产生形象的空间竞争。在旅游形象的定位与设计时应充分考虑到形象的空间竞争关系，挖掘自身的独特之处，形成自己鲜明的个性，以避免恶性竞争，同时也要注意区域内的形象分工与协作。

2)区域旅游主题形象的形成过程

从时间序列上看，区域旅游主题形象按形成过程可划分为三个阶段，即原生形象、次生形象和复合形象,如图 7.5 所示。

第一阶段——原生形象阶段。旅游者或公众在未到达旅游目的地之前,根据自身见识(一般来源于书籍、报刊、杂志、广播、电视、朋友等)的积累,所构成的对旅游地的印象就是原生形象。它的形成与传播途径是非常广泛的,家庭、学校、大众传媒、个人经历等,都可能影响或形成旅游者对旅游地的原生形象。同时在旅游决策时原生形象往往是人们产生动机和提出选择方案的根本原因。

第二阶段——次生形象阶段。旅游者或公众有了旅游动机,就会在旅游行为发生之前有意识地主动收集与旅游目的地相关的各类信息,一般来源于旅游资讯的刊物、报纸、电视、旅游机构的旅游宣传手册、旅游地图册、旅行社、网络以及旅游过该目的地的亲朋好友,并对这些信息进行分析,加工和比较,形成对旅游目的地较为清晰的形象认知,即决策感知形象。

第三阶段——复合形象阶段。旅游者对各备选旅游目的地的旅行成本与预期收益进行比较以作出选择决策。到达目的地实地旅游之后,通过自己的经历、结合以往的知识、经验所形成的一个较为完整而清晰的知觉形象就是实地感知形象。它是旅游地形象形成的最终阶段。实地感知形象的来源,除了旅游者对旅游地形象众多构成要素的直接认知和感受以外,还来自旅游地提供的具体信息。这些信息包括说明、传播旅游地形象方面的信息(如旅游小册子、导游图等),也包括通过旅游商品等载体所传达的旅游地信息。

由上可知,原生、次生旅游形象的形成受旅游者或公众的社会人口统计变量、各种信息及其来源渠道的影响;复合旅游形象则受旅游动机和旅游体验,或者说是旅游目的地给予旅游者的旅游利益的大小影响。旅游动机决定了游客游前和游后的目的地的情感形象。但当目的地能够给予游客所追求的利益时,即使他们的出游动机各不相同,他们对目的地的感受和评价也是类似的。旅游目的地也常以为游客提供某种利益来吸引游客,而游客也以能从目的地获得的利益的多少来衡量目的地形象。因此,在旅游形象形成的过程中给予游客更大的利益是树立良好旅游形象的关键。

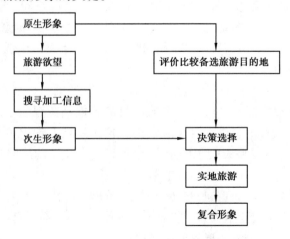

图 7.5　区域旅游形象的形成过程

3）旅游主题形象定位要点

（1）区域旅游要素分析

尽可能全面地搜集整理区域旅游目的地的历史、文化、风物、民俗及旅游观光和度假资源，搜寻区域旅游形象定位的主题，为下一步的工作奠定基础。

（2）旅游主题形象定位的目标

旅游主题形象定位实质上是区域旅游目的地对自我形象的定位。其目的与旅游市场定位不同，旅游主题形象定位不是定位旅游产品的市场范围，而是使旅游产品定位于旅游者心目中一个有价值和富有吸引力的"心理位置"。也就是通过实现目的地自我旅游形象，利用与旅游者与公众的感知形象之间的契合来为自己塑造一个新的旅游形象，或者强化在目标市场中已树立起来的某一正面旅游形象；或改变目的地自我宣传的旅游形象与旅游者与公众所持有的感知形象之间存在很大差异的问题、目的地旅游形象缺位问题、负面旅游形象问题。也就是说，目的地旅游主题形象定位旨在服务目的地旅游形象的塑造与提升。

（3）旅游主题形象定位的原则

①从宏观大环境着眼。主题形象定位既要考虑旅游目的地本身的资源特点和优势，又要考虑市场发展的态势，还要考虑它在整个国民经济发展中的地位以及与同行业的竞争状况，不能只从资源本身的角度去考虑问题。

②用发展的眼光看。在确定旅游主题形象时，必须注意资源的潜在开发和市场的未来趋势，用发展眼光看待问题，尽可能考虑到未来的发展。

③具有个性化特征。旅游主题形象定位，要体现创新意识和个性化特征，所设计的主题既要有别于同类型旅游地，同时还必须是人们心目中尚处于"空白"的地方，即有创造性突破。

（4）旅游主题形象定位的理念

旅游形象理念要具有象征性、易识记性和可传播性的字、词或句，言简意赅地构造出区域旅游目的地独特的核心旅游利益。

（5）旅游主题形象定位的表达

旅游形象定位表达是定位工作的关键，表达是否能清晰准确，恰到好处地传播定位概念，将直接影响定位工作的成败。因此，需要做到既在情理之中，又于意料之外，以多种形式和手段获取高端形象位置来表现其独特性。

4）旅游主题形象定位的方法

旅游主题形象定位的方法主要有以下几种。

①领先定位。领先定位是最容易的一种定位方法，适用于世界上独一无二、不可替代的旅游资源和旅游产品，如中国的九寨沟、兵马俑，埃及的金字塔，法国的卢浮宫等，具有世界级的历史文化或者自然遗产。由于资源的无法替代性使领先定位具有很强的操作性，在旅游者依据各种不同的标准和属性建立起来的旅游形象阶梯中容易占据第一的位置，享有领先的旅游形象和被选择的权利，使旅游目的地更加具有旅游吸引力。

②比附定位。比附定位就是放弃旅游形象阶梯的最高位,而选择占据第二位次。目的是借助第一品牌已深入人心的旅游形象,在形象阶梯中占据一个比较佳的位置。如牙买加的形象定位表述为"加勒比海中的夏威夷",我国海南三亚的旅游主题形象定位为"东方夏威夷"。其目的无非是利用夏威夷这个世界上知名度很高的旅游地形象来提升自身的形象。如果定位为第三品牌或者第四品牌,不宜采用比附定位法。

③逆向定位。逆向定位采用的是逆向思维,引入新的理念,站在知名对象的对立面,从而为自己树立新的形象,逆向定位强调并宣传定位对象是旅游者和公众心目中第一位形象的对立面和相反面,同时开辟了一个新的易于接受的心理形象阶梯,如深圳野生动物园的形象定位。它将人们心目中的动物园形象分为两大类,一类是普通笼式动物园,这种方式已被大家所熟知;另一类为开放式的动物园,人在观光车内,而动物则采取自由放养的形式,除了猛兽区以外,游客都可以和动物近距离接触,这样的动物园既增加了新奇性,又增加了参与性,自从深圳野生动物园成为国内第一个城市野生动物园以来,这样的游览方式备受大家的欢迎,各地野生动物园纷纷建立起来。

④空隙定位。空隙定位的核心思想是树立一个与众不同、从未有过的新形象,开辟一个新的形象阶梯。尽管旅游地的数量猛增,旅游形象各异,但目的地旅游形象定位比较适合空隙定位。因为旅游形象十分丰富,但仍然存在大量的形象空隙,针对这些空隙进行特色定位,树立自身形象以吸引客源是这种定位方法的特点。

⑤重新定位。旅游地的形象如同旅游地的发展一样,同样存在相应的生命周期。旅游地的发展经历了产生、增长、成熟、衰落几个阶段,当旅游地处于衰落阶段的时候再去宣传老的形象,会令人有陈词滥调之感,吸引力和号召力都会受到很大的影响。人们总是希望有新的东西去取代旧的东西。重新定位并不是一种定位方法,而是原旅游形象采取的一种再定位的策略。重新定位可以促使新的形象替换旧的形象,从而占据一个有利的心理位置。

5) 旅游目的地定位主题口号评价

定位主题口号的好坏关键要看它是否发挥了应有的作用。定位主题口号的根本作用是告诉消费者目的地特质可向他们提供哪些方面的独特利益,不能反映消费者利益的口号是毫无意义的。消费者利益可通过目的地定位主题口号的价值内容和表达方式两个方面来体现。以往中外学者对目的地定位主题口号评价标准的研究基本上都可归入这两个范畴。西方学者大多遵循饶瑟尔·利夫斯(Rosser Reeves)在广告学中提出的独特卖点(Unique Selling Proposition,简称USP)的概念,认为旅游定位口号必须识别出目的地产品与众不同的品质,打造某种主题利益。约翰·瑞查德森和朱迪·科恩(John Richardson & Judy Cohen)进一步提出了所谓独特卖点(USP)必须符合的4个衡量标准:①必须有其价值命题;②价值命题应限于一个或少数一两个;③价值命题应该能够反映目标市场的利益;④利益必须具有独特性。

曲颖等基于国外学者的相关定位理论,研究提出了旅游目的地定位主题口号的评价标准(图7.6)。为了发挥最大效用,对目的地定位主题口号的评价,应首先关注其是否提供了具有独特卖点的价值内容,这主要是通过约翰·瑞查德森和朱迪·科恩提出的USP的4项标准来衡量;然后再按照重要性排序,看口号是否依次满足了表述方式的 4 个具体要求。这个过程的基本顺序是不能颠倒的,在没有提供独特卖点的信息时,先不用考虑表述方式的问题;同样,除非已经解决了表达清楚的问题,否则就不用思考如何实现接下来那 3 个较高水平的表述要求。能够清楚地表达出自己独特卖点的口号,就是一个"符合一般标准的"口号;而成功达到以上所有标准的口号,可称为"理想的"口号。

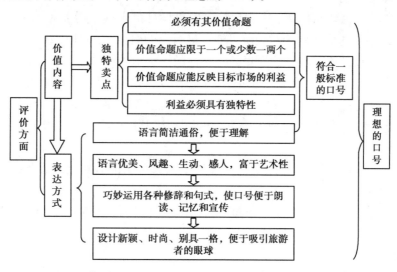

图 7.6　旅游目的地定位主题口号的评价标准

(转引自:曲颖,李天元. 基于旅游目的地品牌管理过程的定位主题口号评价:以我国优秀旅游城市为例[J]. 旅游学刊,2008(1):32.)

戴维德·克莱那斯凯和瑞查德·吉特尔森(David B. Klenosky & Richard E. Gitelson)对美国 260 家旅行社的经理人员进行了电话访谈,分析他们对美国各州旅游宣传口号的感知。其中被认为最有效的口号都具备以下 3 个特点:①容易记忆;②传达了该州的形象;③吸引了正确的市场。

6)旅游形象设计

(1)旅游企业形象识别系统

旅游企业形象识别系统包括理念识别、视觉识别、行为识别三个基本要素。理念识别指旅游企业的理念精神、座右铭、文化性格、宗旨等,它是旅游企业各种活动的主导和"CIS"体系的基石。视觉识别指旅游企业精神与行为的外在化视觉形象设计,它包括基础系统和应用系统,基础系统主要有标志、标准字体、标准色彩等内容;应用系统主要是基础系统在销售系统、办公系统和环境系统中的应用。行为识别指旅游企业内外各项活动的行为规范策划,展现企业内部的制度、组织管理、教育、生产、开发研究等,并扩展到企业外部各种社会公益活动、公共关系、营销、市场调研等。旅游企业识别系统实质上是旅游企业的经营思想和经营行为,经过旅游企业内部的自我认同后表现出的旅游企业实态在信息传递后的社会公众识别和认同的过程。

旅游形象作为一个地域形象构建,其组成元素众多,并且很复杂,可以看作是多层次、多方面的 CIS 系统的复合。在考虑旅游地形象建设时,可以重点考虑 CIS 在旅游地的人—地感知形象设计与人—人感知形象设计。

(2)人—地感知形象识别系统

人—地感知形象系统是指游客对旅游地的地理空间的形象认知。

理念形象(MI),是指一个旅游地独特的历史文化、精神面貌、道德水平、宣传口号、发展战略等,是游客对旅游地总的看法,是旅游地形象设计的灵魂。游客通常会用"壮丽""雄伟""宏大"等描述性的形容词来对旅游目的地进行总的概括和识别。

视觉形象(VI),是旅游地理念形象的外在性的视觉形象设计,包括:

①视觉景观设计。旅游者无论通过何种途径建立对旅游地的本底感知印象、决策感知印象,最终都会通过实地旅游后形成对旅游地的实地感知形象。然而在形成实地感知形象的过程中,视觉景观给人以直接的感官感受和冲击力,因此它可以说是旅游形象设计中一个很重要的部分。

②旅游地视觉形象区位和空间结构。根据不同旅游功能区对旅游者形成的视觉效应,可将旅游地视觉形象区进一步划分。

第一印象区:旅游者形成旅游地形象时,最先到达(进入)目的地的区域,如机场区、火车站区、风景旅游区的门景区等。对于首游者而言,第一印象对其随后旅游形象的期望具有关键意义。

最后印象区:是旅游者离开旅游目的地的时与旅游目的地接触的区域,包括最后参观的景点、车站、码头、餐厅以及旅游者离开目的地的边界区。从心理学来看,对于首次来该旅游目的地的人,第一印象区的形象意义比最后印象区大,即先入为主的效应。而对重游者而言,最后印象区的形象意义则更大一些,因为最后印象将会成为旅游者返回后的口头传播信息。

光环区:旅游地中有些区域具有决定目的地整体效应的意义,多数为旅游地的主要景点所在地,只要这些区域具备良好的形象,旅游者就容易认为整个旅游目的地都具有良好的形象,反之,如果旅游者对这些区域产生不良的认知,那么,即使其他地点的形象良好,旅游者仍然会形成对整个目的地的不良形象。

地标区:是指旅游地中独一无二的,逐渐成为其标志性的形象特征的,并且是旅游者心目中的目的地代表性区域。它是旅游者必到的地方,旅游者在此实地检验他心中所认知的这个地标。地标区往往成为目的地形象指代和传播的象征,可以作为旅游地地标的重要参考,如纽约自由女神所在地等等。

③视觉符号形象识别。用最鲜明、最醒目的标识及图案概括出旅游地的风物特色,作为旅游地招徕宣传的视觉识别符号,这是旅游企业形象识别系统对旅游地形象策划的重大启示之一。这主要包括一个经典的旅游地名称、鲜明醒目的旅游地徽标、代表性的主体色调与标准字体、形象代言人、特色纪念品、旅游地户外广告、网页主题、当地旅游企业视觉形象、旅游地交通工具等。

(3)人—人感知形象识别系统

行为形象(BI),在人—人感知形象识别系统中,主要强调旅游地的行为形象(BI),即旅

游者对旅游地人文环境形象的认知,主要包括:

①旅游从业人员形象。旅游从业人员是旅游者进入旅游地最先接触的人,是当地居民的形象代表,直接为旅游者提供服务,从业人员的自身素质和服务水平,对旅游地形象影响极大。所以,树立从业人员热诚好客、自觉服务、高效管理的形象对旅游形象正面影响较大。

②当地居民形象。旅游地当地居民的服饰、生活方式、思想观念、行为活动构成了旅游地人文环境的核心,特别是居民对旅游者的态度,是友好热情,还是冷漠排斥,极大地影响着游客对旅游地的感知形象。

③旅游者形象。到旅游地的游客群体本身就是人—人感知系统的重要组成部分,人们会不自觉地从他人的身份、文化、行为等方面来划分群体,如入住酒店的客人,会认为同住酒店其他客人的身份与地位与自己相当,共同体现酒店的品牌地位,因此游客在旅游的同时,也会注重同游旅游者的文化层次与地位。

7)旅游形象传播

(1)旅游形象传播的时机

在旅游形象建设的初始阶段,为了能给游客留下深刻的印象,必须精心选择旅游形象,设计旅游地形象标志、广告、宣传口号,使更多的社会公众认同并产生好感。当旅游地进入发展时期时,应加大宣传旅游地的经营管理状况,推广一系列的促销活动,通过传播相关信息以提高旅游地的美誉度,从而进一步巩固旅游形象。当旅游地所在的地理区域或者是旅游地本身遇到危机时,如灾难、事故或者引起不良社会效应的事件,应及时解决、改进和采取相应的补救措施,重塑旅游形象。

(2)旅游形象传播的内容

传播的形象信息内容是可信的,具有针对性、新颖性。

(3)旅游形象传播的媒介

常见的传播媒介主要有电视、广播、杂志、报纸、车辆上的广告、小册子和广告单、网络。

(4)旅游形象传播策略

①旅游形象广告策略。现代社会是一个形象消费的社会,广告对形象的传播发挥着巨大的作用。形象广告是旅游形象传播最适当的方式。形象广告以电视传媒的效果为最佳,因为电视以画面和声音的组合传递信息,能紧紧抓住观众的注意力,也可以选择报纸、杂志等平面媒体进行宣传。

②网络宣传策略。网络传播相对传统方式而言,更快捷、传播范围更广,成本相对较低,更新速度更快。目前,越来越多的人喜欢上网安排自己的旅行,电脑订票等等。特别是现在比较流行的背包旅游者,能更多地在网络上寻找伙伴,浏览旅游信息,安排行程等等。同时越来越多的旅游地和企业建立了自己的网站,传播旅游形象和宣传相关的旅游服务。丰富、生动翔实、图文并茂的旅游形象信息已经能够被广泛地为旅游者所接受和喜欢,对树立旅游形象十分有利。

③公共关系策略。公共关系是一项经营管理的职能,主要包括传播沟通、协调关系、塑造形象、决策咨询等。通过公共关系、公司机构与组织,可以得到相关的理解与支持,树立企

业或组织机构良好的形象。公共关系一般采用庆典活动,如周年纪念、重要仪式、赞助活动、新闻发布会、制造新闻、举办有影响力的活动等来提高知名度与美誉度。

④形象传播的节事旅游策略。以整合旅游地形象各个要素,塑造和传播旅游形象为目标的节事旅游策划和设计,关键是选择和发展标志性的旅游节庆,其中节事的主题和级别是最为重要的。能够成为某一个地方的标志性节事活动的对象是非常广泛的,无论是世界性的盛事,还是地方性的节庆,无论是新开发的外来的节庆活动,还是当地的一些传统项目,无论是不定期的活动,还是循环定期举办的活动,都有可能培育和发展成为旅游地的节庆活动,这些节庆活动将成为反映旅游地形象的替代物,例如大连的国际时装节、青岛啤酒节等,都成为吸引游客的重要内容。

7.3 区域旅游开发的空间布局

7.3.1 区域旅游空间结构体系

旅游空间结构是指旅游经济客体在空间中相互作用所形成的空间聚集程度及聚集状态。它是区域的各种旅游活动因素在地域上的空间反映,它体现了旅游活动的空间属性和相互关系,最常见的方法是以区域旅游空间分布及组合方式研究为基础,通过旅游各功能小区地域的组合状况来说明区域旅游空间结构的特征。吴必虎的旅游系统结构模式与刘锋的区域旅游结构模式认为,旅游空间结构体系主要包括旅游目的地系统空间结构体系、旅游市场结构体系和旅游交通空间结构体系。卞显红认为旅游空间结构体系主要包括旅游资源及旅游景观空间结构体系、旅游市场空间结构体系及旅游交通空间结构体系等。李利群综合卞显红的旅游空间结构体系认为,旅游空间结构体系主要包括旅游资源空间结构体系、旅游市场结构体系和旅游交通空间结构体系。

7.3.2 旅游空间结构的关键要素分析

旅游空间规划布局是构建区域旅游发展战略构想的过程,这个战略构想能反映旅游目的地区域大众的目标和愿望,并通过确定更好的用地方案和合适的旅游发展模式来实施这些战略构想。

区域旅游空间结构的关键要素是指区域旅游空间构成的基本单元,进行城市旅游空间结构研究必须首先弄清楚其主要空间构成及其基本概念。旅游空间结构是指旅游经济客体在空间中相互作用所形成的空间聚集程度及聚集状态,它体现了旅游活动的空间属性和相互关系,是旅游活动在地理空间上的投影,是区域旅游发展状态的重要"指示器"。在国内外以往的旅游空间结构研究中,学者们基本上忽视了对旅游空间结构关键要素的分析,这与我国旅游研究大都注重应用研究、轻视基础研究的大背景是密不可分的。卞显红认为,不论是城市旅游地,还是旅游风景区,基本上都由城市旅游目的地区域、城市旅游客源地市场、旅游节点、城市旅游区、城市旅游循环路线及旅游区域入口通道六大基本要素构成,如图 7.7 所示。

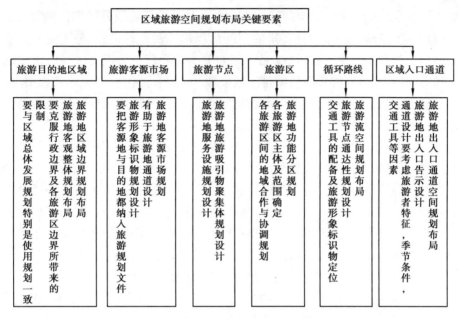

图 7.7　区域旅游空间规划布局的关键要素(据李丽群,2007)

7.3.3　区域旅游功能分区

区域功能分区自古有之,在古代,中国都城一般都是"左祖右社,面朝后市"的布局,以宫城为中心,王公贵族和平民百姓的居住区明显地划分开,体现了不同的等级制度。在两河流域,城市中一般有宫殿、庙宇、居住区等,统治阶级进行活动和居住的场所通常占据城市中显要的位置;在中世纪的欧洲,一般是教堂占据着城市的中心,教堂广场周围通常是市政厅和市场,外围是手工业作坊和居住建筑。现代城市功能区分布比较分散,但还是可以明显地分出城市中心区、边缘区,城区又可分化出教育区、商业区、行政区、工业区、居民区、混合区等。

区域旅游功能分区(Functional Zoning)源于城市功能分区,是按旅游功能要求将区域内各种要素进行分区布置,组成一个互相联系、布局合理的有机整体,为区域旅游的各项活动创造良好的环境和条件,其首要功能就是满足游客各种需要。一个成熟的旅游区必须有旅游接待区、游客游览区、旅游物流集散地(镇、城)等功能区,满足游客游、购、娱、吃、住、行等各方面需求。同时,还要有利于环境保护和旅游效益的功能,如自然保护区、自然博物馆、世界文化遗产等类型的旅游区。

区域旅游功能区客观上存在实体边界,如景区大门、围墙、山脊线、河流、交通干道等明显边界;也存在着虚体边界,如大旅游区或跨区域旅游区。划分功能区是区域旅游规划与开发过程中的一项重要工作,大到国家级和省级旅游规划,小到一个风景区、主题公园,都是按照旅游功能对其空间进行划分,以便更好地帮助旅游区的旅游市场定位,更有利于旅游区开发建设和经营管理。

1) 区域旅游功能分区的理论

旅游功能分区理论是由区域空间结构理论和自然保护区功能分区理论演变而来的。区域空间结构理论主要阐述区域各种要素的空间组织模式及运行机制,最主要的是研究区域空间特征的相似性和差异性,是区域单元空间划分的重要理论依据。区域旅游功能区的划分也是一种空间单元的划分,依据的就是区域资源环境特征、经济结构、城市发展、基础设施等方面在空间上的相似性和差异性。因此,区域空间结构理论是划分区域旅游功能分区的基本理论。

景观设计师 Richard Foreste 提出了得到世界自然保护联盟(IUCN)认可的同心圆分区模式,将国家公园从里到外分为核心保护区、游憩缓冲区和密集游憩区。核心保护区处在保护区的典型、代表区域除科学研究外,禁止开展任何形式的旅游活动;游憩缓冲区分布于核心区外围,可以适量建设一些设施,开展对环境资源影响不大的科研、旅游等活动;密集游憩区可以开发为旅游服务区、旅游游乐区。冈恩在同心圆分区模式的基础上,提出了国家公园旅游分区模式,将公园分成重点资源保护区、低利用荒野区、分散游憩区、密集游憩区和服务社区。这一理论对自然保护区的功能进行了更为详细的划分,被广泛应用于自然保护区。在旅游风景名胜区、旅游目的地和旅游区的规划和管理中,也引入了国家公园旅游分区模式,因而成为旅游功能区划分的指导理论。

2) 区域旅游功能分区原则

(1) 主导性原则

由于每一个区划单元都有多种功能可以开发,对每一个区划单元既要分析其功能的适宜性,还要分析其功能的限制性,在综合分析的基础上,再对比其他单元和功能,确定每一个单元的区划功能。

(2) 集中功能单元

对不同类型的设施如住宿、娱乐、商业设施等功能分区采取相对集中布局。游客光顾次数多、密度大的商业娱乐设施区域,宜布局在中心区与交通便利的区位,如大酒店、主要风景区附近,并在它们之间布设方便的路径,力求使各类服务综合体在空间上形成聚集效应。

①在开发方面,集中功能单元的布局能使基础设施低成本、高效率,而且随着旅游开发深入与市场规模的扩大,新的旅游后勤服务部门更易生存。经验表明,当酒店与社会餐馆相邻布局时更容易形成综合的市场竞争优势。

②在经济方面,集中布局带来的景观类型多样性还可以吸引游客滞留更长时间,从而增加地方经济中旅游服务部门的收入,从而带动地区经济的发展。

③在社会方面,集中布局有利于游客与当地居民的交流与沟通,有利于社会风俗的优化,进而可将其开发成一种新的旅游资源。同时,许多旅游设施可以兼供当地社区居民使用。

④在环境方面,集中布局利于环境保护与监控,对污染物的处理亦更为有效,敏感区能得到有效的保护。深度开发区实施合理的设计标准,可采用连续的控制管理。

集中布局也有利于旅游主题形象的塑造和表现,规模集聚效应对举办各种促销活动可以产生一定的整体规模优势。

（3）协调功能分区

协调功能分区是要处理好旅游区与周围环境的关系、功能分区与管理中心的关系、功能分区之间的关系、主体景观和建筑与旅游分区的关系。在规划设计时,有些功能分区具有特殊的生态价值而应划为生态保护区,而旅游娱乐区则应承受较大的外界干扰,规划设计中通过适当的合理规划,引入适当的设施,使其达到最佳的使用状态。另外,协调功能分区还应对各种旅游活动进行相关分析,以确定各类活动之间的互补、相依或相斥关系,从而有效地划分功能分区,据此在各功能分区内为各种设施、各类活动安排适当的位置。

（4）合理规划动线与视线

旅游功能分区还要充分考虑游客在游览过程中的心理特征,尽量与交通线相结合,以实现符合人体工程学的有效的动线规划。分区时还应体现旅游的视线层次,在区内布置有效的瞭望点系统和视线走廊,如在一些制高点、开阔地带或主要景观地区设置一系列的瞭望亭与休息区,让游客能有充足的时间驻足观赏。

（5）保护旅游环境

一方面是保护旅游区内特殊的环境特色,如主要吸引物景观;另一方面是使旅游区的游客接待量控制在环境承载力之内,以维持生态环境的协调演进,保证旅游区的土地得到合理利用。另外,在实施环境保护时,还要充分体现以人为本的原则,即旅游区最终是为人类旅游活动而设计的,理应实现人与自然环境的协调,也就是规划应同时满足旅游功能及美学上的需求,力求实现:①创造充满美感的经历体验;②满足低成本开发及运营技术上的要求;③提供后期旅游管理上的方便。

3）典型的空间布局模式

在旅游区的功能分区和布局上存在以下几种布局模式:

（1）游憩区—保护区空间布局模式

游憩区—保护区空间布局模式。把国家公园分成重点资源保护区、低利用荒野区、分散游憩区、密集游憩区和服务社区。

（2）环酒店布局

在缺乏明显的核心自然景点的旅游区,通过布局以豪华建筑,或者风格颇有特色旅馆为中心,周围布置娱乐设施、商店与景区相连。布局的重点是风格建筑和综合服务体系设施。

（3）野营地式布局

野营地式布局适用于景区分散,当地条件又不宜建大型旅馆的旅游区,这种模式是以对整个旅游区恰当的亚区划分为基础,兼顾亚区间的功能互补性,重点是对亚区的旅游服务设施进行布局。

（4）社区—旅游吸引物综合体布局

1965年,冈恩（Gunn）提出了社区—旅游吸引物综合体布局模式。这种模式的布局方式是在旅游区中心布局一个社区服务中心,外围分散形成一批旅游吸引物综合体,在服务中心与吸引物综合体之间有交通相连,如图7.8所示。

(5)三区结构布局

三区结构布局模式如图7.9所示。

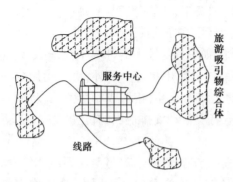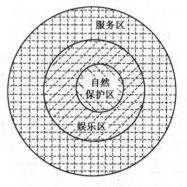

图7.8　社区—旅游吸引物综合体布局模式　　　图7.9　三区结构布局模式

(6)双核布局

1974年,特拉维斯(Travis)提出这种双核布局模式,如图7.10所示,该布局方法在游客需求与自然保护区之间提供了一种商业纽带,通过精心的设计,将服务功能集中在一个辅助型社区内,处于保护区的边缘地带。

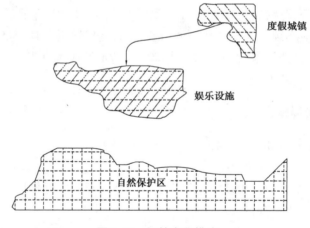

图7.10　双核布局模式

(7)海滨旅游空间布局模式

滨海旅游区从海水区、海岸线到内陆依次布局:海上活动区(养殖区、垂钓区、游艇船坞);海滩活动区(海滨公园、沿海植物带、娱乐区、野营区);陆上活动区(野餐区、交通线、餐宿设施、旅游中心等)。

(8)山岳旅游区布局模式

建筑设施依山体环境而建,游览线路有节奏地串联尽可能多的景点,实现与自然环境的和谐。

(9)草原旅游布局模式

大多呈组团布局,中间是接待包,由中心向外一层是住宿包、厕所、草原活动区。

（10）生态旅游圈布局模式

生态旅游开发地域以城市为中心，分为三个层次：半径 30 ~ 50 km 内为第一生态旅游区地域；半径 50 ~ 100 km 内为第二生态旅游区地域；半径 100 ~ 160 km 内为第三生态旅游区地域。

【例 7.1】加拿大班夫国家公园的功能分区

班夫国家公园（Banff National Park）是加拿大第一个，也是世界第三个国家公园，被联合国教科文组织（UNESCO）列为世界文化遗产地。2010 年，由全球最受欢迎的旅游评论网站 Trip Advisor 用户评选的加拿大户外探险目的地中，班夫国家公园荣登榜首；同时，在全球户外探险旅游目的地十佳评选中，班夫位列第四。

班夫国家公园创立于 1885 年，位于加拿大艾伯塔省卡尔加里市以西约 100 ~ 130 千米处，是落基山脉的门户。整个国家公园的面积达 6641 平方千米，包括班夫和露易丝湖两座迷人的小镇。这里有谷地高山、冰原河流、森林草地，是堪称世界一流的旅游目的地。

班夫国家公园（Banff National Park）具体分为功能各不相同的 5 个区域：

①绝对保护区。这一区域具有珍贵的自然景观和珍稀濒危的物种，约占公园总面积的 4%。该区域严禁进行任何旅游活动，游客不允许进入。

②杜绝人类干扰的荒野区。该区域约占整个公园的 93%，多为湖泊、冰川和陡峭的山坡。此区域在开发过程中也处于保护范畴，但与绝对保护区相比，可有控制地进行一些野外考察活动，其活动量一定要控制在自然环境的承载力范围内。旅游建设上只允许建设一些人行小道和简易宿营地。

③自然风景观光区。该区域面积小，仅占整个公园的 1%，具有优美的自然景观，主要开发功能为旅游观光，这一区域可修建简易的旅馆和其他设施，并且只允许行人和非机动车进入，以保护自然地原始环境不受污染。

④娱乐区。该区域主要用于娱乐活动，面积小，占公园的 1%，开展各种户外活动。该区域可修公路，允许机动车辆进入，旅游设施较为齐全，也是旅游者比较集中之地。

⑤旅游城镇区。该区域主要是班夫市区和路易斯顿游览中心，占地面积不足公园的 1%，但却是公园旅游业务管理的中心，主要负责公园游客的食宿、娱乐和购物。

本章小结

旅游主题是对区域旅游总体发展的感性认识、理性升华所形成的一种核心理念。旅游规划与开发主题是旅游主题的展现。好的旅游主题，还要有恰当的表现形式——主题形象。一个个性鲜明、亲切感人的旅游主题形象有助于旅游目的地或旅游产品保持市场份额或领先地位。相反，一个主题形象模糊，零散的旅游目的地或产品不会在旅游者和公众的心目中留下深刻的印象，它会影响旅游者的审美体验，也会对未来的旅游决策产生消极的影响。所以，旅游主题定位要着眼于区域文脉、区域综合因素、区域主导因素。旅游形象是旅游主题最直接的阐述，是旅游者对旅游目的地现实的主观表达。它通过区域旅游目的地的旅游企业形象、人与自然的感知形象、人与人之间的行为感知形象表现出来。旅游主题形象定位的方法主要有领先定位、比附定位、逆向定位、空隙定位等方法。

　　旅游空间结构是指旅游经济客体在空间中相互作用所形成的空间聚集程度及聚集状态,基本上由城市旅游目的地区域、城市旅游客源地市场、旅游节点、城市旅游区、城市旅游循环路线及旅游区域入口通道六大基本要素构成。区域旅游功能区的划分也是一种空间单元的划分,依据的就是区域资源环境特征、经济结构、城市发展、基础设施等方面在空间上的相似性和差异性。因此,区域空间结构理论是划分区域旅游功能分区的基本理论。

复习参考题

　　1.结合旅游目的地主题口号定位理论,评价相关旅游目的地旅游主题口号定位的科学性。

　　2.试就旅游规划与开发主题定位标准发表见解。

　　3.举例说明某旅游地的旅游主题形象规划及其宣传方案策划。

　　4.试就旅游规划功能分区中的"保护旅游环境原则"发表见解。

案例讨论

　　1.阅读开篇案例,就青岛奥帆赛基地旅游区主题规划方案的以下问题展开讨论:

　　(1)为青岛奥帆赛基地策划的"爱的风帆""幸福时光""蜜月天堂"等婚庆旅游产品运用了哪些主题定位原则?

　　(2)项目规划组对主防波堤进行了主题为"世界橱窗,经典时尚"的项目包装和景观打造,你是如何评价这个策划和创意的?

　　2.阅读例7.1,讨论班夫国家公园的功能分区对旅游开发的意义。

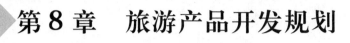

第8章　旅游产品开发规划

本章提要

　　旅游产品是旅游经济的基本"细胞"。通过本章学习,掌握旅游产品的概念、特性和分类,了解旅游产品开发规划的理念及旅游产品创新的相关知识,掌握旅游产品开发规划策略。同时,理论结合实际,掌握旅游线路产品开发与规划的相关知识。

学习目标(重点与难点)

　　1.旅游产品的概念与特性。

　　2.旅游产品创新。

　　3.旅游线路产品开发与规划。

框架结构

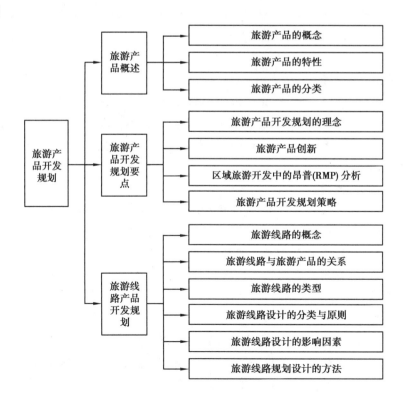

开篇案例

陕西省安康市旅游产品体系规划

1. 产品体系规划思路

（1）坚持五大原则

生态化原则：强调人与自然、游客与社区、产品群落之间的和谐。

个性化原则：在项目设计中注入文化内涵，形成个性特色，以系统化理念构建项目群，形成项目特色、景区特色、区块特色和旅游目的地整体特色。

精品化原则：以点带线、串线成面，通过龙头产品带动周边、带动大区块开发，形成安康旅游的战略支撑点。

国际化原则：采取接轨国际的开发理念，接轨国际理念，重点开发休闲型健康养生旅游产品和深度游憩型产品。

系统化原则：从旅游目的地建设高度有序、构建旅游产品体系。从观赏角度的新颖性、浏览形式的多样性、组合方式的灵活性、开发的时效性等多个维度设计旅游产品，形成多系列、多层次的旅游产品组群。

（2）通过三张牌战略统领

重点打好"绿色生态、健康度假、地域文化"三张牌，由此从战略层面构建安康旅游产品结构，充实产品体系，提升旅游产品内涵，进而包装形成感性、具有冲击力和市场吸引力的产品组合。在保护（资源、生态、环境、文化）和谐自然的前提下，开发形成以生态为本底、以"休闲型健康养生"为旗帜，以多元文化为底蕴，以"山水林药"为着力点，与"药""水""林"深度互动的，以休闲观光为先导（基础）、以休闲型健康养生和深度游憩为（未来）主导、以科考科普等专项旅游为重要补充的产品体系。

①绿色生态牌

主题：清凉、和谐、浪漫。

重要性：安康各地域的共性牌，是安康旅游的底色、立业根基和现实依托。

思路：结合现代人回归自然、亲近自然、融入自然的旅游需求取向，贯彻"与自然的和谐"理念，把安康山水林草资源整体所拥有的比较优势转化为旅游生产力。

②健康养生牌

主题：健康、活力、休闲。

重要性：安康旅游未来的主打牌，是安康旅游的战略抓手、战略导向和突破点。

思路：针对现代人对健康（康复）产品的需求、对更高层次生活质量的需求，通过打造以"休闲中获得健康"为旗帜、以休闲养生度假为主导、以运动健身为辅、以测评理疗为补充的健康旅游产品体系，把安康具有比较优势的山水药林草、硒、民歌资源转化为旅游生产力。

③地域文化牌

主题：多彩、智慧、亲和。

重要性：安康旅游的特色牌，是安康旅游的底蕴和可持续发展的灵魂。

思路：以秦巴楚交汇的多元文化、移民文化为背景，以道家文化、女娲文化、鬼谷子谋略文化为重要支撑,以陕南民歌民俗美食古建为主打亮点,充分展现安康地域文化特色,通过传承、产品化与创新,使之成功显性化,转化为旅游生产力,满足游客对异域文化的探求。

(3)增加产品的文化含量

加强文化软开发,有效保护和挖掘地域文化内涵,培育安康的旅游特色和城市个性。结合文脉和地脉,充分发掘地域文化底蕴,结合具体景区景点,借助民俗、美食、民歌、节庆、道家、始祖崇拜等多种有形载体,通过情境设计把文化元素灵活融入旅游产品中,赋予主题内涵和个性,成为可参与、可互动、可体验、可娱乐、可消费的特色产品,形成"文化—安康—旅游品牌"的市场关联,充实安康作为旅游目的地的个性与内涵,提升安康旅游的品位和层次。举措:

①重视内在文化素质培养,完善非项目类的旅游功能配套和服务提升。重点提高窗口行业的内在文化素养,规范服务行为,增加解说系统、旅游目的地接待体系的内在文化含量。

②深度挖掘并传播文化资源。加强对安康文化底蕴的抢救性发掘与保护,梳理归纳形成沉淀。深挖道家养生文化、民歌文化、民俗文化、茶文化、汉水文化等文化潜质,形成可传播的、富于吸引力的形式。通过文化交流、节庆活动等手段,向外界广泛传播。通过文化的传承与弘扬,推动旅游文化体系建立和完善,并有效培育城市情调。

③把社会资源①引入旅游开发。在各区县筛选多个具有明显吸引力的社会公共资源点,赋予其文化内涵,将社会资源转化为旅游吸引物和旅游产品,分批推出,增强吸引力。

④通过节庆活动传承并弘扬地方文化。利用每年举办的龙舟节等大型节庆活动,增加安康文化底蕴,推动旅游业快速发展。巩固和提升原国家文化部已命名的中国民间艺术之乡成果,将紫阳(汉剧)申报为中国民间艺术之乡;全面启动省级和国家级文化先进县(区)创建活动。

⑤发挥相关资源和产业联动的价值。把文化与"药水游"战略有效结合,实现文化休闲、生产、生活、生态、商务更好结合,发挥各产业的边际效益。

⑥抓住国家中医药管理局将中草药资源申报世界文化遗产的机遇,搭申遗便车,主动弘扬中草药健康养生保健文化与产品,推广健康养生度假旅游目的地理念。

2.旅游产品谱系表

在对资源属性、市场需求、资源空间集聚、生产力战略布局等进行综合分析与把握的基础上,参照旅游产品分类的一般原则,旅游产品重点分为四大类:休闲观光、休闲度假、专项旅游、商务会展,如图8.1所示。

3.主题型旅游产品包装

包装形成8大主题旅游产品。针对不同的市场,对于那些在理性空间布局指导下的具体项目,采用感性手法包装并突出其特色卖点,从而形成能够被旅行批发商(中间商)及终端消费者——游客所广泛理解接受的,并能成功激起其消费欲望的、个性化的系列特色旅游产

---

① 社会资源可涵盖城市公共服务设施、工农业旅游示范点、社会文化、社会政治、市民生活和节庆会展等方面,包括公共交通、农贸市场、特色街、工业旅游、农业旅游、教育、体育、文化设施、法庭、监狱、社保中心、市民康体、专业收藏、社区家庭等。

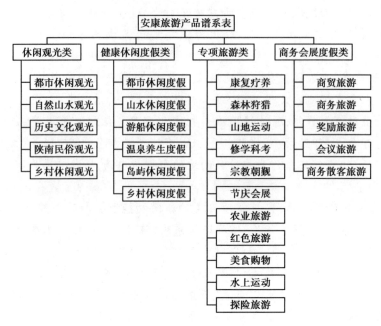

图 8.1　产品谱系表

品,使理性的项目成为利于市场接受、便于市场消费的多元化产品体系。

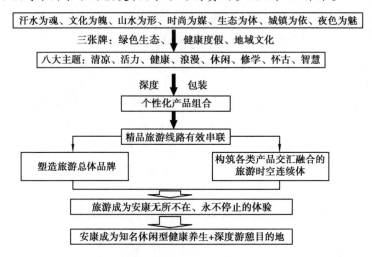

图 8.2

通过"绿色生态、健康养生、地域文化"三张牌统领安康产品体系,形成"清凉之旅""活力之旅""健康之旅""浪漫之旅""休闲之旅""怀古之旅""修学之旅""智慧之旅"八大方向,充实产品体系,提升旅游产品内涵,并深度包装组合形成多元化、个性化的产品组合,通过精品旅游线路有效串联,塑造安康旅游总体品牌。构筑各类产品交汇融合、多元化产品组合、更具有个性化的安康旅游时空连续体,使旅游成为安康无所不在、永不停止的体验。

(1)清凉之旅

①指导思想:依托秦巴山区的森林、山岳、高山草甸资源,开发面向中高端市场的山岳森

林避暑度假型旅游产品。

②重点方向。强化山岳森林避暑度假产品打造。注意贯彻与自然和谐共生的理念,结合地形地势、林相,因地制宜,灵活推出多种以小组团为形式的度假单元,以林中木屋别墅群、树屋、石屋、石板房、茅草房、瓦房、乡野特色农家房、主题酒店、野营别墅、汽车旅馆等形式呈现,"散布"在林中、溪旁、路边、崖上、巨石上、田间、山村里、台地中;以散落的森林浴场、森林酒吧等作为补充。

注重软环境建设,尤其是服务质量的提升、度假氛围的营造,注重"自然"添景、点景、借景。

不断充实、丰富度假地的特色餐饮、娱乐项目,形成品牌。以小组团方式点缀在度假组团中,形成天人合一、拥抱自然的心理体验。

要注意整合度假地特色资源,打造度假、养生、康复疗养功能高度复合的产品,形成独特竞争力。

不断整合资源,丰富产品层次,形成以度假产品为主体、以休闲观光、修学科考为补充的产品体系。

③重点区块支撑。近期:香溪洞休闲游憩区,天华山旅游度假区,平河梁—上坝河旅游区,南宫山旅游区,化龙山休闲度假区,神河源旅游区。中远期:千层河旅游区,大凤凰山旅游区,云雾山旅游区,羊山旅游区,莲花湖旅游区。

(2)活力之旅

①基本思路。重点依托山体、高山草甸、漂流河道,开发运动型、刺激性项目。

②重点方向。针对瀛湖库区,设置水上时尚运动项目;针对特色山体,设置攀岩、崖降、蹦极、滑索、高山速降等项目;针对高山草甸,开发冬季滑雪、春夏秋花样滑草,滑翔伞、野营、天文观测、晚会等多种项目;针对漂流河道,设置多种漂流、急流回转等项目。

③重点项目支撑。近期:瀛湖休闲旅游区,岚河漂流带,神河源旅游区。中远期:任河精品旅游带,红石河旅游区,莲花湖旅游区。

(3)健康之旅

①指导思想。充分整合安康的山水林药、生态环境等资源,开发健康养生度假类产品。

②重点方向。以瀛湖库岛屿为依托,利用库区的湖光山色、优质空气、清雅环境、完善的医疗保健及生活服务设施,开发集健康养生度假和高端商务会议接待于一体的"瀛湖湾"度假村,由瀛湖健康俱乐部及健康测评理疗中心、瀛湖度假村、瀛湖养生园等组成。

以山岳森林为依托,在山林度假组团中精心设置具有康复疗养功能的森林浴组团,结合基于本地山野药材的健康养生食谱和山地运动项目,推出健康度假—避暑复合型产品。

依托整合安康中草药资源和富硒资源,开发基于中国传统养生保健养颜配方的养生堂项目和特色健康旅游商品。开发现代美容保健与中国传统养生保健理念复合的养生堂类项目,延伸安康医药产业链条,形成安康铁索的休闲养生产品体系。

③重点项目支撑。近期:瀛湖休闲旅游区,天华山旅游度假区,平河梁—上坝河旅游区,长安休闲游憩带,化龙山休闲度假区。中远期:云雾山旅游区,紫阳茶韵游憩带,鸡心岭休闲养生带。

(4)浪漫之旅

①指导思想。充分整合城镇、山水林泉草、文化资源,精心设计情境,推出小资情调产品和面向情侣市场的蜜月型度假产品。

②重点方向。依托城市滨江水岸和瀛湖场景,重点推出都市郊野特色的时尚温馨产品。依托县城/集镇的特色、街区、民居、河道,结合地方民俗,重点推出地方特色的浪漫情调体验型产品。依托山岳森林、河道,重点推出山林野趣特色浓郁的情侣型产品。

③重点项目支撑。近期:一江两岸游憩带,瀛湖休闲旅游区,岚河漂流带,紫阳茶韵游憩带。中远期:任河精品旅游带,蜀河古镇旅游区。

(5)休闲之旅

①指导思想。营造休闲氛围,开发乡村田园风情型的休闲旅游精品。

②重点方向。针对瀛湖库区,重点开发欢乐时尚型大型休闲项目。以一江两岸游憩带、香溪洞休闲游憩区、黄洋河民俗旅游带为依托,开发城市及城郊休闲旅游产品。以陕南经典古镇为依托,开发陕南民俗休闲—古镇风情类产品。以月河川道、平利川道以及广泛分布于安康乡村的农家乐为依托,开发以民俗风情和美食品位为主题的乡村旅游产品。

③重点项目支撑。近期:瀛湖养生度假区,一江两岸游憩带,香溪洞休闲游憩区,黄洋河民俗旅游带,月河川生态农业带,紫阳茶乡风情旅游带,千家坪休闲度假区。中远期:平利川道生态农业观光带,蜀河古镇旅游区,各乡村的农家乐。

(6)修学之旅

①指导思想。开发面向专业市场的修学、考察型旅游产品。

②重点方向。以秦巴生物基因库为依托,面向专家学者、学生,开发秦巴生态科考型专项旅游产品。以紫阳志留系地质剖面为核心吸引物的地质科考型专项旅游产品。开发文化研究类(女娲文化、鬼谷子谋略研究、道家文化、养生文化、民俗文化、三沈名人文化、陕南移民文化等)、文艺采风类的专项旅游产品。

通过不懈努力,把安康建成以西安为核心支点的青少年素质教育基地。

③重点项目支撑。近期:天华山旅游度假区,平河梁—上坝河旅游区,月河乡韵游憩带,南宫山旅游区,千层河旅游区,化龙山休闲度假区,紫阳茶韵游憩带,大凤凰山旅游区。中远期:云雾山旅游区,女娲山风景区,鸡心岭休闲养生带。

(7)怀古之旅

①指导思想。梳理历史人文资源,修缮历史文物古迹,赋予文物以更多的文化内涵。

②重点方向。以恒口古镇、蜀河古镇、紫阳老城区、焕古镇为依托,开发古镇观光、科普旅游产品。以宁陕城隍庙、旬阳文庙为依托,开发宗教文化科考旅游产品。以安康境内的会馆为依托,开发移民文化观光、科考旅游产品。

③重点项目支撑。近期:紫阳茶韵游憩带,宁陕城隍庙,以及分布于安康多个区县的会馆等。中远期:旬阳太极城旅游区,蜀河古镇旅游区,女娲山风景区,云雾山旅游区。

(8)智慧之旅

①指导思想。抓住当今时代家长渴望孩子学业有成、将来在职场游刃有余的心理,以"智慧"为由头,以谋略家鬼谷子在云雾山的生活历程为载体,以培育管理界精英为卖点,打

造智慧之旅品牌。

②重点方向。依托北京、西安的相关高校,成立EMBA院校,同时将谋略家鬼谷子与之相联系,成为企业高层管理人员夏季修学—避暑度假场所。成立后的云雾书院可成为学生及家长前来参观修习场所。

③重点项目支撑。云雾山旅游区。

阅读上述开篇案例(陕西省安康市旅游产品体系规划),讨论以下问题:

1. 规划提出的重点打好"绿色生态、健康度假、地域文化"三张牌的意义;
2. 试评价案例中"旅游产品谱系表"相关旅游产品类型的市场前景。

8.1　旅游产品的概念

旅游规划的核心问题是旅游产品,因此旅游产品问题应该放到和市场问题同等重要的战略地位来考虑。这一论点得到许多研究者的认同,如范业正在其博士论文中提出旅游规划的中心是旅游产品;李淑兰也认为旅游规划就是旅游产品的"设计与制作",除进行旅游资源的评估及其他配套设施的协调统筹外,更不能忽略的是考证该产品能否适应市场的需求。一些从事旅游管理的人员也意识到旅游产品对于区域旅游发展的重要意义,将其提高到发展战略高度来看待。

8.1.1　旅游产品的概念

关于旅游产品的概念,目前尚无统一的表述。申葆嘉(2010)通过对旅游产品内涵(是什么)和外延(与外部的关系)两个方面的分析指出,"旅游产品是游客通过货币向旅游服务诸行业购买的相关的旅游接待服务,也就是旅游服务诸行业提供的劳务",并强调,服务是一种劳务,包括有关行业为游客提供的食、住、行、游和代理、安排、组织以及相关的专业知识等劳务。[①]

谢彦君对旅游产品的定义是:旅游产品是指为满足旅游者的愉悦性休闲体验需要,而在一定地域上被生产或开发出来以供销售的物象与劳务的总和。[②]

Smith对旅游产品的概念提出了一种解释模型(图8.3),其核心部分为物质工场(physical plant),由场地、自然资源或类似瀑布、野生动物、度假区等的设施,以及陆地、水体、建筑物和基础设施等构成。为了满足前来旅游的客人的需要,在物质工场的外围,出现了各种为旅游者提供方便的服务。在服务之外,还需要向旅游者提供某种额外的东西,即接待业(Hospitality)。此外,作为旅游产品,提供给旅游者的选择是多样化的,游客具有充分的选择自由,选择自由是旅游产品的重要组成部分之一。最后,旅游产品还需要一项内容,那就是

---

① ①申葆嘉.旅游学原理:旅游运行规律研究之系统陈述[M].北京:中国旅游出版社,2010.
② ②谢彦君.基础旅游学[M].4版.北京:商务印刷馆,2015.

在接受服务的过程中,游客具有直接参与的机会。

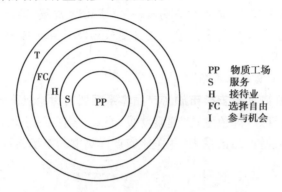

	PP	物质工场
	S	服务
	H	接待业
	FC	选择自由
	I	参与机会

图 8.3　旅游产品的普通模型(据 Smith,1994)

(转引自:吴必虎.旅游规划原理[M].北京:中国旅游出版社,2010,2:149。)

Smith 还根据旅游产品的投入与产出状态,将旅游产品的生产功能分解为初级投入、中间投入、中间产出和最终产出四种状态(表 8.1)。

表 8.1　旅游产品市场功能

初级投入(资源)	中间投入(设施)	中间产出(服务)	最终产品(经历)
土地	国家公园	公园解说	
劳动力	度假村	导游服务	游憩
水体	交通方式	文艺表演	社会交往
农业生产	博物馆	纪念礼品	教育
燃料	工艺品商店	会议	身心放松
建筑材料	会议中心	举止	记忆
资金	宾馆	接待服务	商务接触
	餐馆	餐饮服务	
	出租车公司	节目与节事	

资料来源:吴必虎.旅游规划原理[M].北京:中国旅游出版社,2010.

在旅游规划工作中,通常将其区分为广义、中义和狭义三种情况。

广义的旅游产品是由景观(吸引物)、设施和服务三类要素所构成的,其中景观(吸引物)是指自然实体和历史文化实体(包括文化氛围和传统习俗)所组成的中心吸引物,正是由于景观的吸引作用才使潜在旅游者产生出游动机;设施是指旅游者得以进入和满足基本生理需求、高层生理需求的交通等基础设施及食宿等旅游设施,它们通常是一些现代建筑物;服务则是旅游者在体验景观和身处设施场所中接受到的物质或精神上的奢侈享受,它们通常是非物质形态的,人为创造出来的。

通常情况下,只有景观才能构成吸引物,它是旅游产品的核心部分。但这并不是说设施和服务不能构成吸引物,在特定条件下,设施和服务本身就能形成主要的旅游吸引物,前者如小兴安岭林区的道路,本身属于交通基础设施,但在大面积的森林地区,道路可以开发为驾车观光道这样一种当地的主要产品;后者如主题公园内的大型文艺演出,它可以构成文化服务这样一种关键的吸引物。

中义的旅游产品是指景观(吸引物)和设施构成的集合体,它带有较强烈的物质产品特点。在区域旅游规划中,这种产品的开发往往成为规划师,特别是受城市规划和园林规划影响较大的旅游规划师最为关注的内容。它涉及了旅游景区(点)、交通通信、给排水、能源、旅游住宿餐饮、购物设施等内容。

狭义的旅游产品往往仅指旅游景观(吸引物),它有时可以粗略地等同于通俗意义上的旅游景区(点),以及一部分非具象的人文景观。我们这里仅将这层意义上的景观(吸引物)定义为旅游产品,它是区域旅游规划中相对独立的一个部分。有时,我们在一些专业机构编制的旅游规划中,会发现列有专门章述"旅游产品"规划,实际上就是这里所指的吸引物的规划,而有别于通常的旅游产品无所不包的含义。当我们宣称"旅游产品开发"为区域旅游规划的核心时,实际上暗示着将旅游景观(吸引物)开发规划视为旅游规划的中心问题。

旅游规划的一个重要目的,就是要努力促使旅游区保持吸引力,延长其发展稳定期,防止衰弱期的到来,或者在衰弱期到来之前,就已经未雨绸缪、厉兵秣马,进行旅游产品的再开发,实现更新换代,以使旅游开发进入一个新的发展阶段,步入复兴期的良性循环。

8.1.2　旅游产品的特性

旅游规划的基本目的是向旅游客源市场提供符合其消费需求的旅游产品。对于旅游企业和从事旅游与游憩事业的机构来说,旅游者就是市场,旅游经历就是可以营销的产品。

旅游产品是一个复合概念,它在理论上是指旅游者出游一次所获得的整个经历。在经济学家眼中,旅游产品是指旅游经营者凭借着旅游吸引物、交通和旅游设施,向旅游者提供的用以满足其旅游活动需求的全部服务,是由多种成分组合而成的整体概念,是以服务形式表现的无形产品。白永秀、范省伟提出了旅游产品"双态说",即"单纯服务形态"和"服务与物质实体的组合形态",并以此为据,对旅游产品的构成、特征、营销等进行了重新考察,提出了新的看法。

由于旅游者生活的多要素,因而单一的旅游目的对旅游者的持续吸引力总是在不断衰减,从而注定了旅游产品必须是一种组合产品的特征。旅游产品还具有综合性、无形性、不可转移性(一般情况下)、生产消费不可分割性、不可贮藏性、易于折损性等特性。李明德认为,规划和实践中的旅游产品永远是一种空间和时间并存的点线艺术,因此旅游产品广而言之都是区域性的产品。

部分学者认为,旅游产品主要包括旅游交通、住宿、饮食供应、游览观光、娱乐项目、购物服务、旅游日程和旅游线路、其他专门服务 8 个部分。还有一些学者则认为旅游产品典型的、传统的市场形象就是旅游线路;旅游产品是以资源为材料,以行游住食购娱诸要素及各个环节的服务为零部件,针对客源市场需求,按照一定路线,设计、加工、制作、组合而成的。这一概念接近旅行社产品的定义,后者是指旅行社为满足旅游者旅游过程中的各种需要而协同其他有关部门向旅游者提供的各种有偿服务。

相对于旅行社产品来说,饭店产品的含义要简单一些,但它同样与一般物质产品有着明显不同的地方,它首先也是一种组合产品,通常由物质产品、感觉上的享受、心理上的感受等三部分组成;它没有可贮存性,它的运行没有任何中间停歇,24小时运转;同时它属于一种资本密集型企业。

Middleton等认为,旅游产品实际上分为两种情况:第一是综合概念,包括旅游者出门旅游至回家期间所有涉及的设施与服务所共同构成的综合体;第二是指某一特定的具有商业性的物品,如吸引物、接待设施、交通、服务等。所有的旅游产品都有一些共同特点,但它们之间也存在各自不同的特质,并以此相互区别。

申葆嘉根据对旅游的"艾斯特"定义的理解,提出广义旅游产品概念,它包括专业条件(人才因素、物质基础)和社会条件(安全保障、社会意识、居民态度、社区生活、文化要素、公共设施)两个部分,反映了接待地的整体特征。申葆嘉还强调了旅游产品的品质问题,认为产品特色与品质存在密切关系,一个比较完美的旅游产品,它所表现的应该是本民族历史文化的发展特征。

从生产、销售和贸易的角度来看,旅游产品也与其他类型的产品有较大不同。魏小安指出,对于入境旅游者来说,旅游产品相当于一种出口贸易,具有将旅游产品就地外销的性质,包括就地出口风景、出口劳务、出口商品,具有换汇成本低的优势。总体测算,旅游换汇1美元的成本为外贸换汇成本的70%;由于观光旅游等产品具有一定程度的垄断性,使其在国际市场上具有竞争力;旅游产品的贸易是海外旅游者自行直接前往目的地地区,关税壁垒和反倾销的副作用很小。魏小安还指出,由于对旅游产品的需求就是最终需求,因而这种需求的有效性较大,使旅游产品与其他产品相比具有本质优势;人们对旅游产品的消费可以重复,使旅游需求量得以扩大。

一般来说,工业耐用消费品是一次购买,长期使用,而旅游产品在具有吸引"回头客"的情况下,具有使游客多次重复购买的魅力。虽然观光产品一般是一次性消费产品,但由于这类产品具有不可替代性,江苏省的观光产品不能替代广东省的观光产品,因此两地同时生产观光产品不会引起严重的产业结构趋同后果,而两地同时选择汽车为支柱产业,则因汽车产品具有相互替代特征,进而导致两省的产业结构趋同并引起恶性竞争。对旅游产业结构的评价,师萍提出了评价的准则、模型和指标体系。

王莹撰文提醒读者,旅游产品具有一个与普通产品不同的销售点,即物质产品可以送货上门,而除旅游商品外,旅游产品不能做到这一点,而必须是旅游者自行前往目的地实现消费行为。旅游产品的这一特点要求我们在旅游产品促销中,不但要宣传旅游产品本身的特色,还需同时介绍该产品所处地理位置以及如何到达,而我们在宣传促销时恰恰在这一点上忽略了对交通可达性的介绍。

张辉指出了旅游产品在销售时的另一个特点,就是质量价格与时间价格的并存,并产生了旅游产品效用与价值的差异。在旅游旺季,需求集中,使供给的质量有下降趋势,但价格不仅没有下降反而上扬;在淡季时供给的质量(主要是服务质量而非景观质量)上升,但因景观质量下降,价格也会下降。在旅游经济活动中,时间价格作用力远远大于质量价格的作用力,旅游产品的销售价格总是以时间价格为中心。

8.1.3　旅游产品分类

旅游产品是一个开放的系统,随着产品的竞争和市场需求的不断变化,满足市场需求的产品形式也在不断地增减改变,因此要提出一个较稳定的产品分类系统是困难的。迟景才将所有旅游产品分为传统型和新兴型两大类。冈恩将吸引物分为两种基本类型,即环路旅行吸引物或线型吸引物(touring circuit attractions)和长时滞留吸引物或聚集型吸引物(longer-stay focused attractions)。前者包括路旁风景区、醒目的自然地区、营地、水上游览区、亲友的家、特殊机构、圣殿和文化遗址、餐饮和娱乐场所、历史建筑物和旧址、民族地区、购物场所、手工艺品制作区等;后者包括度假区、营地、狩猎及水上运动区、机构营地区、度假村、节日节庆场所、会议会展区、游戏中心、运动场馆、贸易市场、科技中心、主题公园等。

在第二次世界大战以来的大众旅游(mass tourism)时代,旅游产品随着旅游者规模的扩大而呈现出新的变化,逐渐出现了一些新的旅游产品。有些学者将适合大众旅游的产品视为一种主要产品大类,并提出与之相对应的非大众旅游产品,称之为"替代性旅游(alternative tourism)",替代性旅游与大众旅游的差别就在于,其小规模、低开发、重生态的选择性,而传统的大众旅游则是大规模、高强度开发、环境影响较明显的旅游形式。本章将在下文具体产品介绍中对替代性旅游加以进一步描述。

世界传统旅游产品包括观光旅游(自然风光观光、城市风光观光、名胜古迹观光等)及其升级产品,文化旅游(博物馆旅游、艺术欣赏旅游、民俗旅游、怀旧旅游、祭祖旅游、宗教旅游等),商务旅游(一般商务旅游、会议旅游、奖励旅游、大型商业性活动节事等),度假旅游(海滨旅游度假、乡村旅游、森林旅游、度假村、度假中心、度假区、野营旅游),社会旅游等 5 类。

新型旅游产品层出不穷。一类是满足旅游者健康需求的健康旅游产品,它是指能够使旅游者身体素质和体况得到不同程度改善的旅游活动,主要包括体育旅游(滑雪旅游、高尔夫旅游等)、保健旅游(医疗旅游、疗养旅游等)。其二是满足旅游者发展需求的业务旅游产品,如修学旅游、工业旅游、务农旅游、学艺旅游、科学旅游、考察旅游等。其三是满足旅游者享受需求的旅游产品,如豪华列车旅游、豪华游船旅游、美食旅游、超豪华旅游等。其四是刺激旅游产品,是指旅游者体验以前从未经历过的某种感官刺激的旅游产品,如探险旅游、冒险旅游、秘境旅游、海底旅游、沙漠旅游、斗兽旅游、观看古怪比赛旅游、狩猎旅游、体育观战旅游等。享受旅游和刺激旅游都可视为感官满足产品。其五是体现旅游者的环保意识的替代性旅游或持续旅游,亦称后大众旅游,包括生态旅游、自然旅游、社区旅游。另外,既可单独成为一种产品,又与其他产品紧密联系或融合一体的产品形式,就是活化旅游,可以视为第六类产品。

原国家旅游局的文献表明,中国在国际、国内旅游市场上形成的旅游产品分为 4 种类型:一是观光旅游产品,以文物古迹、山水风光、民俗风情为特色的具有东方文明和神州风韵的观光产品在世界上具有垄断地位;二是度假旅游产品,其中家庭度假、乡间度假、海滨度假、周末度假、节日度假显示出日益广阔的市场;三是专项旅游产品,包括古代城市之旅、乡村旅游、长城之旅、黄河之旅、长江三峡之旅、奇山异水游、丝绸之路游、西南少数民族风情游、冰雪风光游、寻根朝拜游、青少年修学游、新婚蜜月旅行、保健旅游、烹饪王国游、江南水乡游、佛教四大名山朝圣游以及探险、漂流、狩猎等专项、专线旅游;四是启动生态旅游产品的开发,对专项旅游开发的研究也受到一些作者的注意,如王莹(1995)对杭州新婚旅游的开发研究。

无论是传统产品还是新兴产品,一个较为显著的流行趋势是旅游者对产品中的参与性活动的要求在增加。

8.2 旅游产品开发与规划

8.2.1 旅游产品开发规划的理念[①]

旅游产品开发是旅游规划与开发的核心内容。只有树立正确的理念,遵循正确的途径和方法,才能设计出好的旅游产品。吕连琴(2008)阐述了当前旅游产品开发规划中应树立的几个理念,即大旅游、大开发理念,市场化、企业化理念,特色化、品牌化理念,绿色化、生态化理念,多层次、多样化理念,整合创新理念。

1)大旅游、大开发理念

此理念包含大旅游资源观、大旅游产品观、大旅游产业观、大旅游区域观、大旅游协作观、大旅游形象观等多层含义,它强调对旅游资源、旅游产品、旅游产业、旅游形象及其相关地域因素进行综合开发、整体协调和配套。

2)市场化、企业化理念

旅游产品开发必须牢固树立市场化理念,以旅游市场需求作为旅游产品开发的出发点。没有市场需求的旅游产品开发,只会造成对旅游资源和社会财富的浪费以及生态环境的破坏。坚持以市场为导向,就是要在进行充分的市场调研与分析基础上,进行科学的旅游市场定位,进而确定目标市场的主体和重点,并针对市场需求,对各类预设产品进行筛选、加工或再造,从而设计、开发和组合成适销对路的旅游产品。

3)特色化、品牌化理念

特色是旅游产品生命力之所在,它往往体现在一定的主题。品牌是旅游产品的名片和通行证,它往往具有良好的、较高的形象认知度。

4)绿色化、生态化理念

回归自然、向往绿色的生态旅游业已成为当今世界旅游发展的主流趋势。因此,自然生

---

① 吕连琴.谈旅游产品开发规划的理念和途径[J].地域研究与开发,2008,27(3):57-60.

态型旅游产品日益盛行,市场前景十分广阔。而且,这种产品投资相对较少,重游率高,效益显著,能产生良好的生态效益和社会效益。文化旅游产品的开发也日益强调以良好的生态环境为烘托,以迎合旅游者越来越高的生态环境要求。旅游设施及服务产品对环保、绿色的要求也越来越高,并日益成为一种趋势和潮流。环保汽车、环保材料、生态厕所、生态停车场、生态能源、绿色饮食、绿色酒店、绿色装修、绿色消费等日益普及和推广,为此,在各项旅游产品开发中一定要贯彻绿色化、生态化理念。

5)多层次、多样化理念

根据旅游功能,旅游产品可以划分为基础型产品、提高型产品和发展型产品三个内部存在递进关系的层次。其中,基础层次的旅游产品以陈列式观览为特征,是旅游业进行深度发展和开发的基础,没有基础层次的繁荣与成熟,一个地区乃至一个国家无法形成规模旅游和特色旅游。提高层次和发展层次的旅游产品分别以表演式展示、参与式互动为特征,是增强旅游吸引力、促使旅游者多次来访和重复消费的保障,也最能体现产品的质量和特色。

6)整合创新理念

旅游产业发展到今天,大多数地方都有了一定的旅游产品基础。旅游市场竞争的加剧使如何提高旅游产品开发的收益成为旅游规划与开发的重要任务。为了充分发挥现有产品的潜力和挖掘新资源、开发新产品、创造新效益,旅游产品开发必须随时跟踪分析和预测旅游产品的市场生命周期,根据不同时期旅游市场的变化和旅游需求,及时推出新的旅游产品,不断改造和完善老的旅游产品,从而保持旅游业的持续发展。为此,必须树立老产品整合优化、新产品创新开发并重的开发规划理念。

8.2.2　旅游产品创新

一般认为,旅游产品的本质属性是提供给旅游者的物象和服务。但随着经济的发展,各种新观念的传播,对旅游产品的内涵有了更深入的创新认识,即把创新理论引入旅游产品领域,将静态的旅游产品概念发展为动态的旅游产品创新。

1)关于创新理论

西方经济学中创新理论的创始人是美国哈佛大学教授约·阿·熊彼特。他在 1912 年提出了"创新理论",并将之发展为以技术进步为特征的经济思想流派。熊彼特提出"所谓创新就是建立一种新的生产函数,就是一种从来没有过的生产要素与生产条件的新组合"。

按照熊彼特的解释,"创新"与"发明"不同,"创新"的含义广些,它不只限于发明,还要将发明应用于生产实践中,因此创新还包含实际生产过程的应用。创新是完整的过程,发明或创意只是其中一部分,后续的一系列开发活动,如决策、实施、控制、监督、反馈等活动,都属于创新过程。对于旅游产品而言,旅游资源的重新深度开发、旅游线路的重新组合、旅游服务项目的增减或改善、新技术的应用、对竞争对手产品的略加改进、旅游形象的变更等,与全新的旅游项目一样都属于旅游产品创新。

2) 旅游产品创新就是建立一种从来没有过的旅游资源与旅游条件的新组合

旅游条件是指为旅游者的旅游活动提供方便的一切物质和劳务,既有旅游业提供的条件,也有社会其他行业提供的条件,还包括旅游活动进行的自然、社会环境。旅游产品创新的形式,就是将旅游资源与旅游条件进行新的组合。

组合的方式很多,如旅游资源与交通、食宿生活服务组合,就形成一个基本的旅游景点;若干旅游景点与旅游交通、旅行社服务组合,就形成旅游线路;若干旅游线路与旅游管理机构组合就形成一个旅游地;若干旅游地的地域组合就形成旅游区域。不同的组合方式形成不同的旅游产品特色,不同的旅游产品特色吸引不同的旅游者。

组合的手段主要是对技术、信息、人才的有效利用。旅游产品创新的最终目标是取得良好的经济、社会、环境效益。要达到这一目标就要千方百计地吸引旅游者并充分满足旅游者的各种旅游需求。

旅游产品创新要克服企业产品和行业产品的局限性,树立综合旅游产品和总体旅游产品创新的大观念,在重视旅游产品经济效益的同时,也重视其社会效益、环境效益,重视旅游形象的树立,注意从长远系统的战略观点规划旅游产品,使其具有更长久的市场生命力。

3) 传统旅游目的地的产品创新

主要包括以下方面:

(1)结构创新

旅游产业结构的调整就是旅游产品结构的创新。从旅游产品的结构来看,产品结构创新主要是对现有旅游产品的补充,即选择性旅游产品的开发。对原有产品的组合状况进行整合,加强度假、商务、会议、特种旅游等多种旅游产品的开发,完善产品的结构。

(2)类型创新

产品类型是由旅游目的地的市场和资源的双向比较因素决定的,而旅游经营者和管理者的旅游观念是其形成的主观因素,产品类型直接决定了旅游目的地旅游业的性质和特点。产品类型的创新主要是对原有产品质量的全面提升和开发新产品。

(3)功能创新

运用最新的高科技手段多角度地开发旅游景点和休闲活动的文化内涵,对某些特殊景点和服务设施进行多功能化的综合设计;运用相应的宣传促销理念和手段改变或诱导游客,帮助旅游服务人员树立新的旅游理念,提高游客和服务人员的旅游文化档次,增强景点与游客的沟通,引起共鸣。

(4)过程创新

坚持以市场为导向,在不改变产品本身的情况下,对产品生产的过程重新认识、重新设计,以更有效地满足消费者的需求为出发点,强调过程对市场的适应力。

(5)主题创新

就是在主体资源不变的情况下,根据旅游产品时尚周期理论的指导,随着市场形势的变化适时推出新的产品内容,在动态中把握并引导旅游需求,充分依托市场,引领消费时尚。

这一点对于主题公园等人造景观来说尤为关键。

8.2.3　区域旅游开发中的昂普(RMP)分析[①]

针对目前中国区域旅游开发所面临的旅游产品结构性过剩、产品开发由 20 世纪 80 年代的"低投入高产出"向"高投入高风险高产出"的特征变化,我国学者吴必虎(2001)提出了区域旅游开发中应该从资源(Resource)、市场(Market)和产品(Product)三个方面进行程序式评价论证,即所谓的昂谱(RMP)分析模式,如图 8.4 所示,从而为区域旅游规划提供基本思路。这一模式在 1999 年进行的洛阳市旅游发展总体规划中得到了操作性应用。

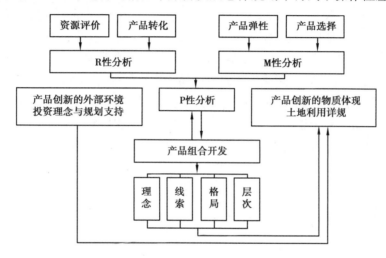

图 8.4　昂谱(RMP)分析模式

8.2.4　旅游产品开发规划策略

1)综合导向

根据当前旅游市场规模化、大众化和细分化、差异化的发展态势,更多的旅游目的地应该坚持资源—市场—形象综合导向型的产品开发模式。即旅游产品开发既要考虑旅游资源的情况,又要考虑市场需求的特点,还要从塑造旅游目的地形象角度出发,综合考虑旅游目的地的资源开发、市场定位、产品与项目策划、形象塑造与推广等内容,最终确定开发哪些系列的旅游产品,开发哪些重点产品或项目,重点策划哪些活动、打造哪些品牌,树立什么样的旅游目的地形象等,由此完成旅游规划的核心内容——产品开发。

2)三维开发

旅游产品体系的开发应根据空间、时间和类型 3 个维度进行综合开发。第一维度是时间维,即按不同的时间进行产品开发或组合,分别开发春夏秋冬四季不同、旺季淡季不同、节

---

①　吴必虎. 区域旅游开发的 RMP 分析:以河南省洛阳市为例[J]. 地理研究,2001,20(1):103-110.

假日工作日不同、一日游多日游不同的旅游产品;第二维度是空间维,即按不同的空间尺度进行开发,包括区域内部的产品开发或组合、跨区域线路产品的开发组合,以及根据近、中、远程市场或其他空间市场的不同需求进行的旅游产品开发或组合,如专门针对本地、近地市场开发休闲游乐类旅游产品,专门针对中远程市场开发文化观光、民俗体验旅游产品等;第三维度是类型维,即按不同的旅游资源类型、不同的旅游产品类型(不同的主题特色或不同的功能等)、不同类型的目标市场等进行不同的产品开发或组合。主要有以下三种组合策略:

①市场型组合策略,是针对某一特定的旅游市场而提供其所需的旅游产品。如专门以青年市场为目标,开发探险、刺激、运动、修学等适合青年口味的产品。此类旅游产品针对性强,但由于目标旅游市场单一,市场规模有限,其销售会受到一定的限制。

②产品型组合策略,是指以某一种类型的旅游产品来满足多个目标旅游市场的同一类需求。如重点开发观光旅游产品或生态旅游产品来满足各种各样的旅游者。这类产品开发和经营成本较低,利润率较高且易于管理,同时也有利于做精做细,树立鲜明的旅游形象。但是,采取这种策略会由于旅游产品类型单一而增大旅游经营风险。

③市场—产品型组合策略,是指开发和经营多种旅游产品,并推向多个不同的旅游客源市场。采用此种策略开发旅游产品,可以满足不同客源市场的需要,扩大旅游市场份额或市场占有率,减少旅游产品经营风险等,但增大了旅游开发与经营成本,要求旅游地或旅游企业具备较强的经济实力。

3)跟踪趋势

当前,为了适应现代旅游消费的需求,旅游业的发展已逐渐由表及里向挖掘文化内涵的方向转化,旅游经营方式和旅游产品形式也正在发生明显的转变。概括而言,现代旅游产品的发展趋势主要有:传统观光型向专题专项型转变;静态陈列型向动态参与型、体验型、刺激型转变;被动式向主动式、自助式转变;单一主题旅游向多元化、个性化旅游转变。具体来讲,当前日益盛行的旅游产品主要有:

①度假旅游。主要有海滨度假、温泉度假、乡村度假、山地度假(主要有冬季的冰雪运动和夏季的避暑旅游)、森林度假、度假村/区、环城游憩带度假(周末一夜游度假、农家乐等)、水库水利旅游、野营旅游等众多种类。

②生态旅游。如森林旅游、自然保护区旅游、农业旅游、乡村旅游、野营旅游、探险旅游、科普旅游等。

③刺激旅游。主要有探险旅游、冒险旅游、秘境(或神秘地带)旅游、沙漠旅游、观看古怪比赛旅游、狩猎旅游、海底旅游、火山旅游、惊险游艺旅游、斗兽旅游等类型。

④康体旅游。主要包括体育旅游、保健旅游等类型。如滑雪、高尔夫、漂流、海滨滑水、攀岩、登山、野外生存、驾车旅游、医疗保健旅游、疗养保健旅游等。

此外,还有以都市风光、文化、购物、娱乐为内容的都市旅游;以农业乡村场景、系列农事活动为特征,使人们体验乡村生活、参与农事活动的农业旅游;依托河流开发开展的漂流、游泳、野炊、渔猎等河流旅游;以海船探险、海洋潜水、标本采集等为主要内容的海洋旅游;以草原狩猎、放牧、采集、民俗体验等为主要内容的草原旅游等。层出不穷的各类新兴时尚的专题、专项、特种旅游已经成为现阶段旅游产品开发的重中之重。

4)创意构思

随着当前旅游产品市场竞争的日趋激烈,构思和开发创意性的旅游项目成为旅游产品开发与规划的焦点和亮点。旅游项目创意设计与构思不是偶然的发现或灵感的火花,除在真正掌握该区域旅游资源特色的市场—项目—资源排比法(根据旅游资源、工作经验建立旅游项目库,根据市场进行项目筛选)以外,通常还采用以下构思方法。

①创意激励法。即组成创意小组,在消除种种个体自身和群体之间对创新思维的抑制因素,加强群体间知识、经验、灵感的互相激励和启发基础上,经过多次讨论、创想、比较、筛选来构思旅游项目的方法。

②时空搜寻法。即从空间轴、时间轴两个向量上搜寻与本地区位、市场和资源条件的最佳交叉点的方法,中国民俗村、世界之窗等项目就是利用此方法的成功案例。

③专业知识综合法。指以某学科或某一领域的专业技术和科研成果为线索,通过浓缩、拓展、综合再现等途径,塑造和提升旅游地吸引力的方法。各种人文科学、自然科学和工程技术科学领域内的专业知识可以给构思者带来取之不尽、富有震撼力和启迪性的创造性构思源泉。此方法的重点在于正确把握符合当地条件、顺应市场需求的科学技术主线,并将之转化为形象生动、参与性强、寓教于乐、环境优美的物化形式。

8.3　旅游线路产品开发与规划

8.3.1　旅游线路的概念

有关旅游线路的概念,目前较有代表性的有:

从旅游规划的角度,认为旅游线路是旅游部门为旅游者设计的进行旅游活动的路线,是由交通线把若干旅游点或旅游城市合理地组合起来的路线;或者在一定的区域内,为使游人能够以最短的时间获得最大观赏效果,由交通线把若干旅游点或市域合理地贯穿起来,并具有一定特色的路线。

从市场的角度,认为旅游线路是旅游服务部门(如旅行社),根据市场需求分析而设计出来的包括旅游活动全过程所需提供服务全部内容的计划线路。也可以说是旅游服务部门根据市场需求,结合旅游资源和接待能力,为旅游者设计的包括整个旅游过程中全部活动内容和服务的旅行游览路线。

从综合的角度,从旅游景区规划与管理的角度出发,旅游线路是指旅游规划或管理部门为方便旅游者游览而在旅游目的地的景区、景点内规划和设计的游览线路;从旅游产品的角度出发,旅游线路是由旅游经营者或旅游管理机构向旅游者或潜在的旅游者推销的旅游产品。

从以上对旅游线路的定义可以看出,不同的出发点,对旅游线路的认识不同,强调的重点不同,没有本质的分歧。构成旅游线路基本要素是旅游者、交通线、旅游点、旅游服务;旅游线路是围绕着实现旅游审美这一目的而采取的一种方式或途径。

总体来说,旅游线路是指在一定的地域空间内,旅游部门(旅行社、旅游景区等)针对旅游目标市场,凭借旅游资源及旅游服务,遵循一定的原则,专为旅游者旅游活动设计,并用交通线把若干旅游目的地合理地贯串起来的路线。旅游线路不仅是旅游者在整个旅游过程中的运动轨迹,而且包含了旅游者在整个旅游活动中的日程安排和旅游者"食、住、行、游、购、娱"等一切服务内容及其价格。简言之,旅游线路是指旅游经营企业或旅游管理部门向潜在的旅游者推销的路线。

8.3.2　旅游线路与旅游产品的关系

1)一条旅游线路就是一个单位的旅游产品

林南枝等认为,从旅游目的地角度出发,旅游产品是指旅游经营者凭借着旅游吸引物、交通和旅游设施,向旅游者提供的用以满足其旅游活动需求的全部服务。旅游产品是个整体概念,它是由多种成分组合而成的混合体,是以服务形式表现的无形产品。具体来讲,一条旅游线路就是一个单位的旅游产品。在这条旅游线路中除了向旅游者提供各类吸引物,还提供交通、住宿、餐饮等保证旅游活动顺利进行的各种设施和服务。

2)旅游线路就是旅游产品

刘振礼等认为,旅游产品是由多个不同性质的旅游点、多种旅游交通方式、若干旅游集散地、各种接待服务设施和多种劳务等因素组成的相对固定的产品。通常也将完全相同的内涵称为"旅游线路"或"旅游路线"。旅游商更经常称他们出售的是"旅游线路"或"旅游路线"。团队旅游者所购买的旅游产品是旅游商销售的旅游线路。

3)旅游产品是旅游经历

李天元等认为,对于旅游产品,人们需要从两个层次去认识。其中一个层次是总体旅游产品,另一个层次是单项旅游产品。总体旅游产品是指以在旅游目的地的活动为基础所构成的一次完整的旅游经历;而单项旅游产品一般意义上是指旅游企业所经营的设施和服务,或者说是旅游企业借助一定的设施而向旅游者提供的项目服务,从市场营销角度讲,单项旅游产品也是一种"经历"性产品。旅游经历是通过旅游线路实现的。

总之,旅游产品是指为满足旅游者审美和愉悦的需要,而在一定地域上被生产或开发出来以供销售的物象与劳务的总和。可以说,旅游线路就是旅游产品;反过来,旅游产品可以是一条完整的旅游线路,也可以是旅游线路中的任何一个相对独立的组成部分。总之,旅游线路是旅游产品中一个非常重要的组成部分。

旅游线路作为旅游产品销售的实际形式,它包含了多个方面的组成因素,要将多个因素有机地组合起来以适应不同游客市场,这一工作难度是相当大的。因此,旅游线路设计的意义及技巧显得格外突出。

4) 旅游线路的类型

根据旅游者在旅游过程中的位移距离,所涉及的时间及空间范围、运动轨迹和组织形式、线路组织设计者的思路及线路本身的用途等因素,可以将旅游线路划分为多种不同的类型。

(1) 根据散客、旅行社或旅游信息中心(tourist information center)设计的旅游线路

①拼合选择式线路。关于整个旅程设计有几种分段组合线路,游客可以自己选择和拼合,并且在旅程中可以改变原有选择。

②跳跃式线路。旅行社提供的只是整个旅程中几小段线路或几大段服务,其余皆由旅游者自己设计。

本质上,拼合选择式线路与包价旅游(package tour)线路设计的原理和技术基本上是一致的,跳跃式线路的设计相对简单得多。我们这里涉及的是上述两种形式的线路设计。

(2) 根据旅游线路跨越的空间尺度设计的旅游线路

①大中尺度的旅游线路设计。它事实上包含了旅游产品所有组成要素的有机组合与衔接,以及已经提及的线路设计。

②小尺度的线路设计。旅游景区的游览线路设计,这在很大程度上与旅行社无关,而是旅游规划的内容。

(3) 根据旅游者行为和意愿的特性设计的旅游线路

①周游型(touring tourism or wanderlust tourism)。该线路的特点在于旅游目的是观赏,线路中包括有多个旅游目的地,同一位旅游者重复利用同一条线路的可能性小。

②逗留型(destination tourism or destination-linked tourism)。该线路的特点是线路中包含的旅游目的地数量相对较少,旅游目的多是度假性质的,同一旅游者重复同一线路的可能性大。

(4) 根据旅游线路的空间分布形态设计的旅游线路

可分为两点往返式旅游线路、单通道式(单线贯通式)旅游线路、环通道式(环行贯通式)旅游线路、单枢纽式旅游线路、多枢纽旅游线路和网络分布式旅游线路。

(5) 根据旅游线路所需的时间设计的旅游线路

根据旅游者一次出游活动所需的时间,可分为一日游旅游线路、二日游旅游线路、三日游(含多日游)旅游线路等。

5) 旅游线路设计的分类与原则

(1) 旅游线路设计的分类

旅游线路设计可以分为四类。

第一类指区域旅游规划中的线路设计,属于宏观旅游线路的构造设计,重点强调的是城市或景区之间景观的主题性联系,是区域形象与市场营销的着力点。与景区(点)相比较,这

种旅游线路是依赖城市或景区(点)分布的线型产品,通过道路实现对景点之间的有限连接,其先后顺序与连接方式,可有多种不同的串联方式,自成网络式的线路体系。

第二类指景区内部的游道设计。旅游景区的旅游线路规划设计是一种微观设计,属于游览线路。在很大程度上,与旅游规划和项目建设有关而与旅行社无关。这种线路是区域旅游线路中的一部分,也是相对完整的一组旅游产品。线路既要保证景区内旅游线路主题内容相对完整、特色突出,又要使整个大区或跨区域的旅游干线结构整体协调。

第三类指旅行社线路设计,属于旅游线路的市场组合设计,是旅行社生产的产品。旅行社线路设计是以市场需求为出发点,以旅行社盈利为目的,在有利润空间的特定区域内,根据时间、交通、景区及旅游六大要素的情况,所做的经营性计划,这与旅游规划的线路设计是不同的。

第四类指旅游者自己设计的旅游线路。自助游、自驾车旅游已成为一种时尚。旅游者根据自己的喜好随意地设计旅游线路。

(2)旅游线路设计的原则

旅游线路作为旅游产品销售的实际形式,它包含了多个方面的组成因素,要将多个因素有机地组合起来以适应不同游客市场,这一工作难度是相当大的。旅游线路设计的意义及技巧显得格外突出。

①总体规划原则。旅游线路规划的影响因素较多,而且各因素间相互作用,所以旅游线路必须运用整体的、系统的、权衡的观点,通盘考虑各个影响因素。既要考虑供给,也要考虑需求;既要考虑成本高低,也要考虑旅游体验的优劣;既要考虑眼前利益,也要考虑长远利益,注重环境保护,关注可持续发展。可以说,总体规划原则体现了在旅游线路设计、优化过程中,心理需求因素、自然资源环境因素和旅游成本因素等对旅游线路的空间、时间、成本和旅游活动影响的综合考虑。

②主题鲜明的原则。从旅游资源角度讲,其旅游审美要素与特征表现都是有限的,表达的审美主题与审美体验也是有限的。旅游线路是突出展示旅游资源所具有的独特的旅游审美主题。为了使旅游线路具有较大的吸引力,在旅游线路设计时,应将与性质和形式有内在联系的旅游点有机结合起来,形成一条主题突出、特色鲜明的旅游线路,并通过旅游交通、食宿、服务、娱乐、购物等项目来进行烘托,做到合理选择、层次鲜明,以突出主题性质。

③市场需求的原则。旅游线路规划设计的最终目标是吸引旅游者,完美地实现旅游审美活动。旅游规划时,应分析旅游者的心理特征、行为规律以及需求类型,并依据这些要素规划旅游线路。只有这样才能针对目标市场的需求规划设计出适销对路的线路,以满足旅游者的需求。这就要根据市场需求和中间商反映的市场信息来开发和更新旅游线路,同时还要审时度势,创造性地引导旅游消费,把旅游者引领到正确的旅游消费中来。

④均衡与创新性原则。在旅游线路设计时,要注意各个环节之间的平衡和呼应。保证在主题、景观和服务质量等方面均衡的同时,要体现出线路的特色新意,与众不同的新产品、新服务、新旅游体验。具体要注意:a.景观特色组合、顺序要均衡。旅游景点要从不同的侧面来反映旅游主题,一般不宜将特色相同、景色相近的景点集中布局或编排在同一线路中,旅游点之间的距离要适中,以避免大量的时间和金钱耗费在旅程中。同时,要根据游客的旅

游心理来安排景点顺序,做到渐入佳境、高潮迭起。b. 择点适量,冷热结合。为兼顾企业与旅游者利益的双赢,线路要择点适量,并注意冷点和热点的合理结合。c. 旅游主题、旅游方式、旅游服务不断推陈出新。游客的需求与品位日新月异,旅游线路也要不断开发新产品、新线路以满足游客求新求异的心理需求。

⑤资源环境控制保护的原则。旅游资源满足人类目的和未来需要的能力是有限的,在旅游线路设计中,要全方位保护好旅游资源、生态环境和社会文化环境,以保障旅游业的永延性利用。首先,慎重选择,并优化构成线路的各个旅游点。其次,基础设施与旅游设施的合理控制,避免造成资源环境的压力。

6)旅游线路设计的影响因素

冯若梅、黄文波在《旅游业营销》一书中,对旅游线路影响因素进行了专题研究,主要结论如下:

(1)目的地类型

①类型总体偏好与线路组织。国外一项研究表明,游客选择目的地首先要求有比较好的环境背景,或者把良好的自然风光作为一项重要的旅游活动内容;在比较单一的自然观光型线路时,在与线路产品主题可以匹配的各类目的地中,应该按照游客偏好的程度决定各类目的地的数量结构。

②目的地的差异性与类型选择。把访问矿区作为一项旅游活动而对其感兴趣的绝大部分游客,肯定不会是生活在矿区的居民;一个城市居民极不可能为了旅游而去另一个风格相似,并无特殊之处的城市观光。这就是说,一个类型的产品只能吸引一部分潜在的游客。

(2)目的地的级别

在旅游线路组织的实际操作中,有意义的是具体的景点而不是一个总的大类。很显然,同样的自然山水景观,北京近郊的任何一个景点都不可能同九寨沟、武陵源相比。因此,目的地的级别是线路组织中的又一个重要因素。

(3)目的地的相似性和差异性

这里讨论的是同一条线路中各个目的地之间的相似性和差异性。

①多数旅游线路中各节点较相似。比较成功的,如城市观光类型的"哈尔滨—吉林—长春—沈阳—大连"东北主要城市游,"南京—无锡—苏州—杭州—上海"华东五市游等;海滨观光类型的"北戴河—山海关—黄金海岸游"等。

②依靠主题定位给不同类型的目的地赋予相似的特质。非相似景点组成的线路中,绝大多数都有一个主题,主题的拟定通常依据两类内容。其一,区域范围特征。如海南环岛精华游,将城市风光(海口)、海滨观光(三亚)及山体观光(东山岭、五指山)等联系起来。其二,文化特质。如"丝绸之路"的各条游线,以丝路文化为背景将现代城市景观(乌鲁木齐)、戈壁景观、草原景观等有机结合起来。

(4)目的地的数量

目的地数量适当是旅游线路合理组织追求的又一目标。在目的地数量的选择上,应该考虑旅游者可能出游的时间长度、目的地之间的空间距离以及交通状况。通常情况下,城市间交通耗费的时间不能超过全部旅程时间的1/3,而对于每一天的安排而言,也应遵循以上的游览时间与交通时间之比。

(5)顺序科学

顺序包含两个方面的含义:空间顺序和时间顺序。大多数线路是以空间顺序为根本指导的。从顺序考虑,对于线路中热、温、冷点通常按以下方式处理:第一,起始点和终结点往往选择较热的点,而中间的节点则由各种类型的点交错组织;第二,由一般的旅游点过渡到吸引力较大的点,使游客感觉到高潮迭起,例如对入境游客而言,广州—桂林—上海—西安—北京一线的组合更优于其逆向组合。

(6)点间距离适中

点间距离适中的"适中"通常只意味着"不宜过大"。这一点应从以下两个层次去考虑:第一,线路中各节点的距离主要考虑目的地级别的吸引范围;第二,在小尺度线路和节点的每一日安排中,应结合每天的选点量和点的位置,将交通时间控制在整个旅程时间的1/3以内。

(7)有限的时间内多选择景点

这个要求实现的前提是不增加额外的旅行负担和疲劳感,不减少对主要目的地的游览时间,应以延长实质的游览时间为实现该目标的手段。

7)旅游线路规划设计的方法

(1)"三位一体"的规划设计方法

"三位一体"的方法是指在旅游线路规划设计时要考虑三位因素,即区域旅游主体、旅游客体和旅游媒体,在全面调查、分析和评价这三个主要因素的基础上,整合规划成旅游线路方案,"一体"即整合成一体。

"三位一体"的旅游线路规划设计主要分两个阶段。

第一阶段是"三位分析"阶段,即对旅游线路规划涉及的供需双方以及中间媒介三个方面——旅游主体(旅游者)、旅游客体(旅游资源)和旅游中间媒体(旅游交通、旅行社、旅游店和公共媒体等),进行全面的调查分析。明确"三个定位"和"两个合理"。

"三个定位"分别是:①旅游资源的功能定位。旅游资源有很多自然和文化特性和众多功能,这些特性和功能都能很好地反映其旅游价值。通过对旅游地的分析,尽量利用其能反映主题的特色和功能。②线路的主题定位。结合旅游资源的区域自然环境和人文地理环境特色,确定旅游线路的主题。③线路的形象定位。充分发掘旅游资源的特色和竞争优势,以确定线路的类型和特点,形成其市场特色,并使这种特色得到传播。

"两个合理"分别是:①目标市场合理。主要表现在目标市场需求与旅游资源主题吸引力相匹配;线路中产生的旅游时间成本、资金成本最小,旅游利益最大。最小旅游时间比是旅游者衡量旅游利益的一个主要因素,如何合理安排旅游资源的布局和控制旅游过程中的中间环节和服务因子,使游客从时间、距离和消费支出上都感觉到旅游过程收获的利益,是需要重点考虑的问题。②旅游交通网络选择合理。将各个不同的旅游点有机地联系起来,既要考虑线路设计的成本,又要能体现出旅游过程的舒适性、安全性、便利性和便捷性,使旅游线路设计收到很好的旅游效果。

　　第二阶段是"整合一体化"阶段,是将三个调查分析结果进行一体化整合,来评估和选择最优的线路设计方案。

　　第一种方法是定性判断。根据资源状况与特色和目标市场的旅游成本因子(如旅游费用、时间和距离)、消费者偏好等现状,规划设计各种不同主题、性质和类型的旅游线路。并用下列标准来进一步修正:①是否充分发挥了地区旅游资源优势,对原有旅游线路起到了补充或升级换代的作用;②是否有利于提高旅游地的竞争能力和旅游地形象的优化;③是否有利于占有市场,有利于旅游地的社会的进步、经济的发展和环境的改善。

　　第二种方法是定量分析方法。核心是准确计算各种方案所需成本和将要实现的利润。许多现代化分析手段的应用,将有助于方案的科学选择。这些方法包括等概率法、最小值法、最大值法、乐观系数法、最大后悔值法、贝叶斯法、决策树法、马尔可夫决策法和模拟决策法等。如运筹学方法,组合最优化是一门学问,通过旅游线路把一个个孤立的景(区)点串联起来,以满足旅游者的需要。当旅游者追求最短旅行时间或费用最低时,可以运用运筹学中图论的方法来设计最佳旅游线路。

　　(2)主题旅游线路设计法

　　主题旅游是指整个旅游过程都围绕着一个明确的主题而展开的一系列旅游活动,如大连旅游线路设计。大连旅游规划中,依据条件与未来发展,旅游空间功能分区是构建"一核两翼五片区"的总体空间布局,即都市极核(一核);旅顺口翼、新市区翼(两翼);东部海韵休闲观光片区、西部海韵休闲度假片区、山水林泉养生度假片区、长海休闲旅游度假片区、中部田园人文旅游片区(五片区)。围绕着"浪漫之都,时尚大连"旅游主题,规划出重点建设五大系列主题旅游产品:"浪漫之旅""时尚之旅""健康之旅""清凉之旅""文化之旅"。通过精品旅游线路有效串联,塑造"浪漫之都、时尚大连"的旅游品牌、旅游形象。

本章小结

　　旅游规划的核心问题是旅游产品。旅游规划的基本目的是向旅游客源市场提供符合其消费需求的旅游产品。对于旅游企业和从事旅游与游憩事业的机构来说,旅游者就是市场,旅游经历就是可以营销的产品。无论是传统产品还是新兴产品,一个较为显著的流行趋势是旅游者对产品中的参与性活动的要求在增加。

　　旅游产品创新要克服企业产品和行业产品的局限性,树立综合旅游产品和总体旅游产品创新的大观念,在重视旅游产品经济效益的同时,也重视其社会、环境效益,重视旅游形象的树立,注意从长远系统的战略观点规划旅游产品,使其具有更长久的市场生命力。

　　从旅游规划的角度出发,旅游线路是旅游部门为旅游者设计的进行旅游活动的路线,是由交通线把若干旅游点或旅游城市合理地组合起来的路线;或者在一定的区域内,为使游人能够以最短的时间获得最大观赏效果,由交通线把若干旅游点或市域合理地贯穿起来,并具有一定特色的路线。旅游线路作为旅游产品销售的实际形式,它包含了多个方面的组成因素,要将多个因素有机地组合起来以适应不同游客市场,这一工作难度是相当大的,因此,旅游线路设计的意义及技巧显得格外突出。

复习思考题

1. 试论述旅游产品的概念。

2. 旅游产品有哪些特性?

3. 如何理解旅游产品创新?

4. 你如何理解旅游线路设计原则中的"主题鲜明原则"? 试以天津市为例,设计出一条以"中国近代百年看天津"为主题的一日游旅游线路,并说明理由。

期中课外小组作业

以下有三个课后作业,可以任选其中的一个。原则上以班级为单位,不跨班级组织小组。

1. 结合第 7 章旅游规划与开发的主题定位等相关专业知识,阅读"第 7 章开篇案例"(青岛奥帆赛基地概念性旅游主题规划),以"我对青岛奥帆赛基地旅游主题规划案例的看法"为题,写一篇规划点评。

2. 结合第 2 章"开篇案例",围绕大连市旅游规划定位问题,研读相关资料,请同学们谈谈对大连市旅游业发展规划要点的认识和建议。题目建议:大连市旅游业发展规划之我见。

3. 阅读教材第 3 章相关内容,请同学们就"生态旅游"论题发表见解。题目建议为"我国生态旅游开发之我见"。

要求:

1. 以 3—7 人组成的小组为单元(自由结合,请勿缺席)。作业注明组长、组员全名单。将选择优秀作业进行课堂宣讲。

2. 要求条理清晰,有理有据,且简明扼要。

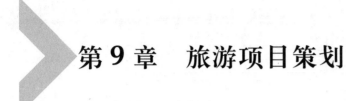

第9章 旅游项目策划

本章提要

　　旅游项目策划主要是面对市场的产品策划,是对项目开发思路和发展战略的总体谋划,重点在于开发项目的本底素质营造,同时也要考虑其形象定位和市场战略。旅游项目策划的目的就在于理清思路、优化方案,避免或减少投资失误,保证旅游项目在市场竞争中出奇制胜、稳妥制胜,并获得持续发展能力。旅游产品策划是旅游规划中十分重要的一个步骤,是整个规划过程的核心。本章重点对旅游项目策划的概念、原则、内容与程序等进行了阐述。

学习目标(重点与难点)

　　1.了解旅游项目策划与旅游规划的关系。

　　2.掌握旅游项目策划的基本方法。

　　3.结合部分案例深化对旅游项目策划的理解和认识。

框架结构

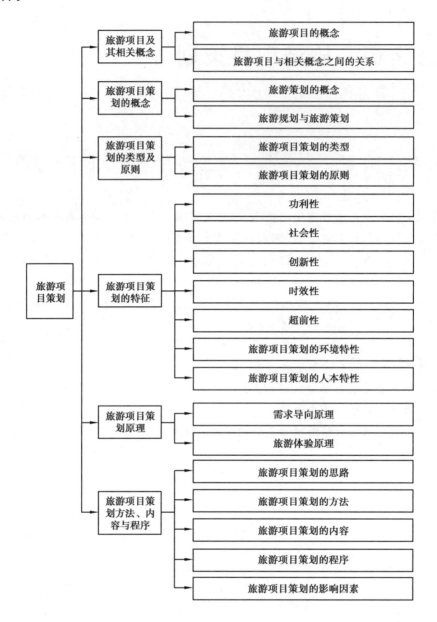

开篇案例

1999 昆明世博会理念策划①

一、项目背景

1996 年底,云南省负责人亲赴巴黎扛回了举办世博会的大旗。最初云南省政府只是把这次大会作为提高云南省知名度的活动来看待。等到筹备工作正式开始后不久,云南省世博局发现此事远非想象那么简单:不仅会期长(共 184 天),投资巨大,资金短缺,时间紧迫,经验匮乏,而且只能成功,不能失败,绝无退路。如此庞大的项目,指望用边设计、边施工、边修改的传统方式运作,将会非常困难。对于如何把主办一个会议当作一个项目来经营,心中没底,担心单靠云南省烟草的财力很难支撑,搞不好此会将成为一个填钱的"无底洞",成为全省人民的沉重包袱。1997 年 7 月,为了以超常思路办好世博会,云南省政府邀请王志纲工作室作为世博局聘请的经营及形象策划顾问介入世博会。1997 年 8 月,工作室项目组成员和旅游、金融专家抵达昆明,开始实地考察工作。

二、项目分析

(一)巨大挑战

在世博会的历史上,主办地大多是发达国家中经济实力雄厚的中心城市,而我国第一次主办世博会,主会场就放在偏远的内陆城市昆明。如果仅仅是为办世博会而办世博会,这对于经济落后、综合经济实力较弱的云南省来说,将是一个沉重的负担。但办好 20 世纪最后一届世博会是中国政府向全世界作出的庄严承诺,是一项不容推脱的政治任务。

(二)空前机遇

从天时来说,云南经过改革开放以来 20 年的发展,正好到了产业升级换代、二次创业的关键时期,正处于"丑小鸭变成白天鹅"的前夜;从地利来讲,更具有先天的优势,云南拥有世界上独一无二的自然地理条件,巨大的生物资源宝库、丰富多彩的少数民族风情。这些潜在的生物资源和旅游资源具有极大的开发价值;从人和来看,世博会正是一次聚集人气的机会。

三、项目诊断

对云南来说,承办中国 99 昆明世界园艺博览会的意义,不单单是关系到一个边疆省份能否代表国家成功举办一次国际性活动的问题,更在于能否通过科学的策划整合云南省及国际、国内的各种相关资源要素,把世博园作为一个超级支点,把长达上百天的世博会作为杠杆,以全新的思路和绝妙的经营手法,撬动起云南这个经济板块。在展示云南全新形象的

---

① 根据王志纲工作室资料改编。

同时,促成它的经济转型和升级,从而为中国中西部地区的发展闯出一条令人耳目一新的超常规发展道路来。

四、策略设计

1.把一个单纯的园艺博览会活动升华为一种撬动区域经济板块腾飞的产业化模式。

2.把一个政治任务式的园艺博览会变成云南省调整产业结构的契机(从以烟草等为主导,转变为以绿色产业、旅游产业为主导)。

3.把世博会培植成新的主导产业的超级"招商会",实现"把云南送出去、把世界请进来"的目标,使云南省提前跨入新时代。

4.经营要想取得成功,有赖于前期的准确定位,只有在这个前提下,才能有效地启动、营造、拓展、引导市场。因此,会前的市场启动工作,要宣传先行。面对云南省现有的各种资源状况及我国传统的宣传机制,用常规的思路来宣传不可能带来令人满意的效果——托起云南。这首先是因为,浅土难生深根大树,单靠云南自身的力量来搞宣传将会力不从心;其次,传统的新闻机制、办事作风,都会极大地限制宣传效果,从而达不到预期目标。

5.要实施"反弹琵琶",送出云南,请回中国和世界的宣传策略。"进军北京",举办98金秋北京"云南月"——世博会国庆进京献礼预展。伴随预展,可使广大消费群体对世博会由未知到感知、到认识,产生强烈的参与冲动,从而有效地唤醒目标市场,扩大世博会影响,进而可以掀起云南各地区旅游资源的联动效应,同时又为开展有效的公关、宣传活动创造了舞台。

6.场馆建设,要从大经营的思路出发,合理规划,埋好预留管线,更要储备充足的土地,为后续的扩展和大规模开发做好准备。

7.要实现效益延伸,应以世博会为依托成立世博集团,统筹经营世博会。可以延伸发展成为以绿色产业、旅游业、会展业为主的多元化企业集团。

8."世博集团"是总公司、控股公司的概念,并以绿色、旅游、会展产业为重点,吸收国内外的投资者,特别是港澳台企业、金融机构以及国内上市公司,联合组建相关产业的股份公司,并取得政府的支持,列入股份制改革的试点。

9.以世博会的场馆为基础,建设"昆明绿色产业交易市场",使之成为永不落幕的绿色产业(包括花卉、药材、园艺等)的展销会;以市场为龙头,整合绿色产业的相关资源,形成种植、加工、销售的完整体系,使世博集团成为云南"18 工程"的领头雁。

五、理念创新

世博会作为云南的一篇大文章、大项目,完成以后应该有无形资产沉淀下来,延伸开去。也就是说,从一开始就要围绕办会的宗旨提出一个鲜明的理念,并浓缩成一句口号,向全中国乃至全世界宣扬云南的全新定位和形象,使其随着世博会声名远扬并沉淀下来。

为此,在世博会原有主题"人与自然"的基础上,提出了向世界展示云南形象的核心理念——"万绿之宗,彩云之南"。这既体现了人与自然的神韵,又突出了云南的特色和特有的文化底蕴,同时明确了云南绿色产业、旅游产业新的产业定位,并给人留下无限遐想和延伸的空间。这个理念已被众多媒体作为宣传的主题,世博会亦将之作为对世界进行宣传的形象口号。

六、项目反思

世博会已成功闭幕,常言道"居安思危",越是目前这种形势一片大好,越应抱有一颗忧患之心。当我们从可持续发展的长远目标着眼,便不难发现世博会留下了一些隐忧。只有真正实施大经营战略,理顺机制,从根本上打通经络,形成市场化、股份化、资产化的产业化运作格局,才能实现可持续发展。

另外,经世博会引爆之后,世博园周边的土地正在升值,应该有计划地开发。还有,主题口号的张扬与推广缺乏统一的口径和力度,应该集中力量主推"万绿之宗,彩云之南"这样一个更富于区域个性、更有益于区域无形资产积累的主题口号。

策划的过程是转换思路的过程,更是一个统一思想、达成共识的过程。

通过这一项目的策划更加感到策划的精髓是思维方式的创新。思路决定出路。要将线性思维转变为复合性思维,将封闭思维转变为发散性思维,将孤立、静态的思维转变为辩证、动态的思维,将"量入为出"的思维转变为"量出为入"的思维。

阅读上述开篇案例,谈谈你对"万绿之宗,彩云之南"旅游项目策划方案的评价。

9.1　旅游项目及其相关概念

9.1.1　旅游项目的概念

1) 项目的定义

关于项目,《辞海》解释为,"项目"就是"事物分成的种类或条目"。《现代汉语词典》认为项目就是"事物分成的门类"。John M. Nicholas 对项目的描述性定义为:(项目)是一个单一的、可定义的目标或产品,具有独特性(不能复制)、临时性、跨专业性、陌生性、风险性等特征[1]。所以,管理领域的"项目"是指一种管理现象,一项有待完成的任务,这种任务具有复杂性。项目的英文定义可以这样表述:A project is a temporary endeavor undertaken to accomplish a unique purpose。

项目的含义主要包括以下几个方面:

(1) 目标的唯一性

每一个项目都有一个唯一的目标,这个目标必须有一个很清晰的定义,即这个项目要做什么。为了满足某方面的需求,项目发起人发起了这个项目。一个项目不可能有两个目标,

---

[1]　杨振之.旅游项目策划[M].北京:清华大学出版社,2007.

可以有一些次要目的,但最主要的目标只能有一个,这个目标对于项目的发展起到导航与指引的作用。

(2)项目的临时性

每个项目都有一个开始和结束的时间点,整个项目在这两点之间的这段时间里运作。

(3)项目需要资源

整个项目的运作是要解决怎么做,怎么实现项目目标的问题。要完成项目目标,就需要人、财、物、时间等各种各样的资源,要把各种资源落实到人,形成一个由各方面的精英组成的项目组。

2)旅游项目的基本概念

苏格兰旅游委员会在1991年对旅游项目有一个表述:所谓旅游项目应该是一个长久性的旅游吸引物,旅游项目的主要目的是让公众和旅游者得到消遣的机会,做他们感兴趣的事情或者是受到一定的教育,而不应该仅仅是一个游乐场、一场歌舞剧或电影、一场体育竞赛等等。旅游项目不仅应该吸引严格意义上的旅游者、一日游者,而且应对当地居民具有一定的吸引力。

华尔士和史狄文斯(Walsh-Heron and Steven)于1990年将旅游项目描述为具有如下特征:

①吸引旅游者和当地居民来访,并为达到此目的而经营。

②为到来的顾客提供获得轻松愉快经历的机会和消遣的方式使他们度过闲暇时间。

③将其发展的潜力发挥到最大。

④按照不同项目的特点进行针对性的管理,使游客的满意度最大。

⑤按照游客的不同兴趣、爱好和需要提供相应水准的设施和服务。

我们认为,旅游项目是借助旅游地的旅游资源开发出来的以旅游者和旅游地居民为吸引对象,为其提供休闲消遣服务、具有持续旅游吸引力,以实现经济效益、社会效益、生态环境效益为目标的旅游吸引物。这里所指的旅游吸引物是一个广义的概念,它既包括了传统意义上的旅游线路、旅游景点,也包括了旅游地的节庆活动、文化背景以及旅游地的旅游商品。

旅游项目除满足项目的要求之外,尤其强调项目的独特性:

第一,就旅游规划和项目咨询而论,它的独特性还在于项目开发的过程是个资源再造的过程,也是资源价值和产业价值提升的过程。我们做的项目都是基于一定的旅游资源基础的,也不排除有的资源是在我们做项目的过程中创造出来的,原来它没有的这种资源。

第二,项目开发实际上是挖掘差异,挖掘项目的资源稀缺性和项目形成后它的垄断和相对垄断条件的一个过程。旅游业的项目不同于一般工商业的项目,很多工商业的项目是可以雷同的、重复的。而旅游规划项目则不然,在异地有一个一模一样的恐怕是不行的。

第三,旅游规划项目的组合特征是独一无二的,包括在项目开发的过程中,对资源的整合、市场细分后对特定需求的编组,甚至包括对游客的感受的分析。因此,项目策划与开发应该是一个独特的创造性活动。

9.1.2　旅游项目与相关概念之间的关系

1）旅游项目与旅游资源

首先，旅游资源所具有的经济特征是一种潜在的经济性。旅游项目与旅游资源相比其经济性的特征就更具有较强的现实性。因为旅游项目是已经开发成形的旅游吸引物，它的产生本身就需要花费一定的资金和人员的投入，其产生的目的就是为旅游地创造巨大的经济效益。

其次，旅游资源所具有的空间特征在旅游项目上的体现也不明显。旅游项目在地域空间上是可以被重复建造的，一地所拥有的旅游项目在另一个地方同样可以见到，著名的主题公园迪士尼乐园在全球范围内的扩张就是一个很好的例子。

最后，旅游项目较旅游资源具有更强的文化性特征。旅游项目是人们设计建造出来的，在其设计的过程中就体现了设计者的一种理念，映射出了一种文化内涵，因此，无论是什么样的旅游项目都是人类文明的体现，具有较强的文化性特征。

旅游资源和旅游项目之间是一种依托的关系，即旅游项目的开发必须以旅游资源的存在为基础，而旅游资源的吸引力实现必须借助于旅游项目。可以说，旅游资源是旅游业生产所必需的原材料，而旅游项目就是旅游业生产过程中的初级产品，两者都是旅游业在发展过程中不可缺少的组成部分。

2）旅游项目与旅游产品

旅游产品也是在旅游规划与开发中经常接触到的一个基本概念，旅游产品和旅游项目之间实际上应该存在一种类似于点与线的关系。旅游规划与开发意义上的旅游产品同样有广义和狭义之分。所谓广义的旅游产品通常指的就是旅游线路，也就是将一系列的旅游景点（区）以及节庆活动等旅游项目串接起来，为旅游者提供满意、印象深刻的旅行，使其获得一次值得回忆的愉快经历。而狭义的旅游产品指的则是单纯意义上为旅游者提供物质和精神享受的那些旅游景点或节庆活动等。

旅游产品和旅游项目是两个不同而又相联系的概念。旅游产品是将各种旅游项目和旅游服务以及基础设施组合起来，对外进行销售的无形产品。旅游产品可以被无限地出售，基本上不存在磨损和折旧。旅游项目则是各种旅游吸引物的综合体，与旅游产品相比，包含的内容较少，但是稳定性却相对较大。

3）旅游项目与游乐（娱乐）项目

所谓游乐（娱乐）项目就是为了帮助人们度过闲暇时间，给人们提供精神和物质享受的服务和娱乐设施，它也是以营利为目的。这样的游乐项目主要是一些主题公园、游乐园以及酒吧、歌舞厅等。很显然，这些游乐项目不一定是为旅游者服务的，只是为人们提供一些闲暇娱乐的场合及设施。旅游项目则不同，它不仅包括了游乐（娱乐）项目，还包括了其他一些涉及食、住、行、游、购等方面的设施和服务。

9.2 旅游项目策划的概念

9.2.1 旅游策划的概念

策划,也叫企划,是一种程序,在本质上是一种运用脑力的理性行为,基本上所有的策划都是关于未来的事物,也就是说,策划是对未来要发生的事情作当前的决策。实际上,策划就是一种立足现实、面向未来的活动,旅游项目策划作为策划的一种,就是依据旅游市场的需求(现实需求和潜在需求)和旅游地的资源优势,对该旅游地的旅游项目进行定向、定位的过程,也就是对旅游产品的研制、发展、优化的过程。

哈佛企业管理丛书中这样论述:"策划是一种程序,在本质上是一种运用脑力的理性行为。策划是一种连续不断的循环,因为一个组织的内在及外在环境不可能是静止不变的。……要策划再策划,以求计划之确实可行。"

由此可见,策划是一种程序,指的是依据有关信息,判断事物变化的趋势,确定可能实现的目标,以此来设计、选择能产生最佳效果的资源配置与行动方式,进而形成正确决策和实施方案,并努力保障目标实现的过程。它是目标、主题、策略、计划以及评估和反馈等要素的综合统一。"最佳效果"这个质量标准还将把我们的研究引入策略的范畴,进入创造性思维的领域。

项目策划是指以一些具象的客体为对象,构思设计出实现某一目标或效果的新的具象客体,它体现较强的功利性、社会性、创造性、时效性和超前性。

沈祖祥等认为,旅游策划是指旅游策划者为实现旅游组织的目标,通过对旅游市场和旅游环境等的调查、分析和论证,创造性地设计和策划旅游方案,谋划对策,然后付诸实施以求获得最优经济效益和社会效益的运筹过程。简言之,旅游策划是对某一旅游组织或旅游产品进行谋划和构想的运筹过程。

杨振之认为,旅游策划是通过创意去整合、连接各种资源和相关因素,再通过对各细分目标市场需求的调查研究,为市场推出所需要的产品组合,并对其付诸实施的可行性进行系统论证的过程。旅游策划是一个科学的、完整的、理性的体系。它讲究的是程序,追求的目标是解决旅游业的实际问题。

肖星为旅游策划下的定义是:旅游策划是旅游策划主体为达到一定目标,根据旅游地或旅游企业的旅游资源现实情况及旅游市场发展信息预测旅游活动和旅游业变化的趋势,通过一定的途径和方法,对旅游地或旅游企业整体发展或局部某项工作或事件进行全面的构思、设计,制定和选择切实可行的执行方案,使旅游资源的利益与市场需求充分协调,从而形成正确决策和达到高效工作的创造性思维过程。[①]

---

① 肖星.旅游策划教程[M].广州:华南理工大学出版社,2005.

上述可以看出,尽管对旅游策划的表述不同,却存在着一些共同点:

第一,旅游策划应该有确定的目标,以利于策划活动的开展;

第二,旅游策划者在构思设计方案之前,应当对旅游资源与旅游市场进行深入的研究;

第三,旅游策划是一种创造性的思维活动,与众不同是旅游策划的本质;

第四,旅游策划是一种复杂的过程;

第五,旅游策划是旅游规划有效实施的重要保障。

一般来说,旅游项目策划主要是面对市场的产品策划,是对项目开发思路和发展战略的总体谋划,重点在于开发项目的本底素质营造,同时也要考虑其形象定位和市场战略。旅游项目策划的目的就在于理清思路、优化方案,避免或减少投资失误,保证旅游项目在市场竞争中出奇制胜、稳妥制胜,并获得持续发展能力。

9.2.2　旅游规划与旅游策划

1) 旅游界学者的部分观点

旅游项目策划或者旅游开发策划作为一个崭新的研究课题,目前尚没有一个比较明确的研究范畴。关于旅游项目策划与旅游规划的关系,较有代表性的观点如下:

彭华认为,旅游开发策划是介于项目可行性研究、总体规划、方案设计与发展战略之间的综合性谋划,策划是规划的前提。

刘滨谊则提出,策划—规划设计—管理三个过程的结合构成了现代旅游规划的全过程。

杨振之认为,就旅游规划与旅游策划而言,旅游策划无论从战略层面还是从战术层面来看,都是先于旅游规划的,旅游规划是比旅游策划更大的工程,它是对社会效益、经济效益、环境效益的最优化预测后形成的方案。旅游规划比旅游策划更追求综合效益和协调发展,但是,旅游策划是旅游规划的核心,旅游策划是旅游规划的灵魂,而旅游规划的可行性却是由旅游策划来保证的。

王大悟把一个旅游地开发过程分为七个步骤,即旅游发展战略、总体规划、控制详规、修建详规、产品策划和投资开发、营销策划和市场推广、经济效益。他认为,第五、第六两个步骤的重要性不亚于前四个步骤。另外,他还认为,开发策划是单项的、短期的、具体的,而规划是全面的、长远的、原则性的,二者是完全不同的。

李源等人则提出,旅游产品策划是旅游规划中十分重要的一个步骤,是整个规划过程的核心。

林振华认为,旅游发展要靠两"划"(规划和策划,先策划后规划),旅游策划和旅游规划可以协同配合,各擅其长。

2)旅游规划与旅游策划的主要区别

(1)就概念而言

所谓旅游规划是指在一个地域综合体内的旅游系统的发展目标和实现方式的整体部署过程。规划经相关政府审批后,是该区域各类部门规划和旅游开发、项目规划的依据。因此,规划必然是超前于实践、高于实践的。但规划得好坏,最终还得由实践来检验。规划本身也蕴含着一定的风险,因此,作为一个好的规划,它未来的预测成功概率必定高。

策划是一个谋划达成目标或事业成功的先发设想及其思维的过程,也是一项计划活动、决策活动之前的构思、探索和设计的过程。明确地说,策划就是一个马上可以付诸实施的可商业化盈利的项目方案,它是对局部资源巧妙利用的策划,是活动的策划,是开拓市场的策划,是充满激情、充满无边无疆想象力和创造力、对市场具有敏锐感悟力和超前引导力的策划。

(2)就理念而言

旅游规划是一套法定的规范程序,是对目的地或景区长期发展的综合平衡、战略指引与保护控制,从而使其实现有序发展的目标。旅游规划是为旅游发展设计的一个框架,所以这个框架必须是长期的、稳定的、必要的。

与规划不同的是,策划是从创造性思维的角度出发,通过对旅游资源的整合,实现资源与市场对接,说到底就是做卖点,做独树一帜和鹤立鸡群,是做旅游景区的商业感召力,是通过打造旅游地的吸引力,设计具有独特卖点的一种游憩方式,让旅游者高高兴兴地掏出钱来玩,并得到一次愉快的旅游体验。

(3)就任务而言

旅游规划的基本任务是:通过确定发展目标,提高吸引力,综合平衡游憩体系、支持体系和保障体系的关系,拓展旅游内容的广度与深度,优化旅游产品的结构,保护旅游赖以发展的生态环境,保证旅游地获得良好的效益并促进地方社会经济的发展。

策划的基本任务则是:针对明确而具体的目标,通过各种创造性思维和操作性安排,形成游憩方式、产品任务、主题品牌、商业模式,从而形成独特的旅游产品,或全面提升和延续老旅游产品的生命力,或建构有效的营销促销方案,并促使旅游地在近期内获得良好的经济效益和社会效益。

(4)就标准而言

国家出台的《旅游规划通则》(GB/T 18971—2003)对旅游规划的分类、主要内容、主要任务等都进行了明确的规定,旅游规划必须符合上述要求。而旅游策划则没有统一的标准,其有效性依靠经验、学识等因素。

3)旅游规划与旅游策划的联系

由上面的分析不难看出,策划可以在规划前也可以在规划后。在规划前的策划是总体策划,它可以构建战略,进行市场研究,解决规划中存在的一些问题。一个好的规划,必然要高屋建瓴、高瞻远瞩,但由于规划的任务在于把握规划对象长期的发展目标,涉及产业配套、用地控制与平衡等方向性的大问题,存在操作性上的空缺,需要进一步进行策划,把规划的大理念转变为产品、项目、行动计划。依托策划报告,再编制详细规划,进行建设。如果在好的规划的前提下,再细分到实际操作中,策划则是一个马上可以付诸实施的可商业化盈利的项目方案,如张家界的"飞机穿天门"、壶口瀑布的"摩托车飞越黄河"等策划。这里,规划只是原材料和加工后的"半成品"和"毛坯",而最后拿到市场上去销售、能让旅游者来看来玩来享受的,是充满活力和特色的成品、商品,乃至精品。这中间需要企业家的总体策划,财团的融资或投资,建筑师的设计,文化人的渲染,营销人员的千辛万苦,当地居民好客的参与,如此等等,均不是规划层面所能包含的。更确切地说,在不违背总体规划原则的前提下,细化、策划具体项目和活动的权力属于投资者,而不是规划者。

综上所述,策划与规划的关系可以概括如下:

①策划与规划的内容是互相渗透的,主体是相通的,许多理论是共用的,客体相同。

②无论总体规划还是详细规划都应贯穿策划理念,贯穿透彻,规划就能出彩。

③规划必须经过策划,策划必须有创意,创意是规划、策划的灵魂。规划者将策划贯穿到规划中,规划将与众不同。

9.3　旅游项目策划的类型及原则

9.3.1　旅游项目策划的类型

1)按照内容划分

大致有营销策划(品牌策划、媒体策划、广告策划、CIS 战略导入、活动推广策划、整合营销传播等)、基础设施项目建设策划、旅游产品建设策划、旅游节事活动策划、旅游线路策划、旅游客源组织策划等类型。

2)从策划对象的角度看

可以把旅游开发策划分为动态景观策划、静态景观策划、综合开发策划。

动态景观策划是指策划者以吸引旅游者为目的,将动态景观(如节庆活动、娱乐活动等)转化为旅游产品全过程的谋划。

静态景观策划则是指策划者为静态旅游资源或静态潜在旅游资源进行开发所做的内容构建、功能分区、市场策略、可持续发展对策等方面的构思。

综合开发策划是包含动态景观策划、静态景观策划的综合性谋划。

3)根据策划对象所占地理空间的大小分类

可以将综合开发策划分为旅游区综合开发策划、城市综合开发策划和大区域综合开发策划等。

9.3.2 旅游项目策划的原则①

1)"八化"原则

(1)资源开发"特色化"

特色是旅游开发的灵魂,是旅游产品生命力的体现,没有特色就没有效益,因此旅游项目策划要突出"人无我有,人有我新"的开发方针,绝不能拾人牙慧,要突出自己的特色。没有特色难以形成强大的旅游吸引力,没有特色就不能激发人们的旅游动机。多一份特色就多一份竞争力,从一定程度来讲,有特色就有效益,就有发展。

(2)项目设置"市场化"

旅游业是一个经济产业,在市场经济的大环境下,要以市场为导向,必须考虑市场的需求和竞争力,要把旅游市场的需求和供给情况,作为旅游项目策划与决策的基础。一切要按照旅游市场来进行项目设置,同时还要根据旅游资源的冷热原则,预测未来旅游市场的发展趋势,以对旅游项目做出合理的实施开发序列。

(3)旅游氛围"生态化"

目前的旅游趋势是:生态旅游、绿色旅游、回归自然旅游。因此,在旅游开发过程中,一定要突出生态化、原始化、自然化,从植被保护到服务设施皆要营造生态化的环境氛围。

(4)游览观光"知识化"

新世纪是知识的时代,对于旅游来讲,随着游客知识层次的提高,对旅游项目的文化内涵也提出了新的要求,这就要求旅游景点要有一定的知识性、科学性,旅游区力求做到科学性、知识性与可观赏性的统一,使游人在游览观光的同时,能够得到知识的陶冶和精神的享受。

(5)建筑设施"景观化"

在旅游项目开发中,每个景点中的建筑设施,都应作为景观的组成部分来对待,应该以"园林化""景观化"为主,曲径通幽,曲折有度,强调建筑与自然的协调效果,提高观赏性、艺术性。对于以自然景观为主的景区,区内建筑设施要坚持"宜小不宜大、宜低不宜高、宜藏不宜露、宜疏不宜密"的原则。

(6)旅游服务"系统化"

旅游服务是一个系统工程,要把整个旅游服务看作一个大的系统,在开发建设中,大小系统综合平衡,相互协调,如要想达到吸引力与接待力的统一,就要求旅游资源的开发建设与旅游服务设施、交通设施及基础结构(水、电等)等方面的综合平衡。在行、住、吃、购、娱六个方面的服务上,要全面考虑各种设施系统配套,形成综合接待能力,使旅游者以最少的时间、最少的费用,看最多的景点,力求使其舒适、方便、安全。

① 王庆生,郭琰.略谈旅游资源的概念及其开发原则[J].中州大学学报,2001,18(3):29-31.

（7）建设投资"多元化"

旅游项目策划应在突出主题的前提下,把近期投资小效益大的关键性基础项目规划到位,尽快进入设计与施工阶段,缩短建设周期,提高投资效益,做到全面规划,分期实施。在投资开发上,要明确开发序列,突出重点,多元筹集资金,个人、集体、单位、政府、外资一起上。

（8）开发利用"持续化"

旅游项目策划应贯彻可持续发展的思想,应把保护旅游资源及生态环境视为战略问题,它不仅关系到旅游区的命运,也直接关系到人类未来的生存环境。因此要求在开发过程中,一定要把保护自然资源放在首位,永续利用旅游资源。对于人文旅游资源,要坚持"有效保护,合理利用,加强管理"的思想。

2)"八结合"原则

旅游策划的"八结合"原则,即旅游开发与城市园林景观建设相结合,旅游开发与高科技农业观光相结合,旅游硬件建设与软件配套相结合,远期开发与近期建设相结合,古代题材与现代意识相结合,旅游开发与农民脱贫致富相结合,长远利益与眼前利益相结合,宏观布局与微观建设相结合。

3)"八性"原则

旅游策划应体现的"八性"原则,即科学性、知识性、真实性、艺术性、参与性、观赏性、协调性、超前性。值得强调的是,旅游项目策划的协调性原则,主要表现在宏观上的协调和微观上的协调。宏观上协调主要指与周围大环境的协调;微观上的协调,如景区与景区间的协调,植被绿化与景点内容的协调,建筑物相互之间的协调,建筑设施与整体自然景观的协调,服务设施与旅游区主题的协调等。

9.4　旅游项目策划的特征

旅游项目策划从总体上讲,除具有一般项目的特征外,还具有自身所特有的特点,只有掌握这些,旅游项目策划才能做到有的放矢,获得理想的效果。

9.4.1　功利性[①]

旅游项目策划的功利性主要体现在项目策划能带来综合性的收益。因此,功利性也是项目策划的目的和基本功能之一。旅游项目的策划委托方和策划方在功利性方面,关注的内容有所差异,由此可以将项目的功利性划分为长远之利、眼前之利、钱财之利、实物之利、

---

① 马勇,李玺.旅游规划与开发[M].2版.北京:高等教育出版社,2006.

发展之利、经济之利、社会之利、政治之利、权利之利、享乐之利等。

项目的策划就是要在有限的资源条件下,尽可能地为项目委托方创造利益或者未来获益的机会。从另一个方面来看,功利性同时又可以作为评价一项策划活动成功与否的基本标准。

从20世纪90年代开始举办的一年一度"哈尔滨冰雪旅游节"的策划,就充分体现了旅游项目策划的功利性。哈尔滨在推出冰雪旅游节的同时,又举办了冰雪交易会,并与国外和国内大型企业联手推动节日期间文化、艺术、体育活动全面展开。为了扩大冰雪旅游节的影响,哈尔滨以冰雪旅游节为契机,针对旅游市场展开全方位的联合促销攻势,即通过旅游目的地营销和冰雪交易会的贸易营销,塑造哈尔滨"东方莫斯科"和冰雪世界的旅游形象,同时,积极打造良好的商业形象。在这样强劲的营销攻势下,美国、日本、法国以及东南亚各国的与会人员以及全国四面八方的商务旅游者云集"冰城",为哈尔滨带来了良好的经济效益。例如,仅为期一周左右的第十届哈尔滨冰雪节交易会,成交额就达51亿多元。此外,还有会展和节庆活动所派生的大量旅游消费收入。可见,哈尔滨冰雪旅游节为促进哈尔滨旅游事业的发展做出了不可磨灭的贡献。

9.4.2　社会性

旅游经济的发展能对社会发展产生影响,为此,从扩大旅游业发展对社会的正面效用角度来看,旅游项目策划还应注重与相关的产业政策、区域社会发展目标相结合,以旅游项目作为推动社会发展的重要工具。也就是说,旅游项目的策划不能脱离社会实际,必须要与旅游地的社会发展紧密配合。

我国近年来推出的系列"西部旅游项目""红色旅游项目"以及"乡村旅游项目"便是典型的具有较高社会影响力的项目的策划。例如西部旅游项目是为了配合西部大开发的国家政策而发起的,红色旅游项目以及乡村旅游项目都是以促进贫穷地区的发展为出发点,通过系列旅游项目的开发,实现推动上述区域基础设施、经济发展的目标。可见,突出社会性的特点是旅游项目策划所处现实环境的必然要求。

9.4.3　创新性

旅游项目策划的创新性主要表现在创新型旅游项目的推出。在日趋激烈的旅游市场竞争中,保持高水平竞争力的重要途径就是不断地对旅游产品推陈出新。旅游开发地的发展对创新型项目的需求更为迫切。受到先发展地区的强大压力,旅游开发地必须按照高起点、差异化的原则进行开发,避免走其他旅游地的老路,只有形成自己独特的个性才能在市场中站稳脚跟。随着信息传递和交流的日益便捷,旅游项目在策划方面的同质化趋势越来越明显,项目的生命周期也不断缩短。因此,项目策划的创新压力特别明显。

此外,旅游项目策划的创新性还表现在旅游项目策划应随具体情况变化而加以调整。即需要旅游项目策划人员具有创造性的思维,不能抱残守缺、因循守旧,要不断地创造新的项目内容或形式。对于别人成功开发的旅游项目,不能生搬硬套,而是要善于依据本地的实际,予以适当借鉴或在其基础上加以创新。我国主题公园在发展上的一哄而上、重复建设的现象就是一个很好的反面教材。我国早期主题公园遭受惨痛失败的主要根源就在于项目主题的选择上缺乏新意。

9.4.4　时效性

旅游项目策划的另一个重要特征就是具有明显的时效性。旅游项目策划的时效性主要来源于旅游资源吸引力和旅游市场需求的不断变化。

旅游项目的策划必须以旅游资源为基础，以市场需求为导向，但是旅游资源在开发上会受到时间的限制，如泰山在冬季就因封山而丧失旅游的功能，山地滑雪旅游项目也只有在冬季才能开展，樱花观赏项目只能在春季举行，泼水节、火把节等民俗节庆资源都有明确的时间规定等。因此，当面对这类旅游资源时，应严格按照其适宜开发的时间段设计项目。而旅游资源的吸引力也会随着市场需求的不断改变而发生变化，传统的旅游项目在一段时间后，其吸引力会慢慢减弱。此时，旅游项目的策划人员就应及时根据变化的市场需求调整项目策划的方向。

9.4.5　超前性

旅游项目的策划必须具有一定的超前性，要在对未来市场需求发展预测的基础上进行策划。项目从策划到建设营运之间存在时间差，并且通常情况下，项目建成后改变其状态或形式需要较高的成本。因此，在旅游规划与开发中，所策划的项目应该在较长的时间内保持吸引力。为此，旅游项目在策划时，要在策划的意识和策划的技术方面保证一定的超前性。所谓旅游项目策划意识的超前性就是指规划者要对于未来旅游需求的发展方向有所了解并按照未来的旅游市场需求来设计产品。要具备超前的项目策划意识，规划者一方面应加强自身的理论素养，另一方面还必须深入调查，获取大量国内外的相关信息，以深入了解旅游市场的发展趋势。

旅游项目策划的技术超前性是指在项目设计时应使用最为先进的技术，如利用旅游地信息系统收集相关信息、通过 AutoCAD 制作项目设计图、使用 3DS 等三维软件制作动态的项目效果视频等。一般来说，先进技术和设计方法是项目创新性设计的重要保证。

9.4.6　旅游项目策划环境特性

自然保护区、风景名胜区、森林公园、地质公园作为旅游区主体构成部分，无不是生态环境脆弱的地方，实现生态环境保护是旅游项目策划的重要指标。旅游项目策划应充分体现生态性，在保持、改善旅游生态环境的前提下，向旅游者、社区提供各种游憩设施。

9.4.7　旅游项目策划的人本特性

旅游项目开发的目的是向游客提供方便、舒适、震撼、刺激的游憩体验与环境感受，其客体是人非物，是具有丰富感情色彩和各种需求层次的旅游者。因此，旅游项目策划必须以人为本，围绕以游客为本的观念来进行，必须围绕旅游者的需要来进行，体现以旅游者需求为中心的特点，体现旅游项目的个性与独特性。社区是旅游项目的又一客体，旅游项目策划要充分考虑社区居民的个性特征与需求,Daniel J. Stynes and Cynthia O'Halloran 认为,旅游应首先考虑社区因素,其次为旅游者。

9.5　旅游项目策划原理①

9.5.1　需求导向原理

1)概述

旅游策划人员策划出来的旅游产品只有通过旅游者的消费才能实现其价值,因此,市场是旅游产品的试金石,能否发现并满足市场需求是旅游策划成功与否的关键条件。一个旅游策划成功的原因有很多,最重要的是顺应旅游市场需求,如哈尔滨冰雪大世界、西部影视等策划。旅游策划失败的理由也有很多,其中最重要的一点就是不能满足市场需求,三峡集锦(宜昌)、世界遗产公园(丽江)就是典型案例,这告诉我们,旅游策划人员必须深刻认识旅游需求的特点和变化趋势,把握旅游市场细分、定位、开拓、竞争的一般规律,坚持以旅游需求为根本导向,这是旅游策划成功的前提条件。

2)内容

①旅游策划应以现实的旅游需求为依据,并充分考虑旅游需求的发展变化趋势,全面认识人性,深刻把握旅游者的深层心理。从需求的角度评价旅游资源并寻求旅游资源与旅游需求之间的最佳对接点,以使策划出来的产品符合心理学规律和市场需求。策划人员应考虑旅游产品能够带给旅游者什么样的利益和价值,这种利益和价值是否符合旅游者需要。在此基础上策划人员应挖掘产品的潜在价值,创造产品的新价值,建立产品的价值链。

②美国心理学家马斯洛提出的需求层次理论把人的需求归结为生理、安全、归属、受尊重、自我实现五个层次。人们进行旅游活动主要是为了满足受尊重和自我实现两个层次的需要,属于高层次的精神需求。但是,在一次完整的旅游活动中,这五种需要应该都有所体现。旅游需求看似简单,但其实际表现是复杂多样且不断变化的,人们至今仍无法完全将其列举出来。旅游需求的层次性、多样性和变动性为策划人员把握旅游需求的特点与发展趋势带来了挑战,同时也为策划人员提供了无限的空间。

③通过研究游客心理、决策过程、行为规律,发现旅游需求是旅游策划的基础性工作之一,通常需要深入细致的市场调查。市场调查与预测是一门科学,具有严格的工作程序和专门的技术方法。市场调研一般分为五个步骤:确定调研对象、选择调研方式、设计调研方案、实施调研、调研后的信息处理。采用的调研方法主要有文案调研法(利用企业内部和外部现

---

① 李庆雷.旅游策划论[M].天津:南开大学出版社,2009.

有的各种信息、情报资料获取次级资料)、现场调研法(通过发放问卷、面谈、电话调查等方式收集、整理第一手资料)。

④顺应需求是旅游策划的基本思路,激发需求、引导需求是中级层次,创造需求属于高级层次。社会的高速发展使人类的需要和欲望变为可以诱导、改变和创造的,策划人员的任务就是把握旅游者潜在需求的发展脉络,在恰当时机、恰当地点,以恰当的创新手段去挖掘和显化需求,继而提供相应的产品来满足他们。向和尚推销梳子就是创造需求的经典案例。韩国首先利用影视剧冲击中国,让中国人对韩国影视有着很大的认同感,对影视中所体现出的饮食、服饰、优美景色等文化产生向往,继而将影视剧拍摄地包装成旅游观光点,吸引了很多游客前往体验韩剧带来的独特感觉,也是创造需求的例子。

3) 应用

在引人注目的"焦作现象"中(参见第 1 章开篇案例),迎合市场需求是其成功的根本原因。焦作拥有丰富而独特的自然和人文旅游资源,但是,焦作重点打造的是以云台山为代表的山水型旅游产品。首先,山水观光与生态休闲一直是我国旅游市场上备受青睐的旅游产品类型,容易被市场所接受,一旦打造成功就具有很大的冲击力。其次,焦作山水填补了区域市场空白。河南省文化底蕴深厚但缺乏灵山秀水,"焦作山水"具有区域的独特性。河南、中原及华北地区近 3 亿人的市场需求和景区面向大众群体的消费水平,使焦作山水一经推向市场便迅速取得成功。

丽江世界遗产公园是一个违反需求导向原理而失败的典型案例,被称为丽江史上最失败的策划。这一案例发生在 21 世纪的著名旅游城市,的确发人深思。从游客需求方面分析,该项目采用微缩景观的形式再造近在咫尺的丽江古城、玉龙雪山、泸沽湖等遗产景观,被人戏称为"真人面前造假人"。丽江古城、玉龙雪山是来丽江的旅游团队的必游景点,选择到泸沽湖的游客也不在少数。游客在游览真正的丽江古城、玉龙雪山、泸沽湖之后,谁还会对这些粗制滥造的人造景观感兴趣呢?值得思考的是,该项目动工前编制了可行性研究,制定了相关规划,并经过省级相关部门审批,但实际结果却是开业仅仅几个月就变得门可罗雀。这告诉我们,市场需求分析是旅游策划的基础性工作,必须深入研究、科学把握旅游市场需求,在此基础上进行的旅游策划才会最终赢得市场。

9.5.2　旅游体验原理

1) 概述

旅游是人们满足了基本生理需求和物质需求之后追求的更高更新的精神需求,追求的是一种求知的心理和体验愉悦、快乐的经历。就其实质而言,是一种旅程和暂居的体验,与体验经济有着千丝万缕的联系。

2) 内容

①旅游经济就是人们去异地体验的全过程的服务经济,旅游消费实质是一种体验消费。

旅游策划人员应结合策划对象实际和旅游需求为游客创造丰富而独特的旅游体验。如果把旅游活动比喻成一场演出,那么策划人员就是编剧,他的任务就是创作精彩的剧本。

②旅游体验包括娱乐的体验、教育的体验、逃避现实的体验和审美的体验:让人感觉最丰富的体验是处于四个方面的交叉的"甜蜜地带"的体验。为了体现特色、突出差异,旅游体验应明确主题,同时,以最小的成本获得最丰富的体验是游客的普遍心理。因此,旅游策划人员应注意把握旅游体验主题独特性与体验类型多样化之间的关联。

②富有吸引力的旅游体验是需要精心塑造的,塑造旅游体验的基本方法包括以下五种:

第一,选择一个好的主题。主题是体验的基础,成功的主题往往简单而吸引人。

第二,以正面线索塑造形象。要想吸引游客,就必须创造独特的正面的体验线索,这些线索贯穿产品功能、服务质量、旅游环境和体验过程。

第三,消除负面因素。体验塑造过程中必须去除削弱、违反、转移主题的负面线索,并尽量将其转化为正面线索。

第四,提供纪念品。纪念品具有回忆体验的价值,是一种使体验社会化的方法,是旅游体验营销的重要方式。

第五,重视感官刺激。雨林咖啡厅是连续使用五种感官刺激的成功案例。消费者走进咖啡厅,首先听到嘶嘶的声音,然后看到迷雾从岩石中慢慢升起,接着皮肤就会感觉到迷雾带来的凉爽,最后消费者可以闻到热带的气息,尝到鲜味,然后被打动。此外,旅游体验塑造中还应注意氛围烘托、场景设计和活动组织。

3) 应用

由于对旅游活动体验属性的重新认识,塑造体验就成为旅游产品开发的核心问题,旅游体验原理也因此成为具有方法论意义的原理。体验策划法就是以这一原理为基础而产生的旅游策划方法,它采用三个层面(主题—线索—活动)、四类体验(娱乐、教育、逃避现实和审美)、五种感觉(视觉、听觉、嗅觉、味觉、触觉)的策划框架,为旅游策划特别是旅游产品和旅游景观策划提供了一种基本方法。

从体验经济的角度进行分析,深圳欢乐谷成功的根本原因就在于为游客创造了独特的快乐体验,可以说是旅游体验经济的典范。欢乐谷二期主题公园分为老金矿区、飓风湾区、香格里拉森林探险区和 URBIS 休闲区(开业后称为阳光海岸)四个主题景区。每个主题景区、景观紧扣各个主题故事线,景观的设置表达各自主题内容和场景,在创造主题特色景观的同时,合理布置游览路线、服务网点等功能设施,设计了一系列参与性活动。

9.6　旅游项目策划方法、内容与程序

9.6.1　旅游项目策划思路[①]

旅游项目策划可以说是一种创造性过程，因此，策划人首先要根基深厚，具有渊博的知识，如天文、地理、历史及社会学、伦理学、心理学、管理学、营销学等知识，形成策划人的文化沉淀，在这种文化沉淀中培养创新的思维。其次，策划者要有创造性的思维，策划创新的关键在于能否打破固有的思维模式，走向广阔的思维领域，能否摆脱单一的思维模式，跨入立体的思维空间。

1) 宏观采气、微观求义

（1）宏观采气

"宏观采气"，是借用气场的理论，以探讨策划客体的外部环境为客体"定位"，从宏观上理出思路。针对旅游项目策划而言，策划人从宏观的比较和分析入手，首先应做到立足国内，放眼世界，明确世界旅游发展趋势，清楚自身资源在国内外的地位，确立旅游项目的发展方向，明确主题，这样的项目才会与时俱进，不落俗套，进而构思出旅游精品。

（2）微观求义

细节在旅游项目策划中非常重要，把握了细节，就把握了旅游项目策划的深层。如果说"宏观采气"是探讨策划客体的外部环境，为客体"定位"的话，"微观求义"就是探讨客体的内在规律，为客体"定性"。只有在"定位""定性"的基础上，才能为客体"定向"。

旅游项目策划"眼"在"创意"，好的创意具有唯一性、排他性。比如 CI 设计，如果模仿别人，就容易雷同，只有从特定客体本来意义上发现特征，才有"唯一性"。

2) 辐集式思维与综合研究

辐集式思维与辐射思考对应，又称收敛思维，是从许多信息中引出一个正确的答案或一个多数人认为最好的答案，或是指以某个思考对象为中心，在指向这个中心的多数设想中找出可行方案的一种思维模式。收敛思维是与发散思维相对应的，又称作收敛思维、求同思维。在旅游项目中运用辐集式思维，往往要借助发散思维的结果，在搜集丰富多样的意见的基础上，对多种多样的设想进行分析、概括和整理，从不同的起点方向上指向创造对象，使解决问题的思路在各种限制条件下逐步明确起来，最后集中在一种解法上。例如，在水深不足的海岸上修建码头，通过发散思维，工程技术人员可以获得若干种设想：挖掘近海海底、填海筑港、浮筒式码头、栈桥式码头等。紧接着，他们就要用辐集式思维，按照修建码头的具体技

---

① 吴宝昌.旅游项目策划研究［D］.南宁：广西大学，2004.

术要求,逐个分析上述设想,通过判断、推理或试验,进行可行性研究,最后选出一种或综合成一种现实可行的实施方案。

3)发散式思维与综合研究

发散式思维是人在进行思维活动时,围绕某个中心问题,向四面八方进行放射状思考和联想,诱发各种奇思异想的一种思维模式,发散思维又叫扩散思维、辐射思维、求异思维,它可以拓展思维的广度,是创造性思维所不可缺少的思维方式。通过联想、想象,使平时知识的积累、信息量的潜能与思索形成的潜意识相结合,进而迸发出智慧的火花,产生新思想、新见解,实现认识的质的飞跃。发散式思维的特点是思维的流畅性、变通性和独创性,它要求摆脱旧观念和思维定式的束缚,突破线性思维的限制,由同一个来源可以产生众多的信息输出,思维过程并不按固定的路径前进,思维的结果中可能包含着具有较大创造性的设想,因而在进行发散式思维时,就要广泛地收集与这一中心主题有关的各种信息,善于捕捉新信息。发散思维绝不仅仅是为已有的技术成果找到新的用途,更多的是利用它的思维"转换"作用,提出解决某个技术课题的新思路。

4)逆向思维与综合研究

物极势必反,就思维的方向而言,有同向思维和逆向思维。同向思维偏重于"深化""跟风",逆向思维偏重于"反思""创新"。逆向思维属于发散性思维的范畴,是一种创造性的求异思维。在旅游项目策划中使用逆向思维,对于培养策划人的思维能力、提高旅游项目的策划水平具有重要作用。在各地争相申报自然、文化世界遗产、风景名胜区时,有的旅游区却把目光转向地质公园、生态博物馆,这就是一种逆向思维。

9.6.2　旅游项目策划的方法

1)头脑风暴法

头脑风暴法又称集体思考法或智力激励法,于1939年由奥斯本首先提出,并在1953年将此方法丰富和理论化。所谓的头脑风暴法是指采用会议的形式,向专家集中征询他们对某问题看法的一种方法。策划者将与会专家对该问题的分析和意见有条理地组织起来,得到统一的结论,并在此基础上进行项目策划。使用这种策划方法时,策划人要充分地说明策划的主题,提供充足的相关信息,创造一个自由的空间,让各位专家充分表达自己的想法。因此,参加会议的专家地位应大致相当,以免产生权威效应,从而影响另一部分专家创造性思维的发挥。专家人数不应过多,一般5~12人比较合适。会议的时间也应当适中,时间过长,容易偏离策划方案的主题,时间太短,策划者很难获取充分的信息。这种策划方法要求策划者具备很强的组织能力、民主作风与指导艺术,能够抓住策划的主题,调节讨论气氛,调动专家们的兴奋点,从而更好地利用专家们的智慧和知识。头脑风暴法的不足之处是邀请的专家人数会受到一定的限制,挑选不恰当,容易导致策划的失败;其次,由于受到某些专家的地位及名誉的影响,有些专家不敢或不愿当众说出与其他人相异的观点。其优点在于能够获取广泛的信息、创意，互相启发，集思广益，在大脑中掀起思考的风暴，从而启发策划人的思维，获得优秀的策划方案。

2）德尔菲法

德尔菲法是20世纪60年代由美国兰德公司首创和使用的一种特殊的策划方法。德尔菲是古希腊的一座城市，因阿波罗神殿而驰名。由于阿波罗有着高超的预测未来的能力，故德尔菲成了预测、策划的代名词。所谓德尔菲法是指采用函询的方式或电话、网络的方式，反复地咨询专家们的建议，然后由策划人做出统计的一种方法。当所获得的结果具有较大差异性时，由组织者将所获专家意见进行整理总结，再将总结后的观点针对上述专家进行第二轮征询，直至得出比较统一的结论。这种策划的方法的优点是：专家们互不见面，不会产生权威压力。因此，该方法可以自由、充分地发表自己的意见，从而得出比较客观的策划方案。运用这种策划方法时，要求专家具备项目策划主题相关的专业知识，熟悉市场的情况，精通策划的业务操作。由于这种方法缺乏客观标准，全凭专家的主观判断，且征询的次数往往较多，反馈时间长，因此会影响项目策划的准确性。

德尔菲法的基本方法是：

第一步，把一群富有市场经验且可以相互补充的专家汇集在一起，通常为30～50人，并设定控制条件（常用的方法是邮寄调查表以避免群体压力影响）；

第二步，设计、分发第一轮调查表，要求回答者确定或提出某些事件发生的可能性以及发生的可能时期；

第三步，整理第一轮回收的调查表，整理包括确定中间日期和确定两个中间四分位数，以便减少过于乐观或过于保守的极端意见影响；

第四步，把统计整理的结论制成第二轮调查表寄予同一专家组的成员，要求回答是否同意四分位数范围，如仍是在四分位数之外，请专家们解释原因；

第五步，将第二轮调查表的结果及评论意见整理成表；

第六步，有没有必要再征询一二轮，要看预测的差异是否过大，评论意见的寄发是否有助于专家组形成新的较为统一的意见；

第七步，总结预测结果，包括中间日期、中四分位数范围，以及正确对待和消化处理那些意见尚未统一的预测事项。

3）灰色系统法

系统是指相互依赖的两个或两个以上要素所构成的具有特定功能的有机整体。系统可以根据其信息的清晰程度，分为白色、黑色和灰色系统。白色系统是指信息完全清晰可见的系统；黑色系统是指信息全部未知的系统；灰色系统是介于白色和灰色系统之间的系统，即有一部分信息已知而另一部分信息未知的系统。灰色系统法是指利用一些已知的行为结果，来推断产生该行为的原因或未来模糊的不确定性行为的方法。使用该方法进行旅游项目策划主要是通过现有旅游者的行为模式，推导出未来可能拥有客源市场并获得成功的旅游项目形式。

4) 经验分析法

该项方法主要依据对旅游资源的认识和对市场的认识。首先,策划组应该根据当地旅游资源状况,提出每种旅游资源能够开发成何种功能的旅游项目,把所有这些项目都列举出来,并对其进行功能定义和整理;其次,策划组应该根据对市场的认识,分析出旅游市场状况可能会在某个项目出现的制约因素,或者在一定的时期内会有制约以及市场价值存在的问题;最后,根据市场价值和实施的可能排列出各个项目的重要程度。

5) 拍脑瓜法

拍脑瓜法又称创意法,是指策划人收集有关产品、市场、消费群体的信息,进而对材料进行综合分析与思考,然后打开想象的大门,形成意境,但不会很快想出策划案,它会在策划人不经意时突然从头脑中跳出来。高尔基说过:"文字是巨大而重要的事业,它建立在真实上,它们接触到的一切都要求真实。"意思是坚持以真为本的艺术趣味,并对想象材料进行集中概括加工,这种集中概括的心理过程,正是策划所要经历的过程。

6) 嫁接法

嫁接法即在既有的相关成熟学科的基础上对旅游项目进行策划研究的一种方法,在旅游项目策划往往会建立在哲学、文学、艺术、地理、建筑等学科的研究成果基础上。

9.6.3 旅游项目策划的内容

1) 旅游项目的名称

项目名称是旅游者接受到关于该项目的第一信息,因此,项目名称的设计关系到项目在第一时间内对旅游者的吸引力。有创意的项目名称能够激发旅游者对于该项目的浓厚兴趣,如"海上田园""天涯海角"等都能够引发旅游者的无限联想和向往。

2) 旅游项目的风格

项目策划者需要将项目的大致风格用文字或简要的图示描述出来,为下一步的策划工作提供依据和指导。具体而言,旅游项目策划者在风格限制方面,应明确描述以下内容。
①旅游项目中主要建筑物的规模、形状、外观、颜色和材料。
②旅游项目中建筑物的内部装修的风格,如建筑内部的分隔、装修和装饰的材料。
③旅游项目相关的旅游辅助设施和旅游服务的外观、形状和风格,如旅游项目的路标、垃圾箱、停车场、购物商店、洗手间以及旅游餐馆(餐厅)所提供服务的标准和方式。

3) 旅游项目的选址

在地域空间上,规划中要明确每个旅游项目的占地面积及其地理位置,项目的选择主要表现为以下三个方面:

①旅游项目的具体地理范围。

②旅游项目中建筑的整体布局、各个建筑物的位置以及建筑物之间的距离。

③旅游项目中所提供的开放空间的大小和布局。

4）旅游项目的内涵

旅游项目策划是旅游规划的前提和依据，是旅游区发展的方向，因此旅游项目要有丰富的内涵，景区管理者从中可以看到景区发展的蓝图，规划者可以从中找到规划的纲领性指导，旅游者亦可得到寓意悠远、回味无穷的体验。具体包括透视景区的历史，蕴涵丰富的文化内涵。做到项目有"出"，不是凭空而造；展现景区的美好蓝图，项目有了，规划就定了。项目策划要符合景区的资源现状、市场环境与社区环境，立足于严谨的调查研究，实事求是；项目策划要符合可持续发展原则，努力策划百年项目，项目策划是当代人和后代人的共同策划。

旅游项目的策划，要明确该旅游项目的产品内涵和体系，如主导产品、支撑产品和辅助产品等。具体可以分为：

①规定旅游项目所能提供的产品类型。

②确定主导产品或活动。

5）旅游项目的管理

除了对项目的开发和建设提供指导外，优秀的项目策划者还会对该项目的经营和管理提供相关建议。因此，旅游项目的策划应针对该旅游项目的工程建设管理、日常经营管理、服务质量管理以及经营成本控制等问题提供一揽子的解决方案。

9.6.4　旅游项目策划的程序

在实际工作中，旅游项目策划一般可以分为以下几个步骤。

1）旅游项目策划的问题界定阶段

（1）旅游项目策划的问题界定

旅游项目策划在旅游规划的前提下进行，旅游规划首先应明确规划范围，旅游规划是旅游业规划和旅游区规划的合称。旅游业规划属于行业发展规划。旅游开发区规划是工程建设规划，以土地利用建设规划为基点，包括景观设计，所有分析最终要落实到土地上。旅游区规划需要行业发展规划的指导。明确这一点后，我们就可以根据规划的范围、性质、其他要求等来界定旅游项目策划，进而开展下一步工作。

（2）选择合适的策划人员

旅游项目的创意设计是一项需要丰富经验和创新性的工作，要保证开发出令人满意的旅游项目，旅游规划组应该由经验丰富的各方面专家组成，包括产业经济、区域经济、规划设计、市场营销、经济和财务分析、环境和基础设施规划、社会学、心理学、文学艺术等专家，并且注重队伍中年龄层次结构的合理性，将经验性开发和创新性开发完美地结合起来。

2）旅游开发地的环境分析

所谓对旅游开发地的内部环境进行分析,主要是对旅游开发地的自然资源、人力资源、物力资源和财力资源的分析,通过分析了解旅游地的人才储备状况、基础设施水平和开发的资金实力;而对旅游开发地的外部环境分析,则主要是分析旅游市场的市场需求状况、旅游地之间的竞争状况和旅游市场上的旅游需求趋势分析。在此分析的基础上,建立对旅游开发地的社会文化背景的认识以及对旅游市场的较深入了解。

3）分析开发地的旅游资源特色

旅游项目的特色是由当地的旅游资源特色所决定的,这是因为旅游项目布置于旅游开发地,需要与区域旅游环境和氛围保持一致。这就需要旅游项目策划者在规划前期工作,即旅游资源调查过程中,对旅游开发地旅游资源进行仔细分析,并针对不同的旅游功能分区提出各个旅游分区的旅游资源特色,以此作为设计该旅游功能分区旅游项目的基调。

4）旅游项目策划的创意构思

在进行旅游项目的策划时,策划者要提出关于旅游项目策划的大致思路。旅游项目构思是指人们将某种潜在的需要和欲望用功能性的语句来加以刻画和描述。这种初步构思可以自创,也可以借用其他旅游地的旅游项目作为原型。但是,此时的构思只是项目策划的方向和概念,并未定型,也不一定具有可行性。

（1）策划创意与基调确定

项目概念创意。运用头脑风暴法或经验分析法,首先进行项目概念创意,并将所有的创意分别单列出来。

（2）讨论项目概念

依据旅游区旅游资源、区位环境、政策环境、投资环境、客源市场环境等对方案进行充分、全面的讨论。

（3）确定项目功能方案

确定重点项目。在经过对项目功能分析和整理的基础上,筛选出合理的、有价值的方案,并对其进行评价,选定重点项目。

（4）项目内涵挖掘包装

旅游项目方案还是概念,概念有了,方向有了,路子也就有了。概念不是产品,不足以走向旅游消费者市场,旅游项目策划要对概念进行内涵挖掘、包装,使概念具象化,提供给各类型旅游者实实在在的旅游产品,为经营者带来经济效益。

（5）项目形象设计

旅游者对旅游地形象的认知体现了不同旅游产品市场价值的差异。形象的建立和推广需要做大量的工作,其回报期也较长。随着旅游开发热潮的兴起,旅游地之间竞争的加剧,旅游地吸引成本不断提高,而提高的部分主要在形象推广上。南岳衡山整体形象定位"秀岳衡山、天下法源、火神圣地、休闲养生之所",这四个方面各有侧重,但并不矛盾,都体现了南岳衡山的整体形象的不同侧面,应加强协调、融合,归结和统一于南岳衡山整体形象的塑造。

（6）项目可行性分析

旅游项目的可行性分析是指为确定旅游项目是否合理、能否行得通,而在实施前对旅游项目进行全面的技术、经济论证,为项目决策提供科学依据的工作。旅游项目的可行性研究内容包括项目的背景和建设的必要性、项目建设方案、项目建设内容与规模、项目投资估算与效益分析、项目投资经营风险分析等。

5）旅游项目构思的评价

由于旅游项目策划的市场导向要求,以及随着项目设计过程的发展,市场导向作用的日益加深,对于不同的项目构思要进行成本估算和营销测试,通过这种方式来对旅游项目的创意构思进行甄别,将那些成功概率较小的旅游项目构思淘汰,而保留那些成功的机会比较大的构思,以便于在建设时能将资金集中到几个项目上,提高旅游项目的服务水平和品牌知名度。

6）旅游项目的策划

在对已有的旅游项目构思进行了甄别之后,就是旅游项目策划的最后一步,即将旅游项目的构思落实成为实实在在的旅游项目创意,并最后通过招标的形式吸引投资者来投资建设。

7）项目策划书撰写

项目策划书的主要构件一般包括以下方面:
①封面。包括策划组办单位、策划组人员、日期、编号。
②序文。阐述此次策划的目的,主要构思、策划的主体层次等。
③目录。策划书内部的层次排列,给阅读人以清楚的全貌。
④内容。策划创意的具体内容,要求文字简明扼要,逻辑性强,时序合理,主题鲜明;运用图表、照片、模型来增强项目的主体效果;有可操作性。总体上,文笔生动,数字准确无误,运用方法科学合理,层次清晰。
⑤预算。为了更好地指导项目活动的开展,需要把项目预算作为一部分在策划书中体现出来。
⑥策划进度表。包括策划部门创意的时间安排以及项目活动本身进展的时间安排,时间在制定上要留有余地,具有可操作性。
⑦策划书的相关参考资料。

9.6.5　旅游项目策划的影响因素

总的说来,旅游项目的策划主要受到规划者能力和开发商实力及要求、旅游资源的赋存状况以及旅游市场需求状况等三个因素的影响。

1) 旅游规划者能力和开发商实力及要求

旅游规划者和旅游项目的开发商是旅游项目策划中的主动性要素,只有充分调动他们的积极性和热情,才能保证项目策划具有较高的效率。通常情况下,旅游规划者在项目策划时最重要的素质当属项目策划经验的丰富程度和所拥有的信息量。

(1)旅游规划者的能力

优秀的旅游项目策划需要一支经验丰富的旅游规划队伍,一方面,他们应该拥有多学科的专业人才,另一方面,规划组成员应大部分具有丰富的规划实战经验。从某种意义上来看,旅游规划对工作经验的要求较高,丰富的规划经验可以为规划者提供更多的思路。因此,规划者要善于在实践中学习和积累,只有见多识广才能胸有成竹。但是,旅游项目策划中的创新性要素也是不能缺少的重要内容,而年轻人往往在创新性的思维和能力方面具有相当的优势,因此,规划组成员要注意年龄的合理搭配。

(2)旅游规划工作的信息度

所谓旅游规划工作的信息度是指在进行项目策划时,规划工作人员对各方面信息的敏感程度和处理信息的效率。信息是旅游项目策划过程中分析和决策的依据,它一方面要求项目策划者了解旅游市场上的需求信息,另一方面还要了解旅游市场供给方面的信息,只有充分掌握了这两方面的信息,才能设计出新颖、别致、独具魅力、适宜旅游地开发且满足旅游者需求的旅游项目。

旅游规划者的信息度要从其硬件和软件两方面来考察。首先是信息处理的硬件。硬件包括的内容主要是对各种信息数据收集整理时所使用的仪器、设备等。如果这些硬件设施条件优良,则在旅游项目策划时可以大大提高信息的收集和整理效率。其次是信息处理的软件。软件主要包括与信息处理硬件相配套的软件和高素质的信息管理人员以及信息收集的网络,这些方面都对旅游项目策划产生一定程度的影响。

(3)旅游开发商的实力及要求

旅游项目的策划、建设和管理全过程都需要投入大量的资金和时间,因此,旅游开发商的实力也会对旅游项目的策划产生一定影响。资金实力不强的旅游开发商无法投入足够的资金对策划的项目做可行性研究,因此无法对所策划项目的质量予以保证。一旦劣质的项目投入建设,给区域旅游发展带来的负面影响是长远的。因此,为避免出现不负责任的项目开发,通常一些大型的旅游项目的策划都由大型企业或政府出面主持开发。此外,开发商对于规划内容提出的要求也会对项目策划产生影响。

2) 旅游资源的赋存状况

旅游地的旅游资源赋存状况决定了项目策划的素材来源。通常旅游资源较为丰富的区域,在项目的策划题材上选择性较强。因此,旅游资源的赋存状况对项目策划的影响是先天性的,在缺乏创作素材的情况下,单纯依靠策划师的聪明才智很难有所突破。

3) 旅游市场需求状况

旅游市场是项目策划成功与否的检验场所,是旅游项目策划中最具影响力的外部要素。

首先,在市场经济条件下,旅游项目需要在市场中实现它的价值,旅游项目策划的成效需要在市场中予以客观评价。其次,旅游项目的策划要以市场需求为导向,市场中旅游者的行为模式和未来需求的发展方向是对项目策划影响较大的两个内容。在项目策划之初,策划者必然会对目标市场中消费者的消费心理和消费习惯进行深入的研究,并在此基础上进行针对性的项目策划。由此可见,项目策划者的创意思维不是随意产生的,而是以目标市场的发展态势为依据,与市场需求的发展保持一致。

【例 9.1】北京什刹海地区旅游项目策划

什刹海地区位于北京西城区的东北部,总面积 146.7 公顷(地安门外大街以东地段未计入),是北京城区 25 片保护区(在确定整体保护北京旧城以前确立的 25 片保护区)中面积最大、现状相对最完整的一片,也是唯一拥有湿地(水面)的保护区。因此早在 1992 年,什刹海地区就经北京市人民政府常务会议命名为"历史文化旅游风景区"。

自 1983 年起,什刹海历史文化旅游风景区相继编制了《什刹海风景旅游区总体规划方案》和《什刹海历史文化旅游风景区详细规划方案》。这两个规划都是以城市规划的视角编制的,侧重于功能分区、市政设施配套和体型环境控制的硬开发规划。在以后编制的《北京市西城区国民经济和社会发展第十个五年计划》《北京市西城区迎奥运行动计划》和《北京市西城区旅游业中长期发展规划(讨论稿)》中,尽管将什刹海地区视为西城区发展旅游业的重要依托,为其指示了一系列的"发展目标""发展定位""文化旅游开发利用原则",但都是"只出题不解题"的规划。本策划方案本着解决什刹海地区旅游业的实际问题的出发点,为了能够理出一条快速发展旅游业和确立竞争优势的战略思路,提出了本项策划的主题内容,即"四五三四"工程:四项起飞战略、五个提升方向、三个重点项目策划、四项创意方案。

1. 四项起飞战略

(1)上纲上线战略。

(2)产品超前、领先战略。

(3)文化附加值战略。

(4)追逐时尚、引领时尚的战略。

2. 五个提升方向

(1)旅游区地域的整体提升。

(2)旅游产品的提升。

(3)确立"场所意境",提升休闲理念。

(4)目标市场的提升。

(5)开发、运转理念与机制的提升。

3. 三个重点项目策划

3.1　什刹海——北京城的中央湿地策划

恢复什刹海湿地,从景观的角度说不可能是完全恢复旧貌,但从湿地生态的角度说,则应尽可能地恢复原有的生态——一个生物多样性的生态系统。

恢复什刹海的湿地首先要拆除环湖的水泥驳岸,改为土石相间的驳岸(有利于变态生殖的昆虫钻进泥土中化蛹),并恢复当年的水生植物,滨水植物和环湖的乔木、灌木。

就景观而言,什刹海环湖景观的整治原则就在一个"旧"字上,必须千方百计地实现"新貌换旧颜"。这里说的旧,是老舍先生笔下描绘过的旧,所以环湖的一些与自然景观极不调和的假古董,应按"遮丑露美"的原则用绿化进行"遮丑"。

具体而言,恢复当年的景观首先要开辟出当年的环湖步行道(步行游赏路),并在环湖开辟两条主要路段——一条老舍路,一条情人路。在什刹海湿地的环湖路边,应普遍采用低点照明,只照地不照天,坚决不搞所谓的亮化工程。

图9.1　老舍路效果示意图

3.2　北京旅游的创新精品"古都北京的深度之旅"策划

作为古都北京的深度之旅,理所当然地应该在自然景色优美、人文积淀深厚的什刹海地区推出,不仅在于这里仍然保存着姣好的水乡风光,仍然保存着大量的王府、寺庙与四合院民居,而且在于这里原是元大都建城时的中央湿地,是明清北京城区的上风上水的风水宝地!再加上这里有贵胄文化的深厚积淀,还有着民国以来文士、精英荟萃积淀下的雅文化,和正黄旗军民后裔的京味十足的俗文化、大众文化。因此,北京要推出"古都北京的深度之旅",就自然景观、历史文化、社区结构、民风民俗等条件来看,西城区大大领先于东城和崇文、宣武,而在西城区范围内又以作为全市最大的历史文化保护区的什刹海地区,最具开发"深度之旅"的优势。

作为北京旅游的一个紧跟时代脉搏的创新产品的"古都有北京的深度之旅",该创意策划是一项与时俱进的系统工程,涵盖了旅游六要素吃、住、行、游、购、娱的全部内容。

3.2.1　"吃"

作为深度之旅组成要素的"吃",远远超越了吃的物质内涵,超越了满足营养需求和味觉享受,进入了饮食文化和烹调技艺的体验和就餐方式、饮食民俗与礼仪的体验,游人不仅要尽可能地参与烹调的全过程,还需要和提供家庭餐的主人家一同就餐,由主人进行导餐,边讲边吃。深度之旅的家庭餐不止一顿,饺子不能顿顿吃,因此还要增添馄饨、馅饼、肉饼、春饼、荷叶粥(馄饨可参与包制,馅饼、肉饼、春饼可参与部分制作,荷叶粥熬好后可参与扣荷

图9.2 古都北京的"深度之旅"释义图

叶)以及烤肉、涮肉(自烤自涮自吃)等。提供就餐的人家应有面积较大且明亮整洁的厨房、配备抽油烟机、消毒碗柜、电冰箱、微波炉,此外一应菜式均应是地道的北京家常菜,尤其是吃春饼配备的"熟肉什锦菜盒子"与"炒和菜",均应遵照金受申在《老北京的生活》一书中"吃春饼"一节描述的做法。

3.2.2 "住"

深度之旅的一项重头戏是住四合院家庭旅馆,这种由四合院改成的平房旅馆在北京早有先例,只是管理是酒店式的而不是家庭式的。从硬件设施来看,把三间房改成两个带卫生间的标准间轻而易举,内部设施的配置也可参照一般星级饭店的标准间。有所不同的是,四合院家庭旅馆应该在室内装饰与陈设上、室外庭院的绿化美化上,更多地体现北京人家的家居氛围和房主的个人审美偏好。

3.2.3 "行"

"胡同游"之所以受人欢迎,在于它推出了有老北京民俗特色的交通工具三轮车,让游人坐上三轮车徜徉于汽车难以通行的大小金丝套去串胡同,让洋人也当上一回老北京的"胡同串子"。当什刹海地区的"胡同游"提升为"古都北京的深度之旅"后,在"行"方面必须相应有所提升,一是改进车型,使之更灵巧、更美观、色彩更明快,二是招聘男女大学生和留学生来打工蹬三轮,从而使所有的登车人都能用两三种语言与游客沟通,有的还能充任兼职导游。

3.2.4 "游"

《什刹海志》旅游景点一章中罗列了15个已经修复对外开放的景点:恭王府花园、宋庆龄故居、郭沫若纪念馆、汇通祠与郭守敬纪念馆、梅兰芳纪念馆、徐悲鸿纪念馆、钟鼓楼、德胜

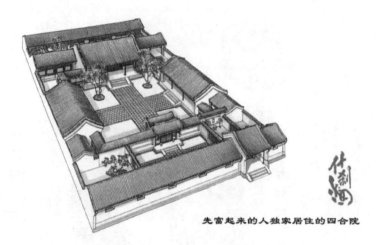

先富起来的人独家居住的四合院

图9.3　四合院示意效果图

门箭楼、万宁桥与金锭桥、银锭观山、广化寺、金丝套胡同民居游览区、荷花市场、古代钱币博物馆、北京奇石馆。作为"深度之旅"的一日游、二日游推出后，首先是景点要增加，其次各个景点都要有延伸开发，增加参与性、娱乐性的内容，以增强旅游吸引力。如增加钟楼、德胜门箭楼(参观明清北京城垣展)、广化寺(礼佛、祈福)、梅兰芳故居(看15分钟梅兰芳演出录像)、徐悲鸿纪念馆(参观画展、购买徐悲鸿原作的木版水印复制品)、古代钱币博物馆、北京奇石馆等。

3.2.5　"购"

《什刹海志》中的"新老店铺"一节记载了二十余家著名的店铺，半数以上是饭馆、食品店和小吃店。人们来什刹海一向重在餐饮、娱乐，不在购物上。推出"深度之旅"后，入境游客要在这里住上一两夜，晚上出来转转，也希望能碰上点儿称心的物件，买回去做个纪念。随着胡同游、水上游和近两年来什刹海酒吧的兴旺，这里人气旺了，商机来了，所以烟袋斜街开设了锯古斋、天堂之约等出售民间文物、民俗器物和民间工艺品的小店铺。随着深度之旅的推出，市场还会让这一带开张更多的店铺，而且是以晚间市场为主的店铺。

3.2.6　"娱"

《什刹海志》第四篇第三章戏曲、音乐、舞蹈，言及从元大都歌舞升平的漕运码头海子到清末恭王府的戏班子，到民初通河轩茶馆与荷花市场的曲艺演出，什刹海地区一直是歌舞升平之地。伴随着"深度之旅"的推出，什刹海地区正面临着一场"文艺复兴"。但文艺复兴要经历一个漫长的过程才能实现，当前急需的是推出以下三项娱乐内容：

第一，在恭王府大戏楼交叉上演京剧、昆曲折子戏和演出形式类似宣武区天桥乐茶园的当年荷花市场撂地演出的曲艺、杂技。

第二，伴随着夜晚水上游的水上社戏。

第三，第二聋哑学校学生的演出专场。

3.3　主题文化酒吧策划

把主题酒店的理念延伸到什刹海地区的主题文化酒吧，首先碰到的问题是，酒吧做主题文章的空间和可动用的财力与技术手段，远远比不上一个规模宏大的酒店，它的主题不可能是一个大的历史时代,一个巨大的文化空间,只能是存在于什刹海地区历史文化积淀中的一个人、一本书、一台戏,它必须能与什刹海的文化土壤文脉相接、水土相服,并确实能通过酒吧打造出独特性卖点,打造出独具特色的环境氛围,在室内装饰、家具、陈设、装饰照明与服务人员的服饰、化妆等方面,都能显示出鲜明的主题特色。本策划提出的一些可供选择的主题有:"纳兰酒吧"(或称"纳兰性德吧"或"渌水亭")、"四世同堂"(或称"大赤包吧")、"骆驼祥子"(或称"虎妞酒吧")、"魔合罗吧"、"恭亲王吧"、"和珅酒吧"(或称"嘉乐堂吧")等。

4.四项创意方案

4.1　环湖步行旅游圈创意策划

环湖旅游步行带设计的总体思路是,对环湖地带(包括目前的环湖路)进行总体规划,使机动车道与步行道自然分离,同时对步行带进行绿化设计,为行人提供一个安静舒适的步行环境。

环湖应建设能让游人接近水面的步行带,为此,沿湖的建筑或者拆除或者变成对游人开放的空间,绝不能让单位或会员制俱乐部一类的单位占领。步行带的设计宽度一般地区不应低于5米。在宽阔处可设计小树林,树下形成游人活动空间。步行带外可设计成为自行车、三轮车、电动三轮车(详见交通规划)等环保、低速交通工具的通道,宽度5米左右,并在各交通路口设置路障,防止机动车进入。为了尽量扩大步行带的宽度,要将目前在环湖路外的绿化带改建为道路,将空间内移到环湖地带(宋庆龄故居外墙的绿化带就可移植到贴近湖的地带,将墙外地带让位给道路)。

4.1.1　绿化

什刹海地区的街道都是老北京的胡同,非常狭窄,为了尽可能扩大行人活动的空间,必须对绿化用植物精心挑选,既符合绿化的需要、符合什刹海地区风貌保护的需要,又要符合尽量扩大游人活动空间的需要。

沿什刹海种植垂柳,地面硬化处理,要在绿化树下尽量形成游人活动的空间,绝不能种植草坪。

步行带与道路间用绿篱自然分割,给步行区一个安静舒适的环境。绿篱可选用小型侧柏、小叶黄杨、大叶黄杨、蔷薇等植物。

在低矮乔木和灌木形成的准绿篱下可用玉簪等北京传统耐阴植物绿化。

小型广场内可种植悬铃木、国槐等高大浓荫植物;可用凌霄等藤萝形成小型空间;在小型广场中心地带不能使用丁香、紫堇、迎春等低矮乔木和灌木,这些植物只能用于广场周围,作为与绿篱配合使用的植物;不用银杏等疏叶植物。

环湖的建筑墙面可用爬山虎等植物绿化(如宋庆龄故居外的围墙)。

4.1.2　交通

环湖步行带最重要的是适宜游人游览停留,因此必须尽可能减少环湖的机动车数量,尽可能将更大的面积让位于步行区。机动车道难以分离的部分(如宋庆龄故居前等),机动车道的设计要尽可能远离环湖步行道,且要用绿篱将机动车道与步行道自然分离。步行带外可设计非机动车道,便于游人通过。

4.2 什刹海地区交通策划

原则:区内交通改造必须是符合"帕累托改进"(区内交通改革的出发点和归宿);区内交通改造必须符合什刹海的总体定位要求。几条重要街道的规划思路:

4.2.1 几条完全的步行街道

后海北街东南步行街区后海北街从银锭桥到甘露胡同口一段。

后海西南步行街区后海西沿、后海公园、后海公园往东沿湖到后海南街的步行区。

前海北街步行区前海北沿整条街。

4.2.2 几条机动车道的规划

(1)环湖机动车单向行驶道

前海南沿、前海东沿、小石碑胡同(部分)、鸦儿胡同、甘露胡同、后海北沿(甘露胡同以西部分)、后海西沿(西面那条)、西海东沿、北沿、西沿、南沿、东明胡同、羊房胡同、后海前沿、银锭桥胡同、南官房胡同、前海西街。

这条单向环湖路并非完全紧贴湖边,有些地方让出了湖边的路给步行街,但是距离步行街非常近,可解决小区的可进入性差的问题。

(2)可单侧停车的街道

前海东沿、鸦儿胡同、后海南街、前海西街等。

(3)停车场的设计

龙头井街与定阜大街相交一带、南海西街与前海北沿相交一带、东明胡同一带、德胜门水童胡同一带、甘露胡同一带、烤肉季东一带。

为解决此地区寸土寸金,建设停车场替代成本过高的问题,我们也可以考虑在上述地区的地下建设地下停车场。但由于地下停车场的直接造价过高,可以先期建设地上的停车场,待旅游区发展到一定阶段,再考虑建设地下停车场。

(4)限制机动车进入环湖步行区的办法

学习西方一些国家步行街隔离墩的设计,用可遥控升降的隔离墩将机动车道与步行街隔离开,有权进入步行区的车(如居住在其中的居民),可通过带有密码的遥控器,使隔离墩下降,通过后,再用遥控器提升隔离墩。

(5)租用脚踏车或电瓶车的设计

由于我们规划了环湖步行带,这个步行带的长度以千米计将达两位数。对于一般旅游者来说,完全步行是难以承受的,为了解决旅游者在小区内的交通问题,我们可以设计小型三轮自行车和小型三轮电瓶车。租用地点可设在上述停车场内,这样旅游者下车后就能租用。为了方便旅游者,租用的车辆可以在任何一个地点归还。

4.2.3 四合院民间工艺展示策划

(1)四合院的选择

作为民俗工艺制作展示的场所选择,在什刹海地区首先选择的就是四合院。四合院地点的选择最好在金丝套地区,这里是什刹海保护的核心地带,且与银锭桥、恭王府等景点在交通上联系最为方便,距辅仁大学一带的停车场也比较近,交通方便,可进入性好。

（2）工艺展示的定位及名称

发挥四合院的优势，将其改造成为一个主题鲜明的、向高档次消费国际旅游者展示我国（主要是北京及周边地区）的手工艺术品制作及销售的旅游点。

（3）展示内容及方式

民俗中心展示的并不是所有的民俗，而是传统的手工艺制作过程和产品，包括泥人、面人（大、小）、风筝、草编、绢人、彩蛋、脸谱、小型木雕、年画、木刻水印、蝉蜕猴人、小鞋（三寸金莲）、竹根制品、藤艺、内画壶等。

（4）装修

总体的装修风格要形成民间工艺展示中心的要求，在现有情形下，简单装修即可。大门可安装上传统的宫灯，室内可用部分老艺人的工艺品进行装饰，如大型风筝、草编、脸谱等艺术品，给人浓郁的传统风格的感受。

4.2.4　形象构建和促销方案策划

（1）旅游形象与主题口号

①理念形象

天人合一的"3N"胜境（Nature 自然、Nostalgia 怀乡、Nirvana 涅槃）（图9.4）；

图9.4　理念形象释义图

什刹海——北京城中央的湿地加诗地（理念形象释义图略）；

什刹海——北京城中的最佳人居环境（理念形象释义图略）；

什刹海——八百年皇都的气脉之源（理念形象释义图略）。

②主题形象

什刹海——中国深度之旅的第一品牌（主题形象释义图略）；

什刹海——世界唯一的四合院 shopping mall（图9.5）；

什刹海——老北京生活的工笔写意（图9.6）；

③体验形象

漫步什刹海，感受京文化的深层底蕴（体验形象释义图略）。

串小胡同游大王府，大雅大俗的绝妙体验（图9.7）。

坐船穿过银锭桥，体验北京最美丽的拐弯（图9.8）。

在什刹海的晨岚暮霭中奉献你的一片深情；鼓足勇气，让心跳代替脸红（体验形象释义

图9.5　主题形象释义图

图9.6　主题形象释义图

图9.7　体验形象释义图

图略）！

　　什刹海的月光照亮了你我的心坎，不必迟疑，无须忸怩，尽管放心地淘气（体验形象释义图略）！

　　（2）营销的具体措施

　　①旅游节庆活动的举办；

　　②邀请记者团考察参观；

　　③通过资助旅行社为重点团推广产品；

图9.8　体验形象释义图

④重点旅游市场的说明会和旅游文化展览；

⑤积极参加文化和旅游局举办的"全国旅游交易会"等促销活动；

⑥广告的形象推广；

⑦什刹海旅游网站的建设；

⑧电视专题系列片、连续剧。

本章小结

1.旅游策划与旅游规划关系密切，首先，策划与规划的内容是互相渗透的，主体是相通的，许多理论是共用的，客体相同；其次，无论总体规划还是详细规划都应贯穿策划理念，贯穿透彻，规划就能出彩；规划必须经过策划，策划必须有创意，创意是规划、策划的灵魂。规划者将策划贯穿到规划中，规划将与众不同。策划是一门科学，更是一门艺术。

2.旅游策划是旅游策划主体为达到一定目标，根据旅游地或旅游企业的旅游资源现实情况及旅游市场发展信息预测旅游活动和旅游业变化的趋势，通过一定的途径和方法，对旅游地或旅游企业整体发展或局部某项工作或事件进行全面的构思、设计、制订和选择切实可行的执行的方案，使旅游资源的利益与市场需求充分协调，从而形成正确决策和达到高效工作的创造性思维过程。

3.旅游项目策划具有自身的特征，因此旅游项目策划应遵循科学的原则，依据一定的程序，采取科学的方法进行，以保障旅游项目策划的效果。

复习思考题

1.结合实际，谈谈你对旅游策划概念的理解。

2.试比较旅游项目与旅游资源、旅游产品、旅游线路等概念的异同点。

3.简述如何把握旅游项目策划应遵循的原则。

4.简要说明旅游项目策划的程序及其方法。

5.试比较旅游项目策划与旅游规划的区别和联系。

案例讨论

阅读例9.1,讨论以下问题:

(1)什刹海地区是北京市"历史文化旅游风景区",你同意这个策划方案吗? 并说明理由。

(2)你认为该策划方案是否对实现"五个提升"有操作和实施价值? 阐述观点,并说明理由(五个提升是指:旅游区地域的整体提升;旅游产品的提升;确立"场所意境",提升休闲理念;目标市场的提升;开发、运转理念与机制的提升)。

(3)讨论案例中的形象策划,并说明理由:理念形象策划;主题形象策划;体验形象策划。

第10章 旅游支持与保障体系规划

本章提要

旅游支持与保障体系规划作为总体规划的重要组成部分,目的是对旅游区域食、宿、游、购、行、娱等方面的建设进行细化和设计,并在政策、体制和管理方面提供可持续发展的保障。

旅游支持体系视旅游区的区域背景、性质、特点和开发程度而定,规划一般包括以下五个方面:交通与旅游线路规划;基础设施规划;植被绿化规划;环境保护规划;服务接待设施规划。支持体系的各个部分对旅游区的运营发展都构成限制因子,同时各个部分之间又相互衔接,互相影响,组成旅游区域的宏观框架。

旅游发展保障体系是从外部条件上为旅游规划与开发的实施方案提供政策等方面的支持和保障。

学习目标(重点与难点)

1. 了解旅游支持体系规划要点。

2. 熟悉旅游保障体系规划的主要内容。

3. 了解区域旅游合作的意义与机制。

框架结构

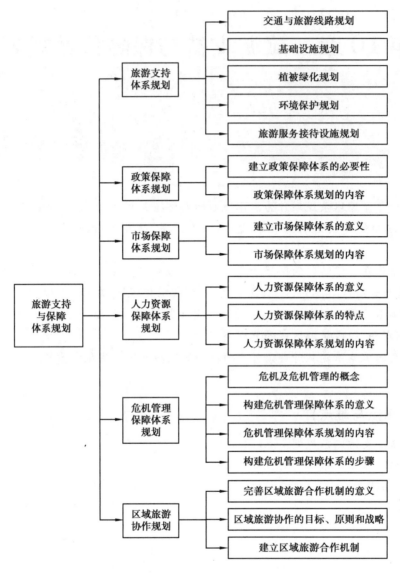

大丈夫当朝碧海而暮苍梧。

——徐霞客（明）

开篇案例

美国黄石国家公园管理模式

黄石公园地处号称"美洲脊梁"的落基山脉,总面积8983.17平方千米。公园自然景观有以石灰石台阶为主的热台阶、大峡谷、瀑布、湖光山色、间歇喷泉与温泉等。黄石公园还是一个野生动物的乐园,有许多世界珍稀动物。美国的黄石公园是世界国家公园管理的典范,它在资源与环境保护、科学研究、宣传教育、员工招募、资金运作等方面为我国资源保护型旅游景区的管理提供了许多有益的借鉴。

1.黄石国家公园管理目标

为保护大自然的美景,使黄石地区不再落入探矿者、在未占用公地上擅自定居者、大农(牧)场主和伐木场主手中,1872 年 3 月 1 日,美国国会通过了建立黄石国家公园的提案,该提案将黄石公园永远地划为“供人民游乐之用和为大众造福”的保护地。黄石公园制订了如下的战略目标,作为公园可持续发展的行动指南。

(1)保护公园资源

黄石公园的自然、文化及相关价值在良好的环境中得到保护、修复和维护,并且在广义上的生态系统和文化氛围中得到很好的经营。

黄石公园在获取自然、文化资源及相关价值的知识方面做出巨大贡献;关于资源和游客的管理决策是基于充分的科学信息而做出的。

(2)成为向公众提供娱乐和游客体验的场所

游客能安全地游览,并对可进入性、可获得性、多样性以及对公园设施、服务的质量和娱乐机会感到满意。

黄石公园的游客、所有美国人、全世界人民都能够理解并且赞赏为了当代以及子孙后代而对黄石公园的资源进行保护。

(3)确保机构的高效率

黄石公园运用正确且高效的管理实践、管理系统和管理技术以实现其使命。

通过吸引合作伙伴、采取主动以及从其他机构、组织和个人获得支持来增强其管理能力。

2.公园管理的首要使命:资源保护

(1)总体保护措施

黄石公园始终努力保持国家公园系统的优良传统,即公园的所有工作人员都参与公园资源的保护工作。所有的雇员都被鼓励参与对游客的教育活动,尤其是教育的内容涉及资源保护时。当游客们看到在公路上慢悠悠地行走的野生动物时,也乐于成为公园守护者的忠实听众,听他们讲解关于野生动物的生活习性、种群状况等方面的情况。当和垂钓者闲聊的时候,工作人员也就顺带检查了他们是否遵守公园的有关规章制度,这样就将对鱼类的负面影响降至最低。

为了加强经营管理和资源保护方面的联系,黄石公园在 20 世纪 80 年代开展了一项名为“资源运营”的项目。除了资源方面的专家负责监督公园的自然和文化方面的资源状况以及确定需要采取什么措施去保护或修复它们,还有 5 个全职的资源运营协调员,另外,通常情况下,还有 15 名雇员被安排在资源运营和保护部工作。对于公园的守护者来说,总体职责如下:

①监督资源状况,从而确定游客的影响程度,并采取有效措施将这种影响降至最低;

②在游客经常光顾的景点开辟道路、野营地以及添置设施设备;

③教育游客如何保护公园的资源;

④加大法律和公园规章制度的实施力度。

防止公园的资源受到破坏或损伤是所有公园守护者光荣的传统职责。1994年,黄石公园建立了赔偿基金,主要目的是为那些遭到人为破坏的自然或文化资源提供修复的资金。此外,它还用来改造警务部门的设备,以及培训员工对处理公园内违法活动的理解。这笔资金还用来奖励那些对打击公园内违法犯罪活动做出了贡献的人。

（2）野生动物的保护

野生动物的保护包括狩猎限制、垂钓限制、禁止给野生动物投食、防止北美野牛外流,以及管理那些习惯人类活动的动物和害虫。

（3）本地植物的保护

本地植物的保护包括消除外来动植物对本地植物的危害,并整治有安全隐患的树木。

（4）地质资源的保护

黄石公园花费了大量的精力和数以千计的美元用以制作告示、讲解、演示,以便教育游客对那些极易受到损害的地热资源进行保护。有一些游客会将泥地里的淤泥作为纪念品带走;有一些游客在许愿时用硬币将温泉的出口塞住。如果狭窄的通气孔被塞住后,就会阻碍水从下面流出来,因此会改变温泉的喷发方式或是降低其温度,从而影响藻类的生长。而藻类的生长是许多温泉出现各种色彩的原因。公园的守护者为防止通气孔被堵塞,就帮助地质学家抽出了 Morning Glory 池中的水,一直到能看到那些堵塞温泉通气孔的东西,然后设法将其取出,或者用其他的方式设法使温泉能够自身净化。

3. 社会功能的开发与利用:教育与科研基地

（1）教育

对游客进行关于公园的自然和文化特点的教育是为游客提供愉快的旅游经历的重要组成部分,因为采用这种方式能够使公园不被破坏,从而让子孙后代继续享用。在理想的情况下,讲解从游客进入公园之前就开始,并且持续到游览结束之后,这样能在实现资源保护的同时,给每个游客留下终生难忘的旅游经历。

每年有数以千计的关于公园方面的书面咨询、电话问询、电传或电子邮件被转入黄石公园的全体员工手中。通过各种各样的正式或非正式的私人交往、室内外展示、出版物、多媒体等方式来增进公众对公园价值和资源的理解和好评。还有讲解专家在网站上开展对景点的"真实"游览、互动地图、详细介绍黄石公园等活动,这大大地提高了该网站的访问次数和受欢迎程度,而且这还将公园的服务范围向非传统的、各种类型的公众拓宽。讲解和教育的形式多样,用多媒体向游客陈述公园的地质演变、野生动物等是一个很有效的教育途径。

每年黄石公园针对来访游客和其他公众出版大约60种读物。黄石公园协会作为教育和讲解的主要合作伙伴,通过在公园的游客中心销售出版物,将获得的资金用于印制公园外文版地图、提供外文导游、出版法文、德文、西班牙文、日文报纸等。当游客驾车驶入公园时,将自己的收音机播到调频1610频道,就可以收到关于公园的简短信息和注意事项。

（2）科学研究

1871年就在黄石公园开展了正规的科学调查。首批勘察项目的重点是公园的水生态系统,不过涉及公园特色的其他方面也做了文献记录,包括考古、植物区系、动物区系,等等。1898年,黄石公园最早的科研许可证颁发给了 W. A. Setchel 教授。从那时起,黄石公园吸引了越来越多的来自不同学科、不同研究机构的科研工作者。近几年,公园每年批准250～300个科研项目,其中大约50%的项目是由大学的教授或与大学有密切联系的研究人员所主持或监督的,还有近25%的项目是由私人基金会、企业或个人完成的,其余的项目由公园的工作人员或其他的政府机构的科研工作者完成。

4. 旅游与休闲

由于具有大自然所馈赠的异常丰富的旅游资源、长达100多年的旅游历史以及众多特许经营商的加盟,黄石公园正在接待越来越多的旅游者。如今,黄石公园已成为旅游者的天堂,其旅游活动可以说是包罗万象、丰富多彩,适合不同品位的形形色色的旅游者。

根据旅游活动的内容,黄石公园最具代表性的旅游项目有:

(1)初级守护者(Junior Ranger Program)

黄石公园针对5—12岁的孩子开展了一项名为"初级守护者"的官方项目,目的是向孩子们介绍大自然赋予黄石公园的神奇以及孩子们在保护这一人类宝贵财富时所扮演的角色。

要成为一名初级守护者,每个家庭只需要为长达12夜的活动支付3美元,这样孩子们就可以参观公园的任何一个游览中心。孩子们的主要活动包括:参加由公园守护者引领的一些活动、在公园的小道上徒步旅行、完成一系列的关于公园的资源和热点问题的活动,以及了解诸如地热学、生态学的相关概念。然后,在核实了孩子们确实出色地完成上述活动后,参与者将被授予官方的"初级守护者"荣誉称号。无论是孩子们,还是这些孩子的父母们,都共同体验了成为初级守护者的乐趣。

(2)野生动物教育——探险(Wild life Ed-Venture)

黄石公园是全美观察悠闲漫步的大型野生哺乳动物的最佳地区之一。该活动在黄石公园协会一名有经验的生物学家的带领下,探寻黄石公园内珍稀的野生动物。通过该活动,参与者将会了解在何处、何时、怎样观察野生动物,并且从它们的行为、生态学以及保护状况中得到满足。

(3)寄宿和学习该项目

对于那些想通过游历世界上最早成立的国家公园而获得乐趣、恢复精力的游客而言,该活动真正是集教育和休闲于一体。借助黄石公园住宿条件,该项活动为游客提供了最为美好的两个不同的世界——白天,参与者在黄石公园研究会的自然学家的带领下饶有兴趣地探寻黄石的有趣之处;夜晚,他们返回住处享受美味佳肴和舒适的住宿设施,并且在有历史性的公园饭店内体验丰富多彩的夜生活。

该项目针对滑雪爱好者、野生动物爱好者、徒步旅游者、家庭成员以及打算带走一些标本的游客提供全年的服务。

(4)现场研讨会

该活动为游客提供一段相对比较集中的近距离的教育经历,主要涉及一些专门领域,如野生动物、地质学、生态学、历史、植物、艺术以及户外活动的技巧。近年来的现场研讨会还包括了野狼的世界、关于冬天的写作、黄石公园的火山活动、荒野紧急救援、高山地区的野生花卉以及黄石公园的Ghost饭店等。

研讨会的指导者一般是对黄石公园充满感情的,并且愿意与他人共享其专业知识的知名学者、艺术家和作家。而无论是青年和老人、男人和女人、长期从事科研工作的学者,还是初来黄石公园的游人,凡是具有某一方面好奇心的游客,都成为该活动的积极参与者。

大多数的研讨会都会在黄石公园内的骆驼谷(Lamar Valley)、野牛牧场(Buffalo Ranch)或是公园的饭店举行。活动一般会持续1~4天,人员限制在13人以内,费用为55~65美元/天。

(5)徒步探险(Hiking)

面积达220万英亩的黄石公园,是全美国最原始的荒原地区。其中,有1700多千米的小道适合徒步行走,在公园守护者的带领下,游客花半天的时间,参观鲜为人知的地热区、探寻野生动物的栖息地、经历黄石公园的一段荒凉地带。

总体来说,黄石公园的徒步探险旅游可选择的活动地点很多,徒步旅行的难度也从轻松到十分艰险不等,甚至有些活动不适合有心脏病、呼吸系统疾病或有其他严重病史的游客。需要特别指出的是,所有15岁以下的孩子在进行这类活动时必须由父母陪同前往。

(6)野营和野餐(Camping&Picnicking)

黄石公园内共有12个指定的野营地点,其中大部分野营地遵循谁先到就先为谁服务的原则。在野营地点,游客既可以欣赏黄石公园的美景,又可以远离喧嚣的都市,体验悠闲自得的恬静的乡野生活,同时,还可以通过与公园守护者、其他游客的交谈、举行的一些活动加深对黄石公园的美好经历。

5.保障机制:黄石公园的守护者与资金运作

(1)黄石公园的守护者

包括正式雇员、志愿者、合作伙伴、黄石公园合作协会、黄石公园的赞助商,以及黄石公园基金会。另外,公园的管理当局为了在延长了的旅游旺季中保持公园的平稳运作,每年都要招募许多临时雇员和志愿者,这些人员包括工程师、造景师、机械师、电工、管子工、木匠、油漆工、重型设备操作人员、水处理设备操作人员、监督人员以及其他一些干杂活的人员。如今,黄石公园越来越依赖志愿者的帮助以弥补其自身人员和经费预算的不足。仅1998年,就有294人为黄石公园提供了55800小时的无偿劳动,这些工作包括:在信息咨询台前回答游客的咨询、野营地的维护、搜集和分析数据以便于资源管理者和研究者使用。

(2)资金运作

黄石公园的资金大部分是经国会批准,从税收中划拨的。其他的资金,比如门票收入,也是资金来源的重要组成部分,但这些资金一般用于特别项目而并非诸如雇员薪水和设施设备这样的固定支出。黄石公园的基本运营资金已从1980年的961.5万美元上升至1998年的2304.1万美元。以1998年为例,政府划拨的资金当中,有68%被用于支付雇员的薪水和津贴。由于需要更多的设备和专家,以及培训更多的人员从事新的工作,公园就需要更多的资金。除了上述支出以外,黄石公园还增加了在其他方面的成本。其中包括:电气设备和水处理设备的成本增加;开展了一些新的研究项目;游客人数增加而导致的运营成本的增加等。

黄石公园的资金来源构成包括:

①基本资金:该资金每年由国会批准,并根据国家公园服务法划拨给每一个国家公园。尽管这笔资金每年都在增长,但其增长幅度仍低于黄石公园开支的增幅。

②特殊项目酬金:除门票以外,黄石公园还被授权对特殊的活动收取酬金。

③项目的拨款:划拨给公园的年度拨款中还包括一些针对特别项目的资金,这些项目必须是在国家公园服务法中认为是值得的,才能够被批准获得拨款。1998 年黄石公园得到的一次性项目拨款的例子有:印刷公园中的小道的路标;拆迁九个地下储存罐;历史图片的保存;对许可经营项目的调查。

④私人捐赠:黄石公园被授权接受私人捐赠用于弥补运营经费的不足,这些钱不包括黄石公园协会和黄石公园基金会所获得的捐赠。其中有一些捐赠可用于任何项目,而另一些捐赠只能用于指定的项目。

⑤展示项目的酬金:从 1997 年起,国会授权国家公园系统可以保留 80% 的门票收入,另外 20% 由联邦机构决定如何使用。黄石公园是最早授权的 100 个单位之一。按照国家公园服务法,这笔被授权的资金可用于项目预算的赤字,以便能够解决那些非常紧迫的资源保护和基础设施维护问题。尽管每年这都可为公园提供重要的资金来源,但它还是被认为是非固定项目,因为该项目的截止时间是 2001 年。

⑥建设项目:除了每年划拨的基本资金,国会还专门为国家公园系统划拨建设资金,每一个建设项目必须由国会单独批准,因此,黄石公园必须通过和其他公园竞争才有可能获得该项资金。黄石公园已经获得了一些项目的资金,比如:替换那些用于雇员住房的拖车;峡谷地区的排水系统以及一些重要的设备成本,如交通工具、计算机和电话系统。

阅读本章开篇案例,讨论美国黄石国家公园的管理模式。

阅读开篇案例,讨论:

1. 黄石公园是如何贯彻与实施"资源保护"措施的?
2. 黄石公园在哪些方面体现了"旅游与休闲"的功能?

10.1　旅游支持体系规划

10.1.1　交通与旅游线路规划

交通与旅游线路规划是旅游区建设规划中的重要内容,在专项规划中居于首要地位。其核心在于理顺和畅通旅游区的内外联系,造就便利的进出条件,保证游客进得去,出得来,散得开。

1）交通现状评估与交通运量预测

（1）现状评估

交通设施是一个旅游区发展必不可少的重要条件,一个旅游区的外部交通是否完善,内部道路是否通达,是旅游区发展的关键之一。

交通设施的评估,就是对旅游区现有的交通条件与道路设施包括外部交通与内部交通状况的综合评估。

①外部交通。外部交通评估,首先评估外部交通基本条件,铁路、高速公路与航空及航运是否与全国各地乃至世界各国通达。其次是评估交通设施条件情况,铁路站是否为重要的枢纽站,即客运站的等级、车站设备与条件、各类公路的等级、空港的等级与设备条件以及与旅游区的距离等;分析这些交通设施年客运吞吐量。

②内部交通。内部交通重点分析与评估旅游区内部道路交通,包括各景点与服务设施之间的道路和游览道路现状条件。旅游区的内部交通现状评估,应本着实事求是的态度,客观地评估,将现状存在的问题分析清楚,以便规划中将这些问题一并解决。

（2）交通运量预测

旅游区的交通运量是根据旅游区域年游人数分析而得出的。一个成熟的旅游区,其交通发展模式通常为飞机、火车、汽车并举,如黄山、武夷山都有自己的机场、火车站等大型交通运输枢纽,其中火车运载人数占游客比例的50%以上。因此,旅游专列对旅游区的发展有着举足轻重的作用。

从旅游区现有的交通状况分析,无论是通过航空港飞机到达,还是通过铁路火车到达,大多仅能到达旅游区所属的城市,到达旅游区还得通过公路交通的转运。因此,可以根据公路交通的运量计算公路等级,分析预测旅游区的游客运量。

根据国内旅游区客运车辆的状况,近中期游客乘坐大客车的比例为60%,中型客车的比例为35%,小型客车比例仅占5%。远期,国内私人小轿车的比例将会增加,因此乘坐的车辆中,大客车占50%,中客车占40%,小客车占10%。以每辆大客车乘坐30人,中型客车乘坐15人,小客车乘坐3人计算,可预测公路交通的车辆运量数。

以此方法,不仅能测算出旅游区公路交通的客运量情况,也为旅游区建设相应的停车场提供了直接的科学依据。

2）交通规划

（1）机场位置与旅游区的关系

随着旅游事业的快速发展,航空港将成为中远距离的游客到达旅游区的主要交通模式。

航空港又称为机场,按其航线服务范围可分为国际航线机场和国内航线机场。国内机场又可分为干线机场（航程大于2000 km）、支线机场（航程1000～2000 km）和地方机场（航程小于1000 km）。我国机场的用地一般较小。

随着现代飞机的大型化,飞行速度越来越快,运载量也越来越大,航空运输在旅游区对外交通运输中的作用和影响也越来越大。

机场是地空运输的一个衔接,对旅游区来说,航空运输必须有地面交通的配合。目前,机场与旅游区的地面交通联系的速度与效率已成为旅游区发展需要解决的主要矛盾。上海到黄山旅游区的空中飞行时间只需要 50 分钟,但从黄山机场到黄山风景区却需要将近 1 小时,这无疑是非常不合理的。

从机场本身的使用建设,以及对旅游区的干扰、安全等方面考虑,机场与旅游区的距离远些为好;但从机场为旅游者服务,更大地发挥航空交通优越性来说,则要求机场离旅游区近些为好,旅游区规划必须恰当地处理好这一对矛盾。按照城市规划的规范标准,国际民航机场与城市的距离一般都需要超过 10 千米,我国城市与机场的距离一般在 20～30 千米之间。旅游区的空港建设可以参照这个标准。

为了充分发挥航空运输的快速特点,与旅游区联系的地面交通越快越好,一般希望机场到旅游区所花的时间在 30 分钟以内。因此,在机场位置确定的同时,就要考虑如何组织机场至旅游区的交通联系。

（2）铁路

铁路是旅游者到达旅游区的主要交通手段之一。因此,铁路客运站在旅游区规划中占有重要地位。

铁路客运站的位置要方便旅客,并应与区域布局有机结合。为了方便游客中转换乘,位置要适中,靠近旅游集散中心,协调好铁路与公交、长途汽车,做到功能互补和利益共享。

客运站是对外交通与旅游区内的交通衔接点。客运站必须与旅游区域的主要干道连接,这些干道应该可以直接通达旅游区以及与之相连的各功能分区和景区、景点。

（3）公路

公路是旅游区道路的延续,是布置在旅游集散中心,联系其他城市和旅游景区的外部道路。在旅游区规划中,应结合旅游区的总体布局和区域规划,合理地选定公路线路的走向及其站场的位置。

①公路的分类、分级。公路分类:根据公路的性质和作用及其在国家公路网中的位置,可分为国道（国家级干线公路）、省道（省级干线公路）和县道（联系各乡镇）三级。设市城市可设置市道,作为市区联系市属各县城的公路。

公路分级:按公路的使用、功能和适应的交通量,可分为高速公路和一级、二级、三级、四级公路。除高速公路为汽车专用公路外,一级、二级公路为联系高速公路和中等以上城市的干线公路,三级公路为沟通县和城镇的集散公路,四级公路为沟通乡、村的地方公路。

②公路汽车站场的布置。公路汽车站又称为长途汽车站,按其性质可分为客运站、货运站、技术站和混合站。按车站所处的地位又可分为起/终点站、中间站和区段站。

长途汽车站场的位置选择对旅游区布局有很大的影响。在旅游区总体规划中考虑功能分区和干道系统布置的同时,要合理布置长途汽车站场的位置,使其达到使用方便,并与铁路车站、轮船码头有较好的联系,以便于组织联运,方便游客观光游览。

为方便游客,客运站应设在游客集散中心区位,或者将航空港与汽车站结合布置,或者将汽车站与铁路车站结合布置,既方便旅客,又可形成旅游区对外客运交通枢纽。

3）道路规划

（1）旅游区道路系统规划

①影响旅游区道路系统布局的因素。旅游区道路系统是组织旅游区各种功能用地的"骨架"，又是旅游区开展各种旅游活动的"动脉"。旅游区道路系统布局是否合理，直接关系到旅游区是否可以合理地开展旅游。旅游道路系统一旦确定就决定了旅游区发展的骨架。这种影响是深远的，在一个相当长的时间内都会发挥作用。影响旅游区道路系统布局的因素主要有三个：旅游区域位置（旅游区外部交通联系和自然地理条件）、旅游区用地布局形态（旅游区骨架关系）、旅游区交通运输系统（区内交通联系）。

②旅游区道路系统规划的基本要求。旅游区各级道路应成为划分各功能分区用地的分界线。比如，旅游区一般道路和次干道可能成为划分各级旅游活动小区的分界线；旅游区次干道和主干道可能成为划分各功能次区的分界线；旅游区交通主干道和快速道路及两旁绿带可能成为划分功能分区或组团的分界线。

旅游区各级道路应成为联系各功能分区用地的通道。比如，旅游区主干道可能成为联系各功能分区的通道；公路或快速道路又可把旅游区与旅游地所属中心城区联系起来。

旅游区道路的选线应有利于组织旅游区的景观，并与绿地系统和主要建筑相配合形成旅游区的"景观工程骨架"。

③旅游区道路布局网络。旅游区道路交通网络主要由主干道、干道、次干道、游步道四大部分构成。

主干道主要是旅游区与各主要交通枢纽和旅游区所属城市各主要的客运线路及中心城市联系的主要客运线路，一般红线宽度为 30~45 m。

干道为联系主要道路之间的交通路线，是通往各旅游功能分区的主要交通路线，一般红线宽度为 25 m 左右。

次干道是旅游区通往各景点的主要交通道路，一般红线的宽度为 6~9 m。

旅游区道路系统应该区分为交通性道路和游览性道路两大类。交通性道路用来解决旅游区通往各功能分区与景区、景点的交通联系，其特点为行车速度快，车辆多，车道宽，行人少，道路平面线形要符合较高速度行驶的要求。游览性道路主要解决景区、景点的内部道路交通通达问题，其特点是车速较低，道路两旁的环境特色明显，能吸引游客的视线，使游客感受到旅游区域的景观魅力。

旅游区的游步路应具有组织游赏空间，构成观光景色，引导游览和集散人流的多功能特征。旅游区内的游步道应根据其地理位置与旅游资源的特点来设置，可根据路形特征、路线长短、区位条件的优劣及水陆之间的衔接，设计成曲径通幽或者引人入胜的游路格局，充分体现旅游区的资源特色与文化内涵。游路两旁应配置绿化植物或者若干绿地，每隔一段游览路线可安排一些景观小品以提高旅游者的游览兴趣。旅游步道的宽度不宜太宽，可采用 1.5~2 m 不等的路宽以求变化。登山石径宽度一般设置为 1~1.5 m 不等。

（2）停车场规划

旅游区的停车场规划根据车辆数预测，以方便游客就近游览为原则，可选择大、中、小三种类型的停车场。

①大型停车场的车位数大于 100 个车位,设置有停车、修车、清洗、候车等功能,并且大、中、小车辆均能停放。

②中型停车场车位数 50～100 个车位,设置有停车、修车、清洗、候车等功能,并且大、中、小车辆均能停放。

③小型停车场车位数小于 30 个车位,仅有停车、候车功能且只能停放中小型车辆。

停车场的停车位及其建筑应该与主要的旅游景点有一定的距离,以免在建设停车场时造成对旅游资源的破坏。修建停车场所用材料以与自然和谐的原始材料为好,使停车场与周围环境相协调。停车场的停车位数应略大于车辆预测数,以保证停车位容量基本够用。

4) 游程规划

(1)景点串联组织

观光旅游是旅游组织中最常规的游程规划之一,观光旅游所依据的交通条件相对较为重要,尤其是内部交通应与各景点沟通。

串联景点的游程组织,其关键是不走回头路。串联景点的游程组织应把握住各景点观光时间及其路途时间。因此,景点与景点之间的距离不宜太长,合理安排通常为 1/3 时间段,即 1/3 为路途时间,2/3 为景点观赏时间。因此,把握好观光时间与路途时间是串联景点游程规划的重要理念。

此外,在组景过程中,务必将精华景点与大众景点相间搭配,每天的观光旅程中必须要计划至少一处精华景观,使游客每天的观光都有不虚此行之感。承德避暑山庄周末二日游的安排就较为合理,将外八庙和避暑山庄分别安排在两天内,第一天,上午游普宁寺;普陀宗乘之庙或者须弥福寿之庙两者选其一,因为这两家庙宇都是藏传佛教之庙,一处为达赖寺,另一处为班禅庙;下午游览磬锤峰森林公园。第二天,观光避暑山庄:早朝、议事、御膳、出巡观光活动(山庄湖区与山上游赏)。

(2)精品游线组织

精品游线组织,关键在体现"精"字上下功夫,做文章。

所谓精品,一为历史文化之精品,二为当代之精华,三为特色之精华。旅游特色与精华产品密切相关,凡是地方特有的或者其他地方不具备的和唯一的旅游资源与产品,其吸引力就强烈。

精品旅游线路的组织最忌同类产品的重复,虽为精品,反复出现将使旅游者审美疲劳,反而降低观光的质量。但将同类产品中的特色精品重组,则另当别论。例如,将江南六古镇中的各自特色组合成江南水乡精品游:乌镇的作坊、周庄的双桥、西塘的长廊、同里的退思园、南浔的西洋楼等,通过水乡韵味将它们组合成二日游,或许能品出江南水乡的浓郁风情。

精品游的目标是品精品。在游程的时间设计上不必太急着赶路,旅途的交通时间应该比大众观光游产品更短,腾出观光时间则让游客细细品味精品旅游产品。因此,精品旅游线路可以组织成 3～5 日游,甚至可以更多一些时日,尤其是一些远距离团和一些海外团。当然,针对不同的游客展示不同的精品,投其所好,供其所需,也是很重要的。

10.1.2 基础设施规划

旅游区基础设施规划包括给水、排水、电力、电信、环卫、防灾等内容。旅游区基础设施建设与城市基础设施建设的最大区别就是在施工过程中要重视旅游区域原有格局和整体风貌。旅游区域的资源保护与历史文化风貌保护给市政工程设施和配套建设带来异常复杂的影响，要根据实际情况和条件，采取灵活的特殊处理方法，做到既维护旅游区的风貌特征又便于今后维修，不可顾此失彼，造成新的问题。

1)基础设施建设规划的原则

基础设施建设规划是旅游区域内重要的工程项目，涉及旅游区域的发展潜力。旅游区不同于城市区域，基础设施规划相对较为复杂，并且应与区域内资源保护相协调。因此，旅游区域的基础设施建设应符合下列原则：

①符合旅游区生态环境与历史风貌的保护、利用、管理的要求。

②同旅游区域内的资源特征相协调，不损坏文物建筑、文化景观和风景环境。

③要确定合理的配套工程、发展目标和布局，并进行综合协调。

④对需要安排的各项工程设施的选址和布局提出控制性建设要求。

⑤对于大型工程，特别是干扰性较大的工程项目及其规划，应进行专项论证，并进行旅游区承载容量分析和空间环境敏感性分析，提交环境影响评估报告。

基础设施改造工程应遵循宜藏不宜露的总原则规划布局，避免水管满地爬、电线满天飞、电视塔高处建、电信台就近设的现象，以保证整体空间环境与基础建设的和谐，减少视域污染。

2)给排水规划

(1)给水规划

旅游区给水工程系统由取水工程、净水工程、输配水工程等组成。

①旅游区取水工程。取水工程包括水源(含地表水、地下水)、取水口、取水构筑物、提升原水的一级泵站以及输送原水到净水工程的输水管等设施，还应包括在特殊情况下为蓄、引旅游区水源所筑的水闸、堤坝等设施。取水工程的功能是将原水取、送到旅游区净水工程，为旅游区提供充足的水源。

②净水工程。净水工程包括自来水厂、清水库、输送净水的二级泵站等设施。净水工程的功能是将原水净化处理成符合用水水质标准的净水，并加压输入供水管网。

③输配水工程。输配水工程包括从净水工程输入供配水管网的输水管道、供配水管网以及调节水量、水压的高压水池、水塔、清水增压泵站等设施。输配水工程的功能是将净水保质、保量、稳压地输送至用户。

(2)排水工程系统的构成与功能

旅游区排水工程系统由雨水排放工程、污水处理与排放工程组成。

①雨水排放工程。雨水排放工程包括雨水管渠、雨水收集口、雨水检查井、雨水提升泵

站、排涝泵站、雨水排放口等设施,还应包括为确保旅游区雨水排放所建的闸、堤坝等设施。雨水排放工程的功能是及时收集与排放雨水等降水,抗御洪水和潮汛侵袭,迅速排除旅游区渍水。

②污水处理与排放工程。污水处理与排放工程包括污水处理厂(站)、污水管道、污水检查井、污水提升泵站、污水排放口等设施。污水处理与排放工程的功能是收集与处理旅游区各种生活污水,综合利用、妥善排放处理后的污水,控制与治理旅游区水污染,保护旅游区的水环境质量。

③给排水设施的布局要求旅游区的给排水设施的主要服务对象是游客。因此,主要布局在游客相对聚集的服务接待功能区域内;对一些旅游景区内必须建设的供小型接待用的给排水设施,应因地制宜地规划建设,采用就近取水和就近利用环保处理站设施处理生活污水的做法,将基础设施的建设影响控制在最小范围内;对于那些距离城市较近,或者原本就在城区内的旅游区,其给排水设施可利用原城市规划的给排水设施系统,将污水处理系统纳入城市污水处理系统。

3)电力电信规划

(1)电力规划

旅游区供电工程系统由电源工程和输配电网络组成。

①电源工程。旅游区电源工程主要有电厂和区域变电所(站)等电源设施。旅游区区域变电所(站)是区域电网上供给旅游区电源所接入的变电所(站)。区域变电所(站)通常是大于或等于 110 kv 电压的高压变电所(站)或超高压变电所(站)。旅游区电源工程具有从区域电网上获取电源,为旅游区提供电源的功能。

②输配电网络工程。输配电网络工程由输送电网与配电网组成。旅游区输送电网含有旅游区变电所(站)和区域变电所(站)接入的输送电线路等设施。旅游区变电所通常为大于 10 kV 电压的变电所。输送电线路采用直埋电缆、管道电缆等敷设形式。输送电网具有将电源输入旅游区,并将电源变压进入旅游区配电网的功能。

旅游区配电网由高压和低压配电网等组成。高压配电网的电压等级为 1～10 kV,含有变配电所(站)开关站、1～10 kV 高压配电线路。高压配电网具有为低压配电网变、配电源,以及直接为高压电用户送电等功能。高压配电线通常采用直埋电缆、管道电缆等敷设方式。低压配电网电压等级为 220～1000 V,含低压配电所、开关站、低压电力线路等设施,具有直接为用户供电功能。

(2)通信工程系统规划

旅游区通信工程系统由邮政、电信、广播、电视四个分系统组成。

①邮政系统。邮政系统通常有邮政局(所)、邮政通信枢纽、报刊门市部、邮票门市部、邮亭等设施。邮政局(所)经营邮件传递、报刊发行、电报及邮政储蓄等业务。邮政通信枢纽收发、分拣各种邮件。邮政系统具有快速、安全传递各类邮件、报刊及电报等功能。

旅游区的邮政大楼通常设置在服务接待区,各宾馆也有相应的邮政服务设施。

②电信系统。电信系统从通信方式上分为有线电通信和无线电通信两部分,无线电通

信有微波通信、移动电话、无线寻呼等。电信系统由电信局(所、站)工程和电信网工程组成。电信局(所、站)工程有长途电话局、市话局(含各级交换中心、汇接局、端局等)、微波站、移动电话基站、无线寻呼台以及无线电收发台等设施。电信局(所、站)具有各种电信量的收发、交换、中继等功能。电信网工程包括电信光缆、电信电缆、光接点、电话接线箱等设施,具有传送电信信息流的功能。

③广播系统。广播系统有无线电广播和有线广播等两种方式。广播系统包含广播台(站)工程和广播线路工程。广播台(站)工程有无线广播电台、有线广播电台、广播节目制作中心等设施。广播线路工程主要有有线广播的光缆、电缆以及光电缆管道等。广播台(站)工程的功能是制作播放广播节目。广播线路工程的功能是向听众传递广播信息。

④电视系统。电视系统有无线电视和有线电视(含闭路电视)两种方式。电视系统由电视台(站)工程和线路工程组成。电视台(站)工程有无线电视台、电视节目制作中心、电视转播台、电视差转台以及有线电视台等设施。线路工程主要有有线电视及闭路电视的光缆、电缆管道、光接点等设施。电视台(站)工程的功能是制作、发射电视节目,以及转播、接力上级与其他电视台的电视节目。电视线路工程的功能是将有线电视台(站)的电视信号传送给观众。

一般情况下,旅游区有线电视台往往与无线电视台设置在一起,以便经济、高效地利用电视制作资源。

有些旅游区将广播电台、电视台和节目制作中心设置在一起,建成广播电视中心,共同制作节目,共享信息系统。

广播系统与电视系统对一些中小旅游区而言,没有必要全部规划建设,只要在旅游服务区建设有线广播电台与有线电视和转播台即可。

4)环境卫生工程系统

旅游区环境卫生工程系统有垃圾填埋场、垃圾收集站、转运站、车辆清洗场、环卫车辆场、公共厕所以及环境卫生管理设施。旅游区环境卫生工程系统的功能是收集与处理旅游区各种废弃物,综合利用,清洁、净化旅游区环境。

(1)固体废弃物收集系统

旅游区固体废弃物主要指服务区与居民区的日常生活废弃物。因此,在旅游社区与服务区应建立固体垃圾收集站与转运站,在景区有游客通道的地区设置垃圾箱,定期将垃圾收集到转运站,通过车辆转运到垃圾填埋场。

(2)公共厕所系统

旅游区域是游人聚集地区,公共厕所的卫生条件可反映一个旅游区管理的整体水平。因此,旅游区应充分重视厕所的卫生问题,建立旅游区厕所卫生体系,从景区到服务区,凡是游客聚集的节点地区,都应该设置洁净公共厕所。

(3)建立环卫管理队伍

自从黄山提出建立卫生山后,全国各地的旅游区都纷纷提出建立卫生景区的措施,这对我国旅游区的文明建设起到了促进作用。建立卫生景区必须有一支环卫管理队伍,及时地清扫景区固体垃圾、宣传卫生条例。

（4）生态环境综合治理

旅游区的生态环境平衡与综合治理密切相关,生态环境综合治理包括下述内容:

①建立植被抚育制度,健全封山育林、护林防火、防虫减灾的规章制度,使旅游区成为绿化区。

②维护自然风貌,严禁在旅游区开山采石、砍伐林木、开垦农田。

③严禁伤害和滥捕野生动物,切实维护好动物的栖息环境,维护野生动物的自然生态平衡。

5）防灾规划

旅游区防灾工程系统规划的主要任务是:根据旅游区自然环境、灾害区划和旅游区地位,确定各项防灾标准,合理确定各项防灾设施的等级、规模;科学布局各项防灾措施;充分考虑防灾设施与旅游区常用设施的有机结合,制定防灾设施的统筹建设、综合利用、防护管理等对策与措施。

（1）旅游区的消防工程系统

消防对旅游区的发展是至关重要的。旅游区消防工程系统有消防站(队)、消防给水管网、消防栓等设施。消防工程系统的功能是日常防范火灾、及时发现与迅速扑灭各种火灾,避免或减少火灾损失。

建立火警巡防系统。对那些容易发生火警的庙宇、山林和旅游饭店,应建立定期巡防制度,在气候干燥期还要建立定期报告制度。

（2）旅游区防洪(潮、汛)工程系统

旅游区防洪(潮、汛)工程系统有防洪(潮、汛)堤、截洪沟、泄洪沟、分洪闸、防洪闸、排涝泵站等设施。旅游区防洪工程系统的功能是采用避、堵、截、导等方法,抗御洪水和潮汛的侵袭,排除旅游区涝渍,保护旅游区安全。

对山地风景旅游区,特别要强调山洪防治。

①山洪防治工程应根据地形、地质条件及沟壑发育情况,选择缓流、拦蓄、排泄等工程措施,形成水库、谷坊、跌水、陡坡、排洪渠道等工程措施与植树造林等生态措施相结合的综合防治体系。

②充分利用山前水塘、洼地蓄水,以减轻下游排洪渠道的负担。

③采用小水库调蓄山洪,并将小水库的设置与供水或游憩活动相结合,进行综合利用。

④当河道纵坡度大于 $1:4$ 时,或 $1:4 \sim 1:20$ 时,可采用跌水或陡坡调整山洪,跌水与陡坡的设计可结合跌水、瀑布的景观设计,将山洪的整治与旅游项目的开发建设结合起来。

⑤当山洪造成大型滑坡和坍塌时,可采用拦蓄淤积物稳固滑坡的拦挡坝,以阻挡固体淤积物下滑。

（3）旅游区救灾生命线系统

旅游区救灾生命线系统由旅游区急救中心、各景区救护中心和救护通信及救护车辆等设施组成。旅游区救灾生命线系统的功能是在发生各种游览灾害或游客生命受到安全威胁时,提供医疗救护、转送医院以及安全救护等物质条件,预警报警,保障旅游者在旅游过程中的生命安全。

10.1.3　植被绿化规划

植被绿化规划的目的在于通过对旅游区内林木植被的保护及对其分布、造型、林相组合、花木搭配等的艺术设计,使旅游区成为赏心悦目、芳草青翠的人间仙境。这也是生态环境保护的必要手段。

1) 植被现状分析

植被现状分析主要研究旅游区植被分布状况,植物区系的特征及垂直地带分布规律和旅游区内森林植被资源的特点等。

我国地域辽阔,各地的植物区系差别很大,森林植被的种类也各不相同。因此,旅游区规划系统中,必须认真调查区域内的植被生态系统的分布规律及其特征。

研究植物地带性分布规律,对建立旅游区植物保护体系具有积极的指导意义,同时也为旅游区的植被生态体系的恢复起到推动与促进作用。

分析研究旅游区植被资源的特点,首先要对区域内植被资源进行分类,分析植物的科、属、种类型与特点,并从中找出古树名木及有活化石之称的古植物体系,将国家重点保护树种、观赏植物、花卉以及区系中特有的植物物种分门别类地分析研究,为这些植物体系建立档案。

2) 植被规划的原则

①以生态学和群落学理论为指导,维护和加强旅游区自然生态系统平衡,提高群落生态环境质量,促进生物多样性稳定、持续发展。

②根据植物与环境统一的原则,保护和恢复地带性植被景观,设计本地区最稳定的植物生态群落结构。

③按照利用和保护相结合的原则,建立物种资源圃,加强对旅游区内国家重点保护植物、特有植物、名贵药用植物资源的集中管理、研究和开发利用工作。

④切实保护好现有的植被资源,积极开展对天然次生林与人工林的抚育、改造和防火工作,封、护、育、造、用相结合,不断提高群落结构与植被质量。

⑤实行生态林与经济林相结合、景观与功能相结合、植被多功能与生物多样性相结合、植被保育与游憩利用相结合的规划原则。

⑥主要景区、景点绿化,要以观景艺术效果为主,充分研究各景区的历史文化内涵对环境绿化的要求,使所用植物材料与景点环境条件相统一,植物景观与人文景观相协调,突出景区的自身特色。

3) 植被生态规划

旅游区的植被生态规划主要包括植物生态系统的抚育与整治计划,辅以少量的人工植物种植改造规划。

（1）丘陵、山地旅游区

丘陵、山地以改善其植被生态环境为主导，对山体植物，如疏林、残林、灌木丛、灌草丛等主要实施抚育规划和重点地区的封山育林计划，整治和提高植物群落的结构质量，逐步恢复地带性的植被生态系统。

（2）河谷阶地、残塬和较平缓的川、塬地带

河谷阶地、残塬以及较平缓的川、塬地带可适当地营建人工林，有计划有步骤地对人工植被进行抚育与改造，开辟经济植物园林如葡萄园、柿园、杏圃、草莓园以及蔬菜园，使这些平川地区既获得经济利益，又使环境得到绿化、美化。

（3）荒山草坡生境

荒山草坡生境可发展速生和经济价值大的林木，充分利用土地资源快速提高森林覆盖率。

旅游区内受人为干扰破坏的荒山荒坡，灌木丛生，杂草遍地，这种次生演替现象对地力破坏极为严重。为了加快生境植被的迅速复生，促进植被向森林群落顺利演替进行，建议在"封、育"前提下大力种植本地速生和经济价值大的林木，同时兼顾景观树种，改荒野的灌木丛、灌草丛为森林茂密，并有景可赏的森林景观，提高森林覆盖率。

4）重要景点绿化整治

旅游区绿化环境要求达到春花烂漫，夏荫浓郁，秋色绚丽，冬日里一派雪景风光的程度，体现四时有景，多方景胜。可以根据各地各景点的主题和特色，按照不同旅游区的地域条件编制相应的符合当地条件的景点绿化规划。一般而言，景点绿化规划要注意以下两点：

（1）均衡分布，形成完整的景点绿地系统

景区中各类绿地会有不同的使用功能，规划布置时应将绿地在景区中均衡分布，并形成系统，做到点、线、面相结合，使各类绿地连接成为一个完整的系统，以发挥景区绿地的最大效用。

（2）因地制宜，与河湖山川自然环境相结合

景区绿地系统规划必须结合旅游区域特点，因地制宜，与旅游区总体布局统一考虑。如：北方旅游区域以防风沙、水土保持为主；南方旅游区域以遮阳降温为主。风景名胜绿地系统内容广泛，规划布局要充分与名胜古迹、河湖山川结合，切记不可在中国传统园林环境中，配以欧式园林绿地，防止出现种植设计不恰当。

5）旅游区的植被覆盖率

由于旅游区的特殊环境要求，旅游区的植被覆盖率应高于一般地区，平原地区的旅游区，植被覆盖率应达到 65% 以上；山地地区的旅游区，植被覆盖率可根据地形逐渐增加，海拔 1000 m 以下，要求植被覆盖率达到 65% 以上；1100～1800 m，达到 80%；1800 m 以上，覆盖率达到 90%。

10.1.4　环境保护规划

旅游区环境保护有两方面的含义:生态环境保护和景区景观(自然和人文景观)环境保护。生态环境保护越来越受到人们的重视。欧洲国家从20世纪80年代末90年代初开始兴起生态旅游,现在每年约有30%的游客在度假时舍弃海滩,转入山野大自然中,登山涉水、寻幽探胜,观赏自然美景。这种旅游既适合青年人背包跋涉或骑自行车,也适宜中老年人随意漫步,怡情养性,达到休息健身、增进知识的目的。为了保持山景园林的自然野趣,西班牙保护自然协会提出了这样的口号:"除照片外,什么也不要拿走;除足迹外,什么也不要留下。"这提醒人们应具有良好的生态觉悟,自觉加强生态环境保护的意识。

1)环境保护规划基本要求

①以《中华人民共和国环境保护法》《中华人民共和国森林法》《中华人民共和国水污染保护法》为根本依据。

②旅游区内的一切风景资源及其环境都是重点保护对象,根据风景资源的性质、类型、级别采取不同的保护措施,按一、二、三级和外围影响区分别予以保护。

③为维护地貌景观、植被生态、瀑泉溪湖及文物古迹在视觉空间、文化内涵、生态平衡上的内在联系,和人文景观与自然景观的整体融合性,对有机联系的景观群及其环境采取整体保护。

④风景区内存在的部分不可分割的村落及其农业用地,应正确处理风景保护与村镇及农业发展的关系。

2)环境保护规划的内容

环境保护规划一般包括旅游区植被保护规划、水污染控制、人文景观的维护、固体废弃物控制与清理、噪声控制、灰尘量控制和景观美学价值的保护等方面。

(1)植被保护规划

加强旅游区天然植被的保护,维持生态平衡,坚决杜绝旅游区内乱砍滥伐林木。严格保护古树名木,把其视为珍贵的旅游资源。除文化景点(如寺院、道观等)外,区内绿化树种尽量采用地方树种,突出区域特色。林木茂密旅游区,冬春季要注意森林火灾的防护,防患于未然。

(2)水污染防治规划

应根据《中华人民共和国环境保护法》和《中华人民共和国水污染防治法》及地方有关水污染防治方面的法规,定期监测旅游区内各景区水质状况,加强排污源监控,对排污企业应视污染情况实行"关停并转"。此外,水库、坑塘等一旦作为水源地,严禁向内扔废弃物,污染水体。

(3)固体废弃物污染控制规划

随地乱扔的固体废弃物是旅游区内的主要污染物。如玻璃瓶、罐头瓶、易拉罐、塑料包装、胶卷盒等弃置区内,有碍观瞻,所以应制定切实可行的办法加以制止。首先,做好宣传工作,在旅游手册上提醒游客注意公共卫生,使旅游区有一个清新、快意的环境。其次,在景区内游客时常停留的场所和人行道旁,设立醒目的既有统一标志,又造型别致与景观协调统一的果皮箱。果皮箱的数量要适中,分布要均匀规律。最后,在适当位置设置宣传标志,提示游客不要随地乱扔废弃物。

旅游区内的固体废弃物成分比较简单,其中有不少可以回收利用,按质地废弃物可分为铁质、铝质、塑料质、玻璃质、纸质五大类。铁质废弃物主要有瓶盖、罐头盒等,可以由环卫人员集中交给废品回收站作冶炼用。铝质废弃物主要是易拉罐,在回收市场很走俏。纸质废弃物可集中焚烧,亦可深埋,分解较快,玻璃质和塑料质废弃物最难处理,除部分完整容器如啤酒瓶和饮料罐可以回收再利用外,大部分再利用价值很小,容易造成污染。较可行的办法是摔碎后掩埋,或运送到垃圾场。

(4)噪声和飘尘控制规划

噪声主要是由汽车马达造成的,所以原则上控制停车场在主景区以外。公路最好不要延伸至景区深处。飘尘与机动车辆行驶有关,因此植树造林、加强绿化,可有效地降低飘尘量。

(5)景观美学价值的保持

从游客心理学和旅游观赏学的角度,景区内自然景观、人文景观的天然浑成对游客心理有美好的感受刺激。因而景区内景点的原貌恢复,植被类型、造型与主景观的和谐,各种公用设施的隐蔽性及与景观不协调建筑物的迁移等都是保护旅游景观美学价值的重要手段。

3)环境保护区的规划

(1)规划原则

①重点景观构景物重点保护原则。这属于绝对保护的范畴。对仅限于观赏的景物和景观,除必要的工程保护措施外,一律不得增建任何工程项目,对其一草一木、一山一石、地形地貌、植被、水景等,均应分别加以保护,严禁游客任意触及。奇山异石、原始林与特征林、奇花异木、单株古树,国家级与省级重点文物古迹及珍稀动物均在保护之列。

②近期防范与远景保护相结合的原则。重点保护上皆应划出相应范围的外围保护地带,确保旅游区景观不受影响。

(2)环境保护区划分

一般分为一级、二级、三级保护区和外围保护带四部分。这四部分从重要程度上分属绝对保护区、严格保护区、重要保护区和影响保护区。

【例 10.1】四川省眉山市洪雅县旅游规划之环境保护规划

一、分级保育措施

(一)保育区分级

规划将洪雅县需要特别提出保育措施的生态区域按重要性分为三级,分别如下:

1. 一级保育区

为生态敏感区,需要严格保护,一般应禁止旅游开发。范围包括:

(1)自然保护区核心区及缓冲区;

(2)风景名胜区、森林公园核心区;

(3)各级文物保护单位绝对保护区范围;

(4)水源地等其他生态敏感区域。

2. 二级保育区

为生态重要区,应重点保护,限制旅游开发,严控人流量。范围包括:

(1)自然保护区实验区;

(2)风景名胜区、森林公园缓冲区;

(3)各级文物保护单位一般保护区范围;

(4)防护林等比较重要的生态区域。

3. 三级保育区

需要注意生态保育的一般地区,应注意旅游开发的影响,限制某些项目开发,控制人流进入量。范围包括:

(1)自然保护区外围保护地带及环境影响区域;

(2)风景名胜区、森林公园试验区及外围环境影响区域;

(3)各级文物保护单位外围环境影响区域;

(4)其他具有一定重要性或比较敏感的生态区域。

(二)保育规定

1. 一级保育区

(1)只允许设置基本的步行游览道和必要的防火、防灾等安全防护措施;

(2)禁止游人进入,仅允许进行经批准的有限考察;

(3)不安排旅宿床位和固定餐饮服务,严禁设置与保护和有限考察无关的人为设施;

(4)禁止除了考察及管理保护工作用车之外的机动车辆进入;

(5)严格保护古树名木,不得以任何理由砍伐或移植,禁止任何对古树名木有害的行为;

(6)除必要的林业抚育性采伐外,所有林木严禁砍伐;

(7)禁止开山取石、取土、埋坟葬墓、开荒种地,禁止破坏河滩、滩涂,禁止一切明显破坏地形地貌的活动;

(8)如有必要,最敏感地点周围应设护栏等保护措施。

2. 二级保育区

(1)允许配置必要的少量游览设施;

(2)严格控制游人进入,严格控制瞬时游人规模及日游人总量;

(3)严格控制新建人工设施的建设规模,新建筑须按规定的地点、规模、用途、风格、样式、材质、规模进行建设;

(4)控制机动交通进入的数量,禁止噪声及尾气污染超标的车辆进入;

（5）严格保护古树名木；

（6）未经批准，禁止改变地形、采石取土；

（7）用于旅游业时，只能开展限定规模、限定形式的旅游活动，不允许任何形式的破坏或可能产生破坏的行为；

（8）确有必要时，经严格审批，可以安排少量服务设施，不得建设与风景保护与合理游赏无关的人工设施。

3. 三级保育区

（1）有序控制各项设施建设，可以建设与风景环境及建筑环境协调的少量旅宿设施。其建筑密度、建筑风格应严格按照总体规划的控制指标进行检查和调整；

（2）用于旅游业时，可以因地制宜及根据旅游市场情况开展多种形式的旅游活动，但不允许可能产生不可弥补损害的行为；

（3）不得设置任何污染性及对生态环境有影响的项目。各类污水必须全部收集并送出处理，偏远地点的少量污水必须经处理达标后方能就地排放。

以上保育措施向上无冲突时适用，即三级保育区的保育措施同样适用于二级、一级保护区，但二级、一级保育措施中有更严格的相关规定的以其规定为准；同样，二级保护区的保育措施同样适用于一级保育区，但一级保育措施中有更严格的相关规定的以一级保育规定为准。

二、环境保护

洪雅县环境质量很好，是发展旅游的重要优势。旅游业大发展后，有可能导致环境质量的退化，因此须制订有关环境质量控制标准和环境保护措施。

依据上述各级保育区范围，针对这些重要区域确定环境质量标准，提出环保措施。

各级保育区均须执行各项国家关于环境空气质量、地表水环境质量、环境噪声、土壤环境质量等国家标准。分别如下：

（一）空气质量

鉴于当地的环境状况，当地一级、二级保育区范围内应严格执行国家一级空气环境标准（表10.1）。

表 10.1　国家一级空气环境质量标准（GB3095—1996）

污染物名称	取值时间	浓度限值	浓度单位
SO2	年平均	0.02	Mg/m³（标准状态）
	日平均	0.05	
	1 小时平均	0.15	
TSP	年平均	0.08	
	日平均	0.12	

续表

污染物名称	取值时间	浓度限值	浓度单位
PM10	年平均	0.04	Mg/m3（标准状态）
	日平均	0.05	
NOX	年平均	0.05	
	日平均	0.10	
	1 小时平均	0.15	
NO2	年平均	0.04	
	日平均	0.08	
	1 小时平均	0.12	
CO	日平均	4.00	
	1 小时平均	10.00	
O3	1 小时平均	0.12	

（二）水质要求

洪雅县水资源丰富、水质良好，因此为防止水质污染，洪雅县在发展旅游业时，应严格执行国家地表水环境质量标准（GB 3838—2002），其中一级保育区应达到Ⅰ类水标准，二级保育区应达到Ⅱ类水标准，三级保育区应达到Ⅲ类水标准。具体标准见表10.2。

表10.2 地表水环境质量标准基本项目标准限值（GB 3838—2002） 单位：mg/L

序号	分类 标准值 项目		Ⅰ类	Ⅱ类	Ⅲ类	Ⅳ类	Ⅴ类
1	水温		人为造成的环境水温变化应限制在：周平均最大温升≤1 ℃ 周平均最大温降≤2 ℃				
2	pH 值(无量纲)		6~9				
3	溶解氧	≥	饱和率90%（或7.5）	6	5	3	2
4	高锰酸盐指数	≤	2	4	6	10	15
5	化学需氧量（COD）	≤	15	15	20	30	40
6	五日生化需氧量（BOD5）	≤	3	3	4	6	10

序号	分类 标准值 项目		I 类	II 类	III 类	IV 类	V 类
7	氨氮（NH3-N）	≤	0.15	0.5	1.0	1.5	2.0
8	总磷（以 P 计）	≤	0.02 （湖、库 0.01）	0.1 （湖、库 0.025）	0.2 （湖、库 0.05）	0.3 （湖、库 0.1）	0.4 （湖、库 0.2）
9	总氮（湖、库. 以 N 计）	≤	0.2	0.5	1.0	1.5	2.0
10	铜	≤	0.01	1.0	1.0	1.0	1.0
11	锌	≤	0.05	1.0	1.0	2.0	2.0
12	氟化物 （以 F-计）	≤	1.0	1.0	1.0	1.5	1.5
13	硒	≤	0.01	0.01	0.01	0.02	0.02
14	砷	≤	0.05	0.05	0.05	0.1	0.1
15	汞	≤	0.000 05	0.000 05	0.000 1	0.001	0.001
16	镉	≤	0.001	0.005	0.005	0.005	0.01
17	铬(六价)	≤	0.01	0.05	0.05	0.05	0.1
18	铅	≤	0.01	0.01	0.05	0.05	0.1
19	氰化物	≤	0.005	0.05	0.02	0.2	0.2
20	挥发酚	≤	0.002	0.002	0.005	0.01	0.1
21	石油类	≤	0.05	0.05	0.05	0.5	1.0
22	阴离子表面 活性剂	≤	0.2	0.2	0.2	0.3	0.3
23	硫化物	≤	0.05	0.1	0.2	0.5	1.0
24	粪大肠菌群 （个/L）	≤	200	2 000	10 000	20 000	40 000

(三)噪声

　　旅游地的噪声主要来源于道路机动车辆的鸣笛和交通噪声,对交通噪声应控制在最低限度。

　　各级保育区内环境噪声值应控制在50分贝以下。

(四)土壤环境质量

土壤环境质量标准应遵循《土壤环境质量标准(GB 15618—1995)》,一级、二级保育区均应达到土壤环境一级标准,三级保育区应介于一级、二级标准之间。

土壤环境质量标准具体见表10.3:

表10.3 土壤环境质量标准值 mg/kg

级别	一级	二级			三级
土壤 pH 值	自然背景	<6.5	6.5~7.5	>7.5	>6.5
项目					
镉≤	0.20	0.30	0.60	1.0	
汞≤	0.15	0.30	0.50	1.0	1.5
砷 水田≤	15	30	25	20	30
旱地≤	15	40	30	25	40
铜 农田等≤	35	50	100	100	400
果园≤	—	150	200	200	400
铅≤	35	250	300	350	500
铬 水田≤	90	250	300	350	400
旱地≤	90	150	200	250	300
锌≤	100	200	250	300	500
镍≤	40	40	50	60	200
六六六≤	0.05	0.50			1.0
滴滴涕≤	0.05	0.50			1.0

①重金属(铬主要是三价)和砷均按元素量计,适用于阳离子交换量>5cmol(+)/kg的土壤,若≤5cmol(+)/kg,其标准值为表内数值的半数。

②六六六为四种异构体总量,滴滴涕为四种衍生物总量。

③水旱轮作地的土壤环境质量标准,砷采用水田值,铬采用旱地值。

(五)固体废弃物

固体废弃物主要来自游客和居民生活,物源主要是生活垃圾。应制订严格的卫生环境管理措施,并合理安排垃圾转运站及收集点。

各旅游地均应设置人员充足的环卫队伍,及时清理各类固体废弃物及其他旅游垃圾,保证旅游地良好的环境面貌。

10.1.5 旅游服务接待设施规划

对于旅游规划中的服务设施,主要从旅游住宿设施、旅游餐饮服务、旅游购物服务以及游客咨询中心等方面加以设计和安排。

1) 服务接待设施现状分析

客观地分析旅游地服务接待设施现状是科学地规划旅游服务接待设施的基础。

进行服务接待设施现状调查应注意以下几个方面。

①现有宾馆的分布、档次、入住率(包括淡、旺季入住率)、员工素质(包括学历层次、培训情况等)。

②现有餐馆的分布、用餐周转率、中餐和晚餐用餐比例、本地居民与外地游客用餐比例、职工素质(包括学历层次、培训情况等)。

③旅行社分布情况、国际社与国内社比例、出游数与接团比例、员工素质(包括学历层次、培训情况及高、中、低三级导游比例)。

④娱乐设施分布情况,包括夜总会、音乐厅、舞厅、影剧院、文化馆等。

⑤体育休闲设施分布,包括健身房、保龄球馆、台球房、棋牌馆等。

⑥休闲设施分布,包括茶馆、酒吧、咖啡馆、氧吧、陶吧等。

2) 统计分析

调查所得到的数据经过审核和汇总以后,还要进行一些必要的整理和统计分析,从中揭示出服务接待系统的某些规律性,为规划方案的制定提供必要的和有针对性的信息。一般采用描述性统计分析,其目的是用简单的形式提炼出大量数据资料所包括的基本信息。

3) 服务接待设施规划的原则

旅游区的服务接待设施建设规划是个较为敏感的问题,尤其当旅游区所处位置在生态、环境保护区域或者在历史文化保护地,服务接待设施位置的选择更是值得引起重视的问题。一方面要解决游人的食、住问题,需要建设;另一方面新增许多旅游服务的设施,会给旅游区的环境带来压力。如何和谐发展,是规划要解决的基本问题。

一般而言,旅游区服务设施规划应遵循以下基本原则:

①根据旅游区实际环境容量、旅游需求、交通状况、食宿时空分析和空间景观特征状态,合理布置服务设施,划分服务网点的级别、规模和建设步骤。

②若距离城镇较近,尽可能地依托城镇地区的现有服务设施开展旅游接待;如果现有城镇的旅游接待设施档次和数量不够,可根据旅游需求调整、增建部分旅游设施或者升级、改造现有接待设施。

③服务接待设施的建筑风格应与当地环境的整体风格相和谐,与自然景观和人文内涵相协调。旅游区的新建建筑应为旅游地整体环境与景观增色,而不是败景。

④不同功能分区旅游接待区域的建筑风格可以有所区别,关键是与各地区的旅游环境及风貌相一致,与本源文化相和谐,使建筑源于文化、融于文化且与地域环境融为一体。

4) 旅游住宿设施的规划

旅游住宿设施按照其档次和规模可大致分为星级酒店、小型旅馆、家庭民宿、特色小屋以及露营式等。

规划者应根据旅游地的目标客源市场的游客特征进行相应的住宿设施的结构设计,对于规划期末的各类住宿设施所占比重加以明确化,以指导该领域内企业的发展。例如,商务型旅游地的发展要以星级酒店为主要的住宿设施,而生态型旅游地则要加大民宿、特色小屋以及露营式住宿设施的份额。

此外,对于住宿设施的发展规模也要加以计算。计算的依据是规划各阶段旅游者的接待规模。在计算住宿设施规模方面,有以下公式可供借鉴:

饭店床位或客房需求量的计算公式如下:

$$床位需求量 = \frac{旅游者总人数 \times 住宿平均夜数}{年或月总数 \times 床位占用率}$$

$$客房需求量 = \frac{所需床位数量}{房间的平均床位数}$$

由于接待人数是一个变化的量,因此,丁文魁教授还列举了以下三个公式,以帮助酒店在进行规模设计时参考[1]:

$$C \times K = R \times \frac{T}{N}$$

式中,C 为床位的需求数;K 为床位的平均利用率;C 为住宿总人数;T 为全年可游天数;N 为旅游者平均住宿天数。这里主要是考虑床位使用率以及旅游地可游天数对床位需求量的影响。

$$D = \frac{T \times P \times L}{S \times N \times O}$$

式中,D 是平均每夜客房需求数;T 为旅游者总数;P 为住宿人数与旅游者总数的百分比;L 为旅游者平均逗留天数;S 为每年营业天数;N 为每个客房的平均住宿人数;O 为客房的平均出租率。

由于旅游是一个具有强烈时间性和季节性的活动,因此旅游者的数量也会产生季节性的变动,酒店接待规模预测时应考虑到旅游淡旺季形成的旅游者规模差异,因此,这里可以使用旅游者人数的差异系数来调整酒店的接待规模。

$$C_v = \sqrt{\frac{\sum (X_i - \overline{X})^2 \div 12}{\overline{X}}} \times 100\%$$

式中,C_v 是变动系数;X 为月平均接待旅游者人数;X_i 为第 i 月接待旅游者人数。该值越大,则表明该旅游地具有明显的淡旺季差异,旅游者各月人数具有较大的变动性;若该值较小,则说明接待人数各月较为稳定。

当差异系数数值较小时,酒店接待规模易于确定,可以按照预期接待人数来确定酒店的建设规模。而差异系数较大时,酒店在规划建设时就应采取相对灵活的弹性设计,避免因为接待规模过大而产生资源的闲置和浪费。

---

① 明庆忠. 旅游地规划[M]. 北京:科学出版社,2003.

就酒店客房出租率而言,平均时段不低于55%,旅游旺季时不超过85%是较为合理的范围。如果能够将客房出租率控制在15%~80%之间,那么对酒店的经营更为有利。从客房内床位的设置来看,要根据当地旅游者的出游特征,适当增加或减少每间客房的床位数,如度假型景区的标准间床位可以为1.7(床)。

5) 旅游餐饮服务的规划

餐饮是旅游者非常关心的服务类型,同时也是旅游地发掘自身资源潜力、增强旅游业盈利能力的重要途径之一。对于旅游餐饮的规划主要包括两个方面的内容:其一是旅游餐饮的类型结构规划;其二则是旅游餐饮的发展规模规划。

对于旅游餐饮类型结构则需要从餐饮企业的类型结构以及餐饮食品的构成两个方面加以设计和优化。其中,具有本地特色的餐饮形式和特色餐饮产品是规划者关注的焦点内容。

对于旅游餐饮的发展规模规划要注重均衡,即要根据各类餐饮企业的特点和市场范围确定其大致的发展规模,此外,由于餐饮具有大众化的特点,在确定发展规模时也要综合考虑旅游者以及本地居民的需求。

餐位的规划主要以宾馆床位数作为参考基础依据。一般而言,就餐者主要为住宿客人,因此餐位数可用下列公式计算:

$$C = EK/T$$

式中,E 为床位数;T 为平均每餐位接待人数;K 为床位平均利用率。

以上预测仅测算到了住宿者,但实际情况却还有不住宿的一日游旅游者,同样需要就餐,因此在餐位预测数量的基础上加上一日游的游人用餐数即可。

6) 旅游购物服务的规划

旅游购物服务规划的内容大致包括三项:

①旅游购物商品的开发规划。随着区域间经济交流的频繁,各地旅游商品同质化倾向十分严重,具有地方特色的旅游商品越来越少。

因此,要深入挖掘旅游资源,在实用性、纪念性、工艺性、科技性以及质量优先等原则的指导下不断推进旅游商品的开发。同时,还要为旅游地发展设计一套推进旅游商品设计创新的机制。例如,在规划中安排定期举办的全国旅游商品设计大赛等活动。

②旅游购物点的设计。旅游购物点一方面指旅游购物企业的分布网络,另一方面指旅游购物企业的形态。这里不做详细介绍。

③旅游购物环境的规范。旅游购物环境的规范主要是要求规划者提供相应的措施与方案,以规范旅游商品市场的秩序,优化旅游购物的环境,防止出现坑蒙拐骗、强买强卖的情况发生,以良好的市场秩序作为发展旅游购物的重要保证。

7) 宾馆、饭店的等级分布

旅游区内,各功能分区由于旅游特色的不同及其环境状态各异,所设置的饭店数及其档次可以各不相同。饭店的布局应该首先集中安排在服务接待区范围内,尤其是高档次的饭店,应优先安排在服务接待区,使旅游区的服务接待功能区形成接待规模和接待档次,为尽快形成旅游集散中心奠定基础。

旅游服务接待设施按食、宿接待规模和档次,可分为旅游接待村镇和接待点两大类。服务接待点再按其档次、规模分为三个等级(表10.4)。

表10.4　宾馆、饭店设施配置表

设施类型	设施项目	三级服务点	二级服务点	一级服务点	旅游村镇	备注
住宿	简易旅宿点	×	▲	▲	▲	包括野营点、公用卫生间
	一般旅馆	×	△	▲	▲	汽车旅馆、招待所
	中级旅馆	×	×	▲	▲	一星级酒店
	高级旅馆	×	×	△	▲	二、三星级酒店
	豪华旅馆	×	×	△	▲	四、五星级酒店
饮食	饮食点	▲	▲	▲	▲	冷热饮料、乳品、面包、糕点、糖果
	饮食店	△	▲	▲	▲	包括快餐、小吃、野餐烧烤点
	一般餐厅	×	△	▲	▲	饭馆、饭铺、食堂
	中级餐厅	×	×	△	▲	有停车位饭店
	高级餐厅	×	×	△	▲	有停车位饭店

限定说明:禁止设置×;可以设置△;应该设置▲。

资料来源:严国泰.旅游规划的理论与方法[M].北京:旅游教育出版社,2006.

从表中可以看出,旅游村镇(度假村)开发建设力度较大,是个高开发区的概念;一级服务点次之,虽有住宿接待点,却没有高级宾馆与饭店;二级、三级服务点开发量很小,没有住宿,餐饮点的规模也是恰到好处的。因此,食、宿规划一定要与旅游区的功能分区配套。对于那些不宜设置接待点的生态旅游区域,严禁布置服务接待点。五大连池风景名胜区的老黑山与火烧山景区,是五大连池的主景区,也是核心景区。游客来五大连池观光都要上老黑山和火烧山,但是五大连池的风景名胜区总体规划的服务接待规划,在老黑山与火烧山景区却没有设置任何餐饮点或者饭店,游客中午用餐,食品由餐车送往景区,游客用餐后,餐车将废弃食盒再拉出景区,从而形成核心景区无接待污染,形成观光游览的良性循环。

8)休闲、娱乐与购物设施规划

旅游过程中,除了观光游览、食宿生活,还伴有休闲娱乐与购物活动。因此,在服务设施规划中应考虑游客的休闲娱乐需求及其购物需求(表10.5)。

表 10.5　购物、休闲娱乐设施配置表

设施类型	设施项目	三级服务点	二级服务点	一级服务点	旅游村镇	备注
购物	购物小卖部、商亭	▲	▲	▲	▲	
	商摊集市场	×	△	△	▲	集散有时、场地同定
	商店	×	×	△	▲	包括商业买卖街、步行街
	银行、金融	×	×	△	△	储蓄所、银行
	大型综合商场	×		×	△	
娱乐	娱乐文博展览	×	×	△	▲	文化、图书、博物馆、科技、展览馆等
	艺术表演		×	△	▲	影剧院、音乐厅、表演场
	游戏娱乐		×	△	△	歌舞厅、俱乐部、活动中心
	体育娱乐	×	×	△	△	室内外各类体育运动健身场地
	其他游娱文体	×		△	△	
休闲	沐浴场所	×	×	△	▲	洗浴、桑拿、足浴
	酒吧场所		×	△	▲	茶坊、咖啡屋、酒吧
	休闲吧	×	×	×	△	氧吧、陶吧

限定说明:禁止设置×;可以设置△;应该设置▲。

资料来源:严国泰.旅游规划的理论与方法[M].北京:旅游教育出版社,2006.

　　在上述的这些需求中,购物需求是旅游者与旅游经营者都非常关注的内容。旅游者想通过购物商场获得喜爱的旅游商品,既获得旅游消费的满足,又可获得旅游地的纪念品;同样,旅游经营商希望通过商场推销旅游纪念品与土特产商品,以获得经营的利润。在这个问题上,专家与地方政府的官员各自持不同的观点。因此,商场面积及其位置的选择,往往是旅游服务区规划中各家争论的焦点。

　　旅游商品经营是繁荣旅游区的重要内容,但是旅游商品街却不一定单独设置,应与旅游饭店、管理中心形成集合,形成旅游区人工建设中又一处亮点,成为旅游者来观光游览、休闲度假的一处消费场所。

9)服务接待设施的建筑风格及其特点

服务接待设施的建筑风格,是旅游区规划建设中的难点之一,应突出个性化、多样化。

(1)建筑风格,因地制宜

建筑风格,因地制宜是旅游区服务设施建筑设计的重要课题。何为因地制宜? 如何因地制宜? 我们认为,旅游区的服务设施建筑风格的因地制宜,主要体现在顺应自然、延续文脉和突出时代风貌这三个方面,这就要求建筑设计是原创设计,"拿来主义"在此将被摒弃。

(2)建筑体量,因地制宜

建筑体量,因地制宜,同样是建筑设计的重要课题。由于现代建筑手法的先进性,地理环境条件、植被生态条件等都让位于建筑设计,为迎合大体量建筑的经济效益,逢山劈山,遇河填河,见林砍树,一切为平整建筑用地而让路。完工后的建筑突兀而环境退化,地理机理不复存在,完全没有了地域环境的整体风貌,只有建筑矗立。这样也就失去了旅游区的生态环境依托。

旅游区服务接待设施建筑体量的因地制宜,其前提就是设计师要到现场审时度势,量体裁衣,按照地块的实际尺寸,设计服务建筑,使建筑融入环境,融入自然。"流水别墅"的设计理念应该体现在旅游区的建筑设计中。

10)游客咨询中心的规划

游客咨询中心(Information Center)是为旅游者提供信息咨询服务的核心区域,旅游者在此还可以获得购物、休闲、娱乐、商务等综合服务。对于游客中心的规划则主要涉及区位选址、外观设计、服务质量、服务网络等内容。除了上面的系列服务设施外,旅游规划中有时还会涉及旅游环卫设施、旅游标识设施等服务设施的设计。

【例10.2】绿色旅游区建设与运营管理借鉴

借鉴国内外一些先进绿色度假山庄的特点,以及其他省市绿色饭店方面的经验,将绿色旅游区建设分为三个部分,即绿色客房、绿色餐饮、绿色建筑,具体如下:

一、绿色客房

1.卫生间无地漏(除封闭式淋浴间),防止空气污染,保证客人身体健康。但要有一个指示牌,提示客人防止将池水溅到外边,一旦溅到外边由服务员负责清理。减少抽水马桶水箱水量。

2.在卫生间浴缸右前方设置壁挂式固定可续装式罐装二合一洗发液、沐浴液,不使用一次性瓶装的浴液及洗发液,减少废弃物。

3.使用环保涂料(水性),避免空气污染。

4.采用环保型吸尘器,减少噪声,增强空气清新度。

5.洗衣房为减少污染而使用不含磷的洗衣粉。

6.不使用一次性塑料洗衣袋,使用可重复使用的帆布洗衣袋。

7.为客人提供床上棉织品及睡衣等均为100%纯棉,充分体现环保、回归自然、健康、舒适,对皮肤无刺激。枕套花色温馨。

8.拖鞋采用草编拖鞋,客人用后可带走。鞋筐、客用品筐均采用柳编制品,反映自然本色,无污染。拖鞋的塑料外包装采用纸封条。

9.在日常管理中采取环保措施:在客房及公共区域、卫生间挂放节约用水、节约用电,爱惜地球的环保标志牌;加强对员工教育和督导,在清洁操作过程中减少水资源和电的消耗;对客房内的垃圾进行再生和不可再生的分拣;加强报废床单、布草及纸张、工具等的废物利用;鼓励员工走楼梯,一、二层禁止员工空手使用电梯。

10.在床头柜和卫生间台面上放置环保卡,减少布草洗涤次数,减少水资源和能源浪费,对支持环保的客人给予奖励(赠水果或免费洗一件衬衣——住三天不要求洗涤床单者)。

环保卡的置放形式:采用"客人如需要更换请把环保卡放在床上"而不采用"客人如不需要更换,请把环保卡放在床上"。

引导客人由"一日一换"改为"一客一换"。

11.饭店内部设置环保频道,播放环保内容的节目,鼓励客人参加绿色饭店活动,支持环保爱惜地球。

12.编制环保手册。(两种:一种为客人提供:连环画式通俗风格;一种为员工提供。)

13.取消客房袋泡茶叶,改为小罐装茶叶,减少污染。

14.背景音乐播放天籁之声:海浪声、鸟语花香之声、森林之声,让客人放松,增加环保气氛。

15.员工制服设计:采用休闲类款式,体现青春活力和热情奔放的心态,让客人心情放松,有回归自然的感受。

16.托幼服务:托幼工作中设计儿童环保知识的游戏和故事。环保知识从儿童教育开始。

17.经验证明,在 60 摄氏度时所洗的白色物品和 90 摄氏度时洗涤的洁净效果相同。这是一项节省开支的措施。(悉尼内陆度假山庄经验)

18.标准间配的 2 个牙刷用白、绿两色区分,便于客人使用。

19.设专门回收器,废纸回收、电池回收,复印纸尽量双面使用。

20.客用纸制品一律采用再生纸。

21.用生活污水浇灌花木绿地。

22.淡季时集中出租某些楼层和别墅,节约水电、空调。这一点是降低经营成本的必然之举。

二、绿色餐饮

1.绿色营养配餐

(1)所用原料均为绿色食品

绿色食品是指安全、无公害的营养食品。

所用原料加工过程要避免污染,避免或减少使用长时间高温油炸、烟熏、腌制,以保证客人的营养健康和安全。

(2)提供的食品为营养食品

所谓营养食品是指针对不同人群生理或病理的特殊需要,专门研制的有利于保持、恢复或增进健康的食品。应注意以下两点:

其一,营养食品经科学配方、精心研制而成。

由营养专家、著名中医和著名药膳师组成的营养食品科研机构,经多年研究,成功地设计出适合不同生理或病理的人群膳食。如:针对糖尿病人的膳食;美容养颜减肥膳食;补肾壮阳膳食;健脑益智膳食;血压高、心脑血管病人膳食等。

其二,提供平衡膳食。

平衡膳食是指膳食的质和量均能适应人们生理生活和劳动对营养的需要。

(3)绿色健康自助餐

绿色健康自助餐在整体配餐要做到绿色、营养均衡的基础上,根据客人身体状况进行个性化指导。自助餐厅配高级营养指导师,服务员能熟练掌握营养知识并指导客人进行科学饮食。

要求:自助餐应适应五种人的需要,每一种菜肴要有菜牌注释,说明这一菜品的营养成分,适应和禁忌的人群。注意四色食品的合理搭配(白色:粮食;绿色:水果蔬菜;黄色:大豆及制品;黑色:凡黑必补)。蔬菜首选绿色、深色,叶菜占二分之一。限制食盐、食糖、食油的使用量。

(4)绿色健康宴席

绿色健康宴席提供的菜肴、饮品均为绿色食品,加工过程无污染,使用盛器美观并符合绿色环保要求,菜点荤素搭配合理,营养均衡,菜量适度。

宴席要根据客人与主人的身体状况,特别是第一客人与第一主人身体状况进行配餐,以满足客人、主人个性化要求。

2.举办绿色食品节

推出花色繁多的绿色食品(展台及菜单),制作绿色食品菜单,向宾客宣传绿色食品的相关知识,倡导绿色文明的消费方式。

3.建立绿色采购基地,绿色运输(无污染),绿色保存(无污染),绿色采购、供应制度。

尽可能采购有绿色标志符合环保要求的食品和饭店用品,如无氟冰箱、无磷洗衣粉、无氯空调、不含铅的汽油、绿色蔬菜及肉禽蛋鱼等。

4.建立绿色食品安全操作规范。

5.餐饮部规定,厨房在食品解冻或冲刷盐水时,使用水龙头水量的1/3,菜肴粗加工时用水槽蓄水来清洗食品、蔬菜。冷凝水回收。

6.餐饮部成立厨房切配中心,以便充分地利用原料,减少食品加工流程。

7.提供无烟包厢(单间)和无烟餐区。

8.引导绿色消费。吃多少,点多少,吃不了兜着(打包)走。

9.美工组用客用废弃物及饭店废弃物(如废纸、废可乐瓶、罐等)制成美观、富有生态内容的装饰画和装饰品。

10.以洁净玻璃杯替代一次性杯子,用布手帕代替餐巾纸。

三、绿色建筑

1.各种建筑设施在规划、选址环境上首先要考虑选择优美的自然景观,洁净的空气和水资源以及蔚蓝的天空,气候条件适合度假。

2.在设计施工中,尽量使用天然的建筑和装修材料,原则上不使用化学合成材料,不使用有放射性的石材,使用绿色环保型的天然石材、木材,环保型的油漆和涂料等。

3.为了减少对环境特别是对大气的污染,要采用燃气(天然气)的锅炉,它的一次性投入和运行费用,特别是燃料费用都很高。天然气的费用是煤的 6 倍,为了实现绿色环保,仍然要选用燃气锅炉。

4.加大绿化面积,采用低层建筑构思,低密度建筑布局,建筑密度不超过25%,其余尽量为绿化景观用地。所有公用设施尽可能埋于地下。

5.与当地大自然的景观融合,以不破坏优美景观为原则,同时要善于借景、接景、用景,与自然美景融合在一起。

6.千方百计节约能源:一是选用节能型的机电设备。二是加强管理,提高员工节约意识,采用经济手段进行管理。三是开展技术革新,采用技术,节约用水、电、天然气。

7.编制并推行《建筑节能环保手册》。

8.对噪声污染、光污染、烟雾污染、尘污染等采取技术措施。

9.春秋季节使用清新自然风,节约空调用电。

10.采用光控技术和时钟继电器控制室外照明灯的开闭。

11.严格控制制冷机的开闭。

12.做好供热供冷管道的保温工作,减少能源损失,同时要加强蒸汽冷凝水的回收工作。

13.加强设备的维护保养和日常维修,减少开支,鼓励和安排修旧利废工作。

14.千方百计增加营业收入,降低能源的消耗水平和能源费用所占成本的比重。

10.2　政策保障体系规划

政策保障体系是指一系列旨在保障旅游规划与开发顺利进行,推动旅游业可持续发展的优惠政策所组成的系统。该系统对旅游开发具有扶持、协调和监督的作用。

10.2.1　建立政策保障体系的必要性

1)弥补市场失灵的需要

市场经济条件的一个基本特征就是社会资源的配置以市场为主,市场秩序通过"看不见的手"来加以调节,但是市场并不是万能的,在市场运行过程有"市场失灵"的现象存在,即由于市场中存在不完全竞争、经济主体非理性以及市场信息的不充分和不对称,使得市场机制难以发挥作用,资源的优化配置难以实现。在市场失灵的情况下,政府就必须通过制定相关的政策和法规,来保证市场的正常秩序,保证资源在市场中得到优化配置。

2)保证旅游均衡发展的需要

旅游的开发和发展必须保证有序性,不能盲目地发展,要坚决杜绝"一窝蜂"现象,避免旅游市场中形成过度竞争。因此,要为旅游开发制订相关的规划,确定发展的不同阶段和各阶段的发展目标。政策保障体系就是通过制定相关政策来保证旅游业各部门均衡发展,同时保证旅游业和国民经济其他产业部门的比例协调。

3）大力发展旅游业的需要

当前，旅游业的发展受到了各级政府的欢迎和重视，许多地方都将旅游业作为经济增长的发动机或新的经济增长点。为了促进旅游业的发展，政府除了为其提供配套服务和基础设施等硬件条件外，还应该制定一系列有利于该产业发展的优惠政策。

10.2.2 政策保障体系规划的内容

1）制定旅游业发展战略

旅游业发展战略是对旅游业长远发展的一个总体安排，它的制订既为旅游业的发展指明方向和阶段性目标，又有利于旅游业实现可持续发展。同时，旅游业发展战略的制订还可以较好地协调旅游业发展过程中的长远目标与短期利益之间的关系。

旅游业发展战略除了对旅游业的发展给予阶段性规划，还应对旅游产业结构的调整与优化进行部署。旅游业是一个新兴的、多元的和多层次的产业部门，它包含的内容十分广泛。而旅游产业结构则是指旅游业中不同的所有制、区域、市场、产品和服务管理组织结合而成的经济体系。旅游产业结构优化对于旅游业健康发展，提升旅游业在国民经济中的地位具有十分重要的意义。

2）制定旅游产业政策和相关法律法规

旅游业作为一项行业跨度和关联度极强的经济产业，尤其需要政府发挥宏观调控作用加以大力扶持。

（1）制定旅游产业发展政策

在我国旅游产业发展中，政府的主导作用主要表现为制定与旅游发展有关的产业政策与法规。产业政策是调整产业结构、提高产业素质的重要手段。它通常由政府出面，从全局的高度为区域产业经济的未来发展指明方向。

（2）颁布旅游相关法律法规

相关的法律法规则是对旅游业经营管理行为加以约束的规范和准则。与西方旅游产业发达国家相比，我国在旅游立法方面的工作相对薄弱，至今由国务院颁布的旅游法规仅有一项，其余则均为部门规章，许多法规盲点在旅游产业市场化的过程中演化为投机漏洞，为不法分子所利用。要改善这种不利状况，维护正常的旅游市场秩序，需要政府加快旅游立法的进程，走依法治旅、依法兴旅的道路。

3）制定优化旅游企业组织结构的政策

旅游企业是旅游业的基本组成单位，旅游业要获得良好的经济、社会和生态效益，必须要求旅游企业具备较强的创造效益的能力。因此，必须按照现代企业组织原则来改造优化旅游企业的组织结构，以增强其活力和提高其经营管理水平。对旅游企业组织结构进行改造和优化的政策主要包含以下内容:调整优化旅游企业的产权结构,明确旅游企业的产权关系;扩展旅游企业的资金融通手段;改善旅游企业的外部经营环境等。

(1)优化产权结构和明确产权关系的政策

现代企业制度要求政企分离,产权清晰,因此,调整优化旅游企业的产权结构是优化旅游企业组织结构的先决条件。产权关系如果不能明晰,那么经营中的其他关系也不可能理顺。在政策保障体系中,应包含若干明晰旅游企业产权关系的政策提议。

(2)提升企业融资效率的政策

为了提高旅游企业的竞争力,应增强旅游企业的资金实力,并提高企业使用资金的效率,提高资金使用的周转率。因此,政策方面要为旅游企业广开融资渠道,除了通过传统投资渠道融资外,还应鼓励旅游企业借助于金融工具向社会大众融资,要为旅游企业创造条件争取上市发行股票融资。我国已有不少旅游企业借助现代化的融资渠道和手段促进了自身的发展。因此,政府应制定政策以保证旅游企业能有效利用这些融资渠道,从而增强自身的竞争力。

(3)改善企业外部经营环境的政策

某些行业管理部门的不合理政策,会增加企业的经营成本,形成不公平的竞争环境。这种情形在旅游饭店的经营中较为常见,如税收、水电、环保等部门对饭店企业实行较高的税收和收费尺度,使得这类企业的营业利润减少。因此,政府应该制定相关政策保证旅游企业在经营过程中拥有和其他企业一样的竞争环境,享受相同的待遇,保证市场竞争的公平性。

4)促进旅游业区域合作的政策

开展区域旅游合作可以利用不同区域的旅游资源特色,实现优势互补,并且可以利用区域合作扩大旅游经营的规模和影响力。世界上有许多国家成功地进行了区域旅游合作,如欧盟国家之间互免签证,形成巨大的旅游区域合作体。我国泛珠江三角洲地区的合作、CEPA 协议框架下的港澳与内地的合作等也大大推动了我国区域旅游合作的发展。除此之外,《福建省旅游发展总体规划》中也将构建闽台旅游合作区作为规划中的一项重要内容。可见,政府在促进旅游区域合作方面的政策可以有效整合区域旅游资源,提升本地旅游业的影响力和竞争力。

5)加强基础设施建设的政策

旅游基础设施建设是指专门为旅游开发而兴建的工程项目。这些工程与国计民生相关,并且对财力、人力及物资设备的要求较高,需要政府介入。由于基础设施直接关系到旅游业发展的潜力和持续性,因此,政府可在建设旅游道路、专用码头、机场等基础设施的改扩建通信、环保等工程上,提供具有倾斜性的政策,以吸引社会资金投资。

6)培养旅游人才的政策

现代旅游业对从业人员的要求越来越高,旅游人才教育和培训的需求日益迫切。为此,政府应制定措施和政策推动旅游专业院校的发展。如可由政府统一规划、出资或向社会集资建立旅游院校等专门的培训机构、科研机构和实习基地,为旅游业培养知识全面、技术性强的高素质旅游专业从业人员队伍,帮助旅游企业完成人才储备,促进旅游业服务和管理水平的提高。

10.3　市场保障体系规划

旅游规划与开发的市场保障体系是从市场的运行机制上提出整顿和管理的措施,为当地旅游业的发展提供一个秩序井然的市场竞争环境。

10.3.1　建立市场保障体系的意义

1)提高市场配置资源的效率

在市场经济条件下,社会资源的合理配置是通过市场完成的。因此,在旅游开发过程中如果能针对旅游市场的发展机制和环境制订相关的保障体系规划,就能防止出现旅游业发展过程中的市场效率低下或失灵的现象,提高市场对旅游生产要素的配置效率。

2)增强旅游企业的竞争力

在有序竞争的市场环境中,旅游企业为了适应日益激烈的竞争环境,必然会自发明晰产权,提升技术创新能力,完善生产方式和管理方式,并以最佳方式配置资源,从而实现自身竞争力提升的目标。

3)保障市场机制的稳定运行

旅游市场保障体系要对市场规则加以完善,除了让市场经济中"看不见的手"对经济运行进行控制外,还要建立一定的行政力量和法律体系以维护市场秩序。公平和公正已经成为当今社会普遍认可的价值观念。市场保障体系将综合运用经济政策、经济杠杆、法律法规以及特殊情况下的行政手段,调节经济发展速度,干预垄断、商业欺诈和不公平的竞争行为,维护市场机制运行的稳定。

10.3.2　市场保障体系规划的内容

旅游市场保障体系规划的内容至少应该包括以下几个方面:

1)强化和完善行业管理制度

行业管理是企业自发形成的对运作规范化的监督工具,也成为旅游市场保障体系规划的重要内容。行业管理的手段有多种,但总的说来无非三类:行政管理手段、经济手段以及法律手段。这三类行业管理的手段应形成一个完整的行业管理体系,具体可分为如下十种具体的手段：

①法规手段：针对行业发展的具体情况制定部分行业法规进行管理。

②计划手段：对旅游经济活动实行一定的计划管理，保证其有序开展。

③审批手段：对行业内的特定经营管理行为，要通过上级主管部门审批，通过才予以办理。

④监理手段：该手段主要针对行业的物价和外汇的管理，对其进行监督和管理。

⑤考核手段：制定行业的考核标准，对企业和从业人员进行考核。

⑥检查手段：对企业的经营和服务进行定期和不定期的检查。

⑦奖励手段：建立行业的奖惩机制。

⑧命令手段：通过命令强制规定，约束企业的行为。

⑨服务手段：为行业的健康发展提供服务。

⑩舆论手段：通过媒体的宣传，产生激励机制和舆论压力。

2）市场规则的制订和执行

市场规则的制订和实施是借助外界的力量对企业市场行为予以控制和管理，也是目前国内外较为普遍使用的市场管理方法。目前，我国已经拥有了众多的旅游标准，相信随着旅游标准和规范制订工作深入地进行，必将形成完整的国家旅游标准体系。在旅游规划与开发过程中，也可针对市场运行中存在的问题为旅游市场规则的制订提供方向。

3）服务质量监控与价格管理

旅游服务质量和价格是旅游行业管理的关注焦点，对其进行管理的目的在于，一方面维护市场良性的竞争环境，保证所有企业竞争的公平性和公正性；另一方面促使本地旅游业的质量和价格水平优化，保障旅游者的切身利益。各地旅游业发展情况不同，无法采取统一的模式进行管理，这就需要在编制旅游规划时，充分调研，努力探索符合本地特色的质量和价格的社会化监控网络和联合管理体系。

10.4　人力资源保障体系规划

人力资源保障体系通过各种渠道和方法为旅游业提供优秀人力资源，保证旅游业能够实现较快增长。这是旅游规划与开发中的重要内容之一。

10.4.1　人力资源保障体系的意义

1）满足旅游业发展对人才的需求

近年来，国内旅游业发展迅猛，因此，对专业人才的需求量也是成倍增长。由于旅游业在我国起步较晚,旅游人力资源开发未形成完整的体系和适度规模。虽然,与旅游业发展初期相比,我国的旅游人才培养取得了一定的成绩,但旅游从业人员中仍有部分员工未接受专业培训。旅游人才的缺乏,尤其是各级旅游管理部门和旅游企业中专业人才的匮乏,不利于我国旅游业的长远发展。因此,需要在旅游规划与开发中对于旅游人力资源的开发和培养提供建议。

2)体现市场竞争对于人才的要求

旅游市场中的竞争是人才、价格、产品、服务的竞争。其中,人才对于旅游产品的价格、服务质量等都具有决定性影响。因此,要想在竞争中取胜,首要任务是培养有经验、有能力、高素质的员工队伍。这就要求旅游管理部门重视旅游人才的开发规划,要求旅游企业在经营中注重人力资本的开发和对智力资源的投入。当以信息化为特征的知识经济成为不可抗拒的潮流,谁拥有高质量的旅游专业人才,谁就能在激烈的市场竞争中占据优势。

3)符合旅游质量管理的要求

美国希尔顿饭店的一位经理曾把饭店的设备比作"硬件",是躯壳;把人员的管理和服务比作"软件",是精神。他认为要更多地关注"软件",而非"硬件"。与之相同,区域旅游发展过程中,也需要对旅游人力资源的开发和培养加以重视,只有在人力资源上加大投入,才能逐步提高区域旅游的质量水平。

10.4.2 人力资源保障体系的特点

概括起来,人力资源保障体系具有以下三个特点:

1)系统性

旅游业是具有服务性质的特殊经济产业,集食、住、行、游、购、娱等于一体。旅行社、旅游交通、旅游饭店作为旅游业的三大支柱与旅游业的关系是相互依存、相互制约、又相互促进的。旅行社的媒介地位、旅游交通的先决条件和旅游饭店的物质基础作用均为旅游业发展提供了前提。旅游规划与开发人力资源保障体系的目的在于提高这些企业或部门从业人员的素质,最充分地开发人力资源,促进行业内部的整体协调与管理,所以人力资源保障体系表现出很强的系统性。

2)综合性

对旅游业人力资源进行开发,要综合考虑多方面的因素,如政治因素、经济因素、文化因素、心理因素、生理因素等,涉及社会学、经济学、管理学、心理学、组织行为学等学科。实际操作中,要统筹规划,力求综合全面。如员工素质的提高,不能只片面强调业务水平,要从政治思想素质、品德修养、为人处世技巧、公关交际能力、服务意识等各方面塑造旅游人员的行业素质,以适应多项工作,满足旅游业对人才的需求。

3）科学性

人力资源保障体系的科学性就是要求人力资源开发时必须讲求科学性,运用科学的现代化管理理论和方法来发掘人才、培养人才和使用人才,使人的积极性和创造性得到最大限度的发挥,提高工作效率与效能,推动旅游业的发展。

10.4.3　人力资源保障体系规划的内容

1）旅游教育与培训体系的设计与优化

旅游教育与培训是自主培养旅游专业人才的重要途径之一,因此,在现状调查的基础上对区域旅游教育与培训的体系进行优化,能有效缓解旅游产业发展中人才供需间的矛盾。对旅游教育与培训体系的优化主要包括以下两个部分:

（1）教育机构的体系优化

旅游教育机构是旅游教育与培训的基本单元,各类旅游教育机构也共同构建了区域旅游人力资源开发的网络骨架。从目前国内旅游教育的发展来看,从事旅游教育与培训的机构主要有两类:其一是学校,包括高职高专和各类高等院校等;其二是政府或社会主办的培训机构。这两类教育和培训机构在主要功能和培养目标上都不同,因此,形成了相互补充的关系。旅游规划与开发过程中,规划者要针对当地旅游人力资源的供求以及开发现状,提供优化和调整教育机构的方案,并且对教育机构中的资源(师资等)的获取渠道加以策划。

（2）教育模式的创新设计

旅游规划中,规划者应根据本地教育机构的现状,结合区域旅游发展的实际情况和市场需求,不断创新效果佳、成本低的旅游教育模式,并将之运用于教育实践中。

例如,旨在培养具有整体素质的复合型旅游中高级人才的"三位一体"旅游教育优化模式就是一种模式的创新设计。该模式的思想可概括为"以教学为核心基础,以技能培训为实践推动环节,以科研探索为发展导向"的教学—培训—科研一体化,它超越了我国传统旅游教育中单纯"以课堂教学为中心,以知识为中心,以教师为中心"的固定僵化模式,体现了现代教育的智慧、能力与发展一体化综合的特色。"三位一体"旅游教育模式需立足于下述 3 个子系统的关联耦合与协调配置(表 10.6)。

表 10.6　"三位一体"旅游教育体系的子系统构成

子系统	目标特征	过程表现	内容	控制要点	在总体系中的作用
教学子系统	传授旅游从业人员所必需的核心知识基础、素质基础与理念	浓缩核心知识与理论的结构化课堂教学	旅游业知识;服务基础;人际沟通原理;营销、财务等基本技术理论	强调结构优化	素质的核心基础

续表

子系统	目标特征	过程表现	内容	控制要点	在总体系中的作用
培训子系统	强化旅游从业人员的专项技能操作及应变,提高从业适应力	操作训练,规程适应,实地场景实习	语言训练;礼仪训练;酒店、旅行社各具体环节技能训练	强调效率优化	实践推动与催熟作用
科研子系统	分析研究旅游教育与社会实践现状,提出适应及调整的策略性导向	实地调查统计,综合研究,分析归纳	抽样调查的组织与管理;信息的统计与分析;规律的提炼与归纳	强调新的信息增长点	导向与拉动作用

资料来源:马勇,舒伯阳."三位一体"旅游教育优化模式研究[J].旅游学刊,1997(S1):42-45.

从本质上看,这一模式其实是教学—培训—科研3个子系统发展递进的开放式系统,旅游教育体系的培训环节、科研环节处于全方位开放状态,它们直接根源于社会实践环境,直接获得旅游业的实践检验的反馈以及解决现实提出的新问题。

此外,规划者还可从微观的角度,对于旅游教育中的课程设置提出建议。

2)区域旅游人才培训计划

将区域作为一个整体,提出全局化、标准化的旅游人才培训计划,帮助当地的旅游管理部门对旅游人才的开发实施战略化管理。这一点国外走在我们的前面,如许多国家都制订了相应的旅游人才培训计划(表10.7)。

表10.7 部分旅游产业发达国家旅游培训计划

国家	培训计划	组织机构	主要内容
新西兰	行业资格培训	新西兰观光局下属 KIM HOST	①培训课程分多种等级,因材施教。资深经理人员——高级课程,各行各业学员——专业课程训练。②确定统一旅游标志图案,并规定获取该标志的一系列资格条件。
土耳其	改善与扩大旅游业从业人员的教育与培训	土耳其文化和旅游部	①从世行获得大量贷款用于国内旅游业人员培训。②规定统一核心课程。③首先进行岗前培训和教育,在此基础上再进一步进行高一级的技术培训。④要求旅游专业毕业生能胜任部门一级旅游企业的经营管理,既要有一定的理论知识,又要有一定的实际操作娴熟技能。⑤建立土耳其"职业标准考核和资格审查"认证体系。⑤要求每个旅游企业的每个部门都必须有一定比例的人员受训。

续表

国家	培训计划	组织机构	主要内容
韩国	职业教育与培训	韩国观光公社	①职业资格教育:导游资格制度、饭店从业人员资格制度。②进修教育:包括饭店经理、前厅、客房、餐饮、厨师等服务人员、旅行社和公共设施从业人员。③巡回教育:到各住宿单位进行现场教育。④函授培训。⑤基础教育和培训。⑥公务员现场培训。
爱尔兰	旅游全面知识培训	旅游行政管理部门	①语言培训计划。②所有旅游业的常识模块,旨在使学生了解旅游业的经济、社会、文化和环境意义及作用。

资料来源:马勇,李玺.旅游规划与开发[M].2 版.北京:高等教育出版社,2006.

3)旅游从业人员数量与结构的调整与设计

旅游规划中人力资源保障体系除了对未来的旅游人才开发——旅游教育和培训加以关注,还对现有的旅游从业人员的数量与结构进行研究。

(1)旅游从业人员的数量

对于区域旅游发展过程中的人才需求数量是旅游开发人力资源保障体系规划的内容之一。在对数量规模加以预测时,要依据以下三个指标作为依据:一是旅游业发展的总体增长速度和总体规模;二是配合旅游业发展所需的旅游人才需求总量及其结构;三是借鉴国内外旅游从业人员结构配比的经验系数。

(2)旅游从业人员的结构

在旅游从业人员的结构方面,主要对目前从业人员的行业分布结构、年龄分布结构、学历结构以及职称结构等进行综合考察,并针对上述结构中的不合理现象加以剖析,提出优化调整的建议。

(3)设置人力资源开发的阶段目标

在上述旅游从业人员的数量和结构研究的基础上,规划者需要根据旅游地不同发展阶段对人力资源的要求,制订人力资源开发的阶段目标。

10.5　危机管理保障体系规划

10.5.1　危机及危机管理的概念

1)危机的概念

罗森塔尔(Rosenthal)和皮内博格(Pennsburg)认为:"危机是指具有严重威胁、不确定性和有危机感的情景。"罗森塔尔和皮内博格指出了危机具有危害性和风险性的特点。

巴顿(Barton)认为:危机是"一个会引起潜在负面影响的具有不确定性的大事件,这种事件及其后果可能对组织及其员工、产品、服务、资产和声誉造成巨大的损害"。巴顿这个定义包括了潜在危机和危机,并且指出危机不仅会对组织造成有形的伤害,也会造成无形的伤害。

苏伟伦认为:"危机"一词是中性的,它表示由于内在矛盾的激化,企业已经不能按照原有的轨道发展下去,同时新的次序又没有建立起来。新旧的摩擦,使新旧两种机制都不能发挥有效的作用。因此出现大量的失控、混乱、无序,这在本质上是旧机制的危机,危机根植于旧机制中,使其运转失灵。苏伟伦把危机看成是新旧体制转化过程中的混乱状态。

李云宏和吕洪兵将危机界定为:"在任何组织系统及其子系统中,因其外部环境和内部条件的突变,对组织系统的总体目标和利益构成威胁而导致的一种紧张状态。"这里强调了危机是一种紧张状态,这种紧张状态是由于对组织的总体利益受到威胁所致。

综上所述,可以将危机界定为事物由于量的积累,导致事物内在矛盾激化,事物即将发生质变和质变已经发生但未稳定的状态,这种质变给组织或个人带来了严重的损害。为阻止质变的发生或减少质变所带来的损害,需要在时间紧迫、人财物资源缺乏和信息不充分的情况下立即进行决策和行动。

这个危机的定义应该从以下几个方面来理解:

首先,危机是一个量变的过程。危机发生时,虽然给人的感觉非常突然,但是任何危机的发生都不是无缘无故,总有一定的原因。危机给人的感觉之所以突然,是因为人们忽视了量变的过程,直到危机发生时才感觉到已经发生了如此重大的变化。危机发生有一个量变的过程,说明危机有前兆症状,危机发生就有了预测的可能性。

其次,危机是指即将发生质变和质变已经发生但尚未稳定的状态,而不是指事物稳定运行的状态。

最后,危机是指那些给当事人带来严重损失的质变,而并非所有的质变。许多的质变给人们带来的是更大的利益,哪怕为获得利益而促成质变花费了相当的成本,这种质变就不是危机。

2) 危机的特点

(1) 突发性

由于危机发生前的量变过程不容易为人们所注意,因此危机发生时,事物原有的发展格局突然被打乱,使人感觉非常突然。同时,危机中的混乱局面使人们面临一个全新的、不熟悉的环境,因此,在心理感觉上更增强了危机突发性的感知。

(2) 破坏性

危机会造成损失,这种损失可能是有形的,也可能是无形的。如地震等会造成房产或设备的损失,这些损失是有形的。而社会危机对于国民经济和产业发展造成的损失则是无形的和难以估量的。由于危机对人们的生产生活的影响是多方面的,并且不易衡量,因此具有较大的破坏性。

（3）不确定性

危机发生具有很大的不确定性。人们很难判断危机是否会发生,也很难预测危机发生的概率,只能依据以往经验做出预测。另外,危机的情景也有很大不确定性。

（4）紧迫性

危机不仅具有突发性,而且还具有紧迫性。随着危机的进展,危机造成的损失也会越来越大。对危机的反应越是快速,危机的反应决策越是准确,那么危机带来的损失就会越小。

3）危机的发展阶段

从时间上来看,危机的发展可以大致分为 4 个阶段,即危机开始阶段、危机爆发阶段、危机持续阶段以及危机结束阶段。

（1）危机开始阶段

危机开始阶段是指从危机的征兆出现到危机开始造成可感知的损失这个阶段。此时并不一定代表危机没有造成损害,而是其造成的损害不容易被感觉到而已。在该阶段,危机的各种征兆会不断出现,如果对危机征兆保持警惕,并采取适当的行动,就能防止危机的发生或减轻危机可能造成的损失。

（2）危机爆发阶段

危机爆发阶段是指从危机开始造成可感知的损失到危机已无法继续造成明显的损失这个阶段。危机爆发阶段的到来往往使人感到非常突然,并且不断地对组织和个人造成损害,这种损害会不断地加深和积累。

（3）危机持续阶段

危机持续阶段是指危机已不再继续造成明显的损害到危机造成的损害均已得到较好的解决这个阶段。危机持续阶段的时间长短不一,往往是有形的损害较容易恢复,恢复得较快。而形象、品牌等无形资产,或者国家或地区的吸引力以及发展能力等无形损害的恢复需要很长的时间。危机管理者如果能在危机的爆发和持续阶段采取恰当的措施,那么危机造成的损害会更小,危机恢复也会更快。

（4）危机结束阶段

危机的结束阶段是指危机对个人和组织造成有形和无形损害逐渐消失的阶段。在该阶段中受影响的个人和组织有两种可能的发展方向,一种是由于对于危机损失的防范不力而被危机彻底击垮;另一种就是艰难度过危机阶段并吸取经验和教训而进入另一个快速发展阶段。

对个人和组织危机之后发展方向的重要影响因素就是其在危机爆发过程中的管理能力,即危机管理能力越强,防范风险和危机的能力也就相应较强;反之,则对今后的发展越不利。因此,应该建立起一种危机管理的意识。

4）危机管理的概念

从上面对危机概念的界定来看,危机管理的目的就是要在危机未发生时预防危机的发生,在危机真的发生时,采取措施尽可能减少危机所造成的损害,并尽早从危机中恢复过来。

为了实现这个目的通常对危机采取风险评估、危机监测、危机预防、信息沟通、危机反应管理、危机恢复管理等手段。

综上所述,我们可以将危机管理定义为,个人或组织为了预防危机的发生,减轻危机发生所造成的损害,尽早从危机中恢复过来,而针对可能发生的危机和已经发生的危机采取的管理行为。

10.5.2　构建危机管理保障体系的意义

旅游业是一个相对较为脆弱的行业,对于风险和危机的应对能力较差。因此,旅游规划者应为旅游地设计一个危机管理保障系统,以提高预测和抵御未知风险的能力。构建旅游开发的危机管理保障体系主要有以下几点意义:

1)实现对旅游地的实时监控

危机管理保障体系要求旅游地构建一体化的运行监控系统,对旅游地运营过程中的各个参数实行定量分析和预测。所以,旅游地建立危机管理保障体系实际上有助于实现旅游地实时监控的智能化管理。

2)完善旅游地的管理功能

危机管理在旅游规划与开发过程中近年来才为人们所重视。虽然人们在旅游业发展之初就认识到旅游业具有脆弱的特点,但是,极少有规划者将旅游地的危机管理体系纳入规划中。因此,旅游规划与开发的危机管理体系既是对传统旅游规划内容的一个突破,也是对旅游规划中管理功能的一大完善。

3)增强旅游地的竞争能力

如何适应多样化的环境,并在恶劣的环境中脱颖而出,是每个旅游地在发展中必须思考的问题。不为逆境所困,变被动为主动,在逆境中求发展、求创新,是具有强势竞争力旅游地的特征。因此,危机管理体系的构建为旅游地在大环境下的发展和运营打下了坚实基础,增强了旅游地的竞争能力。

10.5.3　危机管理保障体系规划的内容

危机管理保障体系主要包括信息收集子系统、信息加工子系统、警报子系统以及危机决策子系统等。由于危机管理保障体系规划在目前的旅游规划中仍然处于不断摸索的发展阶段,这里仅就一般意义上危机管理体系的内容加以介绍,供读者参考。

1)信息收集子系统

信息收集子系统的任务是对有关危机风险源和危机征兆等信息进行收集。信息收集子系统设计时要保证信息收集的全面性,不能遗漏可能显示关于危机的各种信息。根据全面性的要求,危机预警系统要确定信息收集的范围,而信息的收集又要以可能的风险源为导向,因而在建立危机预警系统时要分析危机风险源的分布状况。

2) 信息加工子系统

信息加工子系统的功能包括信息整理和归类、信息识别和信息转化。

危机预警系统收集到信息之后一般是无法直接加以利用的,需要对信息进行整理和归类,尤其是在指标性危机预警系统中,信息与危机之间缺乏显而易见的联系,信息的整理和归类就显得更为重要。此外,该子系统还应具备识别真假信息和排除干扰信息的能力,从而能将繁多的信息转化成能为危机管理系统所用的有用信息。

3) 警报子系统

警报子系统主要根据信息加工子系统的结果(信号和指标)决定是否发出危机警报和危机警报的级别,并发出警报指令。其功能是向危机反应者和危机潜在受害者发出明确无误的警报,使他们采取正确的措施。

4) 决策子系统

决策子系统的主要功能就是根据危机发生的实际情况,为旅游地提供一系列可行的决策和补救措施,尽量减少旅游地因危机遭受的损失。因此,决策子系统的建立一方面要预先构建危机决策资源库,即预先设想若干可能的危机情况并制订可行的方案;另一方面,则应通过建立专家头脑库,建立起危机时期的即时决策支持系统。

10.5.4　构建危机管理保障体系的步骤

根据危机预警系统的要求,危机预警系统的建立过程可大致表述如下:

第一步,确定旅游地需要对哪些危机建立预警系统。

第二步,评估危机风险源、危机征兆、危机征兆与危机发生之间的关系。这时需要旅游专家和易于受危机影响的部门一起参与评估。

第三步,根据评估结果确定危机监测的内容和指标,并确定危机预警的临界点。

第四步,确定建立什么样的危机预警系统,采用什么样的技术、设备、程序,需要为危机预警系统配备哪些资源。

第五步,评估危机预警系统的性能,了解系统的特性,如系统的误差、系统的准确性、系统的可信度、系统的稳定性、系统需要什么样的维护措施、系统的连续性、系统可能受到什么样的干扰等。

第六步,为危机预警系统的使用和维护配备人员,并制订相应的规章制度,确定使用和维护人员的责任、权利和义务。

10.6 区域旅游协作规划

10.6.1 完善区域旅游合作机制的意义

1)有效实现旅游资源整合,适应旅游经济全球化

近几年来,我国各地区围绕加强区域旅游合作机制建设虽然作了大量的工作,但从全局来看,还缺乏一个与旅游业发展相适应的完善的有效的合作机制,缺乏一整套行之有效的合作制度和措施。建立和完善区域旅游合作机制是有效实现旅游资源整合,适应旅游经济全球化需要的有效方式。随着我国加入 WTO,旅游业对外开放的进程进一步加快,要参与竞争,除了引进国外先进旅游企业的管理经验和管理模式之外,还需要"走出去",主动出击,只有将"引进来"和"走出去"相结合,才能全面地应对竞争。无论是引进来还是走出去的战略,都需要我们将旅游企业做强做大,需要区域旅游一体化。要实现建设世界旅游强国的战略目标,有赖于在旅游市场中建设一大批品位高、吸引力强的旅游精品,这就要求旅游资源加强整合,树立整体品牌。由于各地旅游资源的差异,加上长期的地区封锁和地方保护,我国的区域间旅游发展很不平衡,差异很大,如果国内各地区之间还是各自为政,相互排挤,内耗严重,过多地重复建设,就会在全球竞争中失去主动权和竞争力,最后丧失的是整体的竞争力,对哪个区域的发展都不利,无论是发达地区还是西部欠发达地区。因此,完善区域旅游合作机制,通过区域联合一致对外,是增强我国在开放环境下竞争能力的客观要求。

2)实现各种利益关系的整合,减少各地区在旅游合作中冲突

目前,从全国区域旅游合作的现状来看,对区域旅游合作的管理政出多门、事权不分,各合作方组建的具有旅游协作性质的共同管理机构只是一个半官方、半民间性质的组织,行使协调、监督的功能,没有行政管理权,管理失效;区域旅游合作经常在联合开发线路、联合促销等方面达成协议,但是在区域范围内组织起权威性的整体旅游规划的却很少。这些现象在一定程度上不利于充分发挥合作的作用,导致对区域性旅游资源的开发利用缺乏总体规划与分工,各地区对资源的使用各成体系,近距离重复建设景点的现象时常发生,资源配置得不到合理的利用甚至浪费。

同时,由于地区保护主义的存在,"伪合作"倾向在地区间合作过程中时有出现,各自为了自身的利益,互相争夺客源、争夺资源,形成恶性竞争,扰乱了市场秩序。

通过建立区域旅游合作机制,有利于各地区在当前和今后的区域旅游合作中建立起良好的伙伴关系,有利于合作方实现区域共同利益、地区本位利益及旅游企业利益等多种利益关系的整合,减少各地区在旅游合作中的冲突。

3）克服我国地区旅游合作障碍

建立和完善区域旅游合作机制是克服我国地区旅游合作障碍的需要。我国的区域旅游合作从 20 世纪 80 年代初开始提出，区域旅游合作的进程相对较为缓慢，究其原因是多方面的，涉及到观念意识、政治、经济、民族等原因。总体上讲，我国各地区区情的复杂性决定了各种区域旅游合作的进程。

4）有利于从根本上克服区域旅游合作的制约因素

我国区域旅游合作的障碍因素主要表现在：作为区域旅游合作最重要的合作主体——地方政府，在区域旅游合作中起着举足轻重的作用，其双重行为常常导致区域间经济关系和行政关系发生交叉与重叠，这是影响区域旅游合作的主要障碍，在高度集中的旧旅游管理体制下，旅游资源被条块划分，无法以市场为主导进行资源要素的优化配置和合理利用，区域旅游优势得不到体现。此外，以地方利益为前提的政策导向使雷同的旅游项目在区域内盲目重复建设，造成旅游资源和建设资金的极度浪费。同时，各地区情的复杂性、差异性，如基础不同、人员的结构不同、景区的内涵不同导致的价格不同、客源市场不同造成的工作重心的不同等，直接影响了区域旅游合作的进程。

只有建立完善高效、优质、务实的区域旅游合作机制，才能从根本上克服区域旅游合作的制约因素，通过建立有效的合作机制，促使区域旅游合作向纵深发展。

10.6.2　区域旅游协作的目标、原则和战略思路

1）区域协作总体目标

遵循区域经济发展的基本规律，通过协调机构和协作机制的建立，制定共同的旅游开发与发展政策以及与此相关的社会经济政策，以地域分工和区域利益的均衡为基础，统筹规划，淡化行政界限对区域整体发展的影响，最终建立一种垂直分工与水平合作相结合的区域经济联合体系，实现区域旅游一体化发展，形成一种企业主导型的既充分发挥竞争作用又兼顾公平的一体化区域旅游合作体系。

2）区域旅游协作原则

①注重区域资源整合，提高主体竞争力原则；
②政府主导与市场运作相结合的原则；
③以产品—市场为核心，以城市为依托的原则；
④点线面结合，交通为纽带的原则；
⑤大旅游思维、系统性协作原则。

3）区域旅游协作战略思路

①建立相邻政府间旅游协调机构，协调配套区域旅游一体化政策；

②制订多层次区域协作战略目标和发展规划；

③优化旅游大环境，加快与国际旅游的接轨；

④努力培育旅游协作的市场环境，让企业成为协作的第一主体；

⑤建立区域旅游协作信息系统，提高网络技术的支持水平；

⑥防止条块分割，尝试"复合行政"；

⑦打造区域协作旅游品牌，强化整体形象；

⑧破除壁垒，开展全方位实质性合作。

10.6.3　建立区域旅游合作机制

1）交互机制

区域旅游合作要进一步向纵深发展，合作关系要得以巩固，首先需要在各不同区域之间建立旅游的互动关系。区域旅游合作机制的建立，首先要做的是整合各个旅游区域之间的各类旅游，形成一个综合性的旅游数据库，建立交互机制，设立平台。通过建立交互机制，达到联动表现区域旅游资源的多样性和互补特色，形成对旅游者的吸引力的目的；交互机制的建立，有利于推广组织区域性旅游线路，形成区域旅游客流，促进各旅游区旅游目的地的共同发展，有利于在世界范围内推广各区域鲜明的联合旅游形象，树立国际性旅游区域品牌，在国际主要旅游客源市场中形成强大的推广之力。旅游平台同时也是政务化在旅游行业的具体实施，是地方性区域政策公开的重要渠道。互动，特别是地方性局部区域政策的公开是建立区域旅游合作机制的基础性措施。

2）组织协调机制

区域旅游合作会遇到来自经济、社会、观念等方面的阻碍，为推动旅游合作的进行，为区域旅游合作提供制度保障，实现区域旅游合作机制的制度化、长期化，有必要建立统一的合作机构和协调机制。这个机制包括旅游政策协调机制和旅游业危机管理协调机制等。通过建立各层级的旅游发展联席会议，建立区域旅游合作联合体等协调机构，统一制定本区域旅游业发展的方针政策，消除区域间旅游发展的明显政策差异；制订旅游发展与动态监控，策划重大旅游节庆活动，实现区域联合，产销联合，政策协调。

3）人才合作交流机制

旅游合作，人才为先，旅游合作说到底还是人才的合作。要做到人才的完全自由流动是不容易的。这里面存在着一个无法进入和不愿意进入的矛盾，导致区域之间人才不能顺畅流动，这样会影响到区域旅游实现持久的无障碍发展，影响到旅游经济优势的整合，最终延缓合作目标的实现。因此，应建立人才合作交流机制，为实现人才资源共享，实现人才流动合作无障碍，提供人才支持和保障。通过旅游人才资质互认、建立各层次培训合作机制、完善区域旅游人才网络等手段，为区域旅游业的发展提供智力支持和人才保证。

4）行为约束机制

为了防止区域旅游合作中的机会主义行为,保障区域旅游合作关系的健康发展,需要建立一种区域旅游合作的行为约束机制,规范合作的权利与义务,约束参加合作各方的行为。这种机制应包括:在区域旅游合作协议中,明确区域合作各方在合作关系中应遵守的规则、违反区域旅游合作条款后应承担的责任、对违反区域合作规则所造成的经济和其他方面损失应做的经济赔偿规定;建立一种区域旅游合作冲突的协调组织,如旅游质监合作联合体,负责解决区域旅游合作中的矛盾和冲突;政府通过相关的政策和法规对区域旅游合作关系进行规范,对区域旅游合作中的不规范行为作出惩罚性的制度安排。我国区域旅游合作机制的运行和实施,加强和突出政府在合作机制建立过程中组织、协调和引导的作用。实践证明,政府是区域合作关系的倡导者、区域合作政策的制定者、区域经济利益的协调者,在解决行政区划分割所主导的四大壁垒方面起到了一个关键甚至是决定性的作用。加强和突出政府在合作机制建立过程中组织、协调和引导的作用,可从根本上打破地区封锁的格局,彻底改变各个行政区相对独立、各自为政的局面,为区域旅游合作营造一个更为宽松的环境。

5）政府政策支持

政府应用政策手段对区域旅游合作给予鼓励和支持,比如,对区域旅游合作开发项目、跨区域的旅游企业给予政策倾斜、政策优惠、政策肯定。对于积极推进区域旅游合作的部门和领导的政绩评价也应通过量化指标予以认可,以鼓励区域旅游合作,保护区域合作,推动区域旅游合作。区域旅游合作过程中一些问题的解决,远远超过旅游行政管理部门的权限,需要政府的介入,即区域旅游合作不只是政府旅游主管部门的事,应由政府领导亲自抓。

6）发挥旅游企业的主导作用

发挥旅游企业在区域旅游合作机制建立过程中的主导作用,促使合作与交换网络的形成。一般来讲,区域旅游合作主体有两大类,即旅游企业和政府。政府强调合作主要是为了社会效益,旅游企业更多是为经济效益。出发点不同,利益不同,但作为区域旅游合作中的主体,都应在合作中扮演重要的角色,即区域旅游合作需要政府和旅游企业的共同努力。区域旅游合作既是政府行为,由政府协调、组织和引导,也是市场行为,由旅游企业的运作来实现经常性的具体合作。

各地之间的旅游企业和行业合作,是区域旅游合作的必要基础。旅游企业合作的基础是共同的利益,合作的目标是实现共赢,如果没有旅游企业的参与或旅游企业的积极性不高、对合作的反应迟缓,那么合作就仅仅停留在"宣言"和"协议"上,而不是共同制约的"合同"文本上,更不是有关方面的具体行动上。区域旅游合作机制的建立并不只在于组织形式的设立,更重要的在于区域旅游合作机制的有效运行。

具体可从以下几方面去努力:

①政府的政策要充分反映旅游企业的要求,让旅游企业在这种合作中得到好处。要兼顾旅游企业的利益,调动旅游企业在合作中的积极性,通过确立景区、宾馆、旅行社等旅游企

业的共同优惠制度和统一的服务质量标准体系,引导和鼓励两地的旅游投资者携手合作,共同进行旅游资源和旅游项目的开发建设,为实现旅游区的真正无障碍提供保证;通过旅游企业的参与,完善协调机构的组织体系。区域内的旅游企业可根据自愿的原则,加盟旅游合作协调机构,结成旅游企业联盟;深化旅游企业改革,整合旅游产业组织结构。通过推动在合作区域内有实力的旅游企业以资本为纽带建立风险共担、利益共享的旅游企业集团或旅游企业组织,合作区域内旅游企业之间在人力、物力、财力方面的相互渗透,在区域范围内开展旅游企业联营、重组,如旅行社、饭店的集约、连锁、景点经营权的转让和联合开发等,走大型旅游企业集团化、中型旅游企业专业化、小型旅游企业簇群化的发展道路。

②构建全方位的区域旅游合作创新体系。各地区区情的差异性要求运用创新的思维来解决合作过程中的各种问题。构建全方位的区域创新体系是加快推进区域旅游合作的持久动力源。区域创新体系应包括观念、制度、组织、体制等方面的全方位创新。而观念创新是其他方面创新的前提和基础。各旅游区域在合作的道路上应力求探寻新思路,结合各地区区情,在借鉴成熟区域旅游圈的经验基础上,找到适合各自区域合作的发展道路,取长补短,扬长避短,这样在全国才能真正形成各具特色的合作模式,发挥合作机制的长效作用。从根本上说,构建区域创新体系可有效地解决制约区域旅游合作的各种障碍因素。如 2002 年"泛珠三角"针对区域旅游合作中的一大难题,提出的构建区域旅游客运网络的构想,就是创新的典范。综上所述,区域旅游合作的实现不是一蹴而就的,需要在构建完整的区域旅游合作创新体系的基础上,建立政府引导、企业主导的,既充分发挥竞争作用又兼顾公平的一体化区域合作体系,推动区域旅游合作机制的进一步完善。

本章小结

旅游支持系统规划包括交通与旅游线路规划、基础设施规划、植被绿化规划、环境保护规划、服务接待设施规划等。

旅游规划与开发的政策保障体系规划的内容主要包括:制订旅游业发展战略,制定旅游产业政策和相关法律法规,制定优化旅游企业组织结构的政策,促进旅游业区域合作的政策,加强基础设施建设的政策以及培养旅游人才的政策。

旅游规划与开发的市场保障体系是从市场的运行机制上提出整顿和管理的措施,为当地旅游业的发展提供一个秩序井然的市场竞争环境。其涉及内容主要包括强化和完善行业管理制度、市场规则的制订和执行、服务质量监控与价格管理。

旅游教育与培训体系的设计与优化以及旅游从业人员数量与结构的调整与设计是旅游规划与开发的人力资源保障体系规划的主要内容。

危机管理是近年来被社会各界广泛关注的热点问题之一。旅游业同样也面临诸多危机,旅游开发中如何预测、防范危机,尽量减少风险和危机所带来的损失是该保障体系研究的主要问题。一般来说,在危机管理保障体系规划中,要对信息收集子系统、信息加工子系统、警报子系统以及决策子系统等内容进行设计与规划。

遵循区域经济发展的基本规律,通过协调机构和协作机制的建立,制定共同的旅游开发与发展政策以及与此相关的社会经济政策,以地域分工和区域利益的均衡为基础,统筹规划,淡化行政界限对区域整体发展的影响,最终建立一种垂直分工与水平合作相结合的区域经济联合体系,实现区域旅游一体化发展,形成一种企业主导型的既充分发挥竞争作用又兼顾公平的一体化区域旅游合作体系。

复习思考题

1. 试述旅游交通规划的内容。

2. 阐述旅游基础设施建设规划的原则。

3. 阐述旅游环境保护规划的重要性。

4. 服务接待设施分为哪几种类型? 举例阐述服务接待设施规划与旅游业发展战略的协调性。

5. 简述旅游规划与开发保障体系的内容。

6. 如何加强旅游业人力资源的开发与培养?

7. 怎样处理好旅游资源的保护与开发之间的关系?

8. 构建危机管理保障体系的步骤有哪些?

9. 简述旅游区域合作的必要性及其意义。

案例讨论

1. 阅读例 10.1,结合"洪雅县旅游规划之环境保护规划",谈谈你对环境保育分区意义的理解与认识。

2. 阅读例 10.2,讨论"绿色客房""绿色餐饮""绿色建筑"等旅游服务及设施建设的新理念对旅游地开发的意义。

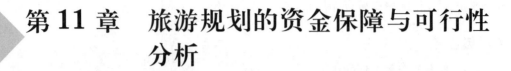

第 11 章　旅游规划的资金保障与可行性分析

本章提要

　　本章重点介绍了旅游规划与开发的资金保障及可行性研究的内容体系;从可持续发展的角度进行了旅游投资效益的分析;介绍了旅游规划实施环境影响评价的内容与程序。

学习目标(重点和难点)

　　1.熟悉旅游发展的资金保障内容。

　　2.了解可行性分析的主要内容及编制程序。

　　3.学会从可持续发展的视角理解旅游投资效益问题。

　　4.了解旅游开发环境影响评价的程序及其意义。

框架结构

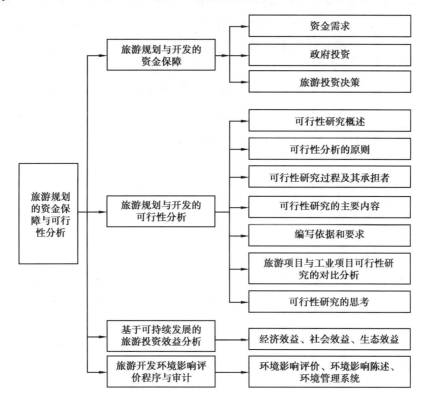

开篇案例

大连旅游在区域经济发展中的角色定位

从区域经济的角度来看,大连对旅游发展的重要性不仅仅在于 GDP 增长和创汇,更有带动区域经济结构和形象转型的重要任务。对这项历史使命的了解和掌握,有助于大连从更高的起点看待以及推动旅游事业。

一、标志东北转型

振兴东北是国家重要的经济以及区域发展战略,但这个战略在执行上却有很大的难度。与长期低度发展的西部地区不同,中华人民共和国成立以来,东北号称共和国的长子,拥有国家在重工业投资方面的倾斜,也已经是中国重要的工业中心。但是,传统计划经济体制下的大型国有企业在改革开放后开始不具市场竞争力,效益下滑,造成大量工人下岗或失业。因此东北的转型其实牵涉两个方面,一是与所有不敌国际竞争的制造业中心一样,传统产业和工人的转型问题;另一个则是与原来的国营体制相关的一系列关于制度改革的问题。由于原本东北的工业化程度已经很高,工业结构和体制两方面都呈现在区域上的一种锁定效应。因此,振兴东北的难度不仅仅是资金、人才的问题,更重要的是如何引进新的源头活水,促进产业结构和体制两方面逐渐"解锁"。在此,由于旅游业本身就是"开放"的标志,大力发展旅游,大力宣传东北旅游,本身就是一项对开放东北,促进东北转型的宣示,这也可以说是东北"解锁工程"的第一步。而大连一向走在东北开放的前沿,面对振兴东北这样的大口号、大战略,大连的旅游不能只着眼于增加大连本地的旅游人口和旅游收入这样一个短浅的目标,而要主动牵头、大肆宣传大东北地区的改革、开放和转型。唯有以旅游为前导,将东北推向国际舞台,才能吸引全球的资金和人才向这个地区推进。当国际资金、人才重视到东北这个广阔且极具潜力的市场的时候,大连作为窗口和跳板,必然是他们第一个驻足点。可以说,大连的发展,必须建立在大东北的发展之上。

二、扩大环渤海地区经济实力,成为中国下一个高增长亮点

全球经济发展的趋势展现出了区域经济和城市群的重要性。紧密的城市网络和经济互动往往是一个地区培育区域竞争力的关键。也可以说,城市单打独斗的时代已经过去,城市必须在竞争和合作中共同把一个区域的经济实力做大,并且在不断的竞争中提升整体经济环境的效率以及生产率。中国改革开放后先走一步的珠江三角洲以及在20世纪90年代后逐渐腾飞的长江三角洲都见证了这个过程。而随着中国改革不断深化,继珠江三角洲、长江三角洲两大板块之后,环渤海地区的经济增长潜力越来越受到重视。2002年全国GDP增长8%,长三角经济圈达到11.59%,珠三角经济圈为10.80%,环渤海经济圈也达到10.77%。值得注意的是,珠三角经济为出口拉动,长三角经济为投资拉动,而环渤海经济圈是内需拉动:2002年实现社会消费品零售总额达到10094.8亿元,约占全国24.7%。环渤海经济圈的外向化程度不如珠三角和长三角,外贸依存度仅35%左右,实际利用外资仅占全国1/5。也就是说,以北京为核心的环渤海经济区,呈现了一个很不一样的经济发展模式。内需和消费的分量大于出口。北京本身第三产业占GDP比重即超过了60%,这样的背景给予第三产业尤其是旅游业的发展提供了绝佳的发展土壤。因此,大连的发展以及大连旅游业的发展,也应该紧扣环渤海地区的发展,加强与区域内其他城市多方面的经济联系,以坚固的城市联盟共同提升环渤海区域的能见度,帮助扩大环渤海地区的经济实力。其中,旅游就是打破门户限制,促进区域合作的前哨。尤其是必须抓住内需增长的势头,创造和培育国内市场。面对东北转型和环渤海崛起两大机遇,大连有可能成为一个以提供先进服务业为主的区域,拉动第三产业的发展再上一层楼。其中,旅游业又将成为一个拉动第三产业发展的龙头。

三、改善投资和经营环境,提高国际化水平

尽管大连经济发展势头良好,但国有及控股企业产值占工业总值56.37%的高比重,显示在大连整体经济结构上,政府和国有企业的角色仍然比较强,民间力量尚未完全释放。对于振兴东北以及推进环渤海地区整体经济增长这两大工作而言,体制、观念的转型以及投资营商环境的改善都是刻不容缓的。旅游业作为城市的门面,为所有来大连的客人递出了第一张名片。旅游相关服务工作的到位,提高人员往来、信息流动的便利性,是改善投资环境的第一件工作。尤其应该尽快建立对国外游客的外文路标、解说系统等服务。这些帮助大连走上国际化的基本工作,正有待旅游业率先来完成。

四、提高就业，促进地方劳动力市场转化

尽管大连属于东北地区经济条件最好的地区，失业下岗情况相对缓和，但数个街头雇佣市场人头攒动的场面，证明就业形势还是比较严峻的。因为旅游业可以提供从高端到低端不同层次的工作，因此对于创造工作、提高就业有很显著的作用。前面章节已经总结过，大连在这方面已经累积了比较好的实践经验。值得进一步提出的是，旅游业不仅在于提供临时就业，解决就业市场的燃眉之急。更重要的是，通过旅游业拉动发展的一系列创意、行销、广告、设计等新兴产业，创造更多适合 E 时代年轻人的工作，有带动劳动力市场转化的作用，使得青年人才有施展拳脚的机会，吸引年轻人留在地方，才能进一步促进地方经济社会和文化的活力。

五、拉动区域、城乡均衡发展，提高居民生活品质

一方面，发展旅游可以创造就业，提高收入；另一方面，人民生活水平的提高，除了从 GDP 和收入来衡量之外，最重要的指标，就是居民在基础设施和城市生活、环境方面得到的舒适和便利。在这方面，大连在国内已属领先。然而，城乡、区域方面的差距仍然显著，北三市许多乡镇仍缺乏最基本的卫生处理系统，以至于垃圾污水横流。必须争取以发展旅游的机会，带动起郊县和乡镇地区基础设施的建设，提高大连地区市民的生活品质。

六、以旅游促进社会学习和社会和谐

旅游业带动人员往来，信息和文化交流，是促进和谐社会最好的润滑剂。而大连市要在经济活动上不断升级，也必须建立在社会多元化、学习和创新氛围浓厚的基础上。对于充满复杂历史、文化、人文资源的大连各大旅游点，要从旅游产品设计、解说系统到产品行销各方面，强调文化性和学习性，如此一来，一方面增加了旅游活动以及旅游产品的层次和深度，另一方面提高了全社会的学习气氛，使得大连成为一个有人文积淀、充满创新潜力的城市。所谓文化兴旅，文化兴市，正应该从旅游业的改造和深化做起。

七、以旅游提高环境意识和环境保护

旅游业应该比任何产业都了解杀鸡取卵、竭泽而渔的危险，因此更应该作为推动可持续发展的前锋，一方面从自身做起，在发展旅游时，注意对自然和社会环境的冲击，做好保护和开发的协调；另一方面，主动做好宣传环境保护，推广全社会环保意识的工作，让所有的旅游活动成为尊重自然和文化遗产的学习活动。

11.1　旅游规划与开发的资金保障

旅游开发、规划及管理对资金投入有严重依赖。旅游业的开发，尤其是住宿及其他旅游

设施的开发、交通及相关基础设施的开发需要大量的资金投入,旅游人力资源开发、市场营销及相关机构的设置也需要一定的资金支持。在编制旅游发展规划时,为了保证各项规划方案的顺利实施,需要一定的投资政策和财务安全制度,以保证其目标的实现。同时,旅游发展的资金筹措过程是执行旅游规划的一个重要环节,必须清楚地了解所需资金类别和筹措资金的可能渠道,并制订一定的投资战略。

11.1.1 资金需求①

世界旅游组织认为,在发展旅游业的过程中通常有四类资金需求需要考虑:一是旅游规划的编制资金,包括旅游总体规划、旅游景区规划、旅游项目规划的可行性分析。其中,总体规划的资金一般由政府承担;景区规划和项目规划的资金可以由政府承担,也可以由私营部门承担,由私营部门承担时景区项目的规划必须符合政府的规划标准。

二是发展旅游业必需的基础设施建设资金,一般由政府承担,由于其资金量巨大,许多国家需要寻求国际资金的援助。旅游景区开发中的基础设施建设费用通常由私人开发商承担。

三是用于发展旅游设施和服务的资金,包括住宿、餐饮、旅行社和购物中心等。这些资金一般来自于私营部门,在旅游刚起步的地区,政府也有可能需要扮演创业开发商的角色,或采取一定量的投资激励政策。

四是目的地营销费用。

五是国家旅游部门管理旅游业所需的资金,包括全面的国家旅游市场营销费用,通常由政府承担。

11.1.2 政府投资

1) 政府直接投资

在进行新产品或新旅游地开发的过程中,政府通常采取的投资方式包括以下几种:提供基础设施;基本设施建设的信贷;设计新旅游活动,丰富旅游供给;旅游的商业化、信息化和促销;确定旅游产品的所有权;选择建筑项目;保护地方文化、创意经典建筑;创建和管理旅游企业;参与合资企业;补贴、免税、低利率信贷、职业培训等。根据文化和旅游部的研究,中国旅游业的投入主要集中在以下几个方面:与旅游业发展相关的生态环境整治和建设工程、环境污染治理工程及检测和治理技术;与旅游业发展相关的外部条件改善的基础设施建设投入,主要有旅游交通及基础设施建设;改善旅游活动基本要素的投入;国家各级旅游业度假区建设、经营。

为了确保旅游业的发展,许多旅游目的地的政府建立了旅游发展专项基金,并列入年度财政预算。该专项资金根据旅游业发展的需要逐步增加,由旅游管理专项使用,主要用于国内外旅游促销、旅游发展规划制定、旅游发展战略研究、从业人员培训等费用的支出。

---

① 吴必虎,俞曦.旅游规划原理[M].北京:中国旅游出版社,2010.

2）政府筹融资

旅游税收是政府财政收入的一项来源，政府从旅游业中获取收入的形式通常是机场税、门票税和酒店床位税。从政府筹资的角度看，要解决旅游发展所需资金，不仅要通过征收旅游税的方式，还应为旅游业提供更多融资机会，如增加旅游企业上市公司；增发旅游企业债券，利用财政可转换国债加大旅游投入；通过制定财政、金融、税务、工商等政策，大力吸引外资和国内私人资本对旅游业的投入；通过银行贷款，筹集大笔资金。某些欠发达国家还能从国际援助机构获得低成本的资金投入，用于旅游发展。

3）投资激励政策措施

Cooper（1998）认为投资激励政策由三部分构成：降低资金成本，包括资金补贴或者利率优惠的贷款；降低经营成本，包括提供免税政策、劳动力或培训津贴、货币补贴等；投资安全，包括防止资产国有化，自由外汇交易，返回投入的资金、利润、红利和利息，贷款担保等。

需要注意的是，激励政策不仅能用于审批通过的项目，即符合开发规划各方面要求的项目，也可以用于政府鼓励的旅游发展类型。政府采取的激励措施应以能吸引所需投资为限，对激励措施的实施应定期进行监督，随着情况的变化，激励措施应做适当的调整或激励程度递减。

4）旅游项目财务分析

整个旅游规划的预算由各种项目组成。美国都市与土地协会建议，旅游规划财务分析应包括以下几项内容：评价规划的财务可行性、协助修正开发的阶段和内容，使之达到资金回收的开发目标、提供规划执行阶段所需的基本数据，以及管理和维护财务控制的适当手段。吴必虎（2010）提出，为了完成以上目标，需完成下列程序的工作：

（1）开发投入分析

开发投入分析包括基础设施、旅游接待设施、娱乐休闲设施、折旧、利率、财政支出、佣金、税收、促销广告费、规划管理与日常费用、维护系统开支等各成本分析；通货膨胀对规划预算中税收和支出的影响分析；筹备假定性的年度资产负债表、收入概况、现金周转概况、获利能力分析；开发者及其委托的物资规划需根据财务分析进行修正；解说财务分析的结果。

（2）旅游开发的必备资金

一般包括以下几个部分：早期规划资金、土地取得资金、基地改良基金、工程资金、永久性资金（取得全部规划所需的长期抵押贷款利息和主要资金）。

（3）旅游项目财务分析的方法

曼纽尔·鲍德-博拉（Manuel Baud-Bovy）提出旅游项目财务分析的主要方法包括以下几种：

①可行性分析。可行性分析对每个投资项目进行现金流预测，列出未来时间内的详细收入与支出，包括折旧与税收，并考虑生命周期的划分和贷款的偿还。单一的可行性研究需要解决以下问题：确定项目的前提条件（融资、区位、面积）；确定总成本（见 11.2 旅游规划与

开发的可行性分析)。

②成本—收益分析。该方法用于开发项目的长期评价,它能够确定项目的以下比率:每一笔投资获得的外汇收入、每创造一个就业机会花费的资金成本、每一笔投资获得的政府收入,并通过比率的比较确定哪一个项目或产业值得优先发展,以尽可能实现社会经济利益最大化。

③计划平衡表。计划平衡表用于协调旅游开发过程中不同利益主体的利益,可以为单个项目,也可以为一组项目编制平衡表。所有的利益主体被分为两大类:产品和服务的生产者/经营者、消费者。平衡表对每个利益主体的利益和成本分别进行详细的估算,比较所有的成本与效益,通过规划调整使得成本和效益实现公平的分配,并使得社会和环境成本从其他利益中得到补偿。

11.1.3　旅游投资决策

旅游投资决策是指为达到一定的旅游投资目标,用一定方法对旅游投资活动进行科学评价,比较不同投资方案的经济技术可行性,综合各种因素选择最佳投资方案的经济活动。旅游投资决策可以分为战略性决策和项目性决策。现实生活中,有三大因素制约着旅游投资决策:经济效益、社会效益和生态效益。这三方面是相互依存、相互影响的,它们之间是一种博弈关系。[①]

1)旅游投资战略决策

旅游投资的战略决策是研究一个国家(或者地区)内旅游投资领域的全局性谋划和重大策略问题,涉及旅游投资的规模、结构、布局、投资时序和效果等多方面,属于多目标、多层次、多因素的投资经济系统工程中的决策问题。整体性和层次性是旅游投资战略决策的特征。旅游投资战略决策的整体性,是指对旅游投资领域的重大问题,从全局的高度,以系统论的观点综合考察相关的经济、社会、技术和环境等因素,并加以统筹解决,以达到系统整体的优化。旅游投资战略决策是多层次的决策过程。根据旅游投资决策的层次性,可以把它分为全国性旅游投资战略决策和区域性旅游投资战略决策。全国性旅游投资战略决策是一定时期内国家旅游发展规划中的投资战略决策,属于宏观战略决策,是高层次的投资战略决策。区域投资战略决策是地区旅游发展规划中的投资战略决策,是较低层次的投资战略决策。一般来说,区域旅游投资战略应服从国家旅游投资战略,较低层次的投资决策目标应当与高层次投资决策目标相一致。

2)旅游投资项目决策

旅游投资项目决策主要研究具体旅游建设项目方案的比选问题。就旅游投资项目本身来说,它属于微观层次,但旅游投资项目决策并不限于微观决策,而是包括旅游投资项目的宏观决策和项目的微观决策两部分。

---

①　孙斌.基于可持续发展的旅游投资决策分析[J].商场现代化,2008(28):242-243.

　　旅游投资项目宏观决策是从旅游经济,乃至国民经济的全局出发来评价一个旅游投资项目的决策,它具有总体性、方向性和长期性的特征。旅游投资项目宏观决策谋求旅游投资项目和社会环境之间的长期动态平衡。在进行旅游投资项目宏观决策时不仅要考察旅游投资项目的直接经济效益,还要考察间接的社会效益和环境效益,从整个社会的角度出发来考察、研究、预测和综合评价旅游投资项目的总贡献。因此,旅游投资项目的宏观决策又称为旅游投资的项目的社会决策。

　　旅游投资项目微观决策是从企业的角度出发,用企业的经济效益来评价项目的优势,这种决策具有局部性、具体性和短期性的特征。在进行旅游投资项目的微观决策时 可以运用财务分析的方法,按照项目的实际收支确定项目的建设费用和效益,并以此来判断旅游投资项目的可行性。因此,可以把旅游投资项目的微观决策称为旅游投资项目的财务决策。

11.2　旅游规划与开发的可行性分析

11.2.1　可行性研究概述

1) 可行性研究的含义

　　可行性研究是包括机会研究、初步可行性研究、可行性研究三个阶段的一种系统的投资决策分析方法。它主要应用在项目投资决策分析中,也广泛地应用于工农业生产管理、科学实验、新产品开发、行业规划等各方面的决策分析中。可行性分析对于提高项目投资决策的科学性具有重要意义,在国外早已广泛使用,然而我国的项目可行性分析直到 20 世纪 70 年代才逐步发展起来。

　　旅游规划与开发可行性研究,是专门为决定某一特定的旅游规划与开发是否合理可行,而在实施前对该规划进行全面的技术、经济论证,为旅游规划与开发决策提供科学依据的工作。具体地讲,旅游规划与开发可行性研究也就是在旅游规划决策前,通过对规划有关的工程、技术、经济等各方面条件和情况进行调查、研究、分析,对各种可能的建设技术方案进行论证,并对规划完成后的经济效益进行预测和评价的一种科学分析方法。由此考察旅游规划与开发技术上的先进性和适用性,经济上的盈利性和合理性,建设的可能性和可行性。

　　可行性研究是旅游规划与开发前期工作的最重要内容,它从规划建设完成到生产经营的全过程来考察分析旅游规划的可行性。可行性研究从市场需求的预测开始,通过多方案比较,论证旅游规划规模、工艺技术方案、项目位置的合理性,原材料、燃料动力、运输、资金等建设条件的可靠性,然后对规划的建设方案进行详细规划,最后通过对生产经营成本、销售收入和一系列指标的计算,评价规划在财务上的盈利能力和经济上的合理性,得出规划可行或不可行的结论,从而最终回答旅游规划是否必要、是否可能完成和如何进行完成的问题,为投资者的最终决策提供直接的依据。

2）可行性研究的作用

投资一个旅游项目，目的就在于最大限度地获得经济效益和社会效益。任何投资决策的盲目或失误，都可能导致重大的损失，特别是重大项目的决策正确与否，其影响所及会是整个国民经济的结构和规模。投资项目进行可行性研究的主要作用，表现为：

①可行性研究是科学投资决策的依据。任何一个投资项目成立与否，投资效益如何，都要受到社会的、技术的、经济的等多种因素的影响。对投资项目进行深入细致的可行性研究，正是从这三方面对项目分析、评价，从而积极主动地采取有效措施，避免因不确定因素造成的损失，提高项目经济效益，实现项目投资决策的科学化。科学的投资决策是项目顺利进行、投资效益正常发挥的保证。

②可行性研究是项目设计的依据。在现行的规定中，虽然可行性研究是与旅游项目设计文件的编制分别进行的，但旅游项目的设计要严格按批准的可行性研究的报告内容进行，不得随意改变可行性研究报告中已确定的规模、方案、标准、厂址及投资额等控制性指标，项目设计中的新技术、新设备也必须经过可行性研究才能被采用。因此，我国建设程序规定，可行性研究是建设程序中的一个重要阶段，是在设计前进行并作为项目设计的依据。

③可行性研究是旅游规划实施的依据。只有经过旅游规划可行性研究论证，被确定为技术可行、经济合理、效益显著、建设与生产条件具备的旅游规划项目，才能被列入国家或地方的投资计划，允许项目单位着手组织原材料、燃料、动力、运输等供应条件和落实各项投资项目的实施条件，为旅游规划顺利实施作出保证。旅游规划与开发的可行性研究是旅游规划实施的主要依据。

④可行性研究是旅游规划评估的依据。在可行性研究报告中，具体地分析了旅游规划的必要性和可行性，做出最终决策，并选出最优方案。旅游规划评估，是在可行性研究的基础上进行的，通过论证、分析，对可行性研究报告进行评价，提出旅游规划是否可行，是否是最好的选择方案，为最后的投资决策提供咨询意见。可行性研究还详细计算旅游规划的财务、经济效益、贷款清偿能力等详细数量指标以及筹资方案和投资风险等，因此银行就可对可行性研究报告进行审查和评估后，决定对该规划的贷款金额。

11.2.2 旅游规划与开发可行性分析的原则

1）客观公正原则

公正原则是可行性分析的基本准则之一，只有坚持客观公正性才能保证分析结果的可信度。所谓客观原则就是指在对旅游规划与开发进行可行性分析时尊重客观实际，不能过于主观和随意。例如对于环境的判断要以事实或信息为依据，不能"拍脑袋"决断。而公正的原则就是指可行性分析过程中不能因受到权威的介入或利益的诱惑而放弃独立公正的立场，从而进行违心的可行性分析。目前，在旅游规划与开发的可行性分析中形成了一个"怪圈"：旅游规划与开发已经由强调"可行性"转而强调"可批性"，即旅游规划与开发不是以取得综合效益为目标，而是以获得上级主管部门批准为目的。这种现象的产生主要是因为规划编制的委托方站在自己利益的立场上思考,而规划的可行性研究者也放弃了客观公正的原则。其结果必然是规划方案质量的低劣和区域旅游发展利益上的损失。因此,坚持旅游规划与开发可行性分析的客观公正性是保证可行性研究可信度的重要原则。

2) 成本效益原则

成本效益原则是指旅游规划与开发的可行性分析方法主要是从规划与开发的成本和效益两方面进行评价和比较,只有获得的效益较投入成本高的规划项目才具备实际意义上的可行性。单纯地强调成本或效益,都是十分片面的行为,必将为区域旅游开发带来风险。

此外,在理解可行性分析的成本效益原则时,还应注意成本和效益的多层次性:即微观经济主体的成本效益、宏观经济主体的成本效益;经济效益、社会效益以及生态环境效益;短期效益以及长期效益等。

总之,旅游规划与开发的可行性分析要以成本与效益的比较为依据,且应注重从多个角度对规划与开发的成本效益进行分析。

3) 系统分析原则

系统分析原则是指旅游规划与开发的可行性分析要在成本效益分析的基础上,全面系统地评价与分析旅游规划与开发的各方面内容,最终给予该规划与开发项目一个综合性的评价。特别是旅游业涉及的产业和空间范围较广时,对于相关产业、相关利益群体以及相关市场空间的分析等都成为可行性研究中不可缺少的内容。对于这些相互关联、相互影响的要素,可行性分析者应具有系统化的分析理念。

4) 规范化原则

旅游规划与开发可行性研究的规范化原则是要求整个分析过程所使用的方法和程序应该符合相关的规范。其中的相关规范主要有以下含义:其一,分析的过程和方法及形式要符合国家的相关标准以及法律法规;其二,分析过程中所使用的评价指标要符合相关产业和行业的惯例和标准;其三,分析的内容和方法要符合相关产业和行业的特点。例如生产型企业的可行性分析主要考虑成本和技术等要素,而旅游项目的可行性分析则主要侧重区位、主题和产品设计等内容,这均由产业运行的特点所决定。

11.2.3　可行性研究过程及其承担者

1) 可行性研究过程

谈到可行性研究,人们想到的是在某个特定的时间提交的一份文件。然而,可行性研究常常是一个过程,而非一次单一的操作。这一过程如下:初步的设想→粗略的成本估算→市场可行性研究→修订设想→确定位置及地点→修订成本估算→访问量及游客消费预测→财务评估→确定资金来源→详尽的设计规划,包括分阶段规划。

2）可行性研究的承担者

对于解决由谁来承担可行性研究的问题,有两种方法可供选择:组织自己的员工进行,或聘请外部专家进行。两种选择各有利弊,见表11.1。如果决定聘用顾问,该组织需要从众多的备选公司中进行挑选。备选公司可以是大型的管理咨询公司,也可以是小型的专业旅游咨询公司。通常的实施过程为:提出项目概要,由竞标公司进行投标。由咨询公司所做的可行性研究一般价格不菲。

表11.1　组织机构内外部员工进行可行性研究的优缺点

	优势	劣势
本组织员工	了解本组织的目的与目标 较低的成本	缺少客观性 耗时 受到态度和偏见的限制 由于不是员工的唯一工作,故进展较慢
咨询顾问	客观 专业人员的专门知识 可借鉴其他项目的经验 由专业人员专门进行,故进展快	对组织的目的与目标了解不充分 成本较高 仅能提出一些其他事例,与项目并非关联密切

11.2.4　可行性研究的主要内容

一旦有了开发的设想,首先要明确是否有市场。如果有市场,接下来需要考虑的是市场的特性与规模,可以通过市场可行性研究或市场鉴定来实现。一旦掌握了潜在市场的规模及结构的情况,就可以选择开发地点,估算可能的收入了。这一步骤对于项目的财政可行性评估是至关重要的。对市场了解得越多,越有助于完善计划,以适应真正市场而不是想象中市场的需要。

1）市场分析

市场分析是可行性研究的基础,主要任务是解决旅游投资项目的必要性问题。市场分析在可行性研究中的作用主要体现在以下几个方面:

第一,市场分析是可行性研究的前提和先决条件。任何项目的可行性研究工作,一般都是从调查研究和预测项目产品的市场供求情况、分析项目建设的必要性开始的。当市场供求分析结果确认拟建项目的产品在投入市场时能适销对路,符合社会需要,并具有一定的发展前景时,才值得投资建设和生产。如果产品没有市场,项目也就没有存在的必要。因此,市场供求分析是项目可行性研究的前提和重要组成部分,具有举足轻重的地位。

第二,市场分析是确定旅游项目建设规模(生产能力)的重要依据。制约旅游项目建设(生产)规模的因素很多,如原材料、燃料和能源供应等生产条件,资金、土地和设备供应是制约项目建设(生产)规模的质的因素,它决定着旅游项目的生存前提和发展空间。因此,只有通过对旅游项目产品的市场供求调查、预测和分析,才能确定旅游项目的合理经济规模。

第三,市场分析是制定旅游项目产品方案的重要依据。要制定旅游项目产品方案,必须弄清消费者对产品质量、规格、型号和花色品种与价格的要求的现状和发展趋势,而这些信息资料数据必须经过市场调查、预测和分析才能取得。

第四,市场分析是选择旅游项目技术装备和地址的依据。项目技术装备和地址的选择要受产品生产规模和产品方案的制约。只有通过市场供需预测和分析,才能确定拟建旅游项目的产品方案和产品的实际需求量、相应的市场特性,以及可能的销售设想,进一步确定较理想的生产规划、技术装备,以及合适的建厂地区。

第五,市场分析是制定产品销售规划的依据。只有通过市场供求调查和预测,才能选择旅游项目产品的销售市场,确定当前和未来潜在的消费对象,为制定产品销售价格、销售渠道和促销手段等方面的销售规划提供依据。

市场像一根红线贯穿可行性研究的全过程,渗透到景点开发的方方面面。景点的经营者对其潜在市场的四个主要特征感兴趣,即谁会访问景点、访问量是多少、他们将来自何方、游客将在何时来访。

谁会访问景点?即是景点的目标市场。我们通常按照年龄、性别、社会阶层、经济收入等不同的标准对目标市场进行细分,再在细分的市场里找准自己的目标市场,因为没有哪一个项目能满足整个市场的需要。

访问量是多少?即客源市场量的预测,根据年限的长短,可分为短期预测和长期预测。短期为一年或一年内,中长期预测,指 3～5 年,甚至 10 年、20 年以上的预测。预测的方法很多,如回归分析法、时间序列分析法、指数预测法等。

游客来自何方?它将影响游客的数量。一般客源区越大,游客就越多。依景点的类型而定,有只吸引地方游客的小景点,也有吸引国际性游客的大景点,如深圳的世界之窗、北京故宫等。客源市场分为国际市场和国内市场。

游客会在何时来访?这也很重要。因为存在着季节性程度的不同,势必直接影响诸如员工配备,接待量及现金流动管理之类的问题,决定季节性大小的因素如气候影响、水文影响等,还取决于对季节性较高的学校市场的依赖程度,对家庭市场的依赖程度。

2) 旅游项目选址分析

旅游产品的市场在空间上呈现向心积聚而不是网络扩散,导致区位具有高度重要的意义。旅游者旅程的长短是根据一定条件决定的,最重要的条件是时间、费用和旅途距离。区位条件决定了区域的可进入性。在旅游景点发展中,可进入性非常重要。旅游业之所以具有成本低、投资少、见效快的特点,是以可进入性好为前提的。旅游业相对于其他产业部门来说,毕竟是一个较小的脆弱的产业,专门为旅游景点的开发大量投资交通运输在我国现阶段的经济发展背景下还不现实。因此,可进入性的好坏常常决定了一个区域旅游景点开发的可能性。旅游景点距客源市场的远近则决定了属于一日游范围还是两日游范围,后者的市场规模远远小于前者。同时要注意与其他景点的关系,既要避免同类主题景点近距离重复建设和恶性竞争,又要联合异类主题景点共同促销。在旅游景点可行性研究报告中,要充分进行区位研究,客观、全面地反映区位条件。

为景点选择适当的位置及地点对其未来的成功是至关重要的。选址与其说是一门科学,不如说是一门艺术。要考虑的因素及对各因素的权衡会因景点和开发商的不同而各异。然而,有些因素是通常情况下都要考虑的。这些因素有:靠近大的居住区;交通网络及其可靠度;当地其他景点的存在;客源区的社会经济情况;气候;现有公共设施和基础设施的情况,比如电力、供水、当地的企业都可能成为任何新景点的供应商;现有土地面积的大小,既要考虑当前景点的建设,也要考虑到为将来的发展提供足够的空间;从地形的角度来考虑土地的类型及质量,如排水等;土地的成本;有关土地使用的政策及法规;以合理的工资水平来聘用有适当技能和经验的员工的可能性;政府对旅游项目的财政支持和实物援助;当地居民对拟开发景点的态度;建设费用;人事关系及劳动法。

【例 11.1】重庆黔江区神龟峡旅游项目选址

1. 项目选址

重庆黔江神龟峡旅游开发以龟谷土家峡韵为主题,开发具有原始生态、峡谷风光、龟文化、土家文化为主的集观光、休闲度假、探险和民族风情体验为一体的峡谷旅游区。黔江神龟峡旅游区开发项目选址在三峡腹地乌江画廊的阿蓬江上,黔江两河镇至酉阳大河乡之间,项目区域东北——西南长约 38 km,宽约 1.5 km,项目建设主要是黔江两河镇与酉阳交界的细水村一段,长约 18 km。

2. 项目选址论证

2.1 优越的自然条件

神龟峡两岸断崖绝壁,似刀截斧斩,雄伟险峻,峡谷落差大。江水清澈,峡谷岩溶地貌发育丰富;两岸森林植被原始茂密。其风光融奇、秀、幽、深、险、山、水、林以及土家文化、龟文化于一体。区域内的蛇盘溪瀑布、雄狮观潮、水帘洞、灵芝园、燕子矶、猴子捞月、猴群、土家风情都极具开发价值。神龟峡降水充沛,地表水、地下水均丰富。有阿蓬江 53.3 hm^2 湖面,用水有保障。神龟峡主体位于阿蓬江两河镇至大河口段,地形以两河丘陵和峡谷为主,山峦起伏,切割较深,山脉条状明显,是典型的峡谷地貌,最高 1344 m,最低 358 m。神龟峡属亚热带湿润季风气候区,年平均气温 15.4 ℃,最高气温 31.4 ℃,最低气温 4 ℃;七月平均气温 26.14 ℃,一月平均气温 5.4 ℃;年均降雨 1197.5 mm,无雪,是休闲避暑的好去处。

2.2 市场因素

神龟峡旅游项目以观光、探险、民族风情体验、绿色休闲度假为主。因此按年龄分,瞄准了青少年、中老年市场。青少年喜欢探险、娱乐活动,而中老年对大自然的关注和自身健康的关注更多一些,特别是为了满足重庆都市人的潜在需求设计的田园公园,别具特色。黔江区近几年来的客源流量见表 11.2。

表 11.2 1995 年至 2000 年黔江区的国内客源量(单位:万人次)

1995 年	1996 年	1997 年	1998 年	1999 年	2000 年
8.26	9.8	10.3	8.04	14	18.6

根据表 11.2 数据,可建回归方程:Y=3529.211+1.773X。其中:Y 为黔江区国内游客流

量；X 为年份。方程的相关系数为 0.812,为较高相关。因开发时间短,客源量统计仅 6 年,但建立的回归方程及相关系数还是可以反映客源量增长的总体趋势,可以进行粗略预测估算。取 X=2010,则预测出本区 2010 年国内游客流量为 34.52 万人次。由于黔江以其小南海地震遗址为主要旅游吸引点,神龟峡通过比附定位,可望吸引游客的 30% 到此一游。根据资源、区位、市场现状等因素的分析,以及目前黔江区的旅游客源多集中于涪陵及周边、重庆等地的分布特点,我们将神龟峡的客源格局分为 3 大圈层,即以湖北及周边区域为主的第 1 圈层,在 1 h 驱车范围内;以重庆直辖市城市人口为主的第 2 圈层,在 6 h 驱车范围内;到张家界旅游的游客为第 3 圈层,为机会市场。由于神龟峡的主要目的是蓄水发电供给周边几个县,因此会出现水位下降影响视觉形象的情况。每年几乎有 4 个月的低水位,因此这 4 个月将是旅游淡季,这是旅游工作者必须事先考虑的。

区位交通条件方面,神龟峡距黔江县城 48 km,上至黔江两河镇,下至酉阳大河口乡,西接重庆彭水自治县,南接酉阳自治县,北抵湖北利川市,扼渝鄂之咽喉。目前以两河镇和大河口乡为依托的交通网络基本形成,北道:319 国道横穿两河;西道:经县城通彭水、达重庆的省道;东南:经酉阳达湖南的国道;南道:顺江而下达龚滩乌江,并可进入贵州。建成的渝怀铁路将进一步提高交通便捷程度。

关联条件方面,在阿蓬江流域、神龟峡周围有风光无限的官渡峡风景区、享有"胜入迷宫"之美誉的潜龙洞、杨家湾温泉、"洞天宾馆"太平洞;峡谷两岸时隐时现的土家吊脚楼等多处自然和人文景观,而且在诸多景点都有不同的美丽的神话传说,使人有"以乐不思蜀道之秀丽,以趣不想苏杭之俏美"的感受。在神龟峡岸边的细水村,这个两年前出村只能靠船只的村落,保存了完整的土家吊脚楼和完好的土家习俗,有丰富的潜在旅游资源供开发。

2.3 社会因素

重庆市政府和黔江区委、区政府都十分重视阿蓬江及神龟峡的开发建设,在政策、资金上给予了极大的支持与倾斜,为神龟峡旅游业的发展营造了一种宽松有利的外部环境。黔江区已把旅游业作为其支柱产业,着力培植旅游集团,力图以政府为主导,以市场为导向,依靠社会力量,开拓大市场,发展大旅游,形成大产业,把黔江区建成旅游大区。其土地成本低于黔江城区附近,用地面积约 80 hm^2。

该地现有大河口水电站,黔江区有乌江电力等,用电有保障。目前该地已建成光纤、卫星、微波通信网,覆盖整个峡谷地区。到 2002 年,达到乡乡通光缆、村村通电话,能满足通信需要。

黔江区现已有多家宾馆,1400 多个床位,加上在建的 2 个三星级宾馆,届时床位将达 2500 多个,已基本能满足住宿需要。因此,其设施条件比较好。

黔江区及两河镇经济发展水平相对落后,而本地拥有丰富的旅游资源。当地群众有强烈的脱贫致富的愿望,同时景区民风古朴,居民热情好客,因此该区开发具有良好的民意人情条件。黔江为了发展旅游业,向社会广纳贤才,并派了一名具有丰富管理经验的局长分管神龟峡的开发,同时,为了培养更多的旅游人才,区内办了旅游学校。

黔江神龟峡旅游开发项目,有利于保护森林植被的种类,防止水土流失;有利于涵养水源,净化空气,调节气候,维护生态平衡;有利于保存生物物种的多样性,保证物种与环境的协调,从而可持续地为游客提供高质量的养生休闲、娱乐度假空间,有效地保护了景区的生态环境。

3) 旅游项目优势分析

景区项目设计包括景区旅游的主题与形象设计,景区各类用地布局方案的初步选择和土建工程量估算,景区内饭店、餐饮、购物等其他辅助设施设计方案的初步选择和土建工程量估算,景区内给排水等基础设施的初步选择和土建工程量估算,景区所需设备的技术指标等。其中旅游主题与形象设计是项目设计的核心。

旅游项目的设计应具有独创性、地方特色、时代性。任何产品和项目,其独创性越大、越多,生命力也就越强,旅游景点开发尤其如此。独创性表现在于不同于其他景点的独特创意,同时也要结合当地的实际条件,与整体开发配套或与传统特色结合。一个地方的传统文化特色,是历史逐渐形成的一种独特的风韵,也是其他地区的人们感兴趣而又想领略的热点。现在许多旅游地存在主观思想,看见别人搞什么旅游产品赚了钱,也不考虑自身的特点,盲目投入大量的资金,模仿别人。你有而别人没有的才是最好的。旅游项目开发应该在"土"上多下功夫。从商业价值看,淳朴的地方文化还必须赋予时代性内容——与当代时尚、审美观、文化价值取向相吻合,才能带来预期的效果。地方文化再赋予时代性,也就具备了国际性。现代旅游的潮流证明"旅游即游山玩水"的简单概念已经过时,而"求知、求新、求奇、求乐"的时代特色备受青睐。任何一个景点的成功开发,都是四者的有机结合。

4) 财政的可行性分析

财政的可行性分析由两部分组成,即资本和收入。换句话说,景点必须收回投资,并在收回年运营成本的基础上创利或盈余。但是,这里需要说明的是,由于组织机构的类型和目标不同,景点经营中的财政可行性的含义也就不同。对于大多数私营景点来说,财政的可行性意味着高资本回报率和高年经营纯利润。但是对于国有景点来说,部分投资来自于外部的资助,部分运营成本由拨款解决。一些国有或民办景点在上述两者之间寻求一条中间道路,以解决其投资和收入预算的收支相抵问题。

财务效益分析是站在项目主体的角度,按照现行市场价格和国家财税制度,重点考察项目的盈利能力、偿还能力和抗风险能力,衡量项目在财务上的可行性。

①盈利能力分析。项目投资的盈利水平,直接关系到项目投产后能否生存和发展,是企业是否进行投资活动的原动力,它作为分析项目在财务上可行性程度的基本标志,不仅是企业进行项目投资决策的首要因素,也是国家财政收入的重要来源,可作为衡量和判别项目对国家财政贡献大小的标准。盈利能力分析一般是从投资、生产成本、销售收入、税金和利润的分析和估算,以及现金流量表的计算与编制入手的,着重于以下两个方面的分析:一是项目达到设计生产能力的正常年份可能获得的盈利水平,即正常年份的企业利润及其占总投资的比率大小,用以考察项目年度投资盈利能力;二是项目整个寿命期内的盈利水平,即项目整个寿命期内企业的财务收益和总收益率,并考虑资金的时间因素,运用动态投资回收期、净现值、内部收益率等指标进行分析,用以客观地反映企业所能达到的实际财务收益

情况。

②偿还能力分析。项目能否按期偿还其到期债务,是银行进行信贷决策的重要依据。偿还贷款期限长短,即用项目投产后每年能获得的利润和摊销费及其他收益,按规定偿清项目投资贷款本金所需的时间,是衡量企业还贷能力的重要指标。此外,通过计算流动比率、速动比率和负债与资本比率等各种财务比率指标,对项目投产后的资金流动情况进行比较分析,用以反映项目寿命期内企业各年的利润、盈亏、资产和负债,资金来源和运用,资金的流动和债务运用等财务状况及资产结构的合理性,掌握流动资金应付账款和资金周转情况,反映项目所面临的风险程度,具体了解项目偿还流动负债的能力和速度。对于产品出口创汇等涉及外汇的项目,应编制财务外汇平衡表,进行外汇平衡分析,分析项目在计算期各年的外汇余缺程度,衡量项目实施对国家外汇状况的影响。

以上,我们只讨论了收入与成本,然而要恰当地做一个全面的资金预算,还必须准确地预测资本支出。其构成的因素有许多,其中包括:购买场地及需要做的任何修缮或准备工作;景点所需的楼房及建筑物的建设工程;景点的布局,如博物馆的展品和工艺品的展放;推出景点的成本,即在景点创收之前所要承担的费用,如员工的工资和市场营销费用;景点开业前所要承担的其他费用,如必须购买经营权和申领执照、规划许可证等。

③不确定性分析和风险分析。可行性研究的核心问题是研究项目建成后未来能产生的经济效益,它所估算的数据和指标是对未来政治、社会、经济和技术发展的一种预测。由于客观环境在不断发生变化,可行性研究可能缺乏足够的信息资料或没有全面考虑到未来可能发生的所有情况,以及人们对客观事物变化的认识有一定的局限性,所以目前的预测结果与未来的实际情况不可避免地会产生误差,还会包含不同程度的风险和不确定性。因此,必须运用盈亏平衡分析、敏感性分析、概率分析等不确定分析方法,分析和研究项目投资、生产成本、销售收入、产品价格和寿命期等主要不确定性因素的变动对项目收益、收益和投资回收期等经济效益指标的影响程度,考察项目承受各种投资风险的能力,提高项目投资的可靠性和盈利性。

风险分析是不确定性分析的补充和延伸,是从项目建设的宏观经济条件、投资环境及投资决策的实际要求出发,借助不确定性分析的测算结果,重点分析旅游项目存在哪些风险、风险的性质、类型及可能造成的影响。风险分析特别要把决定项目成功与否的关键风险因素识别出来,进行重点研究,提出规避风险的具体措施。

11.2.5　编写依据和要求

1) 可行性研究报告的依据

对一个拟建项目进行可行性研究,必须在国家有关的规划、政策、法规的指导下完成,同时,还要有相应的各种技术资料。

可行性研究工作的主要依据有:

国家经济和社会发展的长期计划,部门与地区规划,经济建设的方针、任务、产业政策、投资政策和技术经济政策,以及国家及地方相关法律法规。

批准的项目建议书和项目建议书批准后签订的意向性协议等。

国家批准的资源报告,国土开发整治规划、区域规划、工业基地规划。对于交通运输项目要有有关的江河流域规划与路网规划等。

国家进出口贸易和关税政策。

拟建厂址当地的自然、经济、社会等基础资料。

有关国家、地区和行业的工程技术、经济方面的法令、法规、标准定额资料。

国家颁布的建设项目经济评价方法与参数,如社会折现率、行业基准收益率、影子价格换算系数、影子汇率等。

2)编制可行性研究报告的要求

由于可行性研究工作对于整个项目建设过程以至于整个国民经济都有极其重要的意义,为了保证它的科学性、客观性和公正性,有效防止错误和遗漏,我们对编制可行性研究报告有下列要求。

必须站在客观公正的立场进行调查研究,搞好基础资料的收集。对于基础资料,要按照客观实际情况进行论证评价,如实地反映客观规律、经济规律。可行或不可行的结论,应用科学分析的数据来回答,绝不能先定可行的结论,再编选数据。一句话,应从客观数据出发,通过科学的分析,得出最终的结论。

可行性研究报告的内容深度一定要符合国家规定的标准(如误差≤10%),基本内容要完整,应容纳尽可能多的数据资料,避免粗制滥造,走形式。在做法上要掌握以下三个要点。

①坚持先论证,后决策。要处理好项目建议书、可行性研究、评估这三个阶段的关系,哪一个阶段发现不可行都应停止研究,对于重大项目,如果发现建议书研究不够,应先进行初步可行性研究。多比较选择一些方案,厂址可以先预选,认为可行后,再选定厂址,要进行全面的、更深层次的可行性研究。

②调查研究要贯彻始终。要掌握切实可靠的资料,保证资料选取的全面性、重要性、客观性和连续性。

③坚持多方案比较,择优选取。为了保证可行性研究质量,应保证咨询设计单位必需的工作周期,防止因各种原因而搞突击,草率行事。

以上三条要求是为了保证可行性研究报告能准确客观反映事实,为决策提供依据,为施工的顺利进行和效益的正常发挥创造一个良好的前提条件。

【扩展阅读11.1】某旅游规划与开发项目可行性研究报告编制提纲

一、总论

(一)项目的概述。应包括项目的主要内容、创新点、主要功能等。

(二)简述项目的社会经济意义、目前的进展情况。

(三)简述本地区建设该项目的优势和风险。

(四)项目计划目标。

1.总体目标。包括项目执行期间(从项目起始时间到计划完成时间)计划投资额;项目完成时达到的目标、实现的年接待能力等。

2. 经济目标。包括项目计划完成时累计实现的旅游收入增加值、旅游外汇收入、净利润等。

3. 技术、质量指标。包括项目计划完成时达到的主要技术与性能指标(需用定量的数据描述)、执行的质量标准、通过的国家相关行业许可认证及企业通过的质量认证体系等。

4. 阶段目标。在项目执行期内,每一阶段应达到的具体目标,包括进度指标、技术开发指标、资金落实额、项目建设情况、实现的旅游收入等。每一阶段目标应是比较详细的,可进行考核的定性、定量描述。

5. 主要技术、经济指标对比。列表对项目实施前后的相关指标进行详细比较。

二、旅游项目的技术可行性和成熟性分析

(一)项目的技术可行性论述。

(二)项目的成熟性和可靠性论述。

三、旅游项目产品市场调查与竞争能力预测

(一)产品市场调查。包括本旅游项目产品的主要功能,目前主要客源市场的需求量,未来市场需求预测;旅游项目产品的经济寿命期,以及该项目目前所处寿命期的阶段。

(二)竞争能力预测。包括本旅游项目产品的国内外市场竞争能力,替代进口或出口的可能性,预测本旅游项目市场占有份额,以及近期市场占有率的增长情况,并说明预测的依据。

四、旅游项目实施方案

(一)开发计划。详细描述旅游项目开发工作、准备工作、市场开拓工作的进展计划,以甘特图的形式列出,并明确标出完成各项工作预计所需时间及达到的阶段目标。

(二)建设技术方案。论述该旅游项目的技术路径,并说明在开发过程中将采取的具体技术方法和预计实现的技术参数,提出可以解决上述技术问题的备选方案。

(三)营销方案。论述本旅游项目产品主要的目标市场以及该旅游项目的销售和服务网络等。

(四)其他问题的解决方案。简述旅游活动过程中的"三废"情况及处理的策略和方案。

五、投资预算与资金筹措

(一)投资预算。估算近期完成的投资额,即提出申请之前该旅游项目已实现的投资额,并分项说明资金来源及主要用途。估算本旅游项目在执行期内的计划新增投资。根据项目计划新增投资情况,编制新增固定资产投资估算表和流动资金估算表。

(二)新增资金的筹措。对新增投资部分,需阐述资金筹措渠道、预计到位时间、目前进展情况。

(三)资金使用计划。根据项目实施进度和筹资方式,编制资金使用计划。

六、经济、社会效益分析

（一）旅游项目投资成本分析。按财务制度的规定，估算旅游项目产品的年运营成本和期间费用，并提供计算运营成本的基础；说明对旅游项目运营成本产生负面影响的主要因素以及可采取的对策。

（二）旅游项目盈利预测。根据旅游项目产品的成本和市场分析，预测该旅游项目产品进入市场的情况，并编制该项目五年的盈利预测表，包括收入预测、成本预测、利润预测等。

（三）旅游项目经济效益分析。根据旅游产品营销情况和客源市场占有情况的分析，预测本旅游项目在规划期限内累计可实现的收入、净利润、缴税总额以及创汇等情况。

（四）旅游项目投资评价。计算旅游项目的净现值、内部收益率、投资回收期。

（五）旅游项目社会效益分析。论述本旅游项目的实施对提高地区经济发展水平的影响；对合理利用自然资源的影响；对保护环境和生态平衡以及对节能可能产生的影响。

七、项目可行性研究报告编制说明

（一）可行性研究报告编制单位名称、基本情况、负责人、联系电话。

（二）可行性研究报告编制者姓名、年龄、学历、所学专业、工作单位、职务、职称。

八、附件

项目可行性研究报告的专家论证意见。

（一）论证意见。包括对项目可行性研究报告的真实性、科学性、立项意义的评价；对项目可行性研究报告中技术水平描述的准确性、技术路线可行性的评价；对项目投资预算的评价；对项目能否如期完成总体目标、经济指标、技术质量指标、进度目标等内容的评价，并提出修改意见；其他有关建议。

（二）专家论证组的专家名单。包括姓名、年龄、工作单位、学历、所学专业、现从事专业、职务职称、联系电话、身份证号码及专家签名。

11.2.6 旅游项目与工业项目可行性研究的对比分析[①]

1) 内在机制和重点

工业项目的可行性研究中，根本因子是原燃料和技术水平，这两者共同决定了技术可行性和市场。旅游项目则不同，影响旅游项目的三个根本因子是主题、设计与区位（选址），三者共同决定市场前景，其中规划设计是技术可行性的研究重点。对于旅游项目而言，在效益方面，反映其财务可行性的财务效益取决于客源市场，反映其建设必要性的社会效益和国民经济效益还是主要取决于主题、设计和区位三个根本因素。

---

① 王庆生.旅游项目策划与管理[M].天津：天津社会科学院出版社，2010.

2)区位条件(选址)

旅游项目的产品是一些不可移动的景观和娱乐,其消费特征是广大游客离开其常住地、到达旅游项目所在地才能购买消费,因而距离阻抗成为产品销售的重要影响因素,客源一般呈现随距离衰减现象。旅游项目的市场在空间上呈现向心集聚而不是网络扩散,导致区位具有重要的意义。

(1)宏观区位

一个项目的区位可以分为第一选址(宏观区位)和第二选址(微观区位)。对于工业项目而言,区位的影响是有限的。在宏观区位上,由于一般工业项目借助促销网络和运输工具可以将产品输送到广大区域,其厂址所在地是 A 还是 B,不及产品质量的影响大。旅游项目则不同,由于其市场吸引力随距离衰减,宏观区位是与主题创意相并列的两个决定性因子之一。不同的城市经济水平不同,常住人口和流动人口不同,交通便捷度不同,市域周边景点竞争状况不同。一些低级别旅游项目对外地流动人口吸引力很小,单一面向当地市场,第一选址就更为重要。

(2)微观区位

一般工业项目仅要求"三通一平"、不污染环境、有充足用地,但旅游项目的要求更多。一般企业的距城市路途时间并不重要,而旅游项目距城市路途时间则决定了属于一日游范围还是两日游范围,后者的市场规模远远小于前者。一般工业项目相互之间关系不大,旅游项目则必须注意与其他项目之间的关系。有些旅游项目由于规划设计的需要,在微观选址时对地形还要求有一定起伏以便营建多种景观。在旅游项目可行性研究报告中,应注意充分进行区位研究,客观、全面地反映区位条件。

(3)品牌建设

一般企业的产品是多品牌多品种的,对抵御市场风险有一定作用,旅游项目产品则是十分单一的观光或娱乐产品,品牌只有一个,一旦市场萧条则很受影响。新景观的塑造和娱乐设施的引进均耗资巨大,如果只是部分更新,难以形成形象的革新,对市场的带动有限。

由于距离阻抗与重复消费低的共同作用,目前不少旅游项目市场表现出开业轰动之后的衰落,投资风险很大,在可行性研究中,应强化风险研究和不确定性研究。

(4)市场前景

一般工业项目的产品市场前景取决于其市场进入时机,在产品引入期、成长期投资建设工业项目,市场可望在其后若干年内不断上升膨胀,然后才渐趋稳定,直至下降;若在产品成熟期建设,产品的市场前景将不会有上升期,销量一般逐渐下降。

旅游项目则不同,客源市场前景与开业时机关系不大,主要取决于其主题、设计与区位,不同主题和区位的项目具有不同的客源规模,不同设计手法的旅游项目基本具有不同的市场发展曲线。

(5)生命周期

一般工业项目和商业、房地产项目生产经营周期长,因而其可行性研究报告通常以 20 年为计算期(20 年之后的收支折现对计算结果影响很小),但是旅游项目则不能以 20 年一概而论。

在旅游项目的可行性研究工作中,从当前实践看,人类有持续需求的主题项目如海滨度假村、宗教旅游项目、海水浴场、戏水乐园等生命周期较长,可以按20年计算,但参与性不强的一般观赏型主题园只能以10年的生命周期计算,地方性的小型旅游项目只能以5年的生命周期来测算财务效益。

(6)行业指标

作为投资项目,可行性研究中均需将财务效益与一定标准相对照。旅游项目除了净现值大于零外,内部收益率等盈利能力指标不应机械搬用工业项目,而应采用旅游业实际数值。

11.2.7　可行性研究的思考

可行性研究很难准确地进行,原因有很多,其中包括:

①市场在不断变化,等到规划的景点开放时,消费者的行为或喜好可能会出现大的变化。市场可能会突然受到景点控制之外的因素的影响,如英国政府在1989年及90年代初期为学生旅行制定的法律和政策。

②没有哪两个景点是完全一样的,因此,对于开发者来说,很难在其他地方找到类似的景点来帮助他们推断所规划的景点会成功还是失败。

③景点开发的孕育时间较长,使得作为调查基础诸如利润率、建造成本、人力成本等假定变量因素的基础数据,有可能在开发工作开始之时就已经成为过时的东西了。

④许多景点,尤其是那些国有景点,都有着复杂的经营目的,有些目的甚至是互相矛盾的。因此,没有一个像利润这样简单的目的,可以用来评定所规划景点将来的运作情况。例如,一个地方政府的业余活动中心可能会赔钱,但当地的官员却有可能认为它是可行的,而且是有价值的,因为它为当地居民提供了娱乐设施,从而提高了民众的生活质量及健康状况。

事实表明,可行性研究对帮助景点开发商形成他们的计划,支持他们申请长期资金贷款及规划许可都是必要的。但是,我们也应看到,可行性研究标准的出台由于种种原因是十分困难的,因此,许多经营商根据可行性研究的结果以及自己以往的经验,在不断地做出新的决定。由于目前可行性研究在知识和技术方面都未能达到精深的程度,许多经营商乐于依赖自己的经验和判断。但是随着可行性研究的知识和技术水平的不断提高,只依赖自己判断力的经营商就越来越显得蛮干了。

11.3　基于可持续发展的旅游投资效益分析

长期以来,我们进行旅游投资决策时,仅考虑旅游投资可能产生的经济效益,而忽视了社会效益和生态效益。这种情况不利于旅游业的持续健康发展,因此,应该综合地考虑旅游投资的经济、社会和生态综合效益。而且对于不同规模的旅游投资,其对于经济、社会、生态的影响力也是不同的。总的来说,旅游投资的规模越大,旅游的各种效益也就越大。

11.3.1　经济效益

经济效益是经济活动过程中,生产要素的占用、投入、消耗与成果产出之间的数量比例关系。旅游投资的经济效益是指旅游项目的投入与成果产出之间的数量对比关系。长期以来,旅游投资的经济效益一直是人们关注的焦点。很多旅游投资决策考虑的最重要因素也是旅游投资的经济效益。因此,关于这个方面的研究比较多。旅游投资的经济效益体现为旅游投资者的经营收益和当地居民通过参与旅游经营所获得的经济收入。旅游投资项目的经济效益分为正的经济效益和负的经济效益,总体来说,正面的经济效益大于负面的经济效益。

1) 通过旅游业的乘数效应

增加 GDP 旅游消费不仅可以直接增加当地的收入,还可以通过旅游业的乘数效应,促进旅游目的地社会经济更大程度的发展。这是因为直接分享旅游收入的企业、个人和政府机构,要把这些收入在本地经济体系内再次消费,从而不断启动新一轮的经济活动。这些继发效应带来的 GDP 影响程度远远大于最初的直接效应。一个旅游投资项目对当地的经济影响很大,包括直接的旅游收入效应和间接的乘数效益。因此,旅游投资能够积极推动国民经济发展,为经济增长带来了新活力。

2) 促进落后地区的经济发展

经济落后地区往往缺乏传统的物质资源,但是却有着独特的自然风光,因此发展旅游业成了带动地区经济发展的最好途径。落后地区可以发挥自己的资源优势,发展旅游业。带动当地经济的发展,从而缩小和发达地区的经济发展差距。

3) 促进经济结构的调整

旅游投资能够为经济结构调整提供机会。目前,我国旅游投资的主体正从国家开始转向民营企业。国有经济从旅游等第三产业中逐步退出。我国非国有经济发展正在成为旅游投资的主力军。在这种局面下,旅游投资的加大,无疑可以促进国有经济从旅游等第三产业中逐步退出,转而重点投向能源、交通、石化等资金密集型基础产业领域。这种新的旅游投资格局符合国有、民营资本各自的特点,有利于发挥各自的特长,是对经济结构进行积极有效调整的重要举措。

4) 影响了土地等稀缺资源的最优配置

但是,旅游投资活动的开展,需要投入大量的资源。这导致旅游目的地一些稀缺性资源的需求不断扩大,其中对土地的需求表现得最为明显。我国的旅游需求不断增加,需要不断增加旅游投资。而旅游投资项目用地规模是很大的,为了旅游产业的发展,很多地方的旅游项目的开发往往需要以牺牲该片土地的其他用途为代价,例如,某一片土地一旦用于开发旅游景点便意味着放弃用于农耕或建工厂。因此,在决定占用某一土地开发旅游项目之前,往往需要对其不同用途所能带来的社会收益和有可能付出的社会成本进行比较和权衡,以便确保该项土地资源的用途符合当地社会的最佳利益。

11.3.2　社会效益

旅游投资对于当地社会的影响可以从两个方面来看待,一个方面是旅游投资对当地的社会产生积极的影响,另外一个方面也带来一些社会问题。旅游投资开发活动对接待地区的社会文化产生影响的程度,与旅游投资开发的规模和接待地区的社会特点和社会发展程度密切相关。大规模旅游投资开发活动的开展,引起的大规模人员流动,特别是异域游客的大量来访,难免会给旅游接待地区的社会和文化带来某种程度的影响,其影响程度往往随着旅游活动规模的扩大而增大。

1)拓宽旅游目的地的就业渠道

根据微观经济学理论,企业的生产需要多个要素的共同作用才能生产出产品,对于旅游产品的生产来说,也是如此。投资者在进行旅游固定资产投资的同时,必须配备一定的劳动力。只有这样旅游投资的结果才有意义。此外,作为第三产业中的主要部门,旅游属于劳动密集型产业,对一般从业人员的专业要求并不高,因此,旅游投资项目比第一产业和第二产业的项目更能够吸纳就业。

2)提高旅游目的地的居民消费质量

旅游投资会增加旅游收入。目的地居民收入的增加会提高当地居民的生活质量,降低居民的恩格尔系数。例如新疆的卡纳斯湖开发以后,附近的县城通过提供旅游景点的配套项目,发展住宿、餐饮、旅游商品的开发,居民收入提高,食品开支下降,而用于其他方面的支出增加。

3)提升旅游目的地的知名度

随着旅游投资项目,尤其是一些大的旅游项目建成后,旅游目的地的产品品质得到提升,对游客的吸引力也随之增加。游客量的增加,伴随着当地知名度的上升。在开发黄山以前,很少有国家领导人到这里。而黄山开发以后,吸引了不少国家领导人到这里。他们在旅游的同时,对当地的社会经济发展提出了很好的建议,并给予了很好的政策。这些年,黄山市的社会经济快速发展,和黄山景区旅游投资项目的开展密不可分。更有一些客商,在旅游的过程中,对当地的投资环境有了更深的印象,从而决定在这里投资。因此,好的旅游投资项目会促进旅游目的地的硬软件环境的改善,目的地整体形象和声誉的提高,其结果是电信、交通、商业等各个产业的发展。

11.3.3　生态效益

旅游投资可能产生的生态效益也是两个方面:一个方面,旅游投资通过采取一些措施来改善生态环境,则投资项目对目的地的生态环境产生正的效益;另一个方面,则是旅游投资项目建成以后,对旅游目的地物质环境和生态环境产生负面影响。

1)改善目的地的生态环境

旅游投资的正面生态效益主要表现在目的地景观质量得到明显提高、生物多样性和生物种质资源得到有效的保护,生态环境条件得到明显改善等方面。这对于一些生态旅游项目来说,尤其明显。这些旅游投资项目在开发的过程中,比较重视生态环境的保护,从不同的方面采取措施,这样的旅游投资会改善旅游目的地的生态环境。一方面,投资者通过制定规章制度,实施一些生态环境保护措施,对区域内各种生活废水和废气的排放进行限制,并通过与当地政府和村民签订协议和采取经济补偿等措施,严格规定景区内禁止森林采伐活动,使森林得到休养生息。另一方面,通过阻止各种狩猎野生动物和采集挖掘野生植物资源现象的发生,造就了珍稀动物良好的栖息环境,吸引了众多野生动物前来景区生长繁衍。

2)污染旅游目的地的环境

随着旅游投资、开发活动的开展,伴之而来的负面环境效益引起了人们越来越多的关注。特别是从 20 世纪 80 年代中期以来,国内外旅游学术界的很多学者都对旅游的环境影响研究投入了越来越多的努力。人们意识到,在对旅游业的发展进行损益分析时应将环境指标考虑进去。

3)破坏旅游目的地的生态系统

不少地方在进行旅游投资开发以后,水体污染,水土流失加重,植被覆盖率下降,野生动植物的有效保护区域范围缩小,生态系统受到不同程度的损害和破坏。旅游者的进入不仅会改变当地地貌,诱发沙害,而且会干扰野生动物的生存环境,导致一些珍稀动植物的灭绝。旅游者丢弃的大量废弃物不仅破坏了环境的美感,还可能危及动植物的生存安全。野生动物不仅是极其珍贵的旅游资源,更是当地生态系统中难以替代的链节。然而不少地方的有关部门对这一资源的开发管理不严、执法不力,致使不少珍稀动物存在濒临灭绝的危险。

11.4 旅游开发环境影响评价程序与审计

虽然环境影响评价(EIA)、环境影响陈述(EIS)、环境管理系统(EMS)涉及的程序及审计并不是旅游开发所独有的技术要求,但由于旅游对环境的特殊敏感性,这一问题在区域旅游发展规划中占有十分重要的地位(吴必虎,2010)。

11.4.1 环境影响评价

旅游开发的具体行为,不管是发生在第一部类的公共部门,还是发生在第二部类的商业部门,由于承担具体项目的单位的发展目标与全社会的总体目标总会存在这样那样的不一致,对这个地区乃至全球的环境质量可能会产生不利影响。为了实现旅游地持续发展的目标,对任何旅游开发项目的实施,都必须在计划之前进行严格的环境影响评价(EIA,Environmental Impact Assessment)。

评价的内容包括全部的负面影响(也包括获得的益处),涉及对生态系统的影响,对社区的影响,对地方的美学价值、游憩价值和科学价值的影响,对当地主要建筑物的影响,以及产生的废物的处理方式。

在具体的区域旅游规划文本中,一般列有专门章节讨论区域旅游开发的环境影响,并就相应的政策提出参考意见和方案。

11.4.2 环境影响陈述(EIS)

根据惯例,开发商必须编制一份专门的环境影响陈述(EIS,Environmental Impact Steatments),它也是 EIA 过程中的成果之一。所谓 EIS 是指"一份由项目支持者起草的专门文件,该文件陈述的内容包括:所计划的活动或开发行动;该项目对环境产生的影响的可能性、概率性和必然性大小;可能替代方案;……提出某些环境管理程序,该程序中包括环境监测、项目建成后分析或审计以及项目建成后的环境恢复规划"。

【扩展阅读11.2】某景区旅游环境影响评价报告书(参考提纲)

一、总论

(一)开发背景和编制环境影响报告书的目的

(二)环评工作依据(现行的环保法规、政策、区域规划纲要、规划设计方案文本等)

(三)区域现存的主要环境问题和环境保护目标与保护重点(包括所在区域的环境保护目标、环境保护重点)

(四)环境影响评价因子与评价重点

(五)环境影响评价时段及范围

(六)区域环境功能区划和环境标准

二、旅游开发规划和开发现状

(一)名称、地点及性质

(二)规划规模、发展阶段的目标和指标

(三)总体规划方案及专项建设规划方案概述

(四)开发现状回顾

(五)环境保护规划(简述开发环境保护目标、功能分区、主要环保措施)

(六)建设项目清单和主要污染物特征

(七)主要基础设施、环境保护措施及其替代方案

三、评价区域基本情况概述

(一)自然环境概况

（二）社会经济概况

（三）生态环境概况

（四）人民生活质量现状

四、区域旅游开发建设环境影响因素及带来的主要环境问题分析

（一）环境影响因素分析

（二）区域开发建设带来的主要环境问题

（三）污染防治拟采取的对策及措施

五、规划方案分析

（一）规划选址的合理性分析

（二）总体布局及区内功能分区的合理性分析

（三）区域发展规划的协调性分析

（四）土地利用的生态适宜度分析

（五）规模与环境承载能力分析

（六）公用工程及环保设施规划的合理性分析

（七）减缓环境影响的调整方案和污染控制措施与对策

六、区域污染源调查及分析

（一）污染源现状调查及分析

（二）污染源产生估算预测及控制措施

（三）规划设施建设前后主要污染物变化情况

七、区域环境质量现状监测与评价

（一）地表水质量现状监测及评价

（二）大气环境质量现状监测及评价

（三）声环境质量现状监测及评价

八、区域生态环境现状和影响分析及保护与建设

（一）区域生态环境基本特征

（二）区域及周边在建设过程中的主要生态环境问题

（三）规划实施对生态环境的影响分析

（四）生态环境保护措施

九、区域开发活动环境影响预测分析与评价

（一）社会经济环境影响分析与评价

（二）生态环境影响预测与评价

（三）地表水环境影响分析及评价

（四）大气环境影响分析及评价

（五）声环境影响预测及评价

（六）固体废物对环境的影响分析

十、环境容量与污染物总量控制

（一）区域环境质量目标与污染物总量控制的原则

（二）旅游区污染物总量控制方案的内容与基础公用工程

（三）水环境容量与废水排放总量控制

（四）大气环境容量与污染物总量控制

（五）区域环境承载能力分析

十一、环境保护措施及其经济、技术论证

（一）环境保护对策和环境减缓措施

（二）环保设施和投资一览表

（三）经济、技术论证

十二、环境管理及环境监测计划

（一）区域开发规划管理及区域开发环境保护管理

（二）环境管理与环境监测计划

十三、公众参与调查结果分析

（一）公众参与的目的、意义及调查方法

（二）结果分析

十四、区域开发活动环境影响综合评价

在区域旅游开发活动单项环境影响预测与评价和区域开发活动规划方案的合理性分析基础上，对区域开发活动的环境影响从多方案、多角度进行分析与比较，为区域旅游开发规划方案的修改和区域环境管理体系的制定提供基础。

十五、结论与建议

（一）区域开发环境影响综合评价结论

（二）有针对性地提出相关环境保护建议

区域旅游环境影响评价工作程序流程如图11.1所示。

EIS的编制是一项职业任务，必须由具有该项业务资质的专门咨询机构或者多个相关机构合作完成，在区域旅游开发规划中，这类陈述及其结论是主要的考虑因素和控制性指标。

【例11.2】《南宁市旅游发展总体规划》环境影响评价网上第二次公告

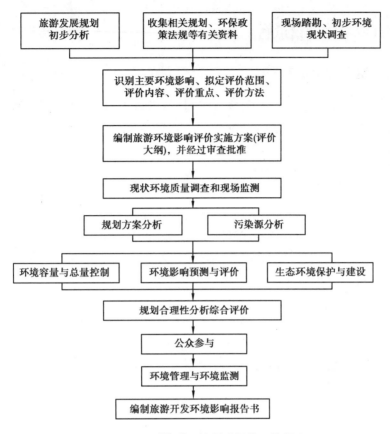

图 11.1　区域旅游环境影响评价工作程序

一、规划概况

本规划范围包括六城区六县,规划年限为 2007—2010 年,规划发展定位是把南宁建设成区域性国际旅游目的地和旅游集散中心,规划至 2020 年,南宁市接待入境旅游者 100 万人次,国内旅游者 5900 万人次,实现旅游外汇收入 38256 万美元,旅游总收入 522 亿元,使南宁旅游成为广西北部湾经济区的旅游龙头。

二、规划实施对环境可能造成的影响

规划的实施对生态环境可能造成一定的影响,但只要做好水土保持及生物多样性保护措施,规划的实施对生态环境的影响是可以接受的;规划实施过程中,只要切实按照相关法律、法规的要求合理进行旅游开发,按照环评提出的各项污染防治对策做好环境污染的防治工作,严格做到污染物达标排放,则规划的实施对周边环境空气、水影响不大,固废对周边环境的影响也可达到可接受水平。

三、规划环境影响减缓措施

(一)生态环境影响减缓措施

严格按符合自然生态的设计施工,统筹规划;加强施工期的组织管理,做好水土保持工作;施工完成后,要实施植被恢复工程、绿化补缺工程建设,对施工期生态环境遭破坏地段,要进行全面绿化恢复。

(二)大气环境影响减缓措施

在各景区尽量采用无污染的交通工具、使用清洁能源;景区餐饮采用清洁燃料,厨房油烟应经净化处理设备处理达 GB 18483—2001《饮食业油烟排放标准(试行)》后外排;各宾馆餐厅必须安装油烟净化设施,排烟系统应做到密封完好,满足标准规定的相关要求。

(三)水环境影响减缓措施

加强景区旅游管理、加强对景区内居民生活垃圾的管理,防止水体的污染;南宁市区旅游产生的废水若进入不了市政管网,则必须加设地埋式处理设施,处理达到相关标准后方可排放;隆安、横县、宾阳、上林、马山内景点旅游接待与生活服务点产生的生活污水自行进行处理,达到相关排放标准后排放。

(四)声环境影响减缓措施

车辆均在指定地点停放,出入景区时减慢车速,禁鸣喇叭;服务设施需进行相应的降噪隔声处理;在公共场所使用音响器材必须遵守公安机关的规定,经营中的文化娱乐场所必须采取有效措施,保证其边界噪声不超过国家规定的环境噪声排放标准。

(五)固体废弃物环境影响减缓措施

各景点应高密度地投放分类垃圾箱,对可回收利用与不可回收利用的垃圾设置不同箱体,并安排专人负责清运;做好宣传教育工作,使居民、游客不乱扔垃圾并正确使用分类垃圾箱;生活垃圾由环卫部门统一收集并在当地卫生填埋场进行卫生填埋;在垃圾外运过程中,必须选用全密闭式的垃圾收集运送小车和运输车。

四、环境影响评价初步结论

在做好环评提出的规划方案调整、污染防治工作和保证各项污染物达标排放的前提下,从环境保护的角度分析,调整后的《南宁市旅游发展总体规划(2007—2010)》基本可行。

五、征求公众意见的主要事项

本规划的实施将会给周边环境带来一定的影响,为使规划在实施过程中对环境的影响降到最低程度,实现旅游业的可持续发展,特此公告征询公众意见。请您在公告后 10 日内,将您的意见以写信、发邮件、打电话等形式反映给我们。

(1)规划单位:南宁市旅游局　　　　　　联系电话:略

(2)环评编制单位:南宁市环境保护科学研究所　联系电话(传真):(略)

地址:(略)　电子邮件:(略)　邮编:(略)

南宁市旅游局

南宁市环境保护科学研究所

2009 年 3 月 4 日

11.4.3　环境管理系统(EMS)

Middleton 指出,环境管理系统(EMS,Environmental Management System)是旅游区现有的日常业务工作内容之一,也是用来展示政府或其他机构对涉及项目的环境保护、项目的环境影响或减少影响程度的控制能力的一种方式。

本章小结

①旅游开发、规划及管理对资金投入有严重依赖。旅游业的开发,尤其是住宿及其他旅游设施的开发、交通及相关基础设施的开发需要大量的资金投入,旅游人力资源开发、市场营销及相关机构的设置也需要一定的资金支持。在编制旅游发展规划时,为了保证各项规划方案的顺利实施,需要一定的投资政策和财务安全制度,以保证其目标的实现。同时,旅游发展的资金筹措过程是执行旅游规划的一个重要环节,必须清楚地了解所需资金类别和筹措资金的可能渠道,并制定一定的投资战略。

②可行性研究是在开发前对当前社会、经济和技术各方面进行深入细致的调查研究,对市场、区位、主题设计等方面的问题进行全面分析、论证,对建成后的经济效益和社会效益进行科学的预测和评价,确定该规划与开发是否可行的一种科学分析方法,它作为开展下一步工作的基础。

③应该综合地考虑旅游投资的经济、社会和生态综合效益。而且对于不同规模的旅游投资,其对于经济、社会、生态的影响力也是不同的。总的来说,旅游投资的规模越大,旅游的各种效益也就越大。

④虽然环境影响评价(EIA)、环境影响陈述(EIS)、环境管理系统(EMS)涉及程序及审计并不是旅游开发所独有的技术要求,但由于旅游对环境的特殊敏感性,这一问题在区域旅游发展规划中占有十分重要的地位。

复习思考题

1.简述旅游发展过程中主要有哪些资金需求。

2.结合实例,说明旅游规划与开发可行性分析应从哪些方面着手。

3.如何评价旅游规划与开发的三大效益?

4.简述旅游开发环境影响评价工作的意义及工作程序。

案例讨论

1. 阅读开篇案例,讨论大连旅游发展在区域经济中的角色定位。
2. 阅读例 11.1,讨论旅游项目选址的影响因素。
3. 阅读例 11.2,讨论旅游环境评价对南宁市旅游总体规划编制及其实施的意义和作用。

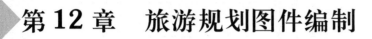

第 12 章　旅游规划图件编制

本章提要

　　本章的内容主要包括:旅游规划图件概述、旅游规划系列图件的编制方法与规范、旅游规划图件编制计算机辅助制图系统软件等。通过本章学习,了解旅游规划系列图件编制的意义及各类旅游规划图编制方法要点。

学习目标(重点与难点)

　　1.理解旅游规划图件在旅游规划成果中的意义。

　　2.熟悉旅游规划图件编制的技术要求。

　　3.了解旅游规划图件编制的相关软件及其特点。

框架结构

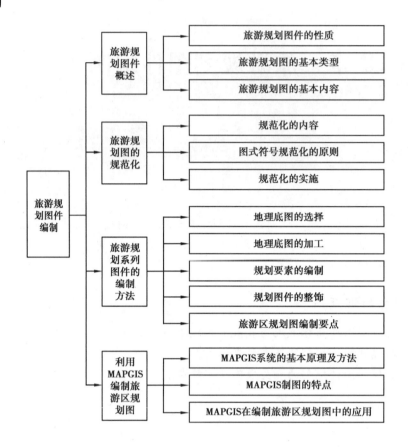

开篇案例

北京八达岭长城大景区概念性规划设计

长城,这两个字,拥有着太多的内涵和外延,从第一捧土、第一块砖出现的时候起,它就延续着一个伟大的神话,直至永远。

八达岭长城大景区的规划范围即为北京市延庆县八达岭镇的镇域范围。八达岭长城大景区规划设计方案旨在通过研究长城、保护长城、发展长城,从而达到弘扬长城文化、传承中华文明、创造现代文明的目的。在追求自然生态、文化生态与经济生态平衡和谐的基础上,以保护世界文化遗产和弘扬长城文化为思想指导,努力打造以"文化长城、和平长城、绿色长城"为主体形象的世界顶级旅游目的地,以此来提供一个弘扬与创造文明的世界级遗产区域的前瞻性系统规划方案。

一、长城旅游的创新

(一)长城旅游的创新

核心理念:弘扬与创造文明(图 12.1 核心理念诠释图)

图 12.1　核心理念诠释

中国，东方文明古国、世界四大文明古国。

历史的进程、社会的进步、人类的发展，就是一部人类辉煌的文明史。中华上下五千年，是中华民族延续和发展的五千年，实际上也是中华民族创造灿烂文明史的五千年。

过去，祖先们建筑长城、接力长城、演绎长城。他们创造了古老长城文化、创造了中华的古文明、创造了全人类共同拥有的世界遗产。

今天，我们保护长城、研究长城、发展长城，就是要弘扬长城文化、传承中华文明、创造现代文明。

今天，无论我们用什么赞美之词都难以度衡长城之伟大与厚重。但历经沧桑、走过风雨的古老长城，见证了历史变迁、见证了朝代更替、见证了社会进步、见证了中华文明的发展史和人类文明发展史，并将见证中华民族的伟大复兴。

今天，历史赋予我们这一代人极为光荣的使命，即在现今的历史条件与社会发展环境下，由我们来"规划和设计"八达岭长城大景区的现在与未来，这将是一首保护和弘扬古老长城文明、发展和创造现代长城文明的时代交响曲。我们深知责任重大。

我们旨在提交一个弘扬与创造文明的世界级遗产区域的前瞻性系统规划方案。

目标形象：

古长城，新文明

古长城，新体验

古长城，新发展

(二) 长城"深度旅游"开发思路

以"弘扬和创造文明"为主线，深度开发、全面创新，打造深度长城旅游产品体系。

实行八达岭长城大景区的深度开发就是要进行深度规划,建设深度产品,进行深度营销,执行深度经营,达到深度体验,创造深度消费,挖掘深度文化价值,实施深度管理,最终营造世界顶级旅游目的地。此次规划设计的深度开发主要体现为以下三个转变:

第一,旅游体验模式从表面转向深入。八达岭长城旅游现在的体验模式以单一的观光体验为主,游人登上长城,人们只有慨叹它的雄伟壮观,却缺少对更深的长城文化内涵的体验,此次规划设计充分考虑了八达岭长城大景区改造后的深度体验模式。

第二,旅游消费从平面转向立体。八达岭长城大景区的消费现在仅仅局限于门票+餐饮+旅游纪念品的简单收入模式,面对强大的旅游消费市场和消费需求,现在还没有形成相对较高的旅游消费体系,此次规划设计更加注重立体消费模式,整个产品从时间和空间上进行设计,增加旅游观光空间,丰富旅游产品内涵,策划多样旅游活动,激发游客消费潜能,延长旅游者在八达岭长城大景区的消费时间,全力发展极具特色的长城休闲度假旅游。

第三,旅游运作要从单一主体转向多元合作。此次规划设计突破了行政区划本身的限制,按照八达岭长城大景区的发展模式,解决区域合作和区域共同发展的问题,实现小景区到大景区、八达岭到大八达岭的提升。

二、总体战略

八达岭长城大景区的规划方案,它的出发点和落脚点就是保护和弘扬,因而在八达岭长城大景区的规划设计思想上应注重整个长城氛围的保护和营造,同时通过新区域、新项目的建设来进一步延续和挖掘长城文明,还要充分应用人类当今的科技进步,来创造新的文明载体。总体战略将按三个方面展开:保护——前提、整治——手段、发展——主题。

(一)保护——前提

保护长城是长城旅游开发的先决条件,没有长城保护就没有长城的永续利用与发展。在八达岭长城大景区的开发建设中要解决好"大发展带动大保护,大保护促进大发展";处理好自然生态、文化生态和经济生态的三态平衡,具体要做到:

1. 保护长城本体环境

根据相关法律法规,除了将部分敌楼、城墙进行原始形态的修复,再现当年长城壮美的雄姿以外,还要保护现有长城的自然形态,将现有的残长城和土边长城保护起来,对古砖窑、采石场的遗址进行严格的保护,保持原始、古朴、自然、雄壮的风貌,减少对现有长城的人为破坏(图12.2景点分析与评价图)。

2. 保护长城文化

摒弃一切与长城文化不相符的建筑元素,保护原生长城文化;重现长城文化的完整性,使长城的自然和文化达到平衡,使文化和自然构成一个和谐的整体。

3. 保护长城生态

在旅游开发建设过程中充分保护长城周边的生态环境,使八达岭长城大景区具有良好的生态是维护三态平衡的重要所在,在此次规划开发中,注重长城旅游的战略环境评价,对八达岭长城大景区内的开发建设项目进行科学的环境影响预测,做到保护开发和永续利用。

图12.2　景点分析与评价图

(二)整治——手段

1.淡化商业气息,恢复历史原貌

成千上万慕名而至的国内外游客,在这里形成了巨大的消费市场。长城附近的农民投入长城商业大军后,迅速致富,改变了当年贫穷的状况。旅游业的兴旺发达带动了当地第三产业的发展,各种服务业摊点随之林立于长城周围。然而,商业的喧嚣却令长城的形象大打折扣,长城这个国际级的旅游品牌,拥有的却是乡镇级的经营。

行动:拆除长城上及周边所有商业摊点,特别是要拆除违规的商业广告牌,净化长城文化,远离核心保护区,还长城以历史原貌。

2.整治八达岭长城大景区交通体系,优化旅游质量

长期以来,八达岭长城大景区内部道路混乱,旅游车辆都停放在长城脚下的停车场,严重破坏了长城的整体视觉形象,汽车的尾气、噪声对八达岭长城大景区环境特别是城墙文物造成了很大破坏。

行动:迁移八达岭长城大景区停车场,外埠旅游车辆一律不得进入八达岭长城大景区内,解除八达岭长城大景区内的交通压力,建设内部高效交通体系及轨道交通体系。

3.加强八达岭长城大景区绿化,改善八达岭长城大景区环境

由于游客过量,八达岭长城大景区承载压力过大,八达岭长城大景区的绿化程度远低于人为的破坏程度。

行动:对八达岭长城大景区进行密集绿化,种植大量林木,对草坪重新整理,未来的八达岭长城大景区,环境整洁优美,将远离汽车的喧闹。

(三)发展——主题

1. 从小景区到大景区

八达岭长城大景区西移战略的实施形成新的八达岭长城大景区格局,游人的游览空间扩大。从目前长城旅游集中于长城沿线转移到更为开阔的空间,营造大八达岭概念,充分利用其品牌优势,既能保护好长城,又能促进其他功能区的全面发展,实现长城旅游的扩容和升级。

2. 从小旅游到大旅游

旅游的发展应该超越旅游本身,应该联动当地的经济、社会、生态环境的共同发展,联动当地其他关联产业如餐饮业、商业、交通业、房地产业、娱乐业、宾馆业的发展。围绕旅游振兴农业,调整工业,搞活商贸、繁荣文化、建设新城区,拓宽旅游发展的新空间,承接新增量,培养新产业,营造新布局,创造新优势。只有这样,才能最大程度地调动延庆各方面的力量和积极性,提升旅游业在延庆的产业地位,最大程度地发挥它在国民经济中的地位和作用。

3. 从浅层开发到深度利用

(1)开发长城人文景观,深度挖掘长城文化内涵

如何塑造八达岭长城大景区的文化氛围,使长城的历史文化得以充分展示,成为八达岭旅游发展建设的关键(图12.3滚天沟手绘效果图、图12.4土边长城手绘效果图)。

(a)　　　　　　　　　　　　　　(b)

图 12.3　滚天沟手绘效果图

(2)开发体验式旅游项目,完善长城旅游功能

开发游客可参与的旅游项目,使八达岭长城大景区全面系统化,使八达岭长城大景区的旅游功能更加完善。

(3)开发高档次、高品位的休闲度假旅游产品

延庆县由于良好的自然环境和生态环境被称为北京的"夏都",它又面对北京天津地区这块强大的休闲市场,充分利用这些得天独厚的优势,开发高档次的具有深厚人文底蕴的休

图 12.4　土边长城手绘效果图

闲度假旅游产品,也是此次规划设计的重点所在。

(4)开发体育旅游产品

2008 年奥运会给北京带来了巨大发展机遇,体育休闲及体育训练有着更大的市场空间,八达岭长城大景区利用自己的优势,开发具有体育训练功能的体育休闲产品,分得奥运大餐中的一杯羹。

(5)开发绿色生态型与特色农家乐旅游产品

目前,北京周边的民俗旅游还处在一个较低水平阶段,仅仅局限于吃农家饭、住农家院、采农家果等一些简单的农家乐活动。八达岭长城大景区具有巨大的客源市场和得天独厚的资源优势,如果开发具有特色的高档农家乐旅游产品,将会有非常大的收益,同时也是解决农民增收的有效途径(图 12.5 大景区规划概念示意图)。

三、总体架构

八达岭长城大景区的开发和提升,将按照保护、传承和发展文明的角度展开。八达岭长城大景区总体构架也将围绕这条主线进行,力求保护长城文化,传承华夏文明,建设国际顶级旅游目的地,成为新文化与现代文明的领导者与创新者,确保八达岭长城在中国长城旅游中的领导地位(图 12.6 功能分区及土地利用图)。

根据本规划的指导思想、规划目标,结合国家及地方相关法律法规,以及八达岭镇域的交通、地理、各功能发展区等情况,八达岭长城大景区的基本构架为"1123":即一个核心保护区、一个中心城镇服务区、两条旅游发展轴、三大功能发展区(图 12.7 功能分区相关关系图)。

(一)一个核心保护区

作为长城建筑本体的主要核心保护和控制区域,本功能区将严格保护长城本体以及长城本体周边的生态、文化环境。突出保护,恢复原貌,还长城以本色。展现长城的历史文化与中华民族的文明创举,突出其长城旅游第一吸引物的地位。同时,核心保护区还将通过快速立体交通系统与中心城镇服务区块进行连接,形成大长城景区的立体交通构架骨架,构成长城休闲产业发展、长城文明发展的主轴。

图 12.5　大景区规划概念示意图

(二)一个中心城镇区

通过对现有中心城镇集结发展区进行新的定位,建设成具有国际旅游特色的休闲小镇。中心城镇不但成为各功能区的旅游服务、旅游管理中心,同时也为解决相关功能区内的拆迁安置、拆迁并镇等问题提供条件。

(三)两条旅游发展轴

一条是环绕长城本体沿线形成的长城观光走廊;另一条是贯穿中心城镇、核心保护区、国际休闲度假区、绿色生态走廊、体育休闲区的休闲产业走廊。其中,整个休闲产业走廊成箭头状,从长城核心保护区到国际休闲度假区,形成一柄箭。从长城建筑本体及长城核心保护区出发,发展文明,引导文明的发展指向新的休闲、产业、体育、生态文明发展区。

图 12.6 功能分区及土地利用图

图 12.7 功能分区相关关系图

(四)三大功能发展区

该区由中心城镇周边的国际休闲度假区(图12.8 国际休闲度假区总平面图)、体育运动休闲区、绿色休闲走廊等三大功能区组成。通过三大功能区的发展建设,传承长城文化、创造现代文明,共同打造长城新世纪的文明之光、和平之光、体育之光(图12.9八达岭长城大景区鸟瞰图、图12.10 长城长卷)。

1和平论坛核心区　6长城风韵　11诺贝尔森林公园　16 VBD
2梅园　7长城博物馆　12诺贝尔和平广场　17旅游服务中心
3竹园　8名人手迹纪念馆　13单栋别墅
4兰园　9和平纪念林　14双栋别墅
5菊园　10诺贝尔别墅　15联排别墅

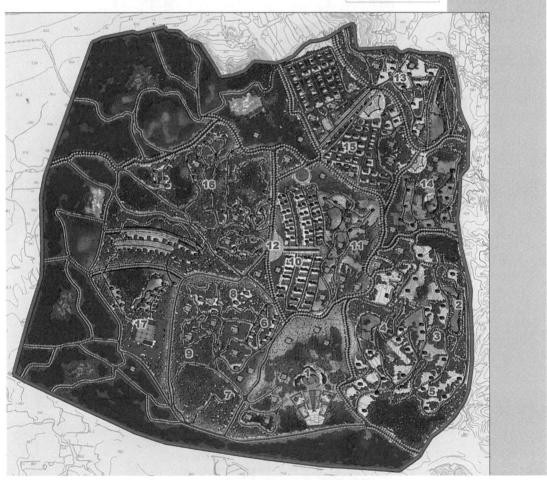

图12.8　国际休闲度假区总平面图

图 12.9　八达岭长城大景区鸟瞰图

(a)

(b)

图 12.10　长城长卷

12.1　旅游规划图件概述

旅游规划是一项科学性、技术性较强的系统工程,规划成果是表现规划人员的规划设计的全部过程和最终研究结果的具体物象,也是提供给下一层次规划和开发建设的基本依据。

因此,规划成果的质量将直接影响后续工作的质量,也直接反映规划设计的水平。在规划成果的表现形式中,已形成了以研究报告(规划文本、说明书)、规划系列图件为主,并辅之以现代化的计算机多媒体手段等规范化表现形式。在上述成果中,规划系列图件以其丰富的信息载体、独特的语言、准确的数学基础和直观而生动的表现手法发挥着不可替代的重要作用,成为规划设计过程不可缺少的关键资料。因此,旅游规划图件的编制工作也是直接影响规划水平的重要因素。

旅游规划作为指导旅游发展与开发建设的一项工程,图纸不可缺少,没有图纸的规划是不合格、不完善的规划。规划图可以直观地将规划思想通过图纸落实到具体空间上,增强规划的可操作性。不同层次的规划,图纸数量与内容不同,同一类规划都应有相应一套图纸及其深度的界定。

12.1.1 旅游规划图件的性质

旅游规划图属于专题地图中以表现旅游规划成果为主要内容的一种专业用图,它是以普通地图为基础,根据规划者的规划设计思想,将规划要素准确标绘在地理底图之上的一种特殊图件。

旅游规划图具有一般专题图的基本特征,同时又与一般的专题地图有所区别。一是对地理底图要素详细而准确的专业要求,即对底图要素不做更多取舍,以充分反映规划要素所依托的区域环境特征。二是具体的规划要素以特定的专业符号和完美的艺术表现力与底图要素有机组合,规划要素突出在第一层面上,以此来科学准确地表现规划设计的思想和规划要素的空间布局。三是规划要素的多元化导致规划图在表现同一主题的前提下存在系列化特征,以此反映不同规划要素的空间布局。因此,旅游规划图是一种主题鲜明且科学性、艺术性要求相对较高的系列性专题图。

12.1.2 旅游规划图的基本类型

如前文所述,旅游规划根据深度要求,可以分为旅游发展总体规划、控制性详细规划和修建性详细规划,与之相对应,旅游规划图可分为旅游发展总体规划系列图件、控制性详细规划系列图件和修建性详细规划系列图件。不同类型规划图件因其表现对象的不同,具有各自的主题、内容、表现方法和编制规律。

12.1.3 旅游规划图的基本内容

1)旅游发展总体规划系列图件

旅游发展总体规划分为国家、跨省区、省区、地市、市县及乡镇六大层次,因此规划内容的繁简详略具有明显的差异。随着规划区域层次的提高,其宏观性、战略性以及概略性也会增强。作为基层的市县级旅游发展规划则相对具体,内容更趋细化和繁杂,因此,相应的旅游发展规划图件既有内容上的明显差异,又具有表现和内涵的明显相似性和共同规律。

旅游发展总体规划系列图件主要包括以下内容:

①区位图。首先,区位图应力求体现旅游发展的地理位置特征,尤其是经济地理位置的比较优势;其次,应直观显示旅游产业在区域空间布局中的地位;最后,应体现规划区域与相关旅游功能区的关系。兰考县旅游发展区位分析图如图 12.11 所示。

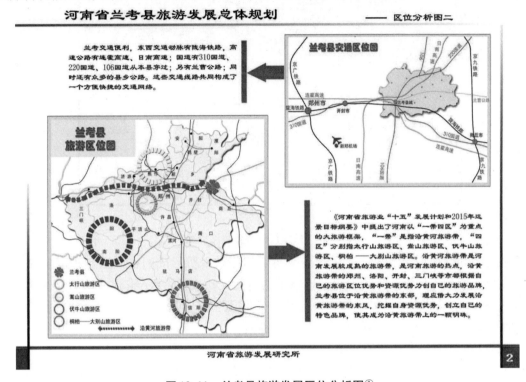

图 12.11　兰考县旅游发展区位分析图①

②综合现状图。结合规划区域现状,综合现状图应遵循的旅游规划图编制规律,有选择地表示出该区域的自然地理特征(如河流、湖泊、山地、丘陵等地形特征以及各类各级自然保护区等)、人文地理特征(如居民点、行政区等)、经济地理特征(如交通线路、城镇分布等)。

③旅游资源类型评价图(图 12.12)。详见第 5 章。重点依据《旅游资源分类、调查与评价标准》国家标准(GB/T 18972—2017)及规划区域的旅游资源主体特征,通过图件形式,突出和直观标明旅游资源分布及其评价结论,以便为进一步旅游规划方案的制定与实施提供资源保障。

④旅游市场分析图。基于对旅游市场的科学预测,旅游市场分析图主要从入境市场和国内市场两个层面体现旅游目的地。目标市场分析态势的预测结果,一般分为一级市场(核心市场)、二级市场(核心市场以外有吸引力的外围市场)、三级市场(机会市场)。

⑤旅游功能分区与景区布局图(图 12.12)。详见第 7 章。区域旅游功能区的划分也是一种空间单元的划分,依据的就是区域资源环境特征、经济结构、城市发展、基础设施等方面在空间上的相似性和差异性。

___

①　选自林梅英主持编制的《兰考县旅游发展总体规划》(2006),图件绘制:朱青晓。

图 12.12　兰考县旅游资源评价图①

　　旅游空间结构是指旅游经济客体在空间中相互作用所形成的空间聚集程度及聚集状态。它是区域的各种旅游活动因素在地域上的空间反映,它体现了旅游活动的空间属性和相互关系,最常见的方法是以区域旅游空间分布及组合方式研究为基础,通过旅游各功能小区地域的组合状况来说明区域旅游空间结构的特征。

　　旅游功能分区图件力求直观表现旅游经济客体的空间分布特征。

　　⑥其他图件。如道路交通及旅游线路规划图、近期建设规划图、重点景区(点)效果图(视规划委托方要求而定,非规定图件)等。

2) 旅游控制性详细规划系列图

　　旅游控制性详细规划编制的原则应以用地控制和管理为重点,以实施总体规划的意图为目的,强化规划设计和规划管理的衔接。其具体图件主要包括以下内容。

　　①规划区位置图(比例尺不限)。反映规划区用地范围、周围道路走向、规划用地与毗邻用地的关系,规划区与周边区域的距离和关系。

　　②规划区用地现状图(比例尺 1:1000~2000)。标明自然地貌、道路、绿化和各类现状用地的范围、性质以及现状建筑的性质、层数、质量等。

　　③规划用地功能分区图即土地使用规划图(比例尺 1:1000~2000)。标明规划用地分类、用地性质、各类用地规模、路网布局,该图应在现状图上绘制。

　　④道路交通规划图(比例尺 1:1000~2000)。标明规划区内道路系统与外部道路系统的联系,确定区内各级道路的红线宽度(即 GB 50220—95 中所指道路宽度)、道路线型,标明区内主要道路横断面、路口转弯半径、主要控制点的坐标和标高、路口交叉处理示意以及主

────────────

　　① 同前注。

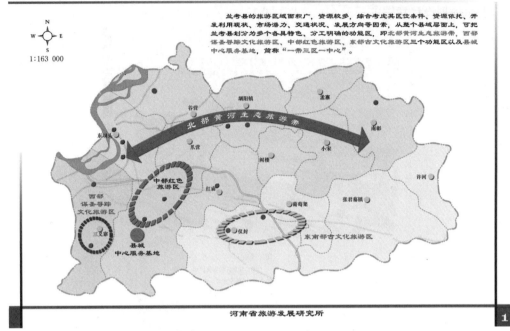

图 12.13　兰考县旅游发展总体规划功能分区图①

要停车场的位置。

⑤各项工程管线规划图(比例尺 1∶1000～2000)以及控制性规划图则等。

3)旅游修建性详细规划系列图

旅游修建性详细规划编制的原则应以近期建设为重点,以实施总体规划的意图为目的,以综合规划设计城市空间为手段。其具体图件主要包括以下内容。

①规划地段位置图(比例尺不限)。标明规划地段在城市的位置以及和周围地区的关系。

②规划地段现状图(比例尺 1∶500～1000)。标明自然地貌、道路、绿化工程管线和各类现状建筑用地范围以及现状建筑的性质、层数、质量等(工程管线现状图可单独绘制)。

③规划总平面图(比例尺 1∶500～1000)。标明各项规划建筑布置、内部道路网及其与周围道路的衔接,停车场站、广场及绿化系统,河湖水面的位置和范围,现状保留的建筑与规划建筑应用不同粗细的线条或不同的颜色分别表示,对于地形比较复杂的地段或旧区改建规划,规划图应在现状图上绘制。图上应标明每栋建筑的性质、层数等。

④道路交通规划图(比例尺 1∶500～1000)。

⑤竖向规划图(比例尺 1∶500～1000)。标明规划区内不同地面的标高(室外地平规划标高),主要道路路口标高、坡度和坡向及地面自然排水的方向,标出步行道、台阶、挡土墙、排水明沟等,规划图应在现状图或地形图上等。

---

① 同前注。

⑥单项或综合工程管网规划图(比例尺 1∶500～1000)。

⑦表达规划设计意图的模型和鸟瞰图(图 12.14)。

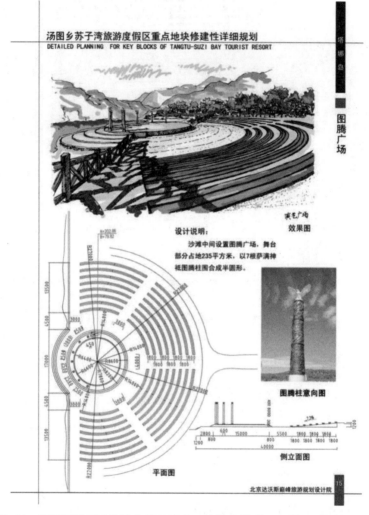

图 12.14　抚顺县苏子湾旅游度假区重点区块修建性详细规划-图腾广场效果图

12.2　旅游规划图的规范化

　　一门成熟的应用学科应形成一套技术规范。文化和旅游部对旅游规划制定了一套规范,但是对规划图的要求却很简单。作为一种地图的标准体系,应该制定一套详细地图内容标准、地图产品标准、制图方法标准及地图生产管理标准等,旅游规划图的规范化也应如此。

12.2.1　规范化的内容

1)确保旅游规划图具备地图基本属性

旅游规划图是一种专题地图,应该具备地图的基本属性,旅游规划图的基本内容应当包括:数学要素、专题要素、底图要素和图外要素。数学要素包括地理坐标、投影、地图比例尺和地图定向。专题要素即旅游规划要素,是旅游规划图的核心内容,应该置于第一视觉平面上,专题要素是指旅游资源、规划项目设施等,每幅图根据规划的重点而异。底图要素主要是与旅游相关的水系、居民点、道路、交通、境界线、旅游设施等等。图外要素指图名、比例尺、图例、编制单位、编制日期等。

2)编制统一的旅游规划图图式

地图图式是地图的语言系统,是地图制作的技术标准,编制统一的图式是旅游规划图规范化的关键。旅游规划图图式应包括旅游专题要素的通用符号,文字注记的相关规定、底图要素的符号、旅游规划图的分幅、装帧规定及图廓整饰样式、旅游规划图综合表示方法举例等。

3)统一旅游规划图集的内容体系

根据《旅游规划通则》(2003)、风景名胜区规划规范(GB 50298—1999)、森林公园总体设计规范(1996,LY/T 5132—95)和国家地质公园总体规划工作指南等与旅游规划相关的规范及指导性文件,旅游规划图集应当包含以下几类图件:旅游现状类、旅游规划类、旅游详细规划类及其他类等。

旅游现状类图包括旅游地区位图、旅游现状图和旅游资源分布图;旅游规划类图包括总体规划图、旅游市场图、旅游线路图、旅游设施图、旅游指示系统图和分期旅游项目规划图;旅游详细规划类图包括旅游交通道路图、工程设施规划图和部分详细规划图;其他类图包括用地分析图和环境保护图等。

12.2.2　图式符号规范化的原则

由于没有统一的图式,造成旅游规划图的图例符号的混乱。因此,旅游规划地图规范化的重点在于图式的规范化。对于旅游规划图的图式设计应该遵循以下原则:

①适应旅游规划的主题,突出表现旅游资源及与旅游相关的要素。对于反映旅游资源的符号应采用较大的尺寸、鲜艳的颜色和美观的图形。

②强化符号的艺术性,地图符号要以地物的实际形态为依据,尽量突出其最本质的特征,使图形具有形象、简洁、醒目和美观的特点,符号应有较强的艺术性。

③逻辑性,设计地图符号其形式和内容要有内在联系,符号的设定和编排要有逻辑性,同一类要素的符号含义应能反映其内在的逻辑关系。

④系统性,地图符号不仅各要素迥然不同,而且同一地理要素也要有种类、等级、主次等

差异。

⑤明确性,每种符号只表示一种或一类事物,与其他符号要有明显的区别,要有明显的定位中心。

12.2.3 规范化的实施

1)专题要素分类的统一

专题要素即旅游规划要素,是旅游规划图的核心内容,主要是指旅游资源和规划项目设施等。其中对于旅游资源的分类可以采用《旅游资源分类、调查与评价》(2003)中的分类方法,把旅游资源分为 8 个主类、31 个亚类、155 个基本类型。

2)图式符号的统一

旅游规划图使用的专题符号主要包括点状符号、象形符号、几何符号和文字符号等。对于旅游规划图图式的设计可以根据旅游资源等级的表示方法,采用《风景园林图例图示标准》(CJJ 67-95)中一部分与此分类相一致的旅游资源的符号、相应比例尺、地形图中的表示底图要素的符号和一部分公共信息图形符号;对于不能进行借用的符号,依据上面的设计原则进行设计。

(1)底图要素图式符号的统一

底图要素主要包括水系、居民点、道路、等高线、山峰、一些独立地物、服务设施和工程设施等等。对于相应比例尺地形图中的图式符号已有的可以直接应用,符号的颜色尽量接近自然色。对于服务设施、工程设施和其他的一些标识,其符号可以借用《风景园林图例图示标准》(CJJ 67-95)和标志使用公共信息图形符号,这样做易识别和统一。例如用 P 表示停车场,用绿色作底的白色十字表示医疗点等。

(2)专题要素图式符号的统一

将旅游资源进行分类归纳以后,就可以用象形符号来表示这一类旅游资源的共性。象形符号直观生动,便于定位,符合制图自动化的要求,非常适合旅游规划图的制作。《风景园林图例图示标准》(CJJ 67-95)中已经对一部分旅游资源的符号进行了设计,主要也是通过象形符号来完成的,完全可以继续在旅游规划图中使用,但是这套标准未能完全涵盖旅游规划的全部内容,我们可以以此为蓝本,结合旅游规划的实际进行补充。对于象形符号的设计,主要是必须把握这一类旅游资源的共性,用一个恰当的符号形象表示。

(3)色彩的统一

在旅游资源的分类中,地文景观、水域风光、生物景观和天象与气候景观属于自然旅游资源,可以用蓝色图例;遗址遗迹、建筑与设施、旅游商品和人文活动属于人文旅游资源,可以用红色图例。底图要素符号的颜色纯度尽量接近自然色。

(4)符号大小的统一

旅游规划图图式符号的大小可以借鉴相应比例尺地形图图式符号大小来确定。

3）图外要素的统一

旅游规划图应该在图纸明显处标明图名、图例、比例尺、指北方向、风玫瑰、规划日期、规划单位和制图单位等内容。旅游总体规划图应采用 1 ∶ 5000 或 1 ∶ 10000 地形图作为制作的底图,对于具体的旅游规划图的比例尺,则应根据所规划旅游地的具体情况决定,例如,旅游规划地的面积在 20 km² 以下的规划图比例尺可以选用 1 ∶ 5000,面积在 20～100 km² 的规划图比例尺可以选用 1 ∶ 10000,面积在 100～500 km² 的规划图比例尺可以选用 1 ∶ 250000,面积在 500 km² 以上的规划图比例尺可以选用 1 ∶ 50000 等。规划图要具体表示的区域可采取变比例尺进行放大以满足要求;不应把整幅小比例尺地图简单放大后作为大比例尺地图使用。

12.3　旅游规划系列图件的编制方法

旅游规划系列图件根据地图的不同类型,以常规制图手段编制平面规划图为主要形式,同时,辅之以具有较高艺术性的直观性较强的立体效果图。

12.3.1　地理底图的选择

根据规划区域的范围和层次,宜选择相应的比例尺地形图为地理底图。随着规划区域层次的提高,比例尺应逐渐变小。就市县级旅游发展规划而言,地理底图比例尺在 1 ∶ 25000、1 ∶ 50000 和 1 ∶ 100000 为宜。该比例尺地形图是我国大比例尺基本系列的普通地图,是经济建设、国防建设的专业用图,具有信息丰富、内容翔实、数字精度可靠等特点,是从事市县级旅游发展规划中既可反映战略性的宏观决策,又具有微观景观布局的理想的地理底图,可满足市县级区域旅游发展规划的基本要求。

旅游地旅游开发建设规划因规划范围小,而且以用地规划和景点布局、项目建设为主要内容,所以地理底图的比例尺相对较大,以 1 ∶ 10000、1 ∶ 5000 为宜。1 ∶ 10000 地形图是我国经济建设用的大比例尺基本地形图,其科学性和内容的翔实性可满足各类型旅游开发区的建设规划图件的地理底图的需要。1 ∶ 5000 地形图则为城市建设用图,多为随建设项目需要进行现场测绘,所以成本较高。景点规划和项目设计用图因属于施工用图,因此比例尺多为 1 ∶ 1000 和 1 ∶ 500。

12.3.2　地理底图的加工

规划图件比例尺系列因图而异,大致分为两种类型。一类是根据基本比例尺系列确定相应图件的比例尺,一类是根据规划范围和规划图幅面的限制,以基本比例尺地形图为基础缩放成非基本系列的地理底图,如 1 ∶ 20000、1 ∶ 15000、1 ∶ 4000 等。因此,地理底图需经比例尺计算后,确定地理底图的缩放倍率,然后利用复印机、复照仪等实施缩放,从而获得相应底图图件,然后镶嵌拼贴在图板上。

12.3.3 规划要素的编制

规划要素根据规划研究成果,确定图幅系列的主题,并将规划要素依据相应的图例,以不同的符号、色彩填在地理底图上。其中功能分区、用地结构等区域要素多以面色或各种晕线表现其分布范围和性质。具体景点、设施则以点状符号表示其准确位置,道路系统、管线系统等线状地物则以线状符号表现,并依据符号大小、粗细、色彩区分规划要素的不同性质和等级。注记是地图的重要说明要素,应在规划用图上采用植字的手段,根据不同字体、等级说明相应的规划要素。这种文字、符号、图形、色彩的有机结合,可将规划成果完好地表现出来,这正是规划图件的独到之处。

12.3.4 规划图件的整饰

地图整饰具有艺术加工和对地图内容进一步说明的双重功能,是专题地图编制中不可缺少的一项内容,旅游规划系列图也不例外。

整饰内容包括图名、图例、矢标、编制单位、图廓要素。

地图整饰应遵循如下原则:

①图例设计的分类分级系统清楚,符号、色彩具有逻辑性和象征意义;

②大面积着色用较浅淡的颜色,小面积图斑宜较深的颜色,色调柔和,令人赏心悦目;

③内容复杂的规划图,采用多层平面表示;

④注记的排列、大小应注重其工艺性,增加艺术效果。

12.3.5 旅游区规划图编制要点

旅游区规划图是旅游区规划的重要组成部分,是旅游地理学研究不可缺少的研究工具和手段,同时又是实施旅游区规划的蓝图。旅游区规划图选题的总原则是突出旅游特点,明确表达旅游规划的指导思想和重要环节。其主要内容由旅游区位置图、总体空间布局图、资源分布图、专项规划图、重要景点建筑物大样图、效果图这 6 部分组成。

1)旅游区位置图

旅游区位置图是旅游区规划中的重要图件,其主要功能是展示旅游区的经济地理位置并反映与周围旅游客源地的联系。

2)旅游区总体空间布局图

旅游区总体空间布局图是旅游区规划最重要的图件,具有总体控制性,是总体规划核心理念在平面图上的集中表现。

3）旅游资源分布图

4）旅游区专项规划图

旅游区专项规划图是旅游区规划文本中主要专项规划内容的图面表示。一般应编制以下专项规划图：①旅游线路规划图。②给排水及环卫消防规划图。③环境保护规划图。④园林绿化规划图。⑤供电及邮电通信规划图。⑥服务设施规划图。为提高专项规划图件的规范性，应参考与借鉴城市规划中专项规划图的编制方法。

5）重点建筑物大样图

重点建筑物大样图在县乡级旅游区规划中有特殊重要地位。旅游区开发实践表明，地方盲目发展旅游业的一种主要倾向就是随意建设景点，缺少整体观念。所以，通过设计重点景点建筑物大样图，可以使旅游区内景点建筑无论从风格还是建筑规模上始终处于总体规划宏观控制之中。

6）效果图

效果图的主要功能是以直观的图案为人们编制某一单体建筑物或规划区的整体蓝图。效果图是旅游区规划的锦上添花之作，具有一定的重要性，但从整个旅游区规划图件组合分量来看，其性质是规划图中的附属图件，效果图更不能代替规划图。

效果图主要有两种，一是单体或一组建筑物的效果图，具有大样图的功能（参见本章开篇案例图 12.3、图 12.4）。二是旅游区的整体效果图（又称鸟瞰图，参见本章开篇案例图 12.9）。

鸟瞰图分为两种类型。一是实景缩微模型，实景缩微模型立体感强、逼真。二是具有立体感的平面效果图。平面效果图从逼真性上逊于前者，但绘制方便，而且因为具有美术师的以写实为前提的艺术感染，观赏效果较好。

效果图可以适当夸张，以示意图的形式渲染美好的规划前景，增强感召力。效果图应力求体现景点布置结构和主题特征，并与总体规划平面图相吻合。

【例 12.1】鄢陵县中国北方花卉博览园规划效果图设计思路

1. 鄢陵花卉历史悠久，文化积淀深厚

鄢陵花卉始于唐，兴于宋，盛于明清，至今已有一千多年的栽培历史。唐代时，境内已出现大型综合园林植物的栽培，北宋时期则有皇家园林在此落户。文人墨客范仲淹、苏轼、黄庭坚、朱熹等都曾来此赏花。明代时花卉业相当发达，每年外销大量花木，驰名省内外。清初，鄢陵以蜡梅作贡品，深受宫廷贵族的喜爱。姚家村花农的蜡梅栽培技术和造型技艺，全国传颂。据史料统计，明清时期官宦显贵在此建立的花园苗圃多达 19 处。因此，鄢陵自古就有"花都""花县"之称，享有"鄢陵蜡梅冠天下"之盛誉，近现代则有"江北花卉数鄢陵"之盛名，被誉为"中国花卉名乡"。由此可见，鄢陵花卉有着深远的历史背景。

鄢陵花卉文化积淀深厚。宋代政治家、诗人韩琦来鄢陵作有诗《小桧》，北宋著名诗人黄庭坚著有《戏咏蜡梅二言》，明代刘讯《鄢陵县志·物产》，清代韩程愈的《叙花》、文学家王士正的《蜡梅》诗等,都对鄢陵花卉进行了详细的记载和赞美。

中国北方花卉博览园规划建设是鄢陵县旅游业发展的关键。

2. 中国北方花卉博览园

(1)位置与现状

中国北方花卉博览园位于鄢陵县柏梁镇甘罗村区域,北起甘罗祠,南达 311 国道,与姚家花园南北相对,占地约 1000 余亩。目前这里还是一片农田,园内地势平坦,起伏较小。景观层次简单,立体视觉较差,必须改造地形,挖湖堆山,组建湖、池、溪、湾、岛及山丘的地貌,以创造溪流、月牙湖、湖心岛和山丘的青山绿水景观。

(2)规划理念与思路

①旅游主题:花卉生态旅游、人与自然协调发展。该园区是整个鄢陵花卉生态旅游区的龙头,同时也是代表花都的主体和灵魂,这里汇集全国各地的奇花异卉,以"新、特、奇、优、洋、美"的独特魅力,展示给游人。种植花卉植物种类(含品种)3000~4000 个。

②建园指导思想:以名花异卉的栽培引种为内容,以植物造景为手段,优美的园林景观为其外貌,建成一个观赏植物种类丰富,花卉品种多种多样,园林布局新颖,地方特色鲜明,环境优美宜人的新型园林观赏花卉园,为国内外游人、花卉爱好者提供一个观光游览、休闲度假、科学普及、研究考察、教学实习、生产示范等多功能综合性的大花园。

③布局安排:全园功能布局划分为艺博广场、观赏植物展览区、展览温室区、科技服务区、甘罗文化区和管理办公区。

集植物造景为主,融中西造园艺术和回归自然的现代意识于一体,建成小桥、流水、亭阁、品名茶楼等设施,集观赏、娱乐、植物科普的休闲游园。规划水面面积宜达到古园区面积的 5%~10%。山体高 10~15 米。

(3)主要规划项目

①大型艺博广场(图 12.15)。位于现在的十字路口东北方向,此广场气势磅礴,北依"花卉科学宫",广场南侧临公路有大型的花柱六个。广场中央有仿生性植物象形雕塑。广场四周重点以草坪进行相关的绿化。规划占地 200×300 平方米。

②花卉科学宫。花卉科学宫及温室花卉展览区建筑,是整个博览园的一个标志性建筑物,设计理念以突出和放大的四种"花"的形象来装点,四花为牡丹、荷花、菊花、梅花——它们分别代表春、夏、秋、冬。

此中心建筑为全透明的玻璃幕墙的实用与幕墙上砂雕"百花仙女"艺术上的有机统一,纯艺术和实用性在此得以体现。整个科学宫从空中俯视,也是一个花朵的造型,建筑从任何一个视角观看,都与正视的透视效果一样主题鲜明,花型透丽,由于建筑装饰材料全用高温的玻璃或琉璃烧制加工安装,它的国姿美色将永远留在参观者的心中。

科学宫内主要展示的内容有:"花卉与人生"(花文化)展览馆、鲜花切花、插花艺苑、根雕艺术馆、花卉科技研讨室、演示厅、音像厅等。开辟花卉工艺品、纪念品陈列室,花卉书法、国画、摄影作品展览室以及花卉工艺品展销部。

③温室花卉展览。温室花卉展览位于花卉科学宫的东北侧建筑内。温室外形要美观大方、四周可见、能满足各类观赏植物越冬环境及栽培方式的要求。室内主要展览国产热带、

亚热带观赏植物,如棕榈科、兰科、天南星科、姜科、凤梨科以及多浆多肉植物。国外珍稀花卉、奇花异草和珍奇植物等,以供人们体味南国情趣和热带风物景色,参观、鉴赏、学习植物学知识,进行科学普及教育。着重展现南国风物情趣、营造热带风光的植物生境,满园春色、繁花似锦、让游人置身于花的海洋,浏览花卉的世界大观园。

　　④观赏植物展览区。该区布局与建设思路:观赏植物展览区,位于花卉科学宫及温室花卉展览区北侧,面积约600余亩。整个园区的外轮廓就是一幅"中华人民共和国地图",每一个省份图就是一个特色花卉园区,在青海省区内下挖成湖,并将其土堆于西藏成为青藏高原,各省省界就是小型的游路,以我国的黄河长江两大河流组成园区的游路主干线。如果游人登上"花卉科学宫"的顶层展望,"花的祖国"尽收眼底。

图12.15　中国北方花卉博览园艺博广场效果图

　　效果图是总体规划图更为直观的表现形式,或者说是总体规划方案的直观体现。效果图的绘制应根据旅游主题需要,选择合适的表现形式。

12.4　利用 MAPGIS 编制旅游区规划图①

　　随着 GIS 技术广泛应用的不断深入,其实际应用效益在许多领域已显示出明显成效,并继续发挥着不可替代的作用。同时 GIS 市场在世界范围内日益扩大。有关资料表明,1998年 GIS 市场分析,传统应用占32%,旅游占8%,金融贸易占11%,通信占8%,交通占12%,

---

　　①　李玲惠,王庆生.地理信息系统与电子地图技术的进展[C].长沙:湖南地图出版社,1999.

基础设施占 21%,其他占 8%。GIS 技术的发展得益于网络技术、计算机技术、遥感技术、GPS 技术的支撑。目前,许多商业化软件系统如 ARC/INFO、MAPGIS、ARCVIEW、EA - WORLD、MAPINFO 等已广泛应用于数字地图制图领域,为诸多的科学研究提供了研究手段和工具。旅游地理学研究引入 GIS 技术,并应用于旅游区规划图数字地图制图中是信息时代发展的需要。

目前国产 GIS 软件中的 MAPGIS 以其价格低廉、使用方便,同时具备地理信息系统的基本功能,特别是具有强大的图形编辑功能,有利于制作各种专题地图。因此,在旅游规划研究中选用 MAPGIS 编制旅游区规划图是一种理想选择。

12.4.1　MAPGIS 系统的基本原理及方法

传统的常规制图是根据不同的专题图或不同的比例尺规范的要求,凭制图工作者的专业知识和专业技能来完成地图的制作。它具有较大的主观性,成果质量的好坏与制图者的经验有很大的关系。应用 MAPGIS 软件制作地图(集),利用其强大的图形编辑功能,通过人机交互的方式,制图者可以把各种地理信息之间的相互关系处理得更合理,地图作品更加完美。

在 MAPGIS 中,地理空间实体可抽象概括为点、线、面等要素,它们具有各自的空间几何特性和属性特征。在矢量型空间数据库中,空间实体都以点坐标或其集合来描述其空间位置与几何形态,以拓扑结构来描述实体间相互关系,并建立几何特性和属性特性的联结关系,其联系纽带是计算机内部代码和用户识别码。在栅格空间数据库中,空间实体用栅格单元的组合来描述,栅格单元的值就是其对应的属性,而栅格单元所在的行、列位置是标识空间几何坐标。在 MAPGIS 中,矢量数据和栅格数据可以相互转换。MAPGIS 地理信息系统利用先进的计算机图形处理技术及地学空间信息处理方法,采用矢量数据和栅格数据混合结构,并相互转换,将不同来源、不同类型的数据和相关的属性信息进行了有机的集合和综合分析、处理,并将结果以图形、报表的形式输出,或计算机屏幕显示,或刻录电子地图光盘,或出版纸质地图。

MAPGIS 制图方法概括表述为:由扫描仪直接扫描编绘原图,以栅格形式(如 *.TIF)存储于计算机中;然后经过矢量化转换为矢量数据,存为线文件(*.WL)或点文件(*.WT),再进行区编辑,最后输出图形。

12.4.2　MAPGIS 制图的特点

1)高效率

提高了生产力,减轻了制图者的劳动强度,加快了成图速度,缩短了成图周期,显示出数字地图制图较之常规地图制图在信息表达、传输、管理上的强大生命力。

2)适应性

数字地图制图可以根据不同需要单独分层管理,也可叠加管理和动态管理大量数据,为用户使用带来灵活性,提供了短时间内改变地图设计方案和表示方法的可能性,提高了地图的适应性。

3)时效性

数字地图数据处理更方便,易于地图的更新,便于改动和补充内容,提高了地图信息的时效性。

4)实用性

有效提高地图应用的层次和深度,有利于实现图上量算的自动化、精确化,可以进行分析(通过一定的数字模型和属性数据进行)、评估和预测(如地价评估、商业区投资建设)。DTM还可以直接生成坡度图、坡向图等,增强了地图的实用性。

5)客观性

计算机制图减少了由制图者的主观性和随意性而产生的误差,以翔实的数据反映图面地理信息,具有较强的客观性。

6)广泛性

增加了地图品种,拓宽了服务领域。在 GIS 支持下,不仅可以制作纸质印刷地图,而且可以制作手工作业不能实现的三维立体图、多媒体电子地图、拓扑图,还可制作区域环境演变趋势叠加图等。

7)先进性

数字地图制图发展了地图设计、编辑与制版一体化系统,彻底摆脱了传统地图制图工艺,使地图生产模式发生了根本转变,地图应用也由二维、静态、单介质方式逐渐变为三维、多介质、网络化方式,并向四维实时方向发展,实现了地图学发展中的历史性变革。

12.4.3　MAPGIS 在编制旅游区规划图中的应用

1)编制原则

应用 MAPGIS 编制旅游区规划图是一项系统的制图工程,是 GIS 技术在数字地图制图中的具体应用,在编制过程中应以地图学的理论为基础,充分体现科学性、实用性与艺术性的完美结合。

为了增强旅游规划图的应用效果,应掌握以下编制原则。

①选择适宜比例尺的地理底图,其重要依据是科学分析旅游区的吸引范围。例如我们在编制三门峡市灵宝函谷关旅游区位置图时,选择了 1∶150 万的西安幅图,就是为了突出灵宝函谷关旅游区介于西安、洛阳两大古都之间的区位优势。

②图面要素的取舍要适当,一般应保留旅游区周围交通网络框架上的重要旅游景点,而

对图面上没有旅游景点的县乡以下行政地名予以舍弃,以保证突出图面旅游信息。

③图面旅游信息的分类与表示要体现科学性、系统性、实用性和艺术性。各类象形符号以《旅游资源分类、调查与评价》(GB/T 18972—2017)规定的符号为准。各类象形或几何符号、象征色彩及巧妙的构图直接作用于人的视觉,有利于人们对旅游信息加深印象。

2)数字地图制图方案

应用 MAPGIS 编制旅游区规划图属于数字地图制图的范畴,同常规地图制图在工艺流程上是截然不同的。数字地图是数字地图数据的某种表现形式,并与具体的地图种类及其图解分式相联系,也可以说是纸质地图或电子地图的数字存在形式。数字地图制图以地图学为基本原理,利用计算机制图技术将空间数据,如遥感数据、普通地图的资料通过计算机转化为数字形式,再经过制图软件处理,获得纸质地图或电子地图。由此可知,数字地图制图的核心是计算机图形处理技术。数字地图制图必须在 GIS 支持下依靠计算机制图系统来完成。

由于计算机屏幕的限制,在具体的数字地图制作时要根据地图信息量、地图比例尺的大小确定具体的制作方案。例如,在编制旅游区规划图时,在有限的计算机屏幕上宏观地编制旅游区规划图是较困难的。只有预先制作出编绘原图,再进行扫描,获取栅格数据,转入MAPGIS 图形编辑子系统进行图形数据编辑处理,再进入输出子系统进行输出处理,计算机自动进行分色处理,最后制版印刷成彩色地图或刻录制作成电子地图。数字地图制图工艺流程如下:

制图内容总体分析→地图设计→编绘原图→扫描→栅格数据→MAPGIS→矢量化→(点、线)区编辑→输出彩图校对→修改→数字地图→输出处理(EPS 文件格式)→胶片→机出胶片→分色加网胶片→制版→彩色印刷图。

3)数字地图制图技术要点

(1)认真搞好地图设计与编辑

地图设计与编辑是常规地图制图和数字地图制图的关键技术。尽管 MAPGIS 图形编辑系统已设计了各种各样的表示线状地理信息的线型,如表示点状地理信息的子图符号、表示面状地理信息的图案及颜色等,但是对具体的专题地图制作而言,仍然需要采用人机交互方式,或者说需要有制图专家先行提出设计方案。换言之,MAPGIS 系统尚不能实现真正意义上的地图设计自动化。该系统主要是为制图专家或有经验的制图工作者服务的,其专业性很强。

MAPGIS 图形编辑器中提供了 5 种系统库选择板:子图库选择板、线型库选择板、图案库选择板、字库选择板、颜色库选择板,这些选择板都是地图设计的基本资料,为地图设计奠定了良好的基础。地图设计的最主要任务是选择地图内容和设计表示方法。具体说,编制旅游区规划图应做好以下设计工作:确定要表示的地理信息及旅游信息;确定每种地理信息的详细程度(选取等级);确定划分旅游信息的分类系统;确定不同地理信息及旅游信息的表示方法;点、线、面符号(包括颜色)的设计。

应用 MAPGIS 设计制作的旅游区规划图集中体现了数字地图制图环境下地图设计的思想。色彩的设计可在 MAPGIS 中采用人机交互方式,利用 MAPGIS 的编辑颜色功能,调整出多种不同专色的三原色(CMY)模拟浓度值,再定义一个大于 500 的颜色号即可完成。点状、线状、面状地图信息符号的设计则借助图形编辑子系统的强大编辑功能,对子图、图案、线型的图元进行有效的设计,得到各种图元的合适参数。

根据利用 MAPGIS 设计、编制旅游区规划图的实践经验,主要应掌握以下原则:点、线图元参数大小和颜色要适合不同比例尺及不同专题地图;设色力求层次分明,带有象征性,鲜明协调;图例符号的设计力求线条简洁,形象逼真;旅游信息的分类要体现科学性、系统性、实用性和艺术性。

良好的地图设计不仅可以增强地理信息及旅游信息的表现力和图面美观度,而且可以增加地理信息及旅游信息的载负量,提高地理信息及旅游信息的传输效应。

(2)正确采集地理信息的特征点

在数字地图制图过程中,线编辑是图形编辑中很重要的一个环节,它占整个制图工作量的比重很大,包括各种以线型表示的地理信息(如河流、运河、海岸线、铁路、公路、地下管线、行政界线以及等高线等)的矢量化。特别是等高线或其他曲线的数字化过程中,如果不能合理准确地采点,就会造成等高线或其他曲线的变形,使地图精度降低。一般来说,等高线及其他曲线段上曲率变化大的地方是特征点的位置,如曲线首末点、曲线拐点、弧线首末点及弧线中间点,均是特征点。在制图过程中应该首先采集特征点,这样才能保证正确表示地理信息及旅游信息的空间特征,反之,会造成等高线或其他类型的曲线的局部变形,造成与原图不符。在彩点稀疏的情况下变形较大,曲线不够光滑,直接影响地图的美观与精度,甚至扭曲了地理信息及旅游信息的特征。

(3)正确掌握采点的密度

在进行线编辑的过程中,沿线采点过少使等高线或其他曲线数字化后严重变形或不够光滑,采点过密,数据量增加,加重存储负担,造成数据冗余。此外,对于不同曲率的等高线或其他类型的曲线,采点密度不尽相同。曲率大的曲线,采点密度大些,反之采点密度小些。在实际操作中,只有正确掌握采点的密度,才能真实反映曲线特征和保证曲线光滑,才能正确反映地理信息及旅游信息空间特征,为旅游区规划的实施提供可靠翔实的数据源。

(4)充分运用色彩的作用

色彩是地图的重要语言之一,充分运用色彩可以增强地理信息的表现力,可以扩大地图符号及线型表达地理信息的类别,可以增强地图符号或线型区分地图内容各要素的能力,可以提高地图的清晰易读性和地图的美学价值。

MAPGIS 设计有颜色色谱库,库中每一种颜色都有一个编号,即色号,为地图设计和编辑提供了丰富的色彩。在制作旅游区规划图时,在色彩运用上一方面要注重以不同的色彩区分地理信息与旅游信息,可采用鲜明且具有象征意义的色彩来突出旅游区内食、住、行、游、购、娱六大旅游信息。另一方面,要注重以不同的色彩区分现状与规划的六大旅游信息。

总之,色彩的运用应突出表现地图内容各要素的质量特征、数量的地域差异和数量变化的梯度。在制作城市旅游规划图时,可根据道路不同等级采用不同色号颜色的线型进行线编辑,给后期的注释点的输入带来极大的方便,这样既省时又不易产生注释点参数的误差。

（5）充分运用图形信息的分层功能

MAPGIS 对图形信息实行分层存放、分层管理、分层操作,具有多任务特征,能打开、关闭任意多个图层,更换当前图层,显示工作区现有图层,还能从有多个图层的文件中分离出指定的图层。由于图元可分层存放,从而可以利用图层灵活组合生成多种专题地图。以荥阳洞林风景旅游区规划图的编制为例,其旅游区位置图、总体规划图、交通规划图、给排水及环卫消防规划图、环境保护规划图、园林绿化规划图、供电及邮电通信规划图、服务设施规划图等 8 幅图,可以充分运用图形信息分层功能进行设计、编辑。上述 8 幅图可共用一幅包括旅游规划区范围的地理底图,先对此图采用扫描数字化的方法进行扫描,然后将图中六大地理信息,如水系、地形、居民地、交通线、境界线、经纬网等公用图形信息作一次性数据采集,避免了制图过程中的重复性劳动。这幅图编辑完成后可作为荥阳市洞林风景旅游区位置图,其他 7 幅可在此图基础上根据每幅图表达主题内容的不同,运用图形信息的分层功能,对各种图形数据分层后,再套合叠加在一起,组合、编辑生成上述 7 幅不同的专题规划图。

附录:常用计算机地图制图系统介绍

1. MapGIS

MapGIS 是武汉中地数码科技有限公司开发的,新一代面向网络超大型分布式地理信息系统的基础软件平台。2009 年 11 月发布的 MapGIS K9 是由武汉中地数码科技有限公司自主研发的地理信息系统产品,为最新的平台版本,目前已经更新到 SP2。

系统采用面向服务的设计思想、多层体系结构,实现了面向空间实体及其关系的数据组织、高效海量空间数据的存储与索引、大尺度多维动态空间信息数据库、三维实体建模和分析,具有 TB 级空间数据处理能力、可以支持局域和广域网络环境下空间数据的分布式计算、支持分布式空间信息分发与共享、网络化空间信息服务,能够支持海量、分布式的国家空间基础设施建设。2011 年 7 月 20 日 MapGISK9SP3 版正式发布。2013 年 MapGISIGSS3D 共享服务平台成功发布。

MapGIS 系统具有以下特点:

（1）采用分布式跨平台的多层多级体系结构,采用面向"服务"的设计思想。

（2）具有面向地理实体的空间数据模型,可描述任意复杂度的空间特征和非空间特征,完全表达空间、非空间、实体的空间共生性、多重性等关系。

（3）具备海量空间数据存储与管理能力,矢量、栅格、影像、三维四位一体的海量数据存储,高效的空间索引。

（4）采用版本与增量相结合的时空数据处理模型,"元组级基态+增量修正法"的实施方案,可实现单个实体的时态演变。

（5）具有版本管理和冲突检测机制的版本与长事务处理机制。

（6）基于网络拓扑数据模型的工作流管理与控制引擎,实现业务的灵活调整和定制,解决 GIS 和 OA 的无缝集成。

（7）标准自适应的空间元数据管理系统,实现元数据的采集、存储、建库、查询和共享发布,支持 SRW 协议,具有分布检索能力。

(8)支持真三维建模与可视化,能进行三维海量数据的有效存储和管理,三维专业模型的快速建立,三维数据的综合可视化和融合分析。

(9)提供基于 SOAP 和 XML 的空间信息应用服务,遵循 Opengis 规范,支持 WMS、WFS、WCS、GLM3。支持互联网和无线互联网,支持各种智能移动终端。

2. AutoCAD

AutoCAD(Auto Computer Aided Design)是美国 Autodesk 公司于 1982 年首次生产的自动计算机辅助设计软件,用于二维绘图、详细绘制、设计文档和基本三维设计,现已经成为国际上广为流行的绘图工具。G 文件格式成为二维绘图的事实标准格式。

AutoCAD 具有良好的用户界面,通过交互菜单或命令行方式便可以进行各种操作。它的多文档设计环境,让非计算机专业人员也能很快地学会使用。在不断实践的过程中更好地掌握它的各种应用和开发技巧,从而不断提高工作效率。

AutoCAD 具有广泛的适应性,它可以在各种操作系统支持的微型计算机和工作站上运行,并支持分辨率由 320×200 到 2048×1024 的各种图形显示设备 40 多种,以及数字仪和鼠标器 30 多种,绘图仪和打印机数十种,这就为 AutoCAD 的普及创造了条件。现在最新的版本为 AutoCAD 2011。

AutoCAD 软件具有如下特点:

(1)具有完善的图形绘制功能。

(2)有强大的图形编辑功能。

(3)可以采用多种方式进行二次开发或用户定制。

(4)可以进行多种图形格式的转换,具有较强的数据交换能力。

(5)支持多种硬件设备。

(6)支持多种操作平台

(7)具有通用性、易用性,适用于各类用户。

此外,从 AutoCAD2000 开始,该系统又增添了许多强大的功能,如 AutoCAD 设计中心(ADC)、多文档设计环境(MDE)、Internet 驱动、新的对象捕捉功能、增强的标注功能以及局部打开和局部加载的功能,从而使 AutoCAD 系统更加完善。

3. CorelDraw

Corel 公司成立于 1985 年,总部设立于加拿大安大略省渥太华市。经过 20 多年的发展,Corel 公司现在是全球排名前十名的软件包生产供应商。作为知名的设计软件公司,Corel 的产品销售到世界 75 个国家和地区。CorelDRAW 是一款由 Corel 公司开发的矢量图形编辑软件。

CorelDRAW 界面设计友好,空间广阔,操作精微细致。它提供给设计者一整套的绘图工具,包括圆形、矩形、多边形、方格、螺旋线等,并配合塑形工具,对各种基本图形作出更多的变化,如圆角矩形、弧、扇形、星形等。同时也提供了特殊笔刷,如压力笔、书写笔、喷洒器等,以便充分地利用电脑处理信息量大,随机控制能力高的特点。

4. MapInfo

MapInfo 地理信息系统平台作为一个图形-文字信息完美结合的软件工具,能将所需要的信息资料形象直观地与地理图形紧密地联结起来,能提供大量常用的分析、查询功能,能将结果以图形或表格的方式显示出来。

MapInfo 软件提供与一些常用数据库的接口,可以直接或间接地与这些数据库进行数据交换。MapInfo 软件提供的开发工具 MapBasic,可完成用户在图形、界面、查询、分析等方面的各种要求,以形成全用户化的应用集成。配接多媒体系统可使用户对地图进行多媒体查询。

MapInfo 软件适用于军队管理与指挥、市场营销、城市规划、旅游规划、市政管理、公安交通、邮电通信、石油地质、土地资源、人口管理、金融保险等各个应用领域,能对用户的管理、决策提供有力的支持与帮助。

本章小结

(1)旅游规划系列图件以其丰富的信息载负、独特的语言、准确的数学基础和直观而生动的表现手法,发挥着不可替代的重要作用,成为规划设计过程不可缺少的关键资料。因此,旅游规划图件的编制工作也是直接影响规划水平的重要因素。

(2)旅游规划系列图件属于主题鲜明,科学性、艺术性要求相对较高的系列性专题图,因此,其编制要在相应的技术规范和原则下完成。

(3)旅游规划系列图件编制可以借助于 MapGIS、AutoCAD、MapInfo 和 CorelDraw 等计算机辅助制图系统进行。

复习思考题

1. 旅游规划系列图件主要有哪些?
2. 简述旅游规划系列图件的编制方法。
3. 谈谈对使用 MapGIS 绘制旅游区规划图的认识。

案例讨论

1. 阅读本章开篇案例,结合《北京八达岭长城大景区概念性规划设计》,讨论旅游规划图件对规划成果质量的影响及意义。

2. 结合例 12.1,讨论旅游规划图中效果图绘制的作用及其要求。

第13章 旅游规划修编与景区托管

本章提要

　　本章的内容主要包括:旅游规划修编概述及其原则,景区托管概述以及景区托管模式探讨等。通过本章学习,初步了解旅游规划修编以及景区托管的方法与知识要点。

学习目标(重点与难点)

　　1.理解旅游规划修编的意义与原则。

　　2.了解景区托管的由来。

　　3.了解景区托管的模式选择。

框架结构

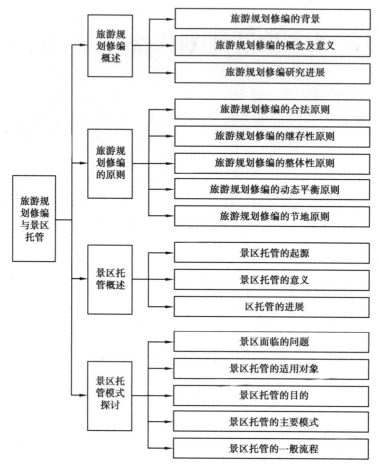

人生就是一场旅行,不在乎终点,在乎的是沿途的风景以及看风景的心情。

——阿兰·德波顿(英)

开篇案例:景区托管助重庆长寿湖腾飞①

重庆市长寿湖是我国西南地区最大的人工湖。65 平方千米的水域和 203 个岛屿,以及沿湖秀丽的风光,构成了西南罕见的湖泊景观。自 20 世纪 90 年代起,当地政府就着力发展长寿湖旅游。然而,10 多年来,长寿湖的旅游并未有明显的发展。去年以来,当地政府下决心要尽快扭转这一局面,投入大量资金对景区进行建设,并将景区各种旅游资源予以整合,同时还与北京达沃斯巅峰旅游投资管理有限公司"联姻",投资+引智,将景区委托给专业团队进行管理。仅仅半年时间,这个沉寂了半个多世纪的"水库"一跃成为重庆旅游新"地标"。2012 年 4 月 28 日,长寿湖举行了盛大的开园仪式,随之而来的"五一"小长假,三天涌进了 24 万游客,旅游综合收入 7000 余万元,同比增长了 237.45%。不可思议的火爆让景区

---

① 韩智贤,徐英.景区托管助重庆长寿湖腾飞[N].中国旅游报,2013-08-07(11).

所有人笑了——"长寿湖突出重围,我们成功了";不可思议的美景让所有的嘉宾和游客都大开眼界——"重庆竟然还有如此好耍的地方"!

长寿湖多年来的那句口号"长寿,人人向往"成为现实。长寿湖的腾飞,除了硬件投入以外,还有一个重要原因,就是引进了专业旅游管理队伍。

变杂牌军为正规军

2011 年 10 月,北京达沃斯巅峰旅游投资管理有限公司进驻长寿湖。这支专业景区运营管理团队运用现代化的管理理念、现代化的管理模式,从建章立制、机构设立、队伍建设、产品打造、市场营销等各方面对该景区进行"从无到有,从有到精"的改造,取得了明显的成效。驻场管理团队和强大的专家支持团队通过提升性策划,整合成立船务公司,把原来松散的个体游船回购统编,以"海陆空"玩转长寿湖为口号,扩大游船码头,将不同体验的水上游乐项目分成不同的进入口引入,在加强管理和提高安全性方面做到有备无患。开放西岸公园,将观光车道、小火车道、自行车道分线建设,确保安全管理的同时,让游客可以自由选择喜欢的交通工具遍游景区……制定长期的以"内练素质、外树形象"为主题的培训项目,培训与考核相结合,根据需要,不定期开展各种内容的员工培训,发现问题、解决问题、杜绝问题。员工的精神面貌焕然一新,工作积极性大增,游客的赞誉纷至沓来。短短一年,将一群个体性质的"散兵游勇"组成的杂牌军变成了一支经营有序、纪律严明、服务一流的正规军。

变正规军为王牌军

达沃斯巅峰旅游投资管理有限公司致力于打造"景区连锁管理第一品牌"。在托管长寿湖旅游景区一年多的时间里,通过务实有效的管理、诚信严谨的作风,打造出高素质的员工、高标准的服务、高品位的旅游,使得长寿湖景区迅速跻身"重庆非去不可十大景区"之一,获得中国休闲创新奖、重庆诚信旅游活动先进企业等各项殊荣。将一个只有单一水上游览项目的粗放型景区打造成了集水陆空全方位游乐于一体的国家 4A 级旅游区;将一个门可罗雀的小镇,打造成了游人如织的重庆旅游新地标;将一支"正规军"打造成了一支具有现代企业竞争力的"能征善战"的"王牌军"。

天还是那个天、湖还是那个湖、人还是那拨人,而景却不是原来的景。所有再到长寿湖的人,不论是旅游、考察、做客,他们都会惊诧地感到似曾相识,又不相识,"变化太大了,简直就是翻天覆地"。

"一个团队的战斗力,不仅仅在于每个成员单体的力量,更在于这个团队整体力量的发挥。只有充分集合和彰显团队的正能量,才能不断地创造出 1+1>2 的奇迹。"这既是北京达沃斯巅峰旅游投资管理有限公司长寿湖项目组的管理经验,也是他们所管理的长寿湖景区的真实反映。

景区托管是近几年出现的一种新型管理方式,但却在短短的几年时间里,彰显了其独特的景区管理优势。

1. 使景区快速进入规范管理的轨道。多年来,许多景区由于管理上的原因,或是投资者不熟悉旅游,或是没有管理队伍,或是管理队伍缺乏管理经验等等,走了不少弯路。而景区托管是由专业队伍管理,从根本上摒弃了"管理不善"造成的损失。由于专业托管团队的每个成员都经历过多个景区的管理,并具有多年景区管理的实战经验,他们在管理的各个环节都能严格把握和应用，并综合各地管理经验，真正实现管理效益。

2. 使景区减少无效投入，节约成本。近几年，各地开发旅游的热情高涨，一哄而上搞开发，却不考虑市场需求。尤其一些政绩工程，只管开发，不管经营，更是颗粒无收。一些在其他产业取得成功的人士转行旅游业，却没有成功，就是因为他们没有认识到旅游业的复杂性。专业旅游管理队伍对各地旅游产品都较为了解，并能根据市场需求提出投资方案，从而避免无效投入，使景区每分钱都用在刀刃上。

3. 使景区通过捷径进入旅游快速通道。非专业人士由于对旅游行业似懂非懂，一些景区开发多年却始终停留在资源状态，不能转化为产品。虽然他们竭尽全力，但一直是"摸着石头过河"，不仅浪费了人力、物力，还错过机遇。景区托管避免了反复"交学费"的尴尬，利用专业的托管队伍对景区及市场进行全面的分析和对接，避重就轻，少走弯路，使景区尽快实现从资源到产品进而到商品的转化，通过捷径进入旅游快车道。

4. 为景区培养相应人才。由于托管队伍将新型的管理理念、先进的经营思路、规范的管理制度等带入了景区，同时还要对景区全体管理人员和员工进行灌输和培训，从客观上为景区培养了相应的人才，使景区拥有自己的管理队伍。

北京达沃斯巅峰旅游投资管理有限公司托管20余家景区的成功经验佐证了上述几点。在旅游业快速发展的今天，在社会分工越来越细的时代，景区托管，尤其是对那些需要稳步发展和需要发展提升的景区来说，是一种很好的选择。

阅读上述开篇案例，思考问题：
景区托管助推重庆长寿湖景区快速发展的动力是什么？

13.1 旅游规划修编概述

13.1.1 旅游规划修编的背景

在21世纪开始前后，全国不少地方都先后制定了地区的旅游发展规划，规划期至2010年或2015年，随着旅游业快速发展以及国家推出了"双休日""黄金周"和一些宏观调控政策，尤其是2013年10月1日《中华人民共和国旅游法》（以下简称《旅游法》）开始实施，对旅游规划提出了更高要求，并奠定了旅游规划的地位。

1) 确立了旅游规划的法律地位

《旅游法》颁布实施后，旅游发展规划正式成为国家法定规划，与现行其他空间规划管理体系共同承担起促进区域空间科学开发与规范建设的责任。同时，《旅游法》中明确了国务院和县级以上各级人民政府组织编制旅游发展规划的责任，要求将旅游业发展纳入国民经济和社会发展规划，这将进一步强化旅游业在国民经济社会发展中的地位，加快旅游产业的发展。建设要有规划，必须规划先行，《旅游法》和其明确的法定旅游规划将有力推动中国旅游业的持续健康发展。

2）增强了旅游规划的法律效力

旅游发展规划综合性强,关联度高,涉及行业领域多,需要多方共同协作和落实。《旅游法》规定,旅游发展规划要与土地利用总体规划、城乡规划和环境保护规划以及其他自然资源和文物等人文资源的保护和利用规划相衔接。这就要求旅游发展规划在编制过程中要符合相关规划的规定,更重要的是旅游规划在批准实施后,政府及相关部门在组织编制和修编相关规划时,要充分考虑旅游业发展的需求,与旅游发展规划相衔接,这从法律效力上有力地促进了旅游发展规划的落地实施。

3）完善了旅游规划的执行机制

《旅游法》要求,各级人民政府应当对本级政府编制的旅游发展规划的执行情况进行评估,并向社会公布。通过对旅游规划执行情况进行评估,建立评估与社会参与机制,不仅可以考量规划实施的进度和效果,还有利于推进规划的顺利实施和规划实施水平的提高,将有力约束相关方面从重视规划编制向重视规划实施转变,纠正和减少不遵循规律、不落实规划开发的现象。

4）对旅游行政管理部门提出了新的要求

各级旅游行政管理部门需要对《旅游法》的相关条款进行认真研读,在对照现行管理制度的基础上,分析目前旅游规划管理存在的问题,明确构建实施《旅游法》的重点任务、规章制度体系和框架结构,基本实现与旅游规划相关的配套规章制度到位的目标。《旅游法》的实施从法律意义上确定了旅游规划的政治意义,确保了旅游规划不再是"他山之石"。

5）旅游市场推动力加大

与此同时,旅游市场需求日趋多样化,旅游市场竞争日趋激烈,特别是近些年旅游电商迅速兴起,对区域旅游市场的发展产生了巨大推力。此外,旅游产品需求结构也发生了显著变化,旅游产品结构矛盾突出,有的过剩,有的不足,一方面旅行社、酒店这种传统要素出现局部性过剩,另一方面人民群众快速增长的大众化、个性化、体验化需求无法满足,高品质的度假休闲产品严重不足;服务结构矛盾突出,游客出行已经由线路为主导的团队旅游模式向目的地为主导的散客旅游模式转变,然而旅游公共服务体系及相关的配套体系不能适应迎面而来的散客时代;消费结构矛盾突出,真正的旅游娱乐消费、体验消费、文化消费支出不高,但交通、住宿、景区门票等刚性消费支出比重较高;人才结构矛盾突出,学校培养的人才与实践需要的人才匹配度较低,难以对接快速变化的旅游发展形势。[①]

---

① 巅峰智业. "十三五"旅游规划如何改革创新[EB/OL]. (2015-03-19)[2023-01-01]. 凤凰网旅游.

6)国家宏观环境进一步优化

旅游发展规划具有鲜明的时间要素,随着环境变化,许多地区原有的旅游发展总体规划暴露出许多问题,如规划体制不顺、体系不健全、功能布局不合理、用地意向不明确、旅游产品竞争力弱、规划可操作性差等,已不适应各地旅游市场和经济发展的新要求。因此,旅游发展总体规划修编成为经济社会发展和旅游产品供需矛盾及旅游业可持续发展的必然选择。

随着我国政府提出更高的社会发展要求,"一带一路"倡议构想的初步展开,京津冀协同发展的落地,长江经济带、珠江三角洲等区域协作进一步加深,区域经济一体化加剧,中西部地区谋求更高的市场经济开放,承接"一带一路"构想的实施,一定程度上当下中国旅游市场在快速发展,尤其是我国全域旅游战略进入实质性实施阶段,面临更多不确定因素的影响,如何在时代巨变的背景下编制出一个有灵魂的旅游发展总体规划,使其更好地融合地区的实际情况和最大限度推动地区旅游业的发展,是摆在许多地区面前的一道难题。

如今,许多地区已经陆续开始了旅游发展总体规划修编的工作。但新的旅游发展规划需要多学科交叉、多部门协调、强调科学发展观和节地原则,与旅游发展规划修编相伴随的是国家宏观调控和市场治理整顿取得重要进展,《旅游规划通则》(GB/T 18971—2003)、《旅游资源分类、调查与评价》(GB/T 18972—2017)、《旅游区(点)质量等级的划分与评定》(修订)(GB/T 17775—2003)等相继出台,以及 2019 年 5 月 7 日发布的《文化和旅游部关于印发〈文化和旅游规划管理办法〉的通知》(文旅政法发〔2019〕60 号),上述都向旅游规划实施与修编提出了更高的要求。

13.1.2 旅游规划修编的概念及意义

1)旅游规划修编的概念

旅游规划所具有的鲜明的时间要素,决定了它有别于一般建筑设计或土地利用规划。在旅游规划的四维要素的紧密黏结的结构中,规划时段上的相对稳定性,和随着时间发展的变动性,注定了它不可逾越的定期更新的特征。[①] 依据《旅游规划通则》(GB/T 18971—2003),"规划的修编"是指"在规划执行过程中,要根据市场环境等各个方面的变化对规划进行进一步的修订和完善",也就是说,旅游规划修编是对原规划的修订和完善。不论是旅游发展规划,还是旅游区规划,或者以别的名称命名的类似规划,大都不免会或早或晚地把有关规划的修编提上自己的日程。如果就旅游规划编制的不同要求而言,对待不同情况的客观变化,则应该选择不同的修编办法。很显然,小范围和小规模的修编,应该就是原规划后续工作的一部分;而较大范围和大范围,或者较大规模和大规模的修编,则不妨理解为是一个后续性的规划(延续性规划、滚动规划),或者是已有的中期规划的扩充性部分。

本章我们重点就旅游发展总体规划修编的相关问题进行阐述。从这个意义上,我们认

---

① 刘德谦.关于当前旅游规划修编的两个战略建议[N].中国旅游报,2004-05-17.

为,旅游发展总体规划修编是在对规划范围内的旅游资源、旅游开发环境重新调查研究,在深入认识旅游地旅游经济规律的基础上,按照新的标准、规划理论与方法,对规划区域旅游业发展进行统筹安排。

2)旅游规划修编的意义[①]

旅游规划是对未来旅游发展状况的构想和安排,它是建立在一定的现实的调查与评价基础上,通过一系列方法寻求最佳决策,以实现经济效益、社会效益和环境效益最大化。它是一个动态的、连续的过程,它不是一成不变的,它需要不断地修订和完善,是旅游业发展的纲领和蓝图,是促进旅游业健康发展的根本保障。因此,根据旅游发展中出现的问题以及对未来旅游发展的构想,进行旅游规划修编,意义重大。

这里以《三门峡市旅游发展总体规划(修编)》为例,谈一下旅游规划修编的意义。

首先,2001年三门峡市政府组织专家学者结合三门峡市旅游发展状况,编制完成了《三门峡市旅游发展总体规划(2001—2015)》,该规划以当年国家旅游局颁布的《旅游发展规划管理办法》《旅游资源普查方案(征求意见稿)》为依据,但原规划编制以来,我国又相继出台了《旅游规划通则》《旅游资源分类、调查与评价》《旅游区(点)质量等级划分与评定》《中华人民共和国国家旅游法》等法规文件和国家标准。同时,国内外旅游规划理论正在走向成熟与规范,旅游业发展出现了许多新的趋向:规划提升,区域旅游竞合关系加剧加深,旅游产业组织职能强化,跨界产业交叉融合,产品营销多元化,旅游出游方式多样化,旅游活动大众化等等,这些变化表明我国旅游发展已经进入一个全新的发展阶段。结合这些新趋向,以历史发展经验为依据,结合三门峡市旅游禀赋,对《三门峡市旅游发展总体规划(2001—2015)》进行修编具有重要的历史发展和理论意义。

其次,就河南省来讲,近年来旅游规划与发展的主体特征表现在,许多地方旅游规划进入实施阶段,景区开发处于销售与发展期,经营管理队伍处于急需从整体上提高素质阶段,旅游产品处于包装与整合期,旅游发展开始讲究"理性发展"与"市场营销",而且,旅游业已经上升到具有"引领"区域发展功能的高度。

在这个阶段,最重要的是形成产业支撑区域和完成产业各要素的对接和整合,即形成旅游产业链条。三门峡市地位比较特殊,因修建万里黄河第一坝而兴起的城市,又处于深厚的黄河文明的浸润之中,仰韶文化最早发现地,中华人文初祖黄帝活动中心区以及先秦文化、道家之源……近代文明在这里一脉相承,地处秦晋豫接合部"黄河金三角"的地理位置,又赋予其承东启西的优越条件,地处三门峡和小浪底两大黄河水利枢纽的接合区域,加上"黄河游"的成功与影响,使三门峡因黄河而名的区域形象进一步巩固。同时,三门峡市域旅游资源精彩纷呈,天鹅湖、函谷关、太初宫、黄帝铸鼎原、天井窑院以及玉皇山、甘山、鼎湖湾、豫西大峡谷、仰韶大峡谷、韶山等一批景观、景区逐渐进入人们的视野。值得深思的是,尽管三门峡具有很好的旅游发展潜力和资源基础,但在国内外的旅游知名度不高。从三门峡近年在

---

①　王庆生.基层区旅游发展规划修编中的若干问题刍议:以《三门峡市旅游发展总体规划》编制为例[J].天津商学院学报,2007,27(5):29-33.

河南省旅游发展布局中的重要程度来看,其不仅在河南省"三点一线"旅游产品群中的影响相对较弱,而且在整个河南省旅游形象群中,与"焦作现象""栗川模式"的出现不无相关,其旅游影响力也相对在逐渐减弱,旅游业发展的优胜劣汰规律也开始凸显。鉴于上述发展现状,三门峡市委、市政府审时度势,做出了修编原规划的科学决策。总体上讲,从旅游资源开发、旅游基础设施配套、旅游服务水平,到旅游市场营销、旅游形象塑造,乃至政府主导和市场运作的程度上,在当时都有重要的现实意义。

最后,从未来发展趋势上来看,旅游发展的重要性、整合性、中西互鉴性以及开始强调旅游目的地规划等特点将在今后我国的规划实践上有更多体现。而且值得重视的是,中国的旅游规划研究已经开始进入充分体现"人文关怀"的阶段,在编制旅游发展规划时,将更多地思考社会效益,体现伦理道德,关注人类生活质量的提高,从多个视角体现对人类自身的关怀。在今天看来,笔者主持的旅游规划修编提出的这些理念,正是如今旅游发展所大力倡导的,体现了旅游规划修编的前瞻性意义。

13.1.3　旅游规划修编研究进展①

面对规划修编工作的逐渐成熟,为了使修编后的旅游规划更有利于当地旅游业的全面、协调、可持续发展,有利于旅游业在当地的新发展中,更好地发挥其促进社会、经济全面、协调、可持续发展的积极功能,以下从规划体制、规划方法、规划内容、规划刚性与弹性、规划衔接等五个方面探讨旅游规划修编的进展情况。

1）规划体制

随着我国社会主义市场经济体制的不断完善,旅游发展总体规划已成为政府履行宏观调控、社会管理和公共服务职责的重要依据。当前,我国旅游发展总体规划编制中仍存在规划程序、规划体系、规划协调性等一系列制度上的局限性,但已经逐渐摆脱在国民经济规划体系中无足轻重的地位,由比其他行业规划低一级到与其他行业规划持平。城市总体规划、土地利用总体规划等规划在编制时,对旅游业发展的考量越来越多,但由于旅游业涉及部门领域较多,旅游局职能局限性强,规划实施分解到农林水利和国土、环保等相关部门头上的任务实行仍然存在一定困难。

另外,在旅游规划编制单位的遴选方面,原有的市县级旅游发展规划编制单位大多采用行政领导直接委托形式,极少采用招标形式,对规划编制单位资质也没有验证,到现在更多开始采用公开招标、邀请招标形式,在全国乃至全球范围内选择服务供应商,提高了规划的科学性和权威性。地方政府开始关注到规划专家的分工、规划的层次性与分层逐级展开的特性,重视战略规划与战术规划的匹配与衔接,但仍然存在着一些旅游规划脱离实际,与其他规划冲突的问题。

---

① 叶新才,王芳.市县级旅游发展总体规划修编的若干问题浅析[J].重庆科技学院学报(社会科学版),2008(3):106-108.

2）规划方法

旅游发展总体规划需要统筹安排旅游的吃、住、行、游、购、娱六要素及其重点项目设置与布局,促进区域旅游业持续、健康、稳定发展,且具有战略性、综合性、动态性、地方性等特点。它是一个系统工程,因此,市县级旅游发展总体规划应确定适合自身的规划编制方法体系。

旅游规划方法由规划思路、战略方法、规划程序和技术方法四个不同层次和不同的规划方法组成。首先,旅游发展总体规划编制思路越来越重视强调以资源为依托、市场为导向、产品为中心,并逐渐发展以产品为导向的规划思路。其次,旅游发展规划开始重视运用系统论、经济学、市场营销学、生态学等领域的方法实施旅游规划工作,刘德谦(2006)提出供旅游规划修编人员参考的四项战略方法,即产品扩张战略、市场扩张战略、地域扩张战略、效益扩张战略。再者,旅游规划编制更加强调技术方法的运用,如应用 GIS 技术进行旅游线路设计、旅游功能分区域项目设置、景观透视性、规划方案效益分析、规划成果的表达等。最后,旅游发展总体规划修编比原来规划更体现出它是政策性强的工作,特别强调公众参与。

3）规划内容

由于起初旅游规划市场很不规范,旅游规划的编制者也来自不同的领域,自然对旅游规划内容的把握存在差异,原有的规划内容体系很不完善,主次不明确。随着我国旅游业发展,国内外交流沟通增多以及专业性人才的培养,在当下旅游发展总体规划修编过程中,旅游规划内容不仅包括了《旅游规划通则》要求的十点基本内容,还囊括了根据各地区的资源、区位、产品等特色,确立若干个专题进行深入研究,为规划提供充分依据,如增设对前轮规划实施与管理评价、重点景区提升性专项规划、旅游用地专项规划等内容,此外,规划还会对当下旅游业跨界融合趋势进行剖析,对现有较成熟的景区进行深入研究,以更好适应未来发展的需要。

4）规划刚性与弹性

"刚性"一般指事物的组成内容、结构、量度及其演变过程的固定性,它是事物本质特征的一种反映。旅游发展总体规划的刚性是指在一定社会经济条件下,旅游发展总体规划在规划程序、战略指导思想、主要任务、核心内容、战略目标和规划管理等方面所具有的固定性、法定性、权威性、严肃性。"弹性"一般指事物围绕其固有的基准,在保持其本质特征前提下的可变化性。旅游发展总体规划的弹性主要是指在确保旅游发展总体规划应有功能的前提条件下,规划编制、项目设置、产品组合、服务能力和实施管理的灵活性、可调整性和应变能力。

旅游发展总体规划的编制一定要有明确的战略指导思想,这是方向性问题、战略性问题,如果把握不准,规划的实施会适得其反,甚至会产生无法挽救的历史后果。规划的任务和内容在明确的规划战略思想指导下,应具有一定的刚性,起到明确和控制作用。但不同发展水平对规划要求不同,游客生活质量和素质提高,对旅游产品的需求出现多样化、自主化,同时,旅游活动还具有淡旺季时间上的差异,游客规模存在不可确定性。因此,应采用动态规划,规划方案应留有足够的弹性,明确功能、方向,具体的旅游项目不必安排,要求抓住规划要解决的主要问题、要落实的主要指标和实现的主要目标。如今,国内旅游规划编制过程中更加注重刚性与弹性的结合,刚柔并济,逐渐摆脱了发展初期规划过于死板的状况,逐步实现了更加充分、更加艺术地利用各要素实现其功能和作用。

5)规划衔接

各地区旅游发展总体规划的编制关系到地区未来的旅游业发展方向,是地区经济发展中的一个重要文件,因此要立足于战略的高度,协调好长远利益与眼前利益关系,协调好上下层次旅游发展总体规划关系,协调好旅游规划与土地利用总体规划、城市总体规划及其他部门规划的关系,协调好旅游规划内部各要素配置的关系,注重长期地区旅游产业竞争力的培植与提升。

因此,现今规划编制关注纵向规划层次的衔接,即以建立健全层次分明、功能清晰、衔接统一、运作高效的市县旅游发展总体规划体系为目标,上级规划指导下级规划,下级规划落实上级规划,各级规划要相互衔接与协调。而且,规划编制也要关注横向的系列规划衔接,即处理好旅游发展总体规划与土地利用规划、城市规划及其他职能部门规划的关系。此外,旅游发展总体规划还要重视规划的时间序列的衔接和规划内部各要素的协调。规划修编中将规划项目、产品按地域分解与按年度建设结合起来,真正发挥总体规划的宏观调控作用。

13.2 旅游规划修编的原则[①]

旅游发展总体规划修编是在对规划范围内的旅游资源、旅游开发环境重新调查研究,在深入认识旅游地旅游经济规律的基础上,按照新的标准、规划理论与方法对旅游业发展进行统筹安排。不同地方旅游发展总体规划理论和方法可以有所不同,但均需遵循一定的原则,包括:合法原则、继存性原则、整体性原则、动态平衡性原则、节地原则。

13.2.1 旅游规划修编的合法原则

合法原则要求规划人员在具备旅游规划资质单位,依法取得上岗资格后,在遵守国家法律法规和行业标准前提下,按照规范的规划修编程序进行。旅游发展规划的项目设置涉及土地用途时,应以土地管理法、环境保护法和城市规划等为依据,如城市规划规定了某宗土地的用途、建筑密度、容积率等,那么,在旅游建设项目规划设计时就应符合这些规定;旅游项目需要动用基本农田的则必须按照法定程序报国务院审批。

---

① 叶新才,王芳.市县级旅游发展总体规划修编的若干问题浅析[J].重庆科技学院学报(社会科学版),2008(3):106-108.

13.2.2　旅游规划修编的继存性原则

继存性原则是指在规划修编思路上不应轻易否定上一轮的规划,应在客观评价现行规划的基础上,对取得明显成效的战略措施修编时仍要坚持和强化,对不符合形势需要的内容要加以整改,以保持规划的延续性、系统性和稳定性。因为从制度经济学的角度来看,规划本质上是一个在资源、经济、社会和制度约束条件下努力趋近目标的不断试错的认知过程,因此,规划人员反复研究透彻原规划的时代风格和编制背景,吸取原规划成功的东西,确保市县旅游空间布局完整、时间的延续以及政策措施连贯。

案例:昌都地区旅游发展总体规划修编(2012—2020)①

一、规划修编的背景

2010 年中央第五次西藏工作座谈会上,胡锦涛高屋建瓴地提出把西藏建设成为"重要的中华民族特色文化保护地、重要的世界旅游目的地","做大做强做精特色旅游业"的宏伟目标。

根据《昌都地区国民经济和社会发展第十二个五年规划及 2020 年远景目标纲要》所制定的发展战略,发展特色旅游业将成为昌都地区特色产业战略的重要组成部分,要求按照"区域集中、规模做大、质量提升、效益提高"的原则,坚持高起点规划、规模化经营、长链条发展,以"名、特、优、新"为目标,着力开发具有当地特色的地理标志性产品,建立具有规模优势和市场竞争力的特色产业,逐步形成地区特色经济体系。此外,大力发展特色旅游业也能够为立体化交通战略、投资拉动战略、城镇带动战略、区域非均衡发展战略、可持续发展战略做出直接或间接的贡献。

旅游作为一个产业正式纳入昌都地区政府工作日程是在 2001 年完成《西藏昌都地区旅游发展总体规划(2001—2020)》(以下简称《修编》)之后。在国家旅游局于 2007 年组织编制的《中国香格里拉生态旅游区规划》中,昌都县被定位为一级旅游集散中心、芒康县被定位为二级旅游中心,这标志着昌都地区的旅游业已经进入国家旅游规划层面,在国家旅游战略格局中的地位得以确立。

本次《修编》的范围是西藏东部昌都地区,实现县城全覆盖,共计 11 个县。本次《修编》将回顾和接续 2001 年旅游总体规划的丰富成果,充分结合近年来昌都地区旅游业内外部发展环境和条件的变化,创新思维、开拓视野,以地方政府特别是旅游主管部门的可执行性、可操作性为前提,在旅游资源的挖掘和整合、旅游产品的设计与区域合作、旅游产业体系的完善与提质增效、旅游的社会影响和环境影响的调控等方面提出切合实际的新政策、新措施,为昌都地区旅游业在新时期的进一步蓬勃发展奠定坚实的基础、勾画美好的蓝图。

---

① 该部分案例摘编自《昌都地区旅游发展总体规划修编(2012—2020)》(征求意见稿)。昌都地区旅游局、中山大学旅游发展与规划研究中心编制,2011 年 9 月。

二、规划修编的理念

本次规划修编在借鉴国内外区域级旅游规划实践成败经验的基础上,结合昌都地区的实际,遵循以下的理念开展编制工作:

以科学发展观指导整个规划修编过程;

全面分析旅游业发展的背景与条件的变化;

贯彻"综合旅游规划"的理念,通过旅游发展促进昌都地区经济、社会、政治、环境的和谐发展;

面向地方政府的实践需要,强调规划内容的可执行性、可操作性;

以资源禀赋和产业前景为基础,寻找并设计旅游业发展的内生模式;

绿色规划理念,实现旅游环境与旅游经济的可持续发展;

文化生态规划理念,对文化类旅游产品进行原生态类的开发与管理;

配合地方政府改善民生的政策方针,重视旅游地居民的预期利益;

积极构建旅游业及旅游管理质量控制体系。

三、本次规划修编与上版规划的关系

本次《修编》的范围是西藏东部昌都地区,实现县城全覆盖,共计 11 个县。本次《修编》将回顾和接续 2001 年旅游总体规划的丰富成果,充分结合近年来昌都地区旅游业内外部发展环境和条件的变化,创新思维、开拓视野,以地方政府特别是旅游主管部门的可执行性、可操作性为前提,在旅游资源的挖掘和整合、旅游产品的设计与区域合作、旅游产业体系的完善与提质增效、旅游的社会影响和环境影响的调控等方面提出切合实际的新政策、新措施,为昌都地区旅游业在新时期的进一步蓬勃发展奠定坚实的基础、勾画美好的蓝图。

(一)《规划》概述

上版规划《西藏昌都地区旅游发展总体规划(2001—2020)》(以下简称《规划》)由西藏自治区昌都地区行政公署和中国科学院地理科学与资源研究所共同主持,中国藏学研究中心、中国文物学会、重庆旅游学院以及中国人民大学经济系参与编制。编制时间为 2001 年 1 月到 2001 年 7 月。

《规划》包括三个部分:西藏昌都地区旅游业发展总体规划;西藏昌都地区旅游资源综合评价报告;西藏昌都地区茶马古道旅游开发可行性研究报告。

《规划》根据昌都地区的社会经济条件、旅游资源条件、区位条件和国际、国内旅游市场的发展趋势,确定了昌都地区旅游发展的目标和发展方向;通过旅游资源的功能和结构以及交通网络状况分析,对旅游开发总体布局、游线组织、基础设施与服务设施进行了规划;根据旅游资源基础和旅游环境基础进行了旅游主题创意、旅游形象塑造和旅游产品设计。

《规划》制定了实现资源可持续利用、实现旅游产业与其他产业的协调发展、实现旅游产业内部的协调发展、实现旅游产业的产业化的宏观战略目标,并且按近(2001—2005)、中(2006—2010)、远(2011—2020)的分期对旅游业发展提出了阶段性目标,还对旅游产业的

规模、旅游服务设施的规模与等级、旅游商品的销售、旅游产品的开发提出了具体的建设
目标。

(二)《规划》与本次规划修编的关系

1. 背景和条件的差异对比

从中央到地方对旅游业的重视程度有明显变化。2009 年底国务院正式确立了旅游业作
为国民经济战略性支柱产业和现代服务业的重要地位,而 2010 年中央第五次西藏工作座谈
会对西藏旅游业提出"做大做强做精特色旅游业"、使西藏成为"重要的世界旅游目的地"的
明确目标。政策环境的改善将大大推动西藏旅游业的蓬勃发展,昌都地区将真正迎来一个
旅游业高速发展的新时期。

随着多年来对旅游资源挖掘和旅游产品开发的长期投入,昌都地区旅游业已经在国家
层面、自治区层面获得了认可与支持。国家旅游局将昌都列为中国香格里拉生态旅游区的
核心组成部分,昌都县成为其中的一级旅游集散中心;西藏自治区旅游业"十二五"规划将然
乌湖-来谷冰川旅游区、芒康文化休闲旅游区列为重点开发的全区一级景区,将昌都康巴民
俗休闲旅游区列为全区二级景区。定位的提升将带来更实质性的政策、人才、资金等方面的
投入,这是在《规划》编制时所不具备的条件。

对外交通条件以及内部交通干道(国道)条件得到明显改善,旅游通达性提高将为旅游
业快速发展提供最直接的保障。除邦达机场改造、三条国道的油化等工程陆续完工之外,支
线机场的建设、部分地区桥梁隧道的建设、区乡道路和景区专用道路的建设或改造也已提上
日程,这将使昌都地区内旅游业长期受到外部交通条件制约的不利局面成为历史。

当然,在上述积极的背景和条件变化之外,一些老问题、新挑战也使得对《规划》的修编
势在必行。其中最主要的有三个方面:

其一,区域合作与竞争的问题不容回避。如"香格里拉"和"茶马古道"品牌是川滇藏三
地共享的品牌,但旅游资源与产品的同质问题、旅游形象的重叠问题更加突出。对旅游业发
展进程相对滞后的昌都地区而言,就更为迫切地需要从区域旅游合作中获益、从区域旅游竞
争中突围。

其二,低水平的旅游接待能力将难以应对正在不断增长的旅游需求。除昌都县城和芒
康南部盐田-曲孜卡地区在旅游接待能力上已经具备一定规模和质量水准外,昌都地区大部
分县和旅游乡(镇)、村在住宿、餐饮等方面都还不具备现代旅游服务业的基本形态,增量提
质的工作任务艰巨。

其三,旅游业人才匮乏将对昌都旅游业的健康发展形成新的制约。人才是一切工作计
划得以执行、工作目标得以落实的前提。目前昌都地区的旅游(行政)管理人才、旅游经营人
才、旅游服务人才都面临短缺的状况,无法从旅游政策的领悟与贯彻、旅游管理机制的改革
与创新、旅游项目机遇的把握、旅游企业的发展壮大、旅游服务质量的提升、旅游形象的维护
与传播等诸多方面为昌都地区旅游业做出应有的贡献。

2.《修编》对《规划》的承接与变化

本次《修编》将一方面继承、延续上版《规划》的合理内容,另一方面在充分考虑背景与

条件差异的前提下,做出适时、合理、有针对性的改动与增删。表 13.1 将上版《规划》与本次《修编》的篇章结构做了对照。

表 13.1　上版《规划》与本次《修编》的结构对照

上版《规划》的结构	本次《修编》的结构
第一章 旅游业发展条件	第一章 旅游规划修编总纲
第二章 旅游规划总纲	第二章 旅游业发展背景与条件
第三章 发展目标和发展战略规划	第三章 旅游业发展目标与战略体系规划
第四章 旅游功能分区与开发方向	
第五章 优先旅游区的规划设计	第四章 旅游市场与产品规划
第六章 旅游市场规划	第五章 旅游形象定位与营销规划
第七章 基础设施和接待设施建设规划	第六章 旅游交通基础设施规划
	第七章 旅游产业发展规划
第八章 生态环境与资源保护规划	第八章 旅游资源环境与社区规划
	第九章 旅游保障体系规划
第九章 投资概算	第十章 近期行动计划与投资概算

其中主要的变化包括:

上版《规划》中旅游业发展条件的变化分析,纳入《修编》的第二章;

目标与战略部分,战略需要有具体的支撑策略,因此在《修编》中以"战略体系"来加以强调;

上版《规划》中第四、五两章对旅游功能分区、优先旅游区的规划设计做了大量工作,体现出在旅游业起步阶段物质性"硬件"规划的重要性,《修编》中将体现新时期"软件"规划的重要性,即在战略层面适度调整旅游功能分区并给出建设性意见的基础上,以更体现产业特性的"市场-产品"相对应的理念来进行具体旅游景区和旅游产品的规划设计;

上版《规划》中的旅游市场规划将分别调整并细化到《修编》中的旅游市场与产品规划、旅游形象定位与营销规划两章中,以突出相对后发旅游目的地在塑造旅游形象、加强营销传播方面的关键任务;

《修编》新增了旅游产业发展规划一章,强调旅游产业各部门发展机制的建设与经营管理体系的提升;

《修编》在"保障体系"这样更宏观、更明确的主题下纳入了上版《规划》中所不包含或很少涉及的组织保障、政策保障、人才保障、服务保障、投入保障等多方面内容,同时在原有对生态环境和资源保护规划的基础上,新增社区旅游的规划,以反映旅游业作为一个综合性的现代服务业产业体系的复杂性并提出有针对性的保障措施。

案例讨论：

上述案例中《修编》是如何坚持与体现"继存性原则"的？其意义主要表现在哪些方面？

13.2.3　旅游规划修编的整体性原则

整体性原则指的是在旅游规划时，规划师应培养整体思维，将规划对象融入所在的整体环境之中；不仅仅只重视景观与所在空间的和谐，还应该重视与所在区域的历史文脉和谐，甚至还要与所在区域的大旅游环境和谐。整体性原则还要求人们在开发旅游资源的过程中要兼顾近、中、远期目标，追求的最终目标是使旅游资源合理利用于社会经济发展和维持生态平衡之中，以谋求社会、经济、生态效益统一。

13.2.4　旅游规划修编的动态平衡原则

动态平衡原则是指在规划时要估算规划期内可能会产生的新的旅游产品需求和游客规模，从供需双方反复平衡，一方面应根据规划安排的投资和消费需求来估算旅游服务设施接待能力、创新设计旅游产品和开发新的旅游景区（点）；另一方面，应从调整和优化产品结构、开发旅游产品、建设新的景区、完善基础设施等方面来满足旅游市场发展需求，包括旅游旺季供需平衡，实现规划刚性与弹性的协调。

13.2.5　旅游规划修编的节地原则

节地原则是指，旅游业发展涉及多种土地用途，应该进行土地多宜性评价，确保规划中旅游用地的有效利用；旅游规划项目设置中尽可能少占耕地，增强土地集约利用程度和综合利用能力。

13.3　景区托管概述

景区托管，就是对旅游景区进行委托管理的意思，是旅游景区所有者将景区的经营权、管理权交给具有较强经营管理能力，并能够承担相应景区经营风险的法人或自然人去有偿经营，以明晰景区所有者、经营者责任权利关系的一种经营管理方式。换言之就是通过契约形式，受托方有条件地接受管理和经营委托方的旅游景区，以有效实现景区的保值、增值。景区托管经营，通过景区之外的经营管理者把有效的经营机制、科学的管理手段、成熟品牌、资金等引入景区，对景区实施有效管理。同时，景区托管经营过程中，受托方凭借自身的管理和资金优势获取一定的经济回报。

13.3.1　景区托管的起源

景区托管是一个较为新颖的名词，从严格意义上讲，"景区托管"是属于资产托管的范畴，其在国内也是近些年才慢慢兴起。

英国法律史大家梅特兰提出的"英国本土说"①指出:"地产托管制",英语作 uses,它的基本含义是"为他人的利益而占有财产"。占有财产者称为受托人(feoffee),请托财产者称为托管人,或受益人(cestui que use),受益人虽然不再占有财产,却享受财产收益。总之,地产托管制的特点是"占有财产的不享受收益,享受收益的不占有财产",其基本操作模式如下:地产主将家产(多是地产)托付给他人管理,自己(即托管人)不再占有该家产,但仍可获得该家产的收益。受托人虽然占有该家产,但既不享受家产收益,也不能擅自处置该家产及其收益,而必须按托管人的意志处置受托家产。"地产托管制"一定程度上被认为是人类历史上资产托管的开始。

进入近现代时期,资产托管进一步发展,国内外学者一致认为起源于德国的"企业托管"是近现代时期资产托管的源头。企业托管是指企业所有者在一定时间和一定条件下,将企业之法人财产权以契约的形式部分或全部委托给有较强经营管理能力,并能承担相应经营风险之法人或自然人进行管理,从而形成资产所有者、受托方、经营者和生产者之间的相互利益和制约关系,实现委托资产的保值增值,资产经营和管理之法人实体,依据合约规定获取财产所有权收益的一种资产经营方式。

虽然企业托管起源于德国,但是它是为了实现东德中央计划经济向(具有西德特色的)社会市场经济过渡而采取的一种改制措施。东西两德统一后德国设立"国营财产委托代管局"(简称"托管局"),代表联邦政府直接管理原东德的国有企业,并根据国有企业的不同情况进行如下处理:对于条件较好的国企,立即直接向市场出售;对于暂时陷于经营困境但有发展潜质的国企,托管局先对其进行整顿和包装,然后再向市场出售;对于经整顿仍无市场竞争力的国企,则采取停业或关闭的办法。历经三年多的时间,德国托管局通过采取出售和治理并行的措施,基本实现了原东德国企的私有化。②

我国是从 20 世纪 90 年代开始推行企业托管,大多数采用的都是租赁、承包和买断形式,实际上是经营权出让。我国的企业托管不同于德国的国有企业托管,德国的企业托管过程实际上就是逐步实现私有化的过程,企业的所有权发生转移,这显然与我国所进行的企业所有权主体不发生变化的企业托管存在较大差别。在我国,企业托管的真正含义是由作为委托人的企业所有权主体,以契约形式,在一定条件下和一定期限内,将本企业的法人财产权部分或全部让渡给受托人。其目的在于在不改变或暂不改变企业所有权归属的前提下,直接进行企业资产等要素的重组和流动,通过优化资源配置,拓宽引资渠道,来确保国有资产的保值增值。目前国内外旅游业中,酒店业实行委托管理的现象比较普遍,并且取得了很大成效,得到了市场的充分认可,但景区托管刚起步不久,其如何破解重重困难,实现快速发展,仍需要不断探究。

13.3.2　景区托管的意义

景区托管无论从概念、范围和指导理论等方面都还很模糊,需要认真界定,但可以肯定

---

① 陈志坚. 中世纪英国地产托管制起源研究述评[J]. 世界历史,2010(5):84-92.
② 刘世峰. 资产托管经营的制度经济学分析[D]. 长春:吉林大学,博士论文,2007.

的是,当下景区托管模式在扭转旅游景区的不利局面方面具有"神奇"效果,景区托管是一剂帮助旅游景区走出困境、快速发展的良方。随着我国改革开放的不断深入,景区托管的发展势头不可阻挡,它很有可能成为未来中国旅游景区发展的热点问题,成为景区管理的新潮流。有关这个领域重大问题的探讨,在中国旅游景区发展的转变时期具有特殊的意义和价值。[①]

第一,通过对这些问题的研究、争论,最终达成共识,将对中国旅游景区的发展,甚至中国旅游业的发展起到一定的推动作用。

第二,景区托管能有效实现所有权与经营权分离,其目标是提高旅游景区资产的运营效率,从而有利于资源的调动和旅游景区的整改,并有利于景区的中长期发展。由于专业托管团队的每个成员都经历过多个景区的管理,并具有多年景区管理的实战经验,他们在管理的各个环节都能严格把握和应用,并综合各地管理经验,真正实现管理出效益,使景区快速进入规范管理的轨道。

第三,景区托管是景区引入有效的经营机制、科学的管理手段、成熟品牌等的便利模式,是降低管理成本、提高资本质量的重要途径。专业旅游管理队伍对各地旅游产品都较为了解,并能根据市场需求提出投资方案,从而避免无效投入,使景区每分钱都用在刀刃上。

第四,景区托管是市场对旅游景区的各种生产要素进行优化组合,提高旅游景区的资本营运效益的重要方式。利用专业的托管队伍对景区及市场进行全面的分析和对接,避重就轻,少走弯路,使景区尽快实现从资源到产品进而到商品的转化,通过捷径进入旅游快车道。

第五,为景区培养相应人才。由于托管队伍将新型的管理理念、先进的经营思路、规范的管理制度等带入了景区,同时还要对景区全体管理人员和员工进行灌输和培训,这就从客观上为景区培养了相应的人才,使景区拥有自己的管理队伍。

13.3.3　景区托管的进展

目前国内景区托管还处于起步阶段,为数不多的几家从事景区托管业务的公司,其主营业务基本都是旅游策划、规划或者其他旅游相关业务,景区托管只是其派生业务。不过,旅游景区托管业务正在被越来越多的企业重视,逐渐出现了一批具有较高管理经营水平的旅游景区管理公司,这些管理公司大致上可以分为三大类。

第一类是以北京达沃斯巅峰旅游投资管理有限公司(前身为北京国智景元景区管理公司)为代表的专业旅游景区管理公司,它是国内首家专业旅游景区管理公司,也是最早一批输出景区托管的企业。之后又相继涌现一批专业的旅游景区托管公司,如深圳市笔克投资发展有限公司等。这类企业一般具有专业化程度很高的管理团队,由来自行业内不同领域的人员组成,能够根据不同类型的景区因地制宜地输出管理,这类企业更擅长进行旅游资源整合,建立有效的管理团队以及进行景区市场营销。

在专业化旅游景区管理公司不断壮大的同时,一些发展成熟的老牌旅游企业也开始进行景区输出管理。可以将景区分为两大类,一类是经济开发型旅游景区,如主题公园或旅游

---

① 赵明熙.方兴未艾的景区托管[N].中国旅游报,2012-04-13(10).

度假区,一类是资源保护型旅游景区,如风景名胜区、森林公园、历史文物单位等。

第二类是华侨城、恐龙园、呀诺达等具有成熟的经济开发型景区管理经验的旅游企业,由于经济开发型旅游景区同质化较高,实行景区托管较为容易,这类企业的介入更有利于经济开发型景区迅速打开市场,实现快速发展。

第三类是以大型旅游集团为代表的企业,由于资源保护型旅游景区千差万别,需分门别类去经营,很难实行标准化。因此,这类景区一般由大型的旅游集团介入,如港中旅管理沙坡头、首旅集团入驻沙湖,它们可以直接给景区带去客源,这是一种比较好的模式。此外,一些发展较好的资源保护型旅游景区管理公司也开始进行管理输出,以实现未来规模化发展,如云台山景区受托管理峰林峡景区。

根据不完全统计,全国景区有近3万家,80%的景区其所有权和管理体制都是国有化的,景区管理的市场化程度很弱。可以预见,随着全面改革开放的深入,政府盘活存量资产、实现资产增值的需求变强,景区托管的市场有待进一步开发,未来不久必将迎来景区管理变革,景区托管发展潜力十足。

13.4　景区托管模式探讨[1],[2],[3],[4]

景区托管从最初的不为人知、不为人信,经过几年发展,现在已经可以用方兴未艾来形容其发展势头。目前,全国范围内层级较高的旅游资源所属景区已基本得到开发,其开发主体以政府主导性企业居多,政府主导性企业在开发景区时,一般来说,其规划较为合理、全面。另外,注入资金较大,建设档次较高。此类景区有经营效益特别好的,也有经营差的,其经营差的主要原因是同区域内资源层级相对较低,不具备市场竞争力。面对如此庞大的市场,有必要对景区托管模式进行探索,以便更好推进其发展。

13.4.1　景区面临的问题

一是体制问题。中国80%的旅游景区都是国有的。如何赚钱只是旅游景区一部分职能,其他诸如保护、科研、森林防火等诸多职能都归景区负责,甚至很多景区担负着政府接待职能。这些因素严重困扰景区经营,全国的景区多数经营状况不好。

二是管理问题。在中国,旅游景区是个"大家庭",身份复杂,五花八门。有建设、国土资源、林业、文物、宗教、旅游、水利、园林等政府部门甚至各级政府,这种现象被景区管理者戏称为"婆婆多"。旅游景区有多方领导机构,必然受其管束,且众多旅游景区的管理者不是真

① 赵铭熙.景区管理的新潮流——景区托管(上)[N].中国旅游报,2007-07-18(13).
② 赵铭熙.景区管理的新潮流——景区托管(下)[N].中国旅游报,2007-07-25(13).
③ 王洋.景区托管模式:平衡供需的两端[N].中国旅游报,2014-08-25(5).
④ 刘惠.像管理酒店一样管理景区[N].中国旅游报,2008-07-11(11).

正学旅游出身的,俗话说"隔行如隔山",这种现象造成了一个难题——旅游景区管理职业化程度低。

解决体制问题很难,也很慢,但各景区不能不经营,景区的员工需要发工资,景区设施需要维护,因此需要一种方式避开这些问题,实现景区快速发展。

13.4.2　景区托管的适用对象

第一,景区托管适用于一些经营恶化、挽救乏术、濒于倒闭的旅游景区,比如一些缺乏市场竞争力的旅游景区,一些债务负担沉重甚至资不抵债而又求贷无门的旅游景区,一些经过多次和多方式整顿而无效的旅游景区等。

第二,适用于一些暂时能够维持运转但已明显感到经营管理力不从心的旅游景区。景区的原始产权主体既无力自主经营景区,又不愿放弃或不愿轻易放弃景区所有权,托管就可能成为最佳的重组方式。

第三,当运用其他方式进行旅游景区重组存在体制性障碍时,可考虑托管方式。为回避某些体制性障碍,可通过景区托管方式暂缓原始产权的转让,而先将法人产权让渡出去,一方面先努力救活旅游景区,另一方面设法给予受托方更优惠的经营条件,以满足受托方的利益要求。

第四,当适用其他方式进行旅游景区重组存在资金投入过大的障碍时,可考虑景区托管办法。此时景区托管可有效地缓解买方主体的资金压力,因而它可暂不进行原始产权的变更,进而可暂时免交购买这项产权的费用。

第五,当买方主体一时说不准购买目标景区的未来前景,抑或本不想购买目标景区原始产权时,可通过景区托管方式在一定程度上减小这项投资的风险。

13.4.3　景区托管的目的

景区托管是在不改变或暂不改变旅游景区原先产权归属的条件下,直接进行对景区的资产等要素的重组和流动,达到资源优化配置、拓宽融资渠道以及资产增值的目的,从而谋取景区资产整体价值的有效、合理的经济回报。因此,景区托管模式得到了社会各方面的认可和看好。

13.4.4　景区托管的主要模式

全国 80% 的景区是国有的,这些由政府直接经营管理的景区,受体制、经营思路和人才的制约,很多经济效益不佳。即便是开发商投资的旅游景区,由于原有行业背景大多不是旅游业,也缺乏专业的市场营销、经营管理、规划策划、产品建设方面的经验。随着市场经济的推进,景区规范管理逐步受到重视,亟待品牌化的专业管理企业介入其中。景区作为旅游产业链中的核心部分,具有双重属性。从景区的旅游属性来说,它是一种商品,需要进入市场,体现价值,追求利益最大化;从景点的自然属性来看,它是大自然赐给人类的一种宝贵资源,需要得到较好的保护。景区交给企业管理是它进入市场体现价值的必然途径,关键在于要用现代企业制度经营管理景区,发现其价值、提升其价值。探索旅游景区经营管理的新模式,实行所有权与经营权分离,加大引进市场化经营模式,通过体制、机制等方面的改革,创新景区管理模式,这是时代发展的必然,根据近些年来业内人士的经营成果,合作经营和委托管理是实现所有权与经营权分离最有效、最成熟的方式。

合作经营是指景区以经营性资产作价,吸收其他经营成分,组成多元化经济成分的股份公司,用现代企业制度对景区进行经营。这种模式的最大特点是将景区的经营与管理分开。作为政府派出部门的景区管理委员会或管理局,只负责制订景区的发展规划、建设方案审批和资源保护监督实施的管理职能。而景区的游客服务、景点维护和市场营销则交由依据现代企业制度建立起来的公司来负责,可以称之为"部分托管模式",如图 13.1 所示。

图 13.1　部分托管模式

景区委托管理就是景区所有者或经营者,聘请有景区经营管理经验,有市场渠道和营销资源,并且具有法人资格的实体协助做好自己景区的经营管理工作,包括整个景区运营、项目经营、内部管理和市场营销等,委托管理对一些具有垄断性质的行业是一个行之有效的方法。景区经营需要专业人员,否则就会出现混乱而无法管理。政府通过有偿出让管理权,既可以保证国家收入,又可以通过管理权的收回或出让来约束经营者的行为,保证政府对景区的绝对控制。这种方式被称为"全面托管模式"如图 13.2 所示。

图 13.2　全面托管模式

在采用委托管理时,除了个别情况特殊的景区,一般采用全面托管形式比较好,这样不但有利于景区的快速发展和综合提升,同时可以避免由于多个管理或经营主体同时介入而产生的矛盾,有些矛盾还会抵消托管的作用,甚至会阻碍景区的发展。托管经营期限一般以3~5年为最佳,时间太短工作成果难以稳固,原来的问题容易反弹,时间太长,经营目标不好预测。托管期满后双方可以重新商定托管目标,继续托管。

此外,还有一种"短期托管模式",这种模式适用于新开发的景区,短期内将景区经营管理权限全部交给受托方,并挑选合适人员委托给受托方培训和参与经营管理,为托管期满后自己独立运营储备经营人才。新景区因为没有开展过经营工作,很难确定经营目标,可以首先采用短期全面托管,由有经验的专业景区托管公司派驻专业团队帮助景区筹备开业事宜、编制经营方案、制订管理制度、搭建营销平台和培训人才队伍等,这样做实际上更加节省成本。这些工作如果一项一项找相关单位或人员完成,可能花钱更多,并且效果还不一定明显,因为他们不一定能像专业的景区托管公司那样,各方面的人才都具备,不能派出专业团队长期进行实地调研、考察和分析,也不可能像专业托管公司那样有丰富的实战经验和强大的营销平台。短期全面托管一般为半年左右,时间太短了工作完不成,时间太长费用较高。半年后可以根据景区的发展和经营情况,或确定经营目标继续托管,或让自己培训的人才接管景区经营管理工作。

13.4.5　景区托管的一般流程

景区托管的一般流程包含 8 个步骤,如图 13.3 所示。

第一步是市场营销,业务拓展人员通过各种渠道主动、被动获取业务信息;

第二步是合作洽谈,业务拓展人员了解景区诉求,推介管理方案(解决方案),确定进一步考察事宜;

第三步是实地考察,由业务拓展人员、专家及相关专业人员,与景区组织碰面会,确定工作目标,开始考察进行问题分析,提交建议报告,并进行正式商务谈判;

第四步合同签订;

第五步前期部驻场,由技术人员、管理人员全面诊断评估,提交解决方案报告;

第六步派驻人员驻场,由技术人员、管理人员及派驻管理人员,与景区制定经营管理方案,组织建设,落实措施,进行人员选聘;

第七步委托管理正式开展,派驻管理人员主持正常管理经营工作;

第八步年终成效评估诊断,由技术人员、管理人员及派驻管理人员共同对委托管理成效进行诊断与评估,提出解决方案,并制定下一年度的经营管理计划。

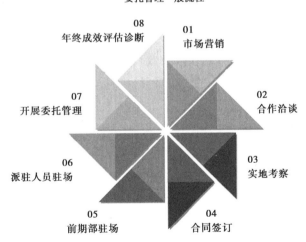

图 13.3　景区托管的一般流程

本章小结

旅游规划修编是旅游规划与开发过程中的必然要求。旅游发展规划及其修编具有重中之重的地位。

我国旅游规划修编已经全面展开,并主要在规划体制、规划方法、规划内容、规划的刚性与弹性、规划衔接方面进行了积极探索和有价值的实践。

旅游规划修编应坚持合法性、继存性、整体性、动态平衡和节地等原则。

景区作为旅游产品的核心,景区托管是我国旅游规划实施过程中的一个新现象和一个值得关注的新生事物。

在我国,景区托管正在步入规范化和科学化的进程,其托管模式有待从国家行业管理层面和托管企业运作层面进行大胆和创新性实践。不可否认,规范化、科学化和创新性景区托管领域的探索与实践,有助于提升我国及区域旅游产业核心竞争力。

复习思考题

1. 简述旅游规划修编的意义及其必要性。
2. 举例说明旅游规划修编中的相关原则。
3. 景区托管的意义有哪些?
4. 讨论景区部分托管模式的适用对象。
5. 简述景区全面托管模式的利弊。

参考文献

[1] 马勇,李玺.旅游规划与开发[M].2版.北京:高等教育出版社,2006.

[2] 严国泰.旅游规划理论与方法[M].北京:旅游教育出版社,2006.

[3] 王庆生.旅游区规划研究[M].西安:西安地图出版社,2000.

[4] 吴必虎.区域旅游规划原理[M].北京:中国旅游出版社,2001.

[5] 肖星,严江平.旅游资源与开发[M].北京:中国旅游出版社,2000.

[6] 吴必虎,俞曦.旅游规划原理[M].北京:中国旅游出版社,2010.

[7] HARRISON L C,HUSBANDS W.国际旅游规划案例分析[M].周常春,苗学玲,戴光全,主译.天津:南开大学出版社,2004.

[8] 郑耀星,储德平.区域旅游规划、开发与管理[M].北京:高等教育出版社,2004.

[9] 陈兴中,方海川,汪明林.旅游资源开发与规划[M].北京:科学出版社,2005.

[10] 甘枝茂,马耀峰.旅游资源与开发[M].2版.天津:南开大学出版社,2007.

[11] 国家旅游局人事劳动教育司.旅游规划原理[M].北京:旅游教育出版社,1999.

[12] 王庆生.旅游规划与开发[M].北京:中国铁道出版社,2011.

[13] 王庆生.旅游项目策划教程[M].北京:清华大学出版社,2013.

[14] 斯沃布鲁克.景点开发与管理[M].张文,等译.北京:中国旅游出版社,2001.

[15] 邹统钎.旅游开发与规划[M].广州:广东旅游出版社,1999.

[16] 石强.旅游概论[M].北京:机械工业出版社,2005.

[17] 崔凤军.风景旅游区的保护与管理[M].北京:中国旅游出版社,2001.

[18] 王兴斌.旅游产业规划指南[M].北京:中国旅游出版社,2000.

[19] 刘滨谊.现代景观规划设计[M].2版.南京:东南大学出版社,2005.

[20] 王衍用,殷平.旅游规划与开发[M].北京:北京大学出版社,2007.

[21] 邹统钎.旅游度假区发展规划——理论、方法与案例[M].北京:旅游教育出版社,1996.

[22] 马勇,王春雷.会展管理的理论、方法与案例[M].北京:高等教育出版社,2003.

[23] 王保伦.会展旅游[M].北京:中国商务出版社,2004.

[24] 李蕾蕾.旅游地形象策划:理论与实务[M].广州:广东旅游出版社,1999.

[25] 卢云亭,王建军.生态旅游学[M].北京:旅游教育出版社,2001.

[26] 董观志.旅游主题公园管理原理与实务[M].广州:广东旅游出版社,2000.

［27］阎友兵.旅游线路设计学［M］.长沙:湖南地图出版社,1996.

［28］徐飞雄.旅游规划编制方法与实践［M］.西安:西安地图出版社,2007.

［29］申葆嘉.旅游学原理:旅游运行规律研究之系统陈述［M］.北京:中国旅游出版社,2010.

［30］中山大学旅游发展与规划研究中心.大喀纳斯旅游区总体规划(2005—2020年)［M］.香港:中国评论学术出版社,2012.

［31］王庆生.区域旅游开发与规划新论:基于案例的分析［M］.北京:中国铁道出版社,2015.

［32］王庆生.旅游规划与开发［M］.2版.北京:中国铁道出版社,2016.

［33］王庆生,李文华,胡宇橙.城市旅游规划案例:天津市滨海新区中心商务区旅游发展规划［M］.北京:中国铁道出版社,2018.

［34］王庆生,李烨,胡宇橙,等.天津市蓟州区全域旅游研究［M］.北京:中国铁道出版社,2018.

［35］王庆生,李烨,冉群超,等.天津乡村旅游发展研究［M］.北京:中国铁道出版社,2022.